HISTOIRE

ROMAINE

JUSQU'A L'INVASION DES BARBARES

PAR V. DURUY

OUVRAGE
AUTORISÉ PAR LE CONSEIL DE L'INSTRUCTION PUBLIQUE

TROISIÈME ÉDITION
contenant sept cartes géographiques, un plan de Rome
et douze gravures

PARIS

LIBRAIRIE DE L. HACHETTE ET Cᵢᵉ

RUE PIERRE-SARRAZIN, Nᵒ 14

(Près de l'École de médecine)

1855

HISTOIRE

UNIVERSELLE

publiée par une société

DE PROFESSEURS ET DE SAVANTS

sous la direction

DE M. V. DURUY

PROFESSEUR D'HISTOIRE AU LYCÉE NAPOLÉON

1812

TYPOGRAPHIE DE CH. LAHURE
Imprimeur du Sénat et de la Cour de Cassation
rue de Vaugirard, 9.

HISTOIRE
ROMAINE

JUSQU'A L'INVASION DES BARBARES

PAR V. DURUY

OUVRAGE
AUTORISÉ PAR LE CONSEIL DE L'INSTRUCTION PUBLIQUE

TROISIÈME ÉDITION

contenant sept cartes géographiques, un plan de Rome
et douze gravures

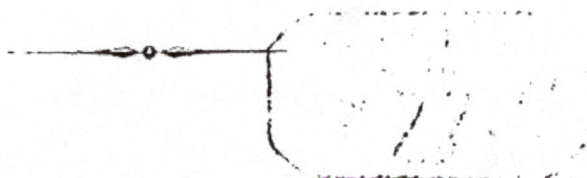

PARIS
LIBRAIRIE DE L. HACHETTE ET Cie
RUE PIERRE-SARRAZIN, N° 14
(Près de l'École de médecine)

1855

PRÉFACE.

Il y a trois âges dans le monde ancien, trois périodes dans son histoire : la *période orientale* ou le temps des monarchies sacerdotales, le développement solitaire des nations, l'immobilité des castes ; la *période grecque*, ou la liberté, le mouvement et la diffusion des idées ; la *période romaine*, ou l'unité politique, l'organisation administrative, l'égalité des droits. Chacune a sa grandeur, parce que chacune a son rôle dans l'ensemble du développement historique de l'humanité. Mais au premier aspect, elles sont loin de présenter toutes trois le même intérêt.

Lorsque de la Grèce, si pleine de vie, de lumière et de beauté, vous passez dans le monde romain, froid, silencieux et sévère, l'horizon d'abord se rétrécit, le ciel paraît plus sombre, l'imagination s'éteint et la pensée s'arrête. C'est que la Grèce garda longtemps les élans, la passion et les enthousiasmes de la jeunesse, tandis que Rome eut, dès ses premières années, la maturité sérieuse, mais forte, de l'âge de la réflexion et du dévouement calculé. Au lieu de l'art, vous trouvez aux bords du Tibre la politique, au lieu de la pensée, l'action, au lieu d'individualités brillantes, une discipline austère ; mais aussi à l'anarchie, à la faiblesse sociale succèdent l'ordre et la grandeur publique. Pendant bien longtemps la gloire à Rome n'a pas de nom ; elle peut y dire : Je m'appelle légion.

a

Si donc l'artiste et le philosophe s'éloignent, le jurisconsulte, l'homme d'État et l'historien demeurent à regarder croître cette grande chose qui commence au pied
du mont Palatin, dans un berceau d'enfant, et qui devient
un univers, *orbis romanus.*

Et cette fortune arrive sans secousse, sans coups sou-
dains et imprévus. Grâce au plus habile mélange de prudence et d'audace, d'ambition active et de constance infatigable, tout se développe avec la régularité d'une déduction
logique ou l'enchaînement nécessaire des lois naturelles ;
on dirait la croissance lente, mais puissante, de l'arbre qui
couvrira la terre de son ombre.

J'ai raconté longuement ailleurs cette magnifique histoire,
et j'en donne dans ce volume un récit abrégé [1]. Ici je voudrais montrer l'esprit de ce livre et résumer ce qui s'y trouve
épars, je veux dire les causes principales de la grandeur
de Rome, celles de sa chute, et marquer les résultats ;
car j'aime l'histoire qui conclut et celle qui fournit des
leçons.

Causes principales de la grandeur romaine.

Sans trop accorder aux influences matérielles, on peut
affirmer que la situation géographique de Rome aida beaucoup à sa fortune ; car il y a des positions fatales, et une
vertu, une puissance, au reste, nullement mystérieuses,
sont attachées à de certains lieux : Londres, Lisbonne,
Marseille, Gênes, Venise, Alexandrie sont forcément ou
redeviendront des villes riches et prospères. « Constantino-

---

1. Voy. pour les développements mon *Histoire des Romains et des peuples
soumis à leur domination.* Pour les détails géographiques, je demanderai
aussi la permission de renvoyer à la *Géographie romaine* que j'ai déjà
publiée.

ple vaut un empire, » disait Bonaparte. Carthage deux fois détruite se relèvera sans doute encore[1] ; et, sans être prophète, on peut prédire que les environs de l'isthme de Panama attendent aussi quelque grande cité.

C'est entre les vastes plaines du Latium et de l'Étrurie, au-dessous des montagnes de la Sabine, que s'éleva la ville éternelle, à cinq lieues de la mer, aux bords du Tibre, le plus grand des fleuves de l'Italie péninsulaire, et sur sept collines de facile défense[2]. Au nord et au sud, de riches contrées invitaient au pillage ; à l'est, d'intrépides montagnards devaient recruter l'armée ou la rendre invincible en l'exerçant par des attaques peu dangereuses, mais continuelles. Placée sur la limite de trois civilisations et de trois langues, entre les Rhasénas de l'Étrurie, les Ausones du Latium, les Sabelliens de la Sabine et du pays des Èques, Rome se trouva, autant par sa situation que par la volonté de son fondateur, le grand asile des populations italiennes. Elle fut la ville de la guerre, car tout autour d'elle étaient des étrangers, des ennemis ; la cité *riche en hommes*, et aux mœurs sévères, à la vie frugale et laborieuse, car son aride territoire ne donnait rien que par un rude travail, qui, pendant 600 ans, éloigna la mollesse. Assez près de la mer pour la connaître et ne la point redouter, assez loin pour n'avoir rien à craindre des pirates grecs, volsques ou étrusques, elle n'était ni Sparte, ni Athènes, ni exclusivement maritime, ni exclusivement continentale. Voisins à la fois des montagnes, des plaines et de la côte, les Romains ne devaient ressembler ni aux pâtres, ni aux laboureurs, ni aux

1. Carthage ou Tunis, c'est la même chose.
2. Voy. Tite Live, V, 45, où Camille énumère les avantages de la position de Rome.

marins, mais avoir en eux ces trois caractères des populations italiennes et en réunir tous les avantages.

« Placez Rome sur un autre point de l'Italie, dit Cicéron,
et sa domination devient à peu près impossible. »

Aux avantages de sa position, joignons ceux de son origine. On trouve dans Plutarque cette belle et expressive légende : « Romulus, dit-il, appela de l'Étrurie des hommes
qui lui enseignèrent les cérémonies saintes et les formules
sacrées. Ils creusèrent un fossé autour du Comitium, et
chacun des citoyens de la nouvelle ville y jeta une poignée
de terre apportée de son pays natal ; puis on mêla le tout
et on donna au fossé, comme à l'univers, le nom de monde. »
C'est là une fidèle image de ce mélange de tous les hommes
et de toutes les choses de l'Italie qui s'opéra au sein de
Rome, étrusque par les costumes, les fêtes, l'art augural et
le caractère sacré de la propriété ; latine par la langue, sabellienne par les mœurs et l'esprit guerrier. Elle n'était
donc étrangère à aucune des races qui l'entouraient ; à
chacune d'elles elle présentait comme une main et comme
un visage amis qui les appelaient et les attiraient. Aussi de
l'Étrurie lui viennent ses plus grands rois, Servius et les
deux Tarquin ; de la Sabine, sa plus fière noblesse, les
Appius, les Fabius ; du Latium, quelques-uns de ses plus
grands citoyens, Cicéron, Marius, Caton et ses deux premiers
empereurs.

L'Italie avait été le commun refuge des fugitifs du monde
ancien ; Pélasges et Illyriens, Grecs et Ibères, Celtes et
Rhétiens, tous y étaient accourus ; Rome, à son tour, je
viens de le dire, fut l'asile de toutes les races et de toutes
les civilisations italiennes. Aussi comme elle grandit vite !
Le sixième de ses rois fut déjà contraint de lui donner une
enceinte qui lui suffit aux jours de sa plus brillante fortune ;

et si la révolte des sujets après l'exil de Tarquin la réduisit
à ses seules murailles, elle resta, en face des mille bourgades désunies qui l'enveloppaient, la plus grande cité de
l'Occident, un peuple de 110 000 soldats réunis sous la main
des consuls, dirigés dans les moments qui réclamaient la
dictature par une seule volonté, et qu'une coalition impossible eût pu seule écraser.

Grâce à cette concentration de leurs forces, les Romains
purent se livrer impunément à leurs querelles intérieures.
Car s'ils dépensaient au forum l'énergie qu'ils auraient
utilement pour leur domination portée sur les champs de
bataille, ils étaient aussi trop forts pour être accablés par
quelque ennemi qui les attaquât, une guerre sérieuse rame-
nant toujours l'union et avec l'union une puissance invincible.

Ces dissensions intestines durèrent plus d'un siècle et
demi. Rendons cependant hommage à cette grande aristocratie romaine qui eut une si admirable entente des nécessités politiques, et qui jamais, dans ces premiers siècles,
ne ferma son livre d'or. A tous les pas que le peuple voulut
faire en avant, elle l'arrêta, il est vrai, mais comme pour
le forcer à se rendre plus digne de la victoire. Chaque fois,
après une résistance habilement calculée pour opposer au
torrent populaire une digue qui amortit sa force sans l'exciter, les patriciens cédaient ; et, comme une vaillante armée qui jamais ne se laisse rompre, ils reculaient, mais
pour prendre sur un autre point une forte défensive. Ainsi
s'éternisa cette guerre intérieure qui forma la robuste jeunesse du peuple romain et prépara ses glorieux succès ; car
les luttes politiques sont la vie et la force des États libres.

Les plébéiens, en effet, y prirent l'habitude de la discipline et de la constance, la connaissance des affaires, le sentiment des intérêts généraux ; et dans la liberté conquise ,

ils trouvèrent le respect de soi-même, commencement de toutes les vertus ; dans l'égalité civile et politique, le dévouement pour la patrie, source de toutes les grandes actions.

De ce long enfantement de la liberté romaine, sortit cette constitution qu'ont admirée Polybe, Machiavel et Montesquieu. Alors il y eut, par le consulat, unité dans le commandement ; par le sénat, expérience dans le conseil ; par le peuple, force dans l'action. Ces trois pouvoirs, se contenant mutuellement dans de justes limites, toutes les forces de l'État, longtemps tournées les unes contre les autres, avaient enfin trouvé un heureux équilibre qui les faisait toutes concourir, avec une irrésistible puissance, vers un but commun, la grandeur de la république.

Quels hommes aussi n'étaient-ce pas que ces Romains des anciens jours ! Cincinnatus quittait la charrue pour la pourpre dictatoriale, et des consulaires, Fabricius, Æmilius Papus, préparaient eux-mêmes dans des vases de bois leurs grossiers aliments ! Curius Dentatus refuse l'or des Samnites, Fabricius celui de Pyrrhus, et Cinéas, introduit dans le sénat, croit voir une assemblée de rois. « Alors, dit Valère Maxime, peu ou presque point d'argent, et pour propriété sept jugères de terre médiocre ; l'indigence dans les familles, les obsèques payées par l'État et les filles mariées sans dot. Mais d'illustres consulats, de merveilleuses dictatures, d'innombrables triomphes, tel est le tableau que présentent ces vieux âges. »

Par leurs fortes vertus, par leurs mœurs austères et l'excellence de leur gouvernement, les Romains d'alors méritaient l'empire ; par la concentration de leurs forces et l'énergie de leur patriotisme, par leur discipline et leur courage, ils l'obtinrent ; par leur union et leur génie pratique, ils le conservèrent.

On verra dans leur histoire, à chaque progrès du peuple
vers la conquête de ses droits, répondre au dehors des
coups décisifs frappés sur l'ennemi. La paix règne-t-elle au
forum? aussitôt les périls s'éloignent, Véies tombe, Anxur
est pris, les anciennes frontières, sous Tarquin, sont re-
couvrées, et, en moins de 80 ans, l'Italie, vaincue, domptée,
reconnaît « la majesté du peuple romain. »

Faisons aussi, dans ces résultats, la part des légions.
Tous les hommes de guerre ont admiré la structure savante
de ce grand instrument des conquêtes romaines. Mais ce qui
valut mieux, peut-être, ce fut la politique du sénat.

D'autres peuples, dans l'antiquité, ont aussi gagné des
provinces et des empires, mais aucun d'eux n'a su les conserver, parce qu'aucun ne voulut oublier les droits que la
victoire lui avait donnés. Sparte, Athènes, Carthage, qui
ne renoncèrent jamais à leur orgueil municipal, ne furent
jamais aussi que des villes et périrent. Rome, qui l'oublia
souvent pour rester fidèle aux souvenirs de son origine,
devint un grand peuple et vécut douze siècles.

Voyez comme elle se mêle peu à peu aux vaincus, lentement, pour n'être point débordée, et de manière à faire
toujours prévaloir dans le mélange les mœurs, les idées, le
caractère romains. De même que l'aristocratie, dans la ville,
ouvre ses rangs à tous les hommes de talent qui se produi-
sent dans le peuple, le sénat rattache à la fortune de Rome,
par la concession du droit de cité, tout ce qu'il y a d'hommes
riches, nobles ou ambitieux dans les villes latines. Avant
de faire d'un pays une province, il s'y prépare de longue
main des appuis; il y forme à l'avance une population qui
sera romaine par ses intérêts ou par son origine. Au milieu
de vingt peuples indépendants, il lance une colonie, senti-
nelle perdue qui veille toujours sous les armes. De telle cité

il fait son alliée ; à telle autre il accorde l'honneur de vivre sous la loi quiritaire ; à celle-ci, avec le droit de suffrage, à celle-là en lui conservant son propre gouvernement.

Municipes de divers degrés, colonies maritimes, colonies latines, colonies romaines, préfectures, villes alliées, villes libres, toutes ces cités isolées par la différence de leur condition, et toutes unies par leur égale dépendance, formaient comme un vaste réseau qui enlaça les peuples italiens jusqu'au jour où, sans lutte nouvelle, ils s'éveillèrent sujets de Rome.

Ainsi, au milieu des populations domptées, désunies et surveillées, au point de rencontre de toutes les voies militaires, derrière un double et triple rempart de forteresses et de villes alliées, s'élevait le peuple romain, fort de sa position centrale, de son union, de ses mœurs, de son ardent patriotisme, de son esprit guerrier et de la sagesse d'une politique séculaire.

Devant ce grand spectacle, devant ces résultats de la prudence et de l'activité humaines nous dirons avec Bossuet : « De tous les peuples du monde, le plus fier et le plus hardi, mais tout ensemble le plus réglé dans ses conseils, le plus constant dans ses maximes, le plus avisé, le plus laborieux, et enfin le plus patient a été le peuple romain. De tout cela s'est formée la meilleure milice et la politique la plus prévoyante, la plus ferme et la plus suivie qui fut jamais. »

Un moment, ces institutions, cette sagesse parurent inutiles. L'Italie fut envahie par une armée de mercenaires, et les vainqueurs de Pyrrhus et des Samnites essuyèrent les plus sanglants désastres. Mais ce duel d'un grand homme contre un grand peuple ne pouvait avoir d'issue funeste. En face d'Annibal, les Romains donnèrent aux nations qui

voudront rester libres un exemple impérissable de patriotisme
et de constance.

Carthage abattue, et le vainqueur de Cannes fugitif, le
sénat ne rencontra plus devant lui qu'anarchie et faiblesse :
dans l'Occident, mille peuplades désunies ; dans l'Orient,
un monde qui se mourait de ce mal dont les peuples ne re-
viennent guère, la dépravation de la vie publique et privée.
Aussi, malgré ses guerres intestines, malgré la ruine de ses
mœurs et des fortes institutions qu'elles avaient portées, le
peuple romain asservit tout ; et de l'Euphrate à la Manche,
des Alpes à l'Atlas, il n'y eut plus qu'une seule domination.

Mais le monde vaincu se vengea de Rome en lui donnant
ses vices ; et cette classe moyenne qui avait fondé la liberté
et l'empire, décimée par les combats et tout à la fois per-
vertie par trop de pauvreté et par trop de richesse, disparut, laissant derrière elle un abîme où s'écroula la république.

Alors ceux qui commandaient à tous se soumirent eux-
mêmes, d'abord au sénat, ensuite à un parti, plus tard à
un homme, héritier de la république tout entière et de ses
armées.

Un jour ces armées partagèrent leur obéissance, et cette
domination se tourna contre elle-même. Cependant, du sein
des nations vaincues, pas un cri d'indépendance ne sortit ;
elles vinrent se mêler à ces rivalités sanglantes, comme les
sénateurs qui descendaient dans l'arène, pour disputer aux
gladiateurs de César un regard de leur maître.

Vainqueurs et vaincus, également épuisés, se pressèrent
donc autour du trône nouveau ; car malheureusement il y a,
même pour les meilleures et les plus nobles choses, des
heures de fatigue et d'involontaire dégoût. Le monde ne

voulait plus de liberté, il aspirait à la paix, à l'ordre, à la
sécurité, comme, deux siècles plus tard, rassasié de bien-
être, il courut, à travers les macérations et les supplices,
aux joies de l'âme, à la pureté morale, au saint enthousiasme d'une foi nouvelle. Tacite le dit en commençant son
admirable histoire : « La terre fatiguée de discordes civiles,
accepta Auguste pour maître, et les provinces saluèrent de
leurs acclamations la chute d'un gouvernement débile qui
ne savait réprimer ni ses magistrats avides ni ses nobles
insolents. »

Mais, depuis le Cantabre farouche et libre dans ses montagnes jusqu'au Grec d'Antioche ou d'Éphèse, servile et efféminé, il y avait dans ces populations tous les degrés par
lesquels on passe de la barbarie la plus grossière à la civilisation la plus raffinée, toutes les diversités de langue, de
coutumes et de caractère qui dérivaient de la variété de tant
de races, entre lesquelles il n'y avait encore d'autre lien que
celui d'une commune dépendance.

Cependant il fallait au plus vite se rapprocher et s'unir,
il fallait de tous ces peuples faire une masse compacte et
presque homogène, qui résistât assez longtemps à la pression exercée sur elle par les tribus du Nord, pour que la
civilisation antique et la religion chrétienne déposées dans
son sein, n'en pussent être arrachées. Derrière le Rhin et
le Danube grondaient déjà des hordes menaçantes à qui les
Cimbres et les Suèves avaient appris le chemin des pays du
vin, de la joie et de l'or. D'une main l'empire les arrêta et
de l'autre il essaya d'organiser les nations loin desquelles il
rejetait la guerre. Il couvrit leur sol de routes, d'aqueducs
et de cités florissantes ; il fit pénétrer partout sa langue, ses
lois et son culte ; et quand la digue céda devant le flot enva-
hisseur, il était heureusement assez tard pour qu'il ne pût

tout emporter. La civilisation antique, c'est-à-dire la nôtre,
après avoir régné sur cent millions d'hommes, après s'être
enracinée durant 400 ans par ses croyances et par ses monuments, au cœur des populations, comme dans le sol qui
les portait, a mis pourtant dix siècles à sortir de dessous les
ruines. Qu'eût-ce été si l'invasion n'avait trouvé devant elle
que la barbarie, excepté dans Athènes, Rome et Alexandrie?
Ces trois foyers éteints, quelle sombre nuit sur le monde!

C'est là qu'est la légitimité de l'empire. Aussi dans cette ma-
jestueuse unité qui succédait à l'infinie division du monde
païen, Bossuet voyait l'accomplissement d'un décret de la
Providence; dans l'unité politique, la préparation à l'unité
religieuse; dans l'universalité de la cité matérielle, le prochain avènement de la cité divine.

Je sais que l'empire a produit des monstres. Mais heureusement il était trop vaste pour que les folies et les cruautés d'un seul homme, si grandes fussent-elles, pussent le
troubler beaucoup. Pour les empereurs, je ne parle pas des
fous comme Caligula, Néron et Élagabal, mais des politiques comme Tibère et Domitien, il y a deux histoires.
Comme leur dieu Janus, ils ont double visage. Si on les
voit à Rome, au milieu de la noblesse, qui est contre
eux, dit Suétone, en conspiration permanente, ce sont
d'exécrables tyrans; si on ne voit que l'empire, ils peuvent passer pour des princes fermes et vigilants. Il faut
les regarder sous ce double aspect. D'ordinaire on n'en
montre qu'un; ne cachons pas celui-ci, mais aussi n'oublions pas l'autre. Que le prince du sénat reste donc avec
ses délateurs et ses bourreaux, les mains teintes de sang;
et que l'empereur apparaisse avec les traditions de paix publique et d'ordre commencées par Auguste, continuées par
Tibère, Claude, Vespasien, cet infatigable travailleur qui

voulut mourir debout, par ses deux fils, par les Antonins et
Septime Sévère, qui, chargé d'ans et de gloire, donnait
encore pour dernier mot d'ordre à ses soldats : « Travaillons. »

Ces soins réussirent et assurèrent deux siècles de bonheur
au monde. Alors on eut ce singulier spectacle d'un empire
de cent millions d'hommes, armés sur ses frontières, mais
régi à l'intérieur sans un soldat, merveille qui venait sans
doute de l'impossibilité d'une révolte heureuse; mais aussi
et surtout de la reconnaissance des sujets pour un gouvernement qui, en général, n'exerçait qu'une haute et salutaire
protection, sans intervenir d'une façon tracassière dans l'administration des intérêts locaux.

« Un consul, dit le roi Agrippa, commande sans un soldat
aux 500 villes d'Asie, et 3000 légionnaires suffisent à la
garde de ces pays si rebelles à toute autorité, le Pont, la
Colchide et le Bosphore. Quarante vaisseaux ont ramené la
sécurité sur les flots inhospitaliers de l'Euxin; et la Bithynie, la Cappadoce, la Pamphylie et la Cilicie payent tribut
sans qu'il soit besoin d'une armée pour les y contraindre.
Dans la Thrace 2000 hommes, chez les Dalmates, les Espagnols et les Africains une légion. En Gaule 1200 soldats,
autant que la Gaule a de villes. Voilà les forces qui assurent
l'obéissance de ces vastes et puissantes régions!.... Ah!
c'est Dieu seul qui a pu élever le peuple romain à un tel
degré de bonheur et de puissance. Une révolte contre lui serait une révolte contre Dieu même. » A cette pensée d'un
soulèvement heureux, Tacite aussi s'épouvante, mais pour
l'humanité tout entière. « Si les Romains disparaissaient de
la terre, veuillent les dieux empêcher ce malheur! qu'y ver-
rait-on désormais sinon la guerre universelle entre les nations? Il a fallu 800 ans d'une fortune et d'une discipline

constantes pour élever ce colosse qui écraserait sous ses
ruines quiconque tenterait de l'ébranler. »

Causes principales de la chute de l'empire.

Cependant le colosse est tombé et bien longtemps avant
d'avoir fourni la carrière qui lui semblait promise. Quatre
siècles ne sont pas une vie de peuple! L'empire pouvait
durer plus longtemps. Quel État fut jamais mieux préparé
pour une longue existence? Des frontières faciles à défendre
contre des ennemis peu dangereux dans l'attaque , et derrière ce rempart de grands fleuves, de déserts et de montagnes, des populations qui, heureuses de leur obéissance,
parce qu'elles y trouvaient le repos et la richesse, ne savaient
désigner le pouvoir placé au-dessus d'elles que par le beau
nom de la Paix romaine.

On a assigné bien des causes à une chute si prompte.

Ceux-ci accusent le peuple parce qu'ils s'obstinent à ne
voir que la plèbe de Rome; ceux-là, les soldats qui mirent
à profit, mais ne firent pas la position qu'on leur donna , et
qui expièrent par plus de courage et de services qu'on ne
veut le dire le rôle malheureux qu'on leur laissa prendre.
Ne firent-ils pas reculer une première fois l'invasion sous
Claude, Aurélien et Probus? Et est-ce bien à eux qu'est la
faute si leurs chefs ruinèrent à plaisir les institutions militaires de la république et de l'empire; si Gratien les désarma,
si Constantin les avilit, si le camp devint un bagne[1] et le
légionnaire une sorte de forçat public?

Les uns trouvent l'empire trop vaste, comme s'il ne lui
eût pas été possible de mesurer ses ressources à l'étendue

---

1. Le soldat était marqué au bras ou à la jambe, *puncturis in cute punctis.*
Veget., *de Re milit.*, I , 8 ; II , 5.

de ses frontières, et ils n'entendent que les coups répétés des
barbares, comme si le bélier qui bat la muraille, comme si
les flèches qui rebondissent sur l'armure, décidaient seuls
la victoire. Mais un centurion de César montrait d'une main
à son général 120 traits reçus dans son bouclier, et de l'autre l'ennemi fuyant au loin.

D'ailleurs, ces ennemis des derniers jours sont-ils donc
innombrables et invincibles? Les Goths étaient, il est vrai,
200000, mais c'est après une défaite et en suppliants qu'ils
furent reçus dans l'empire; Attila les réclamera comme ses
esclaves fugitifs. Treize mille hommes suffirent à Julien pour
vaincre sept rois et délivrer la Gaule; Clovis aura cinq ou
six mille guerriers à peine pour la conquérir. Depuis longtemps, MM. Augustin Thierry et Guizot ont fait justice des
innombrables essaims des barbares.

D'autres, touchant de plus près au mal, s'en prennent à
l'esclavage qui mine, à la fiscalité qui épuise, aux mœurs
qui dépravent ce monde énervé. Ce ne sont plus là des
causes extérieures mais intimes, par conséquent sérieuses.
Cependant l'esclavage n'est pas un mal exclusivement romain. Il a été la loi de tout le monde ancien, et il est bien
longtemps resté la loi du monde moderne. Au dernier siècle
de la république, les esclaves étaient probablement plus
nombreux et certainement plus misérables qu'à la fin de
l'empire, où les progrès de la raison publique et les doctrines chrétiennes avaient déjà adouci leur sort. Grâce à
la même influence, les mœurs aussi valaient mieux. Ce n'est
donc pas là qu'est l'élément destructeur. Le fisc le serait-il?
Sans doute les Romains, consommant beaucoup et produi-
sant peu, furent contraints de faire peser de lourdes charges
sur les contribuables. Cependant ne jugeons pas le fisc sur
les déclamations éloquentes et passionnées de Lactance et

de Salvien. Il n'a pas plus ruiné l'empire que le mauvais budget et les dettes de l'ancienne royauté n'ont renversé la monarchie de Louis XIV.

On est plus près encore de la vérité quand on parle de la ruine de l'agriculture et de la concentration des propriétés, c'est-à-dire de la misère et de la dépopulation des campagnes. Il faudrait montrer aussi la prépondérance écrasante du capital par suite de la rareté du numéraire[1] et de son absorption aux mains de quelques propriétaires ou banquiers prêtant à 10, à 20, à 30 pour 100[2]. De là ces immenses fortunes d'Hérode Atticus, qui faisait une pension annuelle à tous les citoyens d'Athènes, du marchand Firmus, à qui l'on vendit la pourpre dans Alexandrie, de Didius Julianus qui l'acheta dans Rome sur enchères publiques, enfin du sénateur Tacite, maître d'un patrimoine valant 75, peut-être même 300 ou 400 millions, et qui pouvait avec ses seuls revenus payer la solde de toutes les armées[3]. Pline

1. Par les exportations pour le commerce extérieur et les dons aux barbares, par l'épuisement des mines, les enfouissements si nombreux qu'on trouve partout des médailles, par les naufrages et le frai, que M. Jacob (*Precious Metals...*, I, 225) évalue à une perte annuelle de 1/360e. Aussi Montesquieu va-t-il jusqu'à dire : « Toutes les nations qui entouraient l'empire, en Europe et en Asie, absorbèrent peu à peu les richesses des Romains, et comme ils s'étaient agrandis parce que l'or et l'argent de tous les peuples étaient portés chez eux, ils s'affaiblirent parce que leur or et leur argent furent portés chez les autres. » (*Grand. et Déc.*, ch. xviii.) Dès le premier siècle de l'empire, Tibère se plaignait (Tac., *Ann.*, III, 52) de la sortie du numéraire. Pline évalue à 20 millions l'exportation annuelle pour le commerce avec l'Inde, l'Arabie et l'Afrique.

2. Brutus prêtait à 48 et Pompée à 50 p. 100. Cic. à *Att.*, liv. V, 21 ; VI, 1.

3. Même à l'époque des plus grandes misères, sous Honorius, plusieurs familles de Rome possédaient encore des revenus de 2 millions. Giraud, *Histoire du droit de Propr.*, p. 68.

l'Ancien répétait le mot profond et juste de Tibère : « La grande propriété a perdu l'Italie, » ajoutant, car il voyait le mal s'étendre tous les jours : « Et maintenant elle perd les provinces. » La moitié de l'Afrique, en effet, appartenait, sous Néron, Pline nous l'apprend encore, à six propriétaires seulement. C'était donc la situation où nous voyons l'Irlande, avec ses immenses domaines, quelques riches seigneurs et une population famélique.

La petite propriété disparaissant, le désert se faisait dans les campagnes, autour des villes qui seules semblaient riches et prospères. La vie municipale y était active, et par vanité ou munificence, quelques citadins opulents les dotaient de monuments parfois grandioses dont les ruines nous étonnent[1].

Mais ne nous laissons pas éblouir par ce faste tout extérieur et théâtral ; ne regardons pas dans l'intérieur de ces cités qui toutes s'efforcent de copier Rome, et qui toutes aussi renouvellent la triste histoire de ses mauvais jours. Débarrassées depuis trois siècles de la guerre, enrichies par le commerce et l'industrie, elles paraissent heureuses sous un gouvernement qui laisse beaucoup faire et beaucoup passer, et, chose étrange, c'est la dépopulation et la misère qu'on y trouve.

Ces municipes étaient constitués aristocratiquement. Dans les trois premiers siècles de l'empire, cette noblesse provinciale accumula d'immenses richesses ; et, pour imiter les patriciens de Rome, qui donnaient le ton partout[2], elle institua

1. Adrien alloue 3 millions de drachmes à Hérode Atticus pour bâtir un aqueduc à Troade ; la construction en coûte 7 ; Hérode paye la différence. Philost., *Vit. Soph.*, liv. II.

2. Pline donne 500 000 sesterces à Como pour fonder des distributions gratuites (*Epist.* VII, 18). Constantinople, Alexandrie avaient, comme

des jeux, des distributions gratuites qui nourrirent la paresse
du peuple ; de sorte que ce qui avait amené la chute de la
grande république se reproduisit, à quatre siècles de distance, dans tous les grands municipes de l'empire : des campagnes désertes comme celle de Rome depuis les Gracques,
une populace trop souvent oisive et mendiante, point de
classe moyenne, plus d'habitude des armes, ni aucune des
vertus qui y tiennent[1], une aristocratie, enfin, qui cacha
longtemps toutes ces misères par l'éclat de ses fêtes et la
magnificence de ses dons.

Ces maux étaient bien grands ; peut-être n'eussent-ils pas
suffi pour précipiter l'empire dans l'abîme. Sous l'influence
des causes économiques, les États souffrent ou prospèrent ;
ce sont les causes politiques qui les font surtout vivre ou
mourir. L'empire romain fut miné par les premières ; il
s'écroula sous l'action des autres.

On l'a vu, du dedans et du dehors, il n'avait point à
craindre de sérieux périls, mais seulement des misères et
des souffrances. Le mal le plus grave, puisqu'il n'était ni dans
l'ennemi ni dans les sujets, se trouvait donc dans la constitution même du pouvoir et dans l'organisation de l'État.

Un gouvernement nouveau veut des institutions nouvelles. L'empire devait être constitué autrement que la république. On avait une monarchie, il fallait des institutions
monarchiques qui couvrissent le trône et défendissent le

Rome, des distributions régulières. « ¡Toutes les villes de premier rang, dit
Sismondi, avaient des distributions gratuites de vivres et des jeux publics. »
— Trèves fut attaqué par les barbares pendant que ses habitants étaient au
cirque.

1. *Dites et imbelles*, dit Tacite des Gaulois. « Leur courage s'est perdu le
même jour que leur liberté » (*Ann.*, XI, 18). Il dit la même chose des Bretons. (*Agric.*, II.)

monarque. Mais Auguste, occupé de cacher son pouvoir, et
content de vivre au jour le jour, ne s'inquiéta pas du lendemain. L'ancien ordre de choses parut subsister ; il n'y eut
qu'un homme de plus à Rome, consul à l'armée et proconsul
dans les provinces, prince au sénat, tribun et préteur au
forum, censeur pour les mœurs, souverain pontife pour la
religion. La république durait donc ; mensonge officiel que
l'empire et l'empereur expièrent cruellement ! car en politique, de toute position fausse, il ne peut sortir que des désastres. On parlait de liberté, quelques-uns y crurent, et la
cherchèrent le poignard à la main. Un homme, seul, sans
cour, sans prêtres, sans noblesse, sans rien qui le couvrît,
était maître du monde ; beaucoup le menacèrent. Pour se
défendre, cet homme s'appuya sur l'armée, et l'armée voyant
chaque nouveau prince lui distribuer des trésors, multiplia
les vacances du trône pour multiplier les dons de joyeux
avénement. En trois siècles et demi, sur 49 empereurs,
31 au moins furent assassinés, et je ne parle point des
Trente tyrans qui, moins 2 ou 3, périrent de mort violente,
ni des autres usurpateurs qui tous teignirent la pourpre de
leur sang.

L'État du moins était-il organisé de telle sorte qu'il pût
résister à tant de chocs et d'ébranlements !

On rencontre parfois, dans les montagnes, des blocs im-
posants par leur masse, et qui semblent devoir braver les
siècles et les efforts des hommes ; mais leurs molécules mal
agglutinées tombent en poussière au premier choc, qui détruit la faible force de cohésion par laquelle elles étaient te-
nues réunies. Ainsi s'écroula l'empire, colossal assemblage
de parties qui ne s'étaient jamais solidement fondues en un
tout homogène. L'unité, en effet, n'était qu'apparente ; on
parlait bien partout latin et grec ; mais des Romains où en

trouvait-on ? Sous l'enveloppe extérieure d'une administration qui resta toujours étrangère et suspecte aux adminis-
trés, était demeuré vivace l'amour exclusif de la ville na-
tale[1]. On était citoyen de Tours, de Séville, d'Alexandrie
ou d'Éphèse, rien de plus ; et le dévouement, comme le
patriotisme, ne dépassait pas les bornes de la cité ; car ce
régime municipal, qui donna tant d'éclat à l'empire, n'en-
fantait malheureusement pas ces sentiments généraux qui
font ressentir, comme une douleur personnelle, un affront
reçu par un autre membre de la communauté à cinq ou
six cents lieues de distance.

Un des derniers poëtes de Rome se trompe quand il glorifie
la ville éternelle d'avoir fait d'un monde une cité[2]. Il y avait
mille cités étrangères les unes aux autres, jalouses, rivales, et
séparées, au ive siècle, par le désert qui s'était formé autour
de chacune d'elles. Quand les barbares arrivèrent, ils ne se
trouvèrent pas en présence d'un grand peuple prêt à se lever tout entier pour sa défense ; mais en face de ces petites
républiques, désaffectionnées parce qu'elles souffraient, sans
esprit militaire[3], et placées encore sous le coup de l'immense
commotion du christianisme qui, au lieu de s'armer contre

---

1. Les nationalités provinciales persistèrent bien plus qu'on ne le dit. Le
grec et le latin n'effacèrent point les idiomes basque, celtique, punique, sy-
riaque, copte, même toscan, et les jurisconsultes reconnaissaient comme
valables les conventions particulières, en quelque langue qu'elles fussent
écrites.

2.   « Urbem fecisti quod prius orbis erat. »
                              (Rutil. Numat., v. 66.)

3. Voy. dans Amm. Marcellin, liv. IV, combien de gens se coupaient le
pouce pour ne pas servir, et dans Végèce, de Re milit., I, 7, Aurel. Vict.,
32, Mamert. Paneg. Vet., X, 29, le mépris dans lequel était tombé le service
dans les légions.

les envahisseurs, les appela, comme des frères, au sein de la nouvelle alliance. Les barbares réussirent donc sans peine, parce que l'État n'était qu'une fiction ; et tout, sous leur main, s'en alla pièce à pièce, parce que, malgré le lien administratif, rien ne tenait ensemble. Quatre siècles plus tard, quand viendra la seconde invasion, le second empire d'Occident s'écroulera par les mêmes causes politiques et morales.

Si, au lieu d'élever, oserai-je dire, une pyramide qui n'avait que le sommet et la base, sans les assises intermédiaires, les premiers empereurs avaient imité, dans l'organisation politique, ce vaste réseau de voies militaires qu'ils surent pourtant jeter sur tout l'empire, pour en rattacher tous les points à la capitale ; si par des institutions générales, dont le germe était partout, ils avaient relié les unes aux autres toutes ces villes, toutes ces peuplades isolées ; alors il eût pu se former dans les provinces un patriotisme romain qui n'exista jamais ; il y eût eu des idées, des sentiments généraux ; et l'empire, au lieu d'être un colosse formé de grains de sable, fût devenu une masse compacte, homogène, au sein de laquelle aurait circulé une vie commune, et qui eût été pour des siècles indestructible. Que fondèrent Auguste et ses successeurs ? le despotisme militaire et les droits de la force, sans autre garantie pour les sujets que l'intérêt bien entendu du prince.

C'est donc toujours le système oriental. Il est triste de voir ce monde gréco-romain où la liberté fut tant aimée, où les idées politiques furent tant débattues, aboutir à réaliser cet idéal suranné que lui avait montré un disciple de Socrate. Cette civilisation sut admirablement bien organiser une cité, jamais un empire.

C'est par là, par l'exagération extrême du principe antique de la prépondérance de la cité que le monde ancien périt[1]. N'oublions pas cet enseignement, nous qui nous trouvons à l'extrémité opposée. Si par l'isolement municipal la vie publique est détruite, une centralisation trop énergique fait affluer le sang au cœur et laisse les extrémités froides. Des deux côtés, le péril est égal.

Résultats de la domination romaine.

On ne fait, le plus souvent, de grandes choses en politique qu'au prix de grandes douleurs. Eût-il mieux valu que la fortune de Rome eût été moins grande ? nous dirons non mille fois, car nous sommes trop encore les héritiers de son génie pour que nous soyons reçus à renier sa mémoire.

Dans l'histoire générale de la littérature et des arts, Rome n'a pas droit à une place à part. Là elle ne fait guère que continuer la Grèce. Mais n'est-ce pas beaucoup déjà que d'avoir sauvé la tradition et précieusement gardé le riche héritage ? Si les Romains avaient conçu pour la littérature grecque ce mépris qu'eurent les soldats d'Alexandre pour les civilisations de l'Afrique, de la Phénicie et de l'Asie centrale, le long travail d'une race douée par le ciel de tous les dons de l'intelligence eût été perdu pour nous, comme l'a été l'antique sagesse des prêtres de l'Égypte et de la

---

1. Dans l'isolement municipal il n'y a pas que la vie publique qui s'éteint ; souvent aussi la liberté périt et même la fortune de la cité. Ou bien la populace domine, comme dans les républiques italiennes, et la tyrannie sort alors de l'anarchie ; ou bien les notables tirent tout à eux, et, dans l'engourdissement et le silence, administrent à leur guise ; de là d'affreuses dilapidations. En 1803, toutes les villes libres d'Allemagne étaient en état de banqueroute, et en 1789 toutes les communes de France qui jouissaient de quelque liberté pour leur administration intérieure étaient obérées. Lyon seul devait 29 millions. A la fin du ive siècle toutes les municipalités romaines offraient le même spectacle, dans de plus grandes proportions.

Chaldée. Aujourd'hui, nous sommes réduits à réveiller pé-
niblement sur les bords du Nil, de l'Euphrate et du Gange,
quelques-uns de ces échos sacrés, de même que nous allons au milieu des ruines de Palanqué ou sur les rives de
l'Ohio, demander au nouveau monde les secrets d'un passé
mystérieux. Il convient donc de tenir compte aux Romains
d'avoir montré, au lieu du mépris superbe des Grecs, ou de
la sauvage indifférence des conquérants du Mexique et du
Pérou, pour les sociétés qu'ils brisaient, cette admiration
naïve qui fit d'eux des élèves dociles de ceux qu'ils avaient
vaincus, et qui nous a conservé tant de chefs-d'œuvre.

À ces chefs-d'œuvre, d'ailleurs, les Romains ajoutèrent
d'admirables monuments dont l'Europe s'inspire encore.
Le chantre harmonieux de Didon guidant Alighieri vers les
hôtes immortels, n'est-ce pas l'antiquité elle-même prenant
par la main l'homme enfant du moyen âge, pour le conduire vers les lumineuses clartés qui devaient rendre sa
route et plus brillante et plus sûre ? Derrière Virgile, Tite
Live et Horace, glorieux triumvirat de l'épopée, de l'histoire et de la poésie, je vois l'austère figure de Labéon et
ces grands jurisconsultes qui ne doivent rien à la Grèce :
plus loin encore, ces artistes inconnus qui élevaient des arcs
de triomphe, le dôme du Panthéon, des aqueducs, des am-
phithéâtres et des colonnes triomphales, qui construisaient
des voies indestructibles et qui enchaînaient les fleuves par
leurs ponts hardis. Ici encore la Grèce n'a rien à réclamer
pour elle ; peut-être la main qui exécutait, mais non l'esprit
qui avait conçu [1].

---

1. Les Grecs n'employèrent ni l'arc ni la voûte, qui augmentent beaucoup
les ressources de l'architecture, réduite sans cela aux lignes droites, aux
formes anguleuses et aux superficies planes. La mosaïque aussi est un art
tout romain.

Cette civilisation qu'ils nous gardaient, ils l'accrurent donc ; surtout ils surent l'étendre et lui donner ainsi plus de force pour résister, et plus de chances de revivre si la barbarie un jour l'étouffait. La Grèce n'avait rien fait pour les contrées de l'Occident ; Rome y porta la lumière, et en constituant les nations néo-latines, avec leurs villes sans nombre où la richesse devait renaître et d'où la liberté un jour devait sortir, elle prépara l'antagonisme fécond des races du nord et du midi de l'Europe.

De cette universalité de la civilisation romaine résulta un autre avantage, l'universalité de la langue latine, qui fut et est encore, au besoin, le lien commun des savants de tous les pays.

Si dans la sphère des idées Rome a peu d'initiative et d'originalité, que de leçons ne donne-t-elle pas pour l'administration des États et des cités ? L'empire offrit le premier exemple, dans notre Occident, de cent millions d'hommes vivant deux siècles en paix ; et, plus tard, d'une administration compliquée et savante, qui, par une vaste hiérarchie, descendait du trône jusqu'à la bourgade. Par malheur, cette administration, qui, comme nous, soldait ses agents et séparait les fonctions civiles des fonctions militaires, l'État de l'Église, oublia trop le peuple pour le prince ; de sorte que le dernier mot de la civilisation romaine fut l'ordre, mais l'ordre matériel, même sans bien-être. Quinze siècles n'ont ajouté à ce mot qu'une parole, la liberté. Le problème de l'avenir est la conciliation du principe romain et de l'idée moderne.

Les jurisconsultes avaient cependant déjà trouvé l'idée intermédiaire, celle de l'égalité. Avant eux, tout reposait sur la force ; malgré la cruauté des Césars, ils dégagèrent peu à peu l'idée du droit ; et, préparant d'avance les armes dont leurs successeurs du moyen âge se servirent pour

battre en brèche la féodalité, ils rendirent ce droit égal
pour tous les habitants libres de l'empire. Ils ne maintenaient donc, dominés par le fait et l'histoire, que la grande
inégalité de l'esclavage[1] ; même ils laissèrent se former une
condition nouvelle, le colonat, qui fut peut-être fatale d'a-
bord aux paysans libres, mais qui facilita la première transformation de l'ancienne servitude.

Le christianisme aurait voulu élargir encore cette base
et donner pour lien aux sociétés humaines la fraternité,
l'amour. Nous avons ramené sur la terre l'égalité que le
christianisme n'osait et ne pouvait, à son origine, placer
qu'au ciel et sous l'œil de Dieu. Mais, sous bien des rapports, nous sommes encore dans l'âge romain, nous n'avons
pas dépassé l'idée du droit, et nos légistes répètent toujours
la belle définition de Celsus : *Jus est ars boni et æqui,* ou les
trois préceptes d'Ulpien : *Honeste vivere , alterum non læ-
dere, suum cuique tribuere.*

La domination universelle qui avait brisé l'étroite enceinte de la cité, pour répandre sur le monde l'égalité des
droits, brisa aussi l'enveloppe étroite des systèmes. Les
idées s'agrandirent comme l'État. La métaphysique y gagna
peu ; qu'importe? ce n'est pas par là que les peuples vivent.
Détournés par les tendances pratiques de leur génie, des
arguties où se perdit si souvent l'esprit subtil des Grecs,
les Romains laissèrent de côté les discussions théoriques
pour aller droit aux conséquences sociales, et leurs philosophes ne furent que des moralistes. Mais peu à peu leur
morale, d'exclusive et d'égoïste qu'elle était encore avec
Caton , Brutus et Thraséas, s'étendit comme la cité et avec

---

1. Ils n'admettent même la servitude que comme un état *contra naturam*,
Dig., I, 5, 1, *jure naturali omnes liberi nascerentur.* Instit., I, 5, in procem.

elle. « L'Athénièn disait, s'écrie Marc Aurèle : O cité bien-
aimée de Cécrops ! Et toi ne peux-tu dire : O cité bien-aimée
de Jupiter ! »

Ainsi les barrières tombent, les conditions s'effacent,
tout se nivelle, tout s'unit; et aux yeux du philosophe impérial qui regarde le monde du haut du Capitole, il n'y a
plus de citoyens, ni d'étrangers, mais des hommes. La
sympathie, la charité[1] l'amour remplacent la haine. Le
cœur et les bras s'ouvrent ; tous les hommes sont nobles,
même l'esclave; tous sont frères, car ils sont tous fils de
Dieu[2].

Avant même que le christianisme eût triomphé, il était
donc passé à travers la société païenne comme un souffle
de l'esprit chrétien. Donnez à Marc Antonin une plus ferme
croyance en la vie à venir, et ses Pensées seront le livre de
quelque pieux et saint personnage. « Mon âme, disait un
cardinal, devient plus rouge que ma pourpre au spectacle
des vertus de ce Gentil[3]. »

Ce que Marc Aurèle, Épictète et Sénèque, dans ses bons
jours, disaient à quelques sages, les missionnaires de l'É-
vangile vinrent le dire à tous, mais avec une bien autre
puissance. Car, au lieu de ces doctrines qui devaient rester
individuelles, parce qu'elles ne se rattachaient pas à une

1. Sous les Antonins eurent lieu les premières fondations charitables pour
les enfants, les orphelins et les veuves. Cf. Victor, *Epist.*, Spartien, *Adrien*,
7, Dion, LXVIII, p. 771.

2. *Omnes... a diis sunt.* Sén., *ep.* 44. Platon aussi l'avait dit : « Nous
sommes tous frères. » On trouve dans Plaute (*Aulularia*, v. sc. 2°) : « La
nature nous a créés tous libres... C'est le mortel haï de Jupiter qui est plongé
dans l'esclavage. »

3. Le cardinal Fr. Barberin, neveu d'Urbain VIII. Il traduisit les pensées
de Marc Aurèle, pour les répandre parmi les fidèles et dédia cette traduction
à son âme.

croyance religieuse, à la place d'une philosophie stérile, parce qu'elle ne pouvait descendre dans la foule, il s'élevait une religion active, énergique, armée de la morale la plus pure et du dogme le plus capable, par ses mystères mêmes, de saisir fortement les intelligences; une religion animée comme aucune autre ne le fut jamais, de l'esprit de prosélytisme et qui remonta bientôt des humbles et des pauvres aux riches et aux puissants.

Quand elle se fut assise avec Constantin sur le trône impérial, les barbares purent venir. Avec sa langue, ses lois, ses trésors accumulés d'art, de savoir, d'éloquence et de poésie; avec ses traditions d'ordre public et d'administration régulière; avec le souvenir de l'unité de l'État et celui de l'égalité de tous sous l'omnipotence du monarque[1], Rome mourante allait léguer au monde nouveau une religion au sein de laquelle l'homme des classes inférieures, pour qui l'ancienne société n'avait rien fait, devait retrouver sa dignité morale, et qui, montrant la terre comme un lieu d'épreuves, demandait à tous un cœur charitable, humble et pur.

Aujourd'hui, que reste-t-il de Rome? Pour celui qui ne la regarde que des yeux du corps, les siècles en passant ont comblé les vallées et nivelé les sept collines. Çà et là un fût de colonne antique perce le sol, et sous le lierre qui le cache on reconnaît à peine quelques restes de monuments mutilés : le Panthéon d'Agrippa et l'amphithéâtre à demi écroulé de Titus, la colonne de Trajan, les arcs de Sévère

1. Tout, dans ce legs, n'est pas d'égale valeur. Les charges, les titres, les formules de cour, la divinité du monarque, bien des hérésies, et le reste, nous sont venus de Constantinople. Quant à l'égalité sous le despotisme, il va sans dire que nous ne la regardons comme un bien, qu'autant qu'elle conduit, comme il est arrivé en France, aux libertés publiques.

et de Constantin, les thermes de Caracalla. Mais ce ne sont
là que les débris glorieux du sépulcre et les ruines sous lesquelles le moyen âge avait scellé le génie de Rome. Un jour
il s'en est échappé, et ce jour-là le monde *renaissant* se
remit en marche. Il plane encore sur nos têtes : *Siamo
Romani*[1].

Ah! puisse-t-il au moins faire revivre en nous ce qu'il
eut de meilleur, l'amour et le dévouement pour la patrie!
Sous l'influence de doctrines énervantes et de mœurs plus
douces, cette vertu des anciens jours s'est affaiblie. Qu'elle
se ranime au spectacle des grandes choses autrefois accom-
plies par elle : nous en avons besoin; car le rôle de notre
France, Dieu merci, n'est pas encore terminé.

1. C'est le mot que répètent avec orgueil les Trasteverini.

CARTES ET GRAVURES

HISTOIRE ROMAINE.

CHAPITRE PREMIER.

GÉOGRAPHIE PHYSIQUE ET PREMIÈRES POPULATIONS DE L'ITALIE.

LES ALPES ET L'APENNIN. — VOLCANS, FLEUVES, LACS ET MARAIS. — ILES. — PASSAGES DES ALPES. — ILLYRIENS ET PÉLASGES. — IBÈRES ET CELTES. — TYRRHÈNES ET HELLÈNES. — OSCES ET SABELLIENS. — ÉTRUSQUES. — L'ITALIE EN 754.

Les Alpes et l'Apennin.

Entourée par la mer et par les plus hautes montagnes du continent européen, l'Italie forme, entre l'Adriatique et la mer de Toscane, une longue presqu'île qui se divise, au sud, en deux pointes, tandis qu'au nord elle s'élargit en un demi-cercle dont la chaîne supérieure des Alpes trace la circonférence. De Bologne au détroit de Messine, la partie péninsulaire a 890 kilomètres de long sur une largeur qui varie de 231 à 138, qui même n'est que de 27 dans les Calabres. Du Var aux Alpes juliennes, la partie continentale mesure, de l'ouest à l'est, 630 kilomètres, et 225 environ dans la direction du nord au sud, de Gênes au Saint-Gothard, ou de Bologne à Botzen.

Les Alpes ont conservé les noms que les Romains leur donnèrent; on les divise encore en Alpes maritimes, cottiennes, grecques, pennines, helvétiques ou lépontiennes, rhétiennes, noriques, carniques et juliennes. Au nord et au nord-ouest de cette grande chaîne, du côté de la Suisse et de la France, le sol s'élève lentement, par une suite de montagnes et de vallées transversales, jusqu'aux plus hautes cimes. Mais sur le versant italien, la pente est rapide, escarpée, abrupte, et toutes les vallées tombent perpendicu-

1

lairement dans le Pô ou l'Adriatique, sans qu'il y ait ni montagnes ni vallées parallèles.

A leur extrémité sud-ouest, les Alpes se recourbent dans la direction de l'est, et diminuent progressivement de hauteur jusqu'au delà des sources de la Bormida, où elles se relèvent, près de Savone, pour commencer une chaîne nouvelle, les Apennins. Ces montagnes longent d'abord la côte de Ligurie, ferment presque entièrement, par le sud, la vallée du Pô, et vont mourir, partagées en deux rameaux, à l'extrémité du Bruttium (les Calabres), et dans le pays des Salentins (terre d'Otrante). La hauteur moyenne de cette chaîne n'est pas de 1000 mètres; mais à l'est de Rome, dans le pays des Marses et des Vestins, le *monte Velino* atteint 2562 mètres, et le *monte Corno* 2978. Plus rapprochés de l'Adriatique que de la mer de Toscane, les Apennins couvrent la partie orientale (moins la Pouille) de collines boisées et de pâturages que sillonnent de nombreux torrents. A l'ouest s'étendent, entre la mer et le pied des monts, quelques grandes et fertiles campagnes (Toscane, Latium et Campanie) arrosées par des fleuves plus tranquilles (Tibre, Liris, Vulturne), mais brûlées par le vent du midi, et rendues insalubres par des marais pestilentiels.

Si l'on excepte ces plaines, peu nombreuses et peu étendues, l'Italie péninsulaire est, à vrai dire, partout hérissée de montagnes et coupée d'étroites vallées, au point que les Abruzzes et les Calabres, dans le royaume de Naples, sont à peu près inaccessibles pour une armée. Comment s'étonner que le morcellement politique ait toujours existé sur ce sol que la nature elle-même a tant divisé; que toute ville ait été un État, là où chaque vallée renfermait un peuple?

Volcans, fleuves, lacs et marais.

Des bords du Pô jusqu'aux extrémités de l'Italie, on a reconnu comme une immense traînée de matières volcaniques; mais l'activité des feux souterrains semble s'être maintenant concentrée, au sud de cette ligne, dans le Vésuve et les champs phlégréens (*Solfatara*), dans l'Etna et dans les

îles Lipari. Au nord, on ne trouve que des cratères éteints
dont plusieurs renferment les lacs, les collines volcaniques
de Rome, les sources inflammables de la Toscane et les
salses, ou volcans d'air et de boue, des environs de Parme,
de Reggio, de Modène et de Bologne.

Les Alpes et la partie septentrionale des Apennins enfer-
ment la riche plaine que traverse le Pô, et qui, de Turin à
Venise, n'offre pas une colline. Des torrents sans nombre,
descendus de cette ceinture de montagnes neigeuses, la sillonnent et la fécondent, mais l'exposent aussi à d'affreux
ravages. Ces torrents sont tributaires du Pô (*Padus*), qui,
né sur les flancs du mont Viso (*Vesulus*), est navigable depuis
Turin, et va se jeter dans l'Adriatique par plusieurs em-
bouchures dont le nombre et la position varièrent souvent.
Ce fleuve, en charriant les débris des montagnes qui l'entourent et du sol qu'il traverse, exhausse chaque jour son
lit, maintenant plus élevé à Ferrare que les toits de la ville,
et fait chaque année reculer la mer. Ses principaux affluents,
dont trente étaient navigables, sont, sur la rive droite : le
Tanaro (*Tanarus*), la Trebbia (*Trebia*), le Reno (*Rhenus*),
qui renferme l'île des Triumvirs ; sur la rive gauche : le
Tessin (*Ticinus*), l'Adda (*Addua*), le plus grand des affluents
du Pô, l'Oglio (*Ollius*), et le Mincio (*Mincius*). Plusieurs de
ces rivières ont donné naissance à de grands lacs, en rem-
plissant les bassins naturels creusés le long de leur cours ;
ainsi le Tessin a formé le lac Majeur (*Verbanus*, long de
62 kil.); l'Adda, le lac de Como (*Larius*, 53 kil.); l'Oglio,
le lac d'Iseo (*Sevinus*, 22 kil.); la Sarca, le lac de Garda
(*Benacus*, 53 kil.), d'où elle sort sous le nom de Mincio.

A l'est du Mincio, le dernier des affluents de la rive gauche
du Pô, descendent des Alpes dans l'Adriatique : l'Adige
(*Athesis*), le plus grand fleuve d'Italie après le Pô, car il a
400 kil. de cours; le Bacchiglione et la Brenta (*Medoacus
major et minor*, 98 et 178 kil.); la Piave (*Plavis*, 222 kil.);
le Tagliamento (*Tilaventum*, 53 kil.); l'Isonzo (*Sontius*,
89 kil.); le Timavo (*Timavus*), et l'Arsa (*Arsia*, 31 kil.).

Les Apennins envoient à la mer de Toscane, du nord au
sud, la Magra (*Macra*, 58 kil.); l'Arno (*Arnus*, 244 kil.); le

Tevere (*Tiberis*, 356 kil.), grossi de la Chiana (*Clanis*), de la
Néra (*Nar*) et du Teverone (*Anio*), qui des 42 cours d'eau que
le Tibre reçoit, mérite seul le nom de rivière ; le Garigliano
(*Liris*, 111 kil.), qui, comme le Tibre, court longtemps du
nord au sud avant de se jeter à la mer, à travers les marais
de Minturnes ; le Volturno (*Vulturnus*, 133 kil.); le Sele
(*Silarus*) et le Lao (*Laüs*). Dans l'Adriatique tombent, du
nord au sud, depuis le Pô : le Pisatello (*Rubico*), le Metauro
(*Metaurus*), l'Ésino (*Æsis*), le Fronto (*Frontus*, 89 kil.); la
Pescara (*Aternus*, 133 kil.); le Sangro (*Sangrus*, 133 kil.); le
Tiferno (*Tifernus*, 93 kil.); le Fortore (*Fronto*, 129 kil.); et
l'Ofanto (*Aufidus*, 183 kil.). Mais tous ces cours d'eau de
l'Italie péninsulaire ont le caractère capricieux des torrents
qui descendent des montagnes : larges et rapides au printemps, à l'époque de la fonte des neiges, ils se dessèchent
en été, et même les plus considérables d'entre eux restent,
dans tous les temps, à peu près inutiles pour la navigation.

Aux lacs que nous avons déjà nommés dans la haute Italie,
ajoutons ceux de Némi (*Nemorensis*), d'Albano (*Albanus*),
de Gabii (*Gabinus*), Regillo (*Regillus*), dans le Latium ; d'A-
verne et Lucrin dans la Campanie ; de Bracciano (*Sabatinus*),
de Bolsena (*Vulsinensis*), de Ronciglione ou de Vico (*Cimi-
nius*), de Bassano (*Vadimonius*), de Pérugia (*Trasimenus*),
la Palude Chiana (*Clusinus*) dans la Toscane ; enfin celui
de Celano (*Fucinus*) dont les débordements étaient une menace continuelle pour le pays des Marses.

C'est le long des bords de la mer de Toscane que s'étendent tous les marais de l'Italie péninsulaire, à l'exception de
ceux qu'on rencontre au nord et au sud du mont Gargano.
Pline le jeune parle de l'insalubrité des côtes de l'Étrurie,
où commençait déjà la *Maremme*. César, Auguste, essayèrent
vainement de dessécher les marais Pontins, qui couvrent un
espace de près de 30 lieues carrées. La Campanie avait les
marais de *Minturnes* et de *Marica* (Maremme du Garigliano),
le *Linterna palus* (Lago di Patria) et l'*Acherusia palus* (Lago
di Fusaro).

Iles.

L'Apennin projetant vers l'ouest tous ses contre-forts, et venant lui-même mourir au sud, c'est à l'ouest et au sud que se trouvent les promontoires et les îles. Les côtes de la mer de Toscane et de la mer Ionienne sont en effet découpées par de vastes golfes et des ports naturels qui appellent le commerce et la navigation, comme les vastes plaines qui s'étendent par derrière invitent à l'agriculture. Enfin, au large, s'étendent des îles qui sont comme placées en face de chaque grand promontoire. La rive italienne de l'Adriatique, au contraire, est unie et sans ports, et le navigateur, fuyant les pirates illyriens et l'inextricable labyrinthe de leurs îles, ne trouvait de refuge le long de cette côte inhospitalière qu'au fond de l'Adriatique, dans les lagunes de Venise. De là trois populations distinctes et ennemies : à l'ouest et au sud, les marchands sur la côte et les laboureurs dans les plaines; à l'est, les pâtres dans la montagne, ou, pour les appeler par leurs noms historiques, les Grecs italiotes et les Étrusques, qui firent longtemps tout le commerce de la péninsule, les Romains et les Latins, les plus habiles agriculteurs de l'Italie, les Sabins et les Samnites.

Les îles les plus importantes étaient : *Ilva* (Elbe), en face du promontoire de Populonium et renommée par ses mines de fer, qui, selon la croyance des anciens, se renouvelaient d'elles-mêmes; *Pontia* et *Pandataria*, au sud du promontoire de Circeii; *Ænaria* ou *Pithicusa* (Ischia), et *Prochyte* (Procida), en face du cap Misène; *Capreæ* (Capri), en face du cap de Sorrente.

La *Sicile* ou l'île aux trois promontoires (*Pelorum*, *Pachynum* et *Lilybæum*) appartient, avec le groupe des îles *Égates* (Tavagnana, Mavetimo et Levenzo) et des îles *Éoliennes* (Lipari), à l'Italie, dont elle est l'évidente continuation.

Plus éloignées de cette péninsule, la *Corse* et la *Sardaigne* en sont cependant encore des dépendances géographiques, et ont été, dans tous les temps, en étroite relation

avec elle. La surface de ces trois grandes îles est presque
le quart de la surface totale de l'Italie.

Passages des Alpes.

L'Italie n'était accessible que par un petit nombre de cols
ou passages que laissent entre eux les sommets des Alpes,
ou qu'ils forment, aux deux extrémités de la chaîne, en
s'abaissant vers la mer. Les routes que suivirent les légions
romaines pour passer en Gaule, dans l'Helvétie, la Rhétie,
le Noricum et l'Illyrie, étaient au nombre de dix. La première
traversait les Alpes maritimes; cinq autres passaient par le
mont Genèvre, le mont Cénis (*Cenisius*), le petit Saint-Bernard (*Alpis Graja*), le grand Saint-Bernard (*Penninus mons*)
et le Saint-Gothard (*Adulus mons*); la septième suivait le lac
de Como et remontait la Valteline; la huitième traversait le
mont Brenner; la neuvième, le col de Tarvis, et la dixième
conduisait dans l'Illyrie, à travers les Alpes juliennes.

Mais ces routes, bien que difficiles et dangereuses, pour
la plupart, ouvraient également l'Italie aux attaques extérieures. Ce fut même par là qu'elle reçut ses premiers habitants, par là aussi que vinrent les Gaulois et Annibal;
et depuis elle n'a échappé ni aux invasions des Barbares,
ni à aucune des guerres européennes, malgré sa formidable
barrière des Alpes, malgré leurs cimes colossales, « qui,
vues de près, semblent des géants de glace placés pour défendre l'entrée de cette belle contrée. »

Illyriens et Pélasges.

Tous les pays qui environnent l'Italie contribuèrent à
former sa population. L'Espagne lui envoya les tribus ibériennes des Sicanes et des Ligures; la Gaule, les Celtes ombriens; les grandes Alpes, les Étrusques de la Rhétie; l'Illyrie, de nombreuses tribus pélasgiques; la Grèce enfin, les
colonies helléniques. A ces peuples, il faut joindre les indigènes ou autochthones de l'Italie centrale. Il importe de
remarquer cette différence de race dans les populations italiennes, car elle entraînait nécessairement aussi une diffé-

rence de langues, de mœurs, de caractères, qui empêchait tous ces peuples de se regarder comme frères, de s'unir dans une même cause et pour la défense des mêmes intérêts. Ajoutez la nature physique de l'Italie, de cette longue et étroite péninsule, traversée dans toute sa longueur par une chaîne de montagnes et sillonnée à chaque pas par des chaînes transversales qui couvrent le pays d'innombrables vallées. Sur un sol ainsi découpé, avec une population d'origine si variée, il était impossible qu'il se formât un grand peuple ; chaque vallée allait devenir le territoire d'une peuplade, et les proportions de tout État s'y réduire à celles d'une tribu, d'une cité.

Ce fut à des époques reculées et à peu près inconnues que l'Italie reçut la plupart des colonies dont nous venons de parler. Les plus anciennes, arrivées vers 1700 et 1600, paraissent avoir été celles des *Pélasges* et des *Illyriens*, deux peuples qu'il faut peut-être rattacher à la même race, et qui peuplèrent toutes les côtes de la péninsule italique, comme ils occupaient déjà toute la rive orientale de l'Adriatique. C'étaient d'abord au sud, dans la Iapygie, les *Messapiens*, qui se divisaient en *Salentins* et *Calabrois ;* les *Peucétiens* ou *Pédicules*, et les *Dauniens ;* puis, dans l'autre presqu'île (Lucanie et Bruttium), les *OEnotriens*, les *Chones* et les *Morgètes*. En remontant vers le nord, entre les Apennins et la mer supérieure, on trouvait les *Liburnes*, et derrière eux, au nord du Pô et sur les bords de l'Adriatique, les *Vénètes*, qui avaient pour capitale *Patavium*. D'autres Pélasges ou Illyriens, les *Sicules*, couvrirent en même temps une partie de la vallée du Pô et les côtes occidentales de l'Italie.

Ibères et Celtes.

Mais, vers 1500, les tribus ibériennes des *Sicanes* et des *Ligures*, chassées de l'Espagne par une invasion celtique, se répandirent le long de la mer, depuis le Rhône jusqu'aux frontières de l'Étrurie, et dans les terres jusqu'au Pô et au Tessin ; quelques-uns passèrent même dans la Corse. On vantait leur activité infatigable, leur sobriété, leur courage, leur agilité.

Nous les verrons combattre 40 ans pour conserver leur liberté.
Les Sicanes, la plus avancée vers le sud-est des tribus ibériennes, forcèrent les *Sicules* à s'éloigner des rives de l'Arno.
Ces Pélasges rencontrèrent dans le Latium d'autres ennemis
qui les refoulèrent vers le sud, d'où ils passèrent enfin dans
l'île qui porte encore leur nom. Les Sicanes, opprimés à leur
tour par les Ombriens, eurent le sort de ceux qu'ils avaient
d'abord vaincus et les suivirent dans leur nouvelle demeure.

Ces *Ombriens* (*Ambra*, les nobles, les vaillants) étaient
des Gaulois qui, arrivés en Italie vers 1400, s'emparèrent,
après de sanglants combats, de toute la plaine du Pô, refoulèrent vers le sud les *Liburnes*, dont il subsista à peine quelques restes sur les bords de l'Aternus, sous le nom de *Præ-
tutiens* et de *Péligniens*, et allèrent au delà des Apennins
soumettre encore le pays situé entre le Tibre et l'Arno. La
domination ombrienne s'étendit alors depuis la haute Italie
jusqu'au Tibre. Ce vaste territoire fut partagé en trois provinces : l'*Issombrie* (basse Ombrie), qui comprit les plaines
que traverse le Pô; l'*Ollombrie* (haute Ombrie), entre l'A-
driatique et les Apennins; enfin la *Vilombrie* (Ombrie maritime), de l'autre côté des Apennins jusqu'à la mer inférieure. De nombreuses villes s'y élevèrent, dont les principales furent *Ravenne*, *Ariminum* et *Ameria*.

Tyrrhènes et Hellènes.

L'obscurité qui enveloppe ces temps reculés n'a pas encore
permis de concilier les diverses traditions qui nous restent
sur les mouvements de peuples dont l'Italie fut alors le théâtre. Ainsi de nombreux témoignages et d'indestructibles monuments attestent l'existence, dans la contrée située entre
le Tibre et l'Arno, de *Pélasges tyrrhéniens*, mais sans qu'on
puisse savoir à quelle époque ils arrivèrent, ni comment ils
s'emparèrent du pays. Peut-être faut-il attribuer cette première civilisation de l'Étrurie aux Pélasges sicules et à la
colonie tyrrhénienne qui, selon Hérodote et les auteurs latins, vint de la Lydie s'établir sur les bords du Tibre, et s'é-
tendit de là sur toute l'Ombrie maritime.

Les événements qui suivirent la guerre de Troie amenèrent de nouvelles colonies dans la Péninsule. Celle de l'Arcadien Évandre à *Pallantium*, 60 ans avant cette guerre; celle du fils d'Amphiaraüs à Tibur, celle d'Énée dans le Latium, et la fondation d'*Albe la Longue*, par son fils Ascagne, appartiennent aux traditions mythologiques. Mais il paraît hors de doute qu'après la chute de Troie, ou du moins à une époque reculée, des Grecs abordèrent dans le sud de l'Italie. Ainsi, sur le golfe de Tarente, *Pétilie* avait été fondée, disait-on, par Philoctète; *Métaponte*, par les Pyliens de Nestor; *Salente*, par Idoménée; *Sipontum*, *Argos Hippium*, *Salapia*, *Canusium* et *Maleventum* (Bénévent), par Diomède et ses compagnons. De petites îles, au nord du mont Garganus, portaient même le nom d'*îles de Diomède*.

Mais ces premiers établissements de la race hellénique en Italie, s'ils sont historiques, eurent peu d'importance. Restés sans relations avec la mère patrie, ils perdirent peu à peu le caractère de cités grecques. Il faut faire une exception pour *Cumes*, fondée sur les côtes de la Campanie, vers 1130 ou 1050, par des Éoliens venus de Chalcis en Eubée, et de Cyme en Éolie. Elle parvint de bonne heure à un haut degré de puissance, occupa les petites îles voisines de la côte, et fonda trois cités célèbres à divers titres : *Dicearchia* ou *Puteoli* (Pouzzoles), qui lui servit de port; *Parthenope*, appelée aussi *Paleopolis* ou *Neapolis* (Naples); enfin *Zancle* ou Messine en Sicile.

Osces et Sabelliens.

Au milieu de ces peuples étrangers fixés dans le sud et dans le nord de l'Italie, existaient deux races indigènes, les Sabelliens et les Osces. Les Osces ou Opiques, appelés aussi par les Grecs Ausones et Auronces, habitaient depuis le Tibre jusqu'aux montagnes de Bénévent. Au temps de leur puissance, les Sicules avaient possédé la terre des Opiques; mais quand ils eurent perdu les plaines du Pô et de l'Étrurie, une tribu des Osces, les *Casci*, nommés plus tard *Aborigènes*, descendit des pays montagneux entre *Amiterne* et *Réate*, et s'empara des campagnes situées sur la rive gauche

du Tibre. Par leur mélange avec des Ombriens, des Tyrrhènes, des Sicules et des Ausones, les Casci formèrent le nouveau peuple des *Latins*. Les autres tribus ausoniennes pro-
litèrent sans doute, à la même époque, de la faiblesse des
Sicules pour rentrer en possession des plaines de la Campanie et du Latium méridional, et les Latins eurent pour voisins, au sud, les *Rutules*, les *Volsques*, les *Herniques* et les
Auronces. Quant à la race belliqueuse des pasteurs sabelliens, elle ne formait encore qu'un seul peuple, celui des
Sabins, qui habitaient dans le nord de la contrée nommée
plus tard Samnium.

Telle était donc la situation de l'Italie, onze siècles environ avant notre ère : Au nord, la puissante nation des Ombriens, qui, dans l'Issombrie et l'Ollombrie seulement, possédait, dit-on, 300 villes ou bourgades, mais qui était déjà
menacée, au sud-ouest, par les attaques des Tyrrhéniens,
d'une prochaine décadence; au fond du golfe Adriatique, les
Vénètes; au fond du golfe de Gênes, les Ligures; dans la
partie centrale et montagneuse de la Péninsule, les Osces et
les Sabelliens; à l'est, sur l'Adriatique, les restes des Liburnes et les établissements pélasgiques de la Iapygie; à l'ouest
enfin, les OEnotriens, dans la Lucanie et le Bruttium, alors
appelé *Italia*.

Étrusques.

Dans le cours du onzième siècle, un nouveau peuple parut
en Italie, les *Rhasénas*, appelés aussi *Tusci*, et plus tard
Tyrrheni, lorsqu'ils se furent mêlés avec la colonie lydienne,
établie avant eux sur les côtes de la mer Inférieure. Descendus des montagnes de la Rhétie, les Rhasénas traversèrent
les plaines du Pô, franchirent les Apennins, et, après avoir
dompté les Tyrrhènes, s'arrêtèrent dans l'Ombrie maritime,
où douze villes, fortifiées avec soin et habitées par les conquérants, tinrent tout le pays dans leur dépendance[1]. Une
fois fermement établis dans l'Étrurie, les Rhasénas étendi-

---

1. A l'est, *Arretium, Cortona, Clusium, Perusia, Volsinii;* à l'ouest, *Volaterræ, Vetulonium, Rusellæ, Tarquinii;* au sud de la forêt ciminienne, *Fa-
lerii, Veii, Cœre.*

rent peu à peu, au nord et au sud, leurs conquêtes. Les Ombriens, dépouillés de la Vilombrie, perdirent en outre les
300 villages qu'ils possédaient sur les bords du Pô : attaqués encore dans l'Ollombrie par les Rhasénas, à l'ouest, et
au sud par les Sabins, ils furent refoulés jusque sur les bords
de l'Æsis, et cessèrent dès lors de former une nation redoutable; pour conserver leurs conquêtes dans les plaines du
Pô, les douze cités étrusques y construisirent chacune une
ville, et un lien fédératif unit entre elles ces douze colonies,
comme l'étaient déjà leurs métropoles[1].

A une époque postérieure, 800 ans environ avant notre
ère, les Étrusques s'établirent aussi dans la Campanie. Maîtres encore de toutes les petites îles qui s'étendent le long de
la côte occidentale, même de la Corse et de la Sardaigne, ils
devinrent le peuple le plus commerçant et le plus industrieux
des bords de la Méditerranée. Rivaux heureux des Grecs et
des Carthaginois, ils accumulèrent entre leurs mains d'im-

TOMBEAUX ÉTRUSQUES (à Tarquinies).

menses richesses; mais de cette prospérité il ne sortit pour
eux que corruption et faiblesse. La preuve de cette prospé-

1. Les principales étaient *Melpum, Brixia, Verona, Mantua, Adria, Bononia, Mutina, Parma.*

rité existe encore dans les monuments funéraires découverts
à Corneto, à Vulci, à Veïes, à Cœré, etc. L'intérieur des ca-
veaux est orné de peintures, et on y a trouvé des urnes et des
sarcophages qui portent de magnifiques bas-reliefs, des miroirs métalliques, des vases peints, une multitude d'objets
en métaux précieux, ciselés ou travaillés avec recherche.
Toutes ces œuvres attestent la proche parenté de l'art étrusque avec l'art grec et de nombreuses réminiscences de l'o-
rient. Quant à la langue, elle a disparu. Nous possédons
bien 1200 inscriptions étrusques, mais elles sont pour nous
lettres closes.

L'Italie en 754.

L'an 754 avant notre ère, l'Italie n'avait pas encore reçu
ses dernières colonies. Si le centre de la presqu'île était occupé par les peuples qui devaient en rester définitivement
les maîtres, les Gaulois, auxquels était réservée la vallée du
Pô [1], les Grecs, dont les nombreux établissements allaient
faire donner au sud de l'Italie le nom de Grande-Grèce, n'é-
taient pas encore arrivés [2]. Quant aux peuples depuis longtemps établis dans la Péninsule, ils vivaient à l'écart et sans
union, et par conséquent sans puissance. Il convient de faire
une exception pour les Étrusques. Nul peuple n'avait alors
en Italie des possessions aussi étendues ni une civilisation
aussi avancée. Il ne faut donc pas s'étonner s'ils exercèrent
sur Rome naissante une grande influence; si une partie
de la religion, des coutumes et des arts de la cité nouvelle furent empruntés à l'Étrurie; si plusieurs fois même
elle subit l'ascendant politique de quelques chefs étrusques.
Mais ce grand peuple, qui dominait depuis les Alpes jusqu'au Vésuve, n'échappait pas lui-même à ce morcellement
qui semble le caractère nécessaire de toutes les sociétés ita-

---

1. Vers 587 les *Insubres* fondent Milan, et dans l'espace de 66 ans les *Cénomans* s'établissent à Brixia et à Vérone; les *Anamans* à Plaisance; les
Boïes à Bononia, les *Lingons* à l'embouchure du Pô, et les *Senons* le long
de l'Adriatique jusqu'à l'Æsis.

2. Fondation vers 720 de la colonie grecque de Sybaris; 710, Crotone;
707, Tarente; 683, Locres; 668, Rhégium, Élée; 446, Thurium.

liennes. Descendus des montagnes de la Rhétie, où ils étaient sans doute divisés en autant de tribus qu'ils habitaient de vallées, ils avaient conservé cette division dans leurs nouveaux établissements ; au lieu de tribus, c'étaient des villes confédérées. Chaque cité avait son roi (lars ou lucumon), chef d'une aristocratie puissante qui réunissait les priviléges des castes égyptiennes des guerriers et des prêtres, et faisait de la religion, de la science et de l'autorité politique son patrimoine héréditaire.

En résumé, dans l'Italie supérieure, des Ligures, des Ombriens, des Étrusques, des Vénètes ; dans le nord de la partie péninsulaire, des Étrusques encore et des Ombriens ; dans l'Opique, le long de la mer Tyrrhénienne, du Tibre au Silarus, la foule des tribus ausoniennes avec les Étrusques des bords du Vulturne ; dans les Apennins, les peuples sabelliens mélangés d'Ausones, et, sur les bords de l'Adriatique, les Liburnes et les Pélasges ; enfin autour du vaste golfe auquel Tarente donna plus tard son nom, les restes des tribus pélasgiques ou illyriennes, dont il se retrouvait de nombreux débris sur tous les points de la péninsule.

C'était donc partout différence d'origine, et par suite différence de mœurs et de langage, fractionnement, au sein d'un même peuple, en tribus rivales, et par conséquent partout aussi faiblesse et guerres intestines. Que, maintenant, au milieu de ces peuplades rendues étrangères les unes aux autres par un long isolement, on place un peuple qui s'est fait de la guerre une nécessité, de l'exercice des armes une habitude, de la discipline militaire une vertu, et l'on comprendra que ce peuple triomphe successivement de toutes ces tribus, qui, attaquées les unes après les autres, s'apercevront trop tard que la ruine de l'une était la menace et l'annonce de la ruine prochaine de l'autre.

PREMIÈRE PÉRIODE.

ROME SOUS LES ROIS,

ou

ÉPOQUE DE LA FORMATION DU PEUPLE ROMAIN.

244 ans (754-510 avant J. C.)

CHAPITRE II.

HISTOIRE TRADITIONNELLE DES ROIS (754-510).

ROMULUS; FONDATION DE ROME (754). — L'ASILE; LES SABINES ET TATIUS.
NUMA (714-672); INSTITUTIONS RELIGIEUSES. — TULLUS HOSTILIUS (672-
640): RUINE D'ALBE. — ANCUS (640-616); SES GUERRES CONTRE LES
LATINS. — TARQUIN L'ANCIEN (616-578); EMBELLISSEMENTS DE ROME;
INTRODUCTION DES COUTUMES ÉTRUSQUES. — SERVIUS TULLIUS (578-
534); RÉFORMES POPULAIRES. — TARQUIN LE SUPERBE (534-510); SA
PUISSANCE; LES LIVRES SIBYLLINS; LUCRÈCE ET BRUTUS. — EXIL DE
TARQUIN (510); GUERRES ROYALES (510-494).

Romulus; fondation de Rome (754).

Au commencement, disent les traditions, régnait, sur
les Aborigènes du Latium, un roi étranger, fils d'Apollon,
Janus. Il donna à Saturne, dépossédé par Jupiter, le mont
Cupitolin, et le dieu, pour prix de cette hospitalité, en-
seigna aux Latins l'art de cultiver le blé et la vigne. A Janus
succédèrent Picus, Faunus et l'Arcadien Évandre, qui bâtit
une ville sur le *Palatin*. Hercule aussi vint dans le Latium,
où il abolit les sacrifices humains, et tua sur l'*Aventin* le
brigand Cacus. Ainsi Rome plaçait, comme tous les vieux
peuples, des dieux, des demi-dieux et des héros à l'origine
de son histoire; et parmi les cités qui l'avaient précédée sur
la terre, elle choisissait la plus illustre pour métropole.
Énée, échappé à la ruine de Troie, disait encore la légende,
vint débarquer sur les côtes du Latium avec son fils Ascagne,

ROME
ANTIENNE

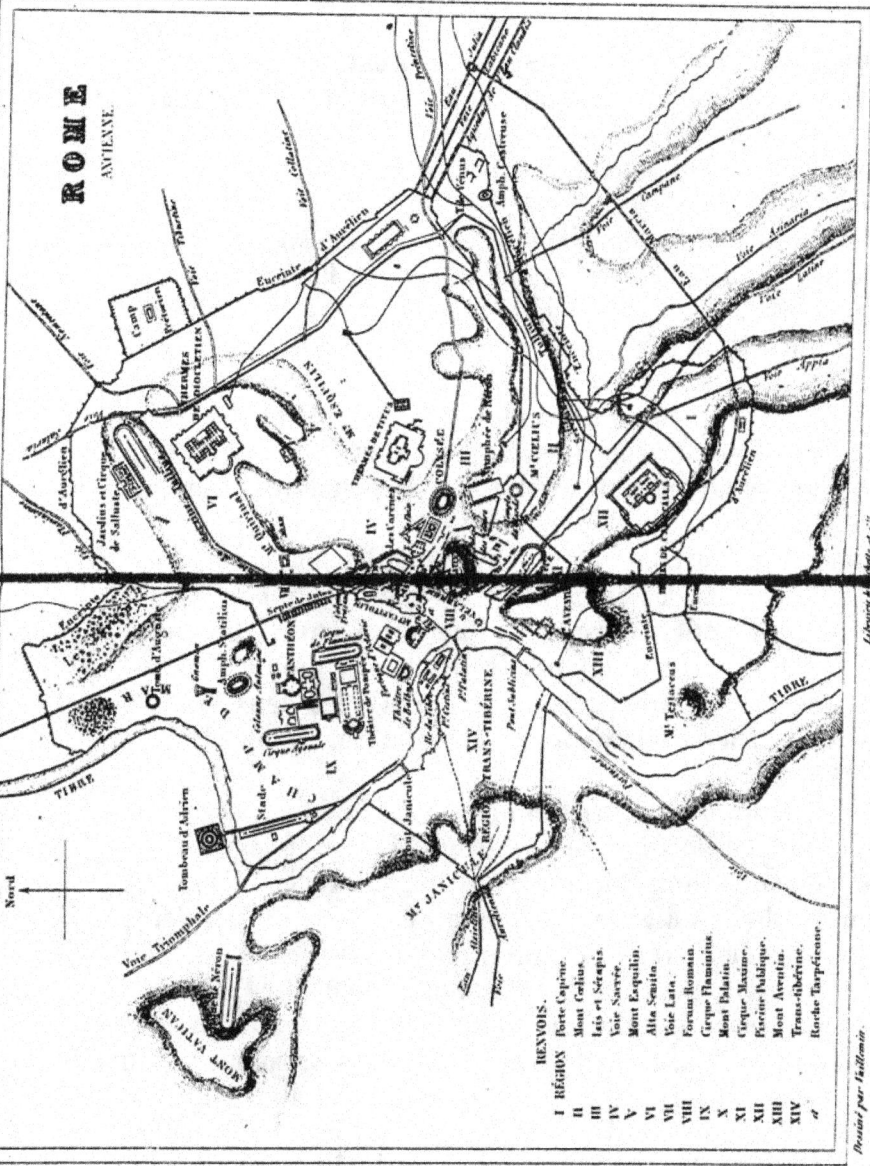

Nord

Voie Triomphale

MONT VATICAN

TIBRE

Voie Triomphale

Tombeau d'Adrien

Stade

M.ᵗ JANICULE

RÉGIO TRANS-TIBÉRINE

M.ᵗ Testaceus

TIBRE

Camp Prétorien

THERMES DIOCLÉTIEN

Jardins et Cirque de Salluste

THERMES DE CARACALLA

MÆCELIUS

Voie Appia

Voie Latina

Voie Ardeatine

Voie Ostia

RENVOIS.

I RÉGION — Porte Capène.
II — Mont Celius.
III — Isis et Sérapis.
IV — Voie Sacrée.
V — Mont Esquilin.
VI — Alta Semita.
VII — Voie Lata.
VIII — Forum Romain.
IX — Cirque Flaminius.
X — Mont Palatin.
XI — Cirque Maxime.
XII — Piscine Publique.
XIII — Mont Aventin.
XIV — Trans-tibérine.
 — Roche Tarpéienne.

Dessiné par Vuillemin.　　Librairie de Audot et Cie.　　Gravé par E. Morieu.

les dieux pénates et le Palladium de Troie. Latinus, roi du pays, accueillit l'étranger et lui donna pour épouse sa fille Lavinia. Mais dans une bataille contre les Rutules, Énée, vainqueur de Turnus, disparut au milieu des flots du Numicius; on l'adora sous le nom de Jupiter Indigète. Ascagne continua la guerre, et dans un combat singulier, tua Mézence, l'allié de Turnus. Quittant alors la côte insalubre où son père avait fondé Lavinium, il alla bâtir Albe la Longue sur le mont Albain. Douze rois de la race d'Énée s'y succédèrent; l'un d'eux, Procas, laissa deux fils, Numitor et Amulius. Le premier, comme l'aîné, devait hériter du royaume, mais Amulius s'en saisit, tua le fils de Numitor, plaça sa fille Sylvia parmi les vestales, et ne laissa à son frère qu'une partie des domaines privés de leur père. Or, un jour que Sylvia était allée puiser, à la source du bois sacré, l'eau nécessaire au temple, Mars lui apparut, et promit à la vierge effrayée de divins enfants. Devenue mère, Sylvia fut condamnée à mort selon la rigueur des lois du culte de Vesta, et ses deux fils jumeaux furent exposés sur le Tibre. Le fleuve était alors débordé; leur berceau, doucement porté par les eaux jusqu'au mont Palatin, s'arrêta au pied d'un figuier sauvage, et une louve, attirée par leurs cris, les nourrit de son lait. Frappé de ce prodige, Faustulus, berger des troupeaux du roi, prit les deux enfants et les donna à sa femme Acca Larentia qui les appela Romulus et Rémus.

Élevés sur le Palatin, comme les enfants du berger, ils grandirent en force et en courage. Les compagnons de Romulus se nommaient les Quintilii, ceux de Rémus, les Fabii; et déjà la division se mettait entre eux. Cependant, un jour les deux frères prirent querelle avec les bergers du riche Numitor, dont les troupeaux paissaient sur l'Aventin; et Rémus, surpris dans une embuscade, fut traîné par eux à Albe, devant leur maître. Les traits du prisonnier, son âge, cette double naissance, frappèrent Numitor; il se fit amener Romulus, et Faustulus découvrit aux deux jeunes gens le secret de leur naissance. Aidés de leurs compagnons, ils tuèrent Amulius, et Albe rentra sous la domina-

tion de Numitor. En récompense, il leur abandonna tout
le pays qui s'étendait du Tibre à la route d'Albe, jusqu'au
sixième mille. Égaux en force et en autorité, les deux
frères se disputèrent l'honneur de bâtir en ce lieu une nouvelle cité. On s'en remit aux dieux, dont on consulta la volonté par l'augure sabellien du vol des oiseaux. Rémus, sur
l'Aventin, vit le premier six vautours : mais presque aussitôt
il s'en montra douze à Romulus, sur le Palatin; et leurs
compagnons, gagnés par cet heureux présage, prononcèrent en sa faveur.

Suivant les rites étrusques, Romulus attela à une charrue
un taureau et une génisse sans tache, et avec un soc d'airain il traça autour du Palatin un sillon qui représenta
le circuit des murs, le *Pomœrium*, enceinte sacrée, au
delà de laquelle commençait la ville profane, la cité sans
auspices des étrangers, des plébéiens (21 avril 754). Déjà
le rempart s'élevait, quand Rémus, par dérision, le franchit d'un saut : mais Céler, ou Romulus lui-même, le tua,
en s'écriant : « Ainsi périsse quiconque franchira ces murs! »

L'asile; les Sabines et Tatius.

Pour augmenter la population de la nouvelle cité, Romulus ouvrit un Asile sur le mont Capitolin, et fit demander, dans les villes voisines, de s'unir à son peuple par des
mariages. Partout on refusa avec mépris : « Ouvrez aussi,
disait-on, un asile aux femmes. » Il dissimula; mais aux
fêtes du dieu Consus, il fit enlever les jeunes filles, accou-
rues avec leurs pères à ces jeux. On ne s'entendit point
pour punir cet outrage. Les Céniniens, prêts les premiers,
furent battus; Romulus tua leur roi Acron, et consacra ses
armes, comme dépouilles opimes, à Jupiter Férétrien. Les
Crustuminiens, les Antemnates eurent le même sort, et
perdirent leurs terres. Mais les Sabins de Cures, conduits
par leur roi Tatius, pénétrèrent jusqu'au Capitolin et s'emparèrent de la citadelle, par la trahison de Tarpéia. Pour
leur en ouvrir les portes, elle leur avait demandé ce qu'ils
portaient au bras gauche; c'étaient des bracelets d'or. Mais

de ce bras ils portaient aussi leur bouclier. En entrant ils les lui jetèrent; elle resta étouffée sous leur poids. Cependant les Romains fuyaient, quand Romulus, vouant un temple à Jupiter Stator, renouvela le combat que les Sabines arrêtèrent, en se précipitant entre leurs pères et leurs époux. La paix fut conclue, et le fondement de la grandeur de Rome, posé par l'union des deux armées.

Au bout de cinq ans, Tatius fut tué par les Laurentins, auxquels il refusait justice d'un meurtre; les Sabins consentirent à reconnaître Romulus pour roi. Des victoires sur les Fidénates et les Véiens justifièrent ce choix. Mais un jour qu'il passait la revue de ses troupes, près du marais de la Chèvre, un orage dispersa le peuple; quand il revint, le roi avait disparu. Proculus raconta à la foule qu'il avait vu Romulus monter au ciel sur le char de Mars, au milieu de la foudre et des éclairs. On l'adora sous le nom de Quirinus. Le sénat l'avait immolé à ses craintes, sauf à en faire ensuite un dieu pour tromper la colère du peuple (715).

Numa (714-673); institutions religieuses.

Les deux peuples ne purent s'entendre pour lui donner un successeur, et, pendant une année, les sénateurs gouvernèrent tour à tour comme interrois. On convint à la fin que les Romains feraient l'élection, mais qu'ils ne pourraient choisir qu'un Sabin. Une voix nomma Numa Pompilius; tous le proclamèrent; c'était le plus juste des hommes, et le favori des dieux. Inspiré par la nymphe Égérie, il régla les cérémonies religieuses, les fonctions des Pontifes, gardiens du culte; des Flamines, ministres des grands dieux; des Augures, interprètes des volontés divines; des Féciaux, qui prévenaient les guerres injustes; des Vestales qui, choisies par le grand prêtre dans les plus nobles familles, conservaient le feu perpétuel, le Palladium et les dieux pénates; des Saliens enfin qui gardaient le bouclier tombé du ciel (ancile), et honoraient le dieu de la guerre par des chants et des danses armées. Il défendit les sacrifices sanglants et la représentation des dieux par des images de bois, de pierre ou d'airain. Il encouragea l'agriculture ; et, afin d'en régulariser les travaux, il réforma le calendrier. Pour que chacun vécût en paix sur son héritage, il distribua au peuple les terres conquises par Romulus, éleva un temple à la Bonne Foi, et consacra les limites des propriétés (fête des *Terminalia*) en dévouant aux dieux infernaux ceux qui déplaceraient les bornes des champs. Il divisa encore les pauvres en neuf corps de métiers, et construisit le temple de Janus, dont les portes, ouvertes, annonçaient la guerre ; fermées, la paix. Mais sous Numa « les villes voisines semblaient avoir respiré l'haleine salutaire d'un vent doux et pur qui venait du côté de Rome ; « et le temple de Janus resta toujours fermé. Hors ces pacifiques travaux, la tradition ne sait rien du second roi de Rome et reste muette sur ce long règne de 43 ans.

Tullus Hostilius (673-640) ; ruine d'Albe.

Au prince pieux et pacifique succède le roi guerrier et sacrilége, à Numa, Tullus Hostilius. Petit-fils d'un Latin dont l'aïeul avait vaillamment combattu auprès de Romulus, Tullus aima les pauvres, leur distribua des terres, et alla demeurer lui-même au milieu d'eux sur le Cœlius, où il établit les Albains vaincus.

Albe, la mère de Rome, était peu à peu devenue étrangère à sa colonie ; de mutuels pillages amenèrent la guerre. Longtemps les deux armées restèrent en présence, sans oser engager une lutte sacrilége. Enfin, les trois Horace pour Rome, les trois Curiace pour Albe, décidèrent, en combat singulier, quel peuple commanderait. La fortune de Rome et l'adresse du seul Horace resté vivant l'emportèrent. Mais le vainqueur souilla sa victoire par le meurtre de sa sœur, qui pleurait l'un des Curiace, son fiancé. Condamné à mort par les duumvirs, il n'échappa que par un appel au peuple.

Albe s'était soumise ; mais dans une bataille contre les Fidénates, le dictateur des Albains, Mettius Fufétius, attendit à l'écart, avec ses troupes, l'issue du combat. « Ton cœur s'est partagé entre moi et mes ennemis, dit Tullus, ainsi il sera fait de ton corps ; » et on l'attacha à deux chars tirés en sens contraire. Puis Albe fut détruite, son peuple transféré à Rome sur le Cœlius, ses patriciens admis dans le sénat, et ses riches parmi les chevaliers. Rome hérita des prétentions d'Albe au rang de métropole des cités latines. Tullus combattit encore avec succès les Sabins et les Véiens dont il assiégea la ville. Mais il négligeait le service des dieux ; leur colère attira sur Rome une maladie contagieuse qui atteignit le roi lui-même. Il crut trouver dans les livres de Numa un moyen d'expiation et le secret de forcer Jupiter Élicius à des révélations. Une faute commise dans ces conjurations redoutables attira sur lui la foudre, et la flamme dévora son corps et son palais (640).

Ancus (640-616); ses guerres contre les Latins.

Son successeur, Ancus, qu'on dit petit-fils de Numa, encouragea l'agriculture à l'exemple de son aïeul, rétablit la religion négligée, et fit écrire sur des tables et exposer dans le Forum les lois qui en réglaient le cérémonial ; mais il ne put, comme Numa, tenir fermé le temple de Janus ; car les Latins rompirent l'alliance conclue avec Tullus. Quatre de leurs villes furent prises; leurs habitants établis sur l'Aventin, et le territoire de Rome étendu jusqu'à la mer. Ancus y trouva des salines et des forêts qu'il attribua au domaine royal, et aux bouches du Tibre, un emplacement favorable, où il fonda le port d'Ostie. Il construisit le premier pont de bois sur le Tibre (*pons Sublicius*), et en défendit les approches, du côté de l'Étrurie, par une forteresse sur le Janicule. Pour couvrir les habitations des nouveaux colons sur la rive opposée, il traça le fossé des Quirites, et pour prévenir les délits, devenus plus nombreux par l'augmentation de la population, il creusa, dans le tuf du mont Capitolin, la prison du Forum.

Tarquin l'Ancien (616-578); embellissements de Rome; introduction des coutumes étrusques.

Sous le règne d'Ancus, un étranger était venu s'établir à

Rome. C'était le fils du Corinthien Démarate, riche marchand de la famille des Bacchiades, qui, fuyant la tyrannie
de Cypsélos, s'était retiré à Tarquinies, et de là à Rome. Il
sut gagner la confiance d'Ancus, qui lui laissa la tutelle de
ses fils, et l'affection du peuple qui le proclama roi.

Sous ce prince, Rome s'embellit et accrut son territoire.
Le Forum, desséché et entouré de portiques, servit aux
réunions et aux plaisirs du peuple. La ville fut ceinte d'une
muraille en pierres, le Capitole commencé, et le cirque
aplani pour les spectacles et les jeux apportés de l'Étrurie.
Les plus considérables de ces travaux furent les égouts souterrains dont une partie subsiste encore sous la Rome moderne. Pour de tels ouvrages, qui n'ont pas du moins la
grandiose inutilité des constructions égyptiennes, il fallut,
sans doute, soumettre le peuple à de pénibles corvées et le
trésor à d'énormes dépenses. Mais le roi y pourvut avec le
butin enlevé aux Sabins et aux Latins dans des guerres
heureuses, qui lui valurent les terres comprises entre le
Tibre, l'Anio et la Sabine des montagnes. La soumission
des Étrusques, qui lui auraient envoyé, en signe de leur
défaite, les faisceaux, la couronne, le sceptre, la chaise curule
et la robe de pourpre, n'est qu'une tradition incertaine et
improbable.

Tarquin célébra, le premier, un triomphe avec toute la
pompe étrusque, la robe semée de fleurs d'or, et le char
traîné par quatre chevaux blancs. De son règne, sans doute,
date l'introduction dans Rome des costumes étrusques, les
robes royales, les manteaux de guerre, la prétexte, la tu-
nique palmée; celle des chaises curules, des faisceaux, des
licteurs, etc. Ce qui est plus grave, c'est l'admission de cent
plébéiens dans le sénat et la formation de trois nouvelles
centuries de chevaliers. Les patriciens, par la bouche de
l'augure Attus Navius, s'y opposèrent vainement. Celui-ci,
cependant, avait appuyé son opposition d'un miracle. « Augure, avait dit le roi, la chose à laquelle je pense se peut-
elle? — Oui, répondit Navius après avoir observé le ciel.
— Coupe donc ce caillou avec un rasoir. » L'augure le prit
et le coupa. Pour rappeler sans cesse au peuple ce souvenir,

près d'un autel où furent déposés la pierre et le rasoir, on dressa la statue de Navius, la tête voilée, comme au moment où l'augure attendait les révélations des dieux. Dès lors personne n'osa plus douter de la science augurale. Et le roi, après lui l'aristocratie, eurent le moyen de faire parler le ciel pour imposer leur volonté au peuple.

Tarquin régnait déjà depuis 30 ou 40 ans, lorsqu'un jour deux pâtres, apostés par les fils d'Ancus, se prirent de querelle dans le voisinage de la demeure royale ; appelés devant le roi, l'un d'eux profita du moment où le prince écoutait l'autre, pour lui fendre la tête d'un coup de hache. Tanaquil fit aussitôt fermer les portes du palais, et déclara au peuple que le roi, seulement blessé, chargeait son gendre Servius de gouverner à sa place. Pendant plusieurs jours, elle cacha sa mort, et lorsqu'on la connut, Servius resta roi, sans avoir été accepté par l'assemblée des curies, mais du consentement du sénat (578).

Servius Tullius (578-534) ; réformes populaires.

Dans la tradition romaine, Servius était le fils d'une esclave ou du prince de Corniculum, tué dans une guerre contre les Romains : son origine incertaine était entourée de mystères, et il avait grandi dans le palais du roi au milieu des prodiges et des signes manifestes de la faveur des dieux. Mais les écrivains toscans faisaient de Servius le fidèle compagnon de Cœlès Vibenna, chef d'une armée de mercenaires étrusques. Après avoir, disaient-ils, longtemps partagé sa fortune, Servius était venu s'établir à Rome, sur le mont Cœlius, avec les restes de son armée ; il avait alors changé son nom étrusque de Mastarna contre le nom romain de Servius, et obtenu la dignité royale.

Servius donna à Rome l'étendue qu'elle eut sous la république, en réunissant à la ville, par une muraille, le Viminal, l'Esquilin et le Quirinal ; puis il la partagea en 4 quartiers ou tribus urbaines, Palatine, Suburrane, Colline et Esquiline ; chaque quartier ayant son tribun, qui dressait les listes pour les contributions et le service militaire. Le terri-

toire fut divisé en 26 cantons nommés aussi tribus, et
tout le peuple d'après le cens, en 6 classes et en 193 centuries (voy. p. 34). Au dehors, Servius conclut une alliance
avec les 30 villes latines, et pour mieux en serrer les nœuds,
on éleva, à frais communs, un temple à Diane sur le mont
Aventin, où quelques peuples sabins vinrent aussi sacrifier.
Une guerre contre les Véiens et les Étrusques se termina
par un accroissement de territoire ; mais la distribution de
ces terres qu'il fit aux pauvres augmenta encore la haine
des patriciens, dont il avait, par ses lois, considérablement
diminué la puissance. Aussi favorisèrent-ils la conspiration
qui se forma contre le roi populaire.

Les deux filles de Servius avaient épousé les deux fils de
Tarquin l'Ancien, Lucius et Aruns. Mais l'ambitieuse Tullie
avait été fiancée à Aruns, le plus doux des deux frères, et
sa sœur à Lucius, qui mérita, par son orgueil et sa cruauté,
le surnom de Superbe. Tullie et Lucius ne tardèrent pas à
se comprendre, et à unir leurs criminelles espérances. Tullie
se débarrassa par le poison de son mari et de sa sœur, pour
épouser Lucius. Accablé de douleur, Servius voulut déposer
la couronne et établir le gouvernement consulaire. Ce fut le
prétexte qu'offrit Lucius aux patriciens pour le renverser. Un
jour, tandis que le peuple était aux champs pour la moisson,
il parut dans le sénat revêtu des insignes de la royauté,
précipita le vieux roi du haut des degrés en pierre qui
conduisaient à la curie, et le fit tuer par ses affidés ; Tullie,
accourant pour saluer roi son époux, fit rouler son char sur
le corps sanglant de son père. La rue en garda le nom de
via Scelerata. Mais le peuple n'oublia pas celui qui avait
voulu fonder les libertés plébéiennes, et chaque jour de
Nones il fêtait la naissance du bon roi Servius (534).

Tarquin le Superbe (534-510); sa puissance; les livres sibyllins; Lucrèce et Brutus.

Au roi succéda le tyran. Entouré d'une garde de mercenaires, et secondé par une partie des sénateurs qu'il avait
gagnés, Tarquin gouverna sans souci des lois : dépouillant
les uns de leurs biens, bannissant les autres, et punissant de

mort tous ceux qui lui inspiraient des craintes. Pour affermir
son pouvoir, il s'allia avec des étrangers, et donna sa fille à
Octavius Mamilius, dictateur de Tusculum. Rome avait sa
voix aux féries latines, où les chefs de 47 villes, réunies dans
le temple de Jupiter Latiaris, sur le mont Albain, offraient
un sacrifice commun, et célébraient leur alliance par des
fêtes. Tarquin changea ces rapports d'égalité en une domination réelle, et devenu le chef de la confédération latine, à
laquelle appartenaient aussi les Herniques et les villes
volsques d'Écetra et d'Antium, il assiégea et prit la riche
cité de Suessa Pométia, qui sans doute refusait d'entrer dans
la ligue. Gabies dans le Latium eut le même sort. Sur les
terres enlevées aux Volsques, Tarquin fonda les colonies de
Signia et de Circeii.

Comme son père, Tarquin aimait la pompe et la magnificence. Il appela d'habiles ouvriers étrusques, et avec le
butin fait sur les Volsques il acheva les égouts et le Capitole.
En creusant dans le sol pour jeter les fondements de cet
édifice, on trouva une tête qui semblait fraîchement coupée,
signe, dirent les augures, que ce temple serait la tête du
monde. Au-dessous du Capitole, on renferma dans un coffre
de pierre les livres sibyllins. C'était une prophétesse, la
sibylle de Cumes, qui était venue, sous les traits d'une vieille
femme, offrir au roi de lui vendre neuf livres. Sur son refus,
elle en brûla trois et revint demander la même somme pour
les six autres. Un second refus lui en fit brûler trois encore.
Tarquin, étonné, acheta ceux qui restaient, et les confia à
la garde de deux patriciens.

Cependant des signes menaçants effrayèrent la famille
royale. Afin de connaître les moyens d'apaiser les dieux,
Tarquin envoya ses deux fils et son neveu Brutus qui con-
trefaisait l'insensé, pour échapper à ses craintes soupçon-
neuses, consulter l'oracle de Delphes, dont la réputation
avait pénétré jusqu'en Italie. Quand le dieu eut répondu, les
jeunes gens demandèrent lequel des fils du roi le rempla-
cerait sur le trône : « Celui-là, dit la Pythie, qui embrassera le
premier sa mère. » Brutus comprit le sens caché de l'oracle :
il se laissa tomber et baisa la terre, notre mère commune.

A leur retour, ils trouvèrent Tarquin sous les murs d'Ardée, capitale des Rutules. Les opérations traînaient en longueur, et les jeunes princes cherchaient à tromper par des fêtes et des jeux les ennuis du siége, lorsqu'un jour s'éleva entre eux cette fatale dispute sur le mérite de leurs femmes. Celle de Tarquin Collatin, Lucrèce, trouvée au milieu de ses servantes, filant et veillant aux soins domestiques, fut proclamée la plus sage. Mais l'attentat de Sextus, et la mort de Lucrèce, qui se tua pour ne point survivre à ce déshonneur involontaire, appelèrent sur la tête des Tarquins la malédiction des dieux. De Collatie, Brutus vint à Rome avec une troupe armée, montrant le corps sanglant de la victime et appelant à la vengeance le sénat que Tarquin avait décimé, le peuple qu'il avait accablé, pour ses constructions, d'odieuses corvées. Un sénatus-consulte, confirmé par les curies, proclama la déchéance du roi, son exil et celui de tous les siens. Puis Brutus courut au camp qu'il souleva, tandis que Tarquin, revenu à Rome en toute hâte, en trouvait les portes fermées, et était réduit à se réfugier, avec ses fils Titus et Aruns, dans la ville étrusque de Cœré. Cette même année, Athènes se délivrait de la tyrannie des Pisistratides (510).

Exil de Tarquin (510); guerres royales (510-494).

Pour prix de son concours, le peuple réclamait les lois du bon roi Servius et l'établissement du gouvernement consulaire; le sénat y consentit, et-les comices centuriates proclamèrent consuls Junius Brutus et Tarquin Collatin, puis Valérius, quand Tarquin, devenu suspect à cause de son nom, se fut exilé à Lavinium.

Cependant Cœré n'offrit au roi fugitif qu'un asile. Mais Tarquinie et Véies envoyèrent à Rome demander son rétablissement, ou du moins la restitution des biens de sa maison et de ceux qui l'avaient suivi. Pendant les négociations, les députés ourdirent une conspiration avec de jeunes patriciens qui préféraient le service brillant d'un prince au règne des lois, de l'ordre et de la liberté; l'esclave Vindex décou-

vrit le complot; les coupables furent saisis, et parmi eux les
fils et des parents de Brutus, qui ordonna et vit froidement
leur supplice. Vingt jours furent accordés aux émigrés pour
rentrer dans la ville. Afin de gagner le peuple à la cause de
la révolution, on lui abandonna le pillage des biens de Tarquin, et chaque plébéien reçut sept arpents des terres
royales. La plaine qui s'étendait entre la ville et le fleuve
et dont Tarquin avait fait son domaine fut consacrée à Mars
(Champ de Mars).

Cependant une armée de Véiens et de Tarquiniens marchait sur Rome; les légions sortirent à sa rencontre, et dans
un combat singulier Brutus et Aruns tombèrent mortellement blessés. La nuit sépara les combattants sans qu'on pût
dire quels étaient les vainqueurs. Mais à minuit on entendit
comme une grande voix sortir de la forêt Arsia, et prononcer ces mots : « Rome a perdu un guerrier de moins que
l'armée étrusque; » celle-ci épouvantée s'enfuit. Valérius
rentra à Rome en triomphe et prononça l'éloge funèbre de
Brutus; les matrones honorèrent par un deuil d'une année
le vengeur de la pudeur outragée, et le peuple mit sa statue,
le glaive en main, au Capitole, près de celle des rois que protégeait encore une crainte superstitieuse.

Le dévouement pour la chose publique, la piété envers les
dieux et des exploits héroïques, honorèrent la liberté naissante. C'est Valérius qui, soupçonné pour sa maison en
pierre bâtie au-dessus du Forum, la fait démolir en une
nuit, et mérite, par ses lois populaires, le surnom de Po-
plicola; c'est Horatius auquel on annonce, durant la dédi-
cace du Capitole, la mort de son fils, et qui semble ne rien
entendre de ce malheur domestique, parce qu'il prie les
dieux pour Rome; c'est enfin, quand Tarquin arme Porsenna
contre son ancien peuple, Horatius Coclès qui défend seul
un pont contre une armée; Mutius Scævola qui, devant Porsenna frappé d'effroi et d'admiration, met sa main sur un
brasier pour la punir de s'être trompée, en tuant, au lieu
du roi, un de ses officiers; et Clélie qui, donnée en otage
au prince étrusque, s'échappe de son camp et traverse le
Tibre à la nage. Puis vient le chant de guerre de la bataille

2

du lac Régille, le dernier effort de Tarquin qui, abandonné de Porsenna, avait encore soulevé le Latium. Tous les chefs s'y rencontrèrent en combat singulier et périrent ou furent blessés. Les dieux mêmes, comme aux temps homériques, prirent part à cette lutte suprême. Durant l'action, deux jeunes guerriers d'une haute stature, montés sur des chevaux blancs, combattirent à la tête des légions, et, les premiers, franchirent les retranchements ennemis. Quand le dictateur Aulus Posthumius voulut leur donner la couronne obsidionale, les colliers d'or et les riches présents promis à ceux qui seraient entrés les premiers dans le camp royal, ils avaient disparu ; mais le soir même, on vit à Rome deux héros, couverts de sang et de poussière, qui lavèrent leurs armes à la fontaine de Juturne et annoncèrent au peuple la victoire : c'étaient les Dioscures. Pendant des siècles, on montra l'empreinte gigantesque d'un pied de cheval sur le roc du champ de bataille (496).

La victoire fut sanglante. Du côté des Romains, trois Valérius, Herminius, le compagnon de Coclès, Æbutius, le maître de la cavalerie, restèrent sur le champ de bataille ou en sortirent blessés. Du côté des Latins, Octavius Mamilius, le dictateur d'Albe et le dernier fils de Tarquin succombèrent. Le vieux roi lui-même, frappé d'un coup de lance, ne survécut à toute sa race et à ses espérances que pour achever sa vieillesse misérable auprès du tyran de Cumes, Aristodème.

Telles étaient les légendes que les Romains aimaient à raconter sur ces temps primitifs de leur histoire, où la critique peut bien pénétrer pour détruire, mais non pour édifier.

CHAPITRE III.

CONSTITUTION DE ROME SOUS LES ROIS.

ORIGINE PROBABLE DE ROME. — TRIBUS; CURIES; GENTES. — PATRI-
CIENS ET CLIENTS; ASSEMBLÉE CURIATE; SÉNAT; ROI; CHEVALIERS. —
PLÉBÉIENS; COLLÉGES SACERDOTAUX ET CULTE. — INTRODUCTION DES
DIVINITÉS GRECQUES; INFLUENCE DES AUGURES. — CONSTITUTION ET
LOIS POPULAIRES DU ROI SERVIUS. — DESPOTISME ET TRAVAUX DE
TARQUIN LE SUPERBE; GRANDEUR DE ROME. — LITTÉRATURE ET ARTS.
— MŒURS DOMESTIQUES. — LE PÈRE DE FAMILLE, LA FEMME ET LES
ENFANTS. — MŒURS PUBLIQUES; PATRIOTISME, ESPRIT RELIGIEUX,
FIDÉLITÉ AUX ENGAGEMENTS.

Origine probable de Rome.

Tous les grands peuples ont entouré leur berceau de récits merveilleux. Rome aussi voulut avoir une noble origine; son obscure naissance fut donc cachée sous de brillantes fictions, et un chef d'aventuriers devint le fils du dieu Mars, le petit-fils du roi d'Albe, le descendant d'Énée! Rome fut la fille et l'héritière de Troie!

Pour nous, Romulus, que l'on rattachera, si l'on veut, à la maison royale d'Albe, sera un de ces chefs de guerre comme en ont eu l'ancienne et la nouvelle Italie, et qui devint le roi d'un peuple auquel la position de Rome, d'heureuses circonstances, l'énergique habileté de son aristocratie, ses mœurs belliqueuses et sévères donnèrent l'empire du monde.

De nombreux témoignages attestent que bien longtemps avant que Romulus traçât un sillon autour du Palatin, cette colline était habitée. Il y avait donc là une vieille cité latine, la ville du Tibre, *Ruma*, ayant les mœurs et les lois du Latium et de la Sabine, c'est-à-dire le patriciat, l'autorité paternelle, le patronage, la clientèle, un sénat et peut-être un roi; en un mot, une organisation politique et religieuse déjà ancienne, que Romulus, Latin lui-même, n'aura fait qu'adopter. Il sera venu s'y établir victorieusement avec sa troupe, les *Celsi Ramnenses*, en donnant à l'ancienne ville une face nouvelle et des mœurs plus guerrières. A ce titre, il aura pu passer pour son fondateur, et ses compagnons pour les chefs des maisons patriciennes. Mais l'enlèvement des Sabines amena l'occupation, par suite d'une transaction, et après une victoire, du Capitolin et de l'Agonal par les Sabins de Cures. Les deux villes restèrent séparées, chacune eut son roi et son sénat; on se réunissait, pour délibérer en commun, dans la plaine (*comitium*), qui s'étendait entre les trois collines. Après la mort de Tatius, Romulus resta seul chef des deux peuples, et l'on décida qu'il n'y aurait à l'avenir qu'un sénat et qu'un roi.

Mais qu'étaient ce sénat et ces premières institutions?

Tribus; curies; gentes.

Les plus anciennes traditions montrent le peuple divisé en trois TRIBUS, les *Ramnenses* ou compagnons de Romulus, les *Titienses* ou Sabins de Tatius, et les *Luceres* dont on rapporte l'origine à un chef étrusque, Lucumon, qui serait venu avec une troupe nombreuse aider Romulus à bâtir sa ville et à gagner ses premières victoires. Mais l'infériorité politique de cette dernière tribu, qui n'eut d'abord ni séna-teurs ni vestales, ferait penser à une population vaincue, peut-être aux habitants de l'ancienne ville où Romulus était venu s'établir de force, et qui seraient restés à de certains égards, jusqu'à Tarquin, sous le coup de la conquête.

La tribu se partageait en dix CURIES, la curie en dix décu-ries; à chacune de ces divisions était préposé un tribun, un curion, un décurion. Chaque tribu renfermait un cer-tain nombre de familles politiques ou GENTES, lesquelles n'étaient pas composées seulement d'hommes du même sang, mais aussi d'hommes unis par de mutuelles obliga-tions, par le culte d'un héros vénéré comme l'aïeul com-mun (*sacra gentilitia*), et par le droit d'hériter les uns des autres, en l'absence d'un testament ou d'héritiers naturels. Aussi le nombre de ces familles politiques avait-il pu être rigoureusement déterminé, et réduit à un chiffre peu élevé, 200 d'abord, 300 plus tard.

Patriciens et clients; assemblée curiate; sénat; roi: chevaliers.

Les membres des *gentes* se divisaient en deux classes : 1° ceux qui y appartenaient par le droit du sang, les patrons ou *patriciens ;* 2° ceux qui y étaient associés par de certains engagements, les *clients.* Les premiers formaient la bourgeoisie souveraine, les citoyens véritables; les autres étaient les pauvres et tous ceux qui avaient préféré à une liberté sans garantie, la dépendance vis-à-vis des grands et des forts, mais aussi leur protection. Le patron donnait une petite ferme à son client; il veillait à ses intérêts, l'assistait en justice, faisait, en un mot, pour lui, ce que fait un père pour ses enfants. Le client, de son côté, prenait le nom de famille de son patron; il l'aidait à payer sa rançon, ses amendes, la dot de sa fille et jusqu'aux dépenses nécessaires pour remplir ses fonctions et soutenir la dignité de son rang. Il leur était réciproquement défendu de se citer en justice, de témoigner, de voter l'un contre l'autre, et c'eût été un crime, de la part du client, de soutenir un parti contraire à son patron. Avec les conquêtes de la république, le patronage s'étendit à des villes, à des peuples entiers ; et dans les guerres civiles, il doubla les forces des chefs.

Dans les affaires importantes, les membres des *gentes,* je veux dire les patriciens, se réunissaient au *comitium* divisés en trente curies (ASSEMBLÉE CURIATE); et là, à la majorité des suffrages, ils faisaient les lois, décidaient de la paix et de la guerre, recevaient les appels, nommaient aux charges publiques ou religieuses.

Mais dans les cas ordinaires, les chefs seulement des *gentes,* au nombre de 100 d'abord, de 200 après la réunion avec les Sabins, de 300 après l'admission des *gentes minores* sous Tarquin, étaient convoqués pour expédier les affaires courantes (SÉNAT). Ils composaient ainsi le conseil du magistrat qui, sous le nom de ROI, était le chef et le représentant de l'État. Élu, sur la proposition du sénat, par l'assemblée des 30 curies, le roi remplissait les triples fonctions de généralissime, de grand prêtre et de juge suprême.

Tous les neuf jours, il rendait la justice ou établissait des juges pour la rendre en son nom. Mais on pouvait en appeler au peuple, c'est-à-dire à l'assemblée curiate, de ses jugements. Durant la guerre et hors des murs, son autorité était absolue. C'était lui qui convoquait le sénat et l'assemblée souveraine, qui nommait les sénateurs et faisait le cens. Il avait pour sa garde 300 CHEVALIERS (*celeres*). Mais ces chevaliers, choisis parmi les plus riches citoyens, n'étaient vraisemblablement qu'une division militaire des tribus; pendant la guerre, ils formaient la cavalerie des légions. En l'absence du roi, un sénateur choisi par lui gouvernait la ville sous le nom de *préfet*. Enfin des questeurs, appelés *duumviri perduellionis*, lorsqu'ils siégeaient comme juges dans les causes criminelles, veillaient à la levée des impôts et à l'administration des finances.

Plébéiens.

A côté de ces trois tribus, de ce peuple des maisons patriciennes, qui seul forme l'État, fait les lois, fournit des membres au sénat, des rois et des prêtres à la république; qui a tout : la religion, les droits politiques et privés, les terres, et, dans la foule de ses clients, une armée dévouée; au-dessous, enfin, de cette bourgeoisie souveraine, se trouvent des hommes qui ne sont ni clients, ni serviteurs, ni membres des *gentes;* qui ne peuvent entrer par mariage légal dans les maisons patriciennes; qui n'ont ni la puissance paternelle, ni le droit de tester, ni celui d'adopter; qui n'interviennent dans aucune affaire, et ne prennent part à aucune délibération. Ces hommes, ce sont les PLÉBÉIENS. Transportés autour de Rome par la conquête, ou attirés par l'asile, ils vivent comme sujets du peuple qui les a reçus ou forcés d'habiter sur ces terres; étrangers aux tribus, aux curies, au sénat, et, comme un Appius le leur dira plus tard, sans auspices, sans familles, sans aïeux; mais libres, ayant des propriétés, exerçant des métiers et le petit commerce qui les enrichiront; réglant, par des juges choisis dans leur sein, leurs contestations; ne recevant d'ordres que du roi et combattant dans les rangs de l'armée romaine, pour défendre les champs qu'ils cultivent et la cité à l'abri de laquelle ils ont bâti leurs cabanes. Nous les retrouverons bientôt devenus, par les lois de Servius, citoyens de Rome.

Colléges sacerdotaux et culte.

Dans la tradition, c'était à Romulus que revenait l'honneur d'avoir donné ces lois politiques et civiles ; Numa était regardé comme le fondateur de la religion. Ici encore il n'y eut que des emprunts faits aux peuples voisins ; et il faut, comme pour Romulus, admettre que Numa régularisa un état de choses déjà ancien. Rome n'eut point de caste sacerdotale, parce que les chefs de chaque maison étaient eux-mêmes les prêtres de la famille (culte des Lares et des dieux Pénates), et que les curions, au nom des curies, comme le roi au nom de l'État, accomplissaient les sacrifices publics. Aussi la religion fut-elle, comme ses ministres, toujours liée à la politique. Les quatre vestales seules, gardiennes du feu sacré, étaient vouées à l'autel ; encore pouvaient-elles après trente années de fonctions rentrer dans la vie civile. Il y avait sept autres *colléges* de prêtres : les deux Flamines, les prêtres des Célères, les quatre Augures, les Curions, les douze Saliens ou prêtres de Mars, les vingt Féciaux, qui présidaient à tous les actes internationaux, et les quatre Pontifes qui veillaient, sous la présidence du grand Pontife, au maintien des lois et des institutions religieuses, fixaient le calendrier, les jours fastes ou néfastes, et écrivaient les annales de la cité : c'était le plus respecté des huit colléges. Le culte domestique de certaines familles faisait aussi partie du culte public ; ainsi les *Lupercales*, fête de Pan, destructeur des loups, dont les *gentes* Fabia et Quintilia avaient le sacerdoce héréditaire ; les sacrifices en l'honneur d'Hercule, qui devaient être accomplis par les Pinariens et les Potitiens. Les *Palilia*, fête en l'honneur de Palès, la déesse des pasteurs, et les *Ambarvalia*, sorte de rogations païennes célébrées par les frères Arvales, rappelaient les mœurs des premiers Romains.

Il serait sans intérêt de s'arrêter aux innombrables détails d'un culte qui s'éloignait à peine de ce fétichisme, qui a été d'ailleurs la religion de tous les vieux peuples agriculteurs : le Quiris sabin (Mars représenté par une lance), le Jupiter Lapis, les dieux ou déesses des jachères, du sarclement, de l'engrais, de la rouille, de la meule et du four, de la peur et de la fièvre, etc., ne sont guère au-dessus des êtres bons ou malfaisants qu'adorent les peuples encore dans la grossièreté de la vie barbare. Nommons aussi Janus, le dieu au double visage et l'arbitre des combats, Saturne, la déification de l'agriculture, le dieu Terme, gardien des limites et des propriétés.

Introduction des divinités grecques; influence des augures.

Le règne de Tarquin l'Ancien marque une ère nouvelle dans l'existence de Rome. Ce prince chassa, dit-on, du mont Tarpéien, tous les dieux de Numa, pour y élever un temple à la grande famille de l'Olympe grec, Jupiter, Junon et Minerve. La Jeunesse seule et le dieu Terme résistèrent; car le peuple romain ne devait jamais vieillir, ni ses frontières jamais reculer. Cérès, qui s'identifia avec Palès; Diane, qui se confondit avec Féronia, la protectrice des esclaves; Vulcain, que Tatius honorait déjà; Minerve, Mercure, firent aux anciens dieux indigènes une dangereuse concurrence. Neptune, Apollon, Bacchus, Cybèle et Vénus ne vinrent que plus tard. Avec les dieux de la Grèce, l'art entra dans Rome, et l'Étrusque Vulcanius moula les premières statues.

Mais l'Étrurie donna aussi quelque chose d'elle-même; le miracle habilement préparé du Toscan Navius popularisa dans la ville le respect pour les augures. Nul doute que l'époque qui vit Rome adopter tant de coutumes étrusques n'ait été celle aussi de l'introduction de la science augurale comme religion d'État et moyen de gouvernement. Le sénat en comprit si bien l'importance, qu'il ne confia ces fonctions qu'à des patriciens envoyés jeunes en Étrurie pour y étudier cet art mystérieux. Les Romains, qui avaient déjà tant multiplié leurs dieux, virent dès lors partout des *signes*, et devinrent le peuple le plus superstitieux de l'univers. Le chant ou le vol d'un oiseau, un bruit inaccoutumé, une tristesse subite et involontaire, un faux pas, le pétillement de la flamme, les mugissements de la victime, son agonie lente ou rapide, la couleur et la forme des entrailles, tout fut présage pour l'individu comme pour l'État; et l'appétit des poulets sacrés ou la grosseur du foie d'une victime entraînèrent souvent les plus graves décisions.

C'est aussi Tarquin l'Ancien qui porta le premier la main sur la vieille constitution; il forma 100 nouvelles familles patriciennes, dont les chefs entrèrent dans le sénat (*patres minorum gentium*). Ce changement était comme une préparation aux grandes réformes de Servius.

Constitution et lois populaires du roi Servius.

On a vu ce qu'étaient les plébéiens, privés de tout droit politique, mais jouissant de la liberté personnelle (voy. page 30). Depuis Romulus, leur nombre s'était fort accru; car les rois étaient demeurés fidèles à sa politique, d'appeler les vaincus à Rome pour augmenter la population militaire. Jusqu'à Servius, la plèbe resta sans direction et sans unité. Mais ce prince, qui redoutait l'inimitié des patriciens, rechercha l'appui de ce peuple nombreux et opprimé. Il le réunit sur l'Aventin, et força l'aristocratie, déjà ébranlée par les innovations de Tarquin, à recevoir les plébéiens comme membres d'une même cité.

Deux moyens lui servirent pour atteindre ce but : les *tribus* et les *centuries*. Il partagea le territoire romain en 26 régions et la ville en 4 quartiers; en somme, 30 régions ou tribus, dont chacune renferma un certain nombre de patriciens et de plébéiens : puis il fit le cens ou dénombrement, que l'on dut à l'avenir renouveler tous les cinq ans (*lustrum*). Chaque citoyen vint déclarer sous serment son nom, son âge, sa famille, le nombre de ses esclaves et la valeur de son bien. Une fausse déclaration aurait entraîné la perte des biens, de la liberté et même de la vie. Connaissant ainsi toutes les fortunes, il partagea les citoyens,

en raison de leurs biens, en six classes, et chaque classe
en un nombre différent de centuries. La première classe en
avait 98; tandis que les cinq autres réunies n'en avaient
que 95. Dans chaque classe on distinguait les *juniores*, de
17 à 46 ans, qui composaient l'armée active, et les *seniores*,
qui gardaient la ville. La première classe renfermait aussi
18 centuries de chevaliers.

CLASSES.	CENTURIES.	FORTUNE.	ARMES.
1re	*Seniores,* 40 *Juniores,* 40 } 98 *Equites,* 18	Au moins 100 000 as, — environ 8000 fr.	Casque, bouclier rond d'airain (*clypeus*), cuirasse, cuissards, javelot, épée.
2e	*Seniores,* 10 *Juniores,* 10 } 22 *Fabri,* 2	75 000 as, — 6000 fr.	Mêmes armes, sans cuirasse, avec le bouclier de bois oblong (*scutum*).
3e	*Seniores,* 10 *Juniores,* 10 } 20	50 000 as, — 4000 fr.	Mêmes armes, sans cuissards ni cotte de maille.
4e	*Seniores,* 10 *Juniores,* 10 } 22 *Tubicines,* 2	25 000 as, — 2000 fr.	Piques et flèches, sans armes défensives.
5e			
6e	*Seniores,* 15 *Juniores,* 15 } 30 *Capite censi.* 1	11 000 as, — 880 fr. Moins de 11 000 as ou rien.	Des frondes. Point de service.
	193		

Ainsi ce n'est plus la naissance qui divise les citoyens en
patriciens et en plébéiens, c'est d'après la fortune que sont à
la fois réglées leur répartition dans les classes, leur place
dans la légion, la nature de leurs armes, la quotité de l'impôt que chacun d'eux payera. Toutes les centuries contribueront au trésor pour une même somme, et auront au
champ de Mars les mêmes droits politiques. Mais la première classe compte 98 centuries, bien qu'elle soit de beaucoup la moins nombreuse, puisqu'elle ne renferme que les
riches; elle fournira donc plus de la moitié de l'impôt, et
ses légionnaires, en raison même de leur petit nombre, seront plus souvent appelés sous les enseignes. Mais c'est
aussi par centuries qu'à l'avenir se compteront les suffrages
pour décider de la paix ou de la guerre, nommer aux charges
et faire les lois : les riches, divisés en 98 centuries, auront

98 voix sur 193, c'est-à-dire la majorité, et par conséquent une influence décisive dans le gouvernement.

Dans la loi nouvelle, les rangs étaient aussi nettement marqués que dans l'ancienne constitution; mais cette inégalité s'effaçait aux yeux des pauvres devant l'honneur d'être enfin comptés au nombre des citoyens et devant les avantages matériels faits à leur condition. Si les riches ont plus de pouvoir politique, sur eux aussi pèsent toutes les charges : dans la ville, la plus lourde part de l'impôt; à l'armée, le service le plus fréquent, l'armement le plus coûteux et les positions les plus dangereuses. Mais à cette époque, il n'y avait guère à Rome d'autre richesse que les propriétés territoriales: or, presque tout l'*ager romanus* et la plus grande partie des terres conquises se trouvant entre les mains des patriciens, c'étaient ceux-ci qui restaient, comme par le passé, les maîtres de l'Etat; aussi ces nouvelles lois, qui reconnaissaient les plébéiens comme citoyens libres de Rome, et les appelaient, dans la proportion de leur fortune, à délibérer et à voter sur les affaires publiques, ne changeaient pas en réalité la condition présente des deux ordres; cependant un progrès immense était accompli. En remplaçant l'aristocratie de naissance, puissance immuable, par l'aristocratie d'argent, puissance mobile et accessible à tous, ces lois préparaient les révolutions par lesquelles passa Rome républicaine.

Servius promulgua plus de 50 lois empreintes de ce caractère libéral que portent ses lois politiques, comme celle-ci, par exemple, que Tarquin abolit et que le peuple mit près de deux siècles à reconquérir : la propriété seule du débiteur, et non sa personne, répondra de sa dette. Aussi la reconnaissance populaire protégea la mémoire du roi plébéien, né dans la servitude ou sur la terre étrangère, et l'on alla jusqu'à croire qu'il avait voulu déposer la couronne pour établir le gouvernement consulaire.

Despotisme et travaux de Tarquin le Superbe; grandeur de Rome.

Mais Tarquin, devenu roi, détruisit les tables sur les-

quelles étaient portés les résultats du dénombrement, abolit le système des classes, et défendit les réunions religieuses
des plébéiens ; puis, soutenu de ses nombreux mercenaires,
il contraignit le peuple à achever le cirque, le Capitole et le
grand cloaque. Comptant trop sur ses forces, sur ses
alliés latins et herniques, il n'épargna pas plus les grands
que le peuple. Cette domination dura cependant jusqu'à ce
que l'attentat contre Lucrèce eût donné à la multitude une
de ces preuves outrageantes de servitude qui, plus encore
que le sang versé, amènent les révolutions.

Tarquin, cependant, avait porté loin le nom de Rome. La
grandeur de la ville, la splendeur de ses édifices, et ses
150 000 combattants, attestent qu'elle formait alors un des
plus puissants États de l'Italie. Jusqu'à Aurélien, c'est-à-
dire pendant près de huit siècles, Rome resta renfermée
dans l'enceinte que Servius lui avait bâtie et qui couvrait
une ligne de sept milles romains. Le Tibre était déjà con-
tenu par des quais dont on peut voir encore aujourd'hui les
restes, comme ceux de la *cloaca maxima*. Les substructions
faites pour élever le Capitole subsistent aussi, et ce temple,
qui fut digne de Rome au temps de sa puissance, était
achevé.

Au reste, la domination de Rome était alors assez étendue pour que la grandeur de l'État se manifestât par la magnificence des édifices. Dans le traité conclu avec Carthage, l'année même de l'expulsion de Tarquin, toutes les
villes de la côte du Latium, Ardée, Antium, Circeii, Terracine, sont nommées comme sujettes de Rome. Dans l'intérieur du pays, Aricie lui obéissait au même titre ; Suessa
Pométia avait été prise et Signia colonisée. Entre le Tibre et
l'Anio, toute la basse Sabine lui appartenait, et les récits
sur Porsenna prouvent qu'au nord du fleuve, sa frontière
s'étendait assez loin pour que dix de ses trente tribus eussent leur territoire en Étrurie. Sa marine ou celle de ses
alliés n'était même pas sans importance, puisqu'on voit,
dans le traité avec Carthage, que des marchands romains
ou latins trafiquaient jusqu'en Sicile, en Sardaigne et en
Afrique.

Littérature et arts.

Il ne peut être question, pour cet âge reculé, de sciences, d'arts ni de littérature. A Rome, dans ce temps, c'est à peine si l'on savait graver sur le bois ou le bronze les lois et les traités, et les seuls ouvrages que l'on cite de la période royale sont : le Recueil des lois, formé par Papirius sous Tarquin le Superbe (*Jus Papirianum*), et les commentaires du roi Servius, qui vraisemblablement contenaient sa constitution. Des hymnes religieux (ceux des Saliens et des frères Arvales), et sans doute des chants en l'honneur des rois, des héros et des grandes familles, formaient toute la littérature romaine. La langue d'ailleurs, rude et sans souplesse, était trop pauvre et trop peu arrêtée dans ses formes pour se prêter à de nombreuses exigences, et les fragments qui nous restent des chants des frères Arvales montrent combien cet instrument grossier avait encore peu servi.

Les arts n'étaient pas mieux cultivés; avant les Tarquins, il n'y eut même pas d'images des dieux; et longtemps encore leurs statues, ouvrages d'artistes étrusques, ne furent faites que de bois et d'argile. L'Étrurie fournissait aussi les architectes et jusqu'aux joueurs de flûte nécessaires à l'accomplissement de certains rites; car le génie des arts, comme celui de la poésie, manquait à ce peuple, dont toute l'activité se portait vers un but pratique, les affaires publiques et les soins domestiques. Deux mots désignaient pour lui toutes les qualités, toutes les vertus, *virtus* et *pietas*, c'est-à-dire le courage, la force, une inébranlable fermeté, la patience au travail et le respect pour les dieux, pour les ancêtres, pour la patrie et la famille, pour les lois et la discipline établies.

Mœurs domestiques.

Leur vie domestique, en effet, était simple et austère : point de luxe, point d'oisiveté, le maître laboure avec ses serviteurs, la maîtresse file au milieu de ses femmes, même la reine Tanaquil et la vertueuse Lucrèce. «Quand nos pères, dit Caton, voulaient louer un homme de bien, ils l'appelaient

3

bon laboureur et bon fermier, et c'était le plus bel éloge.
Alors on vivait sur ses terres, dans les tribus rustiques, de
toutes les plus honorables, et on ne venait à Rome que les
jours de marché ou de comices. A la villa, pas un jour, pas
un instant n'est perdu. Si le temps empêche d'aller aux
champs, qu'on travaille à la ferme, qu'on nettoie les étables
et la cour, qu'on raccommode les vieux cordages et les vieux
habits; même les jours de fêtes, on peut couper les ronces,
tailler les haies, baigner les troupeaux et aller vendre à la
ville l'huile et les fruits. »

« Le père de famille, disait encore Caton, doit faire argent
de tout et ne rien perdre : s'il donne des saies neuves aux
esclaves, qu'ils lui rendent les vieilles, elles feront des morceaux; qu'il vende l'huile, si elle vaut quelque chose, et ce
qui reste de vin et de blé; qu'il vende les vieux bœufs, les
veaux, les agneaux, la laine, les peaux, les vieilles voitures,
la vieille ferraille, les vieux esclaves et les esclaves malades;
qu'il vende toujours : le père de famille doit être vendeur,
non acheteur. »

Le père de famille, la femme et les enfants.

Le père de famille! c'est toujours lui qu'on nomme, car il
n'y a que lui dans la maison : femme, enfants, clients, serviteurs, tous ne sont que des choses, instruments de travail,
personnes sans volonté et sans nom, soumises à la toute-
puissance du père. A la fois prêtre et juge, son autorité est
absolue : seul il est en communication avec les dieux ; car il
accomplit seul les *sacra privata*, et comme maître il dispose
des forces et de la vie de ses esclaves; comme époux, il con-
damnera sa femme à mort si elle fabrique de fausses clefs
ou viole la foi promise; comme père, il tuera l'enfant né dif-
forme et vendra les autres jusqu'à trois fois avant de perdre
ses droits sur eux. Ni l'âge, ni les dignités ne les émanci-
peront : consuls ou sénateurs, ils pourront être arrachés de
la tribune et de la curie ou mis à mort, comme ce sénateur
complice de Catilina qui fut tué par son père. S'il est riche,
il prêtera à douze, à quinze, à vingt pour cent; car le père

de famille doit faire valoir son argent comme ses terres, et la loi lui abandonnera la liberté et jusqu'à la vie de son débiteur insolvable. A sa mort enfin, ni ses enfants, ni sa femme ne pourront rien réclamer de son bien, s'il l'a légué à un étranger ; car il a le droit de disposer de sa *chose* comme il l'entend.

C'est par les femmes surtout que les mœurs changent, que les familles, que les classes, que les fortunes se mêlent ; mais dans cette société si sévèrement disciplinée, les femmes restent toute leur vie sous tutelle. Une des causes de la ruine de Sparte fut le droit que Lycurgue leur avait laissé d'hériter et de disposer de leurs biens. A Rome, si la femme obtient quelque part dans l'héritage de son père ou de son époux, elle ne peut, excepté les vestales, ni aliéner, ni léguer, sans le consentement de ses tuteurs, c'est-à-dire de son mari et de ses frères ou de ses plus proches parents mâles du côté paternel, tous intéressés, comme ses héritiers, à empêcher une vente ou un legs. Ils avaient droit aussi de s'opposer au mariage ordinaire (*coemptio vel cohabitatio*). Le père seul, en refusant son consentement, pouvait empêcher le mariage solennel (*confarreatio*) qui, dans aucun cas, n'avait lieu entre un plébéien et une patricienne.

Le droit de vie et de mort concédé à l'époux sur sa femme ne dérivait, dans l'origine, que du mariage patricien par *confarreatio*, la loi ne s'occupant pas encore des unions plébéiennes. Dès que la fiancée avait goûté au gâteau symbolique (*far*), passé sous le joug de charrue, mis l'as dans la balance, sur les pénates, sur le seuil de la maison conjugale, et prononcé la formule : *ubi tu Gaius, ego Gaia*, elle tombait, selon l'expression du droit, *in manum viri*, et sa dot devenait, comme sa personne, la propriété (*res*) de l'époux. Les douze tables accordèrent pour le mariage plébéien (*coemptio vel cohabitatio*), les mêmes droits à l'époux sur la femme : *usu anni continui in manum conveniebat*. Ce n'était donc pas une première émancipation pour les femmes, mais l'extension aux plébéiens d'un droit patricien.

En cas de divorce, l'époux retenait la dot. Mais à cet âge de mœurs fortes et austères, le divorce était inconnu, et les

matrones n'avaient pas encore élevé ce temple à la pudeur,
dont les portes se fermaient devant la femme qui deux fois
avait offert le sacrifice des fiançailles. Quant aux enfants, la
loi ordonnait, si le père mourait sans tester, le partage égal
entre eux.

Tel est le droit des Quirites, *jus Quiritium*, et nous re-
trouvons ici la triple base sur laquelle reposait cette société
si profondément aristocratique : l'inviolabilité de la propriété, les droits illimités et le caractère réligieux du chef de
la famille.

**Mœurs publiques; patriotisme, esprit religieux, fidélité
aux engagements.**

Ces droits de l'autorité paternelle devaient préparer de dociles sujets. Devenu citoyen, le fils reportait du père à l'État
son aveugle obéissance. C'est un caractère des petites sociétés, que le patriotisme y soit en raison inverse de l'étendue
du territoire, et d'autant plus énergique que la frontière ennemie est plus voisine. L'homme y appartient plus à l'État
qu'à la famille. Il est plutôt citoyen qu'il n'est époux ou père;
et les affections domestiques passent après l'amour du sol
natal et de ses lois. Servir l'État, c'est la première religion
des Romains; et dans *le Songe de Scipion*, cette page demi-
chrétienne, l'immortalité n'est promise qu'aux grands citoyens. De là ce respect des plébéiens pour les institutions,
même quand elles leur sont contraires; et ces *retraites* sans
pillages, ces révolutions non sanglantes, ce progrès pacifique
qui s'opère lentement, pas à pas, et par les voies légales. De
là aussi, dans la vie ordinaire, cette soumission aux vieux
usages, à la lettre de la loi, qu'il serait sacrilége d'interpré-
ter; cette foi aveugle pour des formules incomprises, et l'autorité si longtemps reconnue des *acta legitima*, c'est-à-dire
de la procédure symbolique, toute en paroles et en cérémonies mystérieuses, à l'aide de laquelle il fallait réclamer ou
défendre son droit.

La religion, en plaçant sous la surveillance divine, c'est-
à-dire sous celle des pontifes et des augures patriciens, tous

les actes de la vie, en nourrissant la superstition par la fréquente intervention des dieux, multipliait encore les liens qui attachaient le citoyen à l'État et à ses institutions. Chez les anciens, tout tenait à la religion : l'art, les plaisirs, la vie publique et la vie privée, la famille et l'État. Les jeux et les courses se célébraient en l'honneur des dieux. Les chants étaient des hymnes ; les danses, une prière ; la musique, de grossières, mais saintes harmonies. Comme au moyen âge, les drames étaient de pieux *mystères*, et si les maisons n'avaient que des toits de chaume, la statuaire et l'architecture décoraient, dans la mesure de leurs forces, les temples des dieux.

Nul peuple, malgré quelques exemples fameux, ne poussa si loin la religion du serment : rien ne se faisait, levée de troupes, partage du butin, procès, jugements, élections, affaires publiques, affaires privées, vente, contrat, sans qu'on jurât, soit fidélité et obéissance, soit justice et bonne foi. Dans les ventes, l'acquéreur en présence de cinq témoins, tous citoyens romains d'âge adulte, mettait dans une balance l'airain, prix de l'achat, et touchant de la main la terre, ou l'esclave, ou le bœuf qu'il achetait, disait : « Cela est à moi, selon la loi des Quirites ; je l'ai payé de ce cuivre dûment pesé. » Ce droit de vendre ou d'acheter par mancipation (*manu capere*) sans l'intervention d'un magistrat et sans preuve écrite, était un des priviléges des Quirites, et sans doute un de leurs plus anciens usages. Il explique l'importance de cette loi : *Uti lingua nuncupassit, ita jus esto*, qui pénétra si avant dans les habitudes des Romains, qu'elle en fit le peuple le plus fidèle à sa parole, mais à la parole littérale, au sens matériel, la bonne foi dût-elle en être blessée, comme aux Fourches Caudines, devant Carthage, à Numance.

Après la guerre l'unique occupation des Romains était l'agriculture, car le peu d'industrie que Rome avait alors était abandonné aux affranchis et aux étrangers, sauf quelques professions nécessaires à l'armée. Mais l'agriculture n'enrichit pas le petit propriétaire ; heureux quand elle le fait vivre, et qu'il n'est pas forcé par l'insuffisance des récoltes, d'aller puiser dans la bourse du riche, de recourir à l'assistance fatale de l'usurier. Le débiteur insolvable n'avait pas de pitié à attendre. « Si le débiteur ne paye pas, dit la loi, qu'il soit cité en justice. Si la maladie ou l'âge l'empêchent, qu'on lui fournisse un cheval, mais point de litière. La dette avouée, et le jugement rendu, qu'il ait trente jours de délai. S'il ne satisfait pas encore, le créancier le jettera dans l'*ergastulum*, lié avec des courroies ou des chaînes de quinze livres pesant. Au bout de soixante jours, qu'il soit produit à trois jours de marché, puis vendu au delà du Tibre; et s'il y a plusieurs créanciers, ils pourront se partager son corps; qu'ils coupent plus ou moins,

UN SOLDAT.　　　UNE MATRONE.　　　UN SÉNATEUR.

peu importe. » Cruauté impolitique et dangereuse, parce que la vue d'un cadavre ou l'apparition au forum d'un homme du peuple à demi mort sous les coups, provoquent plus sûrement une révolution que les plus criantes injustices et que la plus dure oppression.

DEUXIÈME PÉRIODE.

ROME SOUS LES CONSULS PATRICIENS,

ou

ÉPOQUE DE LA LUTTE DES DEUX ORDRES.

143 ans (510-367 avant J.-C.).

CHAPITRE IV.

ÉTABLISSEMENT DU GOUVERNEMENT RÉPUBLICAIN (510-471).

Caractère aristocratique de la révolution de l'an 510; concessions au peuple; lois des consuls Brutus et Valérius.

Sous les rois, l'aristocratie avait un chef qui pouvait, comme Servius élever à la vie politique la foule sujette des plébéiens, ou, comme Tarquin, abattre les plus hautes têtes. L'abolition de la royauté délivra les PATRICIENS de ce double danger, et pour en prévenir le retour, ils substituèrent au roi *deux consuls* ou préteurs, choisis dans leur sein et investis de tous les droits et de tous les insignes de la royauté. moins la couronne et le manteau de pourpre broché d'or. À la fois ministres et présidents du sénat, administrateurs, juges et généraux, les consuls avaient le souverain pouvoir, *regium imperium*, mais seulement pour une année. Dans l'intérieur même de la ville, ils n'avaient que tour à tour pendant un mois les douze licteurs et l'autorité. Enfin, au sortir de charge, ils pouvaient être appelés à rendre compte et être mis en accusation.

Ce gouvernement nouveau était tout entier aux mains des patriciens. Maîtres du *sénat*, par lequel devaient préalablement passer toutes les propositions faites dans les comices, ils dominaient, par leurs richesses et leurs clients, dans l'*assemblée centuriate* qu'on venait de rétablir (voy. p. 34). Ils pouvaient même, comme augures, rompre cette assemblée ou annuler ses décisions; et s'ils manquaient de mauvais présages, il leur restait le droit de refuser dans le sénat et dans leur *assemblée curiate*, d'où les plébéiens étaient exclus, la sanction nécessaire à tous les actes des comices centuriates. C'étaient donc eux, en réalité, qui faisaient les les lois, décidaient de la paix et de la guerre, et nommaient à toutes les charges, qu'ils remplissaient toutes. Ils étaient prêtres, augures, juges, et ils cachaient avec soin aux yeux du peuple les formules mystérieuses du culte et du droit. Seuls enfin ils avaient le *droit d'images*[1] qui nourrissait l'orgueil héréditaire des familles; et l'interdiction des mariages entre les deux ordres semblait devoir repousser à jamais le peuple des positions occupées par l'aristocratie.

Mais les PLÉBÉIENS ont pour eux leur nombre, et les patriciens seront forcés de les armer pour résister à Tarquin, aux Èques, aux Volsques, aux Étrusques. Ce concours, il faudra le payer. C'est, en effet, aux centuries militaires qu'on a demandé, comme le voulait Servius, la nomination des deux consuls; c'est l'assemblée centuriate qui fera désormais les lois que le sénat propose et que les curies confirment; c'est elle qui nommera à toutes les charges, qui décidera de la paix ou de la guerre. Une autre mesure acheva d'attacher le peuple à la cause de la révolution. Pour

---

1. *Jus imaginum* c'est-à-dire le droit de placer dans l'*atrium* de sa maison et de faire porter aux funérailles des membres de la famille, les images ou les bustes de ceux qui avaient géré des magistratures curules en revêtant ces images des insignes de ces charges.

compléter le sénat privé d'une partie de ses membres par la cruauté de Tarquin et l'exil de ses partisans, Brutus y appela 100 chevaliers (*conscripti*) qui furent quelques années après remplacés dans les centuries équestres par 100 des plus riches plébéiens. En même temps, il distribuait au peuple les terres du domaine royal, abolissait les douanes, diminuait le prix du sel et gagnait ainsi la foule à la cause des grands.

On rapporte encore à la première année de la république les lois du consul Valérius, qui rendit libre la candidature au consulat, prononça la peine de mort contre celui qui aspirerait à la royauté, fit baisser les faisceaux consulaires devant l'assemblée générale, et reconnut sa juridiction souveraine, en portant la loi de l'*appel au peuple*. En signe du droit de vie et de mort enlevé au consul, on ôta les haches des faisceaux dans l'intérieur de la ville, et jusqu'à un mille de ses murs. Au delà, les haches étaient rendues aux licteurs. Car les consuls, en passant le premier mille, recouvraient ce pouvoir illimité qui leur était aussi nécessaire à l'armée qu'il eût été dangereux dans la cité.

Guerres royales; cruauté des créanciers.

Ces concessions étaient commandées par la position difficile où se trouvait l'aristocratie qui voyait les Tarquins susciter contre elle une guerre dangereuse. Réfugié d'abord à Tarquinies, le roi exilé avait entraîné, dit-on, cette ville et Véies à défendre ses droits, puis Porsenna qui prit Rome et ne perdit sa conquête qu'après une expédition malheureuse dans le Latium[1]; puis encore les Sabins qui soutinrent une lutte de cinq années, pendant laquelle Appius Claudius, chef d'une famille puissante et d'une clientèle nombreuse, vint s'établir à Rome; enfin, au bout de 11 ans, les Latins qui livrèrent la grande bataille du lac Régille (496).

[1]. Les assertions formelles de Tacite et de Pline l'Ancien ne permettent pas d'accepter la tradition ordinaire sur la générosité de Porsenna.

Tarquin mourut quelque temps après cette mêlée sanglante et indécise; mais les Volsques continuèrent les hostilités, et le peuple se trouva à la fin épuisé, ruiné par tant
d'efforts. C'était à leurs frais que les plébéiens combattaient;
mais pendant qu'ils défendaient sous les drapeaux la liberté
et les droits des patriciens, leurs champs restaient en friche
et leurs familles dans la misère. Pour les nourrir, il fallait
emprunter à un taux énorme : aussi, la plupart des plébéiens étaient-ils devenus, quelques années après l'expulsion des rois, débiteurs des riches, auxquels la loi donnait
en gage leur liberté et leur vie. Si le débiteur ne satisfaisait
pas à ses obligations dans le délai légal, d'après la sentence
du préteur, il était adjugé comme esclave à son créancier,
qui pouvait lui imposer des travaux serviles, le tenir en
prison, ou le vendre au delà du Tibre.

La dictature (496).

La misère des plébéiens croissant sous une loi si dure,
une révolte était inévitable. D'abord ils demandèrent paisiblement l'abolition des dettes; puis ils se refusèrent à l'enrôlement contre les Latins. La situation parut assez critique
au sénat pour qu'il cherchât à apaiser le tumulte par des
moyens légaux. Il créa la *dictature*, magistrature sans appel, et dont le pouvoir fut plus illimité que ne l'avait été celui des rois. Élu, sur l'invitation du sénat, par l'un des consuls, et choisi parmi les consulaires, le dictateur (*magister
populi*) s'entourait, en signe de son pouvoir absolu, même
dans Rome, de 24 licteurs, portant les haches sur les faisceaux. Il était nommé pour six mois, comme son lieutenant,
le *magister equitum ;* mais nul ne conserva aussi longtemps
ces redoutables fonctions. Dès que le danger qui avait fait
suspendre les libertés publiques et établir légalement cette
tyrannie provisoire était passé, le dictateur abdiquait.

Effrayés de cette puissance sans limite, les plébéiens
cédèrent, et les créanciers redoublèrent de violence. Le plus
impitoyable était Appius Claudius. Nommé consul avec Servilius en 495, il excita encore par son exemple la cruauté

des riches. Déjà les murmures éclataient au sein de la foule, lorsqu'un homme parut tout à coup sur le forum, pâle, effrayant de maigreur. C'était un des plus braves centurions de l'armée romaine; il avait assisté à 28 batailles. Il raconta que dans la guerre sabine l'ennemi avait brûlé sa maison, sa récolte, et pris son troupeau. Pour vivre, il avait emprunté; et l'usure, comme une plaie honteuse, dévorant son patrimoine, avait atteint jusqu'à son corps; son créancier l'avait emmené, lui et son fils, chargé de fers, déchiré de coups; et il montrait son corps tout saignant encore. A cette vue, l'exaspération fut au comble, et un messager étant venu annoncer une incursion des Volsques, les plébéiens refusèrent de s'armer. Ils ne cédèrent que quand le consul Servilius eut promis qu'après la guerre on examinerait leurs plaintes, et que tout le temps qu'elle durerait, les débiteurs seraient libres. Sur cette assurance, le peuple s'arma et l'ennemi fut battu. Mais le sénat refusa d'accomplir les promesses du consul. En vain réclama-t-on à grands cris; Appius était inflexible, et, pour effrayer la multitude, il fit nommer un dictateur. Le choix tomba sur un homme d'une famille populaire, Manius Valérius, qui renouvela les engagements de Servilius, et, avec une armée de 40 000 plébéiens, battit les Volsques, les Éques et les Sabins.

Retraite du peuple sur le Mont Sacré; le tribunat (493).

Le peuple croyait avoir conquis, cette fois, l'exécution des promesses consulaires, on le trompa encore; quelques pauvres seulement furent envoyés comme colons à Vélitres. Valérius, indigné, abdiqua, et pour prévenir une révolte au forum, les consuls de l'an 493, s'autorisant du serment militaire prêté à leurs prédécesseurs, forcèrent l'armée à sortir de la ville. Mais hors des portes, les plébéiens abandonnèrent les consuls, et allèrent camper au delà de l'Anio, sur le mont Sacré; ceux de Rome se retirèrent de leur côté, avec leurs familles, sur l'Aventin, qui était, après le Capitole, la plus forte position de la ville.

Quelque temps se passa en négociations infructueuses. A la fin, les patriciens, effrayés de la position menaçante des légions, députèrent aux soldats dix consulaires. Parmi eux était Ménénius Agrippa, le plus éloquent et le plus populaire des sénateurs. Il leur conta l'apologue des Membres révoltés contre l'Estomac, et rapporta au sénat leurs demandes. Elles ont un remarquable caractère de modération : « Tous les esclaves pour dettes seront affranchis, et les dettes des débiteurs insolvables seront abolies. »

Avant de rentrer dans la ville, le peuple voulut une garantie que ces concessions seraient fidèlement exécutées; et les comices centuriates nommèrent deux *tribuns*, Sicinius et Brutus, qui eurent le droit de venir en aide au débiteur maltraité, et d'arrêter par leur *veto* l'effet des sentences consulaires, à condition toutefois de n'exercer ce droit que dans l'intérieur de la ville et jusqu'à un mille de ses murs. Ces représentants des pauvres n'avaient aucun signe extérieur qui les distinguât de la foule, et ils n'étaient précédés que d'un simple appariteur. Mais leur personne était inviolable. Celui qui les frappait était dévoué aux dieux Un patricien ne pouvait être nommé tribun (493).

Cette création de deux chefs du peuple (bientôt après cinq, plus tard dix), équivalait presque à une révolution, et devenait le plus grand événement de l'histoire intérieure de Rome. « Ce fut, dit Cicéron, une première diminution de la puissance consulaire, que l'existence d'un magistrat qui n'en dépendait pas. La seconde fut le secours qu'il prêta aux autres magistrats et aux citoyens qui refusaient d'obéir aux consuls. » Aussi les riches plébéiens adoptèrent ces chefs des pauvres comme ceux de l'ordre entier; et, par leur influence dans les assemblées centuriates, ils empêchèrent les patriciens de remplir le tribunat de leurs créatures, en attendant que le peuple arrachât, par une nouvelle victoire, le droit de les nommer lui-même dans des assemblées par tribus.

Loi agraire de Spurius Cassius (486).

Les commencements du tribunat furent humbles et obscurs comme ceux de toutes les magistratures plébéiennes. Mais un patricien trois fois consul et triomphateur, Spurius Cassius, révéla aux tribuns le secret de leur puissance, « l'agitation populaire. » Le premier il jeta dans la foule ce grand mot : *la loi agraire;* et les tribuns, après lui, n'eurent qu'à le prononcer pour soulever au forum les plus furieuses tempêtes.

Durant la monarchie, les lois agraires, ou portant distribution de domaines, avaient été fréquentes, parce qu'il était de l'intérêt des rois, entourés d'une aristocratie jalouse, de se ménager des partisans dans le peuple; mais, depuis l'exil de Tarquin, il n'y avait eu d'autre *assignation* de terres que celle de Brutus (voy. p. 45). Que de misères cependant les plébéiens n'avaient-ils pas supportées durant ces 24 années par la guerre et l'usure! Aussi le plus illustre des patriciens, le seul de cette époque avec Valérius qui eût été trois fois décoré de la pourpre consulaire, Spurius Cassius, voulut-il rendre à l'État ses revenus et ses terres, et aux pauvres les moyens de devenir des citoyens utiles. L'année même de l'établissement du tribunat, Cassius avait conclu avec les Latins un traité d'alliance que, sept ans après, les Herniques acceptèrent, de sorte que Rome put alors opposer ces deux peuples à ses éternels ennemis, les Èques et les Volsques. Ce fut après ces négociations habiles que Cassius proposa de partager entre les plus nécessiteux une partie des terres publiques, de contraindre les fermiers de l'État à payer régulièrement leurs dîmes, et d'employer ce revenu à solder les troupes.

Mais ces demandes populaires et patriotiques soulevèrent l'indignation du sénat; car cette usurpation du domaine public (*ager publicus*), contre laquelle Cassius réclamait, était la principale source des fortunes patriciennes. Cependant il eût été dangereux, dans un moment où le peuple voyait un consul à sa tête, de rejeter la loi; le sénat l'accepta, sauf à ne la point exécuter; mais la multitude une fois apaisée, de sourdes rumeurs se répandirent dans la ville; Cassius, disait-on, n'était qu'un faux ami du peuple. Pour se faire des alliés, il avait déjà sacrifié les intérêts de Rome aux Latins et aux Herniques, maintenant il voulait ameuter les pauvres contre les grands et profiter de leurs querelles pour se faire proclamer roi. Les tribuns, jaloux de sa popularité, et le peuple même, qu'il est si facile d'effrayer, l'abandonnèrent, quand, au sortir du consulat, les patriciens l'accusèrent de trahison et le firent condamner à être battu de verges et décapité (486).

Les Fabius; droit pour les tribuns d'accuser les consuls (476).

Délivrés de Cassius, les grands songèrent à se débarrasser de sa loi. La puissante maison des Fabius s'était signalée par son zèle pour les intérêts du sénat, les grands ne voulurent pas d'autres consuls; et durant sept années (484-478) on vit toujours un Fabius au consulat. Aussi les tribuns réclamèrent-ils en vain l'exécution de la loi agraire. C. Mænius ayant voulu, en 482, opposer son veto à la levée des troupes, les consuls portèrent leur tribunal hors de la ville, où ne s'étendait pas la protection tribunitienne, et appelèrent les citoyens à s'enrôler, faisant par leurs licteurs brûler les fermes de ceux qui ne donnaient pas leurs noms. Ces violences pouvaient devenir dangereuses; le sénat aima mieux gagner quelques tribuns, dont l'opposition arrêta le veto de leurs collègues. Mais les soldats se chargèrent de venger le tribunat impuissant; et, en 480, les légions refusèrent d'achever une victoire sur les Véiens pour ne pas assurer à Cæso Fabius les honneurs d'un triomphe.

Ici l'histoire s'obscurcit. Chefs du sénat, les Fabius passent au peuple, puis sont forcés de sortir de Rome. On ne peut méconnaître dans ce changement une de ces révolutions fréquentes dans les républiques aristocratiques. Sans doute les patriciens s'alarmèrent de voir le consulat devenu l'héritage d'une famille, et les Fabius durent chercher dans le peuple, pour leur ambition, l'appui que le sénat allait leur retirer. Gagnés par les paroles et la conduite populaires de M. Fabius (479), les soldats lui promirent cette fois la défaite des Véiens. La bataille fut sanglante; le frère du consul

y périt; mais les soldats tinrent parole; les Étrusques furent
écrasés. Au retour les Fabius recueillirent dans leurs maisons les plébéiens blessés, et depuis lors nulle famille ne fut
plus populaire. L'année suivante, Cæso Fabius voulut arracher aux patriciens l'exécution de la loi agraire; il échoua,
et toute la maison des Fabius fut contrainte de quitter la
ville. Pour être encore utile à Rome dans son exil volontaire,
elle alla s'établir en face de l'ennemi, sur les bords du Crémère. L'orgueil de la *gens Fabia* ne voulut voir plus tard,
dans cet exil, que le dévouement de 306 Fabius, qui seuls,
avec leurs 4000 clients, soutinrent, pour Rome épuisée, la
guerre contre les Véiens. Un seul Fabius, laissé à Rome à
cause de son bas âge, empêcha, disait-on, l'extinction de
toute la race. Vainqueurs en plusieurs rencontres, ils oublièrent la prudence qui avait fait leurs premiers succès, et se
laissèrent attirer dans une embuscade où tous périrent, sans
que le consul Ménénius, qui se trouvait dans le voisinage
avec une armée, fît rien pour les sauver (477).

Les tribuns accusèrent le consul de trahison (476); et, de
honte et de douleur, il se laissa mourir de faim. Ce succès
était important, car les tribuns venaient de se saisir du droit
de citer des consuls par-devant le peuple; et désormais les
accusations tribunitiennes attendront, au sortir de leur
charge, les magistrats qui se seront opposés à la loi agraire.

Voléro; droit pour le peuple de nommer ses tribuns et de faire des plébiscites (471).

En 475 Servilius, et en 473 L. Furius et C. Manlius furent
accusés par les tribuns, le premier pour une attaque mal
conduite dans la guerre contre les Véiens, les autres pour
n'avoir pas exécuté la loi agraire. Servilius échappa; mais
Manlius et Furius avaient pour adversaire le tribun Génucius, qui avait juré devant le peuple de ne se laisser
arrêter par aucun obstacle. Le jour du jugement il fut trouvé
mort dans son lit (473).

Cet assassinat jeta dans la terreur le peuple et ses chefs;
et quand les consuls procédèrent à l'enrôlement, un seul

homme osa résister, Publilius Voléro, brave centurion qui
refusait de servir comme simple soldat. Les licteurs s'approchant pour le saisir, il les repousse, se réfugie au milieu
de la foule, l'excite, la soulève, et chasse du forum les consuls et les licteurs avec leurs faisceaux brisés. Peu de temps
après il fut nommé tribun (472). Aussitôt il demanda qu'à
l'avenir les tribuns fussent élus, non dans les assemblées
centuriates, où les patriciens obtenaient toujours quelques
places pour leurs créatures, mais dans les *assemblées par
tribus*, où les suffrages, comptés par tête et directement donnés, assuraient la majorité au petit peuple et à ses candidats. Cette loi devait rendre au tribunat toute sa séve démocratique. Les patriciens le comprirent, et pendant une année
ils surent l'empêcher de passer. Mais les plébéiens furent
assez forts, même dans les centuries, pour rééflire Voléro et
lui adjoindre Létorius, qui ajouta à la proposition Publilia :
« Les édiles seront nommés par les tribus, et les tribus pourront connaître des affaires générales de l'État ; » c'est-à-dire
l'assemblée plébéienne aura le droit de faire des plébiscites.
De son côté, le sénat fit arriver au consulat Appius Claudius, le plus violent défenseur des priviléges patriciens. Le
jour du vote la lutte fut vive, le sang coula. Létorius fut
blessé ; mais il fallut, pour sauver Appius, que les consulaires l'entraînassent dans la curie. Le peuple resté maître du
forum, y vota la loi Publilia et força le sénat à l'accepter en
s'emparant du Capitole (471). La défaite de l'aristocratie est
maintenant certaine pour un avenir plus ou moins rapproché. Car le peuple trouvera dans le tribunat, désormais
soustrait à l'influence des grands, une protection sérieuse ;
dans ces assemblées, qui ont le privilége de faire des plébiscites, un moyen d'action ; dans son nombre enfin et dans sa
discipline une force toujours croissante.

Parmi les tribuns nommés après l'adoption de la loi Publilia, était Sp. Icilius, qui, pour prévenir le retour de
pareilles violences, se servit du droit de faire des plébiscites,
qui venait d'être reconnu à la commune populaire, et fit passer cette loi : « Que personne n'interrompe un tribun parlant
devant le peuple. Si quelqu'un enfreint cette défense, qu'il

donne caution de se présenter; s'il y manque, qu'il soit puni de mort et ses biens confisqués. »

Appius avait été vaincu; mais une invasion des Èques et des Volsques mit les plébéiens à sa merci, en les forçant de sortir de Rome sous sa conduite. Jamais commandement ne fut plus impérieux. « Mes soldats sont autant de Voléros, » disait-il, et il semblait chercher, à force d'injustes rigueurs, à les pousser à la révolte. Soit trahison, terreur panique, ou vengeance des soldats qui voulurent déshonorer leur général, à la première rencontre ils jetèrent leurs armes et s'enfuirent jusque sur le territoire romain. Là ils retrouvèrent Appius et ses vengeances. Les centurions, les duplicaires, qui avaient abandonné les enseignes, furent livrés au supplice, et les soldats décimés.

Appius rentra dans Rome certain du sort qui l'attendait, mais content d'avoir, au prix de sa vie, une fois au moins, dompté ce peuple. Cité par deux tribuns au sortir du consulat, il comparut, non en suppliant, mais en maître; invectiva contre les tribuns, contre l'assemblée, et les fit reculer à force de fierté et d'audace. Le jour du jugement fut prorogé; mais il ne l'attendit pas; une mort volontaire prévint sa condamnation; et le peuple, admirant malgré lui cet indomptable courage, honora ses funérailles par un immense concours (470).

Guerres contre les Volsques, les Èques et les Véiens (493-471); Coriolan.

Ces luttes au forum avaient été mêlées de guerres continuelles avec les peuples du voisinage. Au nord, Rome touchait au territoire de Véies, grande cité étrusque dont les forces égalaient presque les siennes; à l'est elle était limitrophe des Sabins qui s'aventuraient rarement au delà de l'Anio, et des Èques, montagnards avides et pauvres, qui presque chaque année descendaient par les collines boisées de l'Algide pour piller dans le Latium. Depuis les traités conclus par Cassius avec les Latins et les Herniques, les Volsques ne pouvaient plus entraîner ces deux peuples contre les Romains; mais ils faisaient la guerre à leurs dépens, et favorisés par les querelles intérieures de Rome, ils voyaient les villes latines tomber l'une après l'autre en leur pouvoir. Au temps où nous sommes arrivés, ils avaient porté leurs avant-postes jusqu'à 10 milles de Rome. La plus heureuse de leurs invasions, celle à laquelle on a rattaché toutes leurs conquêtes, fut conduite par un illustre banni romain, de la *gens Marcia*. C'était, dit la légende, un patricien distingué par son courage, sa piété et sa justice. A la bataille du lac Régille, il avait mérité une couronne civique et gagné à la prise de Corioles le surnom de *Coriolan*. Un jour que les plébéiens se refusaient aux levées, il avait armé ses clients et soutenu seul la guerre contre les Antiates. Cependant le peuple, qu'il blessait par sa hauteur, lui refusa le consulat, et Coriolan en conçut une haine qu'il laissa percer par d'imprudentes paroles. Pendant la retraite sur le mont Sacré, les terres étaient restées sans culture; pour combattre la famine, on acheta du blé en Étrurie et en Sicile, où Gélon refusa d'en recevoir le prix. Le sénat voulait le distribuer gratuitement au peuple : « Point de blé ou plus de tribuns, » dit Coriolan. Cette parole fut entendue des tribuns, qui le citèrent aussitôt par-devant le peuple. Ni les menaces, ni les prières des patriciens ne purent les fléchir, et Coriolan, condamné à l'exil, se retira chez les Volsques d'Antium. Tullius, leur chef, oublia sa jalousie et sa haine, pour exciter dans le cœur de l'exilé le désir de la vengeance; il consentit à n'être que son lieutenant, et Coriolan marcha sur Rome à la tête des légions volsques. Aucune armée, aucune place ne l'arrêta; il vint jusqu'à 5 milles de la ville camper sur le fossé de Cluilius, ravageant les terres des plébéiens, mais épargnant à dessein celles des grands. En vain Rome essaya de le fléchir. Les plus vénérables des consulaires et les prêtres des dieux n'obtinrent qu'une dure réponse; il céda pourtant aux larmes de sa mère Véturia (490). Les Volsques regagnèrent leurs villes chargés de butin; mais ils ne pardonnèrent pas à Coriolan de s'être arrêté au milieu de sa vengeance, et ils le condamnèrent à mort. Suivant d'autres, il aurait vécu jusqu'à un âge avancé, en répétant : « L'exil est bien dur pour un vieillard. »

Tandis que les Volsques envahissaient le midi du Latium, les Èques enlevaient ses villes orientales. Suivant le traité conclu par Cassius, Rome aurait dû envoyer toutes ses forces au secours des Latins. Mais ses dissensions intérieures et les dangers qu'elle courait du côté de Véies retenaient les légions dans la ville ou au nord du Tibre. Les Véiens en effet, depuis 482, avaient recommencé la guerre, et le désastre des Fabius sur les bords du Crémère (477) leur avait permis de pénétrer jusqu'au Janicule. Un consul essaya vainement de les en déloger. Un autre, plus heureux, Virginius, les chassa et reporta la guerre sur le territoire véien. Pendant ce temps les ennemis, du côté du Latium, avaient pris, eux aussi, une position formidable. Les Èques sur l'Algide et les Volsques sur le mont Albain, séparaient les Latins des Herniques et menaçaient à la fois ces deux peuples. Mais une trêve de 40 ans, que signèrent les Véiens, en 474, lorsque Manlius Vulso commença le siége de leur ville, et l'adoption de la loi Publilia, en 471, mirent fin pour un temps à la guerre étrusque comme aux troubles du forum, et le sénat put écouter les plaintes des alliés.

Quinctius Capitolinus et Cincinnatus.

Deux membres de la *gens Quinctia*, Capitolinus et Cincinnatus, eurent l'honneur de cette guerre. T. Quinctius Capitolinus, patricien populaire, était en 471 le collègue d'Appius. Tandis que les *Voléros* d'Appius se faisaient battre par les Volsques, Quinctius enlevait aux Èques leur butin et rentrait à Rome avec le surnom de *Père des soldats*. Mais ce petit peuple était infatigable, quatre fois ses bandes agiles se jetèrent audacieusement entre les camps consulaires sur la campagne de Rome. En 468, le consul Furius s'engagea à leur poursuite dans une gorge étroite, et quand il voulut reculer, les Èques, subitement ralliés, avaient fermé toutes les issues. L'armée était perdue, Quinctius la sauva. A la nouvelle du danger de Furius, le sénat avait investi son collègue Posthumius de la puissance dictatoriale par la formule : *Caveat consul ne quid detrimenti respublica capiat*, et Posthumius ne s'en servit que pour charger Quinctius du soin difficile de délivrer l'armée consulaire. Une seconde fois consul l'année suivante, il s'empara de la riche cité maritime d'Antium, et célébra, au retour de cette campagne, un si brillant triomphe qu'il en garda le surnom de Capitolinus.

Le péril ne fut que pour un moment éloigné. Jamais Rome en effet, depuis Porsenna, n'avait été aussi sérieusement menacée. Les troubles intérieurs avaient recommencé au sujet de la proposition *Térentilla;* la peste sévissait avec violence, et une armée ennemie campait à 3 milles de la porte Esquiline (462). Les désastres se multiplièrent encore les années suivantes. La citadelle des fidèles Tusculans fut pendant plusieurs mois occupée par les Èques, et un audacieux coup de main livra, une nuit, le Capitole au Sabin Herdonius (voy. p. 58) et à une troupe de bannis (459). Le Capitole fut repris; mais, l'année d'après, Antium fit défection, et l'armée du consul Minucius se laissa encore une fois enfermer par les Èques dans un défilé. Cincinnatus parut seul capable de sauver la république. On le nomma dictateur. Les sénateurs qui vinrent le saluer Maître du peuple le trouvèrent à sa charrue, labourant de ses mains victorieuses son modeste héritage. Le même jour, il marcha aux Èques, les enferma dans ses lignes, et les fit passer sous le joug avec leur général Gracchus Cluilius. Rentré à Rome en triomphe, suivi du consul et de l'armée qu'il avait sauvés, il déposa, le seizième jour, la dictature pour retourner à son champ (457). Malgré ce succès que la vanité a embelli, comme tant d'autres points de l'histoire militaire de Rome, la guerre n'était pas terminée, et les Èques restaient toujours en possession de l'Algide, les Volsques du mont Albain. Quelques bandes de Sabins, qui s'étaient mêlées aux courses des Véiens et des Èques, avaient aussi été battues.

Depuis un demi-siècle que les rois avaient été chassés, la décadence de la puissance de Rome ne s'était pas un seul instant arrêtée; en 493, son territoire était au moins couvert par les Latins. Mais des 30 villes latines qui avaient signé le traité de Cassius, 13 étaient maintenant ou détruites ou occupées par l'ennemi. Si l'*ager romanus* n'était pas encore

entamé, la barrière qui devait le protéger avait donc été en
partie détruite. Heureusement la population s'était aguerrie
dans ces luttes continuelles, mais au fond peu dangereuses ;
et les soldats qu'Appius décime sans résistance, que Cincinnatus charge de douze pieux, de leurs armes et de leurs
vivres pour une marche de 20 milles en 4 heures, sont déjà
les légionnaires de Véséris, de Bénévent, de Cynocéphales
et de Zama.

CHAPITRE V.

LES DÉCEMVIRS; ÉGALITÉ CIVILE.

PROPOSITION TÉRENTILLA (461); CÉSON ET LE SABIN HERDONIUS (459). —
CONCESSION AUX PLÉBÉIENS DES TERRES PUBLIQUES DE L'AVENTIN ET
LOI SUR LES AMENDES (451-453). — LES PREMIERS DÉCEMVIRS (450). —
APPIUS ET VIRGINIE (448). — RÉSUMÉ DES XII TABLES : DROIT DES PER-
SONNES ET DES CHOSES. — DISPOSITIONS FAVORABLES AUX PLÉBÉIENS.

Proposition Térentilla (461); Céson et le Sabin Herdonius (459).

Jusqu'à Voléro et Létorius, le peuple n'a conquis que des
armes pour le combat; mais ce combat, malgré les violences que nous avons déjà vues, n'a pas encore été sérieusement engagé. En 461, les plébéiens passent de la résistance
à l'attaque; ils demandent la révision de l'ancienne constitution et une législation nouvelle. C'était trop vouloir à la fois,
car ils n'étaient pas assez forts pour triompher d'un coup.
Aussi leur victoire se fractionnera, si je puis dire, et ne
s'achèvera qu'en plus d'un siècle. En 450, ils arracheront
l'égalité civile; en 367, l'égalité politique; en 339 et en 306,
l'égalité judiciaire ; en 302, l'égalité religieuse. — Le décemvirat fut la conquête de l'égalité devant la loi civile.

Les consuls et les juges patriciens avaient jusqu'alors
rendu la justice, non d'après des lois écrites et connues de
tous, mais en suivant d'anciennes et obscures coutumes

qu'ils interprétaient arbitrairement, et qui livraient à leur pouvoir discrétionnaire le plaideur plébéien. Dans la constitution rien n'était fixe, déterminé ; nul ne savait où s'arrêtait la juridiction des magistrats, où cessaient les pouvoirs du sénat. Ce fut pour détruire cet arbitraire et ces incertitudes que le tribun Térentillus Arsa, abandonnant la loi agraire qui s'usait, demanda, en 461, que dix hommes fussent nommés pour rédiger et publier un code de lois. Le sénat repoussa avec violence cette proposition, et pour gagner du temps, il chercha à arrêter le tribun par le veto d'un de ses collègues. Mais ils avaient juré tous de rester inébranlablement unis, et ni ruses, ni menaces, ni présages sinistres ne purent les détourner du but. Le chef de toutes les violences patriciennes était le fils de Cincinnatus, Quinctius Céson, jeune homme fier de sa force, de ses exploits, de sa noblesse. A la tête de jeunes patriciens, il troublait les délibérations, se jetait sur la foule et chassa plus d'une fois les tribuns du forum. Cet homme semblait *porter en lui toutes les dictatures et tous les consulats,* et son audace rendait l'autorité tribunitienne impuissante. Un tribun osa cependant se servir de la loi Icilia. Virginius accusa Céson d'avoir frappé un tribun malgré son caractère inviolable, et un plébéien attesta qu'il avait renversé sur la voie Suburrane un vieillard, son frère, mort quelques jours après de ses blessures. Le peuple s'émut à ce récit de meurtre, et Céson laissé libre sous caution, eût été condamné à mort aux prochains comices, s'il ne se fût exilé de lui-même en Étrurie. Pour payer l'amende de son fils, Cincinnatus vendit presque tous ses biens ; il ne lui resta que quatre arpents au delà du Tibre (460).

Ainsi que Coriolan, Céson voulut se venger, et les tribuns vinrent un jour dénoncer au sénat une conspiration dont il était l'âme. Le Capitole devait être surpris, les tribuns et les chefs du peuple massacrés, et les lois sacrées abolies. Le Capitole fut, en effet, l'année suivante, occupé durant la nuit par le Sabin Herdonius, à la tête de 4000 esclaves ou bannis, parmi lesquels se trouvait peut-être Céson (459). Cet audacieux coup de main n'effraya pas moins le sénat que le

peuple, auquel le consul Valérius promit l'acceptation de la
loi Térentilla pour prix de son concours. Le Capitole fut
repris, et de tous ceux qui l'occupaient, pas un n'échappa :
mais Valérius, le consul populaire, avait péri durant l'attaque, et il fut remplacé par Cincinnatus, qui crut le sénat
délié par cette mort de ses promesses. « Tant que je serai
consul, dit-il aux tribuns, votre loi ne passera pas, et avant
de sortir de charge je nommerai un dictateur. Demain j'em-
mène l'armée contre les Èques. » Ils annonçaient leur opposition à l'enrôlement. « Je n'ai pas besoin de nouveaux
soldats, les légionnaires de Valérius n'ont pas été licenciés ;
ils me suivront à l'Algide. » Il voulait amener là les augures, leur faire consacrer un lieu pour délibérer et contraindre l'armée, comme représentant le peuple, à révoquer
toutes les lois tribunitiennes. Le sénat n'osa suivre son
consul dans cette réaction violente ; il se contenta de repousser la loi ; mais les mêmes tribuns furent pour la troisième
fois réélus (458); ils le furent encore les années suivantes,
jusqu'à cinq fois, et avec eux se présenta toujours l'odieuse
proposition, malgré une nouvelle dictature de Cincinnatus,
qui profita de son autorité sans appel pour exiler l'accusateur de son fils.

Cet état de choses entretenait les esprits dans une telle
fermentation, que le sénat crut prudent de consentir à ce
qu'on nommât désormais dix tribuns, deux pour chaque
classe. Le peuple, surtout celui des classes inférieures,
attendait de cette augmentation une protection plus efficace
et plus prompte, les patriciens une facilité plus grande pour
acheter quelques membres du collége. D'autres concessions
suivirent.

Concession aux plébéiens des terres publiques de l'Aventin et loi sur les amendes (454-453).

En 454, le tribun Icilius demanda que les terres du domaine public sur l'Aventin fussent distribuées au peuple ; et
malgré les violences de la jeunesse patricienne, il fit accepter
sa loi par les tribus, força les consuls à la porter au sénat,

où il obtint lui-même d'entrer pour défendre son plébiscite.
De cette innovation sortit le droit, pour les tribuns, de convoquer le sénat et de parler dans cette assemblée. La loi
passa, et l'Aventin se couvrit de maisons plébéiennes. L'année suivante, le consul Aternius fit cesser l'arbitraire des
consuls dans la fixation des amendes. Il en détermina le mi-
nimum à un mouton, et le maximum, auquel on n'arrivait
qu'en augmentant d'une tête pour chaque jour de refus, à
deux moutons et trente bœufs.

Le sénat espérait éloigner, par ces concessions, la loi
agraire et la loi Térentilla. Mais les deux propositions furent
aussitôt reprises, et Sicinius Dentatus, vieux centurion qui
avait assisté à 120 batailles, suivi 9 triomphes, tué 9 ennemis en combat singulier, reçu 45 blessures, dont pas une
par derrière, mérité 83 colliers et 60 bracelets d'or, 18 lan-
ces, 25 harnais, s'étant fait nommer tribun, fit condamner
deux consuls à l'amende. Le sénat comprit qu'il fallait renoncer encore à la force, sauf à recourir à l'adresse pour
détourner la révolution de ses voies. Il accepta la proposition
Térentilla, et trois commissaires furent désignés, Sp. Posthumius, A. Manlius et P. Sulpicius, pour aller jusqu'à
Athènes peut-être, plus certainement dans les villes grecques de l'Italie, recueillir les meilleures lois.

Les premiers décemvirs (450).

Au retour des trois députés, on suspendit la constitution
en vigueur, le tribunat, même le droit d'appel; et dix magistrats furent investis de pouvoirs illimités pour rédiger de
nouvelles lois. Les patriciens, en invoquant leur connaissance du droit, se firent donner ces dix places. Ce premier
point décida la question; la réforme perdait par cela seul
tout caractère politique.

L'an 450, aux ides de mai, les décemvirs, tous personnages consulaires, entrèrent en charge. Chaque jour un
d'eux avait la présidence, le gouvernement de la ville et les
douze licteurs. Unanimes dans leurs actes, justes et affables
envers tous, ils maintinrent la république dans une paix

profonde, diminuant plutôt que dépassant leurs pouvoirs.
Un cadavre avait été trouvé dans la maison du patricien
Sextius; non-seulement le décemvir Julius poursuivit l'accusation, mais, bien qu'il pût juger sans appel, il déféra la
cause à l'assemblée du peuple. A la fin de la première année, dix tables de loi furent affichées au forum, pour que
chacun pût proposer des améliorations, revues encore par
les décemvirs, puis présentées au peuple et acceptées dans
des comices centuriates. C'étaient les vieilles coutumes de
Rome ou de l'Italie primitive, mêlées à quelques emprunts
faits aux législations des villes grecques, que l'Éphésien
Hermodore avait expliquées aux décemvirs.

Appius et Virginie (448).

Cependant le code n'était pas complet. Pour l'achever,
on conserva ses pouvoirs à la commission législative, mais
en y appelant, suivant l'esprit de la constitution romaine,
d'autres hommes. Parmi les décemvirs sortants, était Appius
Claudius, qui, la première année, avait caché son orgueil et
son ambition sous des dehors populaires. Chargé de présider
les comices d'élection, il combattit la candidature de Cincinnatus et de Capitolinus, qu'il n'aurait pu gagner à ses
desseins, et ne laissa nommer que des gens qui lui étaient
dévoués. Il ne craignit pas de recueillir des voix pour lui-
même, bien que, comme président des comices, il ne pût,
suivant l'usage, être réélu. Ses nouveaux collègues, tous
hommes obscurs, et quelques-uns plébéiens, se soumirent
à son ascendant. Précédés de leurs 120 licteurs avec les
verges et les haches, ils semblaient dix rois, et ils en avaient
l'orgueil.

Comme leurs prédécesseurs, ils étaient unanimes; car ils
s'étaient réciproquement promis que jamais l'opposition
d'un d'entre eux n'arrêterait les actes de ses collègues; mais
cet accord ne profitait qu'à leur pouvoir. Dès lors, la fortune, l'honneur et la vie des citoyens furent à leur merci.
Le sénat avait un beau rôle à prendre, celui de défenseur
des libertés publiques. Il aima mieux se laisser aller à de

vieilles rancunes, et vit avec joie cette tyrannie sortie d'une
loi populaire. La jeunesse patricienne, depuis longtemps
habituée, sous Appius et Céson, à la violence, devint à
la ville comme l'armée des décemvirs, et les sénateurs
désertant leur poste à la curie, se dispersèrent dans leurs
villas.

Cependant les décemvirs publièrent deux nouvelles tables
remplies, dit Cicéron, de lois iniques; et l'année s'écoula
sans qu'ils annonçassent l'intention d'abdiquer. Rome s'était
donné des maîtres. Heureusement les Sabins d'Érétum et les
Èques renouvelèrent la guerre. Il fallut convoquer le sénat.
Un patricien populaire, Valérius, se leva dès que la séance
fut ouverte, et malgré Appius, qui lui refusait la parole,
dénonça la conjuration formée contre la liberté. « Ce sont les
Valérius et les Horatius qui ont chassé les rois, s'écria Horatius Barbatus, leurs descendants ne courberont pas la tête sous
des Tarquins. » Les décemvirs l'interrompent, le menacent;
ils le feront précipiter de la roche Tarpéienne. Mais l'oncle
même d'Appius se déclare contre lui. Cependant les conseils
timides l'emportent, et à la fin de cette orageuse séance, dix
légions sont confiées aux décemvirs. Deux armées sortirent
de Rome. Mal conduites ou plutôt mal disposées pour leurs
chefs, elles se firent battre. Dans l'une servait Dentatus,
qui ne cachait pas sa haine. Pour s'en débarrasser, les décemvirs l'envoyèrent choisir l'emplacement d'un camp, en
lui donnant pour escorte des soldats chargés de l'assassiner.
L'*Achille romain* ne succomba qu'après avoir tué quinze
des traîtres. On répandit le bruit qu'il avait péri dans une
embuscade; mais personne ne douta qu'il n'eût été sacrifié
aux craintes des décemvirs. Un autre crime amena enfin
leur chute.

Appius avait aposté un de ses clients pour réclamer,
comme son esclave, Virginie, fille d'un des plus distingués
d'entre les plébéiens. En vain son père Virginius, son fiancé
Icilius, l'ancien tribun, et de nombreux témoins, offrirent
de prouver sa naissance libre. Appius, au mépris d'une loi
qu'il avait lui-même portée, adjugea la jeune fille à son
complice. Mais Virginius saisit un couteau sur l'étal d'un

boucher, la frappe au cœur, l'aimant mieux morte que
déshonorée, et tout couvert du sang de sa fille, court à l'armée campée sur l'Algide. Les soldats se soulèvent, marchent
sur Rome, où ils occupent l'Aventin, et de là suivis de tout
le peuple, vont se réunir sur le mont Sacré aux légions de la
Sabine.

Quelque temps, les décemvirs hésitèrent, soutenus par
une partie du sénat qui redoutait les suites d'une révolution
plébéienne. Mais s'il avait fallu céder 46 ans auparavant,
quand le patriciat était encore tout-puissant, et les plébéiens
sans chefs, comment résister aujourd'hui que le peuple avait
l'expérience de ses dernières luttes et la conscience de sa
force? — Les décemvirs abdiquèrent.

Résumé des XII tables : droit des personnes et des choses.

Les douze tables conservèrent au père de famille son pouvoir absolu sur ses esclaves, ses enfants, sa femme et ses
biens, et consacrèrent les obligations réciproques des clients
et des patrons. La propriété resta aussi dans les mêmes
conditions. Elle était ou publique ou privée. Pour la première, il n'y avait jamais prescription, car l'État ne pouvait
perdre ses droits; pour la seconde, deux années suffisaient,
car l'État avait intérêt à ce que les terres ne restassent pas
sans culture. S'il s'agissait de biens meubles ou d'esclaves,
c'était assez d'un an. Mais contre le détenteur étranger, le
droit restait toujours ouvert : *adversus hostem æterna aucto-
ritas.* De là les efforts des provinciaux, quand Rome eut
étendu au loin ses conquêtes, pour obtenir ce titre de
citoyen, qui, entre autres priviléges, donnait, après une
jouissance de deux années, le droit de propriété sur les
terres vagues, si nombreuses partout où les légions avaient
passé.

Les douze tables n'ont que des peines comparativement
légères pour les attaques contre les personnes. Mais les attaques contre la propriété y sont cruellement punies. Le vol y
devient une impiété. « Que celui qui aura enchanté ou séduit
(*incantassit, pellexerit*) la moisson d'autrui, qui aura mené

paître, la nuit, des troupeaux dans le champ de son voisin,
ou coupé sa récolte, soit voué à Cérès. — Que la nuit le
voleur puisse être tué impunément; le jour, s'il se défend.
— Celui qui mettra le feu à un tas de blé, sera lié, battu et
brûlé. — Le débiteur insolvable sera vendu ou coupé par
morceaux. » Pour les délits estimés moins graves, on retrouve les deux systèmes de pénalité en usage chez tous les
peuples barbares : le *talion* ou représailles corporelles, et la
composition. « Celui qui rompt un membre payera 300 as
au blessé; s'il ne compose pas avec lui qu'il soit soumis au
talion. »

Dispositions favorables aux plébéiens.

Protection pour le débiteur contre l'usurier : « Celui qui
prêtera à plus de huit un tiers pour cent rendra au quadruple; que le *nexus* (l'esclave pour dettes) ne soit pas regardé
comme infâme. » Protection pour le faible contre le puissant :
« Dans les questions d'état qu'on adjuge la provision en
faveur de la liberté. » Protection pour le plaideur pauvre
contre le plaideur riche et le juge patricien : « Que le faux
témoin et le juge corrompu soient précipités. » Consécration
nouvelle de la loi Valéria et restriction mise au pouvoir illimité de la dictature : « Qu'il y ait toujours appel au peuple
des sentences des magistrats. » Attribution au peuple de la
juridiction criminelle, enlevée en même temps aux curies et
aux tribus : « Que le peuple seul, *dans les comices centuriates*,
ait le pouvoir de rendre des sentences capitales. » C'est à
l'assemblée des centuries où, tous, patriciens et plébéiens
sont confondus d'après l'ordre de leur fortune, que passent
et le pouvoir et les titres.

Un autre avantage pour les plébéiens était le caractère
général de la loi. « Plus de lois personnelles; » *ne privilegia
inroganto*. La législation civile des douze tables ne connaît
que des citoyens romains. Ses dispositions ne sont faites ni
pour un ordre ni pour une classe, et sa formule est toujours,
si quis, « si quelqu'un; » car le patricien et le plébéien, le
sénateur, le pontife et le prolétaire sont égaux à ses yeux.
Ainsi est enfin proclamée, par cet oubli des distinctions au-

trefois si profondes, la définitive union des deux peuples, et c'est ce peuple nouveau, c'est l'universalité des citoyens qui a maintenant l'autorité souveraine, qui est la source de tout pouvoir et de tout droit. « Ce que le peuple aura ordonné en dernier lieu sera la loi. » Le peuple avait donc obtenu par les douze tables quelques considérations matérielles, et sinon l'égalité politique du moins l'égalité civile, qui donne même au plus misérable le sentiment de sa dignité d'homme, et qui l'élève au-dessus des vices honteux de la servilité.

L'esprit aristocratique se montre cependant dans les peines sévères prononcées contre les auteurs de vers outrageants, contre les rassemblements nocturnes, et dans la prohibition des mariages entre les familles patriciennes et plébéiennes.

Les patriciens aussi restaient seuls consuls et sénateurs, seuls augures et pontifes, seuls juges, de sorte que par les formes multipliées et mystérieuses de la procédure (*acta legitima*) que les plébéiens ignoraient, ils pouvaient rendre vaine cette publication de la loi et cette égalité civile qu'ils venaient eux-mêmes de proclamer. En résultat la législation nouvelle trompait les espérances du peuple. Mais les décemvirs n'en avaient pas moins donné à la puissance plébéienne une irrésistible impulsion, par leur chute, si ce n'était par leurs lois.

CHAPITRE VI.

PROGRÈS POLITIQUES ET SUCCÈS MILITAIRES (448-390). L'INVASION GAULOISE.

SIÉGE DU CAPITOLE; CAMILLE. — RECONSTRUCTION DE LA VILLE ET
RÉTABLISSEMENT DE LA PUISSANCE ROMAINE. — MANLIUS.

Lois populaires de Valérius et d'Horatius (449).

La révolution de 510, faite par les patriciens, n'avait profité qu'à l'aristocratie; celle de 448, faite par le peuple, ne
profita qu'au peuple. Les décemvirs avaient abdiqué; et
deux sénateurs populaires, Valérius et Horatius, étaient
allés sur le mont Sacré promettre le rétablissement du tribunat et du droit d'appel avec une amnistie pour tous ceux
qui avaient pris part à la révolte. Le grand pontife tint les
comices pour l'élection des dix tribuns, puis on nomma
consuls Horatius et Valérius, qui garantirent par plusieurs
lois la liberté restaurée. La première défendit, sous peine
de mort, de jamais créer une magistrature sans appel. La
seconde donna force de loi aux plébiscites, c'est-à-dire que
les résolutions prises dans l'assemblée des tribus n'auraient
plus besoin que de la sanction des curies, comme les résolutions des comices centuriates, pour devenir des lois générales. La troisième renouvela l'anathème prononcé contre
quiconque porterait atteinte à l'inviolabilité tribunitienne.
La quatrième ordonnait qu'une copie de tous les sénatus-
consultes contre-signée par les tribuns de la lettre T, afin de
prévenir toute falsification, serait remise aux édiles plébéiens
et gardée par eux dans le temple de Cérès sur l'Aventin. Le
tribun Duilius fit encore passer cette loi : « Que le magistrat
qui négligera de tenir les comices à la fin de l'année, pour
l'élection des tribuns du peuple, soit puni des verges et de
la hache. »

La liberté était assurée; mais le sang versé demandait
vengeance. Virginius accusa les décemvirs. Appius, leur
chef, se tua dans sa prison avant le jugement; Oppius,
après lui le plus odieux, finit de même. Les autres s'exilèrent;
on confisqua leurs biens. Cependant les deux consuls avaient
repris leurs opérations militaires contre les Èques et les
Sabins, et ceux-ci furent si bien battus par Horatius, qu'ils
restèrent en paix avec Rome pendant un siècle et demi. Au
retour, les consuls demandèrent le triomphe : jusqu'alors le

sénat seul avait eu le droit de l'accorder; il refusa. Mais
Icilius le fit décréter par le peuple. Ce fut encore les tribuns
qui décidèrent dans un débat qui s'éleva entre Ardée et
Aricie, et la guerre qui sortit de cette décision injuste ne fit
que rendre plus importante cette innovation populaire.

Autorisation des mariages entre les deux ordres (445).

Les patriciens avaient plus d'une fois essayé de se glisser
au tribunat; une loi Trébonia leur en ferma à jamais l'entrée.
Ils s'étaient réservé le pouvoir judiciaire, excepté dans le cas
de sentence capitale contre un citoyen, et l'administration
des finances, en laissant aux consuls le droit de nommer
eux-mêmes les questeurs du trésor. Les tribuns obtinrent
en 447 que les *quæstores parricidii* et les *quæstores ærarii*
seraient à l'avenir nommés dans les comices centuriates.
Deux choses maintenaient l'outrageante distinction des deux
ordres, l'interdiction des mariages et l'occupation de toutes
les charges par les patriciens : en 445 le tribun Canuléius
demanda l'abolition de la défense relative aux mariages, et
ses collègues le partage du consulat. C'était demander l'égalité politique. Les patriciens s'indignèrent à cette demande,
mais le peuple usa du moyen qui lui avait deux fois servi;
il se retira en armes sur le Janicule; et le sénat, pensant
que les mœurs seraient plus fortes que la loi, accepta la
proposition du tribun.

Nouvelle constitution : Censure et tribunat consulaire (444).

Cette barrière tombée, il n'était plus possible d'interdire aux plébéiens l'accès des charges curules. Cependant, à force d'habileté, le patriciat à demi vaincu se défendit 45 ans encore. Les collègues de Canuléius demandaient
pour leur ordre une place de consul et deux de questeurs du
trésor. Le sénat accorda que les questeurs du trésor seraient
indistinctement choisis dans les deux ordres; et, grâce à
cette latitude, on ne vit pendant longtemps que des patriciens dans cette charge. Quant au consulat, il le démembra.

A ce pouvoir royal on avait enlevé déjà le droit d'accomplir
certains sacrifices (*rex sacrificiorum*), la garde du trésor
(*quæstores ærarii*), et l'instruction des affaires criminelles
(*quæstores parricidii*); deux nouveaux magistrats, les censeurs, créés en 444, pour cinq ans d'abord, pour dix-huit
mois ensuite, héritèrent encore du droit des consuls de faire
le cens, d'administrer les domaines et les finances de l'État,
de régler les classes, de dresser la liste du sénat et des chevaliers, d'avoir enfin la haute police de la ville. Restaient
aux consuls les fonctions militaires, la justice civile, la présidence du sénat et des comices, la garde de la ville et des
lois; on les donna, mais divisées entre plusieurs, sans les
honneurs curules, avec six licteurs au lieu de douze, et sous
le nom plébéien de tribuns militaires, à trois, quatre ou
six généraux.

Une invasion des Volsques, qui pénétrèrent cette même
année jusqu'à la porte Esquiline, fut repoussée. T. Quinctius détruisit leur armée et établit à Verrugo une garnison
qui les tint en respect pour quinze ans. La victoire revenait
avec la liberté.

**Luttes pour l'exécution de la nouvelle constitution (444-390.;
Spurius Mælius (437).**

La constitution de 444 autorisait à nommer des plébéiens
au tribunat consulaire : jusqu'en 400, pas un seul n'y parvint; et durant les 78 années que cette charge subsista, le
sénat fit nommer 24 fois des consuls; c'est-à-dire qu'il chercha et réussit, une année sur trois, à rétablir l'ancienne
forme de gouvernement. Ces perpétuelles oscillations en-
couragèrent les ambitieuses espérances d'un riche chevalier,
Spurius Mælius. Durant une famine, il fit aux pauvres
d'abondantes aumônes. Le sénat s'alarma de cette charité
qui n'était point dans les mœurs antiques, et fit élever à la
dictature le vieux Cincinnatus. Cité au tribunal du dictateur,
Mælius refusa de répondre et chercha au milieu de la foule
qui couvrait le forum une protection contre les licteurs. Mais
le maître de la cavalerie, Serv. Ahala, l'atteignit et le perça

de son épée. Malgré l'indignation du peuple, Cincinnatus approuva hautement son lieutenant, fit démolir la maison du traître et vendre au prix d'un as le *modius* (8ˡⁱᵗʳᵉˢ,67) le blé amassé par lui. Peut-être fut-il, comme Cassius, une victime sacrifiée aux craintes ombrageuses des grands? Ceux-ci du moins reprirent pour quelque temps l'ascendant, et pendant les onze années suivantes on ne nomma que deux fois des tribuns militaires. Il y eut pourtant en 431 une dictature populaire, celle de Mamercus Æmilius, qui réduisit à dix-huit mois la durée de la censure.

Progrès des armes romaines et empiétements des tribuns (436-105).

Cependant les Véiens et les Volsques occupaient sans relâche les armes romaines. En 436, les Fidénates chassèrent les colons établis au milieu d'eux et se mirent sous la protection des Véiens. Le roi de ce peuple, Tolumnius, fut tué par Cornélius Cossus, qui eut ainsi l'honneur de remporter les secondes dépouilles opimes. A Fidènes, les Romains égorgèrent toute la population étrusque; et Véies, effrayée, sollicita une trêve de 20 ans (424). Dans le Latium, les progrès de l'ennemi étaient aussi arrêtés, grâce à une discipline qui faisait des légions romaines la meilleure infanterie du monde. Un dictateur fit décapiter son fils pour avoir combattu sans ordre. Mais aussi les Volsques furent battus et contraints de solliciter une trêve de huit ans. Les consuls vaincus par les Èques en 428, se refusaient, malgré les ordres du sénat, à nommer un dictateur; ils ne cédèrent que quand les tribuns du peuple les menacèrent de les faire trainer en prison : spectacle nouveau que celui de l'autorité tribunitienne protégeant la majesté du sénat. Trois ans plus tôt, jaloux de voir les suffrages se porter toujours sur les grands, les tribuns avaient proscrit les robes blanches qui désignaient de loin, à tous les yeux, le candidat patricien. C'était une première loi contre la brigue. En s'opposant aux levées, ils obligèrent le sénat à porter aux comices centuriates, en 427, la question de la

guerre contre Véies et s'ils ne parvinrent pas à faire passer
la loi agraire qu'ils reprirent, ils obtinrent du moins,
en 420, que la questure serait accessible aux plébéiens et,
à une époque incertaine, que les censeurs pussent choisir
les sénateurs dans tous les ordres.

En même temps ils exigeaient que les conquêtes faites au
dehors profitassent aux pauvres de Rome. Ils firent ainsi
distribuer 3000 arpents du territoire de Labicum à 1500 familles plébéiennes. En 414 ils réclamèrent encore le partage
des terres de Bola. Un tribun militaire, Posthumius, s'y
étant vivement opposé, fut tué dans une émeute de soldats,
crime inouï dans les armées romaines, qui fit tort à la cause
populaire. La distribution de terres n'eut pas lieu, et, pendant cinq années, le sénat put faire nommer des consuls.
Cette réaction patricienne en amena une autre dans le sens
contraire; en 408, trois plébéiens arrivèrent à la questure;
enfin, en 400, quatre tribuns militaires sur six furent plébéiens. La fin de cette lutte politique fut marquée au dehors
par de grands succès. En 406, la prise d'Anxur fit recouvrer à la république la frontière que Rome avait sous les
rois.

Établissement de la solde et siége de Véies (405-395).

Il fallait récompenser les plébéiens de cette brillante conquête; d'ailleurs la trève avec les Véiens expirait l'année
suivante, et ce peuple montrait des intentions hostiles. Le
sénat décréta que l'infanterie recevrait une solde du trésor
public. Le légionnaire, moins pressé dès lors de retourner
à ses champs, resta plus longtemps sous les drapeaux. La
guerre put s'étendre, les opérations se prolonger, et les généraux demander aux soldats plus d'obéissance. La même
année, 405, le siége de Véies commença. Deux armées romaines vinrent camper sous ses murs : l'une pour l'affamer,
l'autre pour arrêter les secours. Véies fut laissée, par les
Étrusques, à son sort; réunis au temple de Voltumna, ils
avaient déclaré la ligue dissoute; les Falisques et les Capé-
nates, plus rapprochés du danger, firent seuls quelques ef-

forts. Ils enlevèrent un des deux camps et rouvrirent les communications des assiégés avec la campagne. Les Tarquiniens envahirent aussi le territoire romain; les Èques, les Volsques, ne laissèrent pas échapper une telle occasion. Rome fit face de tous côtés et conjura tous les périls, sans se laisser distraire de sa grande affaire du siége de Véies.

Pour la première fois les Romains avaient continué, durant l'hiver, les hostilités. La division du commandement entre les tribuns militaires ayant amené des défaites, le peuple soupçonna une trahison des grands et nomma enfin, en 400, quatre plébéiens au tribunat consulaire. La fortune ne changea pas; l'on crut même un moment que l'Étrurie entière se levait. Le sénat se hâta de faire nommer dictateur un patricien qui avait exercé déjà avec distinction le tribunat et la censure, M. Furius Camillus. Camille arma tous les citoyens en état de combattre, battit les secours envoyés aux Véiens et revint presser vivement le siége. La tradition plaçait ici de nombreux prodiges : le débordement du lac d'Albe, au milieu d'un été brûlant, les mille canaux creusés pour empêcher les eaux d'arriver à la mer, et la fatale imprudence de l'aruspice toscan qui trahit les secrets de son peuple. Les Romains pénétrèrent enfin par une mine dans la place. Le petit nombre de Véiens échappés au massacre furent vendus (395).

La chute de Véies entraîna celle de Falérie (394), gagnée, dit-on, par la générosité de Camille; enfin la prise de Sutrium porta la frontière romaine, au nord, jusqu'à la sombre et impraticable forêt Ciminienne. Les Romains osèrent cependant la franchir et attaquer les Vulsiniens qui n'obtinrent une trêve de 20 ans qu'au prix d'une année de solde pour l'armée romaine (390).

Ainsi de 450 à 390, les Romains ont pris l'offensive et se sont établis au milieu des Volsques, mais les Èques sont toujours en possession de l'Algide. Si la question n'est pas encore décidée entre Rome et ses deux infatigables ennemis, la position, du moins, est maintenant inverse de ce qu'elle était au commencement de cette période. La crainte et la prudence ont passé du côté des Volsques. En outre, Rome a

pris un ascendant de plus en plus marqué sur ce qu'il
reste encore des 30 peuples latins. Accoutumés à être défendus par elle, ils ont aussi l'habitude de lui obéir. L'ancienne égalité est oubliée, et Rome réunit à son territoire
celui des villes latines qu'elle reprend à l'ennemi. Au nord
du Tibre, elle peut se glorifier du plus éclatant triomphe.
Mais, de ce côté, ses victoires la conduisent au-devant des
Gaulois, et elle vient de perdre son meilleur général. L'orgueilleuse magnificence du triomphe de Camille, sa fierté,
le vœu qu'il avait fait secrètement à Apollon Pythien de
la dîme du butin de Véies, sa vive et patriotique opposition
contre les tribuns qui voulaient transporter à Véies une
partie du sénat et du peuple, avaient excité contre lui l'envie et la haine populaire. Il fut accusé de concussions, ses
clients eux-mêmes refusèrent de déposer pour lui un vote
favorable. « Nous ne pouvons vous absoudre, disaient-ils,
mais nous payerons votre amende. » Il ne voulut point de ce
dévouement qui sauvait sa fortune aux dépens de son honneur, et il partit sans attendre le jugement. Quand il eut
passé la porte Ardéatine, il se retourna, dit-on, vers la
ville et pria les dieux du Capitole, s'il était innocent, de
faire bientôt repentir ses concitoyens de son exil. Égoïsme
et dureté qui rappellent, par le contraste, la touchante
prière d'Aristide. La même année, les Gaulois entrèrent
dans Rome.

L'invasion gauloise : bataille de l'Allia (390).

Depuis près de deux siècles que les Gaulois étaient descendus en Italie, ils n'avaient pas encore osé s'engager dans
l'Apennin ; mais 30 000 Senons vinrent, en 390, demander
des terres aux Clusins, qui implorèrent le secours de Rome.
On envoya trois ambassadeurs, trois Fabius, pour interposer leur médiation. Dans une sortie, ils se mêlèrent aux
assiégés, et l'un d'eux tua, en vue des deux armées, un
chef gaulois. Aussitôt, les barbares demandèrent à Rome
réparation. Tout le collège des féciaux insista pour que justice fût rendue. Mais le crédit de la *gens Fabia* l'emporta ;

les coupables furent absous. A ces nouvelles, les Sénons se mirent en marche sur Rome. A une demi-journée de la ville près de l'Allia, ils aperçurent l'armée romaine qui, effrayée des cris et de l'aspect sauvage des barbares, rompit ses rangs et s'enfuit sans combattre (16 juillet 390). Tout ce qui ne put passer le Tibre à la nage et se réfugier derrière la forte enceinte de Véies, tomba sous l'épée; l'aile droite, intacte, battit en retraite sur Rome, et courut occuper la citadelle du mont Capitolin, où s'enfermèrent aussi le sénat, les magistrats, les prêtres et mille des plus braves de la jeunesse patricienne. Le reste se dispersa dans les villes voisines. Cæré donna asile aux vestales et aux choses saintes.

Prise de Rome; siége du Capitole; Camille.

Les Gaulois n'entrèrent que le surlendemain de la bataille. Tout était désert; ils virent seulement quelques consulaires qui, plutôt que d'aller mendier un asile chez leurs anciens sujets, étaient restés dans leurs demeures, assis sur leurs chaises curules. Les barbares crurent voir des êtres surnaturels; mais un d'eux ayant passé doucement la main sur la longue barbe de Papirius, celui-ci le frappa de son bâton d'ivoire, et le Gaulois, irrité, le tua; ce fut le signal du massacre. Rien de ce qui avait vie ne fut épargné; après le pillage, l'incendie détruisit les maisons.

Les barbares voulurent monter au Capitole: une pente étroite et rapide y conduisait; les Romains eurent peu de peine à les repousser, et il fallut changer le siége en blocus. Pendant sept mois, les Gaulois campèrent au milieu des ruines; un automne pluvieux amena des maladies qui les décimèrent, et la famine les força de courir par bandes toutes les campagnes voisines. Les Latins et les Étrusques s'étaient d'abord réjouis des malheurs de Rome; ils s'effrayèrent à leur tour. Ardée donna à Camille, exilé dans cette ville, quelques soldats avec lesquels il surprit et massacra un détachement gaulois. Ce premier succès encouragea la résistance; de tous côtés, les paysans s'insurgèrent, et les Romains réfugiés à Véies proclamèrent Camille dictateur. Il

fallait la sanction du sénat et des curies pour confirmer
l'élection et rendre à Camille les droits de citoyen qu'il avait
perdus par son exil. Un jeune plébéien, Cominius, traversa
le Tibre à la nage, évita les sentinelles ennemies, et, s'aidant
des ronces et des arbustes qui tapissaient les parois escar-
pées de la colline, il parvint jusqu'à la citadelle. Il en redes-
cendit aussi heureusement et rapporta à Véies la nomination
qui devait lever les scrupules de Camille. Mais les Gaulois
avaient remarqué l'empreinte de ses pas, et, par une nuit
obscure, ils montèrent jusqu'au pied du rempart. Déjà ils
atteignaient les créneaux, quand les cris des oies, consacrées
à Junon, éveillèrent Manlius, qui renversa du haut du mur
les plus avancés des assaillants.

Le Capitole était sauvé; mais les vivres étaient épuisés, et
Camille ne paraissant pas, le tribun militaire Sulpicius
convint avec le brenn, rappelé dans sa patrie par une attaque des Vénètes, de payer pour la rançon de Rome,
1000 livres d'or (326 kilogramm. 340 grammes), et que
des vivres, avec des moyens de transport, seraient fournis aux Gaulois par les alliés et les colonies de Rome.
Quand on pesa l'or, les barbares apportèrent de faux
poids, et comme Sulpicius se récriait : *Væ victis!* dit le
brenn, « malheur aux vaincus! » et il jeta encore dans la
balance sa large épée et son baudrier. Les barbares s'éloi-
gnèrent : mais Camille annula le traité de son autorité
dictatoriale. Il ordonna aux alliés de fermer leurs portes et
d'attaquer les bandes isolées. Durant le blocus, où étaient
venus jusqu'à 70000 Gaulois, de nombreux détachements
avaient quitté le siége pour courir le pays ; il en était allé
jusqu'en Apulie ; quand ils revinrent, le gros de l'armée était
parti, tout le Latium en armes et les légions romaines réor-
ganisées. Aussi, de ceux-là bien peu échappèrent. Les
Cærites en massacrèrent toute une troupe tombée de nuit
dans une embuscade, et une autre fut détruite par Camille.
La vanité romaine changea ces légers succès en une victoire
si complète que pas un barbare n'aurait échappé à l'épée
vengeresse des soldats de Camille.

Reconstruction de la ville et rétablissement de la puissance romaine.

Rome délivrée était en ruine. Plusieurs tribuns reprirent la proposition de transporter le peuple à Véies, dont l'épaisse enceinte et les maisons étaient encore debout. La sage opposition de Camille et du sénat eût été vaine peut-être, sans un présage qui décida le peuple, encore irrésolu, à rétablir la ville. Une année y suffit. L'épée des barbares avait fait de grands vides dans la population ; pour les combler et éviter une révolte dangereuse des sujets, le droit de cité fut accordé aux habitants du territoire de Véies, de Capène et de Falérie ; on en forma 4 tribus nouvelles. C'était une très-grave mesure que celle qui appelait, d'un coup, tant d'hommes au partage de la souveraineté, et qui donnait à d'anciens sujets 4 suffrages sur 25. Mais c'était peut-être la seule qui pût tirer Rome de la dangereuse situation où les Gaulois l'avaient laissée. Elle en fut aussitôt récompensée, car nul doute que cette concession n'ait beaucoup aidé à ses succès, lorsqu'elle se vit attaquée, avant d'être sortie de ses ruines, par les Volsques, les Èques, une partie des Latins et les Étrusques de Tarquinie.

Camille, qu'on retrouve à la tête des légions, gagna dans ces circonstances difficiles, avec bien plus de justice que dans la guerre gauloise, le titre de second fondateur de Rome. A l'intérieur, il rappelait par ses patriotiques conseils les partis à l'union, ou il cherchait, par sa fermeté, à leur imposer la paix. Dans les camps, ses habiles réformes préparaient la victoire, que ses talents assuraient sur le champ de bataille. Il arma les soldats de longues piques et de casques d'airain, de boucliers bordés d'une lame de fer, contre lesquels s'émoussèrent les sabres mal trempés des barbares. Il rendit la légion plus mobile, changea tout l'ordre de bataille en substituant la division en manipules à l'ancienne organisation en phalange. Les Tarquiniens furent battus, et il ne resta pas un ennemi entre la forêt Ciminienne et le Tibre. Mais sur la rive gauche, Camille eut peine à prévenir de grands désastres. En 379, les Prénestins pénétrèrent jusqu'à la porte Colline ; vaincus cependant sur les bords de l'Allia, ils demandèrent la paix : trois ans après, une bataille de deux jours termina une guerre contre les Antiates. Dès lors, Rome fut tranquille aussi du côté du Latium, mais elle n'y avait pas rétabli son autorité.

Manlius.

Au milieu de ces graves difficultés extérieures, les discussions avaient recommencé au forum, et, comme un siècle auparavant, les dettes, résultat des dernières guerres, en étaient la première cause. Les *ergastula* se remplirent encore ; Camille lui-même montra beaucoup de dureté. Un patricien, le sauveur du Capitole, Manlius Capitolinus, se fit le patron des pauvres, et délivra de prison jusqu'à 400 débiteurs en satisfaisant leurs créanciers. Accusé par les grands de vouloir séduire le peuple, il montra dans les comices centuriates les armes de 30 ennemis tués par lui, 8 couronnes civiques, 32 récompenses militaires, et les cicatrices qui couvraient sa poitrine, et le Capitole d'où il avait précipité les Gaulois. Il fut acquitté ; mais dans une assemblée tenue hors de la vue de cette forteresse, il fut condamné à mort (383). D'après Dion, Manlius, occupant avec ses partisans le mont Capitolin, aurait été précipité de la roche Tarpéienne par un traître qu'il écoutait sans défiance.

TROISIÈME PÉRIODE.

CHAPITRE VII.

LOIS LICINIENNES, ÉGALITÉ POLITIQUE (366).

LOIS LICINIENNES (376-366). —INEXÉCUTION DE LA LOI AGRAIRE, MAIS PARTAGE DU CONSULAT; CRÉATION DE LA PRÉTURE ET DE L'ÉDILITÉ CURULE. — SUCCÈS TOUT AUTOUR DE ROME.

Lois liciniennes (376-366).

Manlius n'était qu'un ambitieux vulgaire; C. Licinius Stolon et L. Sextius furent de véritables réformateurs. C'étaient deux riches et nobles plébéiens , auxquels l'égalité des deux ordres par le tribunat militaire ne parut qu'un mensonge politique. Nommés tribuns en 376 , ils demandèrent le partage du consulat , et pour forcer le peuple à prendre intérêt à cette question , ils présentèrent les résolutions suivantes :

1° A l'avenir, on n'élira plus des tribuns militaires, mais deux consuls, dont l'un sera toujours plébéien;

2° Aucun citoyen ne pourra posséder plus de 500 arpents de terres domaniales, ni envoyer dans les pâturages publics plus de 100 têtes de gros bétail et 500 têtes de petit; sur ces terres restituées à l'État, on distribuera à chaque citoyen pauvre 7 arpents ; ceux qui resteront fermiers de l'État payeront au trésor public la dîme des fruits de la terre, un cinquième du produit des oliviers et de la vigne, et la redevance due pour chaque tête de bétail;

3° Les intérêts payés seront déduits du capital, et le reste sera remboursé en trois années par égales portions.

Le moment de la lutte suprême était donc arrivé. Dix années de suite les tribuns se firent réélire. En vain le sénat gagna leurs collègues dont le *veto* les arrêta, et recourut deux fois à la dictature. Camille, menacé d'une amende de 500 000 as, abdiqua. On leur opposa aussi la sainteté de la religion; pas un plébéien n'était dans le sacerdoce. Pour détruire ce motif, ils ajoutèrent cette quatrième rogation, que le sénat accepta, afin de mettre de son côté les apparences de la justice : « Au lieu de duumvirs pour les livres sibyllins, on nommera à l'avenir des décemvirs dont cinq seront plébéiens. » Cependant le peuple, fatigué d'aussi longs débats, ne demandait plus que les deux lois sur les dettes et sur les terres, et les patriciens étaient disposés à les accorder. Mais les tribuns déclarèrent les trois propositions inséparables; elles passèrent enfin (367). Camille qui, pour la cinquième fois dictateur, venait de remporter, près d'Albe, sa dernière victoire sur les Gaulois, s'était interposé : vaincus par ses conseils, les sénateurs cédèrent; l'élection du premier consul plébéien, Sextius, fut ratifiée, et Camille, fermant pour un siècle et demi l'ère des révolutions, voua un temple à la Concorde (366).

Inexécution de la loi agraire, mais partage du consulat; création de la préture et de l'édilité curule.

La loi agraire de Licinius était adoptée, mais elle fut si mal observée, qu'il fut lui-même condamné pour l'avoir enfreinte; de sorte que le domaine public continua d'être envahi par les grands. La loi sur les dîmes paraît avoir été mieux suivie; divers moyens furent pris aussi pour diminuer les dettes. Mais de toutes ces propositions, celle qui eut les résultats les plus immédiats, fut le partage du consulat. Avant de le céder, les grands le démembrèrent. Deux nouvelles magistratures patriciennes furent créées : la *préture* pour l'administration de la justice, dont les plébéiens ne connaissaient pas les formules, et l'*édilité curule* pour la police urbaine,

que le sénat ne voulait plus laisser aux seuls édiles plébéiens (365). Il avait encore la dictature; il s'en servit pour
présider ou influencer les comices, ou pour ravir à un général plébéien l'honneur d'une guerre heureuse. De 364 à
343, il y eut en 21 ans 14 dictatures.

Le premier qui commença cette longue liste fut Manlius.
La peste sévissait avec une intensité meurtrière et venait
d'enlever Camille; le Tibre débordait, un tremblement de
terre avait ouvert au milieu du forum un abîme où Curtius
se précipita, dit-on, tout armé. Afin de conjurer les dieux
irrités, on avait célébré des jeux nouveaux venus d'Étrurie et
un *lectisternium*[1]. Enfin un dictateur, Manlius, fut nommé
pour enfoncer le clou sacré dans le temple de Jupiter. Après
la cérémonie, Manlius devait abdiquer; il conserva ses
24 licteurs, et annonça une levée contre les Herniques. Le
tribun Pomponius l'accusa, et l'eût condamné à l'amende, si
le fils de Manlius, oubliant l'injuste sévérité de son père,
qui le retenait aux champs dans une vie dure et laborieuse,
n'eût forcé le tribun, le poignard sur la gorge, à se désister.
En récompense de sa piété filiale, le peuple le nomma tribun
légionnaire, et à cette occasion se saisit du droit de nommer 6, sur 9, de ces officiers.

Succès tout autour de Rome.

Cependant tout était en feu autour de Rome. Les Latins,
effrayés de ses forces renaissantes, s'étaient soulevés. En
362, les Herniques tuèrent le premier consul plébéien qui
eût commandé une armée, Génucius. Cet échec permit au
sénat de recourir à la dictature. En 360, un troisième dictateur fut nommé contre les Gaulois, qui revenaient avec
acharnement et qui s'établirent dans le Latium même, autour de Tibur. Dans une de ces rencontres, le tribun légionnaire Manlius, provoqué par un barbare d'une taille gigantesque, le tua, et lui arrachant son collier d'or (*torques*, d'où

---

1. On appelait ainsi un festin donné aux dieux, dont les statues étaient cou-
chées sur des lits somptueux, autour des tables dressées dans un temple, et
c'était une des fêtes les plus solennelles de Rome.

Torquatus), le mit tout sanglant à son cou. Cependant, les barbares, passant entre deux armées consulaires, arrivèrent jusqu'à la porte Colline. Cette fois ils ne purent qu'insulter les murs de Rome : ils furent rejetés en désordre du côté de Tibur.

Une attaque des Tarquiniens, en 357, compliqua encore la situation ; ils battirent un consul et immolèrent à leurs dieux 307 légionnaires prisonniers. Ces difficultés obligèrent le sénat à faire au peuple de nouvelles concessions. Il diminua le taux de l'intérêt (356), établit une banque (352) qui prêta à très-bas prix, et le plébéien Marcius Rutilius fut nommé dictateur (355). Rutilius releva si bien aux dépens des Tarquiniens l'honneur des armes romaines, que ce peuple demanda, en 350, une trêve de 40 ans. La fortune revint aussi du côté du Latium. Les villes latines, fatiguées autant que Rome du séjour prolongé des barbares, unirent leurs forces aux légions, et les Gaulois furent enfin écrasés. Dans leur joie, les Romains égalèrent cette victoire à celle de Camille (356). Le sénat, pour intéresser des défenseurs à sa cause, forma, de tous les habitants du pays pomptin, entre Antium et Terracine, deux nouvelles tribus. On espérait quelque repos ; les Gaulois reparurent (349). Valérius renouvela l'exploit de Manlius, mais avec des circonstances merveilleuses. Un corbeau s'abattit sur son casque durant le combat, et troubla le Gaulois en le frappant au visage du bec et des ailes. Les soldats donnèrent au vainqueur le surnom de Corvus, et se précipitèrent sur l'ennemi, certains de vaincre. Cette victoire, gagnée par le fils de Camille, mit fin aux invasions gauloises. La prise de Sora, en 345, et une victoire sur les Aurunces, ouvrirent aux Romains la route de la Campanie. Ainsi, au dedans, l'égalité est bien près d'être complète, car les plébéiens ont envahi le décemvirat des livres sibyllins, le consulat et la dictature. Au dehors, les légions ont rétabli la domination de Rome sur le sud de l'Étrurie, et tout le Latium semble dompté. Rome est décidément le plus puissant État de l'Italie.

ITALIE
divisée par Auguste
EN XI RÉGIONS

VINDÉLICIE

NOR...

Rhenus Fl.
Brigantinus

Julium Carnicum Juliennes

Drave Fl.

Carnes

I L L Y R

MER ADRIATIQUE ou SUPÉRIEURE

Liburnie

Delminium

Dalmatie

PADAU

Ligustique

Golfe

CORSE

SARDOGNE

Neapolis

Caralis

Plumbaria

MER

MÉDITERRANÉE ou TYRRHÉNIENNE

ILES Eoliennes

Tarente

Golfe de Tarente

Crotone

Pr. de Scylacium

Gaulos

Melite

Carthage

INTÉRIEURE

Syracuse

Pr. Pachynum

Cossyra

AFRIQUE

Milles Romains.

Myriamètres.

CHAPITRE VIII.

GUERRE DE L'INDÉPENDANCE ITALIENNE (343-265).

Géographie de l'Italie avant la guerre du Samnium.

La péninsule italienne renfermait six peuples différents :
1° au nord-ouest, entre la Macra et le Tibre, les Étrusques.
Trois de leurs villes étaient entrées dans l'alliance du sénat :
Cære, *Capene* et *Faleries*. Deux, *Sutrium* et *Nepe*, avaient reçu
des colonies romaines ; *Véies* avait été détruite, *Tarquinies* et
Volsinies vaincues. Huit de leurs grandes cités, *Arretium*,
Cortona, *Clusium*, *Perusium*, *Volaterræ*, *Vetulonium*, *Rusellæ* et *Cossa*, conservaient leur liberté et en apparence leur
ancienne force.

2° Au nord, les Ombriens, qui, après avoir été un des
peuples les plus puissants de l'Italie, en étaient devenus un
des plus obscurs ; *Spolète*, *Interramna* et *Nequinum* étaient
leurs principales villes.

3° Au nord-est, les Sénons, qui habitaient, partie dans
la Gaule cisalpine, partie sur les côtes de l'Ombrie, où ils
possédaient *Ariminum*, *Pisaurum* et *Senagallia*.

4° Rome et les Latins. La domination romaine, qui s'é-

tendait de la forêt Ciminienne jusqu'au promontoire de Circeii, était maintenue par les colonies de *Nepe* et de *Sutrium,* au nord du Tibre ; par celles de *Circeii*, de *Signia*,
de *Cora*, de *Norba*, de *Setia* et de *Sora*, etc., dans le pays
des Volsques. Mais entre ces places se trouvaient des peuples et des cités libres. Les Èqtes, à l'est, et les Volsques, au sud, avaient cessé leurs continuelles incursions.
Les Herniques venaient d'être rudement châtiés. Quant aux
Latins proprement dits, ils respectaient toujours l'ancien
traité ; mais leurs villes, *Préneste, Tibur, Vélitres, Lavinium*,
Aricie, *Pedum*, etc., formaient des États distincts. Cependant Rome, qui pouvait armer dix légions, conservait sur
ses alliés une prépondérance qui se changera bientôt en une
domination définitive. Les Ausones, entre le Liris et le Vulturne, avec les deux fortes villes de *Teanum* et de *Cales*,
étaient indépendants.

5° Les Sabelliens. Cette race avait à cette époque porté
son nom depuis l'Ombrie, jusqu'au Bruttium, et l'on pouvait
compter 13 peuples d'origine sabellienne : au nord, les Sabins (*Reate* et *Amiternum*) et les Picenins (*Asculum* et *Ancône*) ; au centre, la ligue des Marses, des Vestins, des Marrucins, des Péligniens (*Corfinium*), et celle des Samnites
proprement dits, comprenant les Pentri (*Bovianum*), les
Caraceni, les Caudini (près du défilé appelé les Fourches
Caudines), et les Hirpins (*Avellinum*, *Herdonia*, *Aquilonie*,
Romulea et *Maleventum*) ; à l'ouest, les Samnites campaniens,
mélangés d'Osques et de Grecs, et depuis 80 ans maîtres de
Capoue, d'où ils dominaient sur *Acerræ*, *Casilinum*, *Nu-
ceria* et *Nola*, les Picentins (*Salernum*) ; à l'est, les Frentans ; au sud, les Lucaniens. Si ces treize peuples sabelliens
avaient été unis, l'Italie leur appartenait. Mais les Lucaniens
étaient ennemis des Samnites, ceux-ci de la confédération
marse, les Marses des Sabins. Rome n'eut guère à les combattre que les uns après les autres.

6° Les Grecs. *Cumes*, en Campanie, était restée libre ;
mais, en 343, *Sybaris* n'existait déjà plus ; *Crotone, Thurium, Locres, Rhegium* avaient soutenu des guerres désastreuses contre Denys de Syracuse et les Lucaniens ; *Pæs-

tum et *Métaponte* étaient ruinées. *Tarente* seule conservait, avec de grandes richesses, une grande confiance. Au fond de la presqu'île qui termine l'Italie au sud-ouest, un peuple nouveau venait depuis quelque temps de se former, les Brut-tiens, reste des Pélasges asservis aux Grecs et qui s'étaient révoltés à la faveur de l'abaissement de leurs maîtres. Dans l'Apulie, la population était un mélange de presque toutes les races qui avaient peuplé l'Italie. Les grandes villes de cette petite région (*Luceria*, *Arpi*, *Herdonia*, *Canusium*, *Venusia*) redoutaient le voisinage des Samnites. *Brundisium* et *Hydruntum*, sur les côtes de la Calabre, deviendront de grandes villes maritimes.

Dans la haute Italie, les Ligures occupaient toute la région du sud-ouest, divisés en tribus nombreuses mais pauvres; les Vénètes, la région du nord-est, où s'élevait leur riche capitale, *Patavium*. Les Gaulois se partageaient le reste de la Cisalpine. Au nord du Pô, les Insubres (*Mediolanum* ou Milan), et les Cénomans (*Brescia*, *Vérone* et *Mantoue*). Au sud du fleuve, de l'ouest à l'est, les Anamans, les Boïes, les Lingons et les Sénons (*Plaisance*, *Parme*, *Modène*, *Bologne* et *Ravenne*).

Première guerre : acquisition de Capoue (343-342).

Les Romains s'étaient établis à Sora, à deux pas du territoire samnite, et les Samnites menaçaient Téanum Sidicinum, près du pays des Aurunces, dont les Romains semblaient s'être réservé la conquête par une récente victoire. Du haut des murs de Téanum on aperçoit Capoue au delà du Vulturne, et Minturnes aux bouches du Liris. Ces deux places et la route entre le Latium et la Campanie auraient été à la discrétion des Samnites, s'ils avaient fait la conquête du pays des Sidicins. Aussi les Capouans promirent-ils des secours à Téanum; mais leurs troupes énervées furent deux fois battues et rejetées dans Capoue, que les Samnites tinrent comme assiégée. Dans cette extrémité, les Campaniens envoyèrent une ambassade à Rome (342). Onze ans auparavant, les Romains avaient conclu un traité avec les

Samnites. Ce fut le prétexte dont le sénat se servit pour repousser la demande des Campaniens. « Eh bien! dirent les députés, refuserez-vous de défendre ce qui vous appartient? Capoue se donne à vous. » Le sénat accepta, et une guerre de 78 ans commença. On l'a appelée la guerre du Samnium; il faut lui donner son vrai nom, ce fut la guerre pour l'indépendance de l'Italie. Avant cette grande lutte, la péninsule était libre; le débat terminé, elle se trouva sujette et tous ses peuples y prirent part successivement.

Les Latins, ennemis des montagnards de l'Apennin, se portèrent avec ardeur à cette guerre. Une armée, commandée par Valérius Corvus, alla délivrer Capoue; une autre, sous la conduite de Cornélius, pénétra dans le Samnium, tandis que les alliés latins traversaient l'Apennin pour attaquer les Samnites par derrière. Cornélius se laissa enfermer dans une gorge étroite, d'où le dévouement du tribun légionnaire Décius Mus le sauva, et une victoire le vengea de l'ennemi qui l'avait fait un moment trembler. Valérius les battit deux fois au milieu de la Campanie. Ces succès retentirent au loin : les Carthaginois, amis de cette puissance qui s'élevait entre leurs rivaux, les Étrusques et les Grecs, envoyèrent une ambassade féliciter le sénat.

Révolte des garnisons romaines de la Campanie (341).

L'hiver venu, les Romains, à la demande des Campaniens, prirent garnison dans leurs villes. Séduits par la beauté des lieux, les soldats formèrent le dessein de s'emparer de Capoue et d'y rester. Pour déjouer ce complot, on les renvoya par cohortes; mais ils se réunirent aux gorges de Lautules, appelèrent à eux les esclaves pour dettes et marchèrent sur Rome au nombre de 20 000. Les plébéiens coururent les joindre, et, tous réunis, demandèrent et obtinrent : « Que le légionnaire sous les drapeaux ne pourrait, sans son consentement, être rayé des contrôles; que celui qui aurait servi comme tribun ne pourrait être enrôlé comme centurion; que la solde des chevaliers serait réduite, le prêt à intérêt et les dettes abolies; que les deux consuls pourraient être plébéiens, et qu'on ne serait rééligible à la même charge qu'après un intervalle de dix ans. » C'était, comme on le voit, moins une révolte militaire que la continuation du grand mouvement de 367.

Quand le calme fut rétabli, le sénat, qui sentait l'État ébranlé et les Latins menaçants, renonça à la guerre, ne demandant aux Samnites qu'une année de solde et trois mois de vivres pour l'armée romaine; à ce prix, il leur abandonnait Téanum et Capoue. Les Latins continuèrent, pour leur compte, les hostilités, ligués avec les Volsques et les Campaniens (341).

Défection des Latins, bataille de Véséris; lois de Publilius Philo; traitement fait aux insurgés (340-338).

Cette alliance et les troubles qui agitaient Rome firent penser aux Latins que le temps était arrivé de secouer une suprématie importune. Leurs préteurs vinrent demander qu'un des deux consuls et la moitié des sénateurs fussent pris parmi les hommes du Latium. L'orgueil national se révolta. On repoussa tout d'une voix cette prétention insolente; Manlius Impériosus jura de poignarder le premier Latin qui viendrait siéger au sénat.

La guerre éclata aussitôt (340). Le péril était immense, car Rome allait avoir à combattre des hommes habitués à sa discipline, à ses armes, à sa tactique. Les Romains opposèrent aux Latins l'alliance des Samnites, et allèrent chercher la principale armée latine jusque dans la Campanie, où elle se préparait à envahir le Samnium. Avant la bataille livrée au pied du mont Vésuve, près d'un ruisseau nommé Véséris, un Tusculan provoqua en combat singulier le fils du consul. Manlius accepta le défi et fut vainqueur. Mais il avait combattu sans ordre; son père le fit décapiter. Au milieu de la bataille, l'aile gauche, que commandait Décius, faiblit; il se dévoua aux dieux pour le salut des légions, et, par ce noble sacrifice, enflamma leur courage. Les trois quarts de l'armée latine restèrent sur le champ de bataille, et la Campanie fut d'un seul coup reconquise. Une seconde victoire ouvrit le Latium à Manlius, et rompit la ligue. Plu-

sieurs villes firent leur soumission. Mais une expédition
contre Antium étant demeurée sans résultat*, ce fut un en-
couragement pour les villes restées en armes, et une victoire
de Publilius Philo n'effaça pas un échec de son collègue au
siége de Pédum.

La république était agitée à cette époque par de nouveaux
troubles. Nommé dictateur (339), Publilius Philo fit passer
les propositions suivantes : « Les plébiscites seront obliga-
toires pour tous ; toute loi présentée à l'acceptation des comices centuriates sera à l'avance approuvée par les curies et
le sénat ; on choisira toujours un des censeurs parmi les
plébéiens, et les deux consuls pourront être de cet ordre. »
Ces lois terminaient véritablement la lutte politique. Les plébéiens, en effet, arriveront successivement et sans effort aux
charges qu'ils ne possèdent pas encore : en 337 à la préture,
en 326 au proconsulat, en 302 à l'augurat et au pontificat.
Dans le même temps il sera fondé pour les pauvres un grand
nombre de colonies, et en 325 on décrétera que les biens,
non le corps du débiteur, répondront de sa dette.

La révolution victorieuse au dedans, le fut aussi au dehors, et le premier événement de l'ère nouvelle fut l'entière
soumission du Latium. Antium sur la côte, Pédum en avant
de l'Algide, étaient les deux derniers boulevards de la ligue.
Un consul battit, près de l'Astura, les Latins de la plaine ;
un autre prit Pédum, malgré tous les efforts des Latins de
la montagne. Dès lors la résistance cessa, et toutes les villes
ouvrirent, l'une après l'autre, leurs portes (338). Afin de
prévenir de nouvelles ligues, le sénat défendit aux habitants
de toutes les villes latines de se réunir en assemblées générales, de former des alliances, de faire la guerre, de contracter mariage et d'acquérir hors de leur territoire. Puis
les charges et les priviléges furent inégalement répartis. Les
villes les plus voisines de Rome obtinrent le droit de cité et
de suffrage. Laurentum resta alliée. Plus loin, Tibur et Préneste perdirent une partie de leur territoire, Priverne les
trois quarts, Vélitres et Antium la totalité. Antium livra ses
vaisseaux de guerre, dont les rostres allèrent orner la tribune du forum. L'importante position de Sora était depuis

peu occupée par une garnison romaine ; Antium, Vélitres, Priverne, et, quelques années plus tard, Anxure et Frégelles, qui commandaient les deux routes du Latium dans la Campanie, reçurent des colonies. Chez les Aurunces, Fundi et Formies, dans la Campanie, Capoue, dont ses riches citoyens garantissaient la fidélité ; Cumes, Suessula, Atella et Acerræ eurent le droit de cité sans suffrage (*jus Cæritum*). Calès enfin fut pris et gardé par une colonie de 2500 hommes.

Seconde guerre samnite (326-305): le proconsulat (326); Fourches Caudines (321); l'Apulie et la Campanie reconquises.

Les résultats de la guerre latine donnaient à la république un territoire d'une étendue de 140 milles, du nord-est au sud-est, et de 58 milles, de l'ouest à l'est. Dans cette guerre, l'alliance des Samnites avait sauvé Rome. Quand il n'y eut plus, entre les deux alliés, un peuple ennemi, leur jalousie se réveilla. Pendant quelques années, ils se firent une guerre sourde qui envenima la haine, les Samnites tâchant d'amener des soulèvements parmi les alliés ou les sujets de Rome et Rome poussant ses colonies, ses garnisons de jour en jour plus près des Samnites. Une attaque des Grecs de Palépolis, contre les Romains épars dans la Campanie, amena enfin la rupture ; 4000 Samnites entrèrent dans la place pour aider les habitants (327).

Cependant la guerre languit la première année, bien que le sénat se fût assuré de l'appui des Apuliens pour prendre les Samnites à revers. Les opérations se concentrèrent autour de Palépolis. Pour continuer le blocus de cette ville, Publilius Philo fut prorogé dans son commandement, sous le titre de proconsul. C'était une innovation importante qui permettait de maintenir à la tête des troupes les chefs qui avaient leur confiance et de laisser l'exécution d'un plan de campagne à celui qui l'avait conçu.

Palépolis pris, les Samnites furent chassés de la Campanie. Dès lors commença une guerre interminable dans l'Apennin. En l'an 324 Papirius était dictateur. Son maître de la cavalerie, Fabius Rullianus, combattit sans ordre et vainquit. Il aurait eu le sort du jeune Manlius, s'il ne s'était enfui à Rome, où le sénat et les tribuns intercédèrent pour lui. Papirius refusait, au nom de la discipline violée. Mais le peuple demanda grâce ; il céda aux prières. De retour au camp, il battit les Samnites, et leur accorda une trêve d'une année.

Elle n'était pas expirée que ce peuple avait déjà repris les armes, encouragé par la défection d'une partie des Apuliens. Fabius franchit en toute hâte l'Apennin pour aller rompre cette coalition, et releva dans l'Apulie l'influence romaine. Mais les Samnites, commandés par C. Pontius, attirèrent une autre armée dans le défilé des Fourches Caudines, et firent passer quatre légions sous le joug. Le sénat ne voulut point ratifier le traité signé par les vaincus et livra leurs chefs aux Samnites. C'était une perfidie. « Rompez le traité, disait Pontius, mais alors renvoyez vos légions aux Fourches Caudines. »

Le sénat n'eut garde de le faire, et ces mêmes légions, mieux conduites par Publilius Philo, battirent une armée dans le Samnium, et allèrent joindre, dans l'Apulie, Papirius, qui avait repoussé avec hauteur l'intervention des Tarentins, dispersé l'ennemi par une attaque impétueuse, et repris Lucérie. Il y avait trouvé les 600 otages, les armes et les enseignes perdues à Caudium, et avait fait passer sous le joug, à demi nus et sans armes, 7000 prisonniers samnites avec leur chef, le noble et imprudent Pontius (320). L'Apulie était donc replacée dans l'alliance de Rome ; en 318, l'ennemi demanda lui-même une trêve de deux ans. Ainsi, depuis les premières hostilités, les Samnites n'avaient rien perdu, mais Rome avait conquis deux provinces.

A l'expiration de la trêve, on apprit coup sur coup à Rome qu'une colonie romaine était prise, les habitants d'une autre massacrés, et Saticula, à quelques lieues de Capoue, entraînée à la révolte. Saticula fut bientôt reprise, mais les Samnites attirèrent les deux armées consulaires, l'une vers Sora, l'autre du côté de l'Apulie, dans deux directions contraires, passèrent alors entre elles et se jetèrent sur la

Campanie, laissée sans défense. Fabius, nommé aussitôt
dictateur, ne put les arrêter et ils arrivèrent jusqu'aux portes
du Latium (315). Rien ne bougea. Le sénat eut le temps de
réunir des forces. Les Aurunces, qui avaient fait défection,
furent écrasés, et une victoire qui coûta aux Samnites, non
loin de Caudium, 30 000 hommes, rendit aux Romains la
Campanie (314). Rejetés encore une fois dans l'Apennin, ils
y furent renfermés à l'est et à l'ouest par une ligne de places
fortes : Suessa-Aurunca, Intéramna du Liris, Casinum et
Lucéria, dans l'Apulie, reçurent des colonies romaines.

Première coalition des Samnites avec les Étrusques les Ombriens et les Herniques (311-300).

Depuis seize ans les Samnites luttaient seuls. Les autres
peuples à la fin s'émurent. Les villes étrusques voyaient
avec effroi grandir à chaque campagne la fortune de Rome.
Des émissaires samnites les décidèrent à reformer l'ancienne
ligue, et tandis que les légions étaient retenues dans le
Samnium, 50 000 Étrusques vinrent fondre sur Sutrium qui
servait à Rome de boulevard au nord du Tibre. Fabius y
courut. Les lignes des ennemis étant trop fortes pour être
enlevées, il les y laissa, traversa la forêt Ciminienne, qu'il
avait fait explorer par son frère, déguisé en berger toscan,
tua, près de Pérouse, 60 000 Étrusques ou Ombriens, et
contraignit Pérouse, Cortone et Arrétium à demander une
trêve de 30 ans. Sutrium était sauvée et la confédération encore une fois dissoute.

Dans le Samnium, Marcius Rutilus avait failli trouver de
nouvelles Fourches Caudines ; il fallut un dictateur. Le sénat désirait Papirius ; mais le choix appartenait à Fabius.
Tout un jour celui-ci hésita, au souvenir de son ancienne
querelle ; le patriotisme à la fin l'emportant, il nomma Papirius. Nombre de guerriers samnites avaient fait devant les
autels des dieux, au milieu de cérémonies imposantes, le serment solennel de vaincre ou de mourir. Ils succombèrent (309).

Les Ombriens battus, les Étrusques écrasés près du lac
Vadimon, vaincus encore près de Pérouse révoltée et con-

traints de solliciter la paix, tels furent aussi, en cette année, les services de Fabius.

Il porta ensuite sa fortune dans le Samnium, où les Marses et les Péligniens commençaient à s'apercevoir que la cause des Samnites était celle de toute l'Italie. Il était trop tard; Fabius les bat, soumet Nucérie, et apprenant que son collègue Décius reculait devant un grand armement des Ombriens, il va le joindre, disperse l'armée ombrienne et reçoit la soumission de ses villes. L'année suivante, il cerne une armée samnite, et la force à mettre bas les armes, sous les yeux des ambassadeurs tarentins qui voulaient s'imposer comme médiateurs (308). Parmi les prisonniers se trouvèrent des Èques et des Herniques. Un consul, Q. Marcius, gagna sur ceux-ci trois batailles et les força de se remettre à la discrétion du sénat, puis courut dégager son collègue bloqué par les Samnites, et leur tua 30 000 hommes. Pendant cinq mois, les légions parcoururent le Samnium, brûlant les maisons et les fermes, coupant les arbres à fruits, tuant jusqu'aux animaux (307). L'ennemi tint une campagne encore. Une défaite sanglante força les Samnites, les Marses, les Péligniens, les Marrucins et les Frentans à solliciter la fin d'une guerre qui avait duré plus d'une génération d'hommes. Ils conservèrent leur territoire et tous les signes extérieurs de l'indépendance; mais ils reconnurent la majesté du peuple romain. Les circonstances devaient expliquer ce que le sénat entendait par la majesté romaine (305).

Cette paix laissait les Èques exposés seuls à la colère de Rome. En 50 jours, on leur prit et on leur brûla 41 places; puis on confisqua une partie de leurs terres, et on leur donna le droit de cité sans suffrage, ce qui les plaçait dans la condition de sujets. Cinq ans plus tard, la crainte inspirée par la coalition gallo-samnite les fit élever au rang de citoyens.

Ces succès, auxquels Fabius avait tant contribué, lui donnèrent la force nécessaire pour s'opposer dans la ville aux innovations d'Appius. Ce personnage, le créateur de la voie Appienne, étant censeur en 312, avait fait entrer au sénat des fils d'affranchis et répandu dans toutes les tribus, les *ærarii* qui, auparavant, n'étaient pas même citoyens (*æra pro capite præbebant*). Un d'eux, le greffier Flavius, venait de publier le calendrier des pontifes, jusqu'alors tenu secret, et les formules de procédure, ce qui diminuait pour le peuple la dépendance où les grands le tenaient pour la religion et pour la justice. Ce Flavius parvint même au tribunat et à l'édilité curule. Il y avait à craindre les trop rapides progrès du petit peuple. Fabius, nommé censeur en 304, renferma les *ærarii* dans les quatre tribus urbaines. Les grands, en reconnaissance, lui donnèrent le surnom de *Maximus*.

Seconde coalition des Samnites, des Étrusques et des Ombriens (300-290); bataille de Sentinum (295).

Cependant la paix n'était qu'une trève. En 300, on voit les consuls prendre la ville ombrienne de Narnia, forte position qui commandait le passage de l'Ombrie dans la vallée du Tibre; le sénat se hâta d'y envoyer des colons. Avec les récentes colonies de Carséolie et d'Alba Fucentia, la nouvelle place complétait la ligne de défense dont Rome voulait s'envelopper.

Parmi les défenseurs de Narnia, on avait trouvé des Samnites; leurs chefs préparaient un soulèvement général. Les Sabins, en paix avec Rome depuis un siècle et demi, ne voulurent pas abandonner à sa dernière heure un peuple frère; les Étrusques étaient tout décidés, et les Ombriens marchaient avec eux. Valérius Corvus fut envoyé en Étrurie; l'ennemi, effrayé par le nom d'un tel adversaire, laissa dévaster ses campagnes sans risquer une bataille (299). Plus hardi, l'année suivante, il fut vaincu. Dans le Samnium, Bovianum et Aufidène furent enlevées, et, en 297, Fabius et Décius soumirent ce malheureux pays à une dévastation méthodique. L'an d'après Fabius acheva de détruire ce qui lui avait une première fois échappé. Ces ravages inspirèrent aux Samnites une résolution désespérée. Quittant leur pays qu'ils ne peuvent plus défendre, ils se jettent en Étrurie, soulèvent les villes qui hésitaient encore, entraînent les Ombriens et appellent les Gaulois. A Rome, les tribunaux se fermèrent, on porta Fabius et Décius au consulat. On enrôla tous les gens valides, au moins 9000 hommes. Le massacre d'une légion, près de Camérinum, livra aux Sénons le passage de l'Apennin; s'ils parvenaient à opérer leur jonction avec les Ombriens et les Étrusques, c'en était fait sans doute de l'armée consulaire, mais Fabius rappelle, par une diversion, les Étrusques à la défense de leurs foyers, et court chercher l'armée gallo-samnite dans les plaines de Sentinum (295). Le choc fut terrible : 7000 Romains de l'aile gauche, commandée par Décius, avaient déjà péri, quand le consul se dévoua, à l'exemple de son père. Mais les Gaulois étaient inaccessibles aux terreurs religieuses qui avaient épouvanté les Latins, et l'aile gauche tout entière eût été écrasée, si Fabius, vainqueur des Samnites, n'était accouru. Entourés de toutes parts, les barbares reculèrent sans désordre, et regagnèrent leur pays. Fabius battit encore une armée sortie de Pérouse, puis alla triompher à Rome.

Victoire d'Aquilonie (293); soumission des Samnites et des Sabins (290); dictature populaire d'Hortensius (286).

La coalition était dissoute. Mais les Samnites n'étaient pas exterminés. Dès l'année suivante, ils battirent un consul et les Romains n'osèrent hiverner dans leur pays. Heureusement les Étrusques venaient de signer une trêve de 40 ans. La guerre se concentra alors dans le Samnium. Comme 15 ans auparavant, les chefs samnites appelèrent la religion au secours du patriotisme et de l'union. Le vieil Ovius Paccius réunit 40 000 guerriers, et parmi eux 16 000 hommes d'élite, la *légion du Lin*, qui avaient juré de vaincre ou de périr. Ils tinrent parole : 30 000 Samnites restèrent sur le champ de bataille d'Aquilonie (293). Ils tentèrent cependant un nouvel effort et mirent à leur tête le héros des Fourches Caudines. Pontius reparut victorieux, au bout de 29 ans, dans les plaines de la Campanie. Le fils du grand Fabius osa l'attaquer, et se fit battre ; mais son père obtint du sénat d'aller lui servir de lieutenant. Le vainqueur de Pérouse et de Sentinum frappa le dernier coup de cette guerre : 20 000 Samnites périrent; Pontius Hérennius fut fait prisonnier et décapité après le triomphe. La guerre était alors un duel sans merci.

Une année encore, les légions poursuivirent les débris des armées samnites, jusqu'à ce que Curius arrachât enfin à ce peuple l'aveu de sa défaite. Un traité, dont nous ignorons les clauses, les rangea parmi les alliés de Rome (290). Pour les contenir, Vénouse, entre le Samnium et Tarente, fut occupée par une colonie de 14 000 hommes. Curius soumit aussi les Sabins, et, au retour de cette expédition, après avoir pénétré jusqu'à l'Adriatique, il dit ces mots qui montrent comment Rome conduisait une guerre : « J'ai conquis tant de pays, que ces régions ne seraient plus qu'une immense solitude, si j'avais pour les peupler moins de prisonniers. J'ai soumis tant d'hommes, que nous ne saurions les nourrir, si j'avais conquis moins de terres. » Aussi, distribua-t-il à tous les citoyens sept arpents. Pour lui-même, il ne voulut pas d'autre récompense. Les Sabins eurent le droit de cité sans suffrage; Castrum et Adria furent colonisées. Curius triompha deux fois dans la même année. Cet honneur, jusque-là sans exemple, et le respect qui s'attacha à son nom, annoncent de grands services. La véritable guerre du Samnium était finie.

Au même moment finissait aussi celle du forum. Le peuple, encore une fois soulevé au sujet des dettes, s'était retiré sur le Janicule. Un dictateur fut nommé, Hortensius, qui abolit ou diminua les dettes, confirma toutes les conquêtes antérieures des plébéiens, et assura la fidèle exécution des lois de Publilius Philo (286).

Troisième coalition des Étrusques, des Sénons et des Boïes (285-280); bataille du lac Vadimon (283).

Tout le centre de l'Italie subissait la domination ou l'alliance de Rome. Mais au nord, les Étrusques étaient hostiles, et les Gaulois avaient déjà oublié leur défaite de Sentinum. Au sud, si la nation samnite avait posé les armes, il restait encore des bandes qui rejetaient toute paix avec Rome, et qui allèrent chercher des auxiliaires dans les âpres montagnes des Calabres. Là s'étendaient d'immenses forêts, où il s'était peu à peu formé un peuple nouveau que les Grecs et les Romains nommaient dédaigneusement des esclaves révoltés, des Bruttiens. Grecs, Lucaniens, tous voyaient avec effroi la domination romaine s'approcher d'eux; Tarente surtout, qui montrait un dépit croissant des succès de Rome, et qui se fit l'âme d'une coalition nouvelle. Mais l'union était impossible entre tant de peuples; il n'y eut qu'un instant de danger sérieux, au nord, de la part des Étrusques. Arrétium était restée fidèle; les Étrusques, soutenus par des auxiliaires sénons, vinrent l'assiéger. Une armée, qui courut au secours de la place, fut exterminée. Le sénat se plaignit au conseil des Sénons. Ses députés furent massacrés. A cette nouvelle, le consul Dolabella traversa sans bruit la Sabine, et entra par le Picénum sur le territoire gaulois; il brûla les villages, tua les hommes, vendit les enfants et les femmes, et ne quitta le pays qu'après en avoir fait un désert. Dans le même temps, son collègue écrasait en Étrurie l'armée combinée. Les Boïes de la Cisalpine s'alarmèrent de cette extermination de tout un peuple gaulois. Ils franchirent l'Apennin et entraînèrent une nouvelle armée étrusque jusqu'au lac Vadimon. Une désastreuse défaite les y attendait. L'année suivante, ils firent la paix (282). Pendant deux ans encore, quelques villes étrusques attirèrent sur elles les armes des légions. La victoire de Coruncanius sur les Vulsiniens les obligea à traiter (280).

Durant ces opérations dans le nord, Thurium, au sud, avait imploré le secours de Rome contre les Lucaniens. Fabricius battit ce peuple et mit garnison dans Thurium (282). Au retour, il déposa dans le trésor 400 talents, après avoir fait de larges gratifications aux soldats et aux citoyens. De si productives campagnes faisaient aimer la guerre; l'ambition des grands, l'avidité des pauvres, y trouvaient également leur compte.

Guerre de Pyrrhus (280-272); les Tarentins appellent Pyrrhus (280).

Le sénat avait adjoint à la garnison romaine de Thurium une escadre de dix galères. Un jour que le peuple de Tarente était assemblé au théâtre, en face de la mer, les vaisseaux romains se montrèrent à l'entrée du port. Un démagogue, Philocharis, s'écrie que d'après les anciens traités, les Romains n'ont pas le droit de dépasser le cap Lacinien. Les Tarentins courent à leurs navires, attaquent les galères romaines, en coulent quatre, en prennent une autre dont ils massacrent l'équipage, et, enhardis par ce facile succès, vont chasser de Thurium la garnison romaine. Bientôt un ambassadeur romain se présente, demandant réparation ; il est accueilli par des huées et d'ignobles outrages. « Riez, s'écrie-t-il, riez maintenant, votre sang lavera ces taches. » C'était une déclaration de guerre. Le sénat envoya une armée qui, avant d'attaquer, offrit encore la paix ; les grands l'acceptaient, mais le parti populaire rejeta toutes les propositions et appela Pyrrhus, roi d'Épire. Les Tarentins ne lui épargnèrent ni les présents ni les promesses. Il devait trouver en Italie 350 000 fantassins et 20 000 chevaux. Malgré les avertissements du Thessalien Cinéas, son ami, qui réduisait ces belles promesses à leur valeur et montrait les dangers de l'entreprise, Pyrrhus accepta et prépara un armement considérable : 25 000 soldats et 20 éléphants. Dans la traversée, une tempête dispersa la flotte et faillit briser le vaisseau royal.

Bataille d'Héraclée et marche de Pyrrhus sur Rome.

Arrivé à Tarente, Pyrrhus ferma les bains et les théâtres, força les citoyens de s'armer, et les exerça comme ses mercenaires. Ils avaient cru que le roi se battrait pour eux et sans eux ; beaucoup s'enfuirent. A Rome, les consuls enrôlèrent, comme dans les dangers extrêmes, jusqu'aux prolétaires. Vainement Pyrrhus voulut négocier, les Romains repoussèrent toute proposition ; ils ne voulaient, ils ne pouvaient déjà plus admettre qu'un roi étranger intervînt dans

les affaires de l'Italie. Ce fut auprès d'Héraclée que se livra
la première bataille. Les éléphants, que les Romains ne connaissaient pas, jetèrent le désordre dans leurs rangs ; ils
laissèrent 15 000 hommes sur le champ de bataille. Mais
Pyrrhus en avait perdu 13 000. « Encore une pareille victoire,
disait-il, et je retourne sans armée en Épire. »

Ce difficile succès, les dangers mêmes qu'il avait courus,
et ce qu'il apprit de Rome, inspirèrent au roi grec une estime
sérieuse pour ces barbares, dont l'ordonnance était si savante. Il avait compté, en passant l'Adriatique, sur une
guerre facile, sur de nombreux auxiliaires ; et les Italiens
l'avaient laissé combattre seul à Héraclée. Après cette bataille,
Locres lui ouvrit ses portes ; la légion campanienne, en garnison à Rhégium, massacra les habitants de cette ville et
prit leur place ; des Lucaniens, des Samnites accoururent à son
camp ; mais il y avait loin de là aux 370 000 hommes promis. Pyrrhus renouvela ses premières offres : laisser libres
Tarente et tous les Grecs d'Italie, rendre aux Samnites, aux
Apuliens, aux Lucaniens et aux Bruttiens, les villes et les
terres que les Romains leur avaient enlevées. En échange, il
offrait son alliance et la rançon de ses prisonniers. Cinéas,
dont l'éloquence avait, disait-on, gagné plus de villes à
Pyrrhus que la force des armes, fut chargé de porter à Rome
ces propositions. Il avait des présents pour les sénateurs et
leurs femmes. Mais il ne trouva personne qui se laissât gagner. Cependant le sénat inclinait à la paix. « Que Pyrrhus,
s'écrie le vieil Appius, sorte d'abord d'Italie, et l'on verra
ensuite à traiter avec lui. » Cinéas reçut l'ordre de quitter
Rome le jour même. « Le sénat, disait-il au retour, m'a paru
une assemblée de rois. Combattre avec les Romains, c'est
combattre avec l'hydre. Leur nombre est infini, comme leur
courage. »

Pyrrhus tenta un coup de main hardi. Il part de la Lucanie, évite Lævinus, qui couvre Naples et Capoue, se jette
dans la vallée du Liris, et pousse ses avant-postes jusqu'à
quelques kilomètres de Rome, mais autour de lui rien ne
bouge, pas une ville ne fait défection, et Lævinus se rap-
proche ; Coruncanius, qui vient de signer la paix avec les

Étrusques, ramène d'Étrurie une autre armée; dans la ville, tous les citoyens s'arment. Avant que ce cercle menaçant se fermât sur lui, Pyrrhus s'échappa avec son butin, et retourna hiverner à Tarente.

Bataille d'Asculum (279); Pyrrhus en Sicile; bataille de Bénévent (275).

Le sénat se décida cependant à racheter les prisonniers. C'étaient pour la plupart des cavaliers que leurs chevaux, effarouchés par les éléphants, avaient désarçonnés. Pyrrhus refusa, mais par estime pour Fabricius, un des députés, il permit à ses prisonniers d'aller célébrer à Rome les saturnales. Pas un, dit-on, ne manqua de revenir. Au printemps de l'an 279, il assiégea Asculum, que les deux consuls Sulpicius Saverrio et P. Décius se décidèrent à sauver par une bataille. Décius se dévoua à l'exemple de son père et de son aïeul. Les Romains n'en furent pas moins battus; comme ils pouvaient l'être, toutefois, c'est-à-dire en ne livrant qu'une victoire chèrement achetée. Cette guerre était décidément pour Pyrrhus trop sérieuse et trop lente. Il ne chercha plus qu'un prétexte d'en sortir avec honneur. Fabricius l'ayant averti que son médecin Philippe voulait l'empoisonner, il renvoya tous ses prisonniers sans rançon, laissa une garnison à Tarente et à Locres, et passa en Sicile où les Grecs l'appelaient contre les Mamertins et les Carthaginois.

Les Carthaginois assiégeaient Syracuse. C'est au secours de cette ville que le gendre d'Agathocles était appelé. Il la débloqua, et refoula de poste en poste les Africains jusqu'à Lilybée qu'il ne put leur enlever. Mais là aussi, après les premières victoires, vinrent la mésintelligence avec les alliés et l'ennui d'une guerre qui ne finissait pas. Pyrrhus écouta les prières des Italiens, vivement pressés par Rome; et il laissa encore une fois son entreprise inachevée.

Au passage du détroit, les Carthaginois battirent sa flotte et prirent sa caisse militaire; puis il rencontra les Mamertins qui l'avaient devancé en Italie, et au travers desquels il fallut s'ouvrir un passage. Un d'eux, d'une taille gigan-

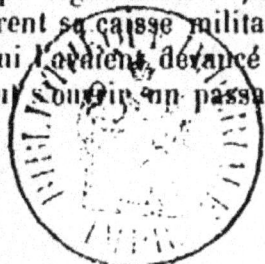

6

tesque, s'acharnait à sa poursuite; Pyrrhus se retourna, et
, d'un coup de hache le fendit de la tête à la selle. A Locres,
où il rentra, il pilla le temple de Proserpine pour payer ses
mercenaires. Mais ce sacrilége, disait-il lui-même, attira
sur ses armes la colère de la déesse, et sa fortune vint
échouer à Bénévent. Curius Dentatus y commandait l'armée
romaine. Les légionnaires s'étaient familiarisés avec les
bœufs de Lucanie, comme ils appelaient les éléphants; ils
savaient les éloigner par une grêle de traits ou par des
brandons enflammés. Leur victoire fut complète; le camp
royal tomba en leur pouvoir; ils y étudièrent la savante castramétation des Grecs.

Soumission de Tarente (272).

Pyrrhus ne pouvait plus tenir en Italie; il laissa Milon
avec une garnison dans Tarente, et ramena en Épire son
armée réduite à 8000 hommes; il la conduisit à de nouvelles
entreprises, tenta de reconquérir la Macédoine, et fut proclamé roi pour la seconde fois, puis alla périr misérablement
à l'attaque d'Argos (272). Curius, pendant ce temps, triomphait à Rome sur un char traîné par quatre éléphants, et
une ambassade du roi d'Égypte, Ptolémée Philadelphe, venait
féliciter le sénat et lui demander son alliance.

Les hostilités durèrent quelques années encore dans le sud
de l'Italie, mais sans importance. Une victoire de Papirius
Cursor et de Sp. Carvilius désarma les dernières bandes
samnites. Ce peuple se soumit enfin. Il y avait 70 ans que
la bataille du mont Gaurus avait été livrée, et dans cette
longue guerre, 24 fois les consuls avaient obtenu le triomphe.
La même année, Papirius reçut la soumission des Lucaniens, et Milon (272) livra Tarente, dont les murailles furent
détruites, les armes et les vaisseaux enlevés. L'année suivante, Rhégium fut repris; et 300 des légionnaires révoltés
furent passés par les verges et décapités. Les autres avaient
presque tous péri dans l'attaque. En 268, ce sont les Picé-
nius qui sont forcés de se remettre à la discrétion du sénat;
puis les Sarsinates, toute la nation ombrienne; et dans le

sud de l'Italie, les Salentins et les Messapiens, auxquels on aurait peut-être pardonné leur alliance avec Pyrrhus, s'ils n'avaient possédé le port de Brindes, le meilleur passage d'Italie en Grèce. Enfin, dans l'Étrurie, à Vulsinii, le bas peuple ayant privé la noblesse de ses priviléges, celle-ci appela les Romains qui assiégèrent la ville et la détruisirent après en avoir enlevé 2000 statues. Ce fut le dernier acte de la guerre de l'indépendance italienne (265).

Les succès et les profits de cette lutte qui avaient enrichi la ville, les grands et le peuple; les habitudes militaires prises par les Romains durant ces 78 années de combats; toutes ces victoires enfin qui avaient exalté l'ambition, le patriotisme et l'orgueil national, allaient vouer Rome à une guerre éternelle. Le génie des conquêtes plana désormais sur la curie.

CHAPITRE IX.

ADMINISTRATION DE L'ITALIE ET TABLEAU DES MOEURS ET DE LA CONSTITUTION ROMAINES.

CONCESSIONS AUX VOISINS DE ROME; LES TRENTE-TROIS TRIBUS; LE NOM LATIN. — CONCESSIONS MOINS ÉTENDUES AUX AUTRES ITALIENS; MUNICIPES, PRÉFECTURES, ETC. — COLONIES ET VOIES MILITAIRES. — FRUGALITÉ ET DÉSINTÉRESSEMENT; UNION DES ORDRES. — ÉGALITÉ POLITIQUE; ÉQUILIBRE DES DIVERS POUVOIRS; CENSURE. — ORGANISATION MILITAIRE.

Concessions aux voisins de Rome; les trente-trois tribus; le nom latin.

La longue guerre que nous venons de raconter avait donné aux Romains toute la péninsule italienne. Cette domination, fondée par les armes, fut affermie par la politique; et Rome, à la différence d'Athènes, de Sparte et de Carthage, sut non-seulement conquérir, mais aussi conserver, parce que, fidèle à son origine, elle s'ouvrit elle-même aux vaincus, les appela dans son sein ou leur conféra peu à peu ses droits. Elle procéda lentement à ces concessions. De 384 à 264, douze tribus furent créées et l'*ager romanus* étendu de la forêt Ciminienne jusqu'au milieu de la Campanie, c'est-à-dire que les populations voisines de Rome furent égalées aux citoyens romains, comme dans la ville les plébéiens l'avaient été aux patriciens. Sur ce territoire, les censeurs vont compter 292 334 hommes en état de combattre, c'est-à-dire une population de 1 200 000 âmes, qui, serrée autour de Rome, sera certainement assez forte pour tenir en respect le reste de l'Italie.

Le vieux peuple romain compte à peine pour moitié dans ce nombre. Mais ses 21 tribus lui donnent 21 suffrages, et les nouveaux citoyens, peut-être plus nombreux, en comptent 12 seulement : les districts de l'Étrurie méridionale romains, depuis 384, ont 4 voix; les Latins, les Volsques, les Ausones et les Èques, 2 chacun. Ainsi, tout en déclarant membres de l'État souverain les peuples établis autour d'elle jusqu'à 50, 60, 100 milles de ses murs, Rome réserve prudemment à ses anciens concitoyens leur légitime influence. Elle contente la vanité de ses sujets, sans altérer le caractère fondamental de sa constitution; elle reste une ville et elle est déjà un peuple.

Cependant le territoire des 33 tribus ne couvrait pas tout le Latium. Çà et là se trouvaient des villes qui restaient en dehors de l'*ager romanus*, comme Tibur, Préneste, où les exilés romains trouvaient un asile inviolable, car la loi qui interdisait l'eau et le feu ne pouvait les frapper hors des terres de la république. Maintes villes du Latium, *nomen latinum*, restaient donc des cités étrangères, bien que rattachées, par des liens divers, à la grande association de peuples et de cités qui formaient la république romaine. Moins durement traités, en général, que les autres peuples de l'Italie, les Latins avaient gardé l'élection de leurs magistrats, la liberté de faire des lois d'intérêt local, et obtenu de grandes facilités pour arriver au droit de cité. Tous leurs magistrats pouvaient le recevoir au sortir de charge. Ce droit de cité impliquait, pour celui qui l'avait obtenu, l'autorité absolue sur ses enfants, sur sa femme, sur ses esclaves, sur ses biens ; la garantie de la liberté personnelle, du

culte, du droit d'appel et de suffrage ; l'aptitude aux emplois
publics, l'inscription sur les registres du cens, la faculté
d'acheter et de vendre suivant la loi des Quirites ; l'exemption de tout impôt, excepté de celui que payaient les citoyens ;
en un mot, le bénéfice des lois civiles, politiques et religieuses des Romains. Parmi ces droits, les uns regardent la
famille et la propriété ; on les comprenait sous le nom de *jus
Quiritium ;* les autres intéressaient l'État ; c'est le *jus civi-
latis ;* tous réunis, ils formaient le droit de cité dans sa
plénitude, *jus civitatis optimo jure.*

Concessions moins étendues aux autres Italiens; municipes, préfectures, etc.

Aux Italiens, restés en dehors des 33 tribus, le sénat conféra tantôt les droits civils comme aux Cærites, après l'invasion gauloise, tantôt les droits politiques dans toute leur
extension. Quelquefois le sénat n'accordait que le droit
d'échange (*commercium*) ou de mariage (*connubium*). Ces
concessions étaient faites parfois à un homme, à une classe
entière ; plus souvent, à toute une ville. On nommait *municipes* les villes ainsi agrégées à la grande société romaine. Il
y en avait de trois sortes : 1° les municipes *optimo jure*,
dont les habitants exerçaient tous les droits et étaient soumis
à toutes les obligations des citoyens romains ; 2° les municipes sans droit de suffrage, dont les habitants se trouvaient
dans la même condition que les anciens plébéiens de Rome,
portaient le titre de citoyens, servaient dans les légions,
mais ne pouvaient arriver aux charges et ne votaient jamais ;
3° les villes qui avaient renoncé à leurs anciennes coutumes
pour recevoir les lois civiles de Rome, mais sans compter
parmi le peuple romain. Au-dessous des municipes venaient
les *préfectures*, auxquelles un préfet était envoyé tous les
ans, dans les unes pour rendre la justice, dans les autres
pour administrer toutes les affaires de la ville.

Les *dediticii* étaient plus maltraités encore. C'étaient des
sujets de Rome. D'autres portaient le titre d'alliés, comme
Tarente, Naples, les Marses et les Péligniens, les Camertins,

les Héracléotes, Tibur, Préneste, et la plupart des cités étrusques. Mais ces alliés devaient des secours en argent et en
troupes. Que pouvait être d'ailleurs cette égalité entre quelques villes obscures et la maîtresse de l'Italie?

Telle fut donc la politique suivie par le sénat dans sa conduite à l'égard des vaincus. Point de mesures générales,
elles auraient uni ce que le sénat voulait diviser. Au contraire, interdiction formelle de toute ligue, de tout commerce,
de mariages même entre les Italiens de cités ou de cantons
différents; et pour chaque peuple qui se soumet, des conditions particulières; pour chaque ville, un traité spécial.

Colonies et voies militaires.

Ce n'était pas assez de diviser les intérêts, il fallait empêcher qu'ils pussent jamais se réunir; les colonies prévinrent
ce danger. Ces établissements formés de plébéiens pauvres
et d'anciens soldats n'étaient, à vrai dire, que des garnisons
permanentes envoyées au milieu du pays ennemi. Chacun
comptait un nombre plus ou moins grand de colons, suivant
l'importance militaire de la position à occuper; 6000 à Bénévent, pour couvrir la Campanie; 11 000 à Vénouse, pour
menacer la Grande Grèce, défendre l'Apulie, contenir les
Lucaniens et les Samnites. Établis aux dépens des anciens
habitants, et par conséquent entourés d'ennemis, les colons
ne peuvent déserter leur poste pour aller voter à Rome.
Comme aux soldats sous les drapeaux, la loi leur ôte le droit
de délibérer. Ils ont bien autre chose à faire que de venir
augmenter le bruit et la foule au forum. Ce que la république
leur demande, c'est de rendre les conquêtes durables; c'est,
en surveillant les vaincus et en prévenant leurs révoltes, de
porter par toute l'Italie la langue, les mœurs, les lois et le
sang de Rome et du Latium.

Jusqu'à la guerre du Samnium, Rome n'avait établi qu'un
petit nombre de colonies. En Étrurie, Sutrium et Népète
aux débouchés de la forêt Ciminienne; chez les Rutules,
Ardée et Satricum; chez les Volsques, Antium, Vélitres,
Norba et Setia. Dans la guerre du Samnium, par Anxur,

sur la voie Appienne, le sénat ferma la route du Latium ;
dans la Campanie, par Frégelles, Sora, Interamna, Minturnes, toutes sur le Liris, il couvrit le Latium contre les
Samnites. Une seconde ligne défendit la première ; Atina,
Aquinum, Casinum, fermèrent des passages que suivirent
plusieurs fois les Samnites pour descendre dans la vallée
supérieure du Liris, et de là tendre la main aux peuples
soulevés du Latium ; Vescia, Suessa-Aurunca, Sinuessa chez
les Aurunces, Téanum et Calès, chez les Sidicins, gardèrent le pays entre le bas Liris et le Vulturne. Cette double
ligne qui enveloppait le Latium au sud et au sud-est, se
rattachait à l'est et au nord par Alba Fucentia, chez les Marses, Æsula et Carséoli, chez les Èques, à l'importante position de Narnia qui couvrait la route de l'Ombrie vers Rome ;
et aux colonies de l'Étrurie, Népète, Sutrium, Cossa, Alsium
et Frégènes. Derrière ce formidable rempart, Rome pouvait
braver tous les ennemis. Annibal et Pyrrhus qui le franchirent une fois, mais sans l'avoir brisé, n'osèrent s'arrêter au
milieu de ce cercle redoutable.

Dans le reste de l'Italie, les colonies furent moins nombreuses ; mais leur force et la position qu'on leur choisit
leur permirent de rayonner au loin. Ainsi le Samnium n'en
eut que deux, à Æsernia et à Bénévent ; le Picénum trois ;
Adria, Firmum, Castrum ; l'Ombrie, quatre, échelonnées
sur la route des Gaulois : Narnia, déjà nommée ; Spolète,
qui couvrait cette place et la route de Rome ; Sena et Ariminum, tête de pont tournée contre les Cisalpins. Dans la
Campanie, les Grecs s'étaient montrés fidèles ; mais Capoue,
toujours remuante, était serrée de près par les colonies de
Saticula et de Calès ; au besoin, Casilinum, sur un rocher
au bord du Vulturne, et à deux pas de Capoue, pouvait recevoir garnison. L'Apulie fut gardée par Lucérie et Vénouse ;
la Calabre, par Brindes et Valentia ; la côte de Lucanie par
Pæstum. Tarente, Locres, Rhégium sur le détroit, et quelques autres places, avaient des garnisons.

Pour relier ensemble tous ces postes, et transporter rapidement les légions sur les points menacés, de grandes voies
militaires furent tracées d'une extrémité à l'autre de la pé-

ninsule. Au plus fort de la guerre samnite, le censeur Appius avait commencé la voie Appienne qui conduisait, à travers les marais pontins, de Rome à Capoue. Ce grand exemple fut suivi, et, avant la seconde guerre punique, la voie Valérienne menait jusqu'à Corfinium; la voie Aurélienne longeait les côtes de l'Étrurie; la voie Flaminienne allait du champ de Mars à Ariminum et la voie Æmilienne d'Ariminum à Placentia, sur le Pô. Les colonies, assises sur ces routes, pouvaient, en cas de danger, les fermer.

Frugalité et désintéressement; union des ordres.

Mais ce qui valait mieux que les murailles de toutes ces forteresses, c'étaient les mœurs des nouveaux maîtres de l'Italie. Leurs vertus privées légitimaient leur puissance, et c'était dans leurs mœurs, plus encore que dans l'habileté de leur sénat, qu'était le secret de leur grandeur. Ces vainqueurs des Étrusques et de Tarente honoraient toujours la pauvreté, la discipline, le dévouement; et leur patriotisme avait la force d'un sentiment religieux. Trois Décius ont donné leur vie pour sauver l'armée, et Posthumius, Manlius ont immolé chacun un fils à la discipline. Le censeur Rutilus, réélu au sortir de charge (266), convoque le peuple et le censure tout entier pour avoir conféré deux fois de suite au même citoyen ces importantes fonctions. Si Corn. Rufinus, malgré deux consulats, une dictature et un triomphe, s'est fait chasser du sénat pour ses quinze marcs de vaisselle d'argent, quand la loi n'en permettait que huit onces; si le consul Posthumius a forcé 2000 légionnaires à couper ses blés ou à défricher ses bois, Atilius Serranus recevait, à la charrue, la pourpre consulaire, comme autrefois Cincinnatus y avait reçu la dictature. Régulus, après deux consulats, ne possédait qu'un petit champ avec un seul esclave; et Curius, de ses mains triomphales, comme Fabricius, comme Æmilius Papus, préparait, dans des vases de bois, ses grossiers aliments. Le même Curius, qui déclarait dangereux un citoyen à qui sept arpents ne suffisaient pas, a refusé l'or des Samnites; Fabricius, celui de Pyrrhus; et Cinéas, introduit dans le sénat, a cru voir une assemblée de rois.

égalité politique; équilibre des divers pouvoirs; censure.

Au-dessus de ces grands personnages, mettons le peuple romain lui-même duquel Bossuet a dit : « De tous les peuples du monde, le plus fier et le plus hardi, mais tout ensemble le plus zélé dans ses conseils, le plus constant dans ses maxi- mes, le plus avisé, le plus laborieux, et enfin le plus patient, a été le peuple romain. De tout cela s'est formé la meilleure milice, et la politique la plus prévoyante, la plus ferme et la plus suivie qui fut jamais. Le fonds d'un Romain, pour ainsi parler, était l'amour de la liberté et de la patrie. Une de ces choses lui faisait aimer l'autre ; car parce qu'il aimait sa liberté, il aimait sa patrie, comme une mère qui le nourrissait dans des sentiments également généreux et libres..... Sous ce nom de liberté, les Romains se figuraient, avec les Grecs, un État où personne ne fût sujet que de la loi, et où la loi fût plus puissante que les hommes. » — « Peu ou point d'ar- gent, dit Valère Maxime, sept jugères de terres médiocres, l'indigence dans les familles, les obsèques payées par l'État et les filles sans dot, mais d'illustres consulats, de merveil- leuses dictatures, d'innombrables triomphes, tel est le ta- bleau que présentent ces vieux âges. »

Par leurs fortes vertus, par leurs mœurs austères, les Ro- mains d'alors méritaient l'empire ; par leur discipline et leur courage, ils l'avaient obtenu ; par leur union, ils le conser- vaient. Les dangers de la guerre du Samnium avaient en effet ramené la paix entre les deux ordres. Il y avait union parce qu'il y avait égalité, parce que l'on ne connaissait plus l'aristocratie du sang, et que l'on n'honorait pas encore celle de la fortune. A cette époque la constitution romaine pré- sentait cette sage combinaison de royauté, d'aristocratie et de démocratie qu'ont admirée Polybe, Machiavel et Montes- quieu. Par le consulat, il y avait unité dans le commande- ment ; par le sénat, expérience dans le conseil ; par le peu- ple, force dans l'action. Ces trois pouvoirs se contenant mutuellement dans de justes limites, toutes les forces de l'État, autrefois tournées les unes contre les autres, avaient enfin trouvé, après une lutte de plus de deux siècles, cet heureux équilibre qui les faisait toutes concourir, avec une irrésistible puissance, vers un but commun, la grandeur de la république.

Une puissance morale, la censure, elle-même irresponsable et illimitée dans ses droits, veillait au maintien de cet équilibre. Ces délits qu'aucune loi ne peut frapper, ces dangereuses innovations qui ébranlent sourdement les républiques en détruisant l'égalité, les censeurs surent les atteindre et les punir. Ils chassaient du sénat et de l'ordre équestre, ils privaient de leurs droits politiques les plus riches, les plus puissants citoyens, et, dans la répartition des classes, « ils exerçaient la législation sur le corps même qui avait la puissance législative. » Par leur autorité sans contrôle, ils contenaient le peuple et la noblesse, frappaient tout ce qui s'élevait au-dessus des lois, tout ce qui pouvait altérer les mœurs, et ainsi venaient en aide au pouvoir exécutif, toujours si faible dans les démocraties.

Organisation militaire.

Au dehors, ce gouvernement était défendu par les meilleures armées qui eussent encore paru. Nul adversaire, nulle entreprise ne pouvaient plus effrayer les vainqueurs des Samnites et de Pyrrhus. Ils avaient triomphé de tous les ennemis et de tous les obstacles, de la tactique grecque comme de la fougue gauloise et de l'acharnement samnite. Pyrrhus leur avait appris à camper, et ses éléphants ne les avaient étonnés qu'une fois. Entourés d'ennemis, les Romains n'avaient, pendant trois quarts de siècle, connu d'autre art que la guerre, d'autre exercice que les armes. Ils n'étaient pas seulement les soldats les plus braves, les mieux disciplinés de l'Italie, mais les plus agiles et les plus forts. Le pas militaire était de 24 milles en 5 heures ; et, durant ces marches, ils portaient leurs armes, pour 5 jours de vivres, des pieux pour camper ; en tout, au moins 60 livres. Dans l'intervalle des campagnes, les exercices des camps continuaient au champ de Mars. Ils lançaient des javelots et des flèches, combattaient à l'épée, couraient et sautaient tout armés, ou traversaient le Tibre à la nage, se servant, pour ces exercices, d'armes d'un poids double de celui des armes ordinaires. Les plus grands citoyens prenaient part à ces jeux ; des consuls, des triomphateurs rivalisaient de force, d'adresse et d'agilité, montrant à ce peuple de soldats que les généraux avaient aussi les qualités du légionnaire.

CHAPITRE X.

LA PREMIÈRE GUERRE PUNIQUE.

CARTHAGE ET SON GOUVERNEMENT. — CAUSES DE LA GUERRE (264) ; TRAITÉ AVEC HIÉRON. — OPÉRATIONS MARITIMES ; BATAILLE D'ECNOME (256). — SUCCÈS ET REVERS DE RÉGULUS EN AFRIQUE (256-255). — LA GUERRE REPORTÉE EN SICILE ; VICTOIRE DE PANORME (250). — SIÉGE DE LILYBÉE (250) ; BATAILLE DES ILES ÆGATES (241) ; TRAITÉ.

Carthage et son gouvernement.

Tandis que Rome s'avançait du fond du Latium jusqu'au détroit de Messine, sur l'autre rive de la Méditerranée, à moins de 30 lieues de la Sicile, grandissait par l'industrie et le commerce la puissance carthaginoise. Colonie de Tyr, Carthage avait forcé les autres établissements phéniciens sur la côte d'Afrique à reconnaître sa suprématie, organisé dans l'intérieur de ce continent un immense commerce de caravanes et saisi l'empire de la Méditerranée occidentale, que ne lui disputaient plus ni les Étrusques ni les Grecs. Dans l'antiquité le commerce se faisait à main armée ; Carthage était donc devenue conquérante et elle avait étendu sa domination de la Numidie aux frontières de Cyrène. Mais à la différence de Rome, elle conquérait pour exploiter, et les vaincus restaient ses ennemis. Rien ne rappelait dans l'Afrique carthaginoise la forte organisation donnée par le sénat à l'Italie ; toutes les places étaient démantelées de peur qu'elles ne devinssent des points d'appui pour une révolte, de sorte que si les sujets de Carthage ne pouvaient rien con-

tre elle, ils étaient sans défense aussi contre ses ennemis :
200 villes s'étaient données à Agathocle dès qu'il avait mis
le pied en Afrique. Les Carthaginois ne faisaient pas non
plus la guerre par eux-mêmes, mais avec des mercenaires
qu'ils achetaient partout, et qui, se battant pour une cause
étrangère, se battaient avec mollesse, montraient parfois de
dangereuses exigences ou une indiscipline qui compromet-
tait toute une guerre.

Le gouvernement, au moins, valait-il mieux que les armées ? C'était une constitution mêlée de royauté, d'aristocratie et de démocratie, mais sans qu'il y eût entre ces pouvoirs l'équilibre qui fait seul l'excellence de ces sortes de
gouvernements. Deux suffètes choisis dans des familles pri-
vilégiées étaient les premiers magistrats de la république.
Après eux venait le sénat, où toutes les grandes maisons
avaient des représentants. Pour faciliter l'action du gouvernement en la concentrant, on avait tiré du sénat le conseil
des centumvirs. Ceux-ci usurpèrent peu à peu le pouvoir ;
et les suffètes, autrefois nommés à vie, maintenant annuels
et privés du commandement des troupes, ne furent plus que
les présidents de ce conseil. Les centumvirs pouvaient appeler les généraux à leur rendre compte ; ils se servirent de
ce droit pour mettre l'armée dans leur dépendance. Avec le
temps, les autres magistrats et le sénat lui-même se trouvèrent soumis à leur contrôle. Mais la populace, si nombreuse
dans les grandes villes marchandes, ne devait pas toujours
consentir à cette usurpation. Les guerres contre Rome déve-
loppèrent l'élément démocratique. « Chez les Carthaginois,
dit Polybe, avec la seconde guerre punique, c'était le peuple
qui dominait dans les délibérations : à Rome, c'était le
sénat. »

Causes de la guerre (264); traité avec Hiéron.

Tant que Rome avait eu à combattre les Étrusques et les
Grecs italiens, rivaux des Carthaginois, ceux-ci avaient applaudi à ses succès. Dès l'année 510 ils avaient signé avec
les consuls un traité de commerce et d'alliance, et tout ré-

cemment, dans la guerre de Tarente, ils avaient offert des secours qu'on refusa. Ce refus, surtout la victoire trop complète de Rome sur les Italiens, irritèrent Carthage qui vit avec effroi une seule puissance dominer maintenant sur le magnifique pays que baignent les trois mers Tyrrhénienne, Adriatique et Ionienne. En quittant la Sicile, Pyrrhus s'était écrié : « Quel beau champ de bataille nous laissons-là aux Romains et aux Carthaginois ! » Ni Rome ni Carthage ne pouvaient en effet abandonner à une puissance rivale cette grande île située au centre de la Méditerranée, qui touche à l'Italie et d'où l'on aperçoit l'Afrique. Trois puissances se la partageaient : Hiéron, tyran de Syracuse depuis 270, les Carthaginois et les Mamertins. Ceux-ci, anciens mercenaires d'Agathocles, s'étaient emparés par trahison de Messine ; et, de ce poste, ils infestaient l'île entière. Hiéron voulut en débarrasser la Sicile ; il les battit, les rejeta sur Messine, et allait recevoir leur soumission, quand le gouverneur carthaginois des îles *Éoliennes* (Lipari), Hannon, vint lui disputer cette conquête. Les Mamertins se souvinrent alors qu'ils étaient Italiens et envoyèrent une ambassade à Rome. Le sénat hésitait à prendre leur défense. Les consuls portèrent l'affaire devant le peuple, qui décida que des secours leur seraient envoyés. Un tribun légionnaire, C. Claudius, fut dépêché à Messine. Hannon y était déjà établi, dans la citadelle qu'un parti lui avait livrée; mais il l'en tira par une ruse, se saisit de lui et se fit livrer la forteresse. Hiéron et les Carthaginois s'unirent aussitôt pour assiéger Messine.

Le consul Appius Caudex, profitant d'une nuit obscure, passa le détroit avec 20 000 hommes sur des barques et des esquifs empruntés à toutes les villes de la côte, battit l'une après l'autre les deux armées assiégeantes et poursuivit Hiéron jusque sous les murs de Syracuse (264). Ces heureux commencements engagèrent le sénat à pousser vigoureusement la guerre. Deux consuls et 35 000 légionnaires passèrent l'année suivante en Sicile, où 67 villes tombèrent en leur pouvoir. Hiéron effrayé, se hâta de traiter, paya 100 talents et resta pendant 50 années le fidèle allié de Rome.

7

Opérations maritimes; bataille d'Ecnome (256).

Un siége de sept mois livra Agrigente aux Romains (262); et, dès la troisième année de la guerre, Carthage ne possédait plus que quelques places maritimes. Mais ses flottes ravageaient les côtes de l'Italie, fermaient le détroit et rendaient toute conquête précaire. Le sénat comprit qu'il fallait aller chercher l'ennemi sur son propre élément (261). Il ordonna la construction d'une flotte de ligne, c'est-à-dire de vaisseaux à cinq bancs de rameurs. Une quinquérème carthaginoise, échouée sur les côtes d'Italie, servit de modèle. Telle était l'imperfection de cet art, devenu depuis si difficile, que deux mois suffirent pour abattre le bois, construire et lancer 120 navires, former et exercer les équipages. Le consul Cornélius Scipion fut pris, il est vrai, avec 17 vaisseaux, dans une tentative mal conduite contre les iles Éoliennes ; mais son collègue Duillius battit près de Myles la flotte carthaginoise(260). Il avait adapté à l'avant des navires un pont qui, s'abattant sur la galère ennemie, la saisissait avec des crampons de fer, la tenait immobile et livrait passage aux soldats. Ce n'avait plus été, en quelque sorte, qu'un combat de terre ferme où le légionnaire avait retrouvé tous ses avantages. Des honneurs inusités récompensèrent Duillius. Outre le triomphe, il eut une colonne au forum et le droit de se faire reconduire le soir chez lui à la lueur des flambeaux et au son des flûtes.

Après la victoire de Myles, les Romains partagèrent leurs forces; le consul Scipion, avec la flotte, poursuivit jusqu'en Sardaigne les vaisseaux fugitifs, les détruisit et commença la conquête de cette île et de la Corse. En Sicile, les légions se laissèrent enfermer par Amilcar dans un défilé, d'où les tira le dévouement du tribun Calpurnius Flamma. Avec 300 hommes, il couvrit la retraite et arrêta l'ennemi. Retrouvé vivant sous un monceau de cadavres, il reçut du consul une couronne de gazon. « Alors c'était la plus noble récompense. »

La guerre languissait; Amilcar avait concentré ses principales forces à Drépane et à Lilybée. Pour lui arracher ces deux places inexpugnables, il fallait un long siége : le sénat, encouragé par une nouvelle victoire navaleprès des îles Éoliennes, se décida à l'entreprise la plus hardie. Il arma 330 vaisseaux ; 100 000 matelots, 40 000 légionnaires et les deux consuls Manlius Vulso et Atilius Régulus les montèrent. Carthage mit aussitôt en mer 350 navires. Les deux flottes se rencontrèrent à la hauteur d'Ecnome. C'était le plus grand spectacle qu'eût encore vu la Méditerranée ; 300 000 hommes allaient combattre sur ses flots. L'armée romaine vainquit encore (256).

Succès et revers de Régulus en Afrique (256-255).

La route de l'Afrique était ouverte ; les légions et les deux consuls débarquèrent près de Clypea. Cette ville prise, et aucune place, aucune armée ne couvrant le pays, les Romains se répandirent à travers ces riches campagnes, qui, depuis Agathocle, n'avaient pas vu l'ennemi ; en peu de jours ils firent 20 000 prisonniers et un immense butin.

Le sénat, trompé par ces premiers succès, fit revenir Manlius et ses légions. Régulus, dit-on, avait demandé lui-même son rappel. Le fermier qu'il avait laissé pour cultiver son champ de sept arpents, son unique patrimoine, s'était enfui avec sa charrue et ses bœufs ; mais le sénat répondit que tout cela serait racheté, son champ cultivé, sa femme et ses enfants nourris aux dépens du trésor. Resté en Afrique avec 15 000 hommes et 500 chevaux, ces forces lui suffirent pour battre partout l'ennemi, prendre 300 villes et s'emparer de Tunis, à deux lieues de Carthage. La ville était aux abois. On se décida à traiter. Régulus fit de telles conditions, que la guerre continua. Parmi les mercenaires accourus à Carthage, se trouva le Lacédémonien Xanthippe. Il prouva qu'on avait encore trop de ressources pour déposer les armes ; mis à la tête des troupes, il les disciplina et les aguerrit dans de petits combats répétés ; il coupa les vivres à l'armée romaine, l'attaqua enfin, la détruisit et prit son chef. Xanthippe, richement récompensé, quitta la ville avant que l'envie eût fait place à la reconnaissance.

La guerre reportée en Sicile; victoire de Panorme (250).

L'Afrique était perdue, malgré une nouvelle victoire navale. Une tempête, qui détruisit sur les côtes de Sicile 270 galères romaines, ramena la guerre dans l'île (255). Les Carthaginois reprirent Agrigente. De son côté, Rome, en trois mois, construisit 220 galères qui ravagèrent alternativement les côtes ennemies de la Sicile et de l'Afrique; mais une tempête fit encore périr, au retour, presque toute cette flotte (253). Ces désastres répétés firent renoncer le sénat à la mer, comme il avait déjà renoncé à l'Afrique. De la ville le découragement passa dans l'armée: la discipline aussi se relâcha, et il fallut, une fois, dégrader 400 chevaliers qui avaient refusé d'obéir au consul. Heureusement, Métellus remporta, près de Panorme, une grande victoire qui engagea Carthage à demander la paix (250). Régulus fut envoyé à Rome. Ce général avait noblement soutenu sa captivité. Il ne voulut pas entrer dans la ville. « Je ne suis plus citoyen, » disait-il; et quand il parla sur le cartel, il dissuada les sénateurs de l'accepter. On voulut l'apitoyer sur lui-même: « Mes jours sont comptés, dit-il: ils m'ont donné un poison lent; » et il partit en repoussant les embrassements de sa femme Marcia et de ses enfants. A son retour à Carthage, il périt, assure-t-on, d'une mort cruelle.

Siége de Lilybée (250); bataille des îles .Egates (241); traité.

La victoire de Panorme mit fin aux grands chocs d'armées. Les Carthaginois concentrèrent toutes leurs forces à Drépane et à Lilybée. Dans l'automne de l'année 250. Les deux consuls, quatre légions et 200 vaisseaux de guerre bloquèrent cette dernière place qui fut menacée par d'immenses travaux. Mais, l'an d'après, nouveaux désastres: Claudius veut surprendre une flotte carthaginoise dans le port de Drépane. Les présages étaient sinistres; les poulets sacrés refusaient de manger. « Qu'ils boivent, » dit-il; et il les fait jeter à la mer. L'armée était vaincue d'avance par cette impiété que Claudius ne sut pas réparer par d'habiles manœuvres. 93 vaisseaux furent pris ou coulés. Son collègue ne fut pas plus heureux. Il perdit 800 vaisseaux de charge et 105 galères. Le sénat renonça encore une fois aux flottes, rappela Claudius et le força de nommer un dictateur ; il choisit le fils d'un affranchi, Claudius Glycia, son client et son greffier. Le sénat annula ce choix dérisoire, et une sentence du peuple punit sévèrement ce hardi contempteur des choses divines et humaines.

Carthage avait mis à la tête de ses troupes le grand Amilcar, le père d'Annibal ; il les mena d'abord au pillage de l'Italie, puis il s'empara du mont Ercté, entre Panorme et la ville d'Éryx, que les Romains avaient récemment conquise (247). Pendant six années, toutes les forces des deux républiques furent concentrées dans ce coin de la Sicile ; les Romains étaient à Panorme, sur le sommet du mont Éryx, dans la ville de ce nom, et devant Lilybée et Drépane. Les Carthaginois occupaient ces deux places, et Amilcar le mont Ercté. Après de longs et sanglants combats, Amilcar surprit la ville d'Éryx et se plaça entre les deux camps romains établis au pied et au sommet de cette montagne. La guerre eût pu durer ainsi de longues années encore ; mais le patriotisme romain ayant donné au sénat de nouveaux vaisseaux, Lutatius Catulus surprit, près des îles Ægates, une flotte carthaginoise. Cette victoire rendait les Romains maîtres de la mer. Dès lors Drépane, Lilybée et Amilcar pouvaient être affamés. Carthage se résigna à mettre fin à cette guerre ruineuse. La paix fut signée aux conditions suivantes : Carthage n'attaquera ni Hiéron ni ses alliés ; elle abandonnera la Sicile et les îles voisines, rendra sans rançon tous les prisonniers, et payera en dix ans 3200 talents euboïques.

CHAPITRE XI.

CONQUÊTES DE ROME ET DE CARTHAGE ENTRE LES DEUX GUERRES PUNIQUES (241-219).

ORGANISATION DE LA SICILE EN PROVINCE ; ACQUISITION DE LA SARDAIGNE ET DE LA CORSE. — GUERRE EN ILLYRIE (229-219) ; EN CISALPINE (225) ; EN ISTRIE (219).— GUERRE DES MERCENAIRES (241-238). — AMILCAR ; ASDRUBAL ; ANNIBAL ; CONQUÊTE DE L'ESPAGNE (238-219).

Organisation de la Sicile en province ; acquisition de la Sardaigne et de la Corse.

La première guerre punique avait coûté à Rome 700 galères, et diminué de près de moitié sa population militaire. Mais la formation de deux nouvelles tribus, Vélina et Quirina, combla les vides de la population, et Rome se retrouva aussitôt prête pour de nouveaux travaux. Carthage avait perdu non-seulement la Sicile, mais l'empire de la mer : c'était trop de honte pour qu'elle s'y résignât longtemps ; la paix qui venait d'être signée n'était donc qu'une trêve. Le sénat de Rome le comprit, et il employa les 23 années qu'elle dura à fortifier sa position en Italie, en occupant tous les points d'où la Péninsule pouvait être menacée, la Sicile, la Corse, la Sardaigne, la Cisalpine et l'Illyrie.

La Sicile fut déclarée province romaine. Lutatius en désarma tous les habitants, fit la part du domaine public, et ne rendit à 200 villes leur territoire qu'à la condition de payer un tribut fixé chaque année par les censeurs romains, et la dîme de tous les produits du sol. Chaque année aussi un préteur fut envoyé dans la nouvelle province avec un pouvoir absolu, duquel on ne put appeler qu'après les faits accomplis. Fidèle cependant à sa maxime de ne faire jamais peser sur tous un joug égal, le sénat accorda des priviléges à quelques villes. Ainsi Panorme, Égeste, Centoripa, Halæsa, Halyciæ restèrent libres et exemptes du tribut, mais astreintes au service militaire : la petite république de Tauroménium et celle des Mamertins furent indépendantes comme l'était le royaume de Syracuse : plus tard il y eut aussi des colonies.

Les deux îles de Corse et de Sardaigne ne furent acquises qu'au prix d'une odieuse trahison. A la nouvelle de la révolte des mercenaires en Afrique, ceux de Sardaigne avaient massacré leurs chefs et appelé les Romains, qui menacèrent Carthage de la guerre si elle ne payait 1200 talents et ne cédait la Sardaigne; mais alors il fallut conquérir les Sardes. Le sénat y employa huit années. La Corse partagea le sort de l'île voisine. Pour administrer les deux nouvelles provinces, le nombre des préteurs fut porté à quatre : deux, le *prætor urbanus* et le *prætor peregrinus*, restèrent à Rome ; les deux autres furent chargés de gouverner l'un la Sicile, l'autre la Sardaigne et la Corse (227).

Guerre en Illyrie (229-219); en Cisalpine (225); en Istrie (219).

L'Adriatique était infestée de pirates illyriens. Sur les plaintes qui s'élevaient de toutes parts, le sénat envoya des ambassadeurs à la veuve de leur dernier roi, Teuta, qui gouvernait au nom de son fils Pinéus. Elle répondit en faisant égorger deux députés qui lui avaient trop fièrement parlé. Aussitôt 200 vaisseaux et 20000 légionnaires avec les deux consuls furent dirigés contre les Illyriens (229). Corcyre leur fut livrée par Démétrius de Pharos, chef illyrien, dont les intrigues favorisèrent leurs succès. Aucune place ne put tenir devant eux ; et Teuta, effrayée, accorda tout ce qu'on voulut : un tribut, la cession d'une grande partie de l'Illyrie et la promesse de ne pas mettre en mer au delà du Lissus plus de deux navires, encore seraient-ils désarmés (228). Les villes grecques soumises par les Illyriens, Corcyre et Apollonie, furent rétablies dans leur pleine indépendance. Une révolte du roi Pinéus et de Démétrius, à qui les Romains avaient donné l'île de Pharos, ne fit qu'appesantir le joug sur les Illyriens (219). Rome avait donc acquis sur le continent grec de bons ports et une province, poste avancé qui couvrit l'Italie et menaça la Macédoine.

Dans la Cisalpine, deux chefs boïes, soutenus de toute la jeunesse du pays, voulurent, en 238, entraîner leur peu-

ple dans une guerre contre Rome, et appelèrent quelques
tribus des Alpes qu'ils lancèrent sur Ariminum. Mais les
partisans de la paix l'emportèrent ; les deux chefs furent
massacrés, leurs auxiliaires chassés, et le calme était rétabli
avant que les légions fussent arrivées sur la frontière. Les
expéditions de Sardaigne et d'Illyrie n'étaient pas encore
commencées ; les Gaulois semblaient intimidés et Carthage
abattue ; le sénat, pour la première fois depuis Numa, ferma
le temple de Janus. Presque aussitôt des troubles éclatèrent
de toutes parts. Le tribun Flaminius avait proposé le partage des terres du pays sénon le long des frontières des
Boïes. Ceux-ci s'effrayèrent à l'idée d'avoir les Romains
pour voisins ; ils s'unirent aux Insubres, et appelèrent de
la Transalpine une formidable armée. Heureusement les
Cénomans et les Vénètes trahirent la cause commune. Leur
diversion força les confédérés à laisser une partie de leurs
forces à la défense de leurs foyers ; le reste, 50 000 fantassins et 20 000 chevaux, prit la route de Rome.

L'effroi fut au comble dans la ville ; les livres sibyllins
consultés demandèrent le sacrifice de deux Gaulois ; on les
enterra vivants au milieu du *Forum Boarium*. Puis on déclara qu'il y avait *tumulte ;* et tous, jusqu'aux prêtres, s'armèrent : 150 000 hommes furent échelonnés en avant de
Rome ; et l'on tint en réserve 620 000 soldats. L'Italie entière s'était levée pour défendre sa nouvelle capitale et repousser les barbares. Ils arrivèrent jusqu'à trois journées
de Rome. Mais cernés entre deux armées, auprès du cap
Télamone, ils laissèrent 40 000 des leurs sur le champ de
bataille (225).

Le sénat, décidé à délivrer l'Italie de pareilles terreurs,
renvoya l'année suivante les deux consuls dans la Cisalpine
pour en commencer la conquête. Les Anamans, les Boïes
et les Lingons donnèrent des otages et remirent aux Romains *Mutina* (Modène), *Clastidium* (Chiasleggio), et *Tannetum* (Taneto), qui furent occupées par de fortes garnisons. La Cispadane semblait domptée. En 223, Flaminius
et Furius franchirent le Pô pour soumettre la Transpadane.
Mais reçus vigoureusement par les Insubres, ils furent

heureux d'accepter un traité qui leur permit de se retirer
sans combat. Ils gagnèrent le pays des Cénomans ; et quand
après quelques jours de repos et d'abondance, ils eurent
refait leurs troupes, oubliant le traité, ils rentrèrent par le
pied des Alpes sur le territoire insubrien. Ils trouvèrent
en face d'eux 50 000 hommes qui étaient accourus pour
venger cette perfidie. Les Insubres perdirent 8000 morts
et 16 000prisonniers. Ils demandèrent la paix ; mais le
sénat ne les jugea pas assez affaiblis et renvoya contre eux, au
printemps, Cornélius Scipion et Marcellus. Des Gésates ou
auxiliaires gaulois étaient venus, au nombre de 30 000, des
bords du Rhône au secours des Insubres. Leur roi Vir-
dumar fut tué par Marcellus en combat singulier. Dans
le même temps, Scipion prenait Milan. Les Insubres partout vaincus se remirent à la discrétion du sénat qui leur
fit payer une forte indemnité, et confisqua une partie de
leur territoire pour y établir des colonies (222). Marcellus
rentra dans Rome en triomphe : il rapportait les troisièmes
dépouilles opimes.

Le sénat envoya à Crémone et à Plaisance, en 218, deux
colonies, chacune de 6000 familles romaines, pour garder
la ligne du Pô, que défendaient déjà Tannetum, Clastidium
et Mutina. Une voie militaire commencée par le consul
Æmilius reliait ces postes avancés à la grande place d'Ariminum. Ainsi la domination romaine s'approchait des Alpes. — En 221, les Romains avaient aussi occupé l'Istrie :
là, ils étaient maîtres d'une des portes de l'Italie et ils s'établissaient au nord de la Macédoine, qu'ils menaçaient déjà
du côté de l'Illyrie. Dans son infatigable activité, le sénat
portait ses regards au delà même de la Grèce ; il avait, après
la première guerre punique, renouvelé l'alliance avec le roi
d'Égypte, et il fut un instant question de lui envoyer des
troupes auxiliaires contre Antiochus de Syrie.

Guerre des mercenaires (241-238).

Depuis la fin de la première guerre punique, Carthage
avait eu une guerre civile et une guerre étrangère. Ses mer-

cenaires qu'elle ne pouvait plus payer s'étaient révoltés sous
la conduite du Campanien Spendius et de l'Africain Mathos.
Ses sujets qu'elle opprimait se réunirent aux insurgés. Utique et Hippone-Zaryte, qui d'abord avaient hésité, finirent
par massacrer les soldats que tenait dans leurs murs Carthage. On en fit autant en Sardaigne et en Corse. Hannon,
envoyé dans ces îles, fut saisi par ses troupes, qui le mirent
en croix, et les Romains, profitant de la détresse de leur rivale, lui prirent les deux îles, et la menacèrent en outre, de
la guerre, si elle n'ajoutait au tribut stipulé 1200 talents
euboïques. Cependant, les Carthaginois étant serrés de près
dans leur ville, le parti de la maison Barca, celui de la guerre,
reprit le dessus, et Amilcar eut le commandement des troupes.
Il commença par gagner les Numides ; dès lors les vivres manquèrent aux mercenaires. Pour empêcher la désertion et rendre
tout rapprochement impossible, les deux chefs firent massacrer tous les captifs, au nombre de 700, et déclarèrent « que
tout prisonnier carthaginois périrait dans les supplices, que
tout allié de Carthage serait renvoyé les mains coupées. » Alors
commencèrent d'épouvantables représailles. Amilcar fit jeter
aux bêtes tous les mercenaires qu'il prit. Carthage reçut des
secours d'Hiéron et même de Rome, qui commençaient à craindre la victoire des mercenaires. Les Barcas et les Hannon,
réconciliés par le danger, agirent de concert. Amilcar parvint à enfermer une des deux armées ennemies dans le défilé
de la Hache, où ils se trouvèrent réduits par la famine à la
nécessité de se manger les uns les autres. Les prisonniers
et les esclaves y passèrent d'abord ; mais quand cette ressource manqua, il fallut bien que Spendius, Autariate et les
autres chefs, menacés par la multitude, demandassent un
sauf-conduit pour aller trouver Amilcar. Il ne le refusa
point, et convint avec eux que, sauf 10 hommes à son choix,
il renverrait tous les autres, en leur laissant à chacun un
habit. Le traité fait, Amilcar dit aux envoyés : « Vous êtes
des dix, » et il les retint. Les mercenaires étaient si bien
enveloppés, que, de 40 000, il ne s'en sauva pas un seul. L'autre armée ne fut pas plus heureuse ; Amilcar l'extermina
dans une grande bataille, et son chef Mathos, amené dans

Carthage, fut livré pour jouet à une lâche populace qui se vengeait de sa peur. Cette guerre est restée tristement fameuse sous le nom de *guerre inexpiable*; elle avait duré plus de deux ans (238).

Amilcar; Asdrubal; Annibal; conquête de l'Espagne (238-219).

Amilcar devenait dangereux par l'amour que les soldats lui portaient. Les marchands de Carthage exilèrent le glorieux général en Espagne avec son armée. Cette conquête serait, disait-on, une compensation à la perte de la Sicile et de la Sardaigne. Amilcar soumit en passant les côtes de l'Afrique, et employa à la conquête de l'Espagne neuf années, durant lesquelles, dit Polybe, il dompta un grand nombre de peuples, par les armes ou par des traités, jusqu'à ce qu'il périt dans une bataille contre les Lusitaniens. Le butin conquis dans la riche Espagne avait servi à acheter le peuple et une partie du sénat. La faction Barcine grandissait, et comme son principal appui était dans le peuple, elle favorisait les envahissements de l'assemblée populaire qui devint peu à peu prépondérante dans le gouvernement. Aussi le gendre d'Amilcar, le favori du peuple de Carthage, Asdrubal, hérita-t-il, malgré le sénat, du commandement de son beau-père. Il continua ses conquêtes, poussa jusqu'à l'Èbre, où les Romains, effrayés de ses progrès, l'arrêtèrent par un traité (227). Pour consolider sa puissance dans la Péninsule, il fonda Carthagène. Quelques années après, il fut assassiné par un esclave gaulois qui vengeait sur lui la mort de son maître tué en trahison. Les soldats élurent, à sa place, Annibal, le fils de leur ancien général, qui depuis trois ans combattait dans leurs rangs. Le peuple confirma, et le sénat accepta le nouveau chef. L'Espagne et l'armée n'étaient plus qu'un héritage des Barcas.

CHAPITRE XII.

LA SECONDE GUERRE PUNIQUE.

Étendue des possessions de Rome et de Carthage en 219.

En l'année 219, à la veille de la seconde guerre punique, les possessions des Carthaginois étaient dispersées depuis la Cyrénaïque jusqu'aux bouches du Tage et du Douro, sur une ligne de 800 à 900 lieues, mais étroite, sans profondeur, et pouvant être à chaque instant coupée, soit par les nomades africains dans leurs rapides incursions, soit par un ennemi qui trouvait toujours à débarquer sur cette immense étendue de côtes. La république romaine, au contraire, présentait l'aspect d'un empire régulièrement constitué : Rome placée au centre de la Péninsule ; la Péninsule couverte elle-même par trois mers ; et, au delà de ces trois mers, comme autant de postes avancés qui gardaient les approches de l'Italie : l'Illyrie, d'où les légions surveillaient la Macédoine et la Grèce; la Sicile, d'où elles apercevaient l'Afrique ; la Corse et la Sardaigne, qui se trouvent au milieu de la route vers la Gaule ou l'Espagne, et qui commandaient la navigation de la mer Tyrrhénienne.

Ce qui ajoutait à la force de cette domination, c'est que dans la plus grande partie de l'Italie elle était acceptée, sinon avec amour, du moins avec résignation. Rome ne demandait aux Italiens que des soldats. En échange de leur

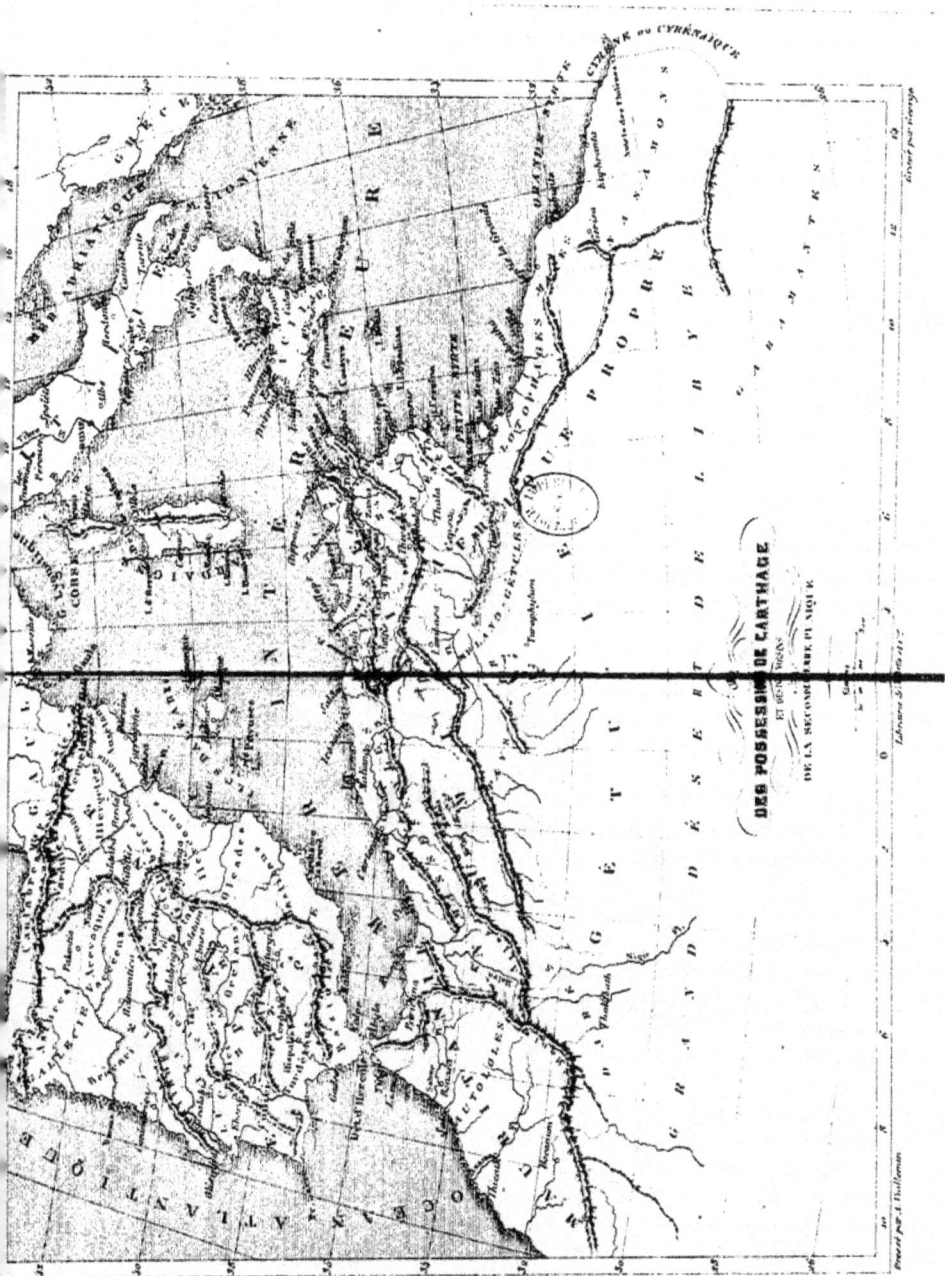

DES POSSESSIONS DE CARTHAGE
ET DE ...
DE LA SECONDE GUERRE PUNIQUE

MER INTÉRIEURE

CYRÈNE ou CYRÉNAÏQUE

AFRIQUE PROPRE

GRANDE DÉSERT DE LIBYE

OCÉAN ATLANTIQUE

ageuse indépendance, elle leur avait donné la paix qui
vorisait le développement de leur population, de leur
griculture, de leur commerce. Ses censeurs couvraient la
éninsule de routes, desséchaient les marais et jetaient des
onts sur les fleuves. Pour défendre les côtes contre les des-
...entes de l'ennemi ou des pirates, le sénat les avait garnies
e colonies maritimes ; pour protéger les marchands italiens,
s avait déclaré la guerre aux Illyriens et à Carthage. Aussi
us, malgré les différences de leur condition, venaient de
e serrer autour d'elle à la nouvelle d'une invasion gauloise ;
nous verrons Annibal victorieux, rester deux ans, au
ilieu de l'Italie, sans y trouver un allié. Ajoutons que dans
es mœurs que n'avaient point encore ébranlées les coutumes
rangères, malgré quelques fâcheux exemples [1], dans son
atriotisme que la religion soutenait toujours, dans l'union
es ordres qui faisait régner au forum une paix profonde,
ome avait des ressources inépuisables.

Il s'en fallait que l'empire des Carthaginois, en apparence si
olossal, reposât sur d'aussi fermes appuis. Les énormes contri-
utions frappées sur leurs sujets et les atrocités de la guerre
expiable ne les avaient pas sans doute réconciliés avec les
fricains. Utique même, et Hippone-Zaryte avaient voulu se
onner aux Romains. Sur les côtes de la Numidie et de la Mau-
tanie, quelques postes occupés de loin en loin et cernés par
s barbares, étaient à peine suffisants pour porter aide et seurs aux navires dans la dangereuse traversée d'Espagne.
n Espagne même, l'autorité de Carthage ou plutôt d'Annibal,
était sûrement établie que dans la Bétique. Dans le reste
u pays jusqu'à l'Èbre, les peuples avaient été vaincus,
ais non domptés ; et les Romains pourront s'y présenter bien
us facilement qu'Annibal en Italie, comme des libérateurs.

Siége de Sagonte (219).

Aussi Carthage ne songeait point à renouveler la lutte ;

[1]. Quelques sénateurs avaient déjà été dégradés pour malversations, et la
Scatinia venait de punir de monstrueux excès. Quelques symptômes d'incrédulité avaient aussi été donnés. On a vu la conduite de Claudius à Drépane.

mais Annibal héritier des talents et de la haine d'Amilcar
contre les Romains, avec plus d'audace encore et plus d'ambition, voulait se faire, aux dépens de Rome, un empire
qu'il n'était pas assez fort pour se faire aux dépens de Carthage. Une guerre avec Rome était d'ailleurs un moyen
glorieux de mettre un terme à la lutte que soutenaient sa
famille et son parti ; et, malgré les traités, malgré la plus
saine partie du sénat, il la commença [1].

Il fallait d'abord être sûr de l'Espagne. Le sud et l'est
étaient soumis, mais les montagnards du centre et de la haute
vallée du Tage résistaient encore. Annibal écrasa les Olcades
dans les environs de Tolède (221), et tua 40 000 hommes
aux Vaccéens et aux Carpétans (220). Pour les peuples
de l'ouest, Lusitaniens et Gallaïques, Annibal se garda bien
d'aller user contre eux son temps et ses forces. Jusqu'à l'Èbre,
l'Espagne paraissait soumise; c'était assez pour ses desseins.

Dans le traité imposé par Rome à Asdrubal, l'indépendance de Sagonte, ville gréco-latine au sud de l'Èbre, avait
été formellement garantie. Pour engager irrévocablement la

---

1. Les possessions de Carthage en Afrique s'étendaient des autels des Phi-
lènes (frontière des Cyrénéens) aux Colonnes d'Hercule, sur une longueur de
16 000 stades. Mais à l'est, dans la région des *Syrtes* (régence de Tripoli), ha-
raient des peuplades peu dévouées, *Machlyes, Lotophages, Maces* et *Nam-
mons*, que ne pouvaient contenir les villes maritimes de *Leptis magna* (Lebida),
d'*OEa* (Tripoli), et de *Sabratha* (Sabart). A l'ouest du fleuve *Tusca* (Wadi-el-
Berber), jusqu'à l'océan Atlantique, elle ne possédait, le long de la côte, que
quelques rares comptoirs qui assuraient un asile à ses vaisseaux durant la
traversée d'Espagne, *Tabraca* (Tabarca), *Collops* (Collo), *Iol* (Alger?) et *Siga*
(Nedroma). Mais tout le pays appartenait, du *Malva* à l'Atlantique, aux MAU-
RES, et du *Tusca* au *Malva*, aux NUMIDES. Ceux-ci formaient deux royaumes,
dont l'*Ampsagas* (Rummel et El-Kibir) était la commune frontière, les *Masse-
syliens* sujets de Syphax à l'ouest, et les *Massyliens*, sujets du père de Massinissa à l'est, avec *Cirta* (Constantine) et *Hipporegius* (Bone) pour villes principales. Le territoire véritable de Carthage se réduisait donc aux deux seules
provinces de la Zeutigane et de la Byzacène (régence de Tunis), entre le
Tusca et la petite Syrte (golfe de Cabès). Outre la capitale, on y comptait :
dans l'intérieur, *Vacca* (Vegja), *Sicca* (Keff?), *Zama* (Zowarin), sur un affluent
du Bagradas (Medjerda), etc. ; et sur le littoral des deux côtés de Carthage, *Utique* (près de Porto-Farina), *Hippone-Zaryte* (Biserta) à l'ouest;
Tunis à l'est ; puis *Aspis* ou *Clypea*, *Adrumète* (Hamamet), la petite *Leptis*
(Lempta), *Thapsus*. — Dans l'Espagne récemment conquise sa domination

guerre, Annibal, à la tête de 150 000 hommes, vint assiéger cette place sans l'ordre de Carthage, et la prit au bout de huit mois d'une résistance désespérée. Des députés romains envoyés durant le siége à Annibal et à Carthage n'avaient rien obtenu. Une seconde ambassade demanda une solennelle réparation. Comme la discussion se prolongeait, un des députés, Fabius, relevant un pan de sa toge : « Je porte ici la paix ou la guerre, dit-il, choisissez ! — Choisissez vous-même, s'écria-t-on de toutes parts. — Eh bien, la guerre ! » reprit Fabius ; et il laissa retomber sa toge comme s'il secouait sur Carthage la mort et la destruction (219).

Passage du Rhône et des Alpes (218).

Annibal envoya 15 000 Espagnols tenir garnison dans les places de l'Afrique, et il appela en Espagne 15 000 Africains. Lui-même, il résolut de s'ouvrir une route par terre jusqu'en Italie. Des émissaires envoyés avec de l'or, chez les Gaulois et les Cisalpins, avaient rapporté des réponses favorables.

s'arrêtait à l'Èbre. Tous les peuples des Pyrénées étaient libres : les *Gallai-ques*, les *Astures*, les *Cantabres*, les *Vascons*, les *Cerrétans*, les *Indigètes* et les *Ausétans*. Les *Lacétans* sur la côte vers *Barcino* (Barcelone); les *Ilergètes*, vers *Ilerda* (Lérida) et *Osca* (Huesca); les *Cosétans* vers *Taracco* (Tarragone), et une partie des *Celtibères* au sud de l'Èbre, ainsi que *Sagonte* (Murviedro), avaient échappé au joug de Carthage. Mais son empire était reconnu, sinon aimé par tous les autres Espagnols. C'étaient : 1° entre l'Èbre, la Méditerra-née et l'Ortospoda, suite de hauteurs qui traversent la Péninsule du nord au sud, les *Ilercaons* (ville, *Dertosa*, Tortosa), *Edétans*, *Lobétans Olcades*, (v. *Munda*), *Contestans* (v. *Carthago Nova*, Carthagène) *Bastitans*, *Bastules* (v. *Malaca* ou Malaga, *Carteia* ou Rocadillo, *Calpe* ou Gibraltar, et *Abdère* ou Almeria); 2° dans la vallée du *Bétis* (Guadalquivir) : Les *Turdules* et *Tur-detans* (v. *Iliturgis* ou Andujar del Vejo, *Corduba* ou Cordoue, *Hispalis* ou Séville et *Gadès* ou Cadix); 3° dans la vallée de l'*Anas* (Guadiana), *Oretans*, *Celtiques* et *Cuniques* (v. *Ebora* ou Evora, *Cunaca*) : 4° dans la vallée du Tage : Les *Carpétans*, *Vettons* et *Lusitans* (v. *Toletum* ou Tolède, *Helmantica* ou Salamanque, *Olisippo* ou Lisbonne); 5° au sud du Douro, les *Arevaques*, restés indépendants ; les *Vacéens*, qui, unis aux Carpétans et aux Olcades, venaient de lutter contre Annibal ; les *Bracari*; 6° au centre, dans l'Ortospoda, les *Celtibères*, peuple puissant, dont quatre peuplades étaient restées libres.— Carthage possédait aussi les îles voisines des côtes d'Espagne et d'Afrique, avec les Baléares et Malte. — Pour plus de détails, voyez ma *Géographie romaine*.

Les Boïes, les Insubres promettaient de se lever en masse ; et il semblait peu difficile de rallumer la haine mal éteinte des derniers Italiens que Rome avait vaincus. Et puis, on n'avait que le choix de recevoir la guerre ou de la porter en Italie ; déjà le consul Sempronius faisait à Lilybée d'immenses préparatifs pour une descente en Afrique, et Scipion levait des troupes qu'il voulait conduire en Espagne. Il fallait les prévenir. En Italie d'ailleurs la guerre nourrirait la guerre, et l'on pourrait se passer de Carthage. Si de nouvelles forces étaient nécessaires, Magon et Asdrubal qu'il voulait laisser en Espagne avec des troupes, suivraient la route qu'il allait leur tracer, et entraîneraient avec eux ces Gaulois si mal disposés pour Rome.

Au printemps de l'année 218, Annibal partit de Carthagène à la tête de 94 000 hommes. Avant de franchir les montagnes, quelques soldats s'effrayèrent ; il en renvoya 10 000, donna encore 11 000 hommes à Magon pour garder les passages, et entra en Gaule avec 50 000 fantassins, 9000 cavaliers et 37 éléphants. Rome ne s'oubliait pas. Le consul Sempronius, qui, de la Sicile, préparait une descente en Afrique, eut ordre de redoubler d'activité, et afin de contenir les Cisalpins, deux colonies, chacune de 6000 hommes, furent envoyées à Crémone et à Plaisance. Mais les Boïes et les Insubres les chassèrent et surprirent dans une forêt le préteur Manlius qui faillit y périr. Ces événements retardèrent le départ de Scipion pour l'Espagne. Quand sa flotte entra dans le port de Marseille, Annibal était déjà sur le Rhône.

Les Bébryces avaient fait avec lui un traité d'alliance, mais les Volks s'étaient retirés derrière le fleuve pour en disputer le passage. Trompés par une ruse, ils n'opposèrent qu'une faible résistance. Toute l'armée était sur la rive gauche, quand une reconnaissance de 300 cavaliers romains partis de Marseille rencontra 500 Numides ; ceux-ci furent battus, mais ils avaient tué 140 Romains. Au lieu de marcher au consul, Annibal remonta le long du Rhône, et entra dans l'île que forment ce fleuve et l'Isère. Deux frères, dans ce pays, se disputaient le pouvoir ; il prit le parti de l'aîné, le fit triompher, et reçut en retour des vivres et des vête-

ments. Déjà on voyait les Alpes et leurs neiges éternelles. Des
députés boïes arrivés dans son camp s'offrirent à le guider.
Ils le conduisirent par le val Tarentaise au petit Saint-
Bernard, le plus facile passage qu'il y ait dans toute la
chaîne des Alpes. Les montagnards essayèrent plusieurs fois
de l'arrêter, et lui firent courir de sérieux dangers. Ce ne fut
qu'après neuf jours de marche, de périls et de combats,
qu'il atteignit le sommet de la montagne ; il s'y arrêta deux
jours pour faire reposer ses troupes. La descente fut difficile : on rencontra dans un défilé un glacier recouvert par
une neige nouvelle, et où les hommes et les chevaux restaient engagés. La gorge était d'ailleurs si étroite que les
éléphants ne pouvaient passer ; on perdit trois jours à leur
creuser un chemin dans le roc. Enfin, le quinzième depuis
son départ de l'île, il arriva par le val d'Aoste dans le voisinage du territoire des Insubres, ses alliés. Mais le passage
lui avait coûté près de la moitié de ses troupes ; il ne lui restait que 20 000 fantassins et 6000 cavaliers. Il prit cependant d'assaut la ville des Taurins qu'il saccagea.

Combat du Tessin et bataille de la Trébie (218).

Cette activité avait déconcerté les plans du sénat. Sempronius, dont la flotte avait déjà gagné une victoire navale et
pris Malte, entre la Sicile et l'Afrique, fut rappelé. Scipion
avait de lui-même envoyé son frère Cnéus en Espagne avec
ses légions et repris en toute hâte la route de Pise. Il espérait atteindre assez à temps le pied des Alpes pour accabler
à la descente l'armée exténuée par les fatigues et les privations. Cette fois encore, malgré sa diligence, il arriva trop
tard et ne put que prendre position derrière le Tessin.

Une chaude affaire d'avant-garde, sur les bords de ce
fleuve, dans laquelle Scipion fut blessé, l'obligea de se replier derrière le Pô ; il assit son camp dans une forte position sur la Trébie. Quand Sempronius arriva avec les légions de Sicile, il voulut, malgré son collègue, livrer bataille, et se laissa attirer au delà des eaux glacées de la
Trébie, dans une plaine où la cavalerie numide et d'habiles

dispositions donnèrent encore la victoire à Annibal. La défaite du Tessin avait rejeté les Romains du Pô, celle de la Trébie les rejeta au delà de l'Apennin ; sauf Plaisance et Modène, la Cisalpine était perdue.

Bataille de Trasimène; dictature de Fabius (317).

Jusqu'ici le plan d'Annibal avait réussi. Mais tandis qu'il s'ouvrait la route de Rome, Cn. Scipion, en Espagne, fermait à ses frères celle de la Gaule. Des troupes envoyées en Sardaigne, en Sicile, à Tarente, des garnisons mises dans toutes les places fortes, et une flotte de 60 galères coupaient ses communications avec Carthage. Il s'en effrayait peu, du reste, car les Gaulois accouraient en foule sous ses drapeaux. Après une tentative pour franchir l'Apennin, il passa l'hiver dans la Cisalpine ; et, le printemps venu, il pénétra en Étrurie, à travers les immenses marais de l'Arno. Durant quatre jours et trois nuits, l'armée marcha dans l'eau et la vase. Un grand nombre de soldats et presque toutes les bêtes de somme périrent ; les bagages furent abandonnés. Annibal monté sur son dernier éléphant, perdit un œil par les veilles, les fatigues et l'humidité des nuits.

Une armée l'attendait sous les murs d'Arretium commandée par l'ancien tribun Flaminius auquel le peuple, en souvenir de sa victoire sur les Insubres, venait de donner, malgré les grands, un second consulat. Aussi pour annuler son élection, les plus sinistres présages s'étaient montrés. Le nouvel élu n'en tint compte. Certain d'être arrêté à Rome par de faux auspices, il partit secrètement de la ville, sans avoir accompli sur le mont Albain le sacrifice à Jupiter Latiaris. Pour justifier ce mépris des dieux et des lois, une victoire lui était nécessaire ; il la chercha avec une imprudence présomptueuse, et se laissa attirer par le rusé Carthaginois dans un vallon resserré entre le lac de Trasimène et des collines qu'Annibal avait garnies de ses soldats. Flaminius fut tué avec 15 000 des siens, autant furent faits prisonniers, 10 000 s'échappèrent. Annibal n'avait perdu que 1500 hommes, presque tous Gaulois.

De Trasimène à Rome, il n'y a pas 150 kilomètres. Cependant Annibal ne se crut point assez fort pour risquer une marche sur cette ville. Il tourna vers l'Ombrie et vint se heurter contre la colonie de Spolète, qui le repoussa victorieusement. Ses troupes avaient besoin de repos, il les mena dans les fertiles plaines du Picénum.

A Rome, après la Trébie, on avait dissimulé l'étendue du désastre; après Trasimène, on n'osa rien cacher. Pendant deux jours le sénat délibéra; enfin il fit nommer, par les comices, prodictateur, le chef de la noblesse, Fabius Maximus, en lui adjoignant, pour ne point irriter le parti populaire, Minucius, comme général de la cavalerie. A la tête de quatre légions, Fabius alla chercher Annibal, qui était descendu, le long de l'Adriatique, jusqu'en Apulie, dans l'espérance de soulever la Grande Grèce, mais sans détacher de Rome un allié. Excepté Tarente, trop humilié pour ne pas désirer l'abaissement des Romains, tous les Grecs faisaient des vœux pour la défaite des Carthaginois. Ceux de Naples et de Pæstum prirent tout l'or de leurs temples pour le donner au sénat, et Hiéron, sûr de la fortune de Rome, même après Trasimène, offrit, avec de grands secours en vivres et en hommes, une statue en or de la Victoire, du poids de 320 livres.

Fabius s'était tracé un nouveau plan de campagne : ruiner soi-même le plat pays et refuser partout le combat; mais suivre pas à pas l'ennemi, couper ses vivres, le harceler sans relâche et le détruire en détail. Vainement Annibal ravagea la Daunie, le Samnium et la Campanie : le Temporiseur le suivait par les montagnes, insensible aux insultes de l'ennemi comme aux railleries de ses soldats. Un jour cependant, Fabius faillit l'enfermer dans un défilé; mais il s'en tira par une ruse habile, et le peuple, mécontent, cria à la trahison. Un succès que Minucius remporta en l'absence du dictateur acheva d'y faire croire. On donna des pouvoirs égaux au général de la cavalerie, qui provoqua aussitôt Annibal, se fit battre, et eût perdu toute son armée, si Fabius ne fût accouru pour le sauver.

Quand Fabius sortit de charge, au bout de six mois, les

affaires de la république semblaient dans un état prospère :
en Espagne, une foule de peuples passaient du côté des Romains; dans la Cisalpine, les Gaulois, satisfaits de se retrouver libres, oubliaient Annibal, comme l'oubliait Carthage qui n'envoyait que quelques vaisseaux pirater sur les
côtes, d'où les chassaient bien vite les flottes de Sicile et
d'Ostie. Une escadre romaine venait de les poursuivre jusqu'en Afrique. Partout, excepté en face d'Annibal, les Romains prenaient l'offensive et des mesures hardies. Le préteur de Sicile, Otacilius, avait ordre de passer en Afrique;
Cn. Scipion que son frère avait rejoint recevait des secours;
Posthumius Albinus, avec une armée, surveillait les Cisalpins, et des ambassades étaient envoyées : à Philippe de
Macédoine, pour exiger l'extradition de Démétrius de Pharos, qui le poussait à la guerre ; à Pinéus roi d'Illyrie, pour
réclamer le tribut qu'il tardait à payer; aux Liguriens;
pour leur demander compte du secours fourni par eux aux
Carthaginois. Il y a certes quelque grandeur dans cette activité du sénat, portant, au milieu de cette guerre formidable, qui se faisait aux portes de la ville, son attention sur
les pays les plus lointains, et ne permettant pas qu'on doutât un instant ni de la fortune ni de la puissance de Rome.

Bataille de Cannes (216).

Les consuls de l'année 217 suivirent cette tactique qui eût
sans doute ruiné Annibal. Mais si la noblesse put faire élire
un élève de Fabius, Paul Émile, le parti populaire lui donna
pour collègue le fils d'un boucher, Térentius Varron. L'un
voulait toujours combattre, l'autre toujours différer. Comme le
commandement alternait chaque jour entre les consuls, Varron conduisit l'armée si près de l'ennemi, qu'une retraite fut
impossible. La bataille s'engagea près de Cannes en Apulie.
Les Romains avaient 86 000 hommes, et Annibal 50 000 seulement. Cependant à Cannes, comme à Trasimène, comme
à la Trébie, le plus petit nombre enveloppa le plus grand et
la cavalerie donna la victoire: 70 000 Romains ou alliés,
avec l'un des consuls, Paul Émile, qui avait refusé de se

sauver, 2 questeurs, 80 sénateurs, des consulaires, 21 tribuns légionnaires, et une foule de chevaliers restèrent sur le
champ de bataille (2 août 216). Annibal n'avait perdu que
5500 hommes dont 4000 Gaulois. Le sang de ce peuple
payait toutes ses victoires.

Défections; échecs d'Annibal en Campanie.

« Laisse-moi prendre les devants avec ma cavalerie, disait
à Annibal, le soir de la bataille, un de ses officiers, et dans
cinq jours tu souperas au Capitole. » Mais jamais armée de
mercenaires n'a sacrifié à son chef, même le plus aimé, un
lendemain de victoire. Annibal s'arrêta ; d'ailleurs, il savait
bien que la douleur d'un peuple libre est active ; Rome, en
effet, le premier moment de stupeur passé, retentit du bruit
des préparatifs. Fabius prescrivit aux femmes de s'enfermer
dans leurs demeures pour ne point amollir les courages par
leurs lamentations dans les temples ; à tous les hommes valides, de s'armer ; aux cavaliers, d'aller éclairer les routes ;
aux sénateurs, de parcourir les rues et les places pour rétablir l'ordre, placer des gardes aux portes, et empêcher que
personne ne sortît. Pour en finir promptement avec la douleur, le deuil fut fixé à 30 jours. On se croirait à Sparte.
Les expiations religieuses ne furent pas oubliées ; il y en
eut de cruelles. Deux vestales convaincues d'adultère furent mises à mort ; deux Gaulois et deux Grecs furent en-
terrés vivants.

Peu de jours s'étaient écoulés, lorsqu'on apprit qu'une
flotte carthaginoise ravageait les États d'Hiéron, et que Posthumius Albinus, attiré par les Cisalpins dans une embuscade, y avait péri avec son armée ; mais après la grande
douleur de Cannes, ces nouveaux malheurs paraissaient légers. Deux légions étaient dans la ville. Marcellus y envoya
encore 1500 soldats de la flotte d'Ostie, et plaça une légion à
Téanum Sidicinum, pour fermer la route du Latium. M. Junius Péra, créé, par le sénat, dictateur, leva quatre légions,
2000 cavaliers, 8000 esclaves, achetés aux particuliers, et
appela les contingents des alliés. On manquait d'armes ; il

fit dépouiller les temples et les portiques des trophées que
deux siècles de triomphes y avaient entassés. Et lorsque Car-
thulon vint, avec les députés des prisonniers de Cannes, parler de paix et de rançon, un licteur courut lui interdire l'entrée du territoire romain. Il y avait au pouvoir d'Annibal
10 000 légionnaires; le sénat refusa de les racheter ; 3000 s'é-
taient réfugiés à Canusium et à Vénouse; il ordonna qu'ils
iraient servir en Sicile, sans solde ni honneurs militaires,
jusqu'à ce qu'Annibal fût chassé d'Italie. Mais, par un admirable esprit de conciliation, oubliant ses griefs contre Varron, le consul populaire, il sortit en corps au-devant de lui,
avec tout le peuple, et le remercia de n'avoir point désespéré
de la république.

Cependant, les Bruttiens, les Lucaniens, quelques Apuliens, les Caudiniens, les Hirpins, et, dans la Campanie,
Atella, Calatia et Capoue étaient passés à l'ennemi. Capoue
se croyait l'égale de Rome. Annibal lui promit de faire d'elle
la capitale de l'Italie, et elle lui ouvrit ses portes, après avoir
étouffé, dans les bains publics, tous les Romains alors dans
ses murs. Annibal, ainsi établi au cœur de la Campanie, et
appuyant tous ses mouvements sur une grande ville, pouvait
attendre les secours de Carthage. Après Cannes, il y avait
envoyé Magon, qui répandit au milieu du sénat un boisseau
d'anneaux d'or enlevés, disait-il, aux chevaliers romains
morts sur le champ de bataille. Hannon, le rival des Barcas,
conservait toujours ses défiances : « Si Annibal est vainqueur, dit-il, il n'a pas besoin de renforts; s'il est vaincu, il
trompe la république et n'en mérite pas. » Mais la faction
barcine avait la majorité. On décréta un renfort de 4000 Numides et de 40 éléphants; on dépêcha en Espagne un sénateur avec l'argent nécessaire pour lever 20 000 hommes,
et Asdrubal reçut l'ordre de passer les Pyrénées. Ces mesures même furent mal exécutées, et une victoire des Scipions
rejeta Asdrubal dans le sud de l'Espagne (216).

Pour avoir un port, Annibal tenta une surprise sur Naples;
elle ne réussit pas. Il échoua aussi devant Nole par l'activité
de Marcellus, qui, dans une sortie, lui tua 2000 hommes .
succès inespéré qu'on célébra comme une grande victoire.

Fabius et Marcellus recouvrent la Campanie (215-214).

Pour l'année 215, le sénat avait fait revenir Fabius au consulat. Il tint en campagne neuf armées et quatre flottes, ou environ 220 000 hommes, dont 90 000 devaient cerner Capoue et Annibal.

Ce général trouvait dans ses alliés italiens peu d'empressement à se ranger sous ses drapeaux; et l'heureuse diversion des deux Scipions (voy. p. 136), la mauvaise politique du sénat carthaginois, qui détournait sur la Sardaigne et l'Espagne un secours puissant préparé par Magon pour son frère, laissaient celui-ci seul encore en face de Rome. Mais durant cet hiver passé à Capoue et si fatal à ses troupes, au dire de T. Live, de secrets émissaires étaient partis de son camp, et tout à coup Rome avait appris que la Sardaigne était attaquée, que la Sicile menaçait d'un soulèvement, que Philippe de Macédoine promettait à Annibal de passer l'Adriatique avec 200 vaisseaux. Heureusement le préteur Manlius détruisit l'armée carthaginoise débarquée en Sardaigne; Hiéron resta fidèle, et Philippe mit une telle lenteur dans ses préparatifs, que le sénat eut le temps de le prévenir en Grèce, sans affaiblir les forces dont il enveloppait Annibal dans la Campanie.

Pour élargir et briser ce cercle de fer qui se fermait peu à peu sur lui, le Carthaginois fut contraint de faire une guerre de siéges où il perdait toute la supériorité de son génie. Il échoua devant Cumes; Marcellus le repoussa deux fois devant Nole. En même temps, Fabius, avançant pas à .pas, mais sûrement, prenait trois villes autour de Capoue; Sempronius Longus battait Hannon à Grumentum et Valérius enlevait les villes des Hirpins.

Annibal était vaincu sans combat par ce plan si habilement conçu et exécuté. Déjà des murmures éclataient dans ses troupes. Devant Nole, 1260 cavaliers numides et espagnols avaient fait défection; il se hâta d'échapper avant que toute issue lui fût fermée; et il s'enfuit jusqu'à Arpi, vers la mer Supérieure, il croyait aller à la rencontre de Philippe. Les Romains commencèrent aussitôt le siége de Capoue.

De l'Espagne aussi il n'arrivait que de bonnes nouvelles.
Mais Syracuse avait fait défection ; Philippe allait attaquer,
et le trésor était vide. Le sénat fit appel au patriotisme, et
tous les ordres rivalisèrent d'une noble émulation. Afin de
réserver l'or et l'argent pour les besoins de l'État, la loi Oppia
défendit aux femmes de porter dans leur parure plus d'une
demi-once d'or. Rome ne donnait alors, en tout, que de
grands exemples. Pour l'année 214, le peuple portait au
consulat deux citoyens obscurs : l'un était le neveu même
du Temporiseur. Fabius, président des comices, arrête aussitôt l'élection, harangue le peuple, lui montre quels consuls
veulent les circonstances, et le renvoie aux suffrages. Toutes
les centuries proclamèrent Fabius et Marcellus : l'un, comme
on disait, le bouclier ; l'autre, l'épée de Rome.

Cependant Annibal, appelé par Capoue, que pressaient
deux armées consulaires, rentre audacieusement dans la
Campanie, se joue des généraux romains, court le pays ennemi, attaque Pouzzoles, Naples, Nole, où Marcellus le bat
encore dans une escarmouche ; puis, fatigué de se heurter
contre ces immobiles légions, contre ces remparts où il laisse
toujours quelques-uns des siens, il fuit à tire-d'aile jusqu'à
Tarente, dans l'espérance d'entraîner au moins après lui le
bouillant Marcellus. Mais personne ne le suit, et Tarente, où
il entretenait des intelligences, lui échappe. Derrière lui,
Hannon est battu à Bénévent par Gracchus, qui commande
une armée d'esclaves enrôlés, et Fabius reprend l'une après
l'autre toutes les villes des Samnites.

Cette campagne se terminait mal encore pour Annibal.
Mais en forçant le sénat à garder en Italie, contre lui seul,
quatorze légions, il donnait à ses alliés et à Carthage le temps
d'agir. En avaient-ils profité ?

Défaite de Philippe (214); prise de Syracuse (212).

Avant de passer en Italie, Philippe voulut détruire dans
l'Illyrie l'influence romaine. Avec 120 galères, il prit Oricum,
et, remontant l'Aoüs, il assiégea Apollonie. Cette attaque,
mal conduite, donna le temps à Valérius d'accourir de Brindes

avec une légion. Il rentra aisément dans Oricum, et Philippe s'étant laissé surprendre une nuit dans son camp,
n'échappa qu'en fuyant, demi-nu, sur ses vaisseaux. Valérius, embossé à l'entrée du fleuve, fermait le passage ; le roi
brûla ses galères, et reprit par terre le chemin de la Macédoine. Depuis ce jour jusqu'en 205, les Romains le combattirent, moins par leurs propres forces que par celles de
leurs alliés. Ses troupes furent successivement chassées de
Zacynthe, de l'Acarnanie, de la Locride et de l'Élide, malgré
un succès sur Sulpicius, près de Corinthe, et la mort de
Machanidas, tué par Philopœmen. La prise d'Orée et d'O-
punte, par Sulpicius et le roi de Pergame, Attale, vieil ennemi
des Macédoniens, et les continuelles attaques des Dardaniens
obligèrent Philippe à solliciter la paix. Cette diversion qui
pouvait décider du sort de la lutte entre Rome et Annibal,
restait donc sans influence sérieuse.

La défection de Syracuse amena pour quelque temps une
situation plus grave. Après la mort du sage Hiéron, suivie
de près par celle de Hiéronyme, tué à quinze ans, la liberté
avait été proclamée à Syracuse, et la nouvelle république
était entrée dans l'alliance de Carthage ; Marcellus, aussitôt
accouru, l'assiégea. Syracuse semblait inexpugnable par la
force de ses murailles, et elle avait encore Archimède ! Ce
grand géomètre couvrit les murs de machines nouvelles, qui
lançaient au loin d'énormes quartiers de rocs. Si les vaisseaux romains approchaient du rempart, une main de fer
les saisissait, les enlevait, et les laissait retomber au fond
de la mer où ils se brisaient. S'ils se tenaient au large, des
miroirs habilement disposés y portaient l'incendie. Le proconsul attendit avec une patience digne de Fabius qu'une
trahison ou une surprise lui livrassent la place. L'occasion
ne se présenta qu'en 212. Durant une fête de Diane, les
murs furent escaladés. Archimède, malgré l'ordre de Marcellus, fut tué par un soldat.

Carthage n'avait pas abandonné Syracuse, mais la peste
avait détruit une armée qui devait attaquer Marcellus dans
ses lignes. Après la prise de cette ville, ses généraux essayèrent du moins de défendre Agrigente. Grâce à Mutine,

8

élève d'Annibal, ils vainquirent deux fois Marcellus sur les bords de l'Himère; mais Mutine était un Libyphénicien; Hannon l'abreuva de dégoûts qui le poussèrent à la trahison ; il livra Agrigente. Les Carthaginois, qui n'avaient plus que quelques mauvaises places, quittèrent l'île pour la dernière fois (210).

En Sicile comme en Grèce, les plans d'Annibal avaient échoué. En Sardaigne, les Carthaginois n'osaient plus reparaître; en Espagne, Asdrubal et Magon ne pouvaient arriver jusqu'aux Pyrénées. En Italie, les Gaulois oubliaient la guerre punique, et Annibal n'espérait plus rien que de la lassitude de Rome. Mais Rome était un prodige de constance et d'habileté; à l'alliance de Philippe et de Syracuse, elle avait opposé celle des Celtibériens, de Syphax, roi de Numidie, de Ptolémée et d'une partie des Grecs ; et en 213, elle tint 20 légions sous les drapeaux ; en 212 et 211, elle en eut 23. La prise d'Arpi, où 1000 hommes de cette précieuse cavalerie numide qui faisait la force d'Annibal passèrent aux Romains; celle de quelques places de la Lucanie et du Bruttium resserrèrent encore Annibal, et le sénat se hasarda à rappeler les deux armées consulaires qui n'avaient cessé, depuis quatre ans, de suivre tous ses mouvements. Elles furent envoyées contre Capoue dont Rome voulait tirer une éclatante vengeance (212).

Siége de Capoue; marche d'Annibal sur Rome; reprise de Tarente (212-209).

Annibal semblait abattu ; tout à coup il se relève plus menaçant, plus terrible. Il surprend Tarente, et, si un de ses lieutenants perd 13 000 hommes en voulant ravitailler Capoue, Gracchus, attiré dans une embuscade, y périt, et son armée se disperse ; lui-même il bat les deux consuls, tue 15 000 hommes imprudemment confiés au centurion Pœnula, et défait le préteur Fulvius, près d'Herdonée. La même année, les Scipion étaient tués en Espagne. La prise de Syracuse ne compensait pas, pour Rome, tant de désastres. Mais les Romains se hâtèrent de revenir à la prudente temporisation de Fabius; le siége de Capoue fut repris par Appius; et lorsque Annibal reparut dans la Campanie (211), il trouva les retranchements si forts, les généraux si réservés, que, pour délivrer la ville, il conçut l'audacieuse pensée d'enlever Rome elle-même par surprise. Il parvint en vue de ses murs; mais Rome était sur ses gardes; ce coup hardi manqua, et il rebroussa chemin jusque dans le Bruttium, abandonnant Capoue. Cette malheureuse ville ouvrit ses portes. Le châtiment fut terrible : 70 sénateurs périrent sous les verges et la hache; 300 nobles furent condamnés aux fers; tout le peuple fut vendu. La ville et son territoire furent déclarés propriété romaine.

L'année suivante (210), les levées furent difficiles; on ne put réunir que 21 légions; et, pour équiper la flotte de Lævinus, destinée à la Sicile, les sénateurs portèrent au trésor tout ce qu'ils possédaient d'or, d'argent et d'airain. L'un des nouveaux consuls était Marcellus. Il prit Salapie et Maronée, puis livra près de Numistro une bataille indécise à Annibal, qui venait de remporter, près d'Herdonée, une seconde victoire. L'année 209 ramena au consulat le Temporiseur qui couronna dignement, par la reprise de Tarente, sa glorieuse vie militaire. Son collègue Fulvius recevait en même temps la soumission des Hirpins et des Lucaniens, qui livrèrent les garnisons carthaginoises établies dans leurs villes.

Mort de Marcellus (208); bataille du Métaure (207).

Les consuls de l'an 208, Marcellus et Crispinus, se décidèrent à attaquer Annibal même. Mais il leur tendit un piége, où Marcellus périt avec ses principaux officiers. Cet échec était fâcheux, car les alliés de Rome se fatiguaient de cette guerre, qui ne finissait pas. Douze colonies venaient de se refuser aux levées. Cependant les plus grands efforts étaient nécessaires, car P. Scipion, vainqueur en Espagne, avait laissé échapper Asdrubal, et celui-ci passait les Alpes avec une nombreuse armée. En épuisant toutes ses ressources, le sénat parvint à donner 100 000 légionnaires à Livius et à Néron pour empêcher la jonction des deux frères.

Annibal, laissé sans nouvelles, attendit dans un camp fortement retranché, en Apulie, les messagers d'Asdrubal; ils
tombèrent dans les avant-postes de Néron. Celui-ci prit
la résolution la plus hardie de cette guerre. Il choisit
7000 hommes d'élite, traverse toute l'Italie, et en six jours rejoint son collègue sur les bords du Métaure. Il entre de nuit
dans son camp. Mais, au réveil des troupes, les trompettes
sonnent deux fois; Asdrubal reconnaît à ce signe que les deux
consuls sont réunis; il croit son frère vaincu, peut-être tué, et
toutes les forces de Rome réunies contre lui. Il fuit, mais ses
guides l'égarent; les consuls l'atteignent; et il est obligé de
combattre dans un poste désavantageux : 56 000 hommes
avec leur général restèrent sur le champ de bataille. La bataille du Métaure était les représailles de Cannes.

La nuit même qui suivit le combat, Néron partit; le trei-
zième jour il rentrait dans ses lignes (207). Le succès l'avait
justifié. La tête d'Asdrubal, jetée dans le camp de son frère, apprit à celui-ci la ruine de ses dernières espérances. « Je recon-
nais là, dit-il amèrement, la fortune de Carthage. » Réfugié
dans le Bruttium, il y tint cinq années encore, jusqu'à ce
que Scipion l'arrachât enfin d'Italie en assiégeant Carthage.

**Diversion des Scipion en Espagne; prise de Carthagène
(211).**

Quand Corn. Scipion s'était vu prévenu par Annibal, au
passage du Rhône, il avait donné à son frère Cnéus ses deux
légions, pour occuper le pays entre l'Èbre et les Pyrénées.
Une victoire, près de Scissis, rejeta les Carthaginois derrière
l'Èbre (218), et la destruction de la flotte d'Asdrubal aux
bouches de ce fleuve permit aux Romains de ravager toute
la côte jusqu'au détroit (217); 120 cités se donnèrent à eux,
et les Celtibériens seuls battirent deux fois Asdrubal.

Au sortir du consulat, Cornélius était venu rejoindre son
frère. Quatre victoires, la prise de Castulon et de Sagonte
déjouèrent tous les efforts d'Asdrubal et de Magon (215), et
une solde offerte à la jeunesse celtibérienne fit accourir sous
leurs drapeaux de nombreux auxiliaires (214). Ils entraînè-

rent même dans leur alliance un roi des Numides, Syphax.
Mais Massinissa, fils d'un autre roi numide, battit ce prince,
le chassa de ses États, et passa en Espagne. Les Scipion,
menacés par trois armées, se séparèrent. Ce fut la cause de
leur perte. Enveloppés par des forces supérieures, ils succombèrent.

L'Espagne semblait perdue; mais les Carthaginois donnèrent aux débris des légions, ralliées derrière l'Èbre par
un jeune chevalier, Marcius, le temps de reprendre courage.
Attaqué par Asdrubal et Magon, Marcius, que les soldats
avaient mis à leur tête, les battit l'un après l'autre; et quand
Néron vint prendre le commandement que le sénat n'avait
pas voulu laisser à un chef élu par des soldats, Asdrubal
était rejeté déjà sur la Bétique. Enfermé dans le défilé des
Pierres-Noires, il trompa le futur vainqueur du Métaure par
de feintes négociations, et s'échappa. Mais un nouveau général arrivait. Publius Scipion, fils de Cornélius, âgé à
peine de 24 ans.

Dès qu'il fut arrivé (211), il médita une entreprise qui
attirât sur lui tous les regards, la prise de Carthagène, l'arsenal et le trésor des Barcas. Défendue par une citadelle et
par de hautes murailles, couverte par la mer et par un
étang, cette place passait pour inexpugnable; Scipion la prit
en plein jour, dès le premier assaut (210). Carthagène renfermait tous les otages de l'Espagne; il les traita avec bonté,
et les renvoya vers leurs peuples. Quelques soldats lui avaient
amené une jeune fille d'une remarquable beauté; il la rendit à
sa famille. Cette conduite contrastait avec celle des généraux
carthaginois. Aussi les principaux chefs espagnols, Édécon,
Mandonius et Indibilis, lui offrirent leurs troupes.

Succès et alliances de P. Scipion; il passe en Afrique.

Après ce grand succès, il battit deux fois Asdrubal, mais
le laissa échapper; et ce général, pénétrant en Gaule, y ra-
massa une armée que Scipion fut accusé de n'avoir point osé
combattre. En face de lui restaient trois généraux, Massinissa, Magon et Asdrubal Giscon. Il en vint un quatrième,

Hannon, qui tout d'abord se laissa surprendre et fut battu.
Les trois autres réunis essuyèrent, à Ilipa, une grande défaite, qui réduisit les possessions de Carthage en Espagne
à la seule ville de Gadès. Scipion traita alors secrètement
avec Massinissa, qui servait en Espagne, et osa passer en
Afrique pour amener Syphax à une alliance active. A son
retour, il prit Castulon, Illiturgi et Astapa; Gadès lui ouvrit
ses portes; et après avoir encore apaisé une révolte de Mandonius et de 8000 légionnaires qui s'étaient soulevés au faux
bruit de sa mort, il vint à Rome recevoir plutôt que briguer
le consulat (205).

A cette époque, la Sicile et l'Espagne étaient reconquises,
les Numides étaient alliés; il est temps, disait Scipion,
d'arracher Annibal d'Italie en attaquant Carthage. Le vieux
Fabius s'opposait à cette témérité; mais les Italiens, fatigués de cette guerre, donnèrent à Scipion la flotte et l'armée
que le sénat lui refusait. Les excès de son lieutenant Plé-
minius, à Locres, les accusations portées contre sa conduite
à Syracuse, faillirent l'arrêter. Il partit cependant avec
30 000 soldats.

Bataille de Zama (202); traité (201).

Avant l'embarquement, Scipion avait appris et la défection de Syphax, qu'Asdrubal avait gagné en lui donnant sa
fille Sophonisbe, et la défaite de Massinissa, chassé par Syphax du royaume de ses pères. Scipion avait compté sur
deux rois : l'un était ennemi, l'autre détrôné. Mais ce fugitif était le meilleur cavalier de l'Afrique, et dans les deux
Numidies il n'était bruit que de son éclatante bravoure; Scipion l'accueillit avec honneur, comptant sur lui pour faire
bientôt une importante diversion. Deux combats de cavalerie, le ravage des campagnes et le blocus d'Utique inaugu-
rèrent, sans beaucoup d'éclat, cette expédition d'Afrique.
L'année suivante fut plus féconde (203). Asdrubal et Syphax
avaient réuni 50 000 hommes en deux camps, formés de
huttes de jonc et de paille; une nuit Scipion y porta l'incendie, 3000 hommes seulement s'échappèrent. A la journée de-

Grandes-Plaines, il écrasa une autre armée, et chargea Massinissa de poursuivre Syphax, qui tomba avec sa femme au pouvoir de son rival. Massinissa avait autrefois aimé cette fille d'Asdrubal; il la prit pour épouse; mais Scipion se souvint qu'elle avait détaché Syphax de son alliance, et exigea que la Carthaginoise lui fût livrée. Le Numide envoya comme présent nuptial à Sophonisbe une coupe de poison.

Cette importante expédition rendait à Scipion l'appui de tous les Numides. La position devenait si critique pour Carthage, que le sénat rappela Annibal et Magon. Celui-ci, chargé en 205 de recommencer l'expédition d'Asdrubal, avait perdu deux ans dans les montagnes de la Ligurie, et avait été battu sur le territoire des Insubres (203). Il était à Gênes, malade d'une blessure, quand il reçut l'ordre de son rappel. Il mourut dans la traversée. Pour Annibal, réduit depuis cinq ans à l'impuissance, il fit à l'Italie de sanglants adieux : tous les mercenaires italiens qui refusèrent de le suivre furent égorgés. Avant de livrer la bataille qui allait décider des destinées du monde, Annibal, dans une conférence, demanda la paix. Mais la paix, sans une défaite d'Annibal, aurait été sans gloire et sans durée : Scipion refusa. Tout ce qu'enseignait l'art de la guerre et une vieille expérience fut de part et d'autre appliqué (202). Annibal, vaincu, s'enfuit du champ de bataille de Zama, que couvraient 20 000 de ses soldats, jusqu'à Adrumète, et de là à Carthage, où il rentra 35 ans après en être sorti.

Scipion fixa les conditions suivantes : Carthage conservera ses lois et ce qu'elle possède en Afrique, mais ne gardera rien en Espagne; elle livrera les prisonniers, les transfuges, tous ses navires, excepté 10, tous ses éléphants, sans pouvoir en dompter d'autres à l'avenir; elle ne fera point de guerre, même en Afrique, sans la permission de Rome, et elle ne pourra lever des mercenaires étrangers; elle payera 10 000 talents en 50 ans, indemnisera Massinissa et le reconnaîtra pour allié.

Scipion reçut 4000 prisonniers, d'assez nombreux transfuges qu'il fit mettre en croix ou périr sous la hache, et 500 vaisseaux qu'il fit brûler en pleine mer. Carthage était désarmée; pour qu'elle ne pût se relever, il attacha à ses flancs un ennemi infatigable; Massinissa, auquel il donna le titre de roi avec les États de ses pères, la forte ville de Cirta et tout ce qui avait été enlevé à Syphax (201).

Son entrée dans Rome fut le plus splendide triomphe. Il portait au trésor 123 000 livres d'argent, et chaque soldat avait reçu 400 as. Syphax suivait le char. Duillius n'avait eu qu'une inscription sur une colonne rostrale; Scipion prit le nom d'*Africain*, et le peuple lui offrit le consulat et la dictature à vie. Ainsi Rome oubliait ses lois pour mieux honorer son heureux général. Elle offrait à Scipion ce qu'elle laissera prendre à César : c'est que Zama n'était pas seulement la fin de la seconde guerre punique, mais le commencement de la conquête du monde.

TROPHÉE D'ARMES.

CHAPITRE XIII.

ÉTAT DU MONDE ANCIEN VERS L'AN 200
ET GUERRES DE 200 A 178.

Italie et Afrique.

Les plaies de la guerre se ferment vite chez le peuple victorieux. Dès l'an 206, après la bataille du Métaure, le sénat
avait rappelé les laboureurs dans les campagnes, et diminué
l'effectif des armées pour laisser plus de bras à l'agriculture.
Des colonies envoyées dans la Campanie et le Bruttium, des
vétérans de Scipion, établis dans la Lucanie et la Pouille,
avaient repeuplé les solitudes faites par la guerre, et des
terres données aux créanciers de l'État avaient éteint les
dettes publiques.

Aucun danger ne semblait menacer l'avenir, car Rome
était sortie plus forte de la terrible épreuve de la seconde
guerre punique, et autour d'elle il n'y avait que faiblesse. La
chute de Carthage lui avait livré tout l'occident. En Afrique,
elle n'a qu'à laisser faire à la haine jalouse de Massinissa, et
jamais Carthage ne se relèvera de Zama. En Espagne, les
légions auront bientôt à combattre leurs anciens alliés, mais
cette guerre ne sera pendant trois quarts de siècle qu'une
rude école pour les soldats, et un moyen de fortune pour les
généraux. Quant à la Gaule, Rome se souvient trop des tumultes gaulois pour risquer sa fortune dans ce chaos barbare
et redoutable. De ce côté, elle se tiendra un siècle et demi
sur une prudente défense. La Germanie n'est pas encore
découverte. Restent, il est vrai, les Cisalpins; danger sérieux, quoique les terreurs de Rome l'exagèrent, guerre la-

borieuse et ingrate, qui usera bien des consuls et bien des
armées; mais où l'on ne trouvera point à gagner ces brillantes
victoires et ces ambitieux surnoms, dont les généraux romains
sont maintenant si avides. Au sud, comme à l'ouest et au
nord de l'Italie, il n'y a donc plus, pour longtemps du moins,
rien de grand à accomplir. Aussi le sénat en détourne-t-il
ses regards, pour les porter sur l'Orient où sont de vastes
monarchies, et d'immenses richesses mal défendues.

Les Séleucides et les Ptolémées.

Le royaume des Séleucides couvrait encore une ligne immense, de l'Indus jusqu'à la mer Égée. Mais quelle déses-
pérante faiblesse sous cet état emprunté! A Magnésie, il n'en
coûtera pas 400 hommes aux Romains pour chasser devant
eux la formidable armée d'Antiochus. C'est qu'infidèles à la
pensée du conquérant, tous ses successeurs restèrent des
étrangers pour les peuples de l'Asie. Antiochus lui-même insultait à leurs dieux par ses sacriléges; à leurs coutumes, à
leurs idiomes, par ses mœurs et son langage; à la juste ambition de leurs chefs nationaux par sa prédilection pour les
aventuriers de race hellénique. La Grèce fournissait alors à
toutes les armées des mercenaires, à tous les princes des ministres, des généraux et des courtisans. Pas un satrape
d'Antiochus n'était Mède ou Perse, et les indigènes n'étaient
appelés au service militaire que dans ces corps légers qui
grossissent inutilement les armées asiatiques. Des Grecs et
les descendants des Macédoniens formaient la phalange.

L'Égypte avait plus d'unité et en apparence plus de force,
au moins pour se défendre. Afin d'en faire la plus grande
puissance commerciale, les Ptolémées y avaient rattaché, au
sud, les pays situés le long de la mer Rouge, au nord, Cypre, la Palestine et la Syrie, qui sont l'éternelle ambition de
tous les maîtres intelligents de l'Égypte. Malheureusement
tout ce que cette Égypte hellénisée eut de puissance et de vie
se concentra dans Alexandrie, ville nouvelle et presque placée hors du pays. De là les Ptolémées voyaient mieux aux
affaires de l'Asie et de la Grèce. Ne croyant aussi qu'au

courage des soldats grecs, ils confiaient leurs armées, leur vie, à des mercenaires toujours prêts à trahir. L'Égypte tout entière était dans Alexandrie, et Alexandrie, comme ses rois, était à la merci de ceux que Polybe appelle les Macédoniens.

L'importance que les Ptolémées attachaient à leurs possessions d'outre-mer, et leur rivalité avec les rois de Macédoine et de Syrie, les firent entrer de bonne heure dans l'alliance de Rome. Dès l'année 273, Philadelphe conclut avec la république un traité que ses successeurs acceptèrent; en 201, la tutelle du jeune Ptolémée Épiphane avait été déférée au sénat romain.

La Grèce et la Macédoine [1].

Depuis la guerre de Pyrrhus, le sénat suivait attentivement toutes les révolutions de la Grèce. Il y avait longtemps que ce beau pays n'avait plus ni force, ni liberté. Athènes, Sparte et Thèbes qui y avaient tour à tour dominé, s'étaient épuisées à soutenir une fortune trop grande, et leur puissance avait passé à des peuples demi-barbares. Par son union avec la Macédoine, la Grèce parut redoutable. L'empire perse tomba sous la main d'Alexandre. Mais les rivalités de ses successeurs rompirent ces liens, et chaque ville rendue à elle-même se retrouva plus faible et dégénérée.

Les troubles de la Macédoine, l'abaissement des grandes cités, la torpeur politique de Corinthe et d'Argos laissaient la carrière libre. Deux peuples nouveaux y parurent : les Étoliens et les Achéens, qui, tantôt ennemis, tantôt réunis contre la Macédoine, ne firent qu'augmenter le chaos où se perdaient les derniers restes des mœurs et du patriotisme. L'Étolie était habitée par une race d'hommes en lutte avec tous leurs voisins, et ne vivant que de pillage. Ce que Sparte était pour le Péloponnèse, l'Étolie l'était pour la Grèce entière : une menace continuelle et un danger ; et pour compléter la ressemblance, le stratége Scopas voulait, comme Cléomène, abolir les dettes et établir de nouvelles lois. Par crainte de

1. Pour tout ce qui concerne la Grèce, je demande la permission de renvoyer à mon *Histoire grecque*, 2e édition.

Sparte, Aratus livra le Péloponnèse à la Macédoine, et dès que Philippe se fut déclaré l'ennemi de Rome, celle-ci trouva dans les Étoliens les plus utiles auxiliaires. Leur pays lui ouvrit la Thessalie et la Grèce centrale ; leur cavalerie lui assura peut-être la victoire à Cynoscéphales.

Chez les Achéens, les mœurs et l'esprit public étaient meilleurs ; et leurs chefs Aratus, Philopœmen et Lycortas, le père de Polybe, voulurent véritablement le salut de la Grèce. Au lieu de le chercher, comme Athènes, Sparte et la Macédoine, dans une domination violente, ils espérèrent le trouver dans une confédération dont le principe fut celui des anciennes amphictyonies : l'égalité de tous les peuples associés. Mais l'union et la paix n'étaient pas possibles entre les tendances aristocratiques des Achéens et l'esprit révolutionnaire de Lacédémone ; entre les pacifiques marchands de Corinthe et les Klephtes de l'Étolie ; entre toutes ces républiques et les ambitieux rois de Macédoine.

Avant de songer à amener tous ces peuples à une union fraternelle, il aurait fallu effacer de leur souvenir toute leur histoire, et arrêter la dissolution des mœurs, la ruine du patriotisme et de la religion. Il aurait fallu surtout empêcher le contact avec cet Orient si riche et si corrompu qui enlevait à la Grèce ce qu'il lui restait de poëtes et de savants, pour les écoles d'Alexandrie et de Pergame ; ce qu'elle avait encore d'hommes de talent et de courage, pour les cours des Ptolémées et des Séleucides. Elle donnait le meilleur de son sang, et recevait en échange l'or qui nourrissait l'improbité et rendait toute chose vénale. Aussi quelle torpeur dans la plupart des villes ! Athènes n'étonnait plus le monde que par ses flatteries envers les rois ; pour toute flotte elle n'avait que 3 navires non pontés. « A Thèbes, dit Polybe, on laissait ses biens non à ses enfants, mais à ses compagnons de table, à condition de les dépenser en orgies ; beaucoup avaient ainsi plus de festins à faire par mois que le mois n'avait de jours. Pendant près de 25 ans les tribunaux restèrent fermés... » Corinthe se contentait d'être la cité la plus voluptueuse de la Grèce. Aratus prenait et vendait l'Acrocorinthe sans que les citoyens intervinssent même au marché. Argos avait des tyrans et était indifférente à la liberté comme à la servitude.

Sparte n'était plus qu'une révolution perpétuelle. En quelques années, quatre fois les éphores furent massacrés, et la royauté rendue absolue, abolie, puis rétablie, achetée, et laissée enfin aux mains d'un tyran. Des 9000 Spartiates de Lycurgue, il en restait 700 à peine, sur lesquels 600 mendiaient. Agis et Cléomène essayèrent, dit-on, de remettre en vigueur les lois de Lycurgue, et de refaire un nouveau peuple spartiate. Mais l'un périt avant d'avoir rien achevé, l'autre n'opéra qu'une révolution militaire dans l'intérêt de son pouvoir. Pour échapper à sa domination, les Achéens se jetèrent dans les bras du roi de Macédoine : au moins, avec lui, ne perdaient-ils qu'une partie de leur indépendance. La bataille de Sellasie brisa cette puissance factice, et Sparte vaincue resta livrée aux factions d'où sortit la tyrannie de Machanidas. Philopœmen l'abattit. Mais Sparte était trop fière de sa vieille gloire pour consentir à aller se perdre dans la ligue achéenne. A Machanidas succéda Nabis, et Sparte resta l'alliée des Étoliens.

Faut-il parler des petits peuples? Égine a disparu de la scène politique. Mégare n'est qu'une annexe obscure de la ligue béotienne ou achéenne. Les Éléens, comme Messène et une partie de l'Arcadie, dépendent des Étoliens. Les Phocidiens sont plus que jamais impuissants, l'Eubée, sans force, la Crète livrée aux désordres et à toutes les mauvaises passions.

Même avec des mœurs meilleures et du patriotisme, les Grecs ne se fussent pas sauvés, et la paix et l'union eussent régné du cap Ténare au mont Orbélos, que Rome n'en eût pas moins, avec un peu plus de temps et d'efforts, mis la Grèce à ses pieds. Car toute vertu, toute force militaire étaient anéanties. Les Grecs ne combattaient plus qu'avec des mercenaires. Un seul État ne participait point à cette universelle décadence. Entourée par la mer et par d'impraticables montagnes, habitée par une race guerrière et affectionnée à ses rois, la Macédoine était vraiment une puissante monarchie. Comme avec Carthage, il fallut que Rome s'y prît

9

à trois fois pour l'abattre. Si Philippe n'eût possédé que la Macédoine, sa conduite sans doute eût été simple, comme ses intérêts. Mais il avait encore la Thessalie et l'Eubée, Oponte en Locride, Élatée et la plus grande partie de la Phocide, l'Acrocorinthe et Orchomène d'Arcadie. Il tenait garnison dans trois des Cyclades, dans Thasos et quelques villes des côtes de Thrace et d'Asie ; une partie considérable de la Carie lui appartenait. Or, ces possessions lointaines lui donnaient pour ennemis les rois d'Égypte et de Pergame, les Rhodiens, Athènes, Sparte, enfin les Étoliens, qui occupaient les Thermopyles et n'étaient point disposés à les lui ouvrir. Rome saura mettre à profit ces inimitiés.

Nouvelle guerre avec Philippe de Macédoine (200).

Le vainqueur de Zama était à peine descendu du Capitole, que le sénat vint annoncer une nouvelle guerre contre la Macédoine. Tout d'une voix les centuries la repoussèrent. On avait assez de gloire et de combats, on voulait du repos et la paix. Les sénateurs, disait le tribun Bœbius, veulent éterniser la guerre pour éterniser leur dictature. Mais le consul rappela le traité d'Annibal, les 4000 Macédoniens envoyés à Zama, et les attaques de Philippe contre les villes libres de Grèce et d'Asie ; en ce moment il assiégeait Athènes. Athènes sera une nouvelle Sagonte, et Philippe, un autre Annibal. Le peuple céda. Philippe s'était allié avec les rois de Syrie et de Bithynie, Antiochus et Prusias, pour dépouiller de ses possessions de Thrace et d'Asie le roi d'Égypte, Ptolémée Épiphane, que défendaient Rhodes et Attale de Pergame. Sulpicius, chargé de le combattre, n'emmena que deux légions. Ce fut du côté de l'ouest, par la Dassarétie qu'il attaqua. Dans ces montagnes, la phalange macédonienne était inutile, et bien que Philippe eût réuni jusqu'à 24 000 hommes, il fut successivement chassé de toutes ses positions ; et Sulpicius se trouva, au bout de quelques mois, au cœur de la Macédoine. Mais l'hiver approchait ; il revint à Apollonie. Pendant l'été, une flotte avait chassé des Cyclades les garnisons de Philippe et pillé les côtes de la Macédoine

(200). Le nouveau consul Villius trouva l'armée mutinée ; il
passa la campagne à rétablir la discipline (199). Encouragé
par cette inaction, le roi prit l'offensive et vint occuper sur
les deux rives de l'Aoüs, près d'Antigonie, une position
inexpugnable. Le peuple, pressé de finir cette guerre, éleva
au consulat T. Quinctius Flamininus, malgré son âge, et
bien qu'il n'eût encore exercé que la questure, mais sa réputation avait devancé ses services. Pendant 40 jours, Flamininus resta en face du camp inattaquable des Macédoniens.
Il faisait chercher des sentiers qui lui permissent de tourner
l'ennemi. Un chef épirote conduisit 4000 Romains, après
trois jours de marche, sur des hauteurs qui dominaient le
camp royal. Leurs cris, leur vive attaque, à laquelle répondit celle de Flamininus, épouvantèrent les Macédoniens ; ils
prirent la fuite et ne s'arrêtèrent que dans la Thessalie. Les
Étoliens aussitôt s'y jetèrent à leur suite. Les Romains y
pénétrèrent par le défilé de Gomphi. Philippe s'était déjà
retiré dans la vallée de Tempé, après avoir brûlé les villes
ouvertes. Cette conduite offrait un dangereux contraste avec
celle des Romains auxquels Flamininus faisait observer la
plus exacte discipline, et qui avaient souffert de la faim plutôt
que de rien enlever dans l'Épire. Aussi plusieurs places ouvrirent leurs portes aux Romains, et Flamininus était arrivé
déjà sur les bords du Pénée, quand la courageuse résistance
d'Atrax arrêta sa marche victorieuse (198).

**Cynoscéphales (197); proclamation de la liberté grecque
(196); Nabis (195).**

Au lieu d'aller perdre l'hiver comme ses prédécesseurs,
dans des quartiers autour d'Apollonie, Flamininus hiverna
dans la Grèce centrale, d'où il attira les Béotiens et les
Achéens dans son alliance. Au retour du printemps il alla
chercher le roi en Thessalie, à la tête de 26 000 hommes,
dont 8000 étaient Grecs. Philippe, qui depuis vingt ans
usait ses forces dans de folles entreprises, ne put réunir
25 000 soldats qu'en enrôlant jusqu'à des enfants de seize
ans. La bataille se livra en juin 197, dans la plaine de

Cynoscéphales. La légion vainquit la phalange, et comme il
ne restait pas une autre armée au roi, il demanda à traiter. Il
rappela ses garnisons des villes et des îles de Grèce et d'Asie
qu'elles occupaient encore, laissa libres les Thessaliens,
livra sa flotte moins 5 vaisseaux de transport, licencia son
armée moins 500 hommes, paya 500 talents, en promit
50 comme tribut annuel pendant 10 ans, s'engagea à ne
faire aucune guerre sans l'assentiment du sénat, et donna
des otages, parmi lesquels les Romains firent comprendre
son jeune fils Démétrius.

Durant la célébration des jeux isthmiques, auxquels la
Grèce entière était accourue, un héraut imposa tout à coup
silence, et promulgua le décret suivant : « Le sénat romain
et T. Quinctius, vainqueur du roi Philippe, rendent leurs
franchises, leurs lois et l'immunité de garnisons et d'impôts
aux Corinthiens, aux Phocidiens, aux Locriens, à l'île d'Eubée et aux peuples de Thessalie. Tous les Grecs d'Europe et
d'Asie sont libres. » Une joie insensée éclata à ces paroles.
Deux fois l'assemblée se fit répéter le décret, et Flamininus
faillit périr étouffé sous les fleurs et les couronnes (196). Mais,
avant de quitter la Grèce, il enleva à Nabis Argos et Gythion,
pour que Sparte ne fût pas trop puissante dans le Péloponn-
nèse, refusant toutefois de l'accabler pour que les Achéens
ne prissent pas sa place. La Macédoine et Sparte abaissées, il
évacua sans crainte Chalcis, Démétriade et l'Acrocorinthe.
En retournant triompher à Rome, il y portait cet utile protec-
torat de la Grèce que tous les successeurs d'Alexandre
s'étaient disputé sans le pouvoir saisir (195).

Antiochus en Grèce ; combat des Thermopyles (191).

Ce désintéressement affecté était une habile réponse à la
coalition qu'Annibal travaillait à former. Ce grand homme,
rentré dans Carthage, y commençait des réformes qui devaient régénérer sa patrie : il renversa la tyrannique oligarchie qui s'était formée à la fin de la guerre, remit l'ordre
dans les finances et réorganisa l'armée en même temps
que, par de secrets messages, il pressait Antiochus d'atta-

quer, tandis que Philippe résistait encore, que les Grecs hésitaient, que les Cisalpins et les Espagnols étaient soulevés. Cynoscéphales renversa ses espérances, et bientôt trois ambassadeurs romains vinrent à Carthage demander sa tête. Depuis longtemps il s'y attendait, et une galère secrètement préparée le porta en Syrie (195). Antiochus, enhardi par les succès des premières années de son règne, ne revendiquait pas moins que tout l'héritage de Séleucus-Nicator, l'Asie occidentale, la Thrace, même la Macédoine, et quand le sénat le rappelait à la prudence : « Je ne me mêle point de ce que vous faites en Italie, répondait-il ; ne vous occupez pas de ce que je fais en Asie. » L'arrivée d'Annibal décida la guerre. Ce grand homme offrait de recommencer avec 11 000 hommes et 100 vaisseaux, sa seconde guerre punique ; mais Antiochus, aveuglé par ses courtisans, repoussa ses conseils pour écouter les magnifiques promesses de l'Étolien Thoas.

Depuis longtemps les Étoliens se vantaient d'avoir ouvert la Grèce aux Romains ; à les croire, ils avaient seuls vaincu à Cynoscéphales. Mal récompensé, à leur gré, de ces services, ils cherchèrent à se payer de leurs mains. A un même jour, sans déclaration de guerre, ils essayèrent de surprendre Chalcis, Démétriade et Lacédémone. Ils espéraient pouvoir de là braver Rome impunément. Chalcis les repoussa, mais Démétriade fut prise. A Sparte, ils se présentèrent comme amis, égorgèrent Nabis, mais s'oublièrent au pillage de la ville, et laissèrent à Philopœmen le temps d'accourir et de les envelopper. Le général achéen réunit Sparte délivrée à la ligue. Il n'y avait plus alors qu'à se jeter dans les bras d'Antiochus. Ils l'appelèrent en Grèce. Mais le roi de Syrie débarqua à Démétriade (septembre 192) avec 10 000 hommes seulement. Au lieu de gagner Philippe, il l'irrita, le jeta dans le parti de Rome, et ne vit accourir autour de lui qu'un petit nombre d'alliés. Pendant l'hiver qu'il perdit à célébrer à Chalcis un nouvel hymen, le sénat eut tout loisir d'achever ses préparatifs. Aux ides de mai, l'armée de Brindes passa l'Adriatique avec le consul Acilius Glabrion. Celle d'Apollonie, qui s'était déjà réunie aux troupes de Philippe avant

l'hiver, avait repris plusieurs villes thessaliennes et débloqué
Larisse. Acilius acheva de réduire la Thessalie, et s'avança
jusqu'aux Thermopyles, où le roi espérait l'arrêter. Caton,
alors lieutenant d'Acilius, après avoir été consul, surprit
2000 Étoliens postés sur le Callidrôme pour défendre le
sentier d'Éphialte ; à la vue des cohortes romaines descendant l'OEta, Antiochus, qui avait arrêté Acilius devant ses
lignes, dans le défilé, s'enfuit à Chalcis, et de là à Éphèse
en Asie. La bataille des Thermopyles coûta aux Romains
150 hommes (juillet 191).

Bataille de Magnésie (190); soumission des Galates (189).

A Éphèse, Antiochus avait retrouvé sa sécurité ; Annibal
seul s'étonnait que les Romains ne fussent pas encore arrivés. Pour leur fermer la route, le roi augmenta les fortifications de Sestos et de Lysimachie. Mais Livius, par une victoire sur l'amiral syrien Polyxénidas, saisit, du premier
coup, l'empire dans la mer Égée. Si les Rhodiens furent
vaincus à Samos, si Livius échoua dans ses tentatives sur
Éphèse et Patara, les premiers réparèrent leur défaite dans
une bataille où Annibal ne put triompher de l'impéritie du
courtisan Apollonios ; et le successeur de Livius détruisit,
près de Myonèse, la flotte syrienne. Bientôt les légions arrivèrent sous la conduite du consul Lucius Scipion et de son
frère l'Africain, qui s'était offert à lui servir de lieutenant.
Elles traversaient alors la Macédoine, après s'être débarrassées des Étoliens par une trêve de six mois. Lysimachie aurait pu arrêter l'armée. Antiochus l'évacua, et le passage de
l'Hellespont s'effectua sans obstacle. Ce fut le 5 octobre 190,
près de Magnésie du Sipyle, que les deux armées se rencontrèrent : 30 000 Romains allaient combattre 82 000 Asiatiques. On dit que 52 000 Syriens furent tués ou pris, et que
le consul perdit seulement 350 hommes. Il ne restait plus
qu'à traiter. Les conditions furent dures. Le sénat interdit
au roi toute guerre dans l'Asie Mineure, lui prit ses éléphants, qu'il donna à Eumène, ses vaisseaux, qu'il brûla,
et, le chassant de l'Asie Mineure, fixa au Taurus la limite

de ses États. Une contribution de guerre, pour Rome, de 80 millions ; pour Eumène, de 2 500 000 francs, ruina ses finances.

Manlius Vulso, qui succéda à L. Scipion, voulut abattre le seul peuple de l'Asie Mineure qui fût digne de se mesurer avec les Romains, les Gallo-Grecs ou Galates. Sans décret du peuple ni autorisation du sénat, il traversa, en la rançon-nant, toute l'Asie Mineure, pour aller les chercher dans leurs retranchements des monts Olympe et Magaba. Il atta-qua d'abord les Trocmes et les Tolistoboies sur l'Olympe. L'imprudence des Gaulois, qui ne s'étaient point pourvus d'armes de jet, permit au consul d'en faire de loin un grand massacre. Au mont Magaba, la même négligence eut les mêmes résultats. Les deux camps forcés, ce qui restait de la nation demanda la paix. Content d'avoir brisé leur puissance, et répandu au loin, par cette expédition contre un peuple redouté, la terreur du nom romain, Man-lius ne leur imposa ni tribut ni clause honteuse (189) ; et de retour à Éphèse, il régla avec les commissaires le sort des alliés.

Dans la distribution des dépouilles, Eumène eut la meil-leure part : la Lydie, l'Ionie, la Phrygie, la Lycaonie et la Myliade. Les possessions d'Antiochus en Europe, la Cherso-nèse, et Lysimachie qui en commandait l'entrée, lui furent aussi abandonnées ; enfin le roi de Bithynie Prusias lui rendit ce qu'il avait enlevé de la Mysie. Rome ne le comblait si richement qu'afin de s'assurer la fidélité d'un prince qui allait faire pour elle la police de l'Asie, en surveiller, en dé-noncer en secret tous les mouvements, toutes les pensées. Les flottes rhodiennes avaient été plus utiles que les quelques vaisseaux et les 3000 auxiliaires d'Eumène : Rhodes eut moins cependant, parce qu'elle ne semblait déjà que trop puissante. Elle dut se contenter de quelques agrandisse-ments dans la Carie et la Lycie, où nombre de villes restèrent libres. Le long de la côte, dans la Troade, l'Éolide et l'Ionie, presque toutes les anciennes colonies grecques, moins Éphèse et Élée, laissées de même que Sardes à Eumène, obtinrent l'immunité, et quelques-unes de nouvelles terres et des hon-

neurs. Ilion, comme berceau du peuple romain, reçut deux
villes voisines ; Dardanos dut au même titre sa liberté.

Tandis que Manlius achevait la guerre d'Asie, son collègue Fulvius, attaquant Ambracie, comme les Galates l'avaient
été, sans déclaration de guerre, en finissait avec les Étoliens.
Ils achetèrent la paix au prix de 500 talents, et reconnurent
l'empire et la majesté du peuple romain. Au moins ce petit
peuple avait-il honoré sa défaite par son courage, et bravé
trois ans la puissance romaine. Cependant les deux généraux repassèrent l'Adriatique sans laisser un seul légionnaire dans la Grèce ou l'Asie. Le sénat tenait ce qu'il avait
promis : partout, sur les deux continents et dans les îles,
les Grecs étaient libres ; et, de tant de conquêtes, Rome ne
gardait pas un pouce de terre. La comédie commencée avec
tant de succès par Flamininus aux jeux isthmiques était
jouée. Mais en se retirant après avoir abaissé tout ce qui
avait quelque énergie, la Macédoine, les Étoliens, la Syrie
et les Galates, les légions laissaient derrière elles, dans toutes les villes, dans tous les États, un parti dévoué qui allait
faire assez bien les affaires de Rome dans la Grèce et l'Asie,
pour que des garnisons y fussent inutiles. Et en face de cette
foule de petits princes et de petits peuples, en face de leurs
mille rivalités et de leur faiblesse, s'élevait la colossale
puissance de Rome, avec sa forte organisation militaire et
politique, son sénat si habile et ses légions si braves !

Soulèvement des Espagnols (197); succès de Caton (195) et de Sempr. Gracchus (178).

Durant ces faciles expéditions, Rome soutenait une lutte
meurtrière contre les Espagnols et les Cisalpins, dont le
courage était excité par l'espérance d'une vie meilleure, promise aux braves tombés sous le fer ennemi. En l'an 200, le
sénat se croyait maître de l'Espagne ; une prise d'armes
inutile de Mandonius et d'Indibilis, après le départ de Scipion, et le soulèvement bientôt réprimé des Sédétans, semblaient la dernière protestation de l'indépendance ibérienne.
Mais lorsqu'en 197 l'envoi de deux préteurs eut montré que

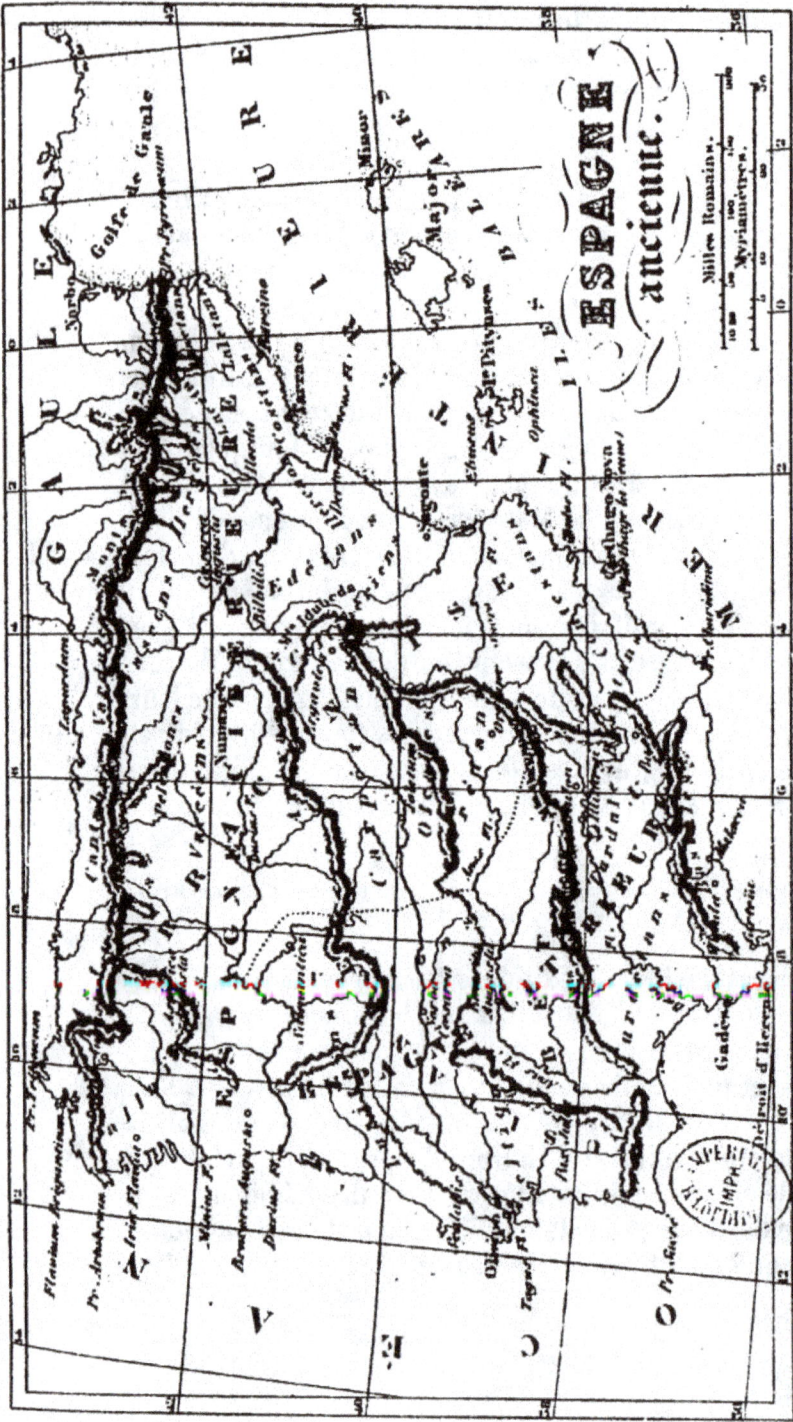

ESPAGNE
ancienne.

Mille Romain.

Myriamètres.

GAULE

I L E S   B A L E A R E S

Majorque

Minorque

I. Pityuses

I. Ophiuse

M E R   I N T É R I E U R E

Golfe de Gaule

Gravé sur acier par Dyonnet

Librairie de L. Hachette et Cie

Dressé par A. Vuillemin.

le sénat entendait garder sa conquête, les indigènes, qui ne l'avaient aidé que pour se délivrer des Carthaginois, se levèrent en masse. Le préteur Sempronius fut tué ; un autre le vengea. Mais cette guerre parut assez importante pour mériter une armée consulaire. Caton la commanda. Les Romains étaient refoulés jusque sur la ville massaliote d'Emporie ; Caton se dégagea par une victoire (195), acheta le secours des Celtibériens, et fit démanteler en un jour 400 villes ou bourgades. Après Caton, et durant la lutte contre Antiochus, la guerre languit. Paul Émile perdit 6000 hommes contre les Lusitaniens (190), mais il leur en tua trois fois autant l'année suivante. En 185, Quintius et Calpurnius livrèrent aux Celtibériens, aux Lusitaniens et aux Carpétans une grande bataille près de Tolède, où 35 000 barbares périrent. Le foyer de l'insurrection et de la résistance était dans les montagnes de la Celtibérie ; les Romains l'attaquèrent à la fois, par le nord, le sud et l'ouest. Quand ils l'eurent ainsi entamée de toutes parts, quand les Vaccéens et les Lusitaniens, lassés de la lutte, eurent posé les armes, Sempronius Gracchus, le père des Gracques, pénétra au cœur même de la Celtibérie, où 300 bourgades tombèrent en son pouvoir (179). Ils se décidèrent alors à déposer les armes. Gracchus n'imposa point de dures conditions, et, pour gagner ces peuples à la civilisation, il fonda parmi eux des villes auxquelles il donna de sages lois (178).

Soulèvement des Cisalpins (200) ; les Boïes émigrent vers le Danube.

L'Espagne paraissait pour la seconde fois conquise ; la Cisalpine le fut réellement ; quelque temps avant la bataille de Zama, les Cisalpins voyant, aux défaites répétées de Carthage, que les légions romaines allaient bientôt reprendre le chemin de leur pays songèrent à utiliser pour leur indépendance les derniers efforts que pouvait faire Annibal. Magon arrivait d'Espagne, ils lui promirent de se lever tous, et ce général ayant été rappelé par Carthage aux abois, ils donnèrent 40 000 hommes à Amilcar que Magon avait laissé parmi eux, incendièrent Plaisance et attaquèrent Crémone (200). Furius sauva cette place et tua 35 000 Gaulois, avec leur chef. Mais l'année suivante, le préteur Bœbius périt. L'heureuse tournure que prit, sous la direction de Flamininus, la guerre contre la Macédoine permit, en 197 et 196, d'envoyer à la fois les deux consuls dans la Cisalpine. Ils décidèrent les Cénomans, jaloux de leurs voisins à trahir la cause commune, et ils accablèrent les Insubres, les Boïes, et les Ligures, sans pouvoir, toutefois, leur imposer la paix. Il fallut, en 194, opposer trois armées à une levée générale des Boïes, qui, l'année suivante, entraînèrent encore les Ligures dans la lutte. Le sénat, effrayé, déclara qu'il y avait *tumulte* (193). Une sanglante victoire de Mérula près de Modène, dissipa ces craintes; les ravages de L. Flamininus et ceux de ce Scipion Nasica, qu'on appelait le plus honnête homme de la république, forcèrent enfin les Boïes à traiter (192). Scipion prononça la confiscation de la moitié de leurs terres. Ils abandonnèrent le tout et allèrent chercher, sur le bord du Danube, une patrie à l'abri de l'ambition romaine.

On se hâta de repeupler Plaisance, Crémone (190) et d'envoyer des colons à Bologne (189) et à Parme (182). Les Insubres, les Cénomans et les Vénètes acceptaient le joug; les Ligures seuls le repoussaient. En 189, il tuèrent un préteur; en 186, ils battirent un consul et mirent Paul Émile lui-même en danger. On ne vint à bout de cette résistance acharnée qu'en transportant 47 000 Ligures dans les solitudes du Samnium (180), tandis que des colons romains s'établissaient à Pise, à Lucques et à Modène pour cerner l'Apennin ligurien. Cependant ces pauvres montagnards luttèrent encore, jusqu'en 163, contre la maîtresse du monde.

Une nouvelle conquête de l'Istrie (178) assura celle de la Cisalpine. Vers le même temps, les peuples de Corse et de Sardaigne remuèrent (181). Après de vains efforts, les Corses se résignèrent à payer leur tribut de 100 000 livres de cire. Dans l'autre île, Gracchus, le pacificateur de l'Espagne, tua 27 000 Sardes et en vendit un tel nombre, que, pour désigner une denrée de vil prix, on dit dès lors : *Sardes à vendre* (178).

CHAPITRE XIV.

HISTOIRE MILITAIRE DE 178 A 129.

SECRETS PRÉPARATIFS DE PHILIPPE ; MORT DE PHILOPŒMEN ET D'ANNIBAL (183). — PERSÉE (179-168) ; TROISIÈME GUERRE CONTRE LA MACÉDOINE (172-168). — PAUL ÉMILE ; BATAILLE DE PYDNA (168). — RÉDUCTION EN PROVINCES DE LA MACÉDOINE (142) ET DE LA GRÈCE (146). — RÉDUCTION DE L'AFRIQUE (149-146). — VIRIATHE (149-140) ET NUMANCE (141-133). — SOUMISSION DU ROYAUME DE PERGAME (133-129). — ÉTENDUE DES POSSESSIONS DE LA RÉPUBLIQUE VERS 130 ; NOMBRE DES PROVINCES. — PRÉROGATIVES DES GOUVERNEURS, CONDITION DES PROVINCIAUX. — ORGANISATION DES ARMÉES ROMAINES ; LEVÉE DE TROUPES ; DIFFÉRENTS CORPS DES LÉGIONS. — CASTRAMÉTATION DES ROMAINS. — SERVICE DES SOLDATS ROMAINS DANS LE CAMP. — PEINES ET RÉCOMPENSES.

Secrets préparatifs de Philippe ; mort de Philopœmen et d'Annibal (183).

Philippe, chassé de la Grèce par la victoire de Cynoscéphales, ayant cherché des dédommagements dans la Thrace. Ænos et Maronée reçurent ses garnisons. Mais le roi de Pergame, Eumène, le dénonça à Rome, et le sénat envoya trois commissaires qui le forcèrent à comparaître devant eux comme un accusé ordinaire, et prononcèrent contre lui. Philippe ne songea plus dès lors qu'à préparer la guerre (185). Il ouvrit des mines, établit de nouveaux impôts, favorisa le commerce, changea la population des villes maritimes de son royaume, qui lui était peu affectionnée; et, se souvenant des plans d'Annibal, il excita, par de secrets émissaires, les barbares du Danube à marcher sur l'Italie. Pour appuyer ses négociations et assurer son influence dans la Thrace, il fonda la ville de Philippopolis sur les bords de l'Hèbre, non loin de l'Hémus.

Mais le sénat se tenait sur ses gardes. Deux hommes le gênaient encore en Orient, Philopœmen en Grèce, Annibal en Asie. Flamininus accepta la honteuse mission de délivrer le peuple-roi de ces deux vieillards. Philopœmen, qui avait alors 70 ans, essayait de réunir tout le Péloponnèse à la ligue achéenne. Le sénat s'alarma de ses efforts, qui semblaient près de réussir, et voulut détacher Sparte de la confédération. Philopœmen l'empêcha. Mais quand Flamininus alla demander à Prusias, roi de Bithynie, la tête d'Annibal, il passa par Messène. A peine l'eut-il quittée, qu'une sédition y éclata contre les Achéens, et, en même temps, parut un sénatus-consulte qui permettait à Corinthe, à Argos et à Sparte de se séparer de la ligue. Malgré son âge et une maladie récente, Philopœmen fit 17 lieues en un jour pour étouffer l'insurrection; mais dans une rencontre avec les Messéniens, il tomba de cheval, fut pris et condamné à boire la ciguë (183). Lycortas, son ami, le vengea sur ceux qui l'avaient fait périr, et la Grèce entière lui fit de magnifiques funérailles. Polybe portait l'urne qui renfermait ses cendres. Annibal périt la même année. Il s'était retiré auprès du roi de Bithynie, Prusias, et avait fait préparer à sa maison sept issues secrètes; quand il voulut fuir au bruit de l'arrivée de Flamininus, elles étaient toutes gardées. « Délivrons donc, dit-il, les Romains de leurs terreurs, » et il prit un poison violent qu'il portait toujours sur lui.

Ces deux vieillards de moins dans le monde, il semblait que Rome ne dût plus trouver que des haines impuissantes. Antiochus avait péri lapidé par son peuple, dont il pillait les temples pour s'acquitter envers les Romains (187), et Séleucus, son successeur, passa les onze années de son règne à ramasser l'argent du tribut. Sous la tyrannie d'Épiphane et la minorité de Philométor, l'Égypte s'affaiblissait. Massinissa venait d'enlever une troisième province aux Carthaginois, et ceux-ci n'avaient osé que se plaindre. En Espagne, la guerre allait cesser; en Italie, presque tous les Cisalpins s'étaient soumis; Philippe seul restait menaçant. Chaque jour il se faisait lire son traité avec Rome, pour nourrir son ressentiment. Ses émissaires étaient revenus des bords du Danube; les Bastarnes acceptaient ses offres. Il leur promettait des terres fécondes dans le pays des Dar-

daniens. Ce peuple détruit, Philippe comptait pousser les
Bastarnes sur l'Italie, tandis que, lui-même, il soulèverait
la Grèce et appellerait tous les rois à la liberté. Pendant
qu'il méditait ses vastes desseins, le sénat lui renvoya son
fils Démétrius, qui se plaça naturellement à la tête du parti
romain. Ceux qui voulaient la guerre avaient pour chef un
frère aîné de Démétrius, Persée, qui, né d'une femme de
basse naissance, craignait que Philippe ne laissât sa couronne à Démétrius. Pour perdre ce rival, il l'accusa d'avoir
tenté de l'assassiner, et le malheureux père condamna son
fils à mort (181). La douleur le conduisit bientôt lui-même
au tombeau (179).

Persée (179-168); troisième guerre contre la Macédoine (172-168).

Persée renouvela d'abord le traité conclu avec son père,
et, durant six années, travailla en silence à augmenter ses
ressources. Il écrasa les Dolopes qui voulaient se mettre
sous la protection de Rome, réunit une armée de 40 000 bons
soldats, et s'attacha à gagner le cœur des Macédoniens, en
vidant les prisons et en rappelant les bannis. Les Thessaliens lui ouvrirent leurs places fortes. L'Épire rentra secrètement dans son alliance. Gentius, petit roi d'Illyrie,
promit des secours en échange de quelques subsides, et
Cotys, roi des Thraces-Odryses, s'engagea à partager tous
ses périls. Les rois de Syrie et de Bithynie, tous deux ses
beaux-frères, Rhodes, les Grecs d'Asie, faisaient des vœux
pour lui. A Carthage, le sénat reçut, la nuit, dans le temple
d'Esculape, ses ambassadeurs. Enfin, 30 000 Bastarnes approchaient, et le bruit de leur marche jetait déjà la terreur
en Italie.

Eumène, alarmé de cette résurrection de la puissance
macédonienne, était venu la dénoncer à Rome; des gens
apostés se jetèrent sur lui, au sortir du temple de Delphes,
et le laissèrent pour mort sur la place. Quand on lui demanda compte de ce meurtre, Persée répondit avec colère;
la guerre fut déclarée (172).

Le sénat n'envoya d'abord qu'un préteur avec 5000 hommes. Mais sept commissaires parcoururent la Grèce, où leur seule présence suffit pour détruire l'effet de six années de prudence et de concessions. Au lieu d'attaquer hardiment, Persée négocia encore et laissa le temps aux Romains de tourner la Grèce contre lui. Cependant il battit en deux rencontres le consul Licinius, rendit vains tous les efforts de son successeur Hostilius pour pénétrer en Macédoine, tua 10 000 hommes aux Dardaniens révoltés, et pénétra lui-même dans l'Illyrie et l'Étolie. Un troisième consul, Marcius, fut plus heureux. Il força le passage des monts Cambuniens et avança jusqu'à Dium. Arrêté par l'hiver, il prit hardiment ses quartiers dans la Piérie; la Macédoine était enfin entamée.

Paul Émile; bataille de Pydna (168).

Il devenait urgent d'agir avec vigueur. Les comices élevèrent Paul Émile au consulat. Gentius, trompé par une promesse de 300 talents, s'était enfin déclaré contre Rome. Eumène avait ouvert avec Persée de ténébreuses négociations; les Rhodiens étaient presque ouvertement passés de son côté, et la flotte macédonienne dominait dans la mer Égée et les Cyclades. Mais Persée venait de se priver de l'appui de 20 000 Gaulois qu'il avait appelés des bords du Danube, en leur refusant la solde promise.

Avant tout, Paul Émile s'efforça de rétablir la discipline. Il remit en honneur les exercices militaires et retira aux sentinelles leur bouclier, pour augmenter leur vigilance. Persée campait dans une forte position derrière l'Énipée, qui traverse la Piérie. Le consul le fit tourner par Scipion Nasica, et cette manœuvre força le roi à se retirer sous les murs de Pydna. Une plaine s'étendait en avant de la ville, Persée résolut d'y livrer bataille. Il s'y comporta vaillamment; mais ce fut comme à Cynoscéphales : la phalange, ébranlée, désunie par les inégalités du terrain et les attaques multipliées des légionnaires, perdit sa force ; au lieu d'une lutte générale, il y eut mille combats partiels; la phalange entière,

c'est-à-dire 20 000 hommes, resta sur le champ de bataille ;
11 000 furent faits prisonniers (22 juin 168).

Du champ de bataille Persée s'enfuit à Pella, et de là à
Samothrace. Mais un traître ayant livré ses enfants au préteur
Octavius, il vint lui-même se remettre entre ses mains avec
son fils aîné. Avant la bataille de Pydna, le préteur Anicius
avait assiégé Gentius dans Scodra, et forcé ce prince à se
rendre prisonnier. La Macédoine fut déclarée libre et son
tribut réduit de moitié ; mais on la divisa en quatre districts
dont les habitants ne pouvaient contracter mariage, vendre
ou acheter hors de leur territoire. L'Illyrie fut partagée de
même en trois cantons. Quant à l'Épire, qui avait fait défection, on détruisit ses 70 villes et on vendit comme esclaves
150 000 de ses habitants. Aussi chaque soldat reçut, sur le
butin, une somme de 200 deniers !

Le triomphe de Paul Émile fut le plus brillant que Rome
eût encore vu. Mais de ses deux fils qui devaient être sur
son char à ses côtés, l'un venait de mourir, l'autre expira
trois jours après. Dans sa mâle douleur, Paul Émile se fé-
licitait encore de ce que la fortune l'avait choisi pour expier
la prospérité publique. « Mon triomphe, disait-il, placé entre
les deux convois de mes enfants, aura suffi aux jeux cruels
du sort. A 60 ans je retrouve mon foyer solitaire, après y
avoir vu une nombreuse postérité ; mais le bonheur de l'État
me console. » Il vécut quelques années encore, fut censeur
en l'an 160, et mourut dans cette charge. Persée l'avait précédé au tombeau. Jeté dans un cachot de la ville d'Albe, il
se laissa mourir de faim ; son fils, pour gagner sa vie, apprit le métier de tourneur : plus tard l'héritier d'Alexandre
parvint à la charge de greffier.

Le peuple romain n'avait, cette fois encore, rien pris pour
lui, si ce n'est les 45 millions versés par Paul Émile dans le
trésor, et les tributs imposés à la Macédoine qui permirent
au sénat de ne plus demander aux citoyens l'impôt foncier ; mais il n'avait pas besoin de réunir de nouveaux
territoires à son empire pour étendre sa domination. L'effroi
était partout. Prusias, roi de Bithynie, se présenta au sénat
la tête rasée, avec le bonnet d'affranchi. Eumène, Massinissa

voulaient apporter eux-mêmes leurs lâches hommages; on leur défendit l'entrée de l'Italie. Le roi de Syrie, Antiochus Épiphane, avait conquis une partie de l'Égypte et assiégeait Alexandrie. Un député romain Popilius lui ordonna de rentrer dans ses États. Antiochus demandant quelques jours pour délibérer, Popilius traça autour lui un cercle sur le sable : « Avant de sortir de ce cercle, vous répondrez au sénat. » Et le roi, vaincu par un seul homme, rappela ses armées.

Les Rhodiens avaient voulu imposer leur médiation ; on leur ôta la Lycie et la Carie. En Grèce, tous ceux qu'on soupçonnait d'avoir, au fond du cœur, fait des vœux pour Persée, furent enlevés, conduits en Italie et emprisonnés; tout le sénat étolien, 550 membres, fut massacré. Ce qu'il y avait encore d'hommes considérés en Épire, dans l'Acarnanie, l'Étolie et la Béotie, suivirent Paul Émile à Rome; 1000 Achéens, dénoncés par Callicrate, y furent déportés.

Réduction en provinces de la Macédoine (148) et de la Grèce (146).

Pendant les 17 années que dura cet exil, Callicrate, un Achéen, chef du parti romain, resta à la tête du gouvernement de son pays. Lorsque Polybe, appuyé de Scipion Émilien, sollicita, en 150, le renvoi des exilés, ils n'étaient plus que 300. Cependant, dans quelques-uns, l'âge n'avait pas glacé le ressentiment, et les circonstances leur semblaient redevenir favorables. Un aventurier, Andriscos, se donnant pour fils naturel de Persée, venait de soulever la Macédoine avec une armée de Thraces (152). Scipion Nasica le chassa de la Thessalie (149); mais il y rentra, battit et tua le préteur Juventius Thalna (148), et fit alliance avec les Carthaginois qui commençaient alors leur troisième guerre punique. Une nouvelle victoire de Pydna, gagnée par Métellus, et la prise d'Andriscos, envoyé à Rome chargé de chaînes, terminèrent (147) cette guerre peu sérieuse qu'un second imposteur tenta vainement de renouveler quelques années plus tard (142). Le sénat se décida cette fois à réduire la Macédoine en province.

L'armée de Métellus *le Macédonique* y était encore cantonnée, quand deux bannis achéens, Damocritos, puis Diéos furent élus stratéges. Sparte demanda encore à sortir de l'alliance. Les Achéens répondirent en faisant des préparatifs de guerre. En vain Métellus leur écrivit d'attendre les commissaires romains, ils commencèrent les hostilités (147). Le sénat voulant en finir avec la liberté grecque, envoya des députés avec un décret qui séparait de la ligue Sparte, Corinthe, Argos et Orchomène. A Corinthe, les députés faillirent être mis en pièces. Ce peuple, qui depuis 40 ans tremblait devant Rome, retrouva enfin quelque courage dans l'excès de l'humiliation. Les Achéens entraînèrent dans leur ressentiment Chalcis et les Béotiens; et quand Métellus descendit de la Macédoine, les confédérés marchèrent à sa rencontre jusqu'à Scarphée, dans la Locride (146). Cette armée fut taillée en pièces; mais en armant des esclaves, Diéos réunit encore 14000 hommes. Métellus voulut négocier, il repoussa ses ouvertures; et, posté à Leucopétra, à l'entrée de l'isthme de Corinthe, il attendit le nouveau consul Mummius. Sur les hauteurs voisines, les Achéens avaient placé leurs femmes et leurs enfants pour les voir vaincre ou mourir. Ils moururent; Corinthe fut prise, pillée, livrée aux flammes. Les ligues achéenne et béotienne furent dissoutes; toutes les villes démantelées, désarmées et soumises à un gouvernement oligarchique qu'il était plus aisé au sénat de tenir dans la dépendance que des assemblées populaires. La Grèce enfin, sous le nom d'*Achaïe*, forma une nouvelle province.

Réduction de l'Afrique (149-146).

Depuis Zama, l'existence de Carthage, livrée sans défense aux coups de Massinissa, n'avait été qu'une lente agonie. En 193, ce prince lui avait pris le riche territoire d'Emporie. Onze ans après, des terres considérables; en 174, toute la province de Tisca et 70 villes. Cette fois, les Carthaginois réclamèrent à Rome. C'était à la veille de la guerre contre Persée, le sénat promit justice, Massinissa n'en garda pas moins le territoire contesté. Caton, envoyé comme arbitre, avait trouvé, avec surprise et colère, Carthage riche, peuplée, prospère. Aussi, depuis ce temps, ne cessa-t-il de répéter, à la fin de chaque discours : « Et, de plus, je pense qu'il faut détruire Carthage » (*delenda est Carthago*).

L'occasion s'en présenta bientôt. Carthage ayant repoussé une attaque de Massinissa, le sénat se plaignit de cette prise d'armes comme d'une violation du traité. En vain Carthage proscrivit les auteurs de la guerre, et envoya des ambassades à Rome. « Donnez satisfaction au peuple romain, disaient les pères conscrits ; » et quand les députés demandaient quelle satisfaction : « Vous devez le savoir. » Ils ne purent obtenir d'autre réponse (149).

Quand les consuls débarquèrent en Afrique avec 80 000 soldats, ils demandèrent qu'on leur livrât les armes et les machines de guerre, et, lorsqu'ils eurent tout reçu, ils dirent : « Maintenant, vous abandonnerez votre ville et vous irez vous établir à 10 milles dans les terres. » L'indignation réveilla ce peuple immense. Nuit et jour on fabriqua des armes ; les femmes donnèrent leur chevelure pour faire des cordages ; on enrôla les esclaves, et Asdrubal, l'un des chefs du parti populaire, réunit dans son camp de Néphéris jusqu'à 70 000 hommes. La position n'était pas sans danger pour les Romains, et plus d'une fois, sans la valeur de Scipion Émilien, alors tribun, plusieurs corps se seraient trouvés dans un danger imminent. La discipline aussi s'altérait. Heureusement Scipion obtint, sans l'avoir demandé, le consulat et la direction de cette guerre. Il rendit aux soldats l'habitude de l'obéissance, du courage et des travaux pénibles. Carthage était située sur un isthme, il le coupa d'un fossé et d'un mur. Pour affamer ses 70 000 habitants, il ferma le port avec une digue immense. Les Carthaginois creusèrent dans le roc une nouvelle sortie vers la haute mer ; et une flotte bâtie avec les débris de leurs maisons, faillit surprendre les galères romaines. Mais il la repoussa, et, laissant la famine faire d'affreux ravages dans la ville, il alla, durant l'hiver, forcer le camp de Néphéris. Au retour du printemps, il enleva la muraille que baignait le port Cothon. Les Romains étaient dans la ville ; mais pour atteindre la citadelle Byrsa, placée au

centre. il fallut traverser de longues rues étroites, où les Carthaginois, retranchés dans les maisons, firent une résistance
acharnée. L'armée mit six jours et six nuits à atteindre la citadelle. Sur la promesse qu'ils auraient la vie sauve, 50 000 hommes en sortirent : à leur tête était Asdrubal. Sa femme,
après avoir insulté, du haut des murs, à sa lâcheté, égorgea
ses deux enfants et se précipita elle-même dans les flammes.
Scipion abandonna au pillage ces ruines fumantes, et des
commissaires envoyés par le sénat firent du territoire carthaginois une province romaine, l'*Afrique.*

En face de cet immense désastre, Scipion lui-même se
sentit ému ; il craignit pour Rome un sort pareil et, au lieu
de l'ivresse de la victoire, Polybe l'entendit tristement répéter
ce vers d'Homère : « Un jour aussi verra tomber Troie, la
cité sainte, et Priam et son peuple invincible. » Caton ni
Massinissa ne furent témoins de cette ruine qu'ils avaient
préparée: ils étaient morts tous deux en l'année 148.

Viriathe (149-140) et Numance (141-133).

Scipion Émilien fut aussi le destructeur de Numance, la
seconde terreur de Rome. Depuis la pacification de l'Espagne
par Sempr. Gracchus jusqu'à l'année 153, le repos de ce
pays ne fut troublé que par les Celtibériens, qui, en 174,
perdirent 15 000 hommes. En 170, un fanatique parcourut
les villages de la Celtibérie en montrant une lance d'argent
qu'il avait, disait-il, reçue du ciel, et qui devait faire fuir
devant lui les légions épouvantées ; mais à la première rencontre il fut tué, et sa mort dissipa la révolte. En 153, un
émissaire de Carthage souleva les Lusitaniens. Mummius ne
fut pas heureux contre eux, et si son successeur remporta
quelques avantages, Galba, en 151, perdit 9000 hommes.
Mais il feignit de traiter avec les Lusitaniens, leur offrit des
terres fertiles, les dispersa, puis en massacra 30 000 et se
gorgea de butin, lui et ses soldats. Accusé à Rome par Caton,
il fut acquitté. Dans la Celtibérie, Lucullus, qui n'avait trouvé
de soldats à enrôler à Rome qu'après que Scipion Émilien
eut donné le premier son nom, n'osa enfreindre la paix si-

gnée par son prédécesseur, Marcellus, le fondateur de *Corduba* (Cordoue); mais il attaqua les Vaccéens et assiégea Cauca. Ses habitants, vivement pressés, ouvrirent leurs portes : il en tua 20 000 et vendit le reste. Aussi les gens d'Intercatia ne se rendirent que sous la garantie de la parole de Scipion (150).

Tant de perfidies devaient porter leurs fruits. Un pâtre, Viriathe, échappé du massacre des Lusitaniens, fit aux Romains une guerre de surprises et d'escarmouches, où ils perdirent leurs meilleurs soldats (149). Pendant cinq années, il battit tous les généraux envoyés contre lui et ne céda quelques avantages au frère de Scipion Émilien (143) que pour prendre une éclatante revanche sur Fabius Servilianus. Il parvint même à soulever les Celtibériens. Cette union rendait la guerre plus sérieuse qu'elle ne l'avait encore été. On envoya contre eux Métellus le Macédonique, qui les battit pendant deux ans (144-142), et prit presque toutes leurs villes. Cette puissante diversion n'en servit pas moins Viriathe, en laissant Fabius exposé seul à ses coups. Il l'enferma dans un défilé, et l'obligea à signer un traité où il était dit : « Il y aura paix entre le peuple romain et Viriathe. » (141.) Le frère de Fabius, Cépion, se chargea de le venger. Il gagna deux des officiers du héros lusitanien qui l'assassinèrent (140). Son peuple se soumit ; Cépion en transporta une partie sur les bords de la Méditerranée, où Brutus, son successeur, leur fit bâtir Valence. Ce général eut à vaincre encore quelques résistances partielles. Des bandes nombreuses couvraient le pays, les femmes elles-mêmes combattaient. Il les détruisit, et pénétra chez les Gallaïques, jusqu'au bord du grand Océan.

La guerre d'Espagne, terminée à l'ouest par la mort de Viriathe et par l'expédition de Brutus, se concentra au nord, vers Numance. En 141, Pompéius fit avec les Numantins un traité qu'il n'osa avouer dans le sénat, et son successeur n'approcha de la ville que pour essuyer une défaite (138). L'année suivante, le consul Mancinus se laissa enfermer dans une gorge sans issue, et promit la paix si l'on ouvrait les passages. L'ennemi exigea que le traité fût juré par son questeur Tibérius Gracchus, fils de ce Gracchus dont les Espagnols vénéraient la mémoire (137). Comme aux Fourches Caudines, le sénat déchira le traité et livra le consul. Ses successeurs ne surent pas effacer cette honte. Pour abattre cette petite cité espagnole qui ne comptait pas plus de 800 habitants, mais où étaient accourus tous les braves qui ne pouvaient plus combattre ailleurs, il ne fallut pas moins que celui qui avait renversé Carthage (134). Scipion commença par bannir du camp la mollesse et l'oisiveté. Il refoula peu à peu les Numantins dans leur ville et les y enferma par quatre lignes de retranchements. Pressés bientôt par une horrible famine, ils lui demandèrent une bataille. Il ne quitta point son camp et les réduisit à s'entr'égorger (133). Cinquante Numantins seulement suivirent à Rome son char de triomphe, l'Espagne; épuisée de sang, rentra enfin dans le repos. Mais les montagnards du nord, Astures, Cantabres, Vascons, n'étaient pas domptés. La pacification de l'Espagne ne s'achèvera que sous Auguste. — En 124, Métellus prit possession des Baléares, après en avoir presque exterminé les habitants.

Soumission du royaume de Pergame (133-129).

Peu après la chute de Numance, le royaume de Pergame tomba. Attale III, monstre de cruauté qui tuait tous ceux qui n'applaudissaient pas à ses folies, était mort en 133, instituant le peuple romain son héritier. Dans ce legs, le sénat comprit le royaume; mais un fils naturel d'Eumène, Aristonic, souleva les habitants, battit le consul Licinius Crassus, et le fit prisonnier. Crassus insulta un soldat barbare pour se faire tuer. Perperna, qui le remplaça, vengea aisément cette défaite, prit Aristonic dans Stratonicée, en Carie, et l'envoya à Rome (130); mais il mourut lui-même à Pergame. Son successeur, Manius Aquilius, s'empara de quelques villes qui résistaient encore et réduisit le royaume en province, sous le nom d'*Asie* (129). Aristonic, après avoir servi au triomphe d'Aquilius, fut étranglé dans sa prison.

Cent trente ans environ avant notre ère, la république
romaine possédait, sauf quelques districts restés libres, l'Espagne, l'Italie et la Grèce. Entre l'Italie et la Grèce, elle s'é-
tait assuré une route autour de l'Adriatique, par la soumission des Istriens (221), des Japodes (129), des Dalmates,
(154) et des Illyriens (219). Un préteur était même allé chercher, jusque sur les bords du Danube, ces nations gauloises
que Philippe et Persée avaient voulu pousser sur l'Italie (expédition contre les Scordisques (135). Entre l'Italie et l'Espagne, elle allait bientôt fonder Aix et Narbonne (123, 118). En
attendant, Marseille prêtait son port, ses navires et ses pilotes, pour faciliter aux Romains la traversée depuis le Var
jusqu'à l'Èbre. Aussi le Sénat avait-il envoyé, dès l'an 154,
ses légions au secours de ces utiles alliés contre les Oxybiens
et les Décéates.

Dans l'Asie Mineure, elle dominait jusqu'au Taurus. En
Afrique elle avait gardé le territoire de Carthage, que ne
pouvaient plus inquiéter les Numides, divisés, depuis la
mort de Massinissa, entre plusieurs rois. L'Égypte était sous
sa tutelle, les Juifs dans son alliance, les petits rois de l'A-
sie Mineure à sa discrétion; Rhodes et les villes grecques
d'Asie lui rendaient des honneurs divins. La domination de
Rome ou son influence s'étendaient donc de l'Océan aux
bords de l'Euphrate, et des Alpes à l'Atlas.

On verra ailleurs les résultats qu'eurent ces conquêtes sur
les mœurs et l'état intérieur de la république; ici, nous ne
voulons examiner que l'organisation donnée par le sénat
aux pays conquis. Tout le territoire de la république se divisait en deux grandes parties : l'Italie, au sud du Rubicon
et de la Macra, et les provinces ou terres tributaires, frappées de l'impôt foncier, que ne payait pas l'Italie, et privées
du droit d'appel. Il y avait alors neuf provinces : la Sicile,
la Corse et la Sardaigne, la Cisalpine, la Macédoine avec la
Thessalie, l'Illyrie et l'Épire; l'Achaïe, c'est-à-dire la Hellade,
le Péloponnèse et les îles ; l'Asie, l'Afrique, l'Espagne ulté-

rieure et l'Espagne citérieure. Le sénat tenait quelques troupes dans les provinces, à la charge des habitants, et chaque
année le sort désignait un proconsul ou un préteur pour les
gouverner.

Prérogatives des gouverneurs, condition des provinciaux.

Ce gouverneur, dont les pouvoirs commençaient et finissaient aux portes de Rome, était investi à la fois de l'autorité
politique, judiciaire et militaire. Cependant, le questeur
particulièrement chargé de l'administration des finances de
la province, devait, à son retour, rendre compte au sénat ou
aux censeurs. Toutes ces fonctions étaient gratuites : l'État
n'allouait au préteur que les frais d'installation, les moyens
de transport et les vivres. Chaque province avait sa constitution ou formule rédigée par le général vainqueur ou par des
commissaires du sénat, et ses lois civiles. La *formule* déter-
minait la quotité du tribut et les conditions faites aux vaincus,
lesquelles changeaient d'une province à l'autre. Généralement on laissait aux villes leur organisation intérieure et
leurs fêtes religieuses ; parfois on permit, comme en Grèce,
aux ligues devenues inoffensives, de se reformer. Les habitants conservaient aussi ce que la guerre ne leur avait pas
enlevé. Mais les domaines des rois ou de l'État devenaient
propriété romaine.

La politique suivie pour l'Italie, *divide et impera*, fut appliquée dans les provinces. Plusieurs villes restèrent libres,
comme Athènes, Lacédémone, Corcyre, etc. ; d'autres reçurent l'autonomie, c'est-à-dire conservèrent leurs lois et leur
gouvernement, avec le titre d'alliées. Quelques-unes avaient
l'immunité d'impôt ou le titre de colonie latine, qui les affranchissait de l'autorité absolue du préteur, et ouvrait à
leurs citoyens l'accès à la bourgeoisie romaine. Ces villes
étaient comme en dehors de la province, qui ne comprenait
véritablement que les cités tributaires. Celles-ci payaient la
capitation, l'impôt foncier, souvent fourni en nature (dimes),
des droits de douane, la ferme des pâturages publics, des
mines et des salines.

Pour l'administration de la justice, le préteur, en arrivant dans la province, publiait un édit où il exposait les principes qu'il voulait suivre ; puis durant l'hiver, il allait tenir les assises dans les lieux désignés d'avance (*conventus juridici*), et jugeait les procès des provinciaux et des citoyens. Le préteur, assisté de son conseil, avait droit de vie et de mort sur les indigènes et sur les citoyens romains. Mais, par un appel aux tribuns, les citoyens faisaient porter la cause à Rome. Si le préteur prévariquait, les provinciaux pouvaient l'accuser à Rome. Un tribunal permanent fut établi, en 151, pour recevoir ces plaintes (*de pecuniis repetundis*).

Organisation des armées romaines ; levée de troupes ; différents corps des légions.

Les Romains sont un peuple essentiellement militaire ; le tableau de leurs armées fait partie de leur histoire. Ici nous n'avons qu'à abréger le récit de Polybe, le plus intelligent observateur de l'antiquité.

« Tous les citoyens sont obligés, jusqu'à 46 ans, de porter les armes, soit 10 ans dans la cavalerie, soit 16 ans dans l'infanterie. On n'excepte que ceux dont le bien ne passe pas 400 drachmes ; ceux-là sont réservés pour la marine. Quand la nécessité l'exige, les citoyens qui servent dans l'infanterie sont retenus sous les drapeaux pendant 20 ans. Personne ne peut être élevé à une magistrature qu'il n'ait été 10 ans au service.

« Quand on doit faire une levée, ordinairement de quatre légions, tous les Romains en âge de porter les armes sont convoqués au Capitole. Là, les tribuns militaires tirent les tribus au sort et choisissent dans la première que le sort désigne quatre hommes égaux, autant qu'il est possible, en taille, en âge et en force. Les tribuns de la première légion font leur choix les premiers ; ceux de la seconde ensuite, et ainsi des autres. Après ces quatre citoyens il s'en approche quatre autres, et c'est alors les tribuns de la seconde légion qui font leur choix les premiers ; ceux de la troisième après ; et ainsi de suite. Le même ordre s'observe jusqu'à la fin ;

d'où il résulte que chaque légion est composée d'hommes de même âge et de même force, ordinairement au nombre de 4200, et de 5000 quand le danger presse. Quant aux cavaliers, le censeur les choisit d'après le revenu, 300 par légion. La levée, ainsi faite, les tribuns assemblent leur légion, et choisissant un des plus braves, ils lui font jurer qu'il obéira aux ordres des chefs, et qu'il fera tout pour les exécuter. Les autres, passant à leur tour devant le tribun, font le même serment. Dans les villes d'Italie, la levée se fait de la même manière qu'à Rome, sur l'ordre des consuls.

« Les tribuns, après le serment, indiquent aux légions le jour et le lieu où elles doivent se trouver sans armes, puis les congédient. Quand elles se sont assemblées au jour marqué, des plus jeunes et des moins riches on fait les *vélites* ; ceux qui les suivent en âge forment les *hastaires* ; les plus forts et les plus vigoureux composent les *princes*, et on prend les plus anciens pour en faire les *triaires*. Ainsi, chaque légion est composée de quatre sortes de soldats, qui ont différent nom, différent âge et différentes armes. Dans chaque légion il y a 600 triaires, nombre qui ne varie jamais ; 1200 princes, autant de hastaires : le reste forme les vélites. Les vélites sont armés d'un casque sans crinière, d'une épée, d'un javelot et d'un bouclier rond qui a trois pieds de diamètre. La pointe de leur javelot est si effilée, qu'au premier coup elle se fausse, de sorte que les ennemis ne peuvent le renvoyer. Les hastaires portent l'armure complète, c'est-à-dire un bouclier convexe, large de deux pieds et demi et long de quatre. Il est fait de deux planches collées l'une sur l'autre et couvertes en dehors d'un linge, puis d'un cuir de veau. Les bords de ce bouclier en haut et en bas sont garnis de fer, et la partie convexe est couverte d'une plaque de même métal, pour parer les traits lancés avec une grande force. Les hastaires portent l'épée sur la cuisse droite ; la lame en est forte et frappe d'estoc et de taille. Ils ont, outre cela, deux javelots, un casque d'airain et des bottines. Sur leur casque ils portent encore un panache rouge ou noir formé de trois plumes droites, et hautes d'une coudée, ce qui les fait paraître une fois plus grands et

10

leur donne un air formidable. Les moindres soldats portent
en outre, sur la poitrine, une lame d'airain qui a douze
doigts de tous les côtés. Mais ceux qui sont riches de plus de
10 000 drachmes ont, au lieu de ce pectoral, une cotte de
mailles. Les princes et les triaires ont les mêmes armes,
seulement les triaires n'ont qu'un javelot court et fort, le
pilum.

« Dans chacun de ces trois corps on choisit 20 des plus
prudents et des plus braves ; ce sont les centurions. Le premier élu a voix délibérative dans le conseil. Il y a 20 autres officiers d'un rang inférieur et qui sont choisis par
les 20 premiers. Chaque corps est partagé en 10 manipules ou cohortes, à l'exception des vélites qui sont répandus en nombre égal dans les trois autres corps. Les centurions choisissent dans leurs compagnies, pour enseignes,
deux hommes des plus forts et des plus braves.

« La cavalerie se divise de la même manière en 10 compagnies ; chacune d'elles ayant 3 capitaines qui choisissent 3 autres officiers pour veiller aux derniers rangs.
Les armes de la cavalerie sont une cuirasse, une forte lance
ferrée à son extrémité inférieure et un bouclier solide.

« Les troupes ainsi partagées, les tribuns les congédient
jusqu'au jour où elles ont juré de se réunir. Rien ne peut
les relever de leur serment, si ce n'est les auspices ou des
difficultés insurmontables. Chaque consul marque séparément un rendez-vous aux troupes qui lui sont destinées,
ordinairement la moitié des alliés auxiliaires et deux légions romaines. Quand les alliés ont rejoint, 12 officiers
choisis par les consuls, et qu'on appelle préfets, sont chargés
d'en régler la distribution. On met à part les mieux faits et
les plus braves pour la cavalerie et l'infanterie qui doivent
former la garde des consuls. Ceux-là s'appellent les extraordinaires. Quant au nombre total des alliés, il est pour
l'infanterie égal à celui de l'infanterie romaine, et triple
pour la cavalerie. On prend pour les extraordinaires le tiers
de celle-ci, et la cinquième partie de l'infanterie. Les préfets
partagent le reste en deux corps, dont l'un s'appelle l'aile
droite et l'autre l'aile gauche.

Castramétation des Romains.

« Le lieu une fois choisi pour y asseoir le camp, on dresse la tente du général dans l'endroit d'où il pourra le plus facilement tout voir. On plante un drapeau où la tente doit être mise, et autour on mesure un espace carré, en sorte que les quatre côtés soient éloignés du drapeau de 100 pieds : c'est là le *prétoire*. A gauche et à droite du prétoire sont le *forum* ou marché, et le *quæstorium*, c'est-à-dire le trésor et l'arsenal. On établit les légions du côté qui est le plus commode pour aller chercher l'eau et les fourrages. Les douze tribuns, s'il n'y a que deux légions, se logent sur une ligne droite, parallèle au prétoire et à une distance de 50 pieds, leurs tentes faisant face aux troupes qui commencent à s'établir à 100 pieds plus loin, sur une ligne également parallèle.

« Cette ligne est occupée perpendiculairement à son milieu par une ligne droite, et à 25 pieds de chaque côté de cette ligne, on loge la cavalerie des deux légions vis-à-vis l'une de l'autre et séparées par un espace de 50 pieds. Derrière la cavalerie, qui est ainsi établie à la hauteur du milieu des tentes des tribuns, des deux côtés d'une des grandes rues du camp, sont logés les triaires, une cohorte derrière un escadron. Ils se touchent, mais en se tournant le dos. A 50 pieds des triaires et vis-à-vis d'eux, on place les princes de l'autre côté de la seconde et de la troisième rue, qui commencent, aussi bien que celle de la cavalerie, à la ligne des tentes des tribuns et finit au front du camp. Au dos des princes, on met les hastaires, puis à 50 pieds de ceux-ci, le long de la quatrième et de la cinquième rue, la cavalerie des alliés. Derrière cette cavalerie se place l'infanterie des alliés, qui fait face au retranchement, de sorte qu'elle a vue sur deux des quatre côtés du camp.

« Entre la cinquième et la sixième cohorte, il y a une séparation de 50 pieds, laquelle forme une nouvelle rue qui traverse le camp parallèlement aux tentes des tribuns et coupe les cinq rues par le milieu. Cette rue transversale s'appelle Quintaine.

« A l'extrémité de la ligne que forment les tentes des tri-

buns, et parallèlement aux deux côtés du camp, se trouve en
face de la place du questeur et de celle du marché, le logement de la cavalerie extraordinaire et des cavaliers volontaires.
Derrière ces cavaliers se placent l'infanterie extraordinaire
et les fantassins volontaires qui ont vue sur le retranchement. Ces cavaliers et ces fantassins sont toujours à la suite
du consul et du questeur.

« En face des dernières tentes de ces troupes on laisse un
espace large de 100 pieds, parallèle aux tentes des tribuns,
et qui traverse toute l'étendue du camp. Au-dessous de cet
espace est logée la cavalerie extraordinaire des alliés, ayant
vue sur le marché, le prétoire et le trésor. Un chemin ou une
rue large de 50 pieds, partage en deux le terrain de la cavalerie extraordinaire, venant à angle droit du côté qui ferme
le derrière du camp jusqu'au terrain qu'occupe le prétoire.
Enfin, derrière la cavalerie extraordinaire des alliés campe
leur infanterie extraordinaire, tournée du côté du retranchement. Ce qui reste d'espace vide des deux côtés est destiné
aux étrangers et aux alliés qui viennent au camp. Toutes
choses ainsi rangées, on voit que le camp forme un carré
qui, par la disposition intérieure, ressemble à une ville régulière.

« Du retranchement[1] aux tentes il y a 200 pieds de distance ; cet espace sert à faciliter l'entrée et la sortie des
troupes. On y met aussi les bestiaux et tout ce qu'on prend
sur l'ennemi. Un autre avantage considérable, c'est que,
dans les attaques de nuit, il n'y a ni feu ni trait qui puisse
arriver aux tentes, si ce n'est très-rarement.

« S'il arrive que quatre légions et deux consuls campent
ensemble, la disposition est la même pour l'une et l'autre
armée ; seulement il faut s'imaginer deux armées tournées
l'une vers l'autre, et jointes par les côtés où les extraordi-

1. Le camp était défendu par un fossé large de neuf, onze, douze, treize
ou dix-sept pieds, profond de huit ou neuf. La terre qu'on en avait tirée,
était rejetée à l'intérieur du camp, de manière à former un parapet haut de
quatre pieds dans lequel étaient plantées des palissades fortement entrelacées.
Les vivandiers et les valets campaient en dehors des portes dans les *pro-
cestria.*

naires de l'une et de l'autre sont placés, c'est-à-dire par le derrière du camp qui alors forme un carré long, occupant un terrain double du premier.

Service des soldats romains dans le camp.

« Le camp ainsi disposé, les tribuns assemblés reçoivent le serment de tous les hommes présents, tant libres qu'esclaves. Ils jurent, l'un après l'autre, qu'ils ne voleront rien dans le camp, et que ce qu'ils trouveront ils le porteront aux tribuns. Ensuite on commande deux cohortes, tant des princes que des hastaires de chaque légion, pour garder la place qui s'étend en face des tentes des tribuns, et que les soldats remplissent pendant le jour. La tente et les bagages de chaque tribun sont en outre gardés par quatre soldats. Trois cohortes tirées au sort pour chaque tribun parmi les princes et les hastaires fournissent chaque jour cette garde qui est destinée aussi à relever leur dignité. Pour les triaires, exempts du service des tribuns, ils font la garde auprès des chevaux, quatre par cohorte, chaque jour, pour l'escadron qui est immédiatement derrière eux. Ils doivent empêcher que les chevaux ne s'embarrassent dans leurs liens, ou ne causent, en s'échappant, du tumulte dans le camp. De toutes les cohortes d'infanterie il y en a toujours une qui à son tour garde la tente du consul.

« Les alliés font deux côtés du fossé et du retranchement, les Romains les deux autres, un par légion. Chaque côté se distribue par parties suivant le nombre des cohortes, et à chacune un centurion préside au travail; quand tout le côté est fini, deux tribuns l'examinent et l'approuvent. Les tribuns sont chargés de la discipline du camp. Ils y commandent tour à tour deux ensemble pendant deux mois. Cette charge parmi les alliés est exercée par les préfets. Dès le point du jour les cavaliers et les centurions se rendent aux tentes des tribuns, et ceux-ci à celle du consul, dont ils prennent les ordres.

« Le mot d'ordre de la nuit se donne de cette manière : Parmi les cohortes de la cavalerie et de l'infanterie, qui ont leur logement au dernier rang, on choisit un soldat que l'on exempte de toutes les gardes. Tous les jours, au coucher du soleil, ce soldat se rend à la tente du tribun, y prend le mot d'ordre qui est une petite planche où l'on écrit quelque mot, et s'en retourne à sa cohorte. Quand elle en a pris connaissance, il la porte avec quelques témoins au chef de la cohorte suivante, qui la donne à celui qui le suit ; et ainsi des autres, jusqu'à ce que le mot d'ordre ait passé aux cohortes qui sont les plus voisines des tribuns, auxquels il faut que ce signal soit reporté avant la fin du jour.

« La nuit, une cohorte entière veille au prétoire. Les tribuns et les chevaux sont gardés par les soldats que l'on tire pour cela de chaque cohorte, comme on l'a dit plus haut. La garde de chaque cohorte se prend dans la cohorte même.

D'ordinaire on donne trois gardes au questeur et autant à chacun des deux lieutenants. Les côtés extérieurs sont confiés au soin des vélites, qui pendant le jour montent la garde le long du retranchement ; de plus il y en a dix à chaque porte du camp.

« La cavalerie fait les rondes. Quatre cavaliers du premier escadron se rendent à la tente du tribun, de qui ils apprennent par écrit quels postes ils doivent visiter ; puis ils retournent au premier manipule des triaires, dont le centurion est chargé de sonner de la trompette à chaque heure que la garde doit être montée. Le signal donné, le cavalier à qui la première garde est échue, fait la ronde accompagné de quelques amis dont il se sert pour témoins, et il visite non-seulement les gardes postées au retranchement et aux portes, mais encore toutes celles qui sont à chaque cohorte et à chaque escadron. S'il trouve la garde de la première veille sur pied et alerte, il reçoit d'elle une petite pièce de bois ; s'il la rencontre endormie ou si quelqu'un y manque, il prend à témoin ceux qui sont près de lui et se retire. Toutes les autres rondes se font de la même manière. A chaque veille, on sonne de la trompette, afin que ceux qui doivent faire la ronde et ceux qui font la garde soient avertis en même temps.

Peines et récompenses.

« Ceux qui ont fait la ronde portent dès le matin au point
du jour, au tribun, les petites pièces de bois. S'il n'en manque aucune, on n'a rien à leur reprocher, et ils se retirent.
Si l'on en rapporte moins qu'il n'y a eu de gardes, on exa-
mine sur ce qui est écrit dessus quelle garde ne s'est point
trouvée à son poste. Quand on la connaît, on appelle le capitaine. Celui-ci fait venir ceux qui avaient été commandés pour
la garde. On les confronte avec la ronde. Si la garde est en
faute, la ronde aussitôt produit les témoins qu'elle a pris ; car
elle est obligée à cela, sans quoi elle porte seule toute la
peine. On assemble ensuite le conseil de guerre. Les tribuns
jugent et le coupable est passé par les verges.

« Ce châtiment s'inflige ainsi : le tribun prenant une ba-
guette ne fait qu'en toucher le criminel, et aussitôt tous les
légionnaires fondent sur lui à coups de verges et de pierres,
en sorte que le plus souvent il perd la vie dans ce supplice.
S'il en échappe, il reste noté d'infamie. Il ne lui est pas permis de retourner dans sa patrie, et personne de ses parents
ou de ses amis n'oserait lui ouvrir sa maison. Une punition
si sévère fait que la discipline à l'égard des gardes nocturnes
est toujours exactement observée. Le même supplice est infligé à ceux qui volent dans le camp, qui rendent un faux
témoignage, se prêtent à quelque infamie, ou ont été repris
trois fois de la même faute. Il y a aussi des notes d'infamie
pour celui qui se vante aux tribuns d'un exploit qu'il n'a pas
fait, qui abandonne son poste ou jette ses armes pendant le
combat. Aussi les soldats, dans la crainte d'être punis ou
déshonorés, bravent-ils tous les périls ; attaqués par un
ennemi de beaucoup supérieur en nombre, ils restent iné-
branlables à leur poste. D'autres, après avoir perdu par
hasard leur bouclier ou leur épée dans le combat, se jettent
au milieu des ennemis pour recouvrer ce qu'ils ont perdu
ou pour éviter par la mort la honte attachée à la lâcheté et
les reproches de leurs camarades.

« S'il arrive que des cohortes entières aient été chassées
de leur poste, le tribun assemble la légion ; on lui amène les

coupables ; il les fait tirer au sort, et tous ceux qui amènent les chiffres 10, 20, 30, etc., sont passés par les verges. Le reste est condamné à ne recevoir que de l'orge au lieu de blé, et à camper hors du retranchement, au risque d'être enlevé par l'ennemi. Cela s'appelle décimer. Si quelques soldats se sont distingués dans des combats singuliers, le consul assemble la légion, fait approcher ceux qu'il veut récompenser, et, après leur avoir décerné de grands éloges, il fait présent d'une lance à celui qui a blessé l'ennemi ; à celui qui l'a tué et dépouillé, d'une coupe, si c'est un fantassin ; d'un harnais, si c'est un cavalier.

« Après la prise d'une ville, ceux qui les premiers sont montés sur la muraille, reçoivent une couronne d'or. Il y a aussi des récompenses pour les soldats qui sauvent des citoyens ou des alliés. Ceux qui ont été délivrés couronnent eux-mêmes leur libérateur. Ils lui doivent, pendant toute leur vie, un respect filial et tous les devoirs qu'ils rendraient à un père. Les légionnaires qui ont reçu ces récompenses ont droit, au retour de la campagne, de se présenter dans les jeux et dans les fêtes, vêtus d'un habit qu'il n'est permis de porter qu'à ceux dont les consuls ont honoré la valeur. Ils suspendent encore, aux endroits les plus apparents de leurs maisons, les dépouilles qu'ils ont remportées sur les ennemis, pour être des monuments de leur courage. Tels sont le soin et l'équité avec lesquels on dispense les peines et les honneurs militaires. Doit-on être surpris, après cela, que les guerres que les Romains entreprennent aient un heureux succès?

« La solde du fantassin est de deux oboles par jour. Les centurions ont le double. La cavalerie une drachme. La ration de pain pour l'infanterie est la moitié au plus d'un médimne attique de blé ; celle du cavalier de sept médimnes d'orge par mois et de deux de blé. L'infanterie des alliés reçoit la même ration que celle des Romains ; leur cavalerie, un médimne et un tiers de blé et sept d'orge. Cette distribution se fait aux alliés gratuitement ; mais à l'égard des Romains, on leur retient sur la solde une certaine somme

marquée pour les vivres, les habits et les armes qu'on doit
leur donner. »

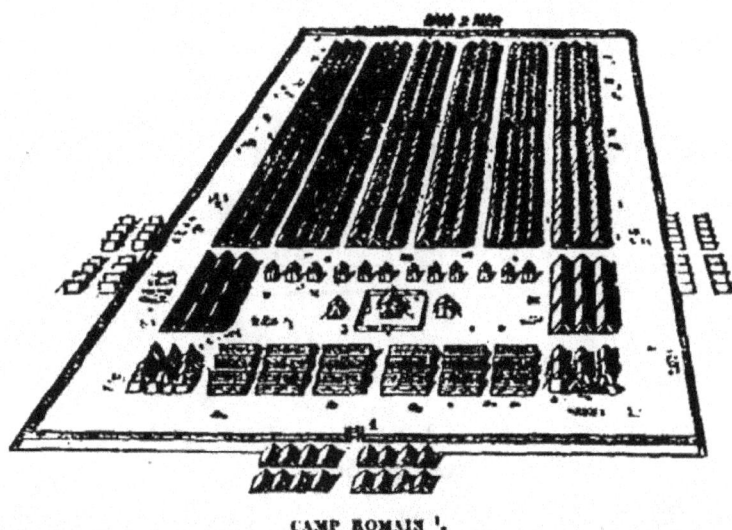

CAMP ROMAIN [1].

1. Porte Prétorienne. — 2. Porte Décumane. — 3. Le Prétoire.

1. Ce plan est une réduction de celui que M. Dezobry a inséré dans son
savant livre de *Rome au siècle d'Auguste*. Polybe, au reste, est si précis
qu'il n'y a qu'à le suivre pour reproduire forcément ce plan.

QUATRIÈME PÉRIODE.

DEPUIS LES GRACQUES JUSQU'A AUGUSTE,

ou

ÉPOQUE DES GUERRES CIVILES.

103 ans (123-30 avant J.-C.).

CHAPITRE XV.

ÉTAT INTÉRIEUR DE LA RÉPUBLIQUE AVANT LES GRACQUES.

RÉSULTATS POUR LES ROMAINS DE LA CONQUÊTE DU MONDE. RUINE DES MŒURS ET DE LA RELIGION. — DESTRUCTION DE LA CLASSE MOYENNE ET DE L'ÉGALITÉ. — DEUX CLASSES DANS LA RÉPUBLIQUE: LES RICHES ET LES PAUVRES; VÉNALITÉ DES UNS, ORGUEIL ET RAPINES DES AUTRES. — CATON; EXIL DE SCIPION L'AFRICAIN. — CENSURE DE CATON; LOIS SOMPTUAIRES: TRIBUNAUX PERMANENTS. — RÉACTION ARISTOCRATIQUE. — TENTATIVES DE CONCILIATION; SCIPION ÉMILIEN.

Résultats pour les Romains de la conquête du monde. Ruine des mœurs et de la religion.

Rome avait déjà conquis ce qui devait faire la meilleure part de l'héritage des Césars. Mais à ces conquêtes qu'avait-elle gagné? Au dehors une grande gloire, au dedans de grandes misères. Au contact de cet Orient si dépravé les Romains avaient perdu leurs vieilles mœurs ; et les richesses gagnées dans tant de victoires avaient renversé l'ancien équilibre de la société romaine. De 201 à 189, les contributions frappées sur les vaincus s'élevèrent à près de 150 millions, et les sommes versées par les généraux dans le trésor, après leur triomphe, à une somme égale. En une fois, Paul Émile rapporta 45 millions. Si on ajoute le butin et les gratifications des officiers et des soldats, on arrivera à un chiffre énorme, et l'on comprendra la perturbation causée par tant d'or jeté tout d'un coup au milieu d'une société sans industrie ni commerce. Les mœurs ne purent y résister. « Tu demandes, dit Juvénal, d'où viennent ces désordres? Une humble fortune maintenait jadis l'innocence des femmes latines. De longues veilles, des mains endurcies au travail, Annibal aux portes de Rome, et les citoyens en armes sur les murailles, défendaient du vice les modestes demeures de nos pères. Maintenant la luxure a fondu sur nous, et le monde vaincu s'est vengé en nous donnant ses vices. »

La censure était bien indulgente. Cependant, en 204, sept membres du sénat furent dégradés ; sept aussi par Caton ; neuf en 174 ; et un plus grand nombre encore en 164. Ce n'étaient pas les jeunes nobles seulement, mais les plus graves personnages qui se déshonoraient avec une scandaleuse impudeur. En 181, le censeur Lépidus, prince du sénat et grand pontife, employa l'argent du trésor à construire une digue à Terracine pour préserver ses terres de l'inondation. Un autre censeur, Fulvius, enlevait les tuiles de marbre du sanctuaire vénéré de Junon Lacinienne pour couvrir un temple qu'il faisait bâtir à Rome. Un commissaire du sénat, en Illyrie, se laissa acheter par le roi, pour faire un rapport favorable. En 141, un Métellus fut rappelé d'Espagne ; la guerre y promettait gloire et butin ; furieux, le général désorganise l'armée, détruit les vivres, tue les éléphants. D'autres, au contraire, refusent leurs provinces, parce qu'ils n'espèrent rien y gagner. Licinius, en Grèce, faisant argent de tout, vend jusqu'à des congés à ses soldats, c'est-à-dire l'honneur du drapeau et la sûreté de la province. Un Fulvius Nobilior licencia ainsi toute une légion. Plus tard, nous lirons dans le mime Labérius : « Qu'est-ce qu'un serment? Un emplâtre à guérir les dettes. »

Le pillage du monde détruisait les mœurs, une philosophie sceptique ruinait la religion. Carnéade vint, en l'an 155, enseigner le mépris des dieux et l'oubli des préceptes moraux. Caton s'alarma et le fit chasser de Rome ; mais l'incrédulité y resta. Ennius l'y avait déjà enseignée, et l'éducation grecque, substituée à l'éducation étrusque, répandit dans toutes les familles et au cœur des générations naissantes le

mépris des anciennes coutumes, de la religion et du sacerdoce. Le peuple lui-même fut gagné et, désertant ses vieux
temples, courut à des dieux nouveaux. Les bacchanales,
mélange de crimes et de débauches, comptaient un grand
nombre d'initiés. Lorsque le sénat prescrivit des recherches,
on trouva 7000 coupables. Plus de la moitié périrent sous la
hache; une foule de femmes furent exécutées par leurs proches dans l'intérieur des maisons. L'enquête fut étendue à
toute l'Italie; et dans les années suivantes, on condamna
jusqu'à 2000 empoisonneurs. Un sénatus-consulte défendit
de célébrer à l'avenir ces fêtes infâmes.

La même influence se retrouve partout. Dans les lettres,
dans les arts, Rome copie la Grèce. On traduit, on imite, on
prend le rhythme même. Le genre qui réussit le mieux,
la comédie, n'a rien de romain. On copie Ménandre, Phi-
lémon et Diphile. Aussi, dans les pièces de Plaute et de
Térence, se croirait-on volontiers à Athènes. Au lieu du
tableau des mœurs nationales, ce n'est plus, sauf quelques
rares allusions, que la peinture affaiblie des vices et des
ridicules de l'homme. L'art y perd en force et en vérité; et
le théâtre n'est plus une leçon. Cependant, çà et là, Plaute
au moins se souvient qu'il est à Rome; et le sénateur qui
court à la curie parce qu'on y partage les commandements,
le pauvre diable qui va recevoir sa part d'un *congiarium*,
le jeune élégant qui ne se fait pas scrupule de voler une
courtisane en attendant qu'il pille une province, ces matrones dont le luxe irrite Mégadore autant que Caton, ce
vieux célibataire enfin qui développe si complaisamment
son sensuel égoïsme, et ce précoce débauché qui menace du
fouet son précepteur de condition servile, ce sont bien là des
personnages romains. Deux autres poëtes, l'un qui précéda,
l'autre qui suivit Plaute, Nævius et Lucilius, eurent sinon
plus de talent, du moins plus de courage et d'originalité.
Nævius attaqua Scipion et les Métellus, Lucilius, noble lui-
même, presque toute la noblesse[1].

---

1. Élèves des Étrusques, puis des Grecs, les Romains restèrent jusqu'aux
guerres puniques sans littérature véritable. Quelques farces grossières, quel-

La tendance générale de cette littérature est aussi celle de la Grèce d'alors, l'impiété. Ennius traduisait Évhémère et Lucilius représentait les douze grands dieux assis en conseil et se riant des gens qui leur donnaient le titre de

ques hymnes religieux furent, pendant des siècles, les seuls produits littéraires du génie romain.

LITTÉRATURE DRAMATIQUE. = Le plus ancien des poëtes romains qui nous soit connu est *Livius Andronicus*, fait esclave à la prise de Tarente, puis affranchi. En 240, il écrivit et représenta lui-même le premier drame régulier; il traduisit ensuite l'*Odyssée* en vers saturnins et composa encore quelques pièces copiées des Grecs. Le Campanien *Cn. Nævius* emprunta au même modèle des tragédies et des comédies, et écrivit, en vers saturnins, un poëme épique sur la première guerre punique, mais il voulut imiter jusqu'à la liberté des comiques grecs, et s'attaquant à l'ombrageuse aristocratie romaine, et il en fut puni par la prison. *Quintus Ennius*, né à Rudiæ, près de Tarente, en 239, composa des tragédies, des comédies, des annales écrites en hexamètres que Virgile copia quelquefois, un poëme sur Scipion et d'assez nombreuses traductions d'ouvrages grecs. *M. Accius Plautus*, né à Sarsina, en Ombrie, en 227, fut à la fois, comme Molière, auteur et acteur. Les vingt pièces qui nous restent de lui sont de libres imitations des comédies grecques, mais pleines d'une verve originale, de situations et de caractères bien tracés. L'Insubrien *Cecilius Statius*, de Milan, esclave affranchi, se distingua aussi comme poëte comique; Horace ne craint pas de l'égaler à Térence; il mourut en 168. *Publius Terentius Afer*, esclave carthaginois, affranchi par son maître et devenu l'ami de Lælius et de Scipion Émilien, imita, avec plus d'élégance, mais moins de force que Plaute, les pièces de Ménandre et de quelques autres comiques grecs de la deuxième époque. La littérature dramatique compte encore *Afranius*, qui composa des comédies romaines (*comediæ togatæ*), *Lucius Atticus* (des comédies, des tragédies et des poésies). *Marcus Pacuvius*, neveu d'Ennius, né à Tarente en 221, fut à la fois peintre et poëte. *Lucius Pompænius* de Bologne mit en vers des *atellanes* que l'on peut regarder comme les seules pièces vraiment nationales. Comment, en effet, la littérature dramatique aurait-elle pu fleurir chez un peuple qui n'aimait que les tours d'adresse des bateleurs ou les jeux sanglants de l'amphithéâtre? (Introduction des combats de gladiateurs, en 264, par Jun. Brutus, aux funérailles de son père.)

SATIRES. — L'ingénieux *Caius Lucilius*, chevalier romain, ami de Scipion Émilien, critiqua sans ménagement, même pour les plus grands personnages, les vices et les ridicules des mœurs romaines à la manière des anciens poëtes de la démocratique Athènes. Dans ses trente livres de poésie, où dominait cependant le vers épique, il avait mêlé tous les genres et tous les mètres. De là le nom de *satura* ou *satira* (mélange), sous lequel on désigna ce genre nouveau qui, cette fois, ne devait rien à la Grèce.

HISTOIRE. — Les historiens de cette époque ne sont encore que des annalistes, comme le préteur *Cincius Alimentus*, qui fut prisonnier d'Annibal,

pères; ou bien, Neptune s'embarrassant dans une discussion d'où il ne peut sortir, et disant pour s'excuser que
Carnéade lui-même ne s'en tirerait pas. Plaute va plus loin :
ses dieux sont bien peu vénérables, et son Jupiter a des
mœurs passablement scandaleuses. Un poëte de l'âge sui-

Cassius Hemina, *Fabius Pictor*. Un peu plus tard l'histoire prend plus
d'importance et s'inquiète davantage des temps anciens. Ainsi *Caton* rechercha dans son livre *des Origines*, malheureusement perdu, l'histoire primitive des peuples italiens. On a sauvé son *de Re rustica*.

Éloquence et Philosophie. — Dans une république, la tribune est un
champ de bataille où le vainqueur peut tout obtenir, pouvoir, richesses et
renommée. L'éloquence politique fut donc cultivée de bonne heure à Rome.
Malheureusement pour cette époque, tous les monuments en sont perdus. Les
rhéteurs grecs commençaient aussi à s'introduire dans la ville en même
temps que les philosophes ; et ils y firent de rapides progrès, malgré les sénatus-consultes obtenus par Caton, en 155, contre Carnéade, Critolaos et Diogène, ambassadeurs d'Athènes, qui, pendant leur séjour à Rome, avaient
ouvert des écoles de rhétorique et de philosophie. De toutes les sectes grecques, celles qui firent le plus de progrès dans la ville furent les écoles de
Zénon et d'Épicure, l'une convenant par sa gravité à ce qui restait encore de
Romains austères, l'autre légitimant le plaisir et les mœurs nouvelles aux
yeux de ceux qui voulaient rivaliser avec les Grecs d'élégance et de mollesse.

Jurisprudence. — La brièveté des douze tables, la confusion introduite
dans la législation par la diversité des *lex annua*, la difficulté de connaître les
formules et les pantomimes (*acta legitima*) de la procédure romaine, avaient
amené déjà la formation d'une classe d'hommes qui se vouaient à l'explication
des lois, ce sont les jurisconsultes, dont les *responso* deviendront une nouvelle source, la plus abondante peut-être pour le droit romain. Mais cette
science, faite au jour le jour, suivant les besoins, manque encore de principes ; elle n'en trouvera guère que sous Auguste.

Médecine, Astronomie, Arts. — Dans cette période la médecine reste encore entre les mains des prêtres d'Esculape. Cependant, en 219, le médecin
grec Archagathos vint professer publiquement son art. L'astronomie, qui,
pour le vulgaire, devenait l'astrologie, était déjà cultivée. *Sulpicius Gallus*
prédit, la veille de la bataille de Pydna, une éclipse de lune. Quant aux arts,
ils restaient entre les mains des étrangers, bien qu'on puisse citer comme
peintre et poëte Pacuvius. Mais Rome n'avait pas besoin d'artistes : ses généraux admirant sur parole les chefs-d'œuvre de la statuaire et de la peinture,
voulaient donner à leur capitale ce luxe des villes grecques ; et les statues,
les tableaux, les vases ciselés, formaient toujours, dans le butin, une des
parts réservées au peuple romain. En une seule fois on enleva d'une ville
étrusque deux mille statues, et Mummius, faisant transporter de Corinthe à
Rome les chefs-d'œuvre que renfermait cette riche cité, menaçait les entre-
preneurs, s'ils perdaient quelque statue ou quelque tableau de Praxitèle ou
de Zeuxis, de les obliger à les refaire!

ÉTAT DE ROME AVANT LES GRACQUES.

vant, Lucrèce, développera avec une audacieuse éloquence les doctrines athées et matérialistes d'Épicure.

Quand une religion s'en va, la société change. On vient de voir les poètes détruire toute sanction morale en bafouant les dieux; bientôt on verra les citoyens renoncer même au patriotisme, de toutes les vertus des anciennes cités, la dernière cependant à périr. Ainsi s'altérera le caractère national, ainsi tomberont l'un après l'autre, sous l'influence des mœurs et des idées de la Grèce, les plus fermes appuis de la société romaine; et à cette révolution dans les idées et les mœurs répondra une révolution dans l'organisation politique.

Destruction de la classe moyenne et de l'égalité.

Au second siècle avant notre ère, le temps des grandes luttes politiques était passé; l'union et la paix régnaient dans la ville. Vainement Flaminius et Varron, au commencement de la sconde guerre punique, avaient essayé de ranimer les vieilles querelles. Les tribuns, autrefois chefs de parti, maintenant membres du gouvernement et respectés jusqu'au milieu du sénat, n'usaient plus de leur force que dans l'intérêt de l'ordre, de la justice et des mœurs. En 198, Porcius Lecca forçait un préteur de renoncer à l'ovation qu'il avait injustement obtenue du sénat. Flamininus briguait le consulat au sortir de la questure; les tribuns s'y opposèrent au nom des lois, et quand il eut justifié la confiance du peuple par ses services, ils le firent continuer, malgré les consuls, dans son commandement. Deux généraux étaient depuis longtemps oubliés en Espagne, ils provoquèrent un plébiscite qui les rappela. Un consul voulut dès le lendemain de Cynoscéphales recommencer la guerre contre Philippe, ils opposèrent leur *veto*; maintes fois, ils humilièrent l'autorité consulaire, et ils osèrent un jour, en 153, menacer de la prison les deux censeurs en charge.

Leur pouvoir était immense, parce qu'ils pouvaient, par les plébiscites et par leur *veto*, tout faire comme tout arrêter. Il était incontesté, parce qu'ils n'étaient plus seulement les chefs de la plèbe, mais ceux du peuple entier.

Aussi voit-on passer par le tribunat, les nobles les plus
illustres; Marcellus, Fulvius Nobilior, Calpurnius Pison,
qui fut ensuite deux fois consul, Sempr. Gracchus, censeur,
deux fois consul et triomphateur; Métellus le Numidique,
Ælius Pætus et le grand jurisconsulte Scævola. Honoré par
de tels hommes, le tribunat devint une haute magistrature
de laquelle sortirent les meilleures lois de ce temps, *Villia*,
Voconia, *Orchia*, l'institution des tribunaux permanents,
l'établissement du scrutin secret, et de continuelles accusations contre les prévaricateurs. Fidèles à leur origine et à
la politique qui avait rendu Rome si forte, ils demandèrent,
en 188, le droit de suffrage pour Fundi, Formies et Arpinum, où devaient naître Marius et Cicéron. Aux soldats de
Scipion et aux vétérans de la seconde guerre punique, ils
faisaient donner des terres; aux pauvres, du blé à bas prix;
et dans l'espace de 20 ans, ils provoquèrent la fondation
de 23 colonies. A leur instigation, les édiles poursuivaient
activement les fermiers des pâturages publics, les usuriers
et leurs prête-noms italiens. Enfin, la loi Valérienne était
encore solennellement renouvelée. En 198, le tribun Porcius Lecca fit décréter qu'un citoyen ne pourrait être battu
de verges.

Le sénat montrait lui-même pour les droits du peuple un
religieux respect, malgré l'espèce de dictature dont les dangers de la seconde guerre punique l'avaient investi. Il se
contentait de la direction des affaires extérieures, et il s'inclinait devant l'autorité souveraine de l'assemblée générale;
en toute affaire celle-ci décidait. Deux consuls voulaient se
faire donner par le sénat le commandement de l'Afrique
avant Zama, les pères renvoyèrent la question au peuple.
Un plébéien sollicitait pour la première fois, en 209, la
charge de grand curion; repoussé par les patriciens il fit
appel aux tribuns, qui, loin de le soutenir, remirent l'affaire au sénat. Les sénateurs refusèrent, et vaincus dans
cette lutte d'un genre nouveau, les tribuns furent contraints
de laisser le peuple décider. Le peuple, de son côté, avait
porté, dans l'affaire des Campaniens, le décret suivant:
« Ce que le sénat aura arrêté à la majorité des voix, nous

voulons et nous ordonnons que cela soit. » Enfin, dans
l'élection de Flaminius, le sénat étendant, malgré les tribuns, les droits du peuple au forum, soutint que celui qui
faisait les lois pouvait aussi dispenser de l'observation des
lois. Quelques années plus tard, après la conquête de la
Macédoine, il déclarait que le trésor n'avait plus besoin de
l'impôt des citoyens.

Loin donc que le peuple fût dépouillé de ses prérogatives,
il conservait, comme par le passé, le droit de condamner
à l'exil ou à l'amende, de nommer aux charges, de faire les
lois, de décider de la paix, de la guerre et des alliances.
Ainsi la république durait, et cependant la liberté se mourait. Le peuple n'était pas opprimé, et cependant il était
dans la plus affreuse misère; le cens marquait un plus grand
nombre de citoyens qu'il n'en avait jamais indiqué, et cependant on manquait de soldats. C'est que les mœurs, sinon
les lois, avaient changé, et que le peuple romain était déjà
ce que disait Catilina, « un corps sans tête, et une tête sans
corps : » une foule immense de pauvres, et au-dessus d'elle,
bien loin, quelques nobles plus riches et plus fiers que des
rois. Un siècle de guerres, de pillages et de corruption avait
dévoré cette classe moyenne à qui Rome avait dû sa force
et sa liberté. Voilà le grand fait de cette période et la cause
de tous les bouleversements qui vont suivre; car avec cette
classe disparurent le patriotisme, la discipline et l'austérité
des anciennes mœurs; avec elle périt l'équilibre de l'État,
qui, désormais livré aux réactions sanglantes des partis,
oscilla entre le despotisme de la foule et celui des grands,
jusqu'au jour où tous, nobles et prolétaires, riches et pauvres,
trouvèrent le repos sous un maître.

Bien des faits montrent cette disparition de la classe
moyenne. Seule elle fournissait les légionnaires, et dès l'année 180, Tite Live avoue qu'on eut beaucoup de peine à
compléter neuf légions. En 151, Lucullus, sans le dévouement de Scipion Émilien, n'aurait pu faire les levées nécessaires à l'armée d'Espagne, et il fallut, quelques années
plus tard, que C. Gracchus défendit d'enrôler des soldats
au-dessous de 17 ans. Si le cens de l'an 159 donna 338314 ci-

toyens, ce n'était pas le nombre des légionnaires qui augmentait, c'était celui des prolétaires qu'une juste défiance tenait éloignés des armées. Le cens lui-même diminua : en 131, il ne marqua plus que 317 823 citoyens, et le censeur Métellus, effrayé, proposa de contraindre tous les célibataires au mariage. Plus tard, il se relèvera jusqu'au chiffre de 450 000. Mais c'est alors que Tite Live fera ce triste aveu : « Rome qui levait contre Annibal 23 légions, ne pourrait aujourd'hui en armer 8. »

Ainsi la classe moyenne disparaissait sous l'action réunie de plusieurs causes : 1° la continuité des guerres qui la décimaient ou lui donnaient des mœurs débauchées et serviles; 2° la ruine de l'agriculture amenée par la conversion des terres à labour en terres à prairies; 3° l'abandon des campagnes où les petits héritages étaient envahis par les grands propriétaires; 4° la substitution du travail des esclaves à celui des hommes libres qui, n'ayant plus la ressource de vivre de leurs bras, venaient mendier à Rome. Chassés de leur patrimoine par l'usure ou par l'avidité de riches voisins; privés de travail par la concurrence des esclaves, ou prenant en dégoût la vie frugale de leurs pères, grâce aux habitudes de paresse et de débauche contractées dans les camps, les pauvres n'avaient plus en effet d'autre ressource que de tourner leurs pas vers Rome, et ils venaient grossir cette foule affamée et menaçante que le sénat apaisera quelque temps en lui jetant un peu de blé pour pâture. César trouva que sur 450 000 citoyens, 320 000 vivaient aux dépens du trésor, c'est-à-dire que les trois quarts du peuple romain mendiaient. Un mot du tribun Philippe est plus terrible : « Il n'y a pas, disait-il, dans Rome 2000 individus qui soient propriétaires. » Et maintenant qu'on reproche à Marius d'avoir ouvert les légions aux Italiens et aux prolétaires!

Appien a bien compris cette situation de la république. Après avoir rappelé qu'une partie des terres enlevées aux Italiens étaient restées indivises et abandonnées en jouissance à ceux qui voulaient les défricher, à condition seulement de payer la dîme et le quint des fruits perçus, et pour les pâturages, une redevance en argent, il ajoute : « On croyait avoir ainsi pourvu aux besoins de la vieille race italique, race patiente et laborieuse, et aux besoins du peuple vainqueur. Mais le contraire arriva : les riches s'emparèrent peu à peu de ces terres du domaine public, et dans l'espérance qu'une longue possession deviendrait un titre inattaquable de propriété, ils achetèrent ou prirent de force les terres situées à leur convenance et les petits héritages de tous les pauvres gens leurs voisins. De cette manière, ils firent de leurs champs de vastes *latifundia*. Pour la culture des terres et la garde des troupeaux, ils employaient des esclaves, lesquels étaient une propriété des plus fructueuses, à cause de leur rapide multiplication que favorisait l'exemption du service militaire. De là il arriva que les hommes puissants s'enrichirent outre mesure et que l'on ne vit plus que des esclaves dans les campagnes. La race italienne, usée et appauvrie, périssait sous le poids de la misère, des impôts et de la guerre. Si parfois l'homme libre échappait à ces maux, il se perdait dans un territoire tout entier envahi par les riches, et qu'il n'y avait point de travail pour lui sur la terre d'autrui, au milieu d'un si grand nombre d'esclaves. »

Contre la misère, ces hommes n'avaient pas même à la ville la ressource du travail des artisans, car les riches s'étaient aussi réservé les profits de l'industrie, en organisant des ateliers d'esclaves pour tous les métiers. Crassus en louait comme cuisiniers, maçons ou scribes. Toute famille riche avait, parmi ses esclaves, des tisserands, des ciseleurs, des brodeurs, des peintres, des doreurs, et jusqu'à des architectes et des médecins, même des précepteurs pour les enfants. Chaque temple, chaque corporation avait ses esclaves. Le gouvernement en entretenait des troupes nombreuses pour tous les bas offices de l'administration et de la police, pour la garde des aqueducs et des monuments, pour les travaux publics, dans les arsenaux, dans les ports; sur les navires comme rameurs. Ainsi les travaux les plus grossiers comme les occupations les plus délicates leur étaient confiés. Que restait-il donc au pauvre de condition libre pour gagner sa vie, là surtout où le préjugé notait le travail d'infamie? Assiéger la porte des grands pour en recevoir quelque don, vendre sa voix, son témoignage, au besoin son bras.

Ce peuple d'ailleurs, recruté dans l'esclavage, n'était plus qu'un mélange des affranchis du monde entier. De 241 à 210, il entra peut-être 100 000 affranchis dans la société romaine. Ainsi Rome envoyait ses citoyens dans les provinces comme légionnaires, publicains, agents des gouverneurs, intendants des riches ou aventuriers cherchant fortune; et en échange, elle recevait des esclaves, bientôt affranchis, qui lui apportaient : l'esclave grec, les vices des sociétés mourantes; l'esclave espagnol, thrace ou gaulois, ceux des sociétés barbares. Il y avait donc, entre la capitale et les provinces, comme une circulation non interrompue. Le sang refluait sans cesse du cœur vers les extrémités qui le renvoyaient, mais vicié et corrompu.

Deux classes dans la république; les riches et les pauvres; vénalité des uns, orgueil et rapines des autres.

Par la destruction de la classe moyenne, la société romaine manqua désormais, dans l'ordre politique, comme dans l'ordre moral, par la ruine des croyances et par la perte des vertus civiques, de ce pouvoir modérateur, de cette force conservatrice qui retient les empires. Les grands, délivrés de toute crainte en ne voyant plus devant eux ces plébéiens avec lesquels il fallait autrefois compter, s'abandonnèrent à toute la licence des mœurs nouvelles avec un orgueil royal dont la liberté devait bientôt souffrir. Cependant le danger ne venait pas du sénat. Recrutée d'hommes qui avaient rempli les plus hautes charges, conduit les guerres les plus difficiles, administré des provinces vastes comme des royaumes, cette assemblée était le corps le plus expérimenté, le plus habile, et tout à la fois le plus prudent et le plus hardi qui ait jamais gouverné un État. Il ne demandait ni plus de pouvoir ni plus d'honneurs; mais lui-même il était dominé par ceux que Salluste appelle la faction des grands.

Le sénat, en effet, n'était que la tête d'une aristocratie nouvelle, plus illustre que l'ancienne, parce qu'elle avait fait

de plus grandes choses; plus fière, parce qu'elle voyait le
monde à ses pieds. Des anciennes *gentes*, il en restait quinze
à peine, et dès l'époque de la seconde guerre punique, le
sénat renfermait plus de plébéiens que de patriciens. Aussi
y eut-il en 172, malgré la loi, deux consuls plébéiens, comme
en 215 et en 131, deux censeurs du même ordre. Deux faits
de la plus haute importance s'étaient donc produits, à l'époque qui nous occupe, dans la société romaine : la noblesse
et le peuple étaient entièrement renouvelés. Mais d'autres
hommes amènent d'autres idées : cette seconde noblesse, en
effet, bien que sortie du peuple, n'en tenait pas moins le
peuple en souverain mépris. Ce n'était plus le plébéien qui
était repoussé des honneurs, mais l'*homme nouveau*. Unis-
sant par des mariages et des adoptions leur sang et leurs
intérêts, les familles nobles formaient une oligarchie qui
faisait des charges publiques, même du tribunat, son patrimoine héréditaire. La vénalité du peuple et la nécessité de
passer d'abord par la charge ruineuse de l'édilité, fermaient
l'accès des honneurs à tous ceux qui ne pouvaient dissiper,
en un jour d'élection ou de jeux publics, une fortune amassée
par dix générations. La loi disait bien que les charges étaient
annuelles ; mais Caton perdait son temps à reprocher au
peuple d'élever toujours les mêmes hommes aux magistratures. Dans les fastes consulaires, les mêmes noms revien-
nent sans cesse. De 219 à 133, en 86 ans, 9 familles obtinrent 83 consulats.

Ce mouvement qui, en élevant aux honneurs tous les
citoyens capables, renouvelait sans cesse l'aristocratie, et
qui assurait sa durée en légitimant son existence; ce mouvement, commencé il y a deux siècles, allait donc s'arrêter.
Enfermée, pour ainsi parler, dans les charges et dans son
opulence, la noblesse rompait tout lien avec le peuple qu'elle
méprisait, qu'elle insultait, lors même qu'elle briguait ses
suffrages, comme ce Scipion Nasica qui, en prenant la main
calleuse d'un paysan, lui demandait . « Eh ! mon ami, est-ce
que tu marches sur les mains ? » Maîtres de toutes les positions, du sénat, des tribunaux, du forum et des charges, les
nobles réglaient toutes choses suivant leur bon plaisir; le

sénat lui-même vit souvent son autorité méconnue. Malgré
lui, malgré le peuple, Appius Claudius triompha des Salasses.
Popilius Lenas avait, sans motif, attaqué les Statyelles, rasé
leur ville et vendu 10 000 d'entre eux ; quelques voix s'élevèrent en faveur de ces malheureux, et un décret ordonna
qu'ils fussent rendus à la liberté. Popilius y répondit en
tuant encore de ce peuple tout autant qu'on en avait racheté.
Mis en jugement, il obtint du préteur un ajournement, et
l'affaire tomba. Sans attendre une autorisation du sénat,
Manlius attaqua les Galates, Lucullus les Vaccéens, Æmilius
Pallantia, Cassius les montagnards des Alpes. Ce même
Cassius voulait quitter la Cisalpine, sa province, pour pénétrer par l'Illyrie dans la Macédoine où commandait l'autre
consul, au risque de laisser l'Italie et Rome à découvert.

Si en face du sénat et du peuple ils affichaient l'indépendance, vis-à-vis des alliés et des provinciaux, ils se croyaient
tout permis. On voulait renvoyer Marcellus en Sicile ; « que
l'Etna plutôt nous ensevelisse sous ses laves, » s'écrièrent
les Syracusains. La Sicile allait expier sa fécondité, l'Espagne sa richesse. Les exactions, dans cette dernière province,
devinrent si criantes, qu'à l'époque de la guerre contre Persée, le sénat jugea prudent de montrer quelque justice. Deux
préteurs furent accusés et s'exilèrent avant le jugement, le
premier à Tibur, le second à Préneste. D'autres étaient soup-
çonnés ; mais le magistrat chargé de l'enquête partit tout à
coup pour son gouvernement, et le sénat, empressé de terminer cette inquiétante affaire, fit quelques règlements pour
donner aux Espagnols une apparente satisfaction. En Grèce,
dans le même temps, consuls et préteurs pillaient à l'envi
les villes alliées, et en vendaient les citoyens à l'encan ; ainsi
à Coronée, à Haliarte, à Thèbes, à Chalcis. La stérile Attique
fut condamnée à fournir 100 000 boisseaux de blé. Abdère
en donna 50 000, plus 100 000 deniers ; et, comme elle osa
réclamer auprès du sénat, Hostilius la livra au pillage, dé-
capita les chefs de la cité, et vendit toute la population.

Une autre sorte d'exactions pesait sur les alliés. A chaque
victoire, les généraux exigeaient d'eux des couronnes d'or.
Les consuls qui commandèrent en Grèce et en Asie, de 200

OCÉAN

GERMANIQUE

CHERSONÈSE CIMBRIQUE

Saxons

HIBERNIE

BRETAGNE

I

II

III

IV

Brigantes

Silures

Frisons

Chauques

Angrivariens

Chérusques

Bataves

GERMANIE SECONDE

Ménapiens

Tongres

Ménètères

Sicambres

Colonie Trajane

Colonie Agrippine

Forêt de Teutberg

Forêt des Ardennes

Moguntiacum

BELGIQUE

Détroit de Gaule

Londinium

Caution de Gaule

Trinobantes

Atrébates

Rotomagus

Lugdunum Batavorum

Lac Flevo

Treveri

LYONNAISE SECONDE

LYONNAISE TROISIÈME

LYONNAISE PREMIÈRE

GRANDE SÉQUANAISE

Alemans

Juthonges

VINDELICIE

AQUITAINE PREMIÈRE

AQUITAINE SECONDE

Burdigala

Lugdunum

Vienna

ALPES COTTIENNES

ALPES PENNINES

ALPES MARITIMES

Corsica

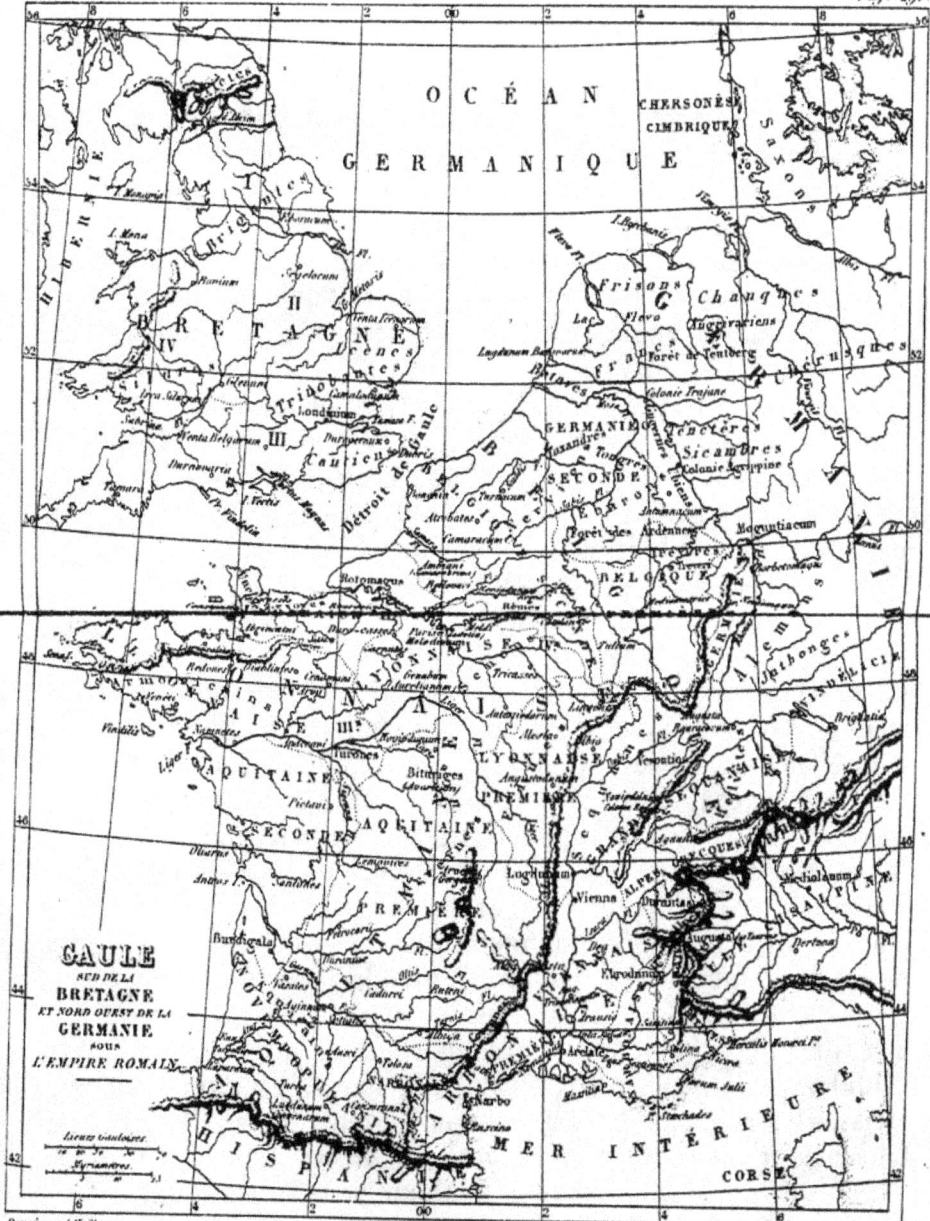

GAULE
SUD DE LA
BRETAGNE
ET NORD OUEST DE LA
GERMANIE
SOUS
L'EMPIRE ROMAIN

Lieues gauloises

Kilomètres

HISPANIE

Narbo

NARBONNAISE PREMIÈRE

MER INTÉRIEURE

CORSE

Dessiné par A. Vuillemin.   Librairie de L. Hachette et Cie.   Gravé sur acier par Giraux.

Imp. F^{re} Belin, r. de la Harpe, 54.

à 188, se firent donner 633 couronnes d'or, ordinairement du poids de 12 livres. Et s'ils vouaient durant les combats des jeux ou des temples, ils n'oubliaient pas de prélever dans leurs provinces les fonds nécessaires. Avec l'argent fourni par les alliés, Fulvius et Scipion célébrèrent des jeux qui durèrent dix jours. Les édiles mêmes s'habituèrent à faire payer aux provinciaux les frais des spectacles qu'ils devaient donner au peuple, et un sénatus-consulte essaya vainement d'arrêter ces exactions.

Ces leçons, ces exemples qui partaient de si haut, n'étaient perdus ni pour l'homme du peuple, ni surtout pour les légionnaires. Les soldats imitaient leurs chefs, et ceux-ci fermaient les yeux sur des excès qu'ils autorisaient par leur conduite, ou qu'ils n'osaient punir, afin de se ménager des votes favorables pour leur prochaine candidature. Durant la seconde guerre punique, les rapines d'une armée firent soulever la Sardaigne ; mais dans les plaisirs achetés au prix de ces violences, les légionnaires perdirent leur courage. Alors on vit ces honteuses défaites de Licinius, de Manilius et de Mancinus. Beaucoup désertaient, comme ce C. Mattiénus, que les consuls firent battre de verges, devant les recrues, et vendre à vil prix ; ou bien, si la guerre était peu profitable, ils demandaient impérieusement leur congé, comme toute l'armée de Flaccus en 130. Pour la première fois l'autorité des chefs était méconnue. Les soldats de Scipion en avaient donné l'exemple. Pendant la guerre d'Antiochus, ceux d'Æmilius, malgré leur général, pillèrent Chio, une ville alliée ; et en 140 les cavaliers de Cépion voulurent le brûler vif dans sa tente. Déjà ils se déchargeaient sur leurs esclaves du poids de leurs armes. A la suite des légions de Cépion, on ne compta pas moins de 40 000 valets pour 80 000 soldats. Aussi fut-ce un bonheur pour Rome qu'aucun ennemi sérieux ne se fût alors montré, et que Marius eût eu le temps, avant les Cimbres, la guerre sociale et Mithridate, de rétablir la discipline et l'esprit militaire des légions. C'est là le grand service qu'il a rendu.

Aux exactions des généraux ajoutez celles des publicains auxquels les censeurs affermaient par enchères publiques la levée des impôts, c'est-à-dire que pour une somme immédiatement payée ils abandonnaient à des particuliers, ordinairement à des compagnies, le droit de lever au nom de l'État toutes les contributions dues par les provinces. Les enchères couvertes et l'impôt payé, les publicains partaient avec une armée d'agents et d'esclaves pour la province qui leur était livrée. Alors commençaient des exactions inouïes. Une fois, au lieu de 20 000 talents qu'ils devaient lever en Asie, ils en arrachèrent jusqu'à 120 000. Le gouverneur de la province voulait-il intervenir? on achetait son silence; plus tard, on l'intimida; et il ne restait aux victimes que la lente et dangereuse ressource d'une plainte à Rome. Dès la seconde guerre punique, les publicains se faisaient craindre du sénat. Au temps de la conquête de la Macédoine, c'était une opinion reçue que là où ils étaient, le trésor était lésé ou les sujets opprimés.

Le résultat final de tant de guerres et de conquêtes était donc pour le peuple romain la destruction de la classe moyenne et de la petite propriété, c'est-à-dire de l'égalité, l'accroissement dangereux des esclaves substitués aux ouvriers libres, l'encombrement de la ville par une populace oisive et affamée, la formation enfin d'une noblesse impérieuse et avide, à qui la Grèce enseignait le mépris des mœurs, des lois et des croyances de ses pères. Caton se jeta courageusement entre ce peuple dégradé, qu'il voulait rappeler au travail, et ces nobles insolents qu'il tâcha de ramener à l'égalité.

Caton; exil de Scipion l'Africain.

Caton, né à Tusculum, en 233, avait longtemps cultivé de ses mains une petite propriété dans le pays des Sabins, près de la chaumière de Curius Dentatus. Il s'inspira de ce grand exemple de désintéressement et de vie laborieuse et frugale. Économe pour lui-même comme pour l'État, il disait qu'une chose dont on peut se passer, ne valût-elle qu'une obole, est toujours trop chère; et tant qu'il fut à la tête des légions, il ne prit, dans les greniers publics, pour lui et sa suite, que

trois médimnes de blé par mois. Durant son consulat, jamais
son dîner ne lui coûta plus de 30 as, et, avant de quitter
l'Espagne, il vendit son cheval de guerre pour épargner à la
république les frais du transport. Appelé à Rome par un patricien, Valérius Flaccus, il arriva au tribunat légionnaire.
Plus tard il fut envoyé en Sicile comme questeur de Scipion.
En attendant que ses préparatifs fussent achevés, Scipion,
à Syracuse, se faisait initier à cette brillante littérature des
Grecs, et vivait au milieu des livres, du faste et des plaisirs.
Caton s'irrita de cette mollesse et de ces dépenses ; il fit des
représentations ; le général y répondit avec hauteur et le
renvoya en disant : « Je n'ai pas besoin d'un questeur si
exact. » Caton ne le quitta pas à la veille de la guerre, mais
de ce jour il devint son ennemi.

Après avoir exercé l'édilité plébéienne, Caton obtint la préture de Sardaigne. Il bannit de l'île tous les usuriers et refusa
l'argent que la province voulait lui allouer, suivant l'usage,
pour frais de représentation. Cette conduite, la sévérité de
ses mœurs et sa rude éloquence attirèrent sur lui tous les
regards. Dès l'année 195 les comices l'élevèrent au consulat.
On demandait alors l'abrogation de la loi Oppia, qui limitait
la dépense des femmes dans leur parure. Caton s'y opposa
par un éloquent discours. Plaute aussi venait de tracer au
théâtre, dans l'*Aulularia*, une mordante satire du luxe des
matrones. Mais le poëte et le consul échouèrent. La loi fut
abrogée. Caton partit aussitôt pour l'Espagne. A son arrivée
il renvoya tous les fournisseurs. « La guerre nourrira la
guerre, » dit-il. De continuels exercices, une infatigable vigilance rendirent à son armée l'aspect des vieilles légions.
Cette campagne, que Caton écrivit, fit beaucoup d'honneur
à ses talents militaires, et lui valut le triomphe ; sa conduite
à la bataille des Thermopyles accrut encore sa réputation.

Cependant chaque jour l'opposition contre Scipion gros-
sissait dans le sénat et dans le peuple. Scipion ne pouvait se
tenir à la hauteur où la victoire de Zama l'avait placé. Il eut
beau obtenir les titres de prince du sénat et de censeur, montrer dans cette charge une extrême indulgence, accuser un
concussionnaire, L. Cotta, et se faire envoyer comme ambas-

sadeur en Afrique et en Asie, la popularité le quittait. Flamininus, Caton même étaient les héros du jour. Pour réveiller
l'attention du peuple, il demanda, en 194, un second consulat; c'était une faute, car ce consulat, qui fut obscur, com-
promit sa gloire. Aussi, quand il sollicita la même charge,
en 192, pour son gendre Scipion Nasica et pour son ami
Lælius, il éprouva un double refus. Son frère cependant fut
élu deux ans après et chargé de la guerre d'Asie, où l'Africain l'accompagna; mais cette campagne, plus brillante que
difficile, n'ajouta rien à sa réputation, et lui coûta le repos
de sa vieillesse. Dès lors Caton ne cessa, selon l'expression
énergique de Tite Live, d'aboyer contre ce grand citoyen. A
son instigation, les tribuns Pétilius sommèrent Scipion de
rendre compte de l'emploi des trésors livrés par Antiochus.
L'Africain fit apporter ses registres et les déchira en s'écriant:
« Il ne sera pas dit que j'aurai subi l'affront de répondre à
une pareille accusation; qu'il m'aura fallu rendre raison de
4 millions de sesterces quand j'en ai fait entrer 200 millions
dans le trésor. » Caton, décidé à ramener sous le niveau de
l'égalité républicaine cet orgueilleux citoyen, dont l'exemple
encourageait le mépris des lois et des magistrats, le dédain
des mœurs et les institutions de son pays, le fit accuser par
un autre tribun d'avoir vendu la paix au roi de Syrie.

Au jour marqué, Scipion monta à la tribune : « Tribuns
et vous, Romains, dit-il avec une magnifique insolence, c'est
à pareil jour que j'ai vaincu Annibal et les Carthaginois.
Comme il convient, dans une telle journée, de surseoir aux
procès, je vais de ce pas au Capitole rendre hommage aux
dieux. Venez avec moi les prier de vous donner toujours des
chefs qui me ressemblent; car si vos honneurs ont devancé
mes années, c'est que mes services avaient prévenu vos récompenses. » Et il monta au Capitole entraînant le peuple
tout entier sur ses pas. Toutefois, ne prévoyant désormais
qu'attaques de la jalousie et débats avec les tribuns, il se
retira à Liternum pour ne point comparaître. On allait le
condamner absent. Un tribun, Sempronius Gracchus s'écria:
« Tant que P. Scipion ne sera pas de retour à Rome, je ne
souffrirai pas qu'il soit mis en cause. Eh quoi! ni les ser-

vices, ni les honneurs mérités, n'assureront donc jamais
aux grands hommes un asile inviolable et sacré, où, sinon
entourés d'hommages, du moins respectés, ils puissent reposer leur vieillesse? » L'affaire fut abandonnée, et le sénat en
corps remercia Gracchus d'avoir sacrifié ses inimitiés personnelles à l'intérêt général. Retiré dans sa villa, dont n'aurait pas voulu le plus obscur des contemporains de Sénèque,
Scipion y acheva sa vie dans le culte des Muses. Polybe place
sa mort en la même année que celle de Philopœmen et d'Annibal (183). On croit voir encore aujourd'hui à Patrica, l'antique Liternum, son tombeau et le second mot de cette inscription qu'il y avait fait graver : « Ingrate patrie, tu n'auras
pas mes cendres. »

.   L'exil de Scipion enhardit ses ennemis ; Caton fit reprendre
aux Pétilius l'accusation contre l'Asiatique, qui laissa saisir
et vendre ses biens. Mais leur produit ne put couvrir l'amende.
Sa pauvreté prouvait son innocence.

Censure de Caton; lois somptuaires; tribunaux permanents.

Caton triomphait. Les Scipions étaient humiliés et avec
eux toute la noblesse. Après la découverte des bacchanales,
le peuple, malgré la vive opposition des nobles, donna encore
la censure à cet homme nouveau. La noblesse et les publicains furent rudement flagellés. Il raya sept membres du
sénat et parmi eux un consulaire. Il afferma les impôts à
très-haut prix et les travaux publics au rabais. Il comprit
dans le cens des citoyens, les bijoux, les voitures, les pa-
rures des femmes et les jeunes esclaves achetés depuis le
dernier lustre, pour une valeur décuple du prix qu'ils avaient
coûté, et il les frappa d'un impôt de trois as par mille. Il
supprima les prises d'eau, qui appauvrissaient les fontaines
publiques au profit de quelques riches particuliers, et fit
paver les abreuvoirs, nettoyer et construire des égouts, percer
un chemin à travers la montagne de Formies et élever la
basilique Porcia.

Le peuple, reconnaissant, lui érigea une statue avec cette
inscription : « A Caton, pour avoir, par de salutaires ordon-

nances et de sages institutions, relevé la république romaine,
que l'altération des mœurs avait mise sur le penchant de sa
ruine. » Il y avait donc un parti nombreux qui sympathisait
avec le rigide censeur. A sa tête Caton ne cessa de combattre
contre l'ambition, l'avidité et le luxe des grands, tantôt par
des accusations particulières, tantôt en soutenant des lois
somptuaires, et toutes les propositions qui donnaient de
nouvelles, mais inutiles garanties à la liberté : en 181, une
loi des consuls contre la brigue, et la loi *Orchia*, qui limitait
le nombre des convives et la dépense des festins ; en 179, la
loi *Villia* ou *Annalis*, qui réprimait encore la brigue, en
fixant l'âge où on pouvait arriver aux charges ; en 174, la
loi *Voconia*, pour empêcher, comme à Sparte, l'accumulation
des biens dans les mains des femmes ; en 161, la loi *Fannia*,
contre le luxe de la table ; enfin, en 159, une loi qui prononça
la peine capitale contre les candidats convaincus d'avoir
acheté, à prix d'argent, les suffrages[1]. En 168, Caton provoqua le décret qui défendit aux rois de venir à Rome, où
ils laissaient toujours quelques-uns des vices de leurs cours ;
plus tard, il fit chasser Carnéade et renvoyer les Achéens
retenus en Italie.

Si, plus tard, il demanda sans relâche la destruction de
Carthage, c'est qu'en voyant les rapides progrès de la corruption, il crut qu'il fallait profiter de ce qui restait encore
aux Romains d'énergie et de force pour accabler d'un dernier
coup leur redoutable ennemie. Nul doute aussi qu'il n'ait
applaudi avant de mourir aux efforts du tribun Calpurnius
Pison, qui proposa, en 149, l'établissement d'un tribunal
permanent pour juger les concussionnaires devenus trop
nombreux et qui fréquemment échappaient, grâce aux lon-
gueurs d'un jugement par-devant le peuple. Cinq ans plus
tard, trois tribunaux permanents furent créés contre les
crimes de majesté, de brigue et de péculat. On les nomma
questions perpétuelles. Un citoyen condamné pour concussion perdait le droit de parler jamais devant le peuple.

1. A ces lois nous rattacherons aussi les lois *tabellaires* des tribuns Gabinius et Cassius qui établirent le scrutin secret, en 139, pour l'élection des
magistrats, et en 137 pour les jugements publics.

Réaction aristocratique.

Cette rude guerre que Caton fit aux mœurs de son temps lui avait suscité trop d'ennemis pour que son repos n'en fût pas troublé. Il fut, 50 fois, accusé et appelé en justice. La dernière fois, il avait 83 ans ; à 85 ans, il cita encore devant le peuple Serv. Galba, car il avait, dit Tite Live, une âme et un corps de fer, et la vieillesse, qui use tout, ne put le briser. Ne pouvant imposer silence à ce censeur perpétuel, les nobles brisèrent entre ses mains l'arme dont il se servait contre eux. En l'année 181, ils avaient renversé l'organisation démocratique des comices. Lépidus et Fulvius, qui avaient succédé à Caton dans la censure, avaient rétabli pour l'assemblée du peuple les catégories de fortune, je veux dire le système des classes aboli avant la seconde guerre punique. Sempr. Gracchus acheva cette réorganisation des comices en retirant les affranchis des tribus rustiques pour les renfermer dans une des quatre tribus urbaines, l'Esquiline. Plus tard, l'institution des *quæstiones perpetuæ*, bien que justifiée par l'intérêt public, fournit encore aux nobles, qui remplissaient seuls ces tribunaux, une occasion de se saisir du droit jusqu'alors exercé par le peuple lui-même, de juger, au criminel, sans appel. Dans ce retour vers le passé, ils n'oublièrent pas la religion, moyen précieux de gouvernement. La sainteté des jours fastes fut religieusement maintenue (loi *Fuffia*), l'assemblée des tribus fut mise elle-même, par la loi *Ælia* (167), dans la dépendance des augures.

C'était donc par les lois, par la religion, par l'autorité judiciaire comme par la concentration des propriétés et par l'abaissement du peuple, toute une réaction aristocratique. « Rome, dit Salluste, était divisée, les grands d'un côté, le peuple de l'autre, et, au milieu, la république déchirée, la liberté mourante. La faction des nobles l'emportait ; le trésor, les provinces, les magistratures, les triomphes, toutes les sortes de gloires et les richesses du monde, ils avaient tout. Sans lien et sans force, le peuple n'était qu'une impuissante multitude, décimée par la guerre et par la pauvreté. Car, tandis que les légionnaires combattaient au loin, leurs pères, leurs enfants étaient chassés de leurs héritages par des voisins puissants. Le besoin de la domination et une insatiable cupidité firent tout envahir, tout profaner, jusqu'au jour où cette cupidité se précipita elle-même. »

Tentatives de conciliation; Scipion Emilien.

Ainsi, la société romaine était rapidement entraînée vers une révolution prochaine. Et ce mouvement était légitime, car il fallait bien que cette ville, devenue un empire, se transformât, il fallait, pour que la cité italienne pût renfermer le monde, qu'elle renonçât à son esprit étroit, à sa religion locale, à ses lois hostiles contre l'étranger; qu'elle s'ouvrît à toutes les idées et à tous les cultes, pour s'ouvrir ensuite à tous les peuples.

Malheureusement pour Rome, ses mœurs périrent dans ce contact avec une civilisation savante, mais corrompue. Elles auraient été sauvées, si le mouvement avait pu être retenu dans les limites où quelques nobles esprits auraient voulu l'arrêter. Le génie sévère du Latium, lentement fécondé et poli par la science et l'urbanité grecques, eût sans doute donné de plus glorieux produits; c'est là ce que voulaient ces grands citoyens : Paul Émile, dont la vie fut tour à tour consacrée aux affaires publiques, à l'éducation de ses enfants, à la culture des lettres, et qui mourut pauvre, après avoir conquis la Macédoine; Scipion Nascia, déclaré par le sénat le plus honnête homme de la république, et son fils Corculum, assez modeste pour refuser le titre d'imperator avec le triomphe, et qui, trois fois, fit ajourner, malgré Caton, la ruine de Carthage; l'austère Calpurnius Pison, surnommé Frugi, habile orateur, vaillant capitaine, profond jurisconsulte et écrivain; les Scævola, l'honneur du forum et du barreau; les deux Lælius, célèbres par leur constance dans l'amitié, mais surtout le second, surnommé le Sage, qui fut l'ami de Pacuvius et de Térence, et peut-être leur conseiller et leur guide; Sempronius, le père des Gracques et le pacificateur de l'Espagne; Fabius Servilianus et Manlius, qui tous deux punirent de mort les dérèglements et les

concussions de leurs fils ; enfin les Tubéron, de la famille
Ælia, qui eut quatre consuls dans cette période. Ils étaient
si pauvres, malgré leur alliance avec les maisons Æmilia et
Cornélia, que seize membres de cette famille n'avaient, à
eux tous, qu'une petite maison et une ferme dans le territoire de Véies. Q. Tubéron, le gendre de Paul Émile, ne
posséda jamais, même consul, que de la vaisselle de terre,
si ce n'est une petite coupe d'argent que lui avait donnée le
conquérant de la Macédoine.

Mais le plus grand de tous ces illustres personnages est
encore Scipion Émilien, le fils de Paul Émile, et le petit-fils
par adoption de l'Africain. Tandis que la conquête de la
Macédoine infectait Rome de vices et de séductions nouvelles, l'amitié du sage Polybe épurait dans Scipion les vertus
mêmes de l'ancienne république, et leur donnait quelque
chose de plus touchant et de plus noble. Caton disait d'É-
milien, en lui appliquant un vers d'Homère : Celui-là seul a
conservé sa raison ; les autres, vaines ombres, passent et se
précipitent. » Nous avons dit ailleurs ses services militaires,
ses efforts pour rétablir la discipline, et son désintéressement au milieu des dépouilles de Carthage. Quelques années
après, envoyé en Orient pour régler les intérêts des peuples
et donner des couronnes, il montra, dans ces cours voluptueuses, une dédaigneuse simplicité. A son retour il fut élevé
à la censure. Scipion voulait apporter dans cette charge une
sévérité salutaire. Mais il fut contrarié, dans toutes ses mesures, par la faiblesse de son collègue Mummius. Garder les
mœurs antiques, la simplicité, la discipline, et cependant
honorer les muses nouvelles jusqu'à aider peut-être Térence,
tels étaient les désirs de ce noble esprit. Il trouvait la fortune
de Rome assez grande, et il ne demandait aux dieux que de
la conserver, car il avait bien compris quels dangers courait
la république ; et d'un œil inquiet il suivait cette lente décom-
position des mœurs et du peuple lui-même. Peut-être aurait-il
pu l'arrêter. Cicéron l'a cru ; et le titre qu'il accepta plus
tard de patron des Italiens, la tentative faite par son ami
Lælius durant son consulat, montrent qu'il aurait hardiment
porté la main sur les abus. Tibérius, dit Plutarque, ne fit

que reprendre les projets de Scipion. S'ils avaient quelque chance de réussir, c'était en étant exécutés par lui.

Malheureusement Scipion était loin, aux portes de Numance, quand la révolution éclata, et à son retour elle était déjà entrée dans les voies de sang et de violence d'où il n'était plus possible de la tirer, et où lui-même il trouva la mort. C'est qu'excepté lui, peut-être, tous fermaient les yeux sur la gravité du mal, et nul ne songeait aux moyens de le guérir. Comme ces vieux sénateurs qui, assis dans leurs chaises curules, attendaient, impassibles et dignes, que les Gaulois parussent, les Scævola, les Calpurnius et les Tubéron croyaient faire assez pour leur patrie que de donner l'exemple d'une vie sans tache, et, prêts à mourir, mais incapables de combattre, ils laissaient, dans leur inactive vertu, arriver les jours de malheur. Stoïciens pour la plupart, ils savaient mieux souffrir qu'agir; jurisconsultes, ils n'auraient pas voulu sortir de la légalité; et ils ne voyaient pas que la république, comme un malade désespéré, avait besoin de ces remèdes énergiques des temps de révolution qui sauvent ou qui tuent les empires.

CHAPITRE XVI.

LES GRACQUES (133-121).

SOULÈVEMENT DES ESCLAVES; EUNUS (133). — LOI AGRAIRE DE TIBÉRIUS GRACCHUS (133). — DÉPOSITION D'OCTAVIUS; MORT DE TIBÉRIUS (133). SCIPION ÉMILIEN ET LES ITALIENS. — ROGATIONS ET PUISSANCE DE CAIUS GRACCHUS (123). — MORT DE CAIUS (121).

Soulèvement des esclaves; Eunus (133).

Il y avait trois classes d'opprimés : le peuple de Rome, les Italiens et les provinciaux, les esclaves. Chacune de ces trois classes réclama à son tour. Les esclaves, les plus maltraités de tous, se soulevèrent les premiers. Six fois déjà le sénat avait eu à réprimer des révoltes partielles d'esclaves avant d'avoir à combattre la formidable insurrection d'Eunus. Ce Syrien, esclave en Sicile, avait prédit qu'il serait roi, et assuré sa prophétie d'un miracle; en parlant, il lançait des flammes; une noix remplie de soufre allumé et cachée dans sa bouche accomplissait le prodige. Par ses impostures il s'était acquis une grande autorité sur ses compagnons d'infortune, quand la cruauté d'un maître, le riche Damophile de la ville d'Enna, amena un soulèvement. Ses 400 esclaves ayant brisé leurs chaînes, se jetèrent dans la campagne, et rentrèrent bientôt en force dans la ville; tous les habitants furent massacrés, Damophile servit longtemps de jouet à leur vengeance; ils n'épargnèrent que sa fille qui leur avait montré quelque pitié. Un mouvement pareil éclata à Agrigente, et 5000 hommes vinrent se réunir aux esclaves d'Enna, qui avaient pris pour chef le prophète syrien, sous le nom du roi Antiochus. Dès qu'il y eut un camp, un lieu de refuge, les esclaves accoururent de tous les points de l'île. En quelques mois, Eunus réunit 70 000 hommes.

C'était le temps des honteux désastres essuyés par les légions devant Numance, avant que Scipion y arrivât; ils se renouvelèrent en Sicile. Quatre préteurs et un consul furent successivement battus. Maîtres d'Enna, au centre de l'île, 200 000 esclaves répandirent la terreur, de Messine à Lilybée, tandis que de Tauroménium, sur la côte, ils montraient à leurs frères d'Italie leurs chaînes brisées. D'un bout à l'autre de l'empire les esclaves tressaillirent, et quelques explosions trahirent l'incendie qui, sourdement, gagnait de proche en proche. A Délos, dans l'Attique, dans la Campanie, dans le Latium même, il y eut des tentatives de soulèvement. Heureusement pour Rome, ses grands foyers d'esclaves étaient séparés par des mers ou par des pays mal peuplés. Alors, comme plus tard, l'insurrection ne put franchir le détroit, parce que les provocations qui venaient de la Sicile retombaient sans écho sur les solitudes du Bruttium et de la Lucanie.

En 133, Calpurnius Pison ayant rétabli la discipline dans les légions, fit lever aux esclaves le siége de Messine; Rupilius, son successeur, leur prit Tauroménium, après les avoir réduits, par la famine, à manger leurs femmes et leurs enfants; Enna lui fut livrée par trahison. Dès lors l'armée se dispersa; il n'en resta que des bandes que l'on traqua dans les montagnes. Tous ceux qu'on fit prisonniers périrent dans les supplices. Le *roi Antiochus*, qui n'avait pas eu le courage de se tuer, fut pris dans une caverne avec son cuisinier, son boulanger, son baigneur et son bouffon. On le laissa mourir dans un cachot. Rupilius essaya de prévenir une nouvelle révolte par de sages règlements que l'avidité des maîtres mit bientôt en oubli.

La révolte des esclaves était apaisée, mais la guerre civile commençait.

Loi agraire de Tibérius Gracchus (133).

Tibérius et Caïus perdirent jeunes leur père, le pacificateur de l'Espagne. Mais Cornélie le remplaça dignement. Elle les entoura des maîtres les plus habiles de la Grèce, et dirigea elle-même leur éducation. Tibérius, plus âgé que son frère de neuf ans, servit d'abord en Afrique avec distinction; il monta le premier sur les murs d'une ville ennemie. Plus tard, il suivit, en Espagne, comme questeur, le consul Mancinus dont il sauva l'armée, en obtenant des Numantins un traité qu'ils refusaient au consul. Le sénat déchira le traité et voulut livrer à l'ennemi le consul et son questeur, nus et les mains liées, comme des esclaves. Mais le peuple ne permit pas que Tibérius fût puni pour l'impéritie de son chef, et Mancinus seul fut livré. En revenant de Numance, Tibérius trouva les fertiles campagnes de l'Étrurie désertes; dans Rome, une multitude oisive et affamée, que la guerre ne nourrissait plus; dans l'Italie entière, plusieurs millions d'esclaves qui frémissaient au bruit des succès d'Eunus. Quel remède contre ce triple mal : la misère et la dégradation du peuple, l'extension de l'esclavage, la ruine des campagnes? un seul, peut-être : diviser ces immenses domaines que les grands avaient usurpés sur l'État; rendre à la propriété, régénérer par la vertu du travail la foule indigente, chasser les esclaves des campagnes en les rendant aux ouvriers libres, et changer en citoyens utiles et dévoués ces affranchis qui de Romains n'avaient encore que le nom; en un mot, faire reculer d'un siècle la république, en reconstituant, par une loi agraire, la petite propriété et la classe moyenne.

Dès que Tibérius eut été élevé au tribunat, le peuple attendit de lui de grandes choses. Les portiques, les murs des temples et les tombeaux furent couverts de placards ; on l'excitait à faire rendre aux pauvres les terres du domaine public. Après avoir pris conseil de son beau-père Appius, ancien consul et censeur, du grand pontife Licinius Crassus et du fameux jurisconsulte Mucius Scævola, consul de cette année, il reprit le projet de Lælius et de Scipion, et il proposa, dans une assemblée du peuple par tribus, la loi suivante : « Que personne ne possède plus de 500 arpents de terres conquises ; que personne n'envoie aux pâturages publics plus de 100 têtes de gros bétail ou plus de 500 têtes de petit ; que chacun ait sur ces terres un certain nombre d'ouvriers de condition libre. » C'était l'ancienne loi de Licinius Stolon, qu'aucune prescription légale n'avait abolie. Afin d'en rendre l'exécution moins douloureuse pour les riches, Tibérius y ajouta : « Les détenteurs des terres publiques garderont 250 arpents pour chacun de leurs enfants mâles, et une indemnité leur sera allouée pour les dédommager des dépenses utiles faites par eux dans le fonds qui leur sera ôté. Ce que l'État aura ainsi recouvré sera distribué aux citoyens pauvres par des triumvirs qu'on changera tous les ans. Ces lots seront inaliénables et ne devront au trésor aucune redevance. » Ils allaient devenir ainsi de véritables propriétés.

Les riches furent frappés de stupeur. On voulait donc, disaient-ils, leur arracher les tombeaux de leurs aïeux, la dot de leurs épouses, l'héritage de leurs pères, des terres qu'ils avaient légitimement acquises à prix d'argent, qu'ils avaient améliorées, couvertes de constructions. Le pillage du domaine public n'avait pas profité seulement aux nobles de Rome et aux publicains. Dans les colonies, dans les municipes, partout où il y avait des riches, il se trouvait ainsi des détenteurs de terres publiques. Ils accoururent à Rome. Le jour des comices venu, Tibérius monta à la tribune, et s'adressant aux riches : « Cédez quelque peu de votre richesse, si vous ne voulez vous voir tout ravir un jour; eh quoi! les bêtes sauvages ont leurs tanières, et ceux qui versent leur sang pour l'Italie ne possèdent rien que l'air qu'ils respirent! Sans toit où s'abriter, sans demeure fixe, ils errent avec leurs femmes et leurs enfants. Les généraux les trompent, quand ils les exhortent à combattre pour les temples des dieux, pour les tombeaux de leurs pères. De tant de Romains en est-il un seul qui ait un tombeau, un autel domestique? ils ne combattent, ils ne meurent que pour nourrir le luxe et l'opulence de quelques-uns. On les appelle les maîtres du monde, et ils n'ont pas en propriété une motte de terre. »

Le peuple allait voter; mais le tribun Octavius, gagné par les riches, opposa son veto. Tibérius, irrité, supprima aussitôt les deux articles qui seuls rendaient sa proposition acceptable, l'indemnité et les arpents réservés aux détenteurs et à leurs fils. Octavius n'en maintint que plus énergiquement son veto : cette fermeté poussa Tibérius à des mesures violentes. En vertu de la puissance illimitée que le tribunat lui donnait, il suspendit les magistrats de leurs fonctions, et défendit qu'on s'occupât d'aucune affaire avant d'avoir voté sur la loi.

Déposition d'Octavius; mort de Tibérius (133).

Mais il était difficile que cette suspension du gouvernement durât longtemps. Tibérius proposa au peuple et obtint la déposition de son collègue, ne pouvant vaincre autrement son opposition. C'était la première atteinte à l'inviolabilité tribunitienne.

Alors la loi passa; trois commissaires furent nommés : Tibérius, son frère Caïus, en ce moment en Espagne, et son beau-père Appius. Mais aussitôt commencèrent les innombrables difficultés d'exécution que Tibérius n'avait pas prévues. Comment reconnaître ces terres du domaine usurpées depuis des siècles? par où commencer? comment faire et distribuer les lots? puis il fallait déjouer le mauvais vouloir des grands et contenir l'impatience des pauvres. Pour contenter ceux-ci, il fit décréter encore que les trésors d'Attale seraient distribués aux citoyens à qui le sort donnerait des terres, afin de couvrir les premiers frais de culture et l'achat des instruments aratoires.

Le peuple était satisfait, mais déjà il ne suivait plus son tribun, qui se préoccupait de projets de réformes politiques et militaires fort indifférents à la plèbe. Cependant on l'aimait encore. Un de ses amis étant mort subitement, tous les pauvres voulurent porter le corps eux-mêmes, et quand Tibérius parut sur la place publique en vêtements de deuil, conduisant par la main ses deux enfants, et demandant pour eux, pour leur mère, la protection du peuple, la foule s'émut, et un grand nombre de citoyens firent pendant quelque temps, le jour et la nuit, une garde vigilante autour de leur tribun.

Afin d'échapper à toutes les haines qu'il avait soulevées, il fallait à Tibérius un second tribunat, il le demanda ; mais le plus grand nombre de ses partisans étaient alors retenus aux champs par la moisson. Quand il voulut prendre les suffrages, les riches et quelques-uns de ses collègues s'écrièrent qu'un tribun ne pouvait être continué deux ans de suite dans sa charge. Ses partisans commirent l'imprudence d'attaquer avec des bâtons leurs adversaires, qui s'enfuirent en répandant le bruit que Tibérius s'était proclamé seul tribun. Aussitôt les nobles armèrent leurs esclaves. A cette nouvelle, le tribun porta les mains à sa tête pour faire comprendre à la foule qu'on menaçait sa vie. Mais ses ennemis coururent dire au sénat qu'il demandait le diadème. Scipion Nasica requit le consul d'abattre le tyran. Scævola répondit avec douceur qu'il ne ferait périr aucun citoyen qui n'eût été jugé dans les formes. Alors Nasica s'élançant de sa place : « Puisque le premier magistrat, s'écria-t-il, trahit la république, que ceux qui veulent aller au secours des lois me suivent ! » En disant ces mots, il sort de la curie, entraînant avec lu une partie du sénat et les riches, suivis de leurs esclaves armés de bâtons et de massues. Ils montent ainsi au Capitole, et tuent ou précipitent ceux qui les veulent arrêter. Tibérius

12

lui-même tournait autour du temple ,· s'étant heurté contre
un cadavre, il tomba. Au moment où il se relevait, un de
ses collègues le frappa à la tête avec le pied d'un banc. Plus
de 300 de ses partisans périrent avec lui.

Scipion Émilien et les Italiens.

Le sénat et la ville, dominés par la faction des grands,
restèrent quelque temps sous le coup de la terreur. Tous les
amis du tribun qu'on ne put saisir furent bannis, les autres
exécutés. Malgré ses sanglantes représailles, personne cependant n'osa toucher à la loi. Peu à peu le tribun mort
redevint redoutable ; le peuple s'accusait de l'avoir laissé
périr, et Nasica ne pouvait se montrer nulle part sans être
poursuivi des huées de la multitude. Le sénat l'éloigna
sous prétexte d'une mission en Asie. Carbon, nommé
tribun pour l'an 131, recommença la lutte. D'abord il proposa le scrutin secret pour le vote des lois, afin qu'il ne
fût plus possible aux riches de suivre les suffrages et de les
arrêter quand ils tourneraient contre eux. Puis il demanda
que le même citoyen pût être continué dans le tribunat,
afin que la loi ne légitimât plus la violence par laquelle
Tibérius avait péri. De ces rogations, la première passa,
la seconde vint échouer contre l'opposition de Scipion
Émilien.

Effrayé du caractère révolutionnaire que la réforme avait
pris, Scipion avait condamné son beau-frère. « Ainsi périsse
quiconque voudrait l'imiter, » avait-il dit en apprenant sa
mort. Il passait donc du côté des grands, lui qui savait si
bien de quels maux périssait la république ; mais il y passait
en y portant de vastes desseins. Tibérius avait voulu renvoyer au champ les pauvres de la ville, et ils avaient refusé l'aisance qu'on leur offrait à condition de la gagner par
du travail. Cette lâcheté inspira au vainqueur de Numance
un indicible mépris pour ces hommes que jamais d'ailleurs
il n'avait trouvé parmi les légionnaires. Un jour qu'ils l'in-
terrompaient au forum ; « Silence ! s'écria-t-il, vous que
l'Italie ne reconnaît pas pour ses enfants ; » et comme des

murmures s'élevaient encore : « Ceux que j'ai amenés ici enchaînés ne m'effrayeront point parce qu'aujourd'hui on leur a ôté leurs fers. » Et les affranchis se turent. C'était la première fois qu'était prononcé ce mot : Italie ! Scipion, en effet, avait compris que les temps de Rome étaient finis, que ceux de l'Italie devaient commencer. En ne restant qu'une cité, Rome allait demeurer livrée à tous les désordres des petites républiques dégénérées. De cette ville, il fallait faire un peuple. Peut-être ce difficile problème n'était-il pas au-dessus ds la haute intelligence de celui que Cicéron a pris pour son héros.

Dans ce plan nouveau, la loi agraire n'était plus nécessaire : elle aurait diminué quelques misères ; mais elle blessait les Italiens. Scipion la combattit en montrant les inextricables difficultés qu'elle soulevait. On ne lui laissa pas le temps d'en faire davantage. Un matin on le trouva mort dans son lit. Selon les uns, le coup avait été préparé par Cornélie, mère de Gracchus, qui craignait l'abolition de la loi agraire, et par sa fille Sempronia, femme de Scipion, laide et stérile, qui n'aimait pas son mari et n'en était pas aimée. Selon d'autres, il se donna la mort, voyant qu'il ne pouvait tenir ce qu'il avait promis. Les grands, qui peut-être le redoutaient autant que le peuple, ne cherchèrent pas à le venger ; on ne fit point d'enquête, et celui qui avait détruit *les deux terreurs de Rome* n'eut pas même de funérailles publiques. Mais un de ses adversaires politiques lui rendit un glorieux hommage. Métellus le Macédonique voulut que ses fils portassent le lit funèbre. « Jamais, leur dit-il, vous ne rendrez le même devoir à un plus grand homme (129). »

Sa mort laissa les Italiens sans protecteur. Les nobles se hâtèrent de repousser le nouvel ennemi qui voulait se mêler à leurs querelles intestines, et le sénat fit bannir de Rome tous les alliés qui s'y trouvaient. Mais les chefs du parti populaire s'aperçurent vite que le sénat, par ces rigueurs, leur fournissait une arme puissante ; ils s'en saisirent avec habileté. Caïus Gracchus, alors questeur, s'opposa vivement au décret d'expulsion, et le consul Fulbius, son ami, afin d'unir dans la même cause le peuple et les Italiens, pro-

posa de donner le droit de cité à tous ceux qui n'auraient
aucune portion des terres publiques. Sur ces entrefaites les
Massaliotes implorèrent l'assistance de Rome contre leurs voisins et Fulvius partit avec une armée à leur secours. On éloigna
aussi Caïus en l'exilant comme proquesteur en Sardaigne,
et les habitants de Frégelles ayant voulu arracher par la
force ce qui était refusé à leurs prières, leur ville fut prise
et détruite. Cette exécution sanglante arrêta pour 35 ans le
soulèvement de l'Italie.

Rogations et puissance de Caïus Gracchus (123).

Caïus avait 21 ans à la mort de son frère. Plus impétueux, plus éloquent, d'une ambition peut-être moins pure,
il donna à la lutte commencée par Tibérius des proportions
plus grandes. Celui-ci n'avait voulu que soulager la misère
des pauvres; Caïus prétendit changer toute la constitution.
Le sénat, qui l'avait deviné, essaya de le retenir dans sa
questure de Sardaigne; mais il n'accepta pas cet exil; et
quand on l'accusa devant les censeurs d'avoir violé la loi qui
retenait le questeur auprès de son général, il répondit : « J'ai
fait douze campagnes, et la loi n'en exige que dix. Dans la
province, ce n'est pas mon ambition, mais l'intérêt public
qui a réglé ma conduite. Personne ne peut dire qu'il m'a
donné un as en présent, ni rien dépensé pour moi. Aussi les
ceintures que j'avais emportées de Rome pleines d'argent,
je les rapporte vides. D'autres ont rapporté pleines d'argent
les amphores qu'ils avaient emportées pleines de vin. » On
lui suscita encore d'autres chicanes : on l'accusa d'avoir
trempé dans la révolte des Frégellans. C'était le désigner à
la faveur des Italiens. Élu tribun pour l'an 123, il proposa
aussitôt deux lois : la première, dirigée contre Octavius,
portait qu'un citoyen frappé par le peuple de destitution ne
pourrait être élevé à aucune charge; la seconde, qu'un magistrat qui aurait bani sans jugement un citoyen serait traduit par-devant le peuple. A la prière de Cornélie il retira
la première; mais l'ancien consul Popilius, le persécuteur
des amis de son frère, s'exila dès que la seconde eut été
votée.

Cette satisfaction accordée aux mânes de son frère, Caïus reprit hautement ses projets en les développant. Nouvelle confirmation de la loi agraire, distributions régulières de blé au prix de cinq sixièmes d'as le boisseau ; fourniture gratuite, aux soldats sous les drapeaux, des vêtements militaires ; établissement de nouveaux impôts à l'entrée des marchandises tirées, pour les besoins des riches, des contrées étrangères. Puis des colonies pour les citoyens pauvres ; et, pour ceux qui voulaient du travail, en attendant que la loi agraire leur donnât des terres, construction de greniers publics, de ponts et de grands chemins qu'il traça lui-même à travers l'Italie et qui augmentèrent la valeur des propriétés en donnant plus de facilité pour leur exploitation.

Après avoir gagné par ces innovations populaires l'armée, les tribus rustiques et le petit peuple de Rome, Caïus commença la lutte politique contre les privilégiés. D'abord il fit décréter qu'à l'avenir le sort désignerait l'ordre dans lequel les centuries voteraient. Les dernières pouvaient ainsi être appelées les premières, et la majorité ne dépendait plus du vote des riches. De nouveaux articles ajoutés à la loi Porcia défendirent à tout magistrat de jamais rien entreprendre contre un citoyen sans l'ordre du peuple. C'était enlever au sénat la faculté de recourir à la dictature. Un changement bien autrement grave fut celui qui donna aux chevaliers toutes les places de juges réservées jusqu'alors aux sénateurs. Caïus pensait que ce qu'il ôtait au sénat profiterait au peuple et à la liberté, et que les chevaliers reconnaissants l'aideraient dans ses autres desseins. « D'un coup, disait-il, j'ai brisé l'orgueil et la puissance des nobles. » Ceux-ci le savaient et le menaçaient de leur vengeance. « Mais, répondit-il, quand vous me tueriez, arracheriez-vous de vos flancs le glaive que j'y ai enfoncé ? »

Caïus croyait avoir raffermi la constitution ; pour consolider l'empire en intéressant à sa cause un peuple nombreux, il proposa de donner aux alliés latins tous les droits des citoyens romains, et aux Italiens celui de suffrage.

Ainsi, aux soldats des vêtements gratuits, aux pauvres des

tribus urbaines, du blé; à ceux des tribus rustiques, des
terres; aux Latins, le droit de cité; aux chevaliers, les jugements; c'est-à-dire, les pauvres soulagés, les opprimés défendus et une tentative pour rétablir l'équilibre dans l'État,
tels sont les actes de ce tribunat mémorable. Caïus avait
donc réalisé ce qu'avaient voulu son frère et son beau-frère,
Tibérius et Scipion Émilien. Il semblait plus grand qu'eux,
et à le voir entouré sans cesse de magistrats, de soldats, de
gens de lettres, d'artistes, d'ambassadeurs, on eût dit un roi
dans Rome. Il l'était en effet par la faveur du peuple, par
la terreur des nobles, par la reconnaissance des chevaliers
et des Italiens; il voulut l'être aussi par l'amour des provinciaux. Le propréteur Fabius avait envoyé d'Espagne des
blés extorqués aux habitants; Caïus leur en fit rendre le
prix. L'Asie surtout était opprimée par les publicains : il au-
torisa les habitants de la province à prendre eux-mêmes la
ferme de l'impôt qu'ils devaient payer. Les consuls se faisaient assigner des provinces à leur convenance, celles qui
prêtaient le plus au pillage ou à l'ambition militaire; il fit
décréter qu'elles seraient désignées avant l'élection des consuls, pour que l'intérêt seul de l'État, non celui des élus, fut
désormais consulté. Il voulait aussi relever Capoue, Tarente, et malgré les imprécations prononcées contre ceux
qui rebâtiraient Carthage, envoyer une colonie sur ses ruines, afin de bien montrer au monde l'esprit nouveau de
libéralité et de grandeur qui allait régner dans les conseils
de Rome.

Mort de Caïus (121).

Pour détruire sa popularité, les grands résolurent, durant
son second tribunat, de se montrer plus amis du peuple que
lui-même. Ils subornèrent un des nouveaux tribuns, Livius
Drusus, qui, à chaque proposition de son collègue, en fit
une, au nom du sénat, plus libérale. Caïus avait demandé
l'établissement de deux colonies, Drusus proposa d'en fonder douze. Il avait donné le droit de cité aux Latins, Livius
fit décider qu'aucun soldat latin ne pourrait être battu
de verges. Fatigué de cette lutte étrange, Caïus partit pour

conduire 6000 colons romains à Carthage. Cette absence, imprudemment prolongée durant trois mois, laissait le champ libre à Drusus. Lorsque Caïus reparut, sa popularité était ruinée, ses amis menacés, les chevaliers détachés de lui, et l'un de ses plus violents ennemis, Opimius, proposé pour le consulat. Il ne put lui-même obtenir sa réélection à un troisième tribunat.

Le nouveau consul, pour l'irriter et le pousser à quelque acte qui légitimât la violence, ordonna une enquête sur la colonie de Carthage, et parla tout haut de casser ses lois. Il fallait les défendre ou s'attendre à périr. Des deux côtés on se prépara au combat. Opimius, investi de la puissance dictatoriale par la formule consacrée, *Caveat consul*, fit prendre les armes aux sénateurs, aux chevaliers et à leurs esclaves. Durant la nuit, il occupa en force le Capitole, tandis que Caïus et l'ancien consul Fulvius se retranchaient dans le temple de Diane sur l'Aventin. Sur leur route ceux-ci avaient appelé les esclaves à la liberté; opprimés eux-mêmes, ils n'avaient songé qu'à ce suprême et dernier moment, à d'autres hommes aussi malheureux. Le consul avait des archers crétois et de l'infanterie régulière. La lutte ne pouvait être douteuse. Caïus, poursuivi jusqu'au delà du Tibre, se fit tuer par un esclave, qui se poignarda sur le corps de son maître. Opimius avait promis de payer la tête de l'ancien tribun son pesant d'or. Un ami du consul, Septimuléius, en fit sortir la cervelle, coula du plomb fondu à la place, et se fit payer son double sacrilége. Ce jour-là 3000 partisans de Caïus périrent; ceux qu'on ne tua pas dans l'action furent égorgés en prison. On rasa leurs maisons; on confisqua leurs biens; on défendit à leurs veuves de porter leur deuil; on prit même sa dot à la femme de Caïus.

Plus tard, le peuple dressa aux Gracques des statues, et éleva des autels aux lieux où ils avaient péri. Longtemps on y fit des sacrifices et des offrandes. Cette tardive reconnaissance consola Cornélie, trop fidèle peut-être à son grand caractère. Retirée dans sa maison du cap Misène, au milieu des envoyés des rois et des lettrés de la Grèce, elle se plaisait à raconter à ses hôtes surpris la vie et la mort de ses deux fils, sans verser une larme et comme si elle eût parlé de quelque héros des anciens temps. Seulement on l'entendait quelquefois ajouter au récit des exploits de son père l'Africain : « Et les petits-fils de ce grand homme étaient mes enfants. Ils sont tombés dans les temples et les bois sacrés des dieux. Ils ont les tombeaux que leurs vertus méritent, car ils ont sacrifié leur vie au plus noble but, au bonheur du peuple. »

CHAPITRE XVII.

JUGURTHA ET LES CIMBRES (112-101).

RÉACTION ARISTOCRATIQUE; MARIUS. — GUERRE DE JUGURTHA (112-101); HONTE DES ARMES ROMAINES (111-110). — COMMANDEMENT DE MÉTELLUS ET DE MARIUS (109-104). — DIVERSES EXPÉDITIONS DES ROMAINS POUR S'ASSURER UNE ROUTE PAR TERRE VERS LA GRÈCE ET L'ESPAGNE (154-114). — INVASION DES CIMBRES ET DES TEUTONS DANS LE NORIQUE, LA GAULE ET L'ESPAGNE (113-102). — BATAILLE D'AIX (102); BATAILLE DE VERCEIL (101).

Réaction aristocratique; Marius.

Quand on eut jeté au Tibre les 3000 cadavres, étanché le sang des rues et payé le prix du meurtre, le farouche Opimius, pour éterniser le souvenir de cette odieuse victoire, fit frapper une médaille qui le représenta sous les traits d'Hercule, avec une massue et une couronne triomphale. Ensuite il purifia la ville par des lustrations, et voua un temple à la Concorde; parodie dérisoire du dernier acte de la vie de Camille. Mais Camille n'avait pas égorgé Licinius; il avait fermé l'ère des troubles, Opimius ouvrait celle des proscriptions.

Cependant les grands n'osèrent user trop vite de leur victoire; ils mirent quinze ans à renverser l'œuvre des Gracques. D'abord ils permirent à chacun de vendre son lot, ce qui fit en peu de temps revenir aux riches presque toutes les terres partagées. Puis on garantit aux détenteurs la possession de ce qu'ils avaient encore, à la condition de

payer une redevance qui serait distribuée au peuple. Mais,
en 108, on supprima la redevance. De la loi agraire il ne
restait plus rien.

Les nobles pourtant gardèrent quelque retenue de la
sévère leçon que les Gracques leur avaient donnée. En
116, les censeurs dégradèrent 32 sénateurs. Le consul
Scaurus publia l'année suivante une nouvelle loi somptuaire
et restreignit les droits politiques des affranchis. Enfin,
quand éclatèrent les scandales de la guerre de Numidie, les
chevaliers, s'associant à l'indignation populaire, frappèrent
un pontife et quatre consulaires parmi lesquels Opimius,
qui alla mourir obscur et déshonoré à Dyrrachium. Mais les
grands trouvèrent que cette sévérité allait trop loin, et en
l'année 106, le consul Cépion fit rendre la moitié des places
de juges aux sénateurs.

Tout retombait donc dans l'ancien état, les pauvres dans
la misère, les grands dans le faste et la confiance. Des deux
fils de Cornélie il ne restait plus qu'un souvenir sanglant.
Mais l'homme qui devait si cruellement les venger, Marius,
était déjà dans les charges. C'était un citoyen d'Arpinum,
rude et illettré, soldat intrépide, bon général, mais aussi
irrésolu au forum qu'il était ferme dans les camps. Au siége
de Numance, Scipion l'avait remarqué; l'appui des Métellus
qui avaient toujours protégé sa famille le fit arriver en 119
au tribunat. Son premier acte fut une proposition contre la
brigue. Toute la noblesse se récria contre cette audace d'un
jeune homme inconnu; mais, dans le sénat, Marius menaça
le consul de la prison et appela son viateur pour y traîner
Métellus. Les grands ne voulurent pas engager une nouvelle
lutte pour un objet secondaire; la rogation passa. Le peuple
applaudissait; mais, quelques jours après, le tribun fit rejeter une distribution gratuite de blé. Cette prétention de
faire la leçon aux deux partis tourna tout le monde contre
lui. Aussi échoua-t-il, quand il brigua l'une après l'autre les
deux édilités. En 117, il n'obtint la préture que le dernier;
encore l'accusa-t-on d'avoir acheté des suffrages. Ces accusations, cette difficulté à se faire jour, ralentirent son zèle;
il passa obscurément à Rome l'année de sa préture, et ne

se signala l'année suivante dans son gouvernement de l'Espagne Ultérieure que par la vigueur qu'il déploya contre les
brigandages des habitants. A son retour, le paysan d'Arpinum scella sa paix avec les nobles par un grand mariage :
il épousa la patricienne Julia, grand'tante de César ; et Métellus, oubliant, en faveur de ses talents militaires, la conduite qu'il avait tenue dans son tribunal, l'emmena comme
son lieutenant, en Numidie.

Guerre de Jugurtha (113-104); honte des armes romaines (111-110).

Depuis la destruction de Carthage, le nord de l'Afrique
était partagé entre trois dominations : à l'ouest, le royaume
de *Mauritanie* (empire du Maroc); au centre, celui de *Numidie* (Algérie), qui s'étendait du *Mulucha* (Molouya) au
Tusca (Zaïne); et derrière ce fleuve, la province romaine,
l'ancienne *Zeugitane* (beylik de Tunis), tout enveloppée,
grâce aux empiétements de Massinissa sur les Carthaginois,
par les possessions des rois numides. Massinissa et ses successeurs avaient travaillé à rendre leurs Numides séden-
taires ; ils avaient encouragé l'agriculture, multiplié les villes
et appelé la civilisation romaine. La Numidie n'était donc
plus à dédaigner; son éducation sociale était à moitié faite;
et, puisqu'il y avait maintenant profit pour Rome à s'en
saisir, son indépendance ne pouvait tarder à périr. Ses rois
mêmes y aidèrent.

A la mort de Massinissa, Scipion Émilien avait partagé la
Numidie entre les trois fils du vieux prince : une fin préma-
turée enleva les deux aînés, et le troisième, Micipsa, resta
seul roi, mais il avait lui-même deux fils, Adherbal et
Hiempsal, entre lesquels il comptait aussi diviser ses États.
Avec ses enfants, Micipsa avait élevé le fils naturel d'un de
ses frères, Jugurtha, qui semblait avoir hérité de l'indomptable courage et de l'ambition peu scrupuleuse de son aïeul.
Comme Massinissa, c'était le meilleur cavalier de l'Afrique,
et nul n'attaquait le lion avec plus de courage dans les
grandes chasses sur les flancs de l'Atlas. En voyant croître

chaque jour sa réputation, Micipsa craignit d'avoir nourri
lui-même un rival pour ses fils ; dans l'espérance que la
guerre l'en débarrasserait, il le chargea de conduire un
secours à Scipion devant Numance. Quand il retourna en
Afrique avec de brillants témoignages de la faveur de
Scipion, Micipsa crut prudent de ne pas lui laisser faire sa
part lui-même ; il l'adopta et lui donna en mourant un tiers
du royaume pour racheter le reste. Adherbal, Hiempsal et
Jugurtha devaient régner conjointement (118). Dès les premiers jours, des querelles s'élevèrent ; Jugurtha, levant le
masque, fit égorger Hiempsal; et Adherbal, battu en voulant
venger son frère, fut forcé de se réfugier dans la province
romaine (117). Il alla à Rome plaider sa cause dans le sénat;
mais le sénat, dont la politique voulait que la Numidie restât
divisée, se contenta de décréter l'envoi de dix commissaires
pour partager le royaume entre les deux princes.

Le chef de l'ambassade, Opimius, était gagné même avant
de quitter Rome ; les autres cédèrent aussi à l'influence de
l'or numide, et Jugurtha obtint d'eux ce qu'il voulait : la
meilleure part de la succession de Micipsa. Il ne s'en contenta
pas longtemps. D'abord il fit ravager les terres d'Adherbal,
puis il supposa une conspiration formée par ce prince contre
sa vie, et aux vives plaintes que lui fit porter Adherbal, il
répondit par une guerre ouverte que termina un bataille
livrée sous les murs de la ville royale de *Cirta* (Constantine).
Quelques sénateurs voulaient diriger aussitôt une armée sur
l'Afrique ; les amis de Jugurtha obtinrent qu'on envoyât
encore une députation à la tête de laquelle on plaça Æmilius Scaurus. Soit faiblesse, soit corruption, Scaurus et ses
collègues ne rapportèrent que de belles promesses et sans
doute beaucoup d'argent. Ils n'étaient pas arrivés à Rome
qu'Adherbal, forcé par la famine de se rendre, périssait dans
les supplices avec tous les Latins qui l'avaient défendu (112).
L'indignation du peuple força le sénat d'envoyer une armée
en Afrique. Calpurnius, qui la commandait, ne fit rien et
vendit la paix au roi (111). A cette nouvelle, le tribun Memmius éclata avec une éloquence qui rappelait celle de Caïus.
« Vous avez laissé honteusement périr vos défenseurs, disait-

il au peuple; n'importe, j'attaquerai comme eux cette faction orgueilleuse qui, depuis quinze ans, vous opprime. Vous vous indignez tout bas de voir le trésor public au pillage et les tributs des rois et des nations confisqués par quelques hommes; mais pour eux ce n'était pas assez; il a fallu qu'ils livrassent à vos ennemis vos lois, votre majesté, la religion et l'État ! » Et il fit décréter que Jugurtha serait cité à Rome. Le roi ne craignit pas d'obéir à cette étrange assignation; mais quand Memmius lui ordonna de parler, un autre tribun qu'il avait secrètement acheté, Bœbius, lui défendit de répondre. Un compétiteur au trône de Numidie était dans la ville; il le fit assassiner (110). C'était trop. Le sénat lui ordonna de sortir à l'instant de Rome. Quand il en eut passé les portes, il se retourna, et, jetant sur elle un regard plein de mépris et de haine : « Ville à vendre ! s'écria-t-il, il ne te manque qu'un acheteur. »

Albinus le suivit en Afrique et parut vouloir pousser vivement la guerre; mais Jugurtha, tantôt combattant, tantôt négociant, gagna le temps des comices, et le consul, rappelé à Rome, laissa à son frère Aulus ses légions qui, enfermées par les Numides, renouvelèrent la honte essuyée devant Numance et passèrent sous le joug. Un tribun fit ordonner, par le peuple, une enquête. Quatre consulaires, un pontife, furent condamnés.

Commandement de Métellus et de Marius (109-104).

Cependant cette guerre, dont on s'était joué d'abord, devenait inquiétante, parce qu'une autre plus terrible, celle des Cimbres, s'approchait de l'Italie. On porta au consulat un homme intègre et sévère, Cæcilius Métellus, à qui le sort donna l'Afrique pour province; il fallait chasser de l'armée le brigandage, la lâcheté et l'insubordination; Métellus s'occupa d'abord de rétablir la discipline, puis, sûr de ses soldats, il s'avança jusqu'à *Vacca* (Baga), la prit, et maître alors d'une place qui assurait ses communications avec la province, ses vivres et sa retraite, il alla chercher Jugurtha

et le battit près du *Muthul* (109). Cette victoire entraîna la
défection de plusieurs villes, de *Sicca* (El-Kef), non loin du
Bagradas (Mezdjerda), et peut-être aussi de *Cirta* (Constantine). Jugurtha renonça aux batailles rangées, et commença
une guerre d'escarmouches que la nature du pays favorisait,
suivant pas à pas, par les montagnes, la lourde infanterie
romaine, arrêtant les convois, enlevant les fourrageurs,
troublant les sources et ravageant lui-même le pays.

Cependant la plus grande partie de la *Numidie Massy-*
lienne (l'O. du beylik de Tunis et l'E. de la province de
Constantine) était soumise ; Sicca, Vacca, sa capitale, Cirta,
et toutes les villes de la côte étaient occupées par des garnisons romaines. Le roi s'effraya d'une guerre qui devenait si
sérieuse ; il demanda la paix et livra 200 000 livres d'argent, ses éléphants, des armes, des chevaux et tous les
transfuges. Mais quand il reçut l'ordre de venir lui-même
se rendre au consul, il ne put s'y résoudre, et Métellus,
continué dans son commandement, recommença les hostilités en gardant ce qu'il avait reçu. Jusqu'alors Marius avait
loyalement secondé son chef. Quand il demanda à son général la permission d'aller à Rome briguer le consulat, Métellus
lui répondit dédaigneusement : « Il sera temps de te présenter quand mon fils aura l'âge. » Le jeune Métellus faisait
alors ses premières armes (108). Le consul ne céda que
douze jours seulement avant les comices. Marius fit une telle
diligence qu'il arriva le septième jour à Rome. Le peuple le
nomma aussitôt et lui assigna pour province la Numidie.
Dès lors il ne garda plus de mesure. « Mon consulat et ma
province, disait-il, sont les dépouilles opimes enlevées sur
les nobles ; ces gens-là méprisent ma naissance, moi leurs
vices ; ils oublient que le plus noble, c'est le plus brave. »
Ce qui fut plus grave que ces paroles haineuses, c'est qu'il
ouvrit les légions aux prolétaires et aux Italiens, soldats
pauvres qui dépendront de leur chef bien plus que de la
république (107).

La nouvelle des derniers succès de Métellus hâta le départ
du nouveau consul ; ce général, à l'ouverture de sa troisième
campagne, avait encore une fois dispersé l'armée numide et

13

pris Thala au milieu du désert. Jugurtha, menacé par la trahison, poursuivi sans relâche par un infatigable ennemi, ne savait plus où reposer sa tête. Longtemps il erra dans les déserts des Gétules. Sa réputation, ses trésors, attirèrent autour de lui ces barbares ; il les arma, les disciplina, et, se retrouvant à la tête de forces nombreuses, il traita avec son beau-père Bocchus, roi de Mauritanie. Les deux rois réunirent leurs forces et marchèrent vers Cirta, sous les murs de laquelle les Romains s'étaient retranchés. C'est là que Métellus apprit que son commandement lui était enlevé ; il partit pour ne point remettre lui-même l'armée à son odieux rival.

Marius fit une guerre plus serrée ; dans maintes escarmouches, il battit les Gétules, et il faillit même, près de Crita, tuer de sa main Jugurtha. Quand il eut ainsi aguerri ses troupes, il alla occuper *Capsa* (Cafza), qu'il prit en un jour, sans perdre un seul homme. Beaucoup d'autres villes furent enlevées encore ou abandonnées de leurs habitants. Vers les frontières de Mauritanie, il s'empara, par l'adresse d'un soldat ligure, d'une forteresse qui renfermait une partie des richesses du roi. Ce fut à ce siége que Sylla, son questeur, vint le rejoindre avec un corps de cavalerie latine. Avide de gloire, brave, éloquent, et d'un zèle, d'une activité que rien n'arrêtait, Sylla fut bientôt cher aux soldats et aux officiers. Marius lui-même aima ce jeune noble qui ne comptait pas sur ses aïeux (106).

Jugurtha avait perdu ses villes et ses châteaux. Pour décider Bocchus à risquer une grande bataille, sa dernière espérance, il lui promit un tiers de son royaume. L'armée romaine, surprise par les deux rois dans une marche, fut comme assiégée durant une nuit sur une colline ; mais, au point du jour, les légionnaires reprirent l'avantage et firent un massacre des Maures et des Gétules. Une seconde surprise tentée sur les légions, près de Cirta, réussit un instant. Au milieu de la mêlée, Jugurtha criait, en montrant son épée ensanglantée, qu'il avait tué Marius, et déjà les Romains s'ébranlaient, quand Sylla et Marius lui-même accoururent. Les deux rois n'échappèrent que par une fuite précipitée. La fidélité de Bocchus ne survécut pas à ce double désastre. Cinq jours après la bataille, il demanda à traiter. Marius confia à son questeur la dangereuse mission d'aller conférer avec le roi maure. Ici les historiens ont placé le dramatique tableau des incertitudes de Bocchus, voulant un jour livrer Jugurtha aux Romains, et le lendemain Sylla au roi numide. La première trahison terminait la guerre et lui assurait une province ; la seconde attirait sur lui les vengeances de Rome, sans lui donner une chance de plus de succès, ni en ôter une au consul. Il n'a pas même dû y penser. Jugurtha, appelé à une conférence, fut chargé de liens et remis à Sylla, qui lui fit traverser, enchaîné, tout son royaume (106). Marius l'emmena à Rome. Après le triomphe, Jugurtha fut jeté dans le *Tullianum*. « Par Dieu, s'écriat-il en riant, que vos étuves sont froides ! » Il y lutta six jours contre la faim (104).

Bocchus reçut la Numidie Massessylienne ou occidentale ; la province d'Afrique fut agrandie d'une partie de la Numidie Massylienne ou orientale. Marius partagea le reste du royaume entre deux princes de l'ancienne famille royale. Il n'y avait pas à craindre que l'Afrique ainsi divisée pût jamais redevenir redoutable.

Neuf ans plus tard, le roi Apion céda la Cyrénaïque aux Romains.

Diverses expéditions des Romains pour s'assurer une route par terre vers la Grèce et l'Espagne (134-115).

Rome n'avait pas encore pris possession des Alpes ni assuré ses libres communications par terre avec l'Espagne et la Grèce, malgré plusieurs expéditions entreprises dans ce but. Tout récemment Porcius Caton ayant attaqué les Scordisques (114) avait péri avec toute son armée, et les barbares avaient étendu sur l'Illyrie entière leurs ravages. L'Adriatique les arrêta ; de colère, ils déchargèrent leurs flèches dans ses flots, puis ils parcoururent tous les pays au nord de la Grèce. Peu à peu cependant ils furent refoulés sur le Danube. Ces succès et la soumission des Carnes en 115 assuraient aux Romains la barrière des Alpes orientales ;

la destruction de la peuplade des Stœnes, dont pas un homme
ne voulut survivre à la défaite des siens, leur ouvrit les Alpes
maritimes (114). Déjà depuis huit ans ils avaient, au delà de
ces montagnes, une province.

Marseille avait couvert de ses comptoirs toute la côte, des
Alpes aux Pyrénées. Provoqués par ces empiétements, les
peuples voisins se soulevèrent. Marseille recourut en toute
hâte au sénat, et une armée romaine, après avoir écrasé les
Ligures Oxybes et Décéates, donna leurs terres aux Massaliotes (154). De nouvelles plaintes amenèrent une seconde
fois les légions contre les Salyes (125). Fulvius Flaccus, l'ami
des Gracques, puis Sextius les battirent. Les Voconces partagèrent leur sort ; mais cette fois Rome garda ce qu'elle
avait conquis ; elle eut une nouvelle province entre le Rhône
et les Alpes. Sextius lui donna une capitale, en fondant
Aquæ Sextiæ (Aix, 122). Les Édues, entre la Saône et la
Loire, demandèrent aussitôt à entrer dans l'alliance de
Rome. Les Allobroges, plus rapprochés de la nouvelle province, vinrent au contraire l'attaquer : 20 000 barbares restèrent sur le champ de bataille (121). L'année suivante, les
Romains, conduits par Fabius, franchirent à leur tour
l'Isère ; mais le roi des Avernes, Bituit, les rappela soudain
en jetant sur leurs derrières 200 000 Gaulois. Quand le roi
barbare, monté sur son char d'argent et entouré de sa meute
de combat, vit le petit nombre de légionnaires : « Il n'y en a
pas là, dit-il, pour un repas de mes chiens ; » mais la discipline, la tactique, surtout les éléphants, vainquirent cette
multitude. Quelque temps après, Bituit, attiré par Domitius
à une conférence, fut enlevé, chargé de chaines et conduit à
Rome. Fabius réunit à la province tout le pays que le Rhône
enveloppe, depuis le lac Léman jusqu'à son embouchure.
Les consuls des années suivantes passèrent le Rhône et étendirent la province jusqu'aux Pyrénées. Les Volkes Tectosages, maîtres de Toulouse, acceptèrent le titre de *fédérés*, et
la colonie de *Narbo Martius* (Narbonne) dut veiller sur les
nouveaux sujets. Sa position à l'embouchure de l'Aude en fit
bientôt la rivale de Marseille (118).

Cette province transalpine, gardée par ses deux colonies,

Aix et Narbonne, couverte par les Tectosages et les Édues,
récents alliés de Rome, était comme un poste avancé, d'où le
sénat contenait et surveillait les nations gauloises. C'est là
que Marius allait sauver l'Italie.

Invasion des Cimbres et des Teutons dans le Norique, la Gaule et l'Espagne (113-102).

La Cisalpine était encore effrayée par la récente apparition des Scordisques sur l'autre bord de l'Adriatique,
quand on apprit successivement que 300 000 Cimbres et
Teutons, reculant devant un débordement de la Baltique,
avaient franchi le Danube, qu'ils ravageaient le Norique,
qu'ils étaient déjà dans la vallée de la Drave, à deux journées de marche des Alpes carniques. Un consul, Papirius Carbon, courut au-devant d'eux, et fut battu ; et durant
trois années, le Norique, la Pannonie et l'Illyrie, depuis le
Danube jusqu'aux montagnes de la Macédoine, furent horriblement dévastés ; quand il n'y resta plus rien à prendre, la
horde traversa la Rhétie et, par la vallée du Rhin, entra sur
les terres des Helvètes. La moitié de ce peuple consentit à
les suivre, et tous ensemble ils descendirent le Rhin pour
pénétrer en Gaule.

Dans les Kimris de la Belgique, les Cimbres reconnurent
des frères ; ils laissèrent sous leur protection, à la garde de
6 000 hommes, tout le butin dont leur marche était embar-
rassée (110). Alors la Gaule subit, pendant une année, les
maux de la plus terrible invasion. Arrivés sur les bords du
Rhône, les Teutons virent encore devant eux ces Romains
qu'ils avaient déjà rencontrés dans leurs courses vers l'O-
rient. L'immensité de cet empire les frappa d'étonnement,
et reculant pour la première fois devant une bataille, ils
demandèrent au consul Silanus de leur donner des terres,
offrant en retour de faire pour la république toutes les guerres
qu'elle leur demanderait. « Rome, répondit Silanus, n'a ni
terres à donner ni services à demander. » Puis il passa le
Rhône et se fit battre (109) ; les coalisés ne purent cependant forcer le passage du fleuve. Au printemps de l'année
107, les Tigurins s'acheminèrent vers Genève, où le Rhône

offrait des gués; les Teutons devaient attaquer par le bas du
fleuve. Les Romains aussi partagèrent leurs forces ; leurs
deux armées furent écrasées. Heureusement les barbares
passèrent une année à jouir de leurs victoires ; ils laissèrent
même le consul Cépion saccager la capitale des Volkes Tectosages, avec lesquels ils traitaient. Du sac de Toulouse,
Cépion recueillit 110 000 livres pesant d'or et 1 500 000 livres
d'argent. Il dirigea ce riche butin sur Marseille; mais des
hommes apostés par lui tuèrent l'escorte et enlevèrent l'argent (106).

L'année suivante, le sénat envoya une nouvelle armée et
un autre consul, Manlius, qui dut partager avec Cépion le
commandement. Cette mesure mauvaise amena un épou-
vantable désastre : les deux camps placés près d'Orange,
furent attaqués l'un après l'autre et forcés ; 80 000 légionnaires, 40 000 esclaves ou valets d'armée tombèrent sous le
glaive; tout le reste fut pris. Dix hommes seulement échappèrent ; de ce nombre était Cépion et un jeune chevalier
romain que nous retrouverons plus tard, Q. Sertorius. Tout
blessé qu'il était, il avait traversé le Rhône à la nage, sans
quitter sa cuirasse ni son bouclier. C'était la sixième armée
romaine détruite par les barbares (6 octobre 105):

Cependant au lieu de franchir les Alpes, ils tournèrent
vers l'Espagne. Cette diversion fut le salut de Rome. Elle eut
le temps de rappeler Marius d'Afrique, et de l'envoyer garder
les Alpes. Pour approvisionner son camp, placé sur la rive
gauche du Rhône, il voulut creuser, de la mer au fleuve, un
canal qui pût en tout temps recevoir les vaisseaux de Marseille et de l'Italie. Ses soldats l'exécutèrent. On les appelait
par dérision les mulets de Marius. Mais, dans ces pénibles
ouvrages, les légionnaires perdaient les molles habitudes
qui depuis un demi-siècle s'étaient introduites dans les
camps, et qui venaient de coûter six armées à la république.
Il modifia les armes du légionnaire, auquel il donna un
bouclier rond, plus léger, et un javelot qui, une fois lancé,
ne pouvait plus servir et gênait l'ennemi qui l'avait reçu dans
ses armes. Autrefois, l'ordre de bataille était de trois lignes,
les hastaires, les princes et les triaires; il composa les

cohortes de manipules fournis par ces trois armes, de sorte
que chaque cohorte fut une image de la légion entière. Enfin,
les barbares revinrent avec l'intention, cette fois, de pénétrer
en Italie. Les Cimbres prirent à gauche par l'Helvétie et le
Norique, pour descendre par le Tyrol et la vallée de l'Adige.
Les Teutons marchèrent à Marius, qui, pour habituer ses
soldats à voir de près les barbares, leur refusa longtemps
de combattre.

Bataille d'Aix (102); bataille de Verceil (101).

Cependant, près d'Aix, l'action s'engagea. Une première
attaque fut malheureuse pour les barbares. Une seconde bataille livrée deux jours après la première, ne leur réussit pas
mieux : attaqués en face par les légions, surpris par derrière
par un lieutenant de Marius, ils ne purent résister. Le massacre fut horrible, comme dans toutes ces mêlées de l'antiquité où l'on se battait à l'arme blanche, homme à homme
(102). Après la bataille, Marius ayant choisi pour son triomphe
les plus belles armes et les plus riches dépouilles, fit de tout
le reste un immense amas pour le brûler en l'honneur des
dieux. Déjà l'armée entière entourait le bûcher, couronnée
de lauriers; lui-même vêtu de pourpre, les reins ceints de
sa toge, comme pour les sacrifices solennels, et élevant de
ses deux mains vers le ciel un flambeau allumé, il allait
mettre le feu, lorsqu'on vit accourir à toute bride quelques-
uns de ses amis; ils lui apportaient la nouvelle que le peuple
l'avait élu consul pour la cinquième fois. L'armée témoigna
sa joie par des cris de triomphe, qu'elle accompagna du
bruit guerrier des armes; et les officiers ayant de nouveau
couronné Marius de lauriers, il mit le feu au bûcher et acheva
le sacrifice.

La guerre n'était point finie, les Teutons seuls avaient été
exterminés; restaient encore les Cimbres. Catulus, qu'on
avait envoyé pour défendre contre eux le passage des Alpes,
désespérant de garder ces défilés, s'était réfugié derrière
l'Adige. Comme ils ne pouvaient passer la rivière, les barbares résolurent de la combler. Coupant donc les tertres des
environs, déracinant les arbres, détachant d'énormes ro-

chers, ils les roulaient dans le fleuve pour en resserrer le
cours ; ils jetaient en même temps, au-dessus du pont que
les Romains avaient construit, des masses d'un grand poids,
qui, entraînées par le courant, venaient battre le pont et en
ébranlaient les fondements. Les légions effrayées forcèrent
leur général de reculer jusque derrière le Pô, et Marius,
rappelé en toute hâte, fut envoyé au secours de son collègue.

Les Cimbres attendaient pour combattre l'arrivée des
Teutons ; ils ne voulaient pas croire à leur défaite, et envoyèrent même à Marius des ambassadeurs chargés de lui
demander pour eux et pour leurs frères des terres et des
villes où ils pussent s'établir. « Ne vous inquiétez pas de vos
frères, leur dit le consul, ils ont la terre que nous leur avons
donnée, et qu'ils conserveront à jamais. » En même temps
il ordonna qu'on amenât, chargés de chaînes, les rois des
Teutons, que les Séquanes avaient faits prisonniers comme
ils s'enfuyaient vers la Germanie. Les Cimbres lui demandèrent alors de fixer le lieu et le jour du combat. Il leur
proposa la plaine de Verceil. Tous furent exacts au rendez-
vous. Mais à peine le combat était-il commencé qu'il s'éleva
sous les pas de cette multitude un tel nuage de poussière
que les deux armées ne purent se voir. Marius, qui s'était
avancé pour tomber le premier sur l'ennemi, le manqua
dans cette obscurité, et ayant poussé bien au delà du champ
de bataille, il erra longtemps dans la plaine, tandis que Catulus avait seul à soutenir tout le poids du combat. Les
rayons brûlants du soleil qui donnait dans le visage des
barbares, secondèrent les Romains. Les plus braves d'entre
les Cimbres furent taillés en pièce, car pour empêcher que
ceux des premiers rangs ne rompissent leur ordonnance, ils
s'étaient liés ensemble avec de longues chaînes attachées à
leurs baudriers. Les vainqueurs poussèrent les fuyards jusqu'à leurs retranchements, et ce fut là qu'on vit le spectacle
le plus affreux. Les femmes, vêtues de noir et placées sur
les chariots, tuaient elles-même les fuyards ; elles étouffaient
leurs enfants, les jetaient sous les roues des chars ou sous
les pieds des chevaux et se tuaient ensuite elles-mêmes. Une
d'entre elles, après avoir attaché ses deux enfants à ses deux

talons, se pendit au timon de son chariot. Les hommes, faute d'arbres pour se pendre, se mettaient au cou des nœuds coulants qu'ils attachaient aux cornes ou aux jambes des bœufs, et les piquant ensuite pour les faire courir, ils périssaient étranglés ou foulés aux pieds de ces animaux. Malgré le grand nombre de ceux qui se tuaient ainsi de leurs propres mains, on fit plus de 6000 prisonniers, et on en tua deux fois autant (101).

Les honneurs rendus à Marius après cette victoire témoignèrent de la crainte des Romains. Il fut surnommé le troisième Romulus; chaque citoyen, à la nouvelle de sa victoire, répandit des libations en son nom. Lui-même il s'imagina avoir égalé les exploits de Bacchus dans l'Inde, et il fit ciseler sur son bouclier la tête d'un barbare tirant la langue. Rome croyait en effet avoir étouffé la barbarie dans ses bras puissants.

CHAPITRE XVIII.

SECONDE RÉVOLTE DES ESCLAVES, DES PAUVRES DE ROME ET DES ITALIENS. SOULÈVEMENT DES PROVINCIAUX (103-84).

SOULÈVEMENTS D'ESCLAVES EN CAMPANIE ET EN SICILE: SALVIUS ET ATHÉNION (103-100).—NOUVEAUX MOUVEMENTS POPULAIRES; SATURNINUS (100) —OPPRESSION DES ITALIENS: ILS CHERCHENT A S'ÉTABLIR DANS ROME.— DRUSUS (91). — GUERRE SOCIALE (90-88). — LOI JULIA (90); SUCCÈS DE POMPÉE ET DE SYLLA; LOI PLAUTIA-PAPIRIA. — MARIUS ET SULPICIUS CHASSENT SYLLA DE ROME (88). — RETOUR DE SYLLA; FUITE DE MARIUS. — CINNA RAPPELLE MARIUS (87); PROSCRIPTIONS; MORT DE MARIUS (86). — SOULÈVEMENT DES PROVINCES ORIENTALES OU GUERRE DE MITHRIDATE (88-84): PREMIERS DÉMÊLÉS DE MITHRIDATE AVEC ROME.— MASSACRE DE TOUS LES ROMAINS EN ASIE (88). — SIÉGE D'ATHÈNES PAR SYLLA (87-86); BATAILLES DE CHÉRONÉE ET D'ORCHOMÈNE (86). — PAIX AVEC LE ROI DE PONT (84).

Soulèvements d'esclaves en Campanie et en Sicile; Salvius et Athénion (103-100).

Pendant que Marius arrêtait la première invasion germanique, derrière lui les esclaves se soulevaient une seconde fois. Un premier complot fut découvert à Nucérie ; un autre à Capoue ; tous deux furent déjoués. Un soulèvement plus dangereux fut excité par un chevalier romain, Vettius, qui, criblé de dettes, arma ses esclaves et tua ses créanciers. Il prit le diadème et la pourpre, s'entoura de licteurs et appela à lui tous les esclaves campaniens ; mais trahi par un des siens, il se tua pour ne pas tomber vivant aux mains de l'ennemi. Le mouvement arrêté dans la Campanie avait déjà gagné la Sicile. La plus forte troupe prit pour chef un certain Salvius, renommé pour ses connaissances dans l'art des aruspices ; quand il eut réuni 20 000 fantassins et 2000 cavaliers, il attaqua Morgantia ; un préteur fut battu en voulant la secourir. Les esclaves des environs de Ségeste et de Lilybée avaient mis à leur tête le Cilicien Athénion. Celui-ci ne recevait que les hommes forts et exercés, obligeait les autres à travailler pour l'armée et défendait le pillage. On comptait sur la mésintelligence des deux chefs, mais Athénion vint se mettre sous les ordres de Salvius, et osa livrer à Lucullus une bataille en rase campagne. Les esclaves ne lâchèrent pied que quand ils l'eurent vu tomber. Ils se réfugièrent à Triocale. Après quelques jours de siège, Lucullus se retira ; on le punit à Rome d'une amende. Son successeur, Servilius, fut encore moins heureux ; Athénion, qui n'avait été que blessé, avait remplacé Salvius, mort quelque temps après la bataille ; il déploya une activité qui réduisit son adversaire à l'inaction. Rome se vengea en condamnant Servilius à l'exil et se décida à envoyer enfin un consul contre ces rebelles, Manius Aquilius. Ce digne collègue de Marius tua Athénion en combat singulier et dispersa ses troupes. Ceux qu'on saisit furent envoyés à Rome et livrés aux bêtes, mais ils trompèrent les plaisirs du peuple en se tuant les uns les autres ; leur chef égorgea le dernier survivant, puis se frappa lui-même. Un nombre immense d'esclaves avaient péri dans les deux guerres. Des règlements atroces les continrent à l'avenir : il leur fut défendu, sous peine de mort, d'avoir des armes, même l'épieu dont les pâtres se défendaient contre les bêtes fauves.

Nouveaux mouvements populaires; Saturninus (100).

La guerre de Numidie, celle des Cimbres, même celle des esclaves avaient mis à nu l'impéritie aussi bien que la vénalité des nobles. Ce déshonneur des grands avait rendu aux tribuns la voix et le courage; le parti populaire s'était réorganisé et croyant trouver un chef dans Marius, il l'avait porté au consulat. A l'abri de son nom et de ses services, les tribuns recommencèrent la guerre contre le sénat : le désastre d'Orange et les concussions de Cépion servirent de prétexte. Cépion, déposé, fut jeté en prison, où peut-être il périt étranglé.

En l'an 103, le tribun Domitius transféra au peuple l'élection des pontifes, et l'année suivante, Marcius Philippus proposa une loi agraire. Elle fut rejetée; mais son collègue au tribunat, Servilius Glaucia, pour payer l'assistance des chevaliers, arracha aux sénateurs les places de juges que Cépion leur avait rendues, et assura le droit de cité au Latin qui pourrait convaincre un sénateur de concussion. Le tribunat redevenait donc agresseur : le sang des Gracques semblait lui avoir rendu sa vieille énergie populaire.

Telle était la situation intérieure de la république quand Marius revint de la Cisalpine. Il voulait un sixième consulat. Mais les grands trouvaient que le paysan d'Arpinum avait eu assez d'honneurs; ils lui opposèrent son ennemi personnel, Métellus le Numidique. Marius fut réduit cette fois à acheter les suffrages. Il ne le leur pardonna pas.

Il y avait alors à Rome un personnage compté parmi les plus mauvais citoyens, L. Apuléius Saturninus. Tribun en 102, Saturninus contribua beaucoup à assurer à Marius son quatrième consulat. Marius, à son tour, le poussa à demander un second tribunat (100). Cette candidature tourna mal. Nonius, un ami des grands, fut préféré. Le nouveau tribun se retirait après l'élection, quand Saturninus, aidé du préteur Glaucia, se jeta sur lui et l'égorgea. Le lendemain, au petit jour, une assemblée formée des assassins de la veille proclama Saturninus.

Son premier soin fut de payer ses complices. Il renouvela

la loi de Caïus pour les distributions de blé au peuple, mais
en supprimant la légère rétribution que Caïus avait établie.
Il proposa de distribuer aux citoyens pauvres tout le pays
occupé par les Cimbres, dans la Transpadane, de donner à
chacun des vétérans de Marius cent arpents en Afrique, d'a-
cheter d'autres terres en Sicile, en Achaïe et en Macédoine;
enfin d'autoriser Marius à donner le droit de cité à trois
étrangers dans chaque colonie. Un article additionnel portait, que si le peuple votait la loi, le sénat serait tenu d'en
jurer, dans les cinq jours, l'exécution; si un sénateur refusait le serment, il payerait 20 talents d'amende. Cette clause
inusitée était dirigée contre Métellus. Dès que la loi eut passé
au forum, Marius réunit le sénat, promit de refuser le serment, et le cinquième jour le prêta. Les sénateurs l'imitèrent, le seul Métellus resta fidèle à l'engagement qu'ils
avaient tous pris. On s'y attendait. Saturninus réclama aussitôt l'amende. Métellus ne voulut ou ne put la payer, et partit
pour l'exil.

Marius avait satisfait son ambition et sa haine; il était
tout-puissant; mais il ne sut que faire de ce pouvoir; et
Saturninus enhardi par sa faiblesse prit le premier rôle :
ses desseins sont mal connus, peut-être qu'il n'en eut pas.
Cependant les Italiens, les étrangers l'entouraient; et une
fois on les entendit le saluer du nom de roi; à la tribune il
parlait sans cesse de la vénalité des grands, et il évoquait le
souvenir des Gracques. Un jour il présenta au peuple un
prétendu fils de Tibérius Gracchus, élevé, disait-il, dans le
secret, depuis la mort de son père. Il voulait lui-même se
faire réélire, en même temps que Glaucia, toujours mêlé à
ses plans, obtiendrait le consulat. Mais les comices élurent
unanimement le grand orateur Marc Antoine, et Memmius,
autre homme honorable, allait obtenir la seconde place,
quand la bande de Saturninus se rua sur lui au milieu du
forum et l'égorgea.

Cette fois, tout le monde se souleva contre les assassins;
Marius, vivement pressé de sévir contre eux, hésita longtemps. Pendant la nuit, Glaucia, Saturninus, le faux Gracchus et le questeur Sauféius, s'étaient emparés avec leur

bande du Capitole. Le sénat lança la formule, *Caveant con-*
sules, et Marius vint assiéger lui-même ses anciens complices. Il coupa les conduits qui fournissaient de l'eau à la
forteresse. Saturninus comptait encore sur sa protection ; il
se rendit ; le consul le conduisit avec Glaucia et Sauféius dans
le lieu ordinaire des séances du sénat, espérant peut-être
encore les sauver. Mais quelques citoyens montèrent sur
l'édifice, en arrachèrent la toiture et lapidèrent le tribun avec
ses deux complices.

Marius tenta vainement d'arrêter la réaction : le peuple
prononça le rappel du Numidique. Une foule immense l'accueillit à son retour ; et il eut comme une entrée triomphale
(99). Marius ne voulut pas en être témoin ; sous prétexte
d'accomplir des sacrifices qu'il avait voués à Cybèle, il partit
pour l'Asie, dans la secrète espérance d'amener entre Mithridate et la république cette rupture que Saturninus avait
déjà provoquée par des insultes (98). Il avait besoin d'une
guerre pour se relever aux yeux de ses concitoyens. Il disait
lui-même : « Ils me regardent comme une épée qui se rouille
dans la paix. »

Quelques années s'écoulèrent dans un repos apparent, car
le sort de Saturninus effrayait les ambitieux qui auraient
voulu faire fortune par le peuple. Il devenait évident qu'il
n'y avait plus de parti populaire et que le tribunat du complice de Marius serait la dernière tentative sérieusement faite
pour le reconstituer. Dès lors, en effet, les plébéiens furent
remplacés par les soldats, les tribuns par les généraux, et les
émeutes du forum par les batailles des guerres civiles.

Oppression des Italiens; Ils cherchent à s'établir dans Rome.

Pour dompter les peuples de l'Italie, Rome avait profité
de ces haines municipales qui les empêchèrent toujours de
concerter leur résistance ; pour assurer leur obéissance, après
la victoire, elle avait encore accru par l'inégalité des conditions qu'elle imposa, les vieilles jalousies nées de la diversité
des origines, des idiomes et des cultes. Ce plan réussit, et
nous avons vu la fidélité des Italiens résister aux plus dan-

gereuses épreuves. Mais les alliés eurent le sort des plébéiens. Tant qu'on les crut nécessaires, on les respecta; dès
qu'ils devinrent inutiles, ils furent méprisés. Une commune
oppression effaça alors moralement toute différence; et bien
que les noms de municipes, de préfectures, de colonies, etc.,,
subsistassent toujours et répondissent à des distinctions
réelles, il n'y avait, à vrai dire, au point de vue politique,
dans toute la Péninsule, que deux grandes divisions : les
citoyens romains et ceux qui ne l'étaient pas. Dans l'enceinte
de la frontière romaine, était la légalité (*legitima judicia*);
au delà l'arbitraire et le despotisme (*dominium*). A Téanum,
un consul fit battre de verges le premier magistrat de la ville,
pour n'avoir pas fait évacuer les bains assez vite. A Féren-
tinum, pour le même motif, un préteur ordonna l'arrestation
des questeurs. L'un se précipita du haut des murs, l'autre
fut pris et battu de verges. Un homme de Venouse, rencon-
trant un jeune Romain qui voyageait dans une litière, demanda en riant aux esclaves s'ils portaient un mort; il périt
sous les coups. Dans une ville alliée, un consulaire, sous
prétexte de quelque négligence dans le soin des vivres qui
lui étaient destinés, fit publiquement battre de verges tous
les magistrats. En 183, les habitants de Naples et ceux de
Nole se disputaient un territoire; le consul Q. Fabius Labéo,
pris pour arbitre, assigna les terres contestées au peuple
romain. Des actes pareils se renouvelaient tous les jours;
et tous les jours les Italiens apprenaient à leurs dépens que
les mieux partagés d'entre eux n'avaient pas pour cela plus
de garantie contre l'arbitraire des magistrats ou l'insolence
des citoyens.

Les alliés, que ni la langue ni les mœurs ne distinguaient
des Romains, n'avaient pas plus les profits de la conquête,
et les honneurs militaires, réservés aux seuls citoyens, qu'ils
n'avaient les privilèges politiques et les droits civils. Le descendant d'un affranchi était plus que le fils de Perperna, le
vainqueur d'Aristonic; aussi beaucoup d'Italiens aspiraient-
ils à ce titre qui libérait d'impôt, ouvrait la carrière des honneurs, et faisait monter au rang des maîtres du monde; qui
couvrait d'une énergique protection la propriété et la liberté;

qui donnait la garantie de l'appel au peuple et celle des lois *Porcia* et *Sempronia*.

Longtemps il n'y eut cependant de la part des Italiens pour l'obtention du droit de cité que des efforts individuels. En 187, on trouva 12 000 Latins qui s'étaient établis à Rome et avaient donné leurs noms aux censeurs; le sénat les chassa. D'autres, par une vente simulée, livraient leurs enfants à un citoyen qui les affranchissait aussitôt. En 177, le sénat défendit ces ventes, mais sans succès. Chaque année arrivaient les plaintes des villes latines ; la fuite à Rome de leurs concitoyens laissant retomber sur ceux qui restaient le poids plus lourd de l'impôt et du contingent que le sénat ne diminuait pas. Ce mouvement des habitants du Latium vers Rome se communiqua au reste de l'Italie. En 177, les Samnites et les Péligniens demandèrent qu'on renvoyât dans leurs foyers 4000 de leurs compatriotes qui s'étaient établis à Frégelles, ville latine, pour y jouir des priviléges du nom latin et passer de là dans Rome. Ainsi les alliés se glissaient un à un dans la cité ; mais quand la reprise de la loi agraire par les Gracques eut effrayé les détenteurs du domaine, les Italiens qui, en très-grand nombre, avaient envahi ces terres publiques, n'eurent d'autre alternative que d'empêcher la loi de passer en réunissant leurs efforts à ceux des riches de Rome ; ou, en obtenant le droit de cité, de contraindre le peuple à partager avec eux. De là l'intervention des Italiens dans les troubles intérieurs de Rome, la révolte de Frégelles, les promesses de Caïus et celles de Marius, qui enrôla un grand nombre d'alliés dans ses légions. Le dernier encouragea les espérances de tous, en donnant sur le champ de bataille de Verceil le droit de cité à 1000 Ombriens et à des habitants d'Iguvium et de Spolète. On lui reprochait cet acte comme un empiétement sur la souveraineté du peuple. « Le bruit des armes, dit-il, m'a empêché d'entendre la loi. » Autour de Saturninus, quelques-uns prononcèrent le nom de roi, mais la mort de ce tribun et la réaction aristocratique qui suivit l'exil de Marius trompèrent encore une fois leurs espérances ; les consuls de l'année 95 portèrent au comble l'exaspération des alliés en chassant de la ville tous ceux qui s'y étaient établis (loi *Licinia-Mucia*), comme cela avait eu lieu déjà en 187 et 177. Plus récemment le séjour de Rome leur avait été interdit; et l'on avait vu en l'année 125 le vieux père du consul Perperna repoussé comme intrus, de la ville où son fils avait envoyé un roi prisonnier.

Drusus (91).

Il se trouva cependant un homme, Drusus, qui eut encore le courage de tenter, à l'exemple des Gracques, une réforme radicale. C'était le fils de l'adversaire de Caïus, Livius Drusus. Tribun en l'année 91, il prit au sérieux le rôle qu'avait joué son père, à la fois ami du sénat et du peuple. Pour fortifier dans l'État l'aristocratie, l'élément de durée, il rendit les jugements aux sénateurs; mais il fit entrer 300 chevaliers dans le sénat. Pour relever la démocratie, l'élément de force, et tirer le peuple de son abaissement et de sa misère, il promit à tous les pauvres des distributions gratuites de terres en Italie, en Sicile, et, à tous les alliés, le droit de cité. Malheureusement ces lois mécontentaient à la fois le sénat, qui repoussait de son sein les chevaliers; l'ordre équestre, pour lequel il ne pouvait y avoir de compensation à la perte des jugements; le petit peuple, à qui l'on demandait de travailler pour vivre; tous enfin, en élevant les sujets à la condition des maîtres. Parmi les alliés mêmes, beaucoup s'alarmaient de ces colonies promises au peuple de Rome, et qui ne pouvaient être fondées qu'à leurs dépens. Les Étrusques et les Ombriens, plus particulièrement menacés, se souciaient bien moins du titre de citoyen qu'on leur offrait, que des terres qu'on leur voulait ôter. Mais les autres Italiens, se rattachant à Drusus, comme à leur dernière espérance, accoururent en foule autour de lui. Un d'eux, le Marse Pompédius Silo, parvint à réunir jusqu'à 10 000 hommes. Il leur fit prendre des armes sous leurs vêtements, et, à leur tête, s'achemina vers Rome par des sentiers détournés. En chemin il fut rencontré par le consulaire Domitius, qui lui demanda pourquoi cette foule qui le suivait. « Je vais à Rome où le tribun nous appelle, » répondit Pompédius. Cependant, sur

l'assurance réitérée que le sénat était, de son propre mouvement, décidé à leur rendre justice, il se laissa persuader
de renvoyer ses gens.

A Rome, l'irritation des esprits était extrême. Le jour du
vote, le consul voulut arrêter les suffrages ; mais un viateur
du tribun le saisit à la gorge avec tant de violence que le
sang jaillit de la bouche et des yeux. Les lois passèrent. On
pouvait croire la lutte finie ; elle recommença plus vive. Dès
que le sénat eut les jugements, il se repentit d'avoir accepté
les autres *rogations* et voulut les abroger. Les chevaliers
n'attendirent même pas cette réparation légale. Un soir Drusus fut blessé au milieu de la foule d'un coup mortel. Quelque temps auparavant, les conjurés italiens avaient voulu
tuer le consul, et il n'avait échappé que sur un avis de Drusus.

Les chevaliers profitèrent de la stupeur causée par ce
meurtre, sur lequel on n'ordonna aucune enquête, pour imposer un décret qui annulait les lois de Drusus. En même
temps le tribun Varius, Espagnol d'origine, et leur agent,
ordonna au nom du salut public des recherches contre tous
ceux qui avaient favorisé les alliés, contre tout Italien qui
s'immiscerait dans les affaires de Rome. Les autres tribuns
opposèrent leur veto. Mais les chevaliers, tirant des épées
cachées sous leurs robes, forcèrent l'assemblée d'accepter
cette loi *de majestate*. Aussitôt les plus illustres sénateurs se
virent cités en justice. Bestia, C. Cotta, Mummius, Pompéius Rufus furent bannis ou s'exilèrent. Scaurus lui-même
fut accusé par Varius. Pour toute réponse, il dit : « L'Espagnol Q. Varius accuse M. Scaurus, prince du sénat, d'a-
voir excité les alliés à la révolte. Æmilius Scaurus, prince
du sénat, le nie; lequel des deux croirez-vous? » L'explosion de la guerre sociale arrêta ces vengeances de l'ordre
équestre.

Guerre sociale (90-88).

Les alliés s'étaient décidés à recourir aux armes. Les
Marses se mirent à la tête du mouvement, et l'âme de la
guerre fut leur compatriote Pompédius Silo. Huit peuples,
les Picentins, les Vestins, les Marses, les Marrucins, les Pé-

ligniens, les Samnites, les Lucaniens et les Apuliens, se
donnèrent des otages et concertèrent un soulèvement général. Ils ne devaient tous former qu'une même république
organisée à l'image de Rome, ayant un sénat de 500 membres, 2 consuls, 12 préteurs, et pour capitale la forte
place de Corfinium, qu'ils appelèrent du nom significatif
d'Italica; plus tard ils frappèrent une monnaie où était représenté le taureau sabellien écrasant la louve romaine. Les
Latins, les Étrusques, les Ombriens et les Gaulois restèrent
fidèles. Le signal partit d'Asculum où le consul Servilius fut
massacré avec son lieutenant et tous les Romains qui se
trouvaient dans la ville; les femmes même ne furent pas
épargnées.

Les deux consuls italiens, le Marse Pompédius et le Samnite Papius Motulus, s'étaient partagé l'armée et les provinces : l'un devait agir au nord, de Carséoli jusqu'à l'Adriatique, soulever, s'il était possible, les Ombriens, les Étrusques, et pénétrer par la Sabine dans la vallée du Tibre;
l'autre, se porter au sud, vers la Campanie, et arriver à
Rome par le Latium. Couverts par les deux armées principales, les lieutenants avaient mission d'enlever les places
qui résistaient dans l'intérieur du pays et de chasser les
garnisons romaines de la Lucanie et de la Pouille. Avant
que le premier sang fût versé, les généraux alliés firent une
dernière tentative et envoyèrent des députés au sénat; on refusa de les entendre. Les Italiens, au nombre de 100 000, ouvrirent la campagne par le siége d'Albe, chez les Marses,
d'Æsernia, dans le Samnium, et de Pinna, chez les Vestins.
C'étaient trois fortes places qu'il fallait enlever avant de
sortir des montagnes. Le sénat mit aussi sur pied 100 000 légionnaires et chercha à cerner l'insurrection dans l'Apennin.
Les consuls étaient alors Jules César et P. Rutilius (90);
l'un garda la Campanie et chercha à pénétrer dans le Samnium; l'autre ferma la voie Tiburtine, la seule qui pénètre
dans les montagnes des Marses, et par laquelle Pompédius comptait sans doute déboucher. Perperna, jeté avec
10 000 hommes entre les deux armées consulaires, défendit
l'approche du Latium par les montagnes. Marius et Cépion

manœuvrèrent avec deux corps d'armée sur les ailes des légions de Rutilius pour donner la main par le sud à Perperna, par le nord au proconsul Cn. Pompée, qui pénétrait par l'Ombrie dans le Picénum, tandis qu'un autre légat, Sulpicius, entrait dans le pays des Péligniens. Ces deux généraux devaient prendre à revers l'armée de Pompédius Silo, et attaquer Corfinium et Asculum. Au sud-est, Crassus avait pareillement mission d'opérer dans la Lucanie, sur les derrières du Samnite Motulus. Des forces considérables furent aussi gardées dans Rome même, des postes placés aux portes et sur les murailles, et T. Pison chargé de faire fabriquer des armes.

Les Italiens eurent d'abord l'avantage. Le consul J. César fut battu par Vettius Scato et contraint de découvrir Æsernia, qui fit une héroïque résistance. Mais la trahison livra Vénafrum ; Perperna fut défait et Motulus, le consul italien, se précipita sur la Campanie par la brèche ouverte dans la ligne romaine. Nole lui fut livrée ; Salerne, Stabies, Herculanum, Pompeii et Liternum furent contraints d'accéder à la ligue. Quelques autres villes cédèrent encore ; il en tira 11 000 auxiliaires et il arma tous les esclaves qui vinrent à lui. Heureusement Naples, Acerræ et Capoue tinrent ferme. Les routes du Latium étaient donc encore fermées ; mais les villes de la Lucanie et de la Pouille, faiblement secourues, tombaient les unes après les autres, et César, en voulant dégager Acerræ, fut battu par Marius Egnatius. Dans le même temps, l'autre consul, Rutilius, périt dans une embuscade avec une partie de son monde. Marius était dans le voisinage; averti par les cadavres que le fleuve lui apportait, il se hâta de passer sur l'autre rive et courut s'emparer du camp des vainqueurs, encore occupés à ramasser les dépouilles sur le champ de bataille. Cn. Pompée n'était pas plus heureux au nord; battu devant Asculum, il s'était rejeté sur Firmum, où Afranius le tint enfermé. Cette retraite sur l'Adriatique découvrait l'Ombrie, où coururent de nombreux émissaires, et bientôt la fidélité des Étrusques et des Ombriens chancela ; dans le Latium même, des symptômes menaçants se montraient.

Quand ces nouvelles arrivèrent coup sur coup à Rome, ce fut un deuil universel. Comme aux jours des tumultes gaulois, tous les citoyens revêtirent l'habit de guerre, et on arma jusqu'aux affranchis. Heureusement les secours demandés par Rome aux rois et aux peuples amis arrivèrent. Le consul J. César reçut 10 000 Gaulois cisalpins amenés par Sertorius, et plusieurs milliers de Maures et de Numides venus d'Afrique, ce qui le mit en état de reprendre la campagne. Il marcha sur Acerræ pour en faire lever le siége, et malgré la désertion qui se mit dans les Numides, quand Motulus leur montra un fils de Jugurtha, Oxyntas, que les alliés avaient trouvé relégué à Vénouse, César lui tua 6000 hommes et fit entrer un secours dans la place.

Au nord, le légat Sulpicius, vainqueur des Péligniens, avait délivré Pompée, qui reprit aussitôt le siége d'Asculum. Un nouveau désastre, la mort du proconsul Cæpion, tombé dans un piége où l'attira Pompédius, et la prise d'Æsernia, forcèrent le sénat de donner à Marius toute l'ancienne armée consulaire. Il y eut bientôt remis l'ordre, et en choisissant habilement d'inexpugnables positions, il rendit inutiles les derniers succès des Marses. « Si tu es un si grand général, lui disait un chef allié, que ne viens-tu combattre? — Et toi-même, repartit Marius, si tu es si habile, que ne sais-tu m'y forcer? » Il les battit cependant et tua le préteur des Marrucins. Mais le paysan d'Arpinum, l'ancien complice de Saturninus, l'homme qui avait fait tant d'Italiens légionnaires et citoyens, ne combattait qu'à regret contre un parti qu'il avait jadis favorisé et où il comptait encore ses plus nombreux amis. Un jour qu'il fut contraint de livrer bataille, il le fit mollement, et refusa d'achever une victoire dont tout le profit et l'honneur revint à Sylla, qui tomba sur l'ennemi, le mit en désordre et compléta sa défaite. Ce rôle était difficile à jouer longtemps, il y renonça de lui-même, et sous prétexte de maux de nerfs qui ne lui permettaient plus la vie active des camps, il se retira, chagrin et rongé d'envie, dans sa maison de Misène. Sylla allait prendre la place que Marius abandonnait, et fonder sa fortune dans cette guerre où son rival avait perdu la sienne.

Loi Julia (90); succès de Pompée et de Sylla; loi Plautia-Papiria.

Deux villes des Ombriens et des Étrusques, Fésules et Otriculum, qui s'étaient déjà déclarées pour la ligue, venaient d'être contraintes de rentrer dans le devoir. Le sénat saisit cet instant de bonne fortune qui lui revenait pour faire une concession qui ne parût pas arrachée par la force; la loi Julia du consul César accorda le droit de cité à tous les habitants des villes restées fidèles qui viendraient à Rome, dans le délai de 60 jours, déclarer devant le préteur qu'ils acceptaient les droits et les charges du *jus civitatis* (90). Cette concession fut un des coups les plus habiles portés à la confédération italienne. Pour vaincre, Rome divisait ses adversaires; c'était son ancienne et toujours heureuse tactique.

L'année 89 ramena les succès. Le consul Porcius battit plusieurs fois les Marses. Il périt, il est vrai, dans une rencontre, et les Marses purent envoyer une armée au secours d'Asculum, que Pompée bloquait toujours; mais le consul la dispersa, et revint serrer plus étroitement la place. Un chef italien, Judacilius, se fit jour cependant à travers ses lignes; mais, dans la ville, il ne trouva que le découragement. Jugeant lui-même la cause des alliés perdue, il fit élever dans le temple principal un bûcher, dressa un lit au sommet, et après un dernier festin, il prit du poison et ordonna à ses amis de mettre le feu. Asculum eut le sort de son héroïque défenseur : les Romains égorgèrent les habitants et brûlèrent la ville. La chute de cette place et une défaite de Vettius Scato entraînèrent la soumission des Marrucins, des Vestins, des Péligniens; les Marses même posèrent les armes. Le préteur Cosconius et Métellus Pius pacifiaient en même temps l'Apulie, et dans la Campanie, Sylla détruisait Stabies, prenait Herculanum et Pompeii, et forçait les lignes du Samnite Cluentius. La Campanie et l'Apulie reconquises, la guerre allait se concentrer dans l'Apennin. Pompédius Silo, mis à la tête de 30 000 hommes qui restaient à la ligue, appela les esclaves à la liberté; 21 000 ac-

coururent; il invoqua aussi les secours de Mithridate.
Il était temps que Rome étouffât cette guerre; Sylla en
frappa les derniers coups. De la Campanie il passa chez
les Hirpins et pénétra jusqu'à Æsernia en franchissant des
montagnes, où il faillit périr, enveloppé par Motulus; il s'en
tira en feignant de vouloir traiter de la paix, revint battre
le général samnite, qui rentra blessé à mort dans la ville,
et par la prise de Bovianum, la seconde capitale de la ligue,
termina cette heureuse campagne, où il avait conquis le
consulat.

La mort de Pompédius Silo, qui périt dans une rencontre
avec Métellus, et la loi Plautia-Papiria, qui étendit le bénéfice de la loi Julia à tous les habitants des villes ayant
déjà le titre de fédérées, surtout l'habile modération du sénat à user de la victoire, enlevèrent à ce qui restait encore
de cette guerre toute force et tout danger. Tous les chefs de
l'insurrection avaient péri; le sénat italien, réfugié à Æsernia, s'était dispersé; seulement les Samnites, les Lucaniens
et quelques villes tenaient encore, comme Nole, que Sylla,
consul, revint assiéger. De nombreuses bandes couraient
aussi l'Apennin. Dans l'espérance de réveiller la guerre servile en Sicile, ces débris se jetèrent dans le Bruttium et essayèrent d'enlever Rhégium. Ayant échoué par la vigilance
du préteur C. Norbanus, ils se rejetèrent dans les impraticables forêts de la Sila, d'où ils sortirent pour se mêler à la
lutte sanglante de Sylla et de Marius (89).

Quoique vaincus, les Italiens avaient forcé les portes de
la cité. Mais une déception les attendait à Rome. Au lieu de
prendre rang dans les 35 tribus, on créa pour eux, suivant
l'ancien usage, des tribus nouvelles (8 ou 10) qui votèrent
les dernières, de manière que les anciens citoyens conservaient leur influence dans les comices. Au point de vue politique, les Italiens ne recueillaient donc de cette concession
qu'un avantage illusoire; dans l'ordre civil, le règne des lois
étant passé, ils n'acquéraient ni plus de garantie contre
l'oppression, ni plus de sécurité; ils n'avaient, en réalité,
gagné qu'un titre; Rome, que des recrues pour les émeutes
et pour la guerre civile. Celle-ci presque aussitôt éclata.

Marius et Sulpicius chassent Sylla de Rome (88).

Tout l'honneur de la guerre sociale était revenu à Sylla.
Elle n'était pas finie; Nole, les Samnites, les Lucaniens tenaient encore, qu'il recevait déjà la récompense de son zèle
et de ses succès. Le peuple fut unanime à lui donner le consulat et le commandement de la guerre contre Mithridate (88).
Mais il y avait un homme qui voulait aussi ce lucratif commandement; Marius avait alors 68 ans; chaque jour il venait au Champ de Mars se mêler aux exercices de la jeunesse
romaine, courant à cheval, lançant le javelot, afin de bien
prouver que l'âge n'avait pas appesanti son corps, et que
ces maux dont il se plaignait naguère, quand il s'agissait
de combattre les Marses, étaient passés; mais ce moyen ne
réussissant pas, Marius conçut l'idée de faire servir le mécontentement des nouveaux citoyens à ses projets; il leur
offrit de les répandre dans les anciennes tribus. Comme,
13 ans auparavant, il s'appuya sur un tribun. Sulpicius
était criblé de dettes, et il ne savait comment échapper à ses
créanciers. Marius fit briller à ses yeux les trésors de Mithridate; le pacte fut conclu, et Sulpicius recommença Saturninus. Il s'entoura d'une garde de 600 jeunes gens qu'il appela son antisénat, et se fit suivre de quelques milliers
d'Italiens armés sous leurs toges. Ces précautions prises, il
proposa la répartition dans les 35 tribus des nouveaux citoyens et des affranchis. Les consuls s'opposant à la demande, il lâcha contre eux sa bande. Pompée s'enfuit après
avoir vu massacrer son fils; Sylla, saisi par les sicaires du
tribun, fut conduit chez Marius, et là, contraint, le poignard sur la gorge, de renoncer à son opposition, Marius,
chargé par ces comices italiens de la guerre contre Mithridate, envoya deux tribuns aux six légions campées devant
Nole pour en prendre en son nom le commandement; mais
Sylla y était arrivé déjà. Il souleva les soldats et les fit marcher sur Rome.

Retour de Sylla; fuite de Marius.

Marius tâcha vainement de se faire une armée. Les anciens citoyens étaient mal disposés, les nouveaux se sentaient trop faibles contre six légions; les esclaves même, auxquels il promit la liberté, ne vinrent qu'en petit nombre. Après un léger combat aux portes de la ville, tous les chefs du parti s'enfuirent. Douze personnes seulement furent proscrites; Sulpicius, trahi par un de ses serviteurs, fut tué. Sylla donna la liberté à l'esclave pour avoir obéi à l'édit, puis il le fit précipiter du haut de la roche Tarpéienne pour avoir livré son maître. Marius s'était échappé; sa tête fut mise à prix. Le lendemain, Sylla réunit une assemblée qui abolit les lois de Sulpicius, et abrogea la disposition de la loi Hortensia, qui dispensait les plébiscites de l'approbation préalable du sénat. Ainsi les violences démagogiques de Marius avaient jeté Sylla dans le parti des grands. Il fit cependant encore un dernier effort pour gagner le peuple. Il diminua les dettes d'un dixième, et quand vint l'élection des consuls, il laissa pleine liberté aux suffrages. Un des élus, Cinna, le fit aussitôt accuser par un tribun. Sans doute Sylla se repentit de sa modération; mais laissant à Rome le consul factieux et le tribun accusateur, il alla rejoindre son armée et s'embarqua hardiment pour la Grèce, certain qu'avec ses légions victorieuses et le butin de l'Asie il saurait se rouvrir la route de Rome.

Cependant Marius fuyait devant son heureux rival. Découvert dans un marais, près de Minturnes, il fut conduit aux magistrats de cette ville, qui, après une longue délibération, résolurent d'exécuter le décret rendu contre lui. Ils envoyèrent pour le tuer un cavalier gaulois ou cimbre, qui entra l'épée à la main dans la chambre où il reposait. Comme elle était fort obscure, le cavalier crut voir des traits de flamme s'élancer des yeux de Marius, et de ce lieu ténébreux il entendit une voix terrible lui dire : « Oses-tu bien, misérable, tuer Caïus Marius? » Le barbare épouvanté recule, et, jetant son épée, il sort dans la rue en criant: « Je ne puis tuer Caïus Marius. » L'étonnement d'abord, ensuite la compassion et le repentir gagnèrent toute la ville. Les magistrats se reprochèrent leur ingratitude envers le sauveur de l'Italie, ils le conduisirent avec des provi-

sions, au bord de la mer; il partit de là pour l'Afrique.
Il débarqua près de Carthage. A peine était-il à terre qu'un
licteur du gouverneur romain vint lui ordonner de se rem-
barquer aussitôt. Marius garda longtemps le silence, en
jetant sur l'officier des regards terribles. Le licteur lui ayant
enfin demandé ce qu'il le chargeait de dire au gouverneur :
« Dis-lui, répondit-il, que tu as vu Marius assis sur les
ruines de Carthage. »

Cinna rappelle Marius (87); proscriptions; mort de Marius (86).

Durant ces vicissitudes, les affaires changeaient en Italie. Cinna avait repris les projets de Sulpicius; il proposait le rappel des bannis et la répartition des nouveaux
citoyens dans les trente-cinq tribus. Le jour du vote, un combat sanglant s'engagea sur le forum. Les anciens citoyens
restèrent aisément maîtres de Rome, et le sénat fit déposer le
consul fugitif, qui fut remplacé par Corn. Mérula. Cette
fois, 10 000 hommes avaient péri.

Cinna se présenta aux Italiens, comme une victime de son
dévouement pour leur cause. Il en reçut des secours en
hommes et en argent, puis il alla se montrer aux troupes du
blocus de Nole, où les Samnites tenaient toujours, et les entraîna. Quand Marius apprit ces nouvelles, il partit en toute
hâte et vint débarquer à Télamone, en Étrurie, avec environ
1000 cavaliers ou fantassins maures et numides; 6000 esclaves, qu'il attira sous ses drapeaux par la promesse de la
liberté, lui formèrent une petite armée. Cinna lui offrit le titre de proconsul et les faisceaux, il refusa. Couvert d'une
mauvaise toge, la barbe longue, les yeux fixés à terre, il
semblait encore sous le poids de la proscription. Mais dès
qu'il se vit au milieu des soldats, il anima tout de son activité. Quatre armées, sous Marius, Cinna, Sertorius et Carbon, marchèrent sur Rome; les convois furent coupés, Ostie
prise, et la ville menacée de la famine.

Cependant le sénat avait encore en Italie deux armées, celle
de Métellus Pius, qui faisait tête aux Samnites, et celle de
Pompéius Strabon, qui, pour tenir en respect les alliés,

14

avait conservé ses troupes. Il s'approchait lentement de Rome,
quand Cinna et Sertorius l'attaquèrent en vue de la
porte Colline. La bataille fut indécise, et peu de temps
après, Métellus rentra dans la ville. Mais un tribun livra une
porte du Janicule. Métellus, jugeant la partie perdue, gagna
la Ligurie. Le sénat se décida à traiter. Il reconnut Cinna
pour consul. Aussitôt les massacres commencèrent. Octavius
fut tué sur sa chaise curule, et l'on planta sa tête sur la tribune aux harangues. L'orateur Marc Antoine, Crassus, le
père du triumvir, deux Césars et les plus grands personnages
périrent. Les assassins avaient ordre de tuer tous ceux auxquels Marius ne rendait pas le salut. Pour quelques-uns, on
parodia la justice : Mérula, le consul substitué, et Catulus,
le vainqueur des Cimbres, furent cités devant un tribunal.
Ils n'attendirent pas le jugement ; l'un fit allumer un brasier
et périt suffoqué ; l'autre se fit ouvrir les veines. A côté du
cadavre de Mérula, on trouva une tablette portant qu'avant
de se donner la mort il avait eu soin de déposer ses insignes
de flamine diale, suivant les prescriptions du rituel. Les
amis de Catulus avaient imploré pour lui Marius ; mais sans
obtenir d'autre réponse que celle-ci : « Il faut qu'il meure. »
Pendant cinq jours et cinq nuits, on tua sans relâche, jusque
sur les autels des dieux. De Rome, la proscription s'étendait
à l'Italie entière ; on tuait dans les villes, sur les chemins, et
comme défense était faite, sous peine de mort, d'ensevelir
les cadavres, ils restaient aux places où ils étaient tombés,
jusqu'à ce que les chiens et les oiseaux de proie les eussent
dévorés. Cinna et Sertorius se lassèrent les premiers de cette
boucherie. Une nuit, ils enveloppèrent 4000 des satellites de
Marius, et les tuèrent jusqu'au dernier.

Le 1er janvier 86, Marius prit avec Cinna possession du consulat sans élection. Il n'était pas rassuré cependant en son-
geant que Sylla était à la tête d'une armée victorieuse. La
nuit il croyait entendre une voix menaçante lui crier . « Le
gîte du lion, même absent, est terrible! » Et, pour échapper à ses craintes, il se plongea dans des débauches qui hâtèrent sa fin. Poursuivi jusqu'à ses derniers moments par
des rêves de gloire militaire et des images de bataille, il

faisait, dans son délire, tous les gestes d'un homme qui combat; il se levait sur son séant, commandait la charge, poussait des cris de victoire. Le septième jour il expira, dans sa soixante-dixième année et son septième consulat (13 janvier 86).

Il eut des funérailles dignes de lui. Fimbria traîna à son bûcher le grand pontife Mucius Scævola, coupable d'avoir voulu s'interposer en médiateur entre les deux partis, et il l'égorgea comme ces victimes humaines qu'anciennement on immolait sur le tombeau des grands. Mucius tomba, mais non blessé à mort. Il guérissait même, quand Fimbria, l'apprenant, le cite en jugement. « Eh! de quoi donc l'accuses-tu? lui demanda-t-on. — Je l'accuse, dit-il, de n'avoir pas reçu le poignard assez avant. » Et il le fit achever. Marius avait donné l'exemple de ces sacrifices humains. Sur la tombe de Varius il avait fait couper en morceaux l'ancien censeur L. César.

Cet homme fit-il plus de bien que de mal à son pays? Un autre, sinon lui, eût vaincu les Cimbres et sauvé l'Italie, et cet autre peut-être n'eût pas, comme lui, chargé d'ans et de gloire, jeté Rome dans la guerre civile; il n'eût pas inauguré le meurtre, non de quelques citoyens, mais de classes entières, comme maxime politique et raison d'État. Sans Marius, Sylla n'eût pas été ce qu'il fut. Nous avons honoré les Gracques malgré leurs fautes; flétrissons l'ambition stérile de celui qui ne fut pas même un homme de parti.

Cinna, resté seul, se trouva au-dessous de son rôle. Valérius Flaccus, qu'il substitua à Marius, ne lui apportait ni de grands talents, ni beaucoup de crédit. Après avoir réduit toutes les dettes au quart, il partit pour aller combattre à la fois Sylla et Mithridate. De sa propre autorité, Cinna se continua, pendant les deux années suivantes (85 et 84), dans le consulat, en se donnant Papirius Carbon pour collègue. Les nouveaux quirites, répartis dans les trente-cinq tribus, livraient la république à Cinna, qui, consul quatre années de suite, sans élection, exerçait une véritable royauté. Ce parti, formé de toutes les classes inférieures de l'État, montrait avec quelle facilité il accepterait un maître, même indigne. La victoire allait lui en donner un plus grand, mais plus terrible ; Sylla arrivait.

Soulèvement des provinces orientales, ou guerre de Mithridate (88-84) : premiers démêlés de Mithridate avec Rome.

L'ébranlement donné à l'empire par la double révolte des esclaves et des alliés et par les efforts désespérés des Gracques en faveur du peuple, s'était communiqué aux provinces. Les sujets, horriblement foulés par les gouverneurs qui regardaient un commandement comme un moyen de refaire leur fortune délabrée, songeaient à échapper à cette domination romaine que les Italiens voulaient partager ; mais, incapables de se sauver eux-mêmes, ils jetaient les yeux sur un roi de l'Orient.

Mithridate VI, Eupator, que les historiens ont surnommé le Grand, n'hérita de son père, allié fidèle du sénat, que du petit État de Pont. Ce royaume, que cernaient du côté de la mer les républiques grecques de Sinope, d'Amisus, d'Héraclée et de Trébisonde, touchait à l'est aux tribus barbares de l'Ibérie et de la Colchide, au sud à l'Arménie, dont le roi Tigrane prenait le titre de monarque de l'Orient. Mithridate visita tous ces peuples, étudia leur force, leur faiblesse, et pour mieux nouer ses intrigues, il apprit leurs idiomes : il pouvait parler vingt-deux langues et s'entretenir sans interprète avec toutes les nations barbares de la Scythie et du Caucase. D'abord il força le roi du Bosphore Cimmérien de lui céder ses États. Dans l'Asie Mineure, les Romains ne possédaient que les régions occidentales ; le reste de la péninsule était un chaos de républiques, de royaumes et de tétrarchies. Mithridate s'entendit avec Nicomède de Bithynie pour partager la Paphlagonie. Les Romains ayant sommé les deux princes d'abandonner cette conquête, Nicomède se retira en donnant un de ses fils pour roi aux Paphlagoniens occidentaux ; quant à Mithridate : « Ce royaume appartenait à mon père, répondit-il fièrement ; je m'étonne qu'on vienne contester mon droit. » Et à cette conquête il ajouta celle de la Galatie. Nicomède revendiquait la Cappadoce ; Mithridate soutint contre lui Ariarathe VI, son beau-frère, qu'il fit ensuite assassiner par Gordius. L'enfant qu'il mit alors sur le trône de Cappadoce, son neveu, Ariarathe VII, s'étant montré peu docile, il l'attira à une conférence, et le poignarda de sa main à la vue des deux armées, puis il imposa son fils, âgé de huit ans, pour roi aux Cappadociens. Une révolte générale chassa cet intrus, et rendit la couronne à un second fils d'Ariarathe VI ; le roi de Pont le fit périr comme son frère, et rétablit son fils. Le sénat de Rome, alors occupé de la guerre contre les Cimbres, donnait peu d'attention à ces révolutions de palais ; mais quand la veuve d'Ariarathe VI, sœur elle-même de Mithridate, et maintenant épouse de Nicomède, osa réclamer la Cappadoce pour un imposteur qu'elle présentait comme le frère de ses deux enfants assassinés, tandis que le roi de Pont affirmait que son propre fils était le fils véritable d'Ariarathe, le sénat, indigné, punit les deux rois : Nicomède dut évacuer la Paphlagonie occidentale, et Mithridate la Cappadoce, déclarée libre. Les Cappadociens s'effrayèrent de cette liberté ; ils supplièrent le sénat de leur donner un roi : Ariobarzane fut choisi. Le résultat de tant de crimes et d'intrigues avait donc été de placer davantage la Cappadoce sous l'influence de Rome, et d'attirer une intervention menaçante.

Le roi de Pont, pour se faire oublier, alla guerroyer dans la Colchide et jusque dans les régions transcaucasiennes, où il soumit un grand nombre de nations scythiques ; puis, lorsqu'il vit le sénat occupé ailleurs, malgré les menaces de Marius, il reprit ses anciens projets, auxquels il sut intéresser encore le puissant roi d'Arménie, Tigrane. Ariobarzane fut chassé, et comme roi des rois, Tigrane inféoda la Cappadoce au fils du roi de Pont (93). Sylla, alors propréteur en Asie, rétablit Ariobarzane (92). Mais à peine avait-il regagné Rome, que Tigrane et Mithridate le renversaient de nouveau. Mithridate poussa vivement la victoire ; à la Cappadoce reconquise il ajouta la Phrygie, et Nicomède II de Bithynie étant mort sur ces entrefaites, il entra dans ce royaume, et en chassa Nicomède III qu'il remplaça par un frère de ce prince, Socrate. Cette fois le sénat s'alarma, et bien qu'il pût dès lors prévoir les orages qui allaient éclater en Italie,

il ordonna au préteur d'Asie de rétablir Nicomède et Ariobarzane. Mithridate ne fit aucune résistance, il rentra dans
ses États héréditaires (90), et il laissa même Nicomède dévaster la Paphlagonie pour payer ses créanciers de Rome (89).

Massacre de tous les Romains en Asie (88).

Mais il se préparait en silence; 400 vaisseaux étaient dans
ses ports, et il en faisait construire encore; ses émissaires
levaient des matelots et des pilotes dans l'Égypte et la Phénicie, des soldats chez les Scythes, chez les Thraces, jusque
chez les Celtes des bords du Danube; et des bandes innombrables de barbares traversaient l'Euxin ou franchissaient
incessamment les défilés du Caucase ; 300 000 hommes
étaient déjà réunis. Les Galates consentaient à le suivre, et
l'Asie l'appelait. Il jeta le masque; un de ses généraux vint
reprocher d'un ton menaçant au proconsul Cassius les injustices de Rome : « Mithridate, dit-il, avait sur la Cappadoce des droits qu'il tenait de ses ancêtres, vous la lui avez
enlevée ; il occupait la Phrygie comme prix des services que
son père a rendus à votre république, vous l'en avez dépouillé; il s'est plaint de Nicomède, vous avez méprisé ses
plaintes. Songez cependant à sa puissance: Tigrane est son
gendre, le roi des Parthes son allié. On vous a dit que les
rois d'Égypte et de Syrie se réunissaient à lui; n'en doutez
pas. Si la guerre commence, bien d'autres encore l'aideront :
l'Asie, la Grèce, l'Afrique ; vos nouvelles provinces, et l'Italie
même, qui soutient contre vous en ce moment une guerre
implacable. »

Au moment où l'envoyé de Mithridate tenait à Cassius ces
fières paroles (an 88), Rome, ensanglantée par la rivalité de
Marius et de Sylla, n'avait pas encore terminé la guerre sociale ; une sourde fermentation agitait les provinces, et le
propréteur se voyait lui-même presque sans soldats, au milieu de l'Asie frémissante. Cependant il ne répondit que par
l'ordre donné au roi de sortir de Cappadoce. C'était une déclaration de guerre; Mithridate l'attendait. Aussitôt le torrent déborda; Nicomède et Aquilius qui voulurent l'arrêter,
furent vaincus; un autre général, Oppius, fut rejeté dans la

Cappadoce sur la Pamphylie ; Cassius n'osa pas même combattre, et la flotte qui gardait l'entrée de l'Euxin fut détruite dans une seule action. Partout les populations couraient au-devant du vainqueur; aussi, ce fut moins une conquête qu'une marche triomphale. Pour lier ces peuples à sa cause, le roi de Pont fit en un même jour, à la même heure, égorger tout ce qu'il y avait de Romains et d'Italiens en Asie : les femmes, les enfants, les esclaves périrent au milieu des tortures. Les temples, les autels des dieux, les sanctuaires les plus vénérés ne protégèrent aucune victime. Cassius avait fui jusqu'à Rhodes. Oppius fut livré par le peuple de Laodicée, et Mithridate le traîna enchaîné à sa suite. Aquilius, trahi par les Mityléniens, fut promené en dérision dans les principales villes ; à Pergame on lui coula de l'or fondu dans la bouche.

La première partie des plans de Mithridate était accomplie, l'Asie était soumise ; il se hâta, pendant que les Italiens tenaient encore, de remplir les promesses que naguère il leur faisait. Sa flotte déboucha dans la mer Égée, et après en avoir soumis les îles, transporta une armée en Grèce, avec Archélaos, tandis qu'une autre marchait par la Thrace sur la Macédoine. Lui-même, et ce fut une faute, il resta en Asie, occupé à réduire l'île de Rhodes, où s'étaient réfugiés les Romains échappés au massacre. En vain il l'attaqua à plusieurs reprises, tous ses efforts échouèrent ; pendant ce temps il laissait échapper l'occasion de frapper les coups décisifs. Il avait jeté, il est vrai, 150 000 hommes en Grèce, qui entraînèrent facilement la défection d'Athènes, du Péloponnèse, de la Béotie et de l'Eubée ; mais c'étaient de mauvaises troupes qui reculèrent dès qu'elles se trouvèrent en face des légions. Bruttius Sura, lieutenant du gouverneur de Macédoine, marcha hardiment à leur rencontre, chassa de la Thessalie un détachement qui s'était emparé de Démétriade, et combattit pendant trois jours avec avantage contre Archélaos et Aristion dans la plaine de Chéronée. L'arrivée des Péloponnésiens lui arracha la victoire, mais l'invasion n'en était pas moins arrêtée. Archélaos alla hiverner dans le Pirée, et Aristion dans Athènes.

Siége d'Athènes par Sylla (87-86); batailles de Chéronée et d'Orchomène (86).

Au printemps de l'année 87, Sylla arriva avec cinq légions; il attaqua aussitôt Athènes, perça les Longs Murs et se jeta entre le Pirée et la ville. Le Pirée une fois pris, Athènes tombait; Sylla l'attaqua avec fureur, n'épargnant ni ses soldats ni lui-même; car proscrit à Rome, c'était par la victoire seule et par une prompte victoire qu'il pouvait se sauver. Mais les béliers ne faisaient pas brèche dans ces murailles construites de blocs énormes, et l'hiver vint le forcer à changer le siége en blocus. L'ennemi étant maître de la mer, les efforts de Sylla contre le Pirée étaient inutiles; au printemps, il changea de plan et attaqua la ville. Athènes souffrait déjà de la famine; le médimne de blé s'y vendait 1000 drachmes, et cependant Aristion, maître de la citadelle, ne parlait pas de se rendre. Du haut des murailles il insultait Sylla, qu'il appelait une mûre saupoudrée de farine. Quand il vit la famine gagner jusqu'à ses troupes, il se décida à envoyer au proconsul deux députés, qui lui parlèrent longtemps des exploits de Thésée, d'Eumolpe et de Miltiade. « Je ne suis pas venu prendre ici des leçons d'éloquence, répondit le général, mais châtier des rebelles, » et il les congédia. Le 1er mars, quelques soldats surprirent un endroit mal gardé, et la ville fut prise, mais Sylla voulut entrer par la brèche; il fit abattre un pan de muraille, et à minuit, au bruit des trompettes sonnant la charge, aux cris furieux de l'armée entière, il pénétra dans la place. Tel fut, dit-on, le carnage, que le sang, après avoir rempli le Céramique, regorgea jusqu'aux portes et ruissela dans les faubourgs. Sylla avait voulu effrayer la Grèce et l'Asie par le sac de cette ville qui, en l'arrêtant neuf mois, avait compromis sa fortune.

Archélaos n'avait plus d'intérêt à défendre le Pirée. Il rembarqua ses troupes et reparut tout à coup dans la Béotie, sur les derrières de l'armée romaine, avec 120 000 hommes. Sylla n'en avait pas 40 000 : il marcha pourtant au-devant de lui jusqu'à Chéronée. Ses soldats s'effrayaient de la multitude des ennemis. Comme Marius, il les accabla de travaux jusqu'à ce qu'ils demandassent eux-mêmes le combat. De cette multitude d'Asiatiques, 10 000 se sauvèrent avec leur chef à Chalcis. Sylla se vanta de n'avoir perdu que 13 soldats.

Mithridate avait promis à l'Asie une domination plus douce, et il l'accablait d'impôts et de réquisitions. Des conspirations se formèrent ; il les étouffa dans le sang. Les tétrarques des Galates, invités par lui à un festin, furent égorgés, et il imposa à ces peuples un de ses satrapes pour roi. A Chio, il enleva tous les habitants et les transporta sur les bords du Pont. En peu de temps, 1600 personnes périrent dans les supplices. Mithridate avait su faire regretter aux Grecs d'Asie les proconsuls romains.

Sylla était encore à Thèbes, célébrant sa victoire par des jeux et des fêtes, lorsqu'il apprit que, substitué à Marius dans le consulat, Valérius Flaccus passait l'Adriatique avec une armée. Dans le même temps, un général de Mithridate, Dorylaos, arrivait d'Asie avec 80 000 hommes. Entre deux périls, Sylla choisit le plus glorieux, il marcha contre Dorylaos. Les deux armées se rencontrèrent encore en Béotie, près d'Orchomène. Cette fois la lutte fut plus vive ; Sylla paya de sa personne : cependant les hordes asiatiques furent une seconde fois dispersées. Thèbes et trois autres villes de la Béotie eurent le sort d'Athènes. La Grèce entière trembla. Pour ramener au combat les soldats effrayés, il fallut que Sylla saisît une enseigne et se jetât seul au-devant de l'ennemi.

Paix avec le roi de Pont (84).

Tandis qu'il gagnait cette seconde victoire, Flaccus le devançait en Asie, et bientôt Mithridate, menacé par deux armées, fit demander secrètement la paix à Sylla, donnant à entendre qu'il pouvait obtenir d'assez douces conditions de Fimbria. Ce général avait tué le consul Flaccus à Nicomédie, pris le commandement de son armée et fait la guerre pour son compte. Il avait battu un fils de roi, et s'était rapidement avancé jusqu'à Pergame, d'où Mithridate avait eu

le temps à peine de s'enfuir à Pitane dans l'Éolide. Il n'y
était guère en sûreté. Lucullus, que Sylla avait envoyé pendant le siége d'Athènes pour rassembler en Égypte, en
Phénicie, en Cypre et à Rhodes des vaisseaux, croisait dans
ces parages avec une flotte. Afin de ne pas donner à Fimbria
l'honneur de terminer cette guerre, il laissa échapper le roi.
Fimbria se vengea sur Ilion, qu'il détruisit pour avoir envoyé une ambassade à Sylla; puis il livra à la rapacité de ses
soldats la Mysie, la Troade et la Bithynie. Mithridate espérait profiter de la rivalité de ces deux chefs, mais Sylla feignit l'indignation : « Je lui laisse cette main qui a signé la
mort de tant de nos citoyens, et il ose réclamer ! Dans quelques jours je serai en Asie, il tiendra alors un autre langage. » Le roi s'humilia et demanda une entrevue. Elle eut
lieu à Dardanum dans la Troade. Quand Mithridate, à la
rencontre de Sylla, lui tendit la main : « Avant tout, dit
celui-ci, acceptez-vous les conditions que j'ai faites? » Le
roi gardant le silence : « C'est aux suppliants à parler, aux
vainqueurs d'attendre et d'écouter les prières. » Mithridate,
subjugué, se soumit à tout, restitua ses conquêtes, livra les
captifs, les transfuges, 2000 talents et 70 galères. Fimbria
était en Lydie; Sylla marcha sur lui, entraina son armée
et le réduisit à se donner la mort (84).

Mithridate chassé, Nicomède et Ariobarzane encore une
fois rétablis, et les troupes gagnées, il ne restait plus qu'à
récompenser les soldats et à punir les défections. Plusieurs
villes furent saccagées et détruites, d'autres virent leurs
murailles renversées, leurs citoyens vendus ou mis à mort;
un impôt de 20 000 talents fut frappé sur la province. Sylla
payait d'avance à ses soldats la guerre civile.

CHAPITRE XIX.

DICTATURE DE SYLLA.

Retour de Sylla; bataille de Sacriport (82).

De l'Asie même, Sylla avait annoncé au sénat ses victoires, sans parler de guerre ni de vengeance. Mais quand il se vit sur les bords de l'Adriatique, à la tête de 40 000 vétérans dévoués à sa personne jusqu'à lui offrir leur pécule pour remplir sa caisse militaire, il envoya au sénat un second message, où il rappelait « ses services et le prix dont on les avait payés; ses biens confisqués, sa tête proscrite et ses amis assassinés; mais il arrivait, et bientôt ses ennemis et ceux de la république recevraient le châtiment dû à leurs crimes. »

Le sénat essaya de s'interposer entre lui et les deux consuls. Une députation partit pour adoucir le vainqueur et un décret défendit à Cinna et à Carbon de continuer leurs préparatifs. Ils n'en tinrent compte; mais au moment où Cinna voulut embarquer son armée pour la Grèce, une sédition éclata, et il fut égorgé par ses propres soldats.

Carbon, resté seul consul, étendit encore le droit de cité à de nouveaux peuples, répandit les affranchis dans les trente-cinq tribus et arracha au sénat l'ordre de licencier les armées, afin de pouvoir accuser son adversaire de trahison, s'il désobéissait. Sylla y répondit en passant la mer (83). Ses cinq légions étaient bien faibles devant les 450 cohortes de l'ennemi. Mais c'étaient de vieilles bandes appelées à combattre de nouvelles levées; et puis, il était seul dans son camp et les Marianistes avaient quinze généraux. Si le plus grand nombre des Italiens étaient pour ceux-ci, la noblesse attendait impatiemment son retour; Métellus Pius retiré

avec des troupes en Ligurie, le jeune Pompée qui levait de
son chef trois légions dans le Picénum, allaient combattre
pour lui. Les proscriptions que le jeune Marius renouvellera
bientôt contre les plus illustres sénateurs, achèveront de
faire de la querelle de Sylla celle de l'aristocratie romaine.

De la Pouille, Sylla passa sans obstacle en Campanie, où
il vainquit Norbanus. Une seconde armée se tenait sous le
consul Scipion à quelques lieues en arrière, à Téanum.
Sylla demanda une trève dont il se servit pour faire passer
sous ses drapeaux toutes les troupes ennemies. Au commencement de l'année 82, le jeune Marius et Carbon prirent
possession du consulat et se partagèrent la défense de la
ville; l'un devait fermer le passage de l'Apennin, du côté
de l'Ombrie et du Picénum, par où s'avançaient Métellus et
Pompée; l'autre couvrir le Latium contre Sylla qui arrivait
par la Campanie. Le jeune Marius avait fait de Préneste sa
place d'armes. Sylla arrivé à Sacriport, à quatre lieues en
avant de Préneste, y rencontra l'armée ennemie qu'il mit en
fuite. Cette action lui ouvrait la route de Rome; il y courut
laissant Lucrétius Ofella devant Préneste où Marius s'était
jeté, mais il arriva trop tard pour empêcher de nouveaux
meurtres; les plus illustres sénateurs venaient d'être massacrés dans la curie même; ce fut les dernières victimes que
Marius immola aux mânes de son père.

Échec de Carbon; bataille de la porte Colline.

Sylla ne fit que traverser Rome pour aller en Étrurie combattre l'autre consul, Carbon, que Métellus et Pompée avaient
chassé de l'Ombrie. Il lui livra une bataille acharnée qui
dura tout un jour, sans résultat. C'était presque un succès
pour Carbon; mais menacé, par Métellus et Pompée, d'être
coupé de la Cisalpine, d'où il tirait ses provisions et des
soldats, il marcha sur eux, fut battu et perdit 10 000 hommes; 6000 de ses soldats désertèrent et avec eux Verrès,
son questeur, qui emporta la caisse militaire. Norbanus,
effrayé, s'embarqua pour Rhodes, où quelque temps après il
se tua afin de n'être pas livré à Sylla. Carbon recruta en

Étrurie une nouvelle armée, et commit encore la faute de diviser ses forces, au lieu de marcher en toute hâte sur Préneste; tous les détachements qu'il forma furent battus. Quand il apprit la défection de la Cisalpine, obtenue par Métellus, il désespéra de résister plus longtemps, et fit voile vers l'Afrique. Sertorius était déjà parti pour l'Espagne; les chefs populaires abandonnaient l'Italie et cherchaient à soulever les provinces occidentales.

A ce moment même les chefs italiens, leurs alliés, tentaient un coup hardi. Écartés des lignes de Lucrétius Ofella que Sylla couvrait avec toute son armée, tandis que Pompée écrasait, près de Clusium, les troupes de Carbon restées sans chef, ils percèrent une nuit jusqu'à cent stades de la ville. Ils voulaient enlever et « détruire ce repaire de loups ravisseurs de l'Italie, » et s'il fallait périr, périr au moins sous ses ruines après avoir vengé l'Italie. Mais ils perdirent un jour à préparer l'assaut, et ce retard sauva Rome. Le matin du 1er novembre, la petite garnison qu'on y avait laissée, fit une sortie; puis la cavalerie de Sylla accourut; lui-même suivait avec toutes ses forces: à midi il arriva près de la porte Colline. Ce fut la vraie bataille de cette guerre, et comme pour marquer clairement quels intérêts étaient depuis dix ans en question, c'était l'existence même de Rome que la victoire allait décider. On se battit tout le reste du jour et la nuit entière; l'aile gauche, que Sylla commandait, fut mise en déroute. Mais Crassus avec l'aile droite vainquit et poursuivit l'ennemi au loin. Le principal chef des Italiens, Pontius Télésinus, grièvement blessé, fut achevé par les vainqueurs; dans la mort, son visage portait encore empreintes la menace et la haine. C'était le plus noble et le dernier des enfants de l'Italie : au moins eut-il, pour lui-même et pour son peuple, un glorieux tombeau, un champ de bataille couvert de 50 000 cadavres, dont la moitié étaient Romains.

Préneste ne pouvait plus tenir; elle ouvrit ses portes. Le jeune Marius et un frère de Télésinus retirés dans un souterrain, se battirent entre eux pour ne pas être livrés vivants à l'ennemi. Quelques villes se défendaient encore, elles tombè-

rent l'une après l'autre ; Volaterra résista deux ans. Hors de
l'Italie la guerre continua : Sertorius avait soulevé l'Espagne,
et Domitius Ahénobarbus l'Afrique et la Numidie.

Les proscriptions (82-81).

Le lendemain du combat de la porte Colline, Sylla haranguait le sénat dans le temple de Bellone ; tout à coup on entend des cris de désespoir ; les sénateurs se troublent : « Ce
n'est rien, dit-il, seulement quelques factieux que je fais châtier ; » et il continua son discours : en ce moment, 8000 prisonniers samnites et lucaniens périssaient égorgés. Quand
il revint de Préneste, il monta à la tribune, parla longtemps
de lui-même en termes magnifiques, et termina par ses paroles sinistres : « Qu'aucun de mes ennemis n'espère de
pardon. » De ce jour les proscriptions commencèrent. Un
préteur, parent de Marius, Marius Gratidianus, fut poursuivi par Catilina, qui lui creva les yeux, lui arracha la langue, les oreilles, les mains, lui rompit les bras et les jambes,
et quand ce cadavre, encore animé, ne fut plus qu'un monceau de chairs meurtries et d'ossements brisés, il lui trancha
la tête, qu'il porta toute sanglante à Sylla. Le cadavre du
vainqueur des Cimbres fut exhumé, livré aux outrages et jeté
dans l'Anio. César, alors âgé de dix-huit ans, était parent de
Marius et gendre de Cinna ; Sylla voulut le contraindre à
répudier sa femme. Il refusa et s'enfuit dans les montagnes
de la Sabine, où il faillit plusieurs fois périr. Les larmes de
sa famille, les prières des vestales arrachèrent sa grâce :
« Je vous le laisse, dit le tout-puissant proconsul, mais dans
cet enfant il y a plusieurs Marius. » Un grand nombre de
victimes avaient déjà péri quand un Métellus lui demanda :
« Où et quand comptes-tu enfin t'arrêter ? — Je ne sais
encore. — Mais au moins déclare ceux que tu destines à
la mort. — Je le ferai. » Et aussitôt il dressa une liste de
80 noms qu'il fit afficher dans le forum ; il laissa passer un
jour, et le lendemain il publia une seconde liste de 220 personnes, puis une troisième de pareil nombre. « J'ai proscrit
tous ceux dont je me suis souvenu, dit-il au peuple, mais j'en

ai oublié beaucoup ; leurs noms seront écrits à mesure qu'ils reviendront à ma mémoire. » Du 1er décembre 82 au 1er juin 81, pendant six longs mois, on put tuer impunément; on tua encore longtemps, car Roscius d'Amérie fut égorgé le 15 septembre. Les familiers de Sylla, ses affranchis et surtout ce Chrysogonus, dont Cicéron a immortalisé l'infamie, vendaient le droit de faire placer un nom sur la liste fatale. « Celui-ci, disait-on, c'est sa belle villa qui l'a fait périr, celui-là, ses bains dallés de marbre; cet autre, ses magnifiques jardins. » Les biens des proscrits étaient confisqués et vendus à l'encan : ceux de Roscius valaient six millions de sesterces, Chrysogonus les eut pour deux mille.

Quel fut le nombre des victimes? Appien parle de 90 sénateurs, de 15 consulaires et de 2600 chevaliers ; Valère Maxime de 4700 proscrits. « Mais qui pourrait compter, dit un autre, tous ceux qu'immolèrent les haines privées? » La proscription ne s'arrêta pas aux victimes, les fils et les petits-fils des proscrits furent déclarés indignes d'occuper jamais une charge publique.

Dans l'Italie, des peuples furent proscrits en masse ; les plus riches cités, Spolète, Interamna, Préneste, Terni, Florence, furent comme vendues à l'encan. Dans le Samnium, Bénévent resta seul debout. A Préneste, tout fut égorgé. La main de fer qui pesait sur l'Italie s'étendit sur l'empire entier. Sylla s'était chargé lui-même de punir la Grèce et l'Asie ; il laissa ses lieutenants *pacifier* les provinces du nord, de l'ouest et du sud : Métellus, la Cisalpine, Valérius Flaccus, la Narbonaise, où les proscrits lui livrèrent bataille; Pompée, la Sicile et l'Afrique. Malgré sa modération habituelle, Pompée se montra sévère : les Mamertins revendiquaient leurs priviléges : « Cessez, leur dit-il, d'alléguer les lois à celui qui porte l'épée. » Dans l'île de Cosyra il fit décapiter Carbon; Norbanus avait déjà péri à Rhodes ; un autre chef, Brutus, se poignarda pour ne pas tomber entre ses mains. En Afrique, Hiarbas avait dépouillé l'autre roi de Numidie Hiempsal, et attendait le lieutenant de Sylla près d'Utique avec une nombreuse armée. Pompée le battit et le fit mettre à mort. Contre Sertorius, maître de l'Espa-

gne, le dictateur fit marcher le préteur Annius, qui le chassa;
contre les Thraces, le gouvernement de la Macédoine ; contre
les pirates, un préteur et le proconsul Servilius Vatia. Mais
en Asie, Munéra ayant recommencé la guerre contre Mithridate, Sylla, qui voyait autour de lui, dans l'empire même,
assez d'embarras et de dangers, défendit à son lieutenant
de provoquer un ennemi redoutable.

Foulées par la guerre, les provinces furent encore écrasées d'impôts, car il fallait remplir le trésor de Rome épuisée. On oublia les traités, les promesses. Tous contribuèrent,
même ceux qui avaient gagné l'immunité et l'indépendance,
par leur soumission volontaire ou par d'importants services.
Pour satisfaire à ces demandes impérieuses, plusieurs cités
durent engager les terres et les propriétés publiques, leurs
temples, leurs murailles. Sylla alla jusqu'à vendre l'Égypte
à Alexandre II. Les peuples alliés, les rois amis furent contraints de montrer leur zèle par la grandeur de leurs dons.
D'un bout à l'autre de l'empire, il n'y eut personne qui ne
payât de son sang ou de sa fortune cette restauration du
pouvoir oligarchique.

Législation de Sylla (81-79); extension de l'autorité du sénat aux dépens de la puissance populaire.

Après avoir tué les hommes par le glaive, Sylla essaya de
tuer le parti par des lois. Pour les donner, il voulut bien
prendre un titre légal, il se fit nommer dictateur, avec droit
de vie et de mort sans jugement, pouvoir de confisquer les
biens, de partager les terres, de bâtir ou de renverser des
villes, d'ôter ou de donner des royaumes. Ses actes antérieurs
étaient ratifiés et sa volonté déclarée loi de l'État.

Sylla n'avait été toute sa vie qu'un soldat. S'inquiétant
bien plus de la puissance de Rome que de sa liberté, il voulut fair régner au forum le silence des camps, et croyant l'a-
ristocratie assez forte pour porter le poids de l'empire, il le
lui donna. Il fit entrer au sénat 100 membres nouveaux, et
pour faire de cette assemblée le principe conservateur de
la constitution, il lui rendit les jugements et la discussion
préalable des lois, c'est-à-dire le veto législatif. Il lui con-

serva le droit de désigner les provinces consulaires, et plaça
les gouverneurs sous sa dépendance, en établissant que
ceux-ci resteraient dans leurs provinces tant qu'il plairait
au sénat. Les tribuns perdirent le droit de présenter une
rogation au peuple ; leur veto fut restreint aux seules affaires
civiles, et l'exercice du tribunat ôta le droit de briguer une
autre charge.

Par ces innovations les *comices par tribus* perdaient en
réalité leur puissance législative. Celle des *comices par centuries* souffrait une grave atteinte de la loi qui exigeait que
toute proposition fût précédée d'un sénatus-consulte. Quant
aux chevaliers, il ne leur laissa aucun rôle dans l'État ; et
s'il ne proclama pas la censure à jamais détruite, il la supprima de fait ; depuis l'an 86 jusqu'à sa mort, et depuis sa
mort jusqu'au renversement de sa constitution en l'an 70,
on ne trouve pas de censeurs. Afin de paraître faire quelque chose en faveur du peuple et des pauvres, il confirma la
loi de Valérius Flaccus, qui abolissait les dettes d'un quart. Il
abaissa aussi le prix des denrées, mais pour se donner le
droit de supprimer les distributions gratuites de blé qui
nourrissaient la paresse du peuple, et il établit 120000 de
ses légionnaires dans les terres les plus fertiles de la Péninsule enlevées à leurs anciens propriétaires.

Par ces lois, les tribuns, le peuple et les grands étaient
ramenés de plusieurs siècles en arrière, les uns à l'obscurité
du rôle qu'ils jouaient le lendemain de la retraite au mont
Sacré, les autres à l'éclat, à la puissance des premiers jours
de la république. Mais Sylla pouvait-il aussi les rappeler aux
mœurs antiques ; les nobles, au désintéressement ; les pauvres au patriotisme ? Il ne le crut pas ; il n'essaya pas même
de leur rendre, par une épuration sévère, la considération
et le respect d'eux-mêmes. Loin de là, dans le sénat, il fit
entrer des gens obscurs et indignes ; dans le peuple, il répandit 10000 esclaves des proscrits qu'il affranchit et qui
portèrent son nom (les Cornéliens). Des Espagnols, des Gaulois obtinrent même le *droit de cité* ; et il laissa les autres
Italiens, excepté ceux qui avaient servi contre lui, répandus
dans les 35 tribus.

Lois pénales.

Sylla avait rendu le pouvoir aux grands ; il ne s'abusait pas cependant sur leur moralité, et sa législation pénale dirigée contre les crimes qu'ils commettaient habituellement prouve qu'il chercha, sinon à les rendre meilleurs, du moins à les intimider. Pour diminuer la brigue, il décréta qu'on ne pourrait exercer la même charge qu'après un intervalle de dix ans, et il défendit qu'on sollicitât la préture avant la questure, le consulat avant la préture. Lucrétius Ofella, celui qui avait si longtemps assiégé Préneste, scella cette loi de son sang. Il demandait le consulat sans avoir été préteur : Sylla l'avertit de se désister ; il continua. Un centurion le poignarda au milieu de la place. Il reprit la loi de majesté de Saturninus et de Varius, et l'étendit à des cas nouveaux. A l'avenir devait être puni par l'interdiction du feu et de l'eau, c'est-à-dire par l'exil, quiconque porterait atteinte à l'honneur et à la sécurité de l'empire, violerait le veto d'un tribun, ou arrêterait un magistrat dans l'exercice de ses fonctions ; tout magistrat qui laisserait dégrader entre ses mains les droits de sa charge ; tout gouverneur qui de sa pleine autorité déclarerait la guerre, sortirait de sa province avec ses troupes, les exciterait à la révolte, les livrerait à l'ennemi, ou qui vendrait leur liberté à des chefs prisonniers. Ce fut de cette loi, qui plus tard punit non-seulement les actes mais les paroles, que les empereurs firent un si cruel usage.

Les lois *de falso, de sicariis, de repetundis*, prévinrent le vol, la violence et les concussions, et huit tribunaux permanents promirent une prompte justice. Comme les juges dans ces cours étaient tous sénateurs, et qu'ils prononçaient sans appel, l'administration de la justice criminelle passait tout entière au sénat.

Lois concernant le culte et les mœurs.

Dans cette restauration du gouvernement aristocratique, Sylla ne pouvait oublier la religion. Il augmenta le nombre des pontifes et des augures qu'il porta de dix à quinze, leur rendit le droit de compléter eux-mêmes leur collége par *cooptation*, et fit partout chercher les oracles sibyllins pour remplacer les livres qui avaient péri dans l'incendie du Capitole. Ce temple même, il le rebâtit avec magnificence. Enfin, malgré la dépravation de ses mœurs, il rendit plusieurs lois pour remettre en honneur la sainteté du mariage, arrêter l'abus du divorce, les dépenses des festins et celles des funérailles. Comme toutes les lois somptuaires, ces règlements furent sans force et sans durée. Celui même qui les avait portés les renversa par son exemple.

Abdication et mort de Sylla (79-78).

Quand Sylla eut accompli son œuvre, il se retira. Son abdication (78), parut un défi jeté à ses ennemis et une audacieuse confiance dans sa fortune. Mais les charges et le sénat remplis de ses créatures, tant d'hommes intéressés au maintien de ses lois, et ses 10 000 Corneliens, ses 120 000 vétérans établis par toute l'Italie dans les colonies militaires et dont il aurait pu d'un mot refaire une armée formidable, tout cela rendait cette confiance peu dangereuse. Ses adieux au peuple furent dignes de cette royauté insolente qui s'abdiquait elle-même, et de cette foule qui se vendait pour un *congiarium*. Il la gorgea de viandes, de vins précieux, de mets recherchés, et avec une telle profusion, que chaque jour on en jeta dans le Tibre des quantités prodigieuses que le peuple repu avait laissées.

Retiré dans sa maison de Cumes, il y vécut une année encore et mourut d'une maladie affreuse. Ses chairs décomposées tombèrent en pourriture et engendraient incessamment une innombrable vermine. Il avait écrit lui-même son épitaphe; elle était véridique : « Nul n'a jamais fait plus de bien à ses amis ni plus de mal à ses ennemis. »

CHAPITRE XX.

POMPÉE.

Pompée.

La haine du peuple et des Italiens, les ressentiments de
l'ordre équestre et quatre guerres dangereuses, voilà ce que
Sylla léguait à ses successeurs. Qui donc allait recueillir ce
difficile héritage? Son héritier légal était un sénat mutilé par
la guerre civile, et où les proscriptions des deux partis n'a-
vaient pas laissé une seule tête qui dépassât le niveau commun
de la médiocrité, mais du milieu de la guerre civile un homme avait surgi qui à vingt ans levait une armée et savait en
rester le chef. Pompée conduisit ses troupes partout où le
dictateur voulut, en Cisalpine, au secours de Métellus, en
Sicile, en Afrique ; toujours vainqueur et imposant par ses
succès à Sylla lui-même. Après la défaite d'Hiarbas, Sylla
lui ordonna de licencier ses légions. Les soldats se révoltèrent ; Pompée les apaisa et revint seul à Rome. Cette confiance le sauva : le dictateur sortit avec tout le peuple à sa
rencontre et le salua du nom de Grand. Mais il voulait le
triomphe, et il n'était pas même sénateur ! Sylla refusa.
« Qu'il prenne donc garde, osa dire l'impétueux jeune homme, que le soleil levant a plus d'adorateurs que le soleil
couchant. » Le dictateur surpris, céda : « Qu'il triomphe,
s'écria-t-il à deux reprises, qu'il triomphe ! » (81.)

Pompée en effet n'avait encore géré aucune charge et n'en
voulait pas. Mais il tint à constater son influence en faisant
donner le consulat à un de ses protégés. Malgré Sylla et
malgré les grands, il fit élire Æmilius Lépidus, qui ne cachait pas sa haine contre les nouvelles lois (78).

On tue les hommes; on ne tue les idées et les besoins légitimes qu'en leur donnant satisfaction. En prononçant ces seuls mots, rétablissement de la puissance tribunitienne, Lépidus avait retrouvé tout un parti que Sylla pensait avoir étouffé dans le sang. Tenu en échec durant son année de charge par son collègue Catulus, Lépidus reprit ses desseins dans son proconsulat de la Narbonaise. Le gouverneur de la Cisalpine, Junius Brutus, se déclara pour lui. Avec la promesse de rappeler les proscrits, de rendre aux Italiens leurs terres confisquées, et de casser tous les actes de la dictature, Lépidus eut bientôt grossi l'armée qu'il amenait de la Gaule et il pénétra jusqu'au Janicule. Mais les vétérans, menacés de restitution, accoururent autour de Pompée que le sénat adjoignit à Catulus. Lépide fut mis hors la loi et battu en avant du pont Milvius. Une seconde défaite en Étrurie, puis une troisième près de Cosa, le forcèrent à aller chercher un asile en Sardaigne, où il mourut de chagrin, tandis que Pompée poursuivait Brutus dans la Cisalpine, prenait Modène et faisait périr les chefs ennemis qui tombaient en son pouvoir (77).

Cette levée de boucliers rattacha Pompée au sénat qui lui rendait son armée et il accepta le rôle d'exécuteur testamentaire de Sylla; après Lépidus, il alla combattre Sertorius.

Guerre de Sertorius (83-71).

Après la mort de Marius et de Cinna, Sertorius avait tenté la dernière espérance du parti, le soulèvement des provinces barbares de l'Occident. Dès l'année 82, il se rendit en Espagne et vit accourir autour de lui de nombreux volontaires; malheureusement ses préparatifs n'étaient pas achevés, quand un lieutenant de Sylla, le proconsul Annius survint, qui le força de quitter la Péninsule. Il embarqua les 4000 hommes qui lui restaient, et, pendant plusieurs mois, il erra des côtes d'Espagne à celles d'Afrique: mais fatigué de cette existence précaire, il se serait exilé aux *îles Fortunées* (les Canaries) si ses soldats avaient consenti à le suivre. Il se mêla alors aux guerres d'un peuple de la Mauri-

tanie et le bruit de ses exploits se répandant en Espagne,
les Lusitaniens, opprimés par Annius, l'invitèrent à se mettre
à leur tête ; il accepta et repassa dans la Péninsule. Un lieutenant d'Annius fut d'abord battu, puis le gouverneur de la
Bétique (80). Métellus, envoyé par Sylla pour arrêter ce
mouvement, ne put amener son adversaire à une bataille
générale (79). Sertorius lui fit une guerre d'escarmouches
qui convenait à ses soldats et au pays théâtre de la lutte.
Avec sa nombreuse armée, Métellus ne possédait rien au
delà de l'enceinte de son camp. Assiégeait-il une ville, ses
convois étaient coupés ; traversait-il un défilé, de derrière
chaque rocher se levait un soldat qui lançait ses traits, puis
fuyait plus léger que les vents. Bientôt il ne se crut pas
assez fort, et appela à son aide le proconsul de la Narbonaise, Lollius. Sertorius prévint cette jonction : et quand
Lollius déboucha des Pyrénées, il fut si complétement battu
qu'il se sauva presque seul à *Ilerda* (Lérida). Une attaque de
Métellus sur *Lacobriga*, dans le sud de la Lusitanie, y rappela Sertorius qui jeta un secours dans la place, surprit un
de ses lieutenants et, après lui avoir fait lever le siége, le
chassa de la Lusitanie.

Malgré la présence de cette grande armée, Sertorius était
véritablement maître de toute l'Espagne : il réglait les contestations des peuples et des particuliers, levait des troupes, exerçait les indigènes à la tactique romaine et surtout
s'appliquait à gagner leur confiance. Il avait su leur persuader qu'il était en rapport avec les dieux, une biche blanche
qui toujours le suivait, était l'intermédiaire. Lui arrivait-il
secrètement une nouvelle importante, la biche s'approchait de son oreille et lui communiquait le mystérieux
message, qu'il répétait tout haut et que l'événement bientôt
confirmait. Ce manége suffisait à la crédulité de ces peuples
enfants. Du reste, il commandait leur respect par la sévérité
de ses mœurs et par son attention à ne souffrir de la part de
ses soldats aucune licence. La défaite de Lépidus lui valut
un secours important (77). Perperna, un des lieutenants
du proconsul, passa en Espagne avec des forces considérables et plusieurs Romains de distinction, dont Sertorius

forma un sénat de 300 membres. Pour bien montrer qu'il
était resté Romain au milieu des Barbares, il n'admit aucun
Espagnol dans ce sénat, de même qu'il leur refusait tout
grade dans ses troupes. Jusqu'alors ils avaient pu croire que
Sertorius combattait pour eux : de ce jour ils comprirent
que Marianistes et Syllaniens, parti populaire et parti des
grands, ne voulaient que la même chose : maintenir à leur
profit la domination de Rome sur les provinces.

Ses derniers succès et l'accroissement de ses forces lui
permirent de soulever les Aquitains et la Narbonaise ; un
de ses lieutenants alla même garder le passage des Alpes.
Le sénat s'effraya. Malgré sa répugnance à demander à
Pompée de nouveaux services, il fut obligé, n'ayant point
d'autre armée, de l'envoyer au secours de Métellus (76).
Pour éviter les détachements de Sertorius, il s'ouvrit une
route nouvelle par les Alpes Grées ou Pennines. Les cohortes espagnoles, tournées, se replièrent sur les Pyrénées,
abandonnant la Narbonaise, qui expia cruellement sa révolte, et les Pyrénées même que Sertorius, occupé au siége
de *Lauron*, près de Valence, ne put défendre. Pompée comptait forcer aisément ses lignes. Sertorius lui enleva d'abord
une légion, puis l'affama dans son camp, battit tous ses
détachements, emporta *Lauron* sous ses yeux et le contraignit à repasser l'Èbre. Tels étaient les résultats de cette
campagne si pompeusement annoncée.

Mais au printemps suivant (75), Hirtuléius, un de ses lieutenants, fut battu près d'*Italica* (Séville) par Métellus, et
Pompée tua 10 000 hommes à Perperna et à Hérennius près
de Valence. La jonction des deux généraux, que Sertorius
avait jusqu'alors empêchée, devenait possible ; il essaya encore
de la prévenir en courant à Pompée, qu'il battit sur les bords
du *Sucro* (Xucar). Il comptait le lendemain l'accabler, quand
Métellus parut : « Sans cette vieille femme, dit-il, j'aurais
renvoyé ce petit garçon à Rome, châtié comme il le mérite. »
Il s'en dédommagea en lui tuant un autre jour, près de Sagonte, 6000 hommes, mais dans le même moment Métellus
repoussait Perperna, qui laissait 5000 morts sur le champ
de bataille. Une attaque essayée le lendemain contre les li-

gnes de Métellus, ne réussit pas. Les pirates dont nous par-
lerons plus tard, couvraient alors la mer; Sertorius s'entendit
avec eux pour que tous les convois qui arrivaient d'Italie par
mer fussent coupés, se chargeant lui-même d'empêcher ses
adversaires de faire des vivres dans l'intérieur du pays.
Pompée réduit aux abois écrivit alors au sénat qu'il allait
être contraint, si on ne lui faisait passer de grands renforts,
d'abandonner l'Espagne. Le consul Lucullus se hâta de lui
envoyer du blé, de l'argent et deux légions. Un puissant
secours s'offrait aussi à Sertorius : Mithridate lui promit
3000 talents.

Au bruit de cette alliance avec un ennemi de Rome, Métellus mit à prix la tête de Sertorius; mais l'amour de ses
troupes le gardait. Il fallut en revenir aux batailles. Métellus
prit bien quelques villes que Perperna ne sut pas défendre,
mais Sertorius obligea Pompée à lever le siége de *Palantia*
(Palancia, sur le Carrion); il les affama tous les deux, les
battit en détail et les força de se retirer, Métellus sur l'Ultérieure, Pompée jusqu'en Gaule.

Les événements militaires des années 73 et 72 sont inconnus. Mais dans ces années, Sertorius vit l'affection des
Espagnols s'éloigner de lui. Des signes de mécontente-
ments éclatèrent : il les réprima avec dureté, et, rendu soupçonneux parce qu'il se sentait entouré de traîtres, il se laissa
aller à des actes cruels. Plusieurs enfants de nobles espagnols qu'il faisait élever à Osca, à la romaine, furent
égorgés ou vendus. Dans son camp même, une conspiration
se forma, Perperna en était le chef; il l'assassinèrent au
milieu d'un festin (72). Perperna prit sa place, mais il
n'avait ni ses talents, ni la confiance des troupes ; il n'é-
prouva partout que des revers, et il tomba lui-même entre
les mains de Pompée. Pour racheter sa vie, il offrit de
livrer les lettres des grands de Rome qui avaient invité
Sertorius à passer en Italie. Pompée brûla les lettres sans
les lire, et fit tuer le traître. Cependant les chefs indigènes,
qui en s'associant à Sertorius n'avaient combattu que pour
eux-mêmes, se jetèrent dans les plus fortes places, et s'y
défendirent une année encore. Pompée conduisit seul les

dernières opérations de cette guerre, et avant de rentrer en
Italie, il éleva sur la cime des Pyrénées un trophée fastueux
dont l'inscription portait que depuis les Alpes jusqu'au détroit d'Hercule, il avait pris 876 villes.

Spartacus (73-71).

Une nouvelle guerre attendait en Italie le vaniteux général ; Crassus l'appelait contre les gladiateurs, comme Métellus l'avait appelé contre Sertorius. 78 gladiateurs, échappés de Capoue où l'on en dressait un grand nombre,
s'étaient emparés d'un poste naturellement fort, d'où, sous
la conduite d'un esclave thrace, Spartacus, ils repoussèrent
quelques troupes envoyées contre eux. 3000 hommes
vinrent les assiéger ; ils descendirent par des rochers
taillés à pic, et enveloppèrent l'ennemi qui leur abandonna
son camp. Ce succès attira aux gladiateurs un grand nombre de bouviers et de pâtres des environs. Un second
général ne fut pas plus heureux. Spartacus battit ses lieutenants, et lui-même, en plusieurs rencontres, se saisit de ses
licteurs et de son cheval de bataille, et, libre alors de ses mouvements, conduisit son armée vers les Alpes, afin de rendre
chaque esclave à son pays. Mais les siens, avides de butin
et de vengeance, refusèrent de le suivre, et se répandirent
dans l'Italie pour la ravager. Le sénat se vit réduit à diriger contre eux les deux consuls : Spartacus les battit. Crassus, à qui on remit le commandement suprême, vit un de
ses lieutenants écrasé : il parvint cependant à enfermer les
gladiateurs à l'extrémité du Bruttium, où leur chef les avait
conduits, pour les faire passer en Sicile ; mais les pirates,
avec lesquels Spartacus traita, prirent son argent et ne lui
donnèrent pas une barque. En même temps, Crassus tirait
d'une côte à l'autre un large fossé. Avant que l'ouvrage fût
terminé, Spartacus profita d'une nuit neigeuse pour combler
les travaux et s'échapper, mais la division se mit parmi les
siens, et Crassus battit quelques corps détachés. Spartacus,
seul, semblait invincible ; la confiance que ses succès inspirèrent aux gladiateurs, finit par le perdre. Ils l'obligèrent à

livrer une action décisive où il succomba, après avoir montré
un courage héroïque (71).

De cette menaçante armée, il ne restait plus que des débris qui, reprenant trop tard le premier dessein de leur valeureux chef, gagnèrent les Alpes pour se disperser dans la
Gaule. Pompée revenait alors d'Espagne, il les rencontra et
tua encore 5000 de ces malheureux. « Crassus, écrivit-il au
sénat, a vaincu Spartacus, mais moi j'ai arraché les racines
de cette guerre : elle ne renaîtra plus. » Et il marcha sur
Rome, impatiemment attendu du peuple, qui portait aux
nues la gloire du *héros invincible*. Crassus n'obtint en effet
que l'ovation. Il avait combattu contre 100 000 ennnemis;
mais Rome ne voulait pas avouer qu'elle avait encore une
fois tremblé devant ses esclaves.

Pompée rétablit la puissance tribunitienne (70).

Tandis que Pompée accablait en Espagne les derniers
chefs du parti populaire, ce parti même se relevait à Rome.
En 77, Lépidus avait échoué dans une tentative à main
armée; en 76, le tribun Sicinius, soutenu de César, faillit
réussir à rendre la voix au tribunat; ce qu'il demandait, un
consul de l'année suivante l'accorda; les tribuns recouvrèrent
le droit de haranguer le peuple et d'aspirer aux charges. Les
désordres, les plaintes aussitôt recommencèrent, et Pompée,
saisissant le rôle de médiateur qui s'offrait, écrivit à
Rome que si l'accord ne se rétablissait pas entre le sénat
et le peuple, il travaillerait lui-même à régler, après son
retour, cette affaire. Il arriva à la fin de l'année 71, et le
peuple acheva de le gagner par ses applaudissements. La
ville entière sortit à sa rencontre; il reçut, plutôt qu'il
ne demanda, le consulat et le triomphe. Mais il fallait
payer ces applaudissements; une loi Pompéia, appuyée par
Crassus et César, rendit au tribunat tous ses droits. Après le
peuple vint le tour des chevaliers. Ils réclamaient les jugements, avec non moins d'ardeur que le peuple le tribunat;
cette fois, Pompée laissa agir Cicéron.

Après un début éclatant au barreau, Cicéron était allé à

Athènes et à Rhodes prendre aux Grecs le seul bien qui leur restât, l'art d'Isocrate et de Platon. Rome avait vu déjà de grands orateurs, jamais cette abondance harmonieuse, cet éclat, cette verve intarissable. A trente ans, il entra dans les charges par la questure de Sicile, et il briguait l'édilité quand les Siciliens vinrent lui confier leur vengeance contre leur ancien préteur, Verrès, dont le nom rappelle les plus infâmes concussions. Quoique membre du sénat depuis sa questure, Cicéron appartenait à l'ordre équestre. De ce côté étaient ses amitiés, ses intérêts, je dirai plus, ses idées politiques. Cicéron voulait faire rendre aux chevaliers les jugements que Caïus leur avait donnés pour reformer ce *medius ordo* qui maintiendrait l'équilibre dans l'État. Or, Verrès était sénateur, et disait à qui voulait l'entendre qu'il était sûr de l'impunité, parce qu'il avait fait, de ses trois années de pillage, trois parts, l'une pour son défenseur, l'autre pour ses juges, la troisième pour lui-même. Cicéron attaqua hardiment. Verrès, épouvanté, s'enfuit après la première audience, abandonnant aux Siciliens 45 millions de sesterces, mais l'éloquence vengeresse le poursuivit jusque dans son exil. Cicéron écrivit ce qu'il n'avait pu dire; il déroula le long tableau de ses crimes, et il finit comme il avait commencé, par des menaces contre les nobles. « Tant que la force l'y a contrainte, Rome a souffert votre despotisme royal, elle l'a souffert; mais du jour où le tribunat a recouvré ses droits, votre règne, ne le comprenez-vous point? est passé.... » Il ne put, en effet, survivre à ces scandaleuses révélations; un oncle de César, le préteur Aurélius Cotta, proposa et fit accepter une loi par laquelle les places de juges furent réparties entre les sénateurs, les chevaliers et les tribuns du trésor. Cette année (70), la censure aussi fut rétablie; 64 sénateurs furent dégradés: c'était la dégradation même de la noblesse tout entière. Ainsi, tant de sang répandu n'avait pas fait vivre l'œuvre politique de Sylla huit années!

Guerre des pirates (67).

Rome avait détruit toutes les marines militaires sans les remplacer. Personne ne faisait donc la police des mers; les bandits en avaient profité pour les couvrir et vivre aux dépens du commerce et des villes maritimes. La Cilicie, avec ses ports sans nombre, et ses montagnes qui descendent jusqu'au rivage, avait été leur premier repaire, mais sur toutes les côtes ils avaient des arsenaux, des lieux de retraite, et des tours d'observation. On leur croyait plus de 1000 navires ; déjà ils avaient pillé 400 villes et les temples les plus vénérés. De la Phénicie aux colonnes d'Hercule, il ne passait plus un navire qui ne payât rançon. Le nom romain leur importait peu ; deux préteurs furent enlevés avec leurs licteurs ; Misène, Gaëte, Ostie même, aux portes de Rome, furent saccagées, et les convois d'Afrique arrêtés. A ce moment Sertorius soulevait l'Espagne, Spartacus allait armer les gladiateurs, et Mithridate préparait en Asie une nouvelle guerre. Les pirates auraient pu servir de lien entre ces trois révoltes ; mais cette force immense manquait de discipline : les idées de brigandage l'emportèrent sur les idées politiques ; ils conduisirent bien à Mithridate les envoyés de Sertorius, mais ils trahirent Spartacus et causèrent sa ruine. Dès l'année 78, on envoya contre eux Servilius, qui, après trois pénibles campagnes, mérita le triomphe et le surnom d'Isauricus. Il avait donné à la Cilicie le nom de province : tout n'en était pas moins encore à faire. Marc Antoine, le père du triumvir, fut chargé de les chasser de la Crète ; il échoua ; Métellus y réussit (68), et en prit le surnom de *Creticus*. Mais quelques expéditions isolées ne pouvaient détruire cet insaisissable ennemi, qui, maintenant encore, menaçait Rome de la famine. L'an 67, le tribun Gabinius proposa qu'un des consulaires fût investi pour trois ans, avec une autorité absolue et irresponsable, du commandement des mers et de toutes les côtes de la Méditerranée jusqu'à 400 stades dans l'intérieur. Les nobles s'effrayèrent de ces pouvoirs inusités qu'on destinait à Pompée : ils faillirent massacrer le tribun ; mais le peuple adopta la loi, en doublant les forces promises au général, 500 galères, 120 000 fantassins, 5000 chevaux, et la permission de prendre dans le trésor tout l'argent qu'il voudrait.

A la nouvelle de ce décret, les pirates abandonnèrent les

côtes d'Italie ; le prix des vivres baissa subitement, et le peuple de crier que le nom seul de Pompée avait terminé la guerre. Il choisit pour lieutenants 24 sénateurs qui avaient déjà commandé en chef, divisa la Méditerranée en 13 régions, et assigna à chaque division une escadre. En 40 jours, il balaya toute la mer de Toscane et celle des Baléares. Dans la Méditerranée orientale, nulle part non plus les pirates effrayés ne résistèrent. Les plus braves, réunis au promontoire *Coracesius*, en Cilicie, furent vaincus, puis forcés dans une place du voisinage ; ils livrèrent 120 forts qui couronnaient les cimes des montagnes, depuis la Carie jusqu'au mont Amanus ; Pompée brûla 1300 navires, et établit ses prisonniers dans des villes dépeuplées, à Soli, Adana, Épiphanie et Mallus, à Dymes en Achaïe, même en Calabre. Il avait suffi de 90 jours pour terminer cette guerre peu redoutable.

Mithridate veut profiter des embarras de Rome ; Lucullus le rejette sur le Pont (73).

Sylla n'avait pas permis, en 82, que Muréna renouvelât la guerre avec Mithridate ; ce prince avait lui-même besoin de la paix pour raffermir son autorité et réparer ses pertes ; pendant quelques années, il ne parut occupé qu'à soumettre de nouveau le Bosphore, dont il confia l'administration à son fils Macharès, et à dompter quelques peuples barbares établis entre la Colchide et le Palus Méotide. Mais dès qu'il apprit la mort du dictateur (78), il excita sous main le roi d'Arménie, Tigrane, à envahir la Cappadoce, d'où ce prince enleva 300 000 habitants pour agrandir sa capitale, Tigranocerte. La cession que Nicomède III fit au sénat de la Bithynie (75) le décida à entrer lui-même en lice. D'ailleurs l'occasion semblait favorable, car les meilleurs généraux étaient occupés en Espagne contre Sertorius, et les pirates couvraient la mer. Tous les peuples barbares, du Caucase au mont Hæmus, lui fournirent des auxiliaires ; des Romains proscrits dressèrent ses troupes, et Sertorius lui envoya des officiers (74).

Lucullus, proconsul de Cilicie, fut chargé de cette guerre.

Son armée comptait un peu moins de 32 000 hommes; il marchait cependant sur le Pont, quand il apprit que Mithridate avait envahi la Bithynie; que tous les publicains avaient été massacrés par les habitants; que Cotta, pressé de combattre, pour avoir seul l'honneur de vaincre, avait éprouvé deux défaites en un jour, l'une sur terre, l'autre sur mer, qu'enfin il était étroitement bloqué dans Chalcédoine. Il courut à son secours, débloqua Chalcédoine, et l'ennemi s'étant rejeté sur Cyzique, il l'y suivit, l'enferma dans ses lignes et l'affama.

Un grand détachement que forma Mithridate pour faire des vivres fut surpris au passage du Rhyndacus, et perdit 15 000 hommes et 6000 chevaux. Un de ses lieutenants fut encore battu en Phrygie par le Galate Déjotarus. Entre ce camp immobile et cette ville inexpugnable, Mithridate voyait fondre son immense armée sans pouvoir la faire combattre; il se décida à fuir sur ses vaisseaux, laissant ses troupes de terre se tirer comme elles le pourraient des mains de l'ennemi. Lucullus en tua la plus grande partie; le reste se sauva à Lampsaque. Mithridate, grâce à la négligence d'un lieutenant, put gagner l'Euxin et Amisus, d'où il sollicita son fils Macharès et son gendre Tigrane de lui envoyer de prompts secours.

Lucullus laissa Cotta soumettre les villes de Bithynie qui tenaient encore, et pénétra dans le Pont. Dans l'intention d'attirer le roi à une bataille avant l'arrivée des secours qu'il attendait, il ravagea le pays et s'arrêta longtemps, malgré le murmure de ses troupes, au siége d'Amisus (72). Au printemps de l'année suivante, apprenant que le roi avait réuni 44 000 hommes, il l'alla chercher avec trois légions, et, par une foule de petits combats, cerna encore une fois et affama l'ennemi. Mithridate n'échappa qu'en semant ses trésors sur sa route pour arrêter la poursuite. Avant d'abandonner son royaume, il envoya l'ordre de donner la mort à ses sœurs et à ses femmes. Monime, la plus belle et la plus aimée, voulut s'étrangler avec son diadème; trop faible, il se rompit. Alors le foulant aux pieds avec mépris : « Funeste bandeau ! s'écria-t-elle, à quoi m'as-tu jamais servi? Aujourd'hui même tu ne peux m'aider à mourir. » Et elle se jeta sur l'épée que l'eunuque lui tendait.

Conquête du Pont (73-71) et d'une partie de l'Arménie (69-66).

Amisus prise et rendue à la liberté, ainsi que Sinope, l'administration du Pont organisée et un traité conclu avec Macharès, Lucullus revint à Éphèse mettre un terme aux exactions des publicains, pendant qu'il envoyait Clodius réclamer de Tigrane III l'extradition de Mithridate. Maître de l'Arménie et vainqueur des Parthes, qui lui avaient cédé tout le nord de la Mésopotamie, Tigrane avait encore soumis la Syrie, à la faveur des guerres civiles, au milieu desquelles la domination des Séleucides avait honteusement disparu. Ce prince, alors le plus puissant monarque de l'Orient, avait contraint les Parthes à lui laisser prendre le nom de Roi des rois. Au temps de sa prospérité, Mithridate n'avait pas voulu reconnaître cette suprématie ; aussi avait-il été froidement reçu ; l'ambassade de Clodius changea ces dispositions. Tigrane, irrité d'une telle sommation, congédia l'envoyé avec colère (70).

Lucullus ne recula point devant cette lutte nouvelle. Il ne prit avec lui que 12 000 fantassins et moins de 3000 chevaux (69). Tigrane ne pouvait croire à tant d'audace ; le premier qui lui annonça l'approche des légions paya cet avis de sa tête. Cependant l'avant-garde de Lucullus suffit pour disperser une première armée, et il commença le siége de Tigranocerte. Tigrane réunit jusqu'à 250 000 hommes ; quand il aperçut la petite armée romaine : « S'ils viennent comme ambassadeurs, dit le roi, ils sont beaucoup ; si c'est comme ennemis, ils sont bien peu. » Les Romains ne perdirent, assure-t-on, que 5 hommes et eurent seulement 100 blessés. C'est par 100 000 qu'on compte les morts dans l'armée barbare (6 oct. 69). Une révolte des habitants grecs de Tigranocerte facilita l'assaut. Les légionnaires y trouvèrent, sans parler d'autre butin, 8000 talents d'argent monnayé, et reçurent encore de leur général 800 drachmes par tête.

Lucullus hiverna dans la Gordyène et la Sophène, d'où il invita le roi des Parthes à se joindre à lui. Ce prince flottant incertain entre les deux alliances de Rome et de l'Arménie qui s'offraient à lui, il résolut de l'attaquer. Il avait pris en tel mépris ces rois si redoutés, qu'il ne craignait plus de s'enfoncer au cœur de l'Asie pour renverser un troisième empire. Mais ses officiers et ses soldats étaient trop riches pour vouloir courir de nouveaux hasards; ils refusèrent de le suivre, et Lucullus dut se résigner à achever la défaite du roi d'Arménie. L'armée de Tigrane, reformée par Mithridate, avait reparu autour de lui, mais refusait le combat. Afin de l'amener à une action, Lucullus marcha sur Artaxata, qui renfermait les femmes, les enfants et les trésors du roi. Tigrane, en effet, le suivit, et, pour sauver sa seconde capitale, il livra bataille (68). Le résultat fut le même que l'année précédente. Lucullus eût voulu enlever Artaxata, ses soldats le forcèrent à reculer vers l'Asie Mineure; il prit encore Nisibe (67). Ce fut le terme de ses succès. Les publicains, qu'il avait irrités en réprimant leurs exactions, lui avaient déjà fait donner à Rome un successeur, Pompée.

Les deux généraux se rencontrèrent en Galatie ; la conférence commença par les compliments d'usage et finit par des outrages. « Comme un oiseau de proie lâche et timide qui suit le chasseur à l'odeur du carnage, Pompée, disait Lucullus, se jette sur les corps abattus par d'autres et triomphe des coups qu'ils ont portés. » Des amis communs les séparèrent, et Lucullus partit pour Rome. Son rival ne lui permit d'emmener que 1600 hommes pour son triomphe, et cet honneur, il sut l'empêcher pendant trois ans de l'obtenir. Justement irrité de l'injustice du peuple et de la faiblesse du sénat qui l'avait abandonné, Lucullus se retira d'un gouvernement dont il prévoyait sans doute l'inévitable chute, et il alla vivre dans ses villas des richesses qu'il avait si glorieusement acquises. Son luxe, sa magnificence lui valurent le surnom de Xerxès romain. La protection éclairée qu'il accorda aux lettres demande grâce pour cette élégante mollesse qui, au milieu de tant de corruption, n'était plus un danger.

Commandement de Pompée (66-63).

Mithridate était encore à la tête de 32 000 soldats ; mais,
fatigué à la fin de cette lutte sans repos, il fit demander au
nouveau général à quelles conditions on lui accorderait la
paix. «Qu'il s'en remette à la générosité du peuple romain, »
répondit le proconsul. Finir comme Persée après avoir combattu comme Annibal! Mithridate avait un trop grand cœur
pour s'y résoudre. «Eh bien! dit-il, combattons jusqu'à
notre dernière heure. » Et il jura de ne jamais faire de paix
avec Rome. Pompée marchait déjà vers la petite Arménie.
Dès la première rencontre, l'armée pontique fut détruite.
Tigrane, à son tour, menacé et affaibli par la trahison d'un
fils rebelle qui se réfugia auprès de Pompée, fut contraint
de venir s'humilier lui-même. Aux portes du camp, un licteur le fit descendre de cheval : dès qu'il aperçut Pompée,
il détacha son diadème et voulut se prosterner à ses genoux. Le général le prévint, le fit asseoir à ses côtés et lui
offrit la paix à condition de renoncer à ses anciennes possessions de Syrie et d'Asie Mineure, de payer 6000 talents et
de reconnaître son fils pour roi de la Sophène. La vieille
politique du sénat était encore ici appliquée. Tigrane affaibli,
mais non renversé, était trop peu puissant pour être redoutable, assez pour tenir en échec le roi des Parthes, dont la
conduite avait été si longtemps équivoque. Ce nouveau vassal
allait donc faire pour Rome la police de la haute Asie, comme
jadis Eumène dans l'Asie antérieure, *reges.... vetus servilu-
tis instrumentum.*

L'Arménie soumise, Pompée alla chercher Mithridate dans
le Caucase, vainquit les Albaniens et les Ibériens ; mais le
roi fuyant toujours devant lui, il abandonna cette poursuite
infructueuse, et, au printemps de 64, après avoir organisé
le Pont en province, il descendit en Syrie. Ce pays était dans
le plus déplorable état. Antiochus l'Asiatique, que Lucullus
avait reconnu pour roi, n'avait pu se faire obéir ; une foule
de petits tyrans se partageaient les villes, et les Ituréens, les
Arabes, pillaient le pays. Décidé à donner l'Euphrate pour
frontière à la république, il rangea sous la domination ro-

maine la Syrie et la Phénicie, laissant seulement la Comagène à Antiochus, la Chalcidique à un Ptolémée et l'Osrhoène à un chef arabe. Dans la Palestine, les Maccabées avaient glorieusement reconquis l'indépendance du peuple hébreu, et, depuis 107, un de leurs descendants, Aristobule, s'était fait appeler roi des Juifs. Mais sous Alexandre Jannée, six ans de guerre civile avaient coûté la vie à 50 000 Juifs, et la querelle des sadducéens et des pharisiens avait ébranlé l'État; ceux-ci, à la fin, l'avaient emporté sous la régence de sa femme Alexandra, et avaient commis d'horribles excès. Une seconde guerre civile entre les deux fils d'Alexandra, Hyrcan et Aristobule, amena de nouvelles péripéties. Hyrcan fut renversé du trône, puis, soutenu par les Arabes Nabathéens, il revint assiéger son frère dans Jérusalem. Un questeur de Pompée, Æm. Scaurus, était alors à Damas; les deux prétendants offrirent de lui payer son assistance 3 ou 400 talents. Scaurus se déclara pour Aristobule (64). Quand Pompée arriva, il voulut examiner cette affaire et les cita tous deux à plaider, devant lui, leur cause, à Damas. Aristobule, condamné, déclara audacieusement la guerre; Pompée l'alla chercher dans Jérusalem et l'assiégea dans le temple pendant trois mois. Un dernier assaut lui livra la place : il entra dans le *saint des saints*, et enleva tous les trésors du temple. Hyrcan fut rétabli, mais sans prendre le titre de roi ni le diadème, et à condition de restituer à la Syrie les conquêtes des Maccabées et de payer un tribut annuel.

Durant ces opérations, Mithridate, qu'on avait cru mort, avait reparu avec une armée à Phanagorie, dans le Bosphore, et forcé son fils Macharès à se tuer. Là, malgré ses 60 ans, cet infatigable ennemi voulait pénétrer dans la Thrace, entraîner les barbares sur ses pas et descendre en Italie à la tête de leurs hordes innombrables : mais ses soldats, épouvantés de la grandeur de ses desseins, se révoltèrent à la voix de son fils Pharnace. Pour ne pas être livré vivant aux Romains, il prit du poison, et la liqueur mortelle restant sans effet, il essaya de se percer de son épée; sa main le trompa encore; un Gaulois lui rendit ce dernier service (63).

Pompée, à cette nouvelle, retourna à Amisus, où Pharnace lui envoya, avec de magnifiques présents, le corps de son père. En récompense de ce parricide, il garda le Bosphore. Le roi galate Déjotarus obtint quelque accroissement de territoire. Un certain Attale et Pylæménès reçurent une partie de la Paphlagonie; Ariobarzane avait recouvré la Cappadoce, Pompée y joignit la Sophène et la Gordyène; puis des villes furent fondées, d'autres repeuplées. La formule des nouvelles provinces, le Pont, la Cilicie, la Syrie et la Phénicie, fut écrite. Toute l'Asie Antérieure, du Pont-Euxin à la mer Rouge, se trouva reconstituée. Il n'y restait plus un seul prince puissant, mais des vassaux de Rome : le Pont était pays romain, et l'Arménie, tombée du haut rang où elle était montée, n'allait plus être qu'une barrière ou un champ clos entre les deux empires qui se partageaient l'Asie occidentale.

Venu sur ce continent après Sylla et Lucullus, Pompée n'avait pas eu de grands coups à frapper; mais il y organisa la domination de Rome, il y fixa les limites que l'empire ne put jamais franchir, et volontiers nous le laisserons se vanter, en *étalant sa robe triomphale*, d'avoir achevé le pompeux ouvrage de la grandeur romaine.

CHAPITRE XXI.

L'INTÉRIEUR DE ROME DE L'AN 67 A L'AN 59.

COMMENCEMENTS DE CÉSAR. — CONSULAT DE CICÉRON ET CONJURATION DE CATILINA (63). — CRASSUS ET CATON.

Commencements de César.

Depuis 60 ans, deux tentatives avaient été faites en sens contraire pour reconstituer la république, l'une par les Gracques en vue des intérêts populaires, l'autre par Sylla au nom des intérêts aristocratiques. Toutes deux avaient échoué et Rome était retombée dans le désordre intérieur et les violences. Le consulat de Pison, en l'année 67, fut digne des plus mauvais jours de la république; les émeutes, les luttes à main armée recommençaient. Nobles et peuple étaient

donc également convaincus d'impuissance à gouverner, et il
n'y avait plus qu'une expérience à tenter : la monarchie.
Trois hommes y tendaient alors : Pompée à la manière de
Périclès, par les lois mêmes de son pays; Catilina, comme
Denys et Agathocle, par les conspirations et la soldatesque;
César, à la façon d'Alexandre, par d'irrésistibles séductions
et l'ascendant de son génie. Entre ces trois hommes un autre
se plaça, qui, meilleur que son temps, croyait à la vertu,
au pouvoir de la raison, et qui ne se résignait pas encore à
la pensée qu'on ne pût sauver cette grande chose : la liberté.
Gomme Drusus, Cicéron cherchait le salut de la république,
non dans la domination exclusive d'une classe de citoyens,
mais dans la conciliation de tous les ordres. Il avait déjà
contribué à faire rendre aux chevaliers les jugements, et il
aurait voulu enchaîner Pompée à leur cause. Aussi avait-il
contribué de tous ses efforts à son élévation.

Un autre personnage flattait aussi Pompée, et à l'ombre
de ce nom alors si grand, se faisait une place dans l'État :
nous connaissons déjà Jules César. Sa puissance à lui n'était
pas dans les charges qu'il avait exercées, il n'était que pontife; ni dans ses exploits, il n'avait pas encore commandé;
ni dans son éloquence, bien qu'elle fût grande et prouvée
par des succès; mais dans les traditions qui s'attachaient
au descendant de Vénus et d'Anchise, dans les souvenirs
qu'éveillait le gendre de Cinna et le neveu de Marius, dans
le charme indicible répandu sur toute sa personne. Magnifique et prodigue, comme s'il eût compté sur les richesses
du monde, il jetait l'or, moins pour ses plaisirs que pour
ses amis, pour le peuple qu'il conviait à des fêtes splendides.
Fier, actif, il avait, sans hauteur blessante, le génie du
commandement. Tombé aux mains des pirates, il maîtrise
ces brigands et les force à le servir. Ils lui demandent 20 talents pour sa rançon : «Vous en aurez 50, mais je vous ferai
pendre; » et il leur avait tenu parole. Quelque temps après,
Mithridate attaquant les alliés, il avait, sans titre, sans
mission, rassemblé des troupes, battu plusieurs détachements ennemis, et retenu les villes dans l'alliance de Rome.
Sylla, auquel il avait résisté, l'avait mieux compris : «Re-

doutez, disait-il aux nobles, redoutez ce jeune élégant à la robe flottante. » L'élégant débauché cachait en effet une ambition audacieuse ; ses amis l'avaient vu pleurer devant une statue d'Alexandre en répétant : « A mon âge il avait conquis le monde, et je n'ai encore rien fait. » Quand Pompée était revenu d'Espagne, il avait trouvé César en possession d'un tel crédit qu'il avait dû compter avec lui. Il avait pensé s'en faire un instrument, il en servit lui-même : il tomba sous le charme, il écouta ses conseils déguisés sous les éloges, et César fut pour beaucoup dans la détermination qui sépara Pompée de la noblesse où était sa véritable place, pour le mettre à la tête du peuple où son caractère ne pouvait le laisser longtemps.

Un autre ambitieux comptait dans le même temps se faire jour par d'autres voies. Sylla croyait avoir fait de ses vétérans des laboureurs paisibles, et de ses sicaires enrichis d'honnêtes citoyens. Mais ces soldats paresseux firent travailler pour leur compte, puis vendirent leurs terres et ne gardèrent que leur épée, dans l'espérance d'une autre guerre civile et de nouveaux pillages. Il avait fallu moins de temps encore à leurs anciens chefs pour dissiper l'or des proscrits. Les uns et les autres avaient donc besoin de nouveaux bouleversements : un d'entre eux, Catilina, se chargea de les faire naître. C'était une nature puissante pour le mal. Durant les proscriptions il s'était signalé parmi les meurtriers les plus féroces ; il avait tué son beau-frère pour être libre dans un amour incestueux ; il égorgea son épouse et son fils pour décider une femme à lui donner sa main. Propréteur en Afrique, il y commit de terribles concussions (66). A son retour, il brigua le consulat ; mais une députation de la province l'accusait ; le sénat raya son nom de la liste des candidats. Catilina se retira frémissant. On lui interdisait même la brigue légale. Il prépara une révolution.

Il y avait longtemps qu'il s'était uni à tout ce que Rome renfermait de gens infâmes et coupables. Les vétérans de Sylla comptaient sur lui pour une abolition des dettes. La sévérité des nouveaux tribunaux lui fournit d'autres alliés. Un jugement venait de destituer les deux consuls désignés

16

pour l'année 65, Autronius et Corn. Sylla, comme coupables
d'avoir acheté les suffrages. Catilina envenima leur ressentiment, et un complot fut formé pour égorger, aux kalendes
de janvier, les nouveaux consuls quand ils iraient sacrifier
au Capitole. Crassus et César entrèrent, dit-on, dans cette
conjuration. Mais Crassus, si riche, avait tout à perdre en
s'associant à des gens ruinés. Pour César, il devait s'écarter
d'un mouvement où les premiers rôles étaient déjà pris.
Deux fois le coup manqua, et le sénat tremblant chercha
par des concessions, à désarmer ces furieux. Pison, un des
conjurés, fut envoyé comme préteur en Espagne ; et lorsque
Clodius reprit, contre Catilina, l'accusation de concussion,
Torquatus et Cicéron lui-même défendirent l'accusé. Il fut
acquitté, mais ruiné.

Ce qui rendait le sénat si facile, c'était le sentiment de sa
faiblesse et la crainte que lui inspirait César. Cette année
même (65), il avait été nommé édile curule et il n'avait pas
perdu cette occasion de faire légalement une brigue plus
sûre que celle du jour des comices, en achetant d'un coup le
peuple entier par la magnificence de ses jeux et ses prodigalités inouïes. Pour honorer la mémoire de son père, il fit
paraître 320 paires de gladiateurs, tout couverts d'armures
dorées. Les Mégalésies et les grands jeux romains furent
célébrés avec la même pompe. A ces fêtes, à ces jeux, Bibulus,
son collègue, disait : « Nous nous ruinons tous deux et il
semble que lui seul paye, le peuple ne voit que lui. » Il eut
bien d'autres applaudissements, quand un matin on découvrit de toute la ville, aux portes du Capitole, des statues
étincelantes d'or ; c'était le vieux Marius qui reparaissait
avec ses trophées de la guerre de Jugurtha et des Cimbres.
Mais ces trophées, le sénat les avait proscrits, et un édile les
rétablissait ! « Ce n'est plus par de sourdes menées, s'écria
Catulus, mais à la face du ciel que César attaque la constitution. » Personne n'osa le suivre, et les trophées du héros
populaire continuèrent de briller au-dessus de la tête des
sénateurs tremblants.

Au sortir de l'édilité (64), César essaya de se faire donner
la lucrative mission d'aller réduire l'Égypte en province.

L'affaire fut remise, et César fut appelé aux obscures fonctions de président du tribunal chargé de punir les meurtriers. Jusqu'alors il n'avait que protesté contre la dictature de Sylla, il voulut la frapper d'une flétrissure légale. Parmi les affaires qu'il évoqua à son tribunal fut celle de deux meurtriers des proscrits. Pour frapper le sénat, il remonta plus haut encore. A son instigation, un tribun du peuple, L. Labiénus, accusa, l'année suivante, le vieux sénateur Rabirius d'avoir, près de 40 ans auparavant, sur un décret du sénat, tué un magistrat inviolable, le tribun Saturninus. Malgré les éloquents efforts de Cicéron, malgré les prières, les larmes des principaux sénateurs, Rabirius eût été déclaré coupable, si le préteur Métellus Céler n'eût arraché le drapeau qui flottait sur le Janicule. Cet étendard enlevé, l'assemblée devait se dissoudre. César, content d'avoir encore une fois prouvé sa force, laissa tomber l'affaire.

Ce même Labiénus fit rendre au peuple la nomination des pontifes. Le peuple paya aussitôt sa dette en donnant à César le grand pontificat, charge à vie qui le faisait chef de la religion, et le rendait inviolable. Ni ses mœurs, ni l'athéisme qu'il professait ouvertement, n'avaient été pour lui des obstacles : ses mœurs et ses opinions étaient celles de la plupart des hommes de son temps. En ce moment même, Lucrèce écrivait son poëme audacieux contre la crédulité populaire. Catulus, l'un de ses compétiteurs, le sachant obéré, avait essayé de le désintéresser en lui offrant des sommes considérables : « J'en emprunterai de plus grandes pour réussir, » dit-il. La même année (63), il fut désigné pour la préture : il approchait donc du but, malgré les craintes et la haine des grands.

Consulat de Cicéron et conjuration de Catilina (63).

Cicéron était alors consul. La noblesse et le peuple avaient également accueilli, celui-ci l'homme nouveau, celle-là le grand orateur qui promettait au sénat le secours d'une puissante éloquence. Ce succès blessa César qui, pour mettre cette popularité à l'épreuve, souleva une question où il fallut

se prononcer entre le peuple et le sénat. — Le tribun Rullus
proposa une loi agraire. Il voulait que des commissaires,
investis pour cinq ans d'un pouvoir absolu, vendissent toutes
les terres du domaine public en Italie, en Sicile, en Espagne,
dans la Macédoine, la Grèce et jusque dans le Pont, et qu'a-
vec cet argent, avec les revenus de toutes les provinces,
excepté ceux de l'Asie, réservés à Pompée, que César ména-
geait toujours, ils achetassent en Italie des champs labou-
rables pour les distribuer aux pauvres. Une dictature et
peut-être une révolution seraient sorties de cette loi. Cicéron
l'attaqua dans quatre discours éloquents. La loi fut rejetée,
mais César y gagnait au moins d'avoir montré à tous que
Cicéron n'était que l'orateur des nobles. Un autre tribun
proposa de mettre un terme à la dégradation civique dont
Sylla avait frappé la postérité de ses victimes. Cicéron fit
encore rejeter cette rogation.

Ces attaques du parti populaire ne furent cependant pas
pour le consul sa plus grande affaire : Catilina l'inquiétait
bien davantage. Effrayé des progrès que faisait la conjuration dans Rome et dans toute l'Italie, il commençait à voir
que s'il y avait, entre le sénat et César, une question d'influence et de pouvoir, entre Catilina et les grands il y avait
une question de vie et de mort. Aux dernières élections consulaires, Antonius ne l'avait emporté sur Catilina que de
quelques voix, et celui-ci s'était remis sur les rangs pour
l'année 62. Catilina, à bout de patience, était décidé, s'il ne
réussissait pas cette fois, à jouer enfin le tout. Les préparatifs
étaient achevés; d'immenses amas d'armes étaient réunis
en divers lieux. Les vétérans de l'Ombrie, de l'Étrurie et du
Samnium, depuis longtemps travaillés par les émissaires,
s'armaient sans bruit. La flotte d'Ostie paraissait gagnée.
Sittius, en Afrique, promettait de soulever cette province et
peut-être l'Espagne. A Rome même, Catilina croyait pouvoir
compter sur le consul Antonius. Un des conjurés était tribun
désigné, un autre préteur. Il n'avait donc qu'un signal à
donner pour que des armées apparussent tout à coup et
marchassent sur Rome, où d'autres complices auraient allumé
sur divers points l'incendie. En plein sénat il avait osé dire :

« Le peuple romain est un corps robuste, mais sans tête; je serai cette tête. » Et une autre fois : « On veut porter l'incendie dans ma maison, je l'éteindrai sous des ruines. » Aux comices consulaires il échoua encore : ce fut le signal.

A quelque temps de là le sénat apprit que des rassemblements armés avaient été vus dans le Picénum et l'Apulie, et qu'un ancien officier de Sylla, Mallius, campait devant Fésules avec une armée de soldats tirés des colonies militaires et de paysans ruinés. Par bonheur, deux proconsuls, Martius Rex et Métellus Créticus venaient d'arriver d'Orient, et attendaient aux portes de la ville, avec quelques troupes, le triomphe qu'ils sollicitaient. Le premier fut aussitôt dirigé contre Mallius, le second sur l'Apulie; un autre préteur alla dans le Picénum. Rome même était mise en état de siége. Les consuls, investis par le sénat d'un pouvoir discrétionnaire, avaient placé des gardes aux portes, sur les murailles, et ordonné des rondes dans tous les quartiers. Cependant Catilina restait dans Rome; Catilina venait au sénat! Pour l'en chasser et le contraindre à démasquer ses projets, Cicéron le força à se déclarer lui-même ennemi public : « Jusques à quand abuseras-tu donc, Catilina, de notre patience? s'écria-t-il dans une apostrophe fameuse. Quoi! ni la garde qui veille la nuit sur le mont Palatin, ni les troupes réunies dans la ville, ni la consternation du peuple, ni ce concours des bons citoyens, ni ce lieu fortifié où le sénat s'assemble, ni les regards indignés que tous ici jettent sur toi, rien ne t'arrête!... O temps! ô mœurs! Tous ces complots, le sénat les connaît, le consul les voit, et il vit! »

Et il continua longtemps ainsi jusqu'à ce que, chassé par l'éloquente parole du grand orateur, qui ce jour-là fut un grand citoyen, Catilina sortit du sénat la menace à la bouche. La nuit venue, il alla se mettre à la tête des troupes de Mallius. Cicéron essaya de se débarrasser des complices qu'il avait laissés dans Rome, en dévoilant aussi dans une assemblée du peuple leurs projets. Mais un petit nombre seulement s'effrayèrent et partirent. Parmi eux était le fils d'un sénateur; son père, averti, le poursuivit lui-même, l'atteignit et le fit tuer sur place par ses esclaves. Mais Len-

tulus, Céthégus, Bestia, restaient encore, et Cicéron, manquant contre eux de preuves écrites, n'osait les frapper;
l'imprudence des conjurés lui en donna. Lentulus avait voulu
affilier à la conjuration des députés allobroges alors à Rome.
Il leur confia des lettres pour leur peuple, et le consul, averti,
les fit enlever avec leurs dépêches. Nanti de ces pièces, il fit
conduire les conjurés au sénat, les força de tout avouer, et
le surlendemain ouvrit la délibération sur leur compte. Silanus, consul désigné, vota pour la *peine dernière*. Tous les
consulaires se rangèrent à son avis. César, alors préteur
désigné, osa soutenir une opinion plus douce : il vota pour
la détention perpétuelle dans un municipe avec la confiscation des biens. La plupart des sénateurs ébranlés passaient
à son avis, lorsque Caton vint à l'aide de Cicéron avec sa
rude éloquence. L'assemblée, entraînée, vota la mort. Pour
ne pas laisser à César le temps de faire intervenir les tribuns, Cicéron alla prendre lui-même Lentulus dans la maison où il était détenu au Palatin, et le conduisit au Tullianum, où les préteurs amenèrent les autres conjurés. Les
triumvirs capitaux les attendaient. Lentulus fut étranglé le
premier. Sur son cadavre, Céthégus, Gabinius, Statilius et
Céparius subirent l'un après l'autre la même mort. Quand
le consul traversa pour la seconde fois le forum, en descendant de la prison, il ne dit que ces mots : « Ils ont vécu; »
et la foule, frappée de stupeur, s'écoula en silence (5 décembre 63).

Les succès des généraux du sénat avaient sans doute donné
à Cicéron la confiance d'accomplir ce qu'il regarda comme
l'éternel honneur de son consulat. Partout les mouvements
avaient été réprimés par la seule présence des troupes. Il n'y
avait eu de résistance sérieuse qu'en Étrurie. De ce côté, une
armée, commandée par Antonius, couvrait Rome, tandis
qu'une autre, sous les ordres de Métellus, occupait la Cisalpine et menaçait les derrières de Catilina. Celui-ci avait
réuni 20 000 hommes, dont le quart seulement était armé.
Avant la bataille livrée près de Pistoia, Catilina renvoya son
cheval, comme Spartacus, et se plaça au centre avec un corps
d'élite. L'action fut acharnée ; pas un de ses soldats ne re-

cula ou demanda quartier : lui-même il fut trouvé, bien en avant des siens, au milieu d'un monceau de cadavres ennemis, et respirant encore. On lui coupa la tête et on l'envoya à Rome.

Crassus et Caton.

Cicéron se flattait d'avoir à jamais effrayé les ambitieux et les partis. « Que les armes le cèdent à la toge, » s'écriait le consulaire ébloui. Il fut vite détrompé. En déposant les faisceaux, il s'était promis d'adresser un discours au peuple pour glorifier son consulat : « L'homme qui n'a pas permis aux accusés de se défendre ne se défendra pas lui-même, » dit le tribun Métellus Népos ; et il lui ordonna de se borner au serment d'usage, qu'il n'avait rien fait de contraire aux lois. « Je jure, s'écria Cicéron, je jure que j'ai sauvé la république ! » A ce cri éloquent, Caton et les sénateurs répondirent en le saluant du nom de Père de la patrie, que le peuple entier confirma par ses applaudissements. Mais quand l'ivresse de ce dernier triomphe fut passée, Cicéron, redevenu plus calme, vit mieux la situation. Pompée s'éloignait et de lui et du sénat ; Crassus accusait hautement Cicéron de l'avoir calomnié ; un tribun enfin semblait le menacer d'une accusation principale. Le prudent consulaire s'étudia à calmer tous ces ressentiments ; il tâcha d'apaiser Crassus ; il proclama bien haut le zèle qu'avait montré César, et il s'humilia devant Pompée, qu'il mit au-dessus de Scipion.

Il y avait cependant un homme sur qui Cicéron pouvait compter, M. Porcius Caton. C'était un homme tout d'une pièce, ne transigeant sur rien ni avec personne, jamais surtout avec lui-même, et celui peut-être de tous les grands personnages de l'antiquité qui porta le plus haut l'idée du devoir. Comme son aïeul, dont il avait la rudesse, il se fit le censeur vigilant des hommes de son temps, et sa vie fut une leçon vivante, mais malheureusement inutile pour cette génération qui se préparait à obéir à un maître en n'obéissant plus aux lois. Sans relâche et sans ménagements, il combattit pour ce qu'il crut être le droit et la vérité, et quand il pensa qu'il devait à la patrie un dernier exemple, il se tua pour que son sang rejaillit jusque sur la couronne triomphale du vainqueur, et y restât attaché comme la protestation suprême de la liberté.

Caton était un des plus fermes appuis du nouveau parti que Cicéron espérait avoir formé, et qu'il appelait le parti des honnêtes gens. Quand Métellus Népos, appuyé de César, proposa, sous prétexte de rétablir l'ordre dans la république, de rappeler Pompée avec toutes ses forces, Caton jura que, tant qu'il vivrait, pareille chose ne s'accomplirait pas. Le matin du vote, Métellus fit occuper par des gladiateurs le temple de Castor qui donnait sur la place, et il s'assit sur le haut des degrés, à côté de César. Caton traversa hardiment la foule armée, et vint se placer entre le tribun et le préteur pour les empêcher de communiquer ensemble. Quand le greffier commença à lire le texte de la rogation, il l'en empêcha; Métellus ayant pris les tablettes, il les arracha et les brisa; le tribun voulut la réciter de mémoire; un ami de Caton lui ferma la bouche. Le peuple battait des mains. Métellus fit un signe, et les gladiateurs chassèrent la foule. Caton, qui ne voulait pas reculer, fut sauvé à grand'peine par Muréna. Mais les nobles revinrent en force : Caton échappa à ceux qui le gardaient, et Métellus, à son tour, effrayé, s'enfuit de la ville dans le camp de son patron.

Crassus était longtemps resté fidèle à la constitution cornélienne. Ses immenses richesses, butin de la guerre civile, lui donnaient des clients jusque dans le sénat; et ses esclaves, dont il eût pu faire une armée, ses affranchis, ses débiteurs, ses locataires (il possédait plusieurs quartiers de Rome), rendaient son appui précieux pour faire ou pour arrêter un mouvement. Les grands commirent la faute de se l'aliéner, et, en l'enveloppant avec César dans les mêmes soupçons de complicité avec Catilina, ils lui montrèrent quel devait être son allié. Les créanciers de César ne voulaient pas le laisser partir pour sa province de l'Espagne Ultérieure. Crassus se fit sa caution pour la somme énorme de 850 talents. Clodius, jeune patricien de pétulante et ambitieuse nature, et chargé, tout jeune encore, de dettes et de vices, s'était introduit sous des vêtements de femme dans la maison de César, durant

la célébration des mystères de la Bonne Déesse. Ce scandale
avait amené un procès. César, qui avait répudié sa femme,
non qu'elle fût coupable, mais parce que la femme de César,
disait-il, ne devait pas même être soupçonnée, voulait sauver Clodius, afin de s'en servir plus tard contre les grands;
il lui fit prêter, par son nouvel ami, l'argent nécessaire pour
acheter ses juges, et Clodius, malgré une déposition acca-
blante de Cicéron, fut absous. César partit alors pour son
gouvernement; il laissait derrière lui Crassus engagé avec
Clodius et en rupture ouverte avec l'oligarchie. Pour augmenter ce chaos d'ambitions contraires, Pompée arrivait : il arrivait, disait-on, à la tête de ses légions pour mettre fin à la
république. Cependant, dès qu'il eût touché Brindes, il
licencia son armée, et, vers la fin de septembre 61, il célébra son triomphe. On y porta des tableaux sur lesquels il
était écrit que Pompée avait pris 800 navires, 1000 forteresses et 300 villes, repeuplé 39 cités, versé dans le trésor
20 000 talents, et presque doublé les revenus publics.

Mais, en descendant de son char, Pompée se retrouva
seul dans cette ville, un moment auparavant pleine de sa
gloire. Lucullus attaquait tous ses actes ; le sénat lui était
hostile ; Cicéron même trouvait que son héros d'autrefois
était sans dignité et sans élévation. Il fit bientôt l'épreuve de
son crédit. En Orient, il avait disposé des couronnes, fait
et défait des royaumes, fondé des villes, enfin tout réglé
souverainement de la mer Égée au Caucase et de l'Hellespont à la mer Rouge. Faire confirmer tous ses actes, c'était
pour lui une question d'honneur ; il demanda au sénat une
approbation générale et prompte. Lucullus, appuyé de Caton,
voulut qu'on délibérât séparément sur chaque fait. Cette
lente discussion, où mille échecs étaient inévitables, eût
singulièrement rabaissé celui qui jouait naguère en Orient
le rôle de roi des rois. Il la refusa. Dans le même temps il
faisait demander au peuple, par le tribun Flavius, des terres
pour ses vétérans. Ici encore Pompée rencontra Caton et le
consul Métellus. Les choses allèrent si loin, que Flavius fit
traîner le consul en prison. Tout le sénat voulait l'y suivre,
mais son patron eut honte lui-même de ces violences ; il

céda une seconde fois, le cœur profondément ulcéré contre ces nobles qui le déshonoraient aux yeux de ses soldats et de toute l'Asie.

Alors il se repentit d'avoir licencié ses troupes : il était trop tard. Repoussé par les grands, il ne lui restait plus qu'à recommencer ce rôle de démagogue pour lequel il était si peu fait ; mais, du côté du peuple, la première place était prise ; il fallait partager. C'était là que, depuis dix ans, César l'attendait.

CHAPITRE XXII.

LE PREMIER TRIUMVIRAT (58-49).

CÉSAR FORME LE PREMIER TRIUMVIRAT. — CONSULAT DE CÉSAR (59). — CLO-
DIUS ; CICÉRON EST EXILÉ (58). — GUERRE DES GAULES (58-50). — LES HELVÈ-
TES ET ARIOVISTE ; SOUMISSION DES PEUPLES DE LA VALLÉE DE LA SAONE
(58). — CONQUÊTE DE LA BELGIQUE (67), DE L'ARMORIQUE ET DE L'AQUITAINE
(56). — EXPÉDITION AU DELA DU RHIN ET EN BRETAGNE (55-54) ; SOULÈ-
VEMENTS PARTIELS EN GAULE (54-53). — RÉVOLTE GÉNÉRALE, SIÉGE D'A-
LESIA (52). — DERNIERS MOUVEMENTS (51) ; MESURES PRISES POUR PA-
CIFIER LA GAULE (50). — L'INTÉRIEUR DE ROME PENDANT LE PROCONSU-
LAT DE CÉSAR : CLODIUS ET MILON. — CONFÉRENCES DE LUCQUES (56) ;
EXPÉDITION DE CRASSUS CONTRE LES PARTHES (54). — INTERRÈGNE (53-
52) ; POMPÉE SEUL CONSUL ; EXIL DE MILON (52). — ATTAQUES CONTRE
CÉSAR ; CURION (51-49).

César forme le premier triumvirat.

Pendant ces événements, César était au fond de l'Espagne (61). Il se hâta d'y ramasser de l'argent par des expéditions contre les Lusitaniens des montagnes et les Gallaïques, et de revenir avec le titre d'*Imperator* (60), solliciter le triomphe et le consulat. Ces deux demandes étaient inconciliables. Entre une affaire de vanité et une question de pouvoir, César eut vite fait son choix ; il renonça au triomphe, renvoya ses licteurs, et, entrant aussitôt dans la ville, il courut au forum avec la robe blanche des candidats ; Crassus et Pompée l'accompagnaient et briguaient pour lui. Comment s'était formée cette triple alliance ?

Catilina vaincu, Pompée désarmé et humilié, le peuple et ses tribuns deux fois battus, César, enfin, relégué comme en exil à 400 lieues de Rome, tant de succès avaient inspiré à l'oligarchie une confiance aveugle. Elle n'écoutait plus que Caton qui, avec les meilleures intentions, gâtait toutes les affaires : « Il opine, écrivait Cicéron, comme dans la république de Platon, et nous sommes la lie de Romulus. » C'était lui qui avait chassé de Rome Métellus, provoqué la déposition de César, la mise en accusation de Clodius et fait tout refuser à Pompée. Il venait encore d'aliéner du sénat l'ordre équestre en montrant contre les publicains une sévérité inopportune. César revenait donc à point de sa province ; le sénat était à la fois faible et menaçant, Pompée irrité, Cicéron mécontent, et Crassus en pleine opposition.

Son premier soin fut de réconcilier ensemble son ancien et son nouvel ami, Pompée et Crassus : il promit à l'un de lui faire donner par le peuple ce qu'il n'avait pu obtenir par le sénat ; à l'autre de renvoyer à leurs villas ces meneurs de l'oligarchie qui l'avaient relégué au second rang, et de lui rendre dans l'État l'influence due à ses services et à son importance personnelle. Tous trois se jurèrent de mettre en commun leur crédit et leurs ressources, et de ne parler, de n'agir en toute affaire que conformément aux intérêts de l'association. Mais ce fut César qui recueillit les premiers et les plus sûrs profits de l'alliance : ses deux collègues s'engagèrent à le porter au consulat.

Consulat de César (59).

Tout ce que les grands purent faire fut de lui donner pour collègue Bibulus, depuis longtemps son ennemi. Dès les premiers jours de son entrée en charge (59), César lut au sénat la loi suivante : « Pour relever l'agriculture et repeupler les solitudes de l'Italie, on distribuera aux pauvres les terres du domaine public. Celles de la Campanie ne seront données qu'à ceux qui ont au moins trois enfants, et une redevance sera payée pour ces concessions au trésor. Si les terres pu-

bliques ne suffisent pas, on achètera, avec l'argent que
Pompée a rapporté, des domaines particuliers au prix où ils
ont été marqués sur les registres du dernier cens, et seulement du consentement des propriétaires. Vingt commissaires
veilleront à l'exécution de la présente loi. » Il n'y avait rien
à reprendre dans cette proposition, dont la sagesse et
l'opportunité rappelaient la première loi de Tibérius. « Ce
n'est pas la loi que je redoute, s'écria Caton, mais le prix
dont le peuple devra la payer; » et il parla si vivement que
César, cédant à l'impatience, le fit saisir et traîner en prison.
Dès lors il cessa de consulter le sénat, affectant, lui, consul,
de tout porter par-devant le peuple.

Le jour où il présenta sa loi il demanda à Crassus et à
Pompée ce qu'ils pensaient de la proposition. Tous deux la
louèrent hautement. « Mais dans le cas où on la repousserait
par la force, que feras-tu? dit-il à Pompée. — Si on l'attaque avec l'épée, je la défendrai avec l'épée et le bouclier. »
En l'entendant ainsi parler, les grands comprirent pourquoi
ils avaient vu la ville se remplir de vétérans pompéiens. Le
jour du vote, malgré l'aspect menaçant du forum couvert
d'hommes armés, Bibulus vint avec Caton et Lucullus se
placer auprès de son collègue pour déclarer qu'il observait
le ciel, et que par conséquent toute affaire devait être suspendue. Mais dès qu'il voulut parler, on se jeta sur lui. Il
fut précipité du haut des degrés du temple de Castor, et
forcé de chercher asile dans un édifice voisin. Lucullus aussi
faillit périr. Deux tribuns furent blessés; Caton, deux fois
chassé de la tribune, y remonta deux fois; à la fin on l'entraîna: la loi passa, et un plébiscite obligea les sénateurs,
les magistrats et tous ceux qui brigueraient une charge à
l'avenir, d'en jurer l'observation littérale, sous peine de
mort. On se souvint de Métellus, et tout le monde jura,
même Caton.

Cette loi agraire était la première depuis 60 ans qui eût
réussi à passer. Héritier de la popularité de Marius, César
allait donc l'être encore de celle des Gracques. Et cependant
les deux autres triumvirs n'avaient pas droit de s'en alar-
mer, car il semblait n'agir que dans l'intérêt commun.

Quand il diminua d'un tiers le prix des fermes de l'Asie, c'était, disait-il, pour concilier aux triumvirs, après le peuple maintenant gagné, tout l'ordre équestre. Quand il fit confirmer les actes de Pompée en Asie, c'était la parole de son collègue aux rois et aux peuples de l'Orient qu'il dégageait, comme il venait de remplir par la loi agraire ses promesses à ses vétérans. Quand il vendait enfin, au prix de 6000 talents, à Ptolémée Aulète, l'alliance de Rome, c'était encore pour que ce prince dût sa couronne au triumvirat. Il n'était donc que le fidèle exécuteur du traité d'alliance; mais César accomplissant ce que son collègue n'avait pu faire, recueillait la reconnaissance et grandissait dans l'opinion. Pompée n'était plus que l'obligé de César.

Quant au sénat, il semblait n'exister point, l'un des consuls ne le convoquant jamais, et l'autre lui ayant défendu de se réunir par la proclamation d'un *justitium*. Bibulus, en effet, pour entacher d'illégalité les actes de son collègue, avait déclaré fériés tous les jours de son consulat. Mais la religion était un instrument bien usé ; cette opposition faite au nom des vieilles croyances fit sourire ; et les plaisants nommèrent cette année le consulat de Julius et de César.

Son pouvoir allait finir avec son consulat ; mais le peuple, dont il s'était conservé l'affection par une succession non interrompue de jeux, de spectacles et de largesses, lui donna, au mépris du sénatus-consulte sur les provinces consulaires, le gouvernement pour cinq années de la Gaule Cisalpine et de l'Illyrie, avec trois légions. Caton eut beau s'écrier d'une voix prophétique : « C'est la tyrannie que vous armez et vous la mettez dans un fort au-dessus de vos têtes, » le sénat, tremblant, se hâta d'ajouter à ce don, en gage de réconciliation, une quatrième légion et une troisième province, la Gaule Transalpine, où la guerre était imminente. Peut-être espérait-il détourner ses regards de Rome en donnant un but à son activité, ou bien que l'épée d'un barbare le débarrasserait de ce redoutable ambitieux. César calculait autrement. Deux exemples contraires, la triste fin des Gracques et le succès de Sylla, avaient montré qu'il n'y avait rien à faire à Rome sans une armée. Pour avoir une

17

armée à soi, il fallait une province, une guerre heureuse, du
butin ; or, la Gaule était riche du pillage du monde, elle
était redoutée, elle était aux portes de l'Italie. De Rome on
verrait presque, on entendrait cette guerre, et les succès
viendraient y retentir comme à deux pas du champ de bataille.

Clodius ; Cicéron est exilé (58).

Dans l'aristocratie consternée, il n'y avait plus que deux
hommes qui inspirassent quelque inquiétude. Caton était
gênant, on l'écoutait avec curiosité : son costume, son langage, toute sa vie était un spectacle qu'on aimait. Cette opposition, sans être dangereuse, devenait fatigante ; on résolut
de s'en débarrasser. Cicéron était plus à craindre, parce
que, vivant plus que Caton dans le temps présent, qu'il
connaissait mieux, il exigeait moins et pouvait obtenir
davantage. Son éloquence aussi était capable d'amener des
résultats imprévus. D'ailleurs Clodius le réclamait comme
une victime qui lui était due, et c'était sur Clodius que César
comptait pour tenir en bride, pendant son absence, et le
sénat et Pompée. Clodius venait, pour arriver au tribunat,
de se faire adopter par un plébéien. Suivant l'usage, le trésor
fit les frais de la popularité du nouveau tribun ; une loi fru-
mentaire supprima le prix modique payé par les pauvres
pour le blé que fournissaient les greniers publics. Une
seconde loi défendit à tout magistrat de rompre les comices
sous prétexte qu'il observait le ciel, afin qu'un autre ne fût
pas tenté de renouveler l'étrange opposition de Bibulus. Une
troisième loi rétablit les anciennes corporations que le sénat
avait récemment supprimées (en 68), et dont le tribun espérait avec raison se faire un instrument politique. Il gagna
encore les affranchis en proposant de les répandre dans les
tribus rustiques, et tous ceux de l'ordre équestre ou du sénat
qui avaient quelque chose à craindre en diminuant les droits
de la censure.

Ces préliminaires n'avaient qu'un but, rendre le tribun
maître du champ de bataille où allait se vider la véritable
question, l'exil des chefs du parti aristocratique. Il com-

mença par Cicéron et proposa la loi suivante : On interdira
le feu et l'eau à quiconque aura fait mourir un citoyen sans
jugement. Cicéron prit des vêtements de deuil ; il implora
l'assistance des triumvirs, des consuls ; même avant qu'on
allât aux votes il sortit de la ville, espérant désarmer ses ennemis par cet exil volontaire ; mais le lendemain, Clodius fit
porter la sentence. Il ne devait pas s'approcher de Rome de
plus de 400 milles (avril 58). Caton ne donnait pas prise à
une accusation. Clodius lui fit ordonner d'aller réduire
Cypre en province, et de rapporter les trésors du Ptolémée
qui y régnait. Pour faire durer cet exil, il ajouta à la mission de Cypre celle de se rendre au fond de la Thrace pour
rétablir les bannis de Byzance. Caton obéit. Maintenant César
pouvait partir.

Guerre des Gaules (59-50) ; les Helvètes et Arioviste ; sou- mission des peuples de la vallée de la Saône (58).

Deux mers, deux chaînes de hautes montagnes et un grand
fleuve marquaient dans l'antiquité les limites de la Gaule.
Cinq à six millions d'hommes, divisés en trois grandes
familles, couvraient ce vaste pays : au sud-ouest les Aquitains ; au centre, de la Garonne à la Seine, les Celtes ou
Gaëls ; au nord, de la Seine au Rhin, les Belges ou Kymris[1].

1. GÉOGRAPHIE DE LA GAULE, DE LA BRETAGNE ET DE LA GERMANIE (60 ans
avant notre ère).

La Gaule était divisée en quatre parties :

1° NARBONNAISE ou Gaule romaine, entre l'Aquitaine, la Celtique, les Alpes
et la mer. Ses principaux peuples étaient : à l'ouest du Rhône, les Bébryces ou
Sardons (dans le Roussillon : villes, *Illiberi* et *Ruscino*, Elne et la Tour de Rous-
sillon), les Volks Tectosages (villes, *Narbo Martius* et *Tolosa*, Narbonne et
Toulouse); les Volks arecomiques (v. *Nemausus*, Nîmes) ; à l'est du Rhône,
les Allobroges (v. *Vienna*, Vienne) ; mais les petites peuplades des *Tricastins*
(Aoust en Diois), *Nantuates* (Saint-Maurice), *Véragres* (Martigny), *Centrons* (le
Val Tarentaise), etc., étaient restés en dehors de la province ; les Cavares
(v. *Avenio*, Avignon), et les Vocouces (v. *Vasio*, Vaison), avec les *Ségalaunes*
(Valence), les *Tricores* (*Vapincum*, Gap), et les *Caturiges* (dans les vallées de
Chorges et d'Embrun); les Salyes (v. *Aquæ Sextiæ*, Aix), avec les *Oxibes* (entre Fréjus et Antibes), les *Néruses* (dans les Alpes maritimes), etc. Mar-
seille restait libre et conservait ses comptoirs de Nice, d'Antibes, d'Agde, etc.

2° L'Aquitaine, entre la Garonne, les Pyrénées et l'Océan, habitée par vingt

Entre la résistance des Aquitains et les continuelles attaques
des Belges, que pressaient eux-mêmes les peuplades germaniques, les Celtes, bientôt à l'étroit, avaient cherché à l'est, au
delà des Alpes et de la forêt Hercynienne, des terres nouvelles
pour leurs tribus trop nombreuses. Il y avait donc eu comme
deux courants de populations, parallèles mais en sens contraires, l'un, par le nord de la Germanie, qui entraînait les peuples barbares de l'est à l'ouest, l'autre, par la vallée du Danube
et l'Italie, qui ramenait le trop plein des populations romaines accumulées dans la Gaule. De ces deux mouvements, le
second avait été arrêté par les victoires de la république ; et,
pour mieux fermer les Alpes gauloises, le sénat les avait
enveloppées d'une province romaine. Mais l'autre durait
toujours. Après quelques siècles de repos, les Cimbres avaient
rouvert aux tribus germaniques les routes de l'ouest et du
midi. En ce moment même, 120 000 guerriers, avant-garde

ou trente peuplades : les Tarbelles (Dax), les Bituriges libres (*Burdigalia*, Bordeaux), les Ausces (Auch), les Lacturates (Lectoure), et les Sociates (Sôs).

3° La Celtique, entre la Garonne et la Seine, renfermait : les Elvètes, entre
le Jura et les Alpes (la Suisse); les Séquanes, entre la Saône et le Jura (v. *Ve-
sontio*, Besançon) ; les Édues, entre la Loire et la Saône (v. *Bibracte*, Autun),
avec leurs clients les Bituriges (v. *Avaricum*, Bourges); les Avernes (v. *Gergovia*,
près de Clermont), avec leurs clients les *Vellaunes* (le Puy en Velay), les *Ga-
bales* (la Lozère), les *Ruthènes* (le Rouergue); les Cadurques (v. *Caduci*, Ca-
hors, et *Uxellodunum*, Cap de Nac), les Santons (Saintes); les Pétrocores
(Périgueux) et les Pictons (Poitiers) à l'ouest des précédents ; les Armoriques,
entre les bouches de la Loire et de la Seine, c'est-à-dire les *Namnètes* (*Cor-
bilo*, Couéron), les *Vénètes* (v. *Venetia*, Vannes), les *Unelles* (le Cotentin), les
Baiocenses (Bayeux), les *Lexoves* (Lisieux) et les *Rédons* (Rennes) ; à l'est ou
au sud des Armoriques : les Andegaves (Anjou), les Cénomans (le Maine), les
Turons (Tours), les Éburovices (Évreux) ; les Carnutes (v. *Autricum*, Char-
tres, et *Genabum*, Orléans). Sur la moyenne Seine, les Parises (v. *Lutetia*,
Paris), et les Sénons (v. *Agendicum*, Provins).

4° La Belgique, entre la Seine et le Rhin, comprenant : les Bellovaques
(Beauvais) ; les *Veliocasses* (Vexin) ; les *Calètes* (pays de Caux) ; les *Ambiens*
(Amiens) ; les *Véromandues* (Saint-Quentin); les Suessions (Soissons) ; les Ré-
mes (Reims), avec les Catalaunes (Châlons) et les *Mediomatrices* (Metz) ; les
Lingons (Langres) : les Trévires (Trèves) avec les *Segnes* et les *Condruses* dans
la grande forêt *Arduenna* (les Ardennes) ; les *Éburons* (Limbourg); les Nerviens (Hainaut) ; les *Atuatiques* (Brabant méridional) ; les *Atrébates* (Arras);
les *Morins* (dans le Pas-de-Calais) et les *Ménapiens* (Brabant septentrional),
enfin le long du Rhin, du sud au nord, les *Triboeques* (Alsace), les *Vangions*,

de la grande nation des Suèves, avaient passé le Rhin sous Arioviste. C'était cette nouvelle invasion des tribus du nord que le neveu de Marius allait vaincre et rendre pour quatre siècles impossible, en portant au Rhin les frontières de l'empire.

Depuis 60 ans, nous le savons, cette conquête de la Gaule était commencée, et les peuples établis de Genève à Toulouse reconnaissaient l'autorité du sénat. De Narbonne et d'Aix, leurs deux colonies, les Romains surveillaient la Gaule Chevelue où s'opéraient alors de grands changements. Dans chaque cité, dans chaque bourg, et presque dans chaque famille, dit César, il y avait deux partis. Les druides, en effet, et les nobles avaient été contraints de faire au peuple sa part dans le gouvernement; mais ces nouvelles républiques étaient livrées à tous les orages que soulevaient les ambitions rivales ou mécontentes. Vers le temps du consulat de César, un chef

---

les *Nemètes* et les *Caracutes*. Plus tard, on trouve les *Ubiens* (vers Cologne), les *Bataves* et les *Canninéfates* (en Hollande).

LA BRETAGNE, où César descendit deux fois, était habitée ; 1° Dans le nord, par des GAELS, divisés en trois confédérations, les *Mäiates* dans les plaines, les *Albans* dans les montagnes, et les *Calédoniens* dans les forêts au nord des monts Grampians ; 2° au sud par les BRETONS (Belges et Kymris) qui formaient un grand nombre de peuplades. C'étaient, de la Tamise à l'extrémité du Cornouailles, les *Cantiens*, les *Règnes*, les *Belges*, les *Damnoniens*, entre la Tamise et l'Ouse, les *Atrebates*, les *Trinobandes*, les *Icènes*, les *Cateuchiant*, les *Ordovices* en face de l'île MONA et les *Silures* sur la Severn ; au nord de l'Ouse, les *Origantes* et les *Parises*.

LA GERMANIE entre le Rhin, le Danube, la Vistule et les monts Carpathes, était occupée au nord-ouest par les peuplades de l'ouest, HISTŒVONS (*Bructères, Marses, Tubantes, Usipiens, Amsibares, Chamaves, Tenctères, Sicambres, et Mattiaques*), et par les tribus maritimes, INGŒVONS (de l'ouest à l'est *Frisons, Chauques, Augrivariens, Saxons, Ambres et Teutons*). Derrière ces tribus s'étendaient, à l'est et au sud, depuis le cours supérieur du Rhin et du Danube jusqu'à la Baltique, la vaste confédération des SUÈVES, dont les deux principaux peuples se trouvaient à l'extrémité de la ligne immense qu'elle formait, les *Semnons* au nord entre l'Elbe et l'Oder, les *Marcomans* au sud-ouest, entre le Mein et le Danube. C'est de là que les Suèves menaçaient la Gaule. A côté d'eux, dans la partie centrale et montagneuse, se trouvaient encore les *Cattes*, les *Chérusques* et les *Hermondures*. A l'orient de ces peuples habitaient les barbares qui devaient hériter les premiers de l'empire romain ; sur les bords de la Baltique les *Burgondes*, les *Guttons* ou *Goths*, les *Rugiens*, les *Hérules*, et sur les deux rives de l'Elbe les *Langobards* et les *Angles*. Enfin à à l'est de la Bohème (dans la Moravie), les *Quades*.

arverne avait péri sur un bûcher pour avoir voulu rétablir la royauté proscrite, et en ce moment, trois nobles chez les Helvètes, les Séquanes et les Édues, conspiraient la chute du gouvernement démocratique. En outre, tous ces peuples étaient rivaux; chaque année la guerre éclatait sur mille points. Fiers du titre d'alliés de Rome, les Édues avaient opprimé leurs voisins. Une ligue s'était formée contre eux, entre les Arvernes et les Séquanes qui, doutant de leur force, avaient pris à leur solde 15 000 Suèves, avec leur chef Arioviste. Les Édues avaient été battus; mais les Séquanes n'avaient pas pu décider Arioviste à repasser le Rhin. Sous divers prétextes, il avait attiré huit fois autant de guerriers qu'il en avait promis, et il avait exigé pour eux un tiers du territoire séquanais. Les deux peuples gaulois réunis par une commune oppression s'étaient levés en masse contre le roi germain, et ils avaient essuyé une sanglante défaite qui avait rendu Arioviste plus avide et plus cruel. Maintenant il voulait un autre tiers des terres séquanaises pour 25 000 Harudes, ses alliés. Les Édues reclamèrent alors le secours de Rome. On apprit en même temps que les Helvètes, fatigués des continuelles incursions des Suèves, voulaient émigrer sur les bords du grand Océan. Ils s'étaient donné trois ans pour achever leurs préparatifs; la troisième année tombait sous le proconsulat de César. Il courut à Genève, coupa le pont de cette ville, et, en quelques jours, éleva sur la rive gauche du Rhône un mur haut de 16 pieds et long de 19 000 pas. Les Helvètes, forcés de prendre par le Jura, traversèrent le pays des Séquanes; mais, aux bords de la Saône, ils retrouvèrent César qui écrasa leur arrière-garde, puis, dans une grande bataille, toute leur armée; ceux des barbares qui survécurent livrèrent leurs armes, et, par l'ordre du proconsul, regagnèrent leurs montagnes.

Cette guerre terminée, César se trouva en face d'Arioviste. Il lui fit proposer une entrevue : « Si j'avais besoin de César, répondit le Germain, je serais allé le trouver ; César a besoin de moi, qu'il vienne. » Le proconsul ayant répliqué par des menaces : « Personne ne s'est encore attaqué à moi, dit le barbare, qui ne s'en soit repenti. Quand César le voudra.

nous mesurerons nos forces, et il apprendra ce que sont cent guerriers qui, depuis quatorze ans, n'ont pas dormi sous un toit. » En même temps, les Édues annonçaient que les Harudes envahissaient leurs terres, et les Trévires que de nouvelles troupes fournies par les cent cantons de Suèves, s'approchaient du Rhin. La Germanie tout entière s'ébranlait, il n'y avait pas un instant à perdre pour refouler cette invasion, dont Arioviste n'était que l'avant-garde.

César avança jusqu'à peu de distance du Rhin, malgré les terreurs qui saisirent les soldats aux récits des habitants sur la haute taille et l'indomptable courage des Germains. Une bataille acharnée mit les barbares en fuite. Arioviste repassa le fleuve, blessé, avec quelques-uns des siens ; et, à cette fatale nouvelle qui répandit la joie dans la Gaule, les Suèves rentrèrent dans leurs forêts. Deux guerres formidables avaient été terminées en une seule campagne (58).

Conquête de la Belgique (57), de l'Armorique et de l'Aquitaine (56).

Durant l'hiver, les Belges, alarmés du voisinage des légions, se réunirent en assemblée générale et votèrent une levée en masse : 290 000 hommes devaient être prêts au printemps. César arma en Italie deux nouvelles légions, et les dirigea sur la Belgique, dont les Rèmes lui ouvrirent tous les chemins. Sur les bords de l'Aisne, il rencontra 300 000 barbares renommés comme les plus braves de la Gaule. Une diversion faite par l'armée éduenne décida les Bellovaques à courir à la défense de leurs foyers, les autres peuples suivirent ce fatal exemple, et César n'eut qu'à faire charger sa cavalerie pour changer cette retraite en une fuite désordonnée. Pendant tout un jour les Romains tuèrent, sans péril pour eux-mêmes (57).

La coalition dissoute, il fallait dompter l'un après l'autre tous ces peuples ; les Suessions, les Bellovaques et les Ambiens ne résistèrent même pas, mais les Nerviens réunis aux Atrébates et aux Véromandues attendirent les légions derrière la Sambre et faillirent les exterminer. Toute l'armée nervienne se fit tuer. « De nos 600 sénateurs, disaient les

vieillards à César, il en reste 3; de 60000 combattants
500 ont échappé. » Cette journée, une de celles où César combattit pour la vie, mit la Belgique à ses pieds. Les Atuatiques seuls étaient encore en armes, il força leur principale
ville ; 53000 furent vendus.

Pendant cette expédition, le jeune Crassus, détaché avec
une légion, parcourait le pays compris entre la Seine et la
Loire sans rencontrer de résistance. Dès la seconde campagne
(57), la Gaule semblait soumise, et plusieurs peuplades germaniques de la rive droite du Rhin envoyaient au vainqueur
d'humbles députations.César laissa cependant sept légions
en quartier d'hiver au nord de la Loire pour surveiller l'Armorique; la huitième, envoyée avec le lieutenant Galba chez
les Véragres, dans le Valais, devait ouvrir à travers les Alpes
Pennines une route facile et courte, entre la Celtique et l'Italie.

César était en Illyrie, quand il apprit que la légion de Galba,
attaquée par les montagnards, avait failli être exterminée,
et que toute l'Armorique était soulevée. Il accourut et attaqua
lui-même les Venètes, qui, comptant sur leurs 200 navires,
acceptèrent une bataille navale où toute leur flotte fut dé-
truite.Ce désastre, dans lequel succomba l'élite de la nation,
amena la paix. Pour les Venètes, elle fut cruelle; ce qui
restait de leur sénat périt dans les supplices, le reste de la
population fut vendu. Sabinus, au nord, avait dispersé l'armée des Aulerques, des Éburoviques, des Unelles et des
Lexoves. Au sud, Crassus avait pénétré sans obstacle jusqu'à
la Garonne, franchi ce fleuve, battu 50000 hommes que
guidaient des officiers espagnols formés à l'école de Sertorius,
et reçu la soumission de presque toute l'Aquitaine. Dans la
Belgique, enfin, rien ne bougeait; les Morins seuls et les
Ambiens avaient pris les armes : César alla lui-même les
chercher, mais sans pouvoir les atteindre. Cette année, la
Gaule entière, des Pyrénées à la mer du Nord, avait vu les
légions victorieuses.

**Expéditions au delà du Rhin et en Bretagne (55-54); soulè-
vements partiels en Gaule (54-53).**

Mais durant l'hiver, 150000 Usupiens et Tenctères, re-

foulés par les Suèves, franchirent le Rhin. Malgré les neiges,
César repassa précipitamment les Alpes. Les Germains,
trompés par une trêve, furent surpris et la horde acculée
sur la langue de terre qu'enveloppent à leur confluent le
Rhin et la Meuse, périt presque entière. Cette invasion et
les secours que, l'année précédente, les Armoricains avaient
reçus de la Bretagne, apprirent à César que, pour n'être pas
troublé dans sa conquête, il fallait isoler la Gaule de la Bretagne et de la Germanie. Il passa donc le Rhin, effraya les
tribus voisines, et revint frapper un autre coup sur la Bretagne. Le débarquement fut difficile ; on prit terre, cependant, après un combat au milieu des flots. Mais on était
alors à l'époque de la pleine lune et près de l'équinoxe ; la
marée, favorisée par un vent violent, dispersa une escadre
qui amenait à César sa cavalerie, et brisa ses navires de
charge. Ce désastre rendit le courage aux insulaires ; ils
assaillirent une légion au fourrage et bientôt le camp lui-
même. Rudement reçus et dispersés par une sortie, ils re-
tombèrent dans le découragement. César en profita pour
parler en maître, exiger des otages et repasser en toute hâte
sur le continent. « Ils disparurent, dit un ancien chroni-
queur, comme disparaît sur le rivage de la mer la neige
qu'a touchée le vent du midi. »

Cette retraite ressemblait trop à une fuite pour que César,
qui venait d'être prorogé dans son commandement pendant
cinq années encore, ne fût pas pressé de recommencer cette
expédition. L'armée descendit aux mêmes lieux et fit essuyer
aux barbares une première défaite, mais une tempête détruisit encore une partie des vaisseaux. César s'occupa avant tout
de réparer le désastre et de mettre sa flotte à sec dans son
camp. Ces précautions prises, il retourna à l'ennemi, força,
malgré Cassivellaun, le passage de la Tamise, et, par la prise
de la ville, l'amena à traiter. Les Bretons livrèrent des
otages, promirent un tribut annuel, et le proconsul, qui n'en
demandait pas davantage, repassa sur le continent.

Dans sa première campagne, César avait refoulé les Helvètes dans leurs montagnes, les Suèves au delà du Rhin,
c'est-à-dire asservi l'est de la Gaule ; dans la seconde, le

nord avait été conquis ; dans la troisième l'ouest ; dans la quatrième, il avait montré aux Gaulois, par ses deux expéditions de Bretagne et de Germanie, qu'ils n'avaient rien à attendre de leurs voisins ; et il venait, dans la cinquième, de renouveler cette leçon en portant de nouveau dans la Bretagne ses aigles victorieuses. On regardait donc la guerre des Gaules comme finie ; elle n'avait pas encore commencé. Jusqu'alors, quelques peuples avaient séparément combattu ; bientôt ils se levèrent tous à la fois. César, pour les tenir asservis, avait cependant appelé à son aide l'expérience si profonde des généraux romains en fait de domination. Partout il avait favorisé l'élévation de quelques ambitieux qui lui livraient l'indépendance de leurs cités, ou formé un parti romain qui, dominant l'assemblée publique et le sénat, gênait leur action et trahissait leurs conseils. Un autre moyen d'influence dont il s'était habilement saisi, était la tenue des états de la Gaule, réunion annuelle des députés de tous les peuples. La paix la plus profonde semblait donc régner. Ce calme trompeur et l'apparente résignation des chefs gaulois, aux états qu'il tint à Samarobriva, chez les Ambiens, lui inspirèrent une entière sécurité, et la disette ayant rendu les vivres rares, il dispersa ses huit légions sur un espace de plus de cent lieues.

Cependant il existait un vaste complot dont un chef éburon, Ambiorix, et le Trévire Indutiomar étaient l'âme. On devait prendre les armes dès que César serait parti pour l'Italie, appeler les Germains et assaillir les légions dans leurs quartiers, en coupant rigoureusement entre elles les communications. Le secret fut bien gardé ; mais un mouvement prématuré des Carnutes retint César en Gaule. Ambiorix, qui le croyait déjà au delà des Alpes, éclata de son côté par le massacre de toute une légion et l'attaque du camp de Q. Cicéron. Dans le même temps, Indutiomar, chez les Trévires, soulevait le peuple et menaçait le camp de Labiénus. Au nord et à l'est de la Loire, le mouvement devint général. Les Édues et les Rèmes restaient seuls traîtres à la cause nationale.

Malgré sa vigilance, César ne savait rien. Depuis douze jours, une de ses légions était détruite, depuis une semaine

Q. Cicéron était assiégé, et pas un messager n'avait pu arrriver jusqu'au quartier général, à Samarobriva. Un esclave gaulois passa cependant, et apprit au proconsul l'extrémité où son lieutenant était réduit. César n'avait sous la main que 7000 hommes, et les assiégeants étaient au nombre de 60 000 ; néanmoins, il attaqua et dégagea le camp de Cicéron où il y avait à peine un soldat sur dix qui fût sans blessure.

Le bruit de ce succès arrêta un instant la révolte, mais bientôt Indutiomar fit reprendre les armes aux Trévires et attaqua le camp de Labiénus ; celui-ci se laissa insulter plusieurs jours. Puis, un soir qu'Indutiomar se retirait avec quelques-uns des siens, sans ordre, Labiénus fit ouvrir les portes et lança sa cavalerie, le Trévire tomba percé de coups et sa mort dispersa son armée. A l'assemblée générale que tint le proconsul à Samarobriva, les Sénons, les Carnutes et les Trévires refusèrent d'envoyer leurs députés. César envahit leurs terres ; l'intervention des Édues sauva les Sénons. Les Carnutes durent aussi leur salut à la médiation des Rèmes. Toute la colère du proconsul allait tomber sur Ambiorix et les Éburons. Pour rendre sa vengeance complète, il les cerna. Les Ménapiens, leurs voisins au nord, furent forcés au milieu de leurs marais. Les Trévires qui les touchaient par le sud, furent écrasés par Labiénus. Puis tournant à l'est pour fermer la Germanie au peuple qu'il voulait proscrire, César jeta un pont sur le Rhin, battit au loin l'autre rive, défendit aux tribus qui l'habitaient toute relation avec la Gaule ; et certain alors que les Éburons ne pouvaient lui échapper, il revint sur eux et les livra à l'extermination. Ambiorix, traqué comme une bête fauve, fut poursuivi de retraite en retraite ; pourtant l'intrépide chef échappa. De retour sur le territoire rémois, César réunit l'assemblée générale, et fit exécuter le Sénonais Accon avec les auteurs du soulèvement des Carnutes.

Révolte générale, siége d'Alésia (52).

Ces exécutions augmentèrent la haine contre les Romains, et, durant l'hiver que César passa en Italie, un nouveau soulè-

vement fut préparé. Pour que l'engagement fût irrévocable,
on porta les drapeaux militaires dans un lieu écarté, et sur
ces enseignes, les députés de tous les peuples ligués jurèrent
de prendre les armes dès que le signal serait donné. Il partit du pays des Carnutes. Tous les Romains établis à *Génabum* (Orléans), grande ville de commerce sur la Loire, furent
égorgés ; le même jour, la nouvelle en fut portée par des
crieurs disposés sur les routes jusqu'à Gergovie, à 150 milles
de distance. Là vivait un jeune et noble Arverne, dont le père
avait autrefois voulu usurper la royauté. Dès qu'il apprit le
massacre de Génabum, il souleva son peuple, se fit investir
du commandement militaire, sous le titre de vercingétorix,
et, déployant l'activité que réclamaient les circonstances, il
provoqua la réunion d'un conseil suprême des villes confédérées. De la Garonne à la Seine, tous les peuples répondirent à son appel, et on lui déféra à lui-même la conduite de
la guerre. Ainsi les Arvernes et le centre de la Gaule, restés
jusqu'à présent étrangers à la lutte, allaient y prendre le
premier rôle.

Le vercingétorix poussait activement les préparatifs, et
donnait à la ligue une organisation qui avait jusqu'à présent
manqué à toutes les tentatives des Gaulois. Son plan d'attaque aussi fut habile : un de ses lieutenants, Luctère, descendit au sud pour envahir la Province, tandis que lui-même
marchait au nord contre les légions ; mais sur son chemin il
s'arrêta pour soulever les Bituriges, clients des Édues, et ce
délai permit à César d'arriver d'Italie. En peu de jours il
organisa sa défense de la Province, chassa l'ennemi, franchit les Cévennes malgré six pieds de neige, et porta la
désolation sur le territoire arverne. Puis, repassant les montagnes, il longea le Rhône et la Saône à marches forcées,
traversa, sans se faire connaître, tout le pays des Édues et
arriva au milieu de ses légions. L'audace et la prodigieuse
activité du proconsul avaient en quelques jours déjoué le
double projet du général gaulois.

Les premiers coups de César furent contre Génabum. Une
attaque impétueuse des légions au milieu même de la nuit
réussit ; tout fut tué ou vendu ; sur le pont de Génabum, Cé-

sar passa la Loire et enleva encore la première ville des Bituriges qu'il rencontra, *Noviodunum* (Neuvy-sur-Barangeon). Le vercingétorix, accouru pour la sauver, vit sa chute; il comprit qu'avec un tel adversaire il fallait une autre guerre. En un seul jour 20 villes des Bituriges furent par eux-mêmes livrées aux flammes; les autres peuples imitèrent cette héroïque résolution. On voulait affamer l'ennemi, mais on n'alla pas jusqu'au bout; la capitale du pays, Avaricum, fut épargnée; aussitôt César y accourut. En 25 jours, on construisit des tours d'attaque et une terrasse longue de 330 pieds sur 80 de hauteur. César raconte que dans une tentative des assiégés pour détruire ses ouvrages, un Gaulois, placé en avant d'une porte, lançait sur une tour embrasée des boules de suif et de poix pour activer l'incendie. Frappé par un trait parti d'un scorpion, il tomba: un autre prit aussitôt sa place, un troisième succéda à celui-ci également blessé à mort, puis un quatrième, et tant que l'action dura, ce poste mortel ne fut pas vide un seul instant. La place fut prise cependant, et de 40 000 soldats ou habitants qu'elle renfermait, 800 à peine échappèrent.

Les provisions que César trouva dans Avaricum le nourrirent le reste de l'hiver; le printemps venu, il détacha Labiénus avec quatre légions contre les Sénons et les Parises, tandis que lui-même il conduisait le reste de l'armée contre les Arvernes. Mais le vercingétorix couvrait la place, une attaque réussit mal. Sans la dixième légion, l'armée était perdue, quarante centurions périrent. César se décida à rejoindre Labiénus, mais cette marche ressemblait à une fuite. Les Edues, croyant que César ne s'en relèverait pas, massacrèrent dans toutes leurs villes ses recrues, et les marchands italiens. Cette défection mettait l'armée dans un tel péril, que plusieurs conseillaient au proconsul de regagner la Province. Mais s'il était vaincu en Gaule, il était proscrit à Rome. Il rejeta donc tout projet de retraite et s'enfonça hardiment au nord, laissant 100 000 Gaulois entre lui et la Narbonaise.

La ligue du Nord avait pris pour chef l'Aulerque Camulogène, vieux guerrier habile et actif, qui avait porté à Lu-

tèce son quartier général. Cette ville, alors renfermée tout
entière dans une île de la Seine, était défendue au sud par
les marais de la Bièvre. Quand Labiénus voulut attaquer de
ce côté, il ne put même approcher de la place. Il rétrograda
jusqu'à *Melodunum* (Melun), saisit toutes les barques qu'il
trouva sur le fleuve, enleva le bourg et passa sur l'autre rive
pour attaquer Lutèce par le nord. Camulogène craignant
d'y être forcé, brûla les villes et les ponts, puis se retira sur
les hauteurs de la rive gauche. Il savait que les Bellovaques
s'armaient sur les derrières de Labiénus, et il voulait forcer
ce général à recevoir bataille adossé à un grand fleuve et
enveloppé par deux armées. Mais Labiénus trompa sa vigilance et passa la Seine sur un point où Camulogène ne pouvait lui opposer que le tiers de ses forces. Le vieux chef
essaya de rejeter les Romains dans le fleuve; une action sanglante s'engagea ; Camulogène y périt avec presque tous ses
guerriers. A ce succès Labiénus ne gagnait que sa retraite,
il se hâta d'atteindre le territoire sénon. César y était déjà
arrivé.

Une nouvelle assemblée de tous les députés de la Gaule
confirma au vercingétorix le commandement suprême. Trois
peuples évitèrent seuls d'y paraître : les Lingons, les Rèmes
et les Trévires. Par leur moyen, César, qui manquait de cavalerie, soudoya plusieurs bandes de Germains qu'il monta
avec les chevaux de ses tribuns et des chevaliers. Il rencontra
le vercingétorix non loin de la Saône. Les cavaliers gaulois
avaient juré qu'ils ne reverraient jamais leurs femmes ni
leurs enfants s'ils ne traversaient au moins deux fois les
lignes ennemies. César courut les plus grands dangers et
laissa même son épée aux mains de l'ennemi. Mais ses légionnaires reçurent bravement cette charge furieuse, et poursuivirent à leur tour l'ennemi qui s'enfuit en désordre jusque sous les murs d'Alésia.

Alésia, assise sur le plateau d'une colline escarpée, passait pour une des plus fortes places de la Gaule. En avant
de ses murs, sur les flancs de la colline, le vercingétorix traça
un camp pour son armée qui comptait encore 80 000 fantassins et 10 000 cavaliers. César conçut l'audacieuse pensée de

terminer d'un coup la guerre en assiégeant à la fois la ville
et l'armée. Alors commencèrent de prodigieux travaux. D'a-
bord un fossé de 20 pieds de large sur 11 000 pas de développement, derrière celui-là un second fossé de 15 pieds de profondeur, puis un troisième dans lequel il jeta une rivière. Le
dernier bordait une terrasse de 12 pieds de haut, surmontée
de créneaux, palissadée sur tout son pourtour de troncs
d'arbres fourchus, et flanquée de tours à 80 pieds de distance l'une de l'autre. En avant des fossés il plaça 5 rangées
de chevaux de frise, 8 lignes de pieux enfoncés en terre, et
dont la pointe était cachée sous des branchages; plus près
encore du camp ennemi il sema des chausse-trappes armées
d'aiguillons acérés. Tous ces ouvrages furent répétés du côté
de la campagne où la contre-vallation avait un circuit de
16 milles. Cinq semaines et moins de 60 000 hommes suffirent à cette tâche.

Le vercingétorix renvoya sa cavalerie; 60 000 guerriers
d'élite se rassemblèrent de tous les points de la Gaule pour
délivrer leurs frères, mais ils vinrent se briser contre l'inexpugnable rempart des légions. Après avoir supporté plusieurs assauts inutiles, César attaqua lui-même, repoussa
les Gaulois, tailla en pièces leur arrière-garde, et jeta dans
leurs rangs une terreur panique qui les dispersa. Cette fois,
la Gaule était bien vaincue et pour toujours.

La garnison d'Alésia n'avait plus qu'à accepter la capitu-
lation qu'il plairait au vainqueur d'accorder. Le vercingétorix, espérant adoucir le proconsul en faveur de ses frères,
vint se livrer lui-même. Monté sur son cheval de bataille et
couvert de sa plus riche armure, il sortit seul de la ville,
arriva au galop jusqu'en face du tribunal de César, et sau-
tant à bas de son cheval, jeta aux pieds du Romain, impassible et dur, son javelot, son casque et son épée. Les licteurs
l'emmenèrent. César lui fit attendre six ans son triomphe et
la mort.

**Derniers mouvements (51); mesures prises pour pacifier
la Gaule (50).**

César n'osa pourtant pas aller hiverner au delà des Alpes:

il fallait surveiller les Gaulois du nord et de l'ouest, qui n'a-
vaient pris qu'une faible part à la dernière lutte et qui armaient en secret. Au milieu de l'hiver il tomba sur les Bituriges ; et portant dans tout le pays le fer et la flamme, il
força cette population à fuir chez les nations voisines. Les
Carnutes qui remuaient furent aussi sévèrement châtiés. Les
Bellovaques s'étaient levés en masse. Le proconsul écrasa,
au passage d'une rivière, leur meilleure infanterie et les força
d'implorer sa clémence ; toutes les cités du nord-est livrèrent comme eux des otages. César parcourut la Belgique, et
rejeta encore une fois Ambiorix au delà du Rhin, puis il retourna demander des otages aux cités armoricaines et étouffer
l'insurrection entre la Loire et la Garonne. Bientôt il n'y eut
plus de guerre que chez les Cadurques à Uxellodunum ; ce
fut en coupant l'eau aux assiégés qu'on les força de se rendre. César, qu'une telle guerre à la longue aurait ruiné, voulut faire un terrible exemple, il fit trancher les mains à tous
ceux qu'il trouva dans Uxellodunum.

Cette odieuse exécution fut le dernier acte de la guerre terrible qui fermait glorieusement la liste des conquêtes de la
république romaine. César y avait employé huit années, dix
légions et les inépuisables ressources de la discipline romaine, de son génie militaire, de son incomparable activité.
La Gaule domptée par les armes, il passa une année encore
(50), à la gagner, à lui faire oublier sa défaite. Point de
confiscations, d'impôts onéreux ; aucune de ces mesures violentes et vexatoires dont tant de proconsuls avaient donné
l'exemple. La Gaule Chevelue fut réduite en province, mais
les villes conservèrent leurs lois et leur gouvernement ; le
seul signe de la conquête fut un tribut de 40 millions de
sesterces. Suivant les traditions de la politique romaine, il
en accorda à certaines villes l'exemption, d'autres prirent
son nom et entrèrent dans sa clientèle. Par ces ménagements habiles, il associa la Province à ses vues personnelles
d'ambition, et se créa, dans ses ennemis de la veille, des
instruments intéressés pour l'oppression de sa patrie.

Je vois bien ce que César gagna à cette guerre, mais la
Gaule n'y a-t-elle pas perdu ? Ce grand pays renfermait de

nombreux germes d'une civilisation originale et vivace ; Rome
les étouffa sous ses pieds. On n'a pas le droit d'affimer que,
laissés à leur libre développement, ils n'auraient pu se fortifier et grandir, et que les fruits de la cultnre apportée par
l'étranger ont été meilleurs que ceux qui auraient mûri au
soleil de l'indépendance nationale. Les Gaulois étaient un
peuple neuf et non pas un peuple usé.

ARC DE TRIOMPHE A ORANGE[1].

L'intérieur de Rome pendant le proconsulat de César.
Clodius et Milon.

Tandis qu'aux moyens d'influence que nous lui connaissons déjà, César ajoutait le plus dangereux de tous pour la

[1] Cet arc de triomphe, le plus beau que les Romains aient laissé sur le sol
de la Gaule, est attribué à Marius, plus vraisemblablement à César. Sa hauteur est de 19ᵐ,26, sa largeur de 21ᵐ,35. L'arc du milieu a 9 mètres sous clef
et 5 mètres d'ouverture, les plus petits ont 6ᵐ,07 sur 3 de largeur. Les arcs les
plus connus sont, à Rome, ceux de Constantin, construit en partie avec les

liberté, le prestige de la gloire, que devenait la république ?
Nous avons laissé Clodius maître du forum, de l'aveu des
triumvirs. Mais ce personnage était trop ambitieux pour se
contenter longtemps de servir d'instrument à l'ambition
d'autrui. D'abord, pour assouvir sa vengeance, à la tête d'une
bande armée, il renversa la maison de Cicéron sur le Palatin et consacra l'emplacement à la déesse de la Liberté.
Vatinius, le principal agent de César durant son consulat,
était cité devant le préteur. Clodius renversa le tribunal et
chassa les juges. Pompée avait donné en garde à un de ses
amis le jeune Tigrane, son prisonnier ; le prince gagna à
prix d'argent le tribun qui le fit évader, et qui, pour protéger
sa fuite, attaqua et tua ceux qui le poursuivirent. C'était une
offense directe au triumvir, d'autres suivirent. Pompée lui-
même, sans cesse en butte aux railleries et aux sarcasmes,
en vint à désirer le retour de l'exilé. Quelques tribuns en
firent la proposition ; tout le sénat et le consul Gabinus les
appuyaient, mais Clodius lança ses gens ; le consul fut blessé,
l'assemblée dissoute et l'affaire remise. Ce succès l'éblouit,
il crut pouvoir s'attaquer impunément à l'autre triumvir, et
il demanda au sénat de casser les lois juliennes comme ayant
été rendues contrairement aux auspices. Il y avait cependant
par trop d'audace à vouloir lutter à la fois contre César et
Pompée. De ce jour, César cessa de s'opposer au retour de
Cicéron. Et tous les magistrats pour l'année suivante furent
des adversaires de Clodius, à l'exception du préteur Appius,
son frère.

Le 1er janvier 57, les nouveaux consuls demandèrent le
rappel de Cicéron, et le sénat rendit le décret le plus honorable pour l'exilé. Mais Clodius, quoique simple particulier,
arrêtait tout avec l'aide des siens ; Cicéron conseilla de le
battre avec ses propres armes, et un tribun, Milon, homme
de main, enrégimenta, comme Clodius, des gladiateurs et

débris de l'arc de Trajan ; de Septime Sévère et de Titus, dont les bas-reliefs
représentent les dépouilles du temple de Jérusalem ; ceux de Bénévent et
d'Ancône, dédiés à Trajan ; de Rimini et de Suze à Auguste, de Mérida, d'Alcantara, de Carpentras, d'Aix, d'Arles, d'Autun, de Cavaillon, de Saint-Cha-
mas, de Reims ou porte de Mars.

des soldats. Telle était l'impuissance des lois et des magistrats, que rien ne se fit plus que sous la protection de l'une
ou de l'autre de ces deux bandes de brigands armés. Maintes
fois elles en vinrent aux mains, et le forum fut ensanglanté.
Dans une de ces rencontres, Quintus, le frère de Cicéron,
fut laissé pour mort et un tribun faillit être tué. Afin de rejeter sur leurs adversaires l'odieux de cet attentat, les amis
de Clodius voulaient égorger un tribun, leur partisan, puis
accuser Milon de ce meurtre. Celui-ci, à la fin, l'emporta ;
la loi fut acceptée (4 août), et, après 17 mois d'absence, Cicéron rentra dans Rome, porté, dit-il, par les bras de toute
l'Italie.

Quelques jours après son retour, une disette momentanée
causa une émeute. Cicéron se hâta de payer à Pompée sa
dette de reconnaissance en demandant au sénat qu'il fût
chargé pour cinq ans de l'intendance des vivres, avec la
surveillance des ports et marchés par tout l'empire. Pour
lui-même il pressait les pontifes de déclarer nulle la consécration faite par Clodius de l'emplacement de sa demeure.
Sur l'avis favorable du collége, le sénat ordonna la reconstruction de sa maison et de ses villas, et lui assigna des
indemnités. Mais Clodius dispersa les travailleurs et faillit
tuer Cicéron. Une autre fois, il essaya d'incendier la maison
de Quintus et celle de Milon. Accusé par celui-ci de violences,
il les continua, tout en briguant l'édilité. Quand il l'eut, il
accusa Milon à son tour. Pompée le défendit ; mais Clodius
ameuta la foule autour du tribunal et infligea au grave personnage les plus sanglantes moqueries. Une autre affaire
augmenta la mortification de Pompée. Se sentant descendre
chaque jour dans l'opinion, il voulait sortir, par quelque brillante expédition de l'ingrate et dangereuse situation où César
l'avait peu à peu amené. En conséquence, il désirait vivement qu'on le chargeât de rétablir Ptolémée Aulète que les
Alexandrins avait chassé. On donna cette mission au gouverneur de la Cilicie. Clodius continuait en même temps la
guerre contre Cicéron qui, soutenu de Milon, brisa dans le
Capitole les actes de son tribunat. L'ancien consul recourait
donc, lui aussi, à la violence et méritait les reproches sé-

vères de Caton, alors de retour de Cypre avec 7000 talents pour le trésor.

Conférence de Lucques (56); expédition de Crassus contre les Parthes (54).

Tandis que la capitale du monde romain était livrée à ces misérables intrigues, César poursuivait sa glorieuse carrière. Il ne paraissait attaché qu'à combattre les Belges, les Suèves ou les Bretons, et cependant, sans qu'on s'en doutât, il était dans la ville, au milieu du peuple. L'or, l'argent, les dépouilles conquises, tout allait à Rome, pour y être partagé entre les édiles, les préteurs, les consuls même et leurs femmes. Aussi quel concours à ses quartiers d'hiver, qu'il tenait toujours sur l'extrême frontière de sa province! En 56 il vint à Lucques, où il hivernait, une telle foule de grands personnages, qu'on voyait chaque jour à sa porte 120 faisceaux. Crassus aussi et Pompée y vinrent. Le triumvirat fut renouvelé. La guerre des Gaules n'étant pas finie, César avait besoin que quelqu'un fît pour lui, pour un peu de temps encore, la police dans Rome; Pompée s'en chargea; César n'avait garde de refuser.

Les résultats de cette conférence parurent bientôt. Quand les triumvirs furent de retour, ils briguèrent tous deux le consulat. Tous les autres candidats se retirèrent, excepté Domitius. Mais le jour du vote, quand il se présenta sur la place, on tua l'esclave qui le précédait, et lui-même il fut obligé de fuir avec Caton blessé. Pompée et Crassus furent élus; ils remplirent toutes les autres charges de leurs créatures, et se firent donner, par un plébiscite que provoqua le tribun Trébonius, Pompée l'Espagne, et Crassus la Syrie, pour cinq ans. César était prorogé pour le même temps dans son commandement.

La république ainsi partagée entre ses trois maîtres, l'année 55 s'écoula sans événements importants. Crassus n'en attendit pas la fin pour gagner son gouvernement. Depuis seize ans il n'avait pas paru dans les camps, et dans ces seize années, Pompée avait soumis l'Asie et César la Gaule; il avait hâte de renouveler le souvenir de ses anciens succès

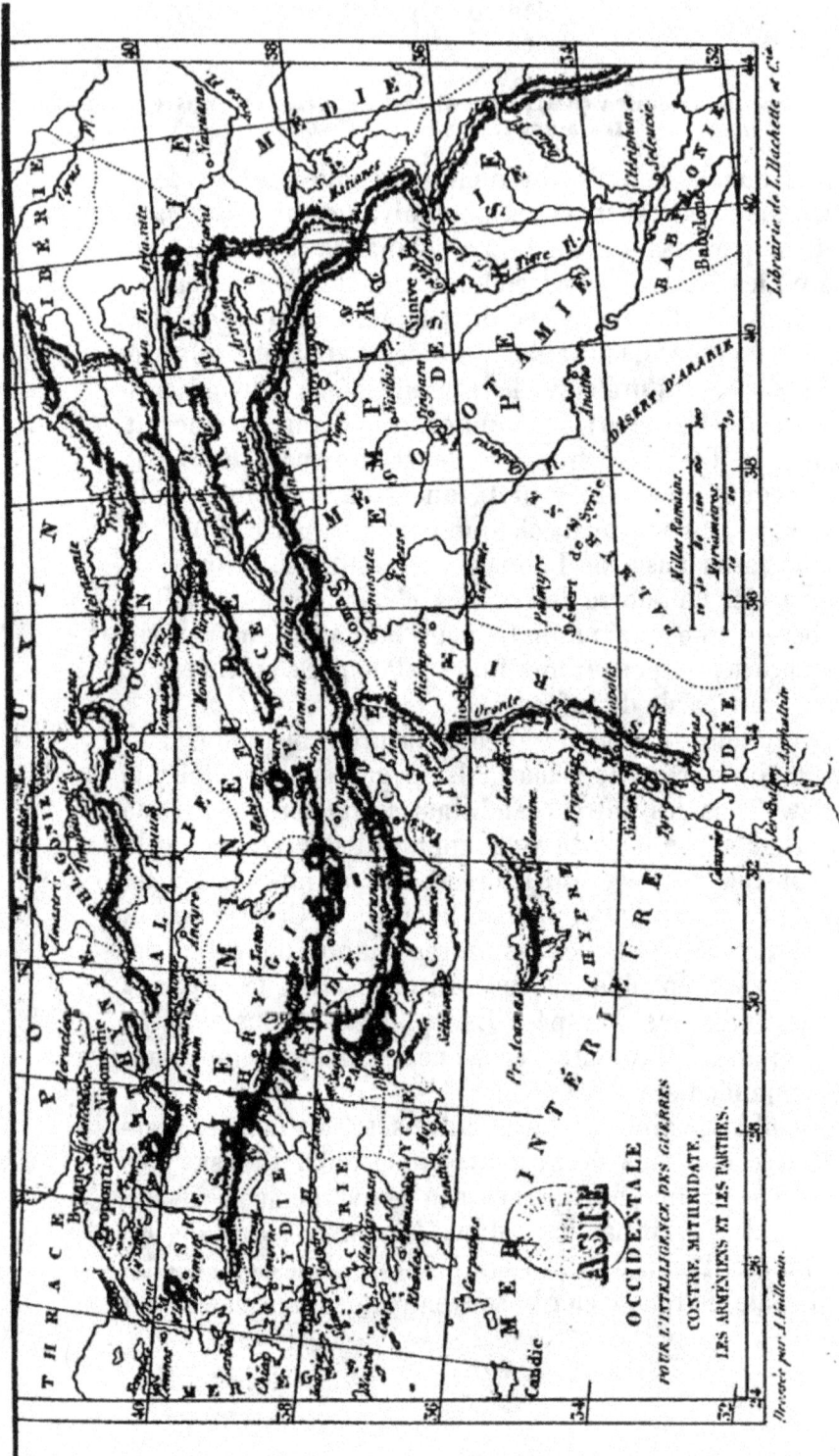

ASIE OCCIDENTALE POUR L'INTELLIGENCE DES GUERRES CONTRE MITHRIDATE, LES ARMÉNIENS ET LES PARTHES.

Dressé par A. Vuillemin

Librairie de L. Hachette et Cie.

et d'égaler la gloire de ses deux rivaux. Le proconsul des Gaules avait pénétré aux extrémités de l'Occident ; il voulait, lui, aller par delà le Gange, chercher les dernières limites de l'Orient. Une opposition inattendue éclata contre cette guerre nouvelle. Aux portes de la ville, Crassus trouva le farouche Atéius, un des tribuns, qui, sur un brasier ardent, prononçait contre lui, contre son armée, contre Rome même, les plus terribles imprécations.

Depuis l'administration de Pompée, la face des choses n'avait pas changé dans l'Orient. Mais Gabinius avait montré le parti qu'un gouverneur pouvait tirer de la Syrie. Il s'était loué à Ptolémée Aulètes au prix de 10 000 talents, et après l'avoir rétabli sur le trône d'Égypte, il lui avait vendu la voitié de son armée. A Rome, on l'accusa d'attentat à la majesté du peuple romain ; il acheta son absolution. Mais dans un second procès où Cicéron eut la faiblesse de le défendre pour complaire à Pompée, il lésina avec ses juges et il fut condamné à l'exil. C'est lui que Crassus remplaçait. Le triumvir était parti avec le projet arrêté d'attaquer les Parthes. Sans se donner le temps de prendre connaissance du pays, de nouer d'utiles intrigues avec les mécontents, et avec les peuples du voisinage, qui lui eussent fourni des guides et une nombreuse cavalerie, Crassus se hâta de passer l'Euphrate, prit quelques villes, dispersa quelques troupes, sans beaucoup d'efforts, et se fit proclamer *imperator* pour ces légers succès. Puis, au lieu d'avancer hardiment sur Babylone et Séleucie, deux villes qui haïssaient la domination des Parthes, il retourna hiverner en Syrie, où il laissa son armée perdre sa discipline et son courage dans la mollesse et la licence. Lui-même, malgré ses 61 ans, il ne s'occupait qu'à visiter les temples pour en ravir les trésors ; celui de Jérusalem fut pillé comme l'avait été celui d'Hiérapolis. Artavasde, le roi d'Arménie, offrait le passage par son royaume, où l'armée romaine trouverait des vivres, des routes sûres et un terrain favorable à sa tactique ; Crassus refusa. Il franchit une seconde fois l'Euphrate à Zeugma, avec 7 légions et 4000 cavaliers, et, trompé par un chef arabe, s'enfonça à travers la Mésopotamie dans une mer de sable où bientôt tout manqua aux soldats, surtout la confiance dans leur chef (53).

Les Parthes avaient divisé leurs forces, le roi Orodès avait marché au nord pour arrêter le roi d'Arménie, et le suréna, ou généralissime, réunissait à l'ouest son immense cavalerie pour envelopper la pesante infanterie romaine. Quand ces cavaliers se précipitèrent sur les légions, les rangs serrés résistèrent au choc ; mais les armes des Romains leur devinrent inutiles. S'ils avançaient, les Parthes fuyaient ; s'ils s'arrêtaient, les escadrons tournaient autour de cette masse immobile et la criblaient de traits. L'infanterie légère, lancée contre eux, se réfugia bientôt en désordre derrière les légions. Le jeune Crassus chargea alors à la tête de 1300 chevaux, dont 1000 cavaliers gaulois. Les ennemis cédèrent, et l'attirèrent loin du champ de bataille avec une partie de l'infanterie qui le suivait, à la vue de l'ennemi fuyant, puis ils firent volte-face et l'entourèrent. Après une lutte héroïque, Crassus, criblé de blessures, se fit tuer par son écuyer pour ne pas être pris vivant. Les Parthes coupèrent sa tête et vinrent la promener en face des légions sous les yeux de son malheureux père. Aussitôt le combat recommença et dura jusqu'à la nuit avec les mêmes vicissitudes ; les deux armées campèrent en face l'une de l'autre. Couché à terre dans un morne abattement, Crassus sondait l'abîme où son ambition l'avait jeté. En vain Cassius chercha à relever son courage, il fallut qu'il donnât lui-même l'ordre de la retraite. On abandonna 4000 blessés et l'on gagna la ville de Carrhes, d'où, la nuit venue, l'armée partit sans bruit. Mais, trompé par ses guides, le triumvir fut bientôt rejoint par les Parthes, et ses soldats effrayés le forcèrent à accepter une entrevue avec le suréna. C'était un guet-apens. Crassus et son escorte furent massacrés. Quelques faibles débris purent passer l'Euphrate, que les Parthes à leur suite franchirent. Mais Cassius, parti de Carrhes avant son général et heureusement arrivé en Syrie, avait eu le temps d'organiser la défense : il les repoussa (53). Une seconde tentative qu'ils firent sous la conduite de Pacorus, fils de leur roi, ne réussit pas mieux (52). Mais Bibulus, le successeur de Cassius, se laissa assiéger dans Antioche (51), et les Parthes menacèrent la Cilicie que Cicéron gouvernait.

Interrègne (53 et 52); Pompée seul consul; exil de Milon (52).

Durant cette désastreuse expédition, Pompée était resté à Rome. Il avait cherché à regagner le peuple par la magnificence des jeux qu'il donna à l'occasion de l'achèvement de son théâtre, où 40 000 spectateurs pouvaient trouver place. Puis son année consulaire passée, il était resté aux portes de Rome, voulant, s'il faut en croire Caton, se préparer, par l'anarchie, les voies à la royauté. Il est vrai que la république était dans la plus déplorable situation. Littéralement tout se pesait au poids de l'or, le mérite des candidats, comme l'innocence des accusés. Mais un État ne peut durer longtemps lorsqu'il n'y a ni justice dans les tribunaux, ni vérité dans les élections. Cette dépravation de la conscience publique et de la morale privée était arrivée à son comble. On venait de lire au sénat un marché scandaleux par lequel deux candidats au consulat avaient promis aux consuls en charge de procurer : trois augures affirmant avoir assisté à la promulgation d'une loi curiate qui n'avait pas été promulguée; et deux consulaires déclarant s'être trouvés à une séance de règlement d'état des provinces consulaires, séance qui n'avait jamais eu lieu. 400 000 sesterces pour un double faux si audacieux, c'était supposer la conscience des augures et des consulaires à bien bon marché!

Qu'on se représente, au milieu d'une telle société, Caton, alors préteur, allant nu-pieds et sans toge, siéger sur son tribunal ou faisant distribuer à la populace, au lieu des fastueuses profusions dont elle avait l'habitude, des raves, des laitues et des figues ; et l'on comprendra que cette opposition, qui allait jusqu'au ridicule, fut complétement impuissante. Cicéron avait à peu près rompu avec lui et se trouvait, après quelques velléités de résistance contre les triumvirs, décidément engagé avec eux. La conférence de Lucques et le renouvellement du triumvirat, au moment où il allait passer du côté de ceux qui attaquaient la loi agraire de César,

l'avait effrayé : et il s'était mis à faire en toute occasion
l'éloge de César; écrivant un poëme en son honneur et accep-
tant pour son frère un titre de lieutenant dans l'armée des
Gaules. Il ne s'effrayait même pas de la dictature imminente
de Pompée, et il en cause sans indignation. « Pompée en
veut-il? N'en veut-il pas? Qui peut le dire? Mais tout le
monde en parle. »

Les élections consulaires n'avaient pu en effet avoir lieu,
et il y eut, en l'année 53, six mois d'interrègne; l'interrègne
recommença l'année suivante (52). Milon, Scipion et Hyp-
sæus demandaient le consulat les armes à la main; chaque
jour il y avait émeute, le sang coulait. Milon et Clodius s'é-
tant rencontrés sur la voie Appienne, un combat s'engagea
et Clodius fut égorgé. Ses amis allèrent chercher son cadavre et dressèrent le bûcher dans un temple où le sénat s'as-
semblait; le temple fut brûlé. Ils essayèrent d'incendier la
maison de Milon, puis celle de l'interroi, mais des chevaliers, des sénateurs accoururent armés; on s'égorgea encore les jours suivants. Caton lui-même appuya la proposition que fit Bibulus de nommer Pompée seul consul
(25 février 52).

Cet événement était grave, car il consommait la réunion
de Pompée avec le sénat et sa rupture avec César. Depuis
deux ans on prévoyait ce résultat. La mort de Julie (54)
avait brisé un lien que tous deux auraient respecté, et celle
de Crassus (53) les avait mis en présence sans intermédiaire pour arrêter les chocs. Une rivalité à trois peut durer
parce qu'il y a équilibre, une rivalité à deux amène bientôt
la guerre. Si César avait ses légions, Pompée était seul consul, tout en gardant son proconsulat d'Espagne. La formule
caveat consul lui donnait une autorité absolue, et un décret lui prescrivait de lever des troupes; s'il voulait un collègue, il pouvait le choisir lui-même, et ce ne fut qu'après
cinq mois, le 1er août, qu'il s'associa Métellus Scipion. Il
était donc maître enfin, et comme il le voulait, en sauvant
les apparences, par les voies légales; il s'appliqua à justifier
cette confiance du sénat.

Pour se débarrasser de Milon et de sa bande, il promulgua

de nouvelles lois contre la violence et la brigue, et fit juger le meurtrier de Clodius, les soldats dont il entoura le tribunal effrayèrent le défenseur, Cicéron, qui n'osa plaider. L'accusé s'exila à Marseille ; quand il y reçut la Milonienne savamment recomposée par l'orateur dans le silence du cabinet : « S'il avait parlé comme il sait écrire, dit l'épicurien, je ne mangerais pas aujourd'hui d'aussi bon poisson. »

Clodius mort, Milon en exil, et leurs bandes dispersées, le calme revint. La justice semblait moins vénale, le forum n'était plus ensanglanté, [la censure recouvrait ses droits, le sénat se reprenait à croire à sa puissance. Toutefois Pompée se faisait proroger encore pour cinq ans dans son proconsulat d'Espagne, avec le droit de prendre chaque année 1000 talents dans le trésor, et comme il n'était pas encore en mesure de rompre avec César, il le faisait autoriser à briguer, absent, un second consulat ; mais avant de sortir lui-même de charge, il fit donner le consulat à Marcellus qui commença aussitôt la guerre contre le proconsul des Gaules (51).

Attaques contre César ; Curion (51-49).

César avait donné le droit de latinité aux habitants de Novocomo dans la Transpadane. Pour montrer qu'il ne tenait aucun compte de ses actes, Marcellus fit battre de verges un magistrat de cette ville ; et, comme celui-ci invoquait les droits qu'il tenait de César : « Les coups sont la marque de l'étranger, lui dit le consul ; va montrer à ton protecteur ton dos déchiré. » Pompée, toujours incertain, hésitait cependant, et perdait un temps précieux. Tandis que son rival achevait en cette campagne sa longue guerre, lui, il allait près de Tarente soigner sa santé et philosopher avec Cicéron ; mais en demeurant dans l'inaction et le silence, il laissa le sénat s'avancer et saisir le premier rôle, de sorte que la question ne se trouva plus posée entre lui et César, mais entre César et l'aristocratie dont Pompée ne fut que le général. Les élections pour l'année 50 ne furent

18

déjà plus dans le sens de Pompée; les consuls désignés étaient de zélés partisans du sénat. La nomination au tribunat du jeune Curion, dont la hardiesse égalait l'éloquence, parut encore une victoire aux ennemis de César : mais Curion était criblé de dettes, César acheta secrètement le futur tribun.

Les pouvoirs de César finissaient au dernier jour de décembre 49 ; les grands ne voulurent pas attendre près de deux années encore, et, le 1er mars de l'an 50, le consul Marcellus mit aux voix son rappel pour le 13 novembre de la présente année. La majorité allait adopter cet avis, lorsque Curion, louant la sagesse de Marcellus, ajouta que la justice et l'intérêt public voulaient que la même mesure fût appliquée à Pompée. Si l'on refusait, il opposerait son veto. Ce moyen était habilement choisi. Au milieu des partis, Curion semblait seul penser à la république et à la liberté. Continuant ce rôle de fausseté et d'hypocrite dévouement, qu'il jouait depuis si longtemps, Pompée offrit au sénat de se démettre de ses pouvoirs ; mais lorsque Curion le pressa d'exécuter cette promesse, il trouva des prétextes, des retards ; et le résultat de la séance, où il avait apporté ces belles paroles d'abnégation, fut l'ordre envoyé à César de remettre deux de ses légions à la disposition du sénat. Le décret portait, il est vrai, que chacun des deux proconsuls fournirait une légion pour la Syrie où l'on redoutait une invasion des Parthes, mais Pompée en avait jadis prêté une à César, il la redemanda. Ce fut donc le proconsul des Gaules qui envoya les deux légions. Au lieu de les expédier aussitôt pour l'Asie, quand elles furent arrivées, le consul Marcellus les cantonna à Capoue.

La lutte devenait chaque jour plus imminente ; cependant de ce côté des Alpes nuls préparatifs, nulle mesure de défense, et quand on demandait à Pompée avec quelle armée il arrêterait son rival s'il passait les monts : « En quelque endroit de l'Italie que je frappe du pied la terre, disait-il, il en sortira des légions. » Les consuls partageaient sa quiétude. Marcellus, le plus animé contre César, soumit encore une fois au sénat la question de son rappel que Curion, au nom de l'intérêt public, changea en celle-ci : « Les deux généraux doivent abdiquer en même temps. » 370 voix contre 22 approuvèrent; et au dehors les plus vifs applaudissements accueillirent le courageux tribun. « Vous l'emportez, s'écria Marcellus, mais vous aurez César pour maître. » Quelques jours après, sur le bruit que l'armée des Gaules passait les Alpes, il se rendit vers Pompée, lui remit son épée, et lui ordonna de prendre, pour la défense de la république, le commandement de toutes les troupes cantonnées en Italie. Curion traita cette démarche inouïe comme elle méritait de l'être, et s'opposa à la levée des troupes. Grâce à cette tactique, César semblait maintenant une victime de Pompée et de la faction oligarchique. Deux autres partisans du proconsul, Cassius Longinus et son ancien questeur Marc-Antoine, allaient prendre possession du tribunat. Leur veto n'empêcha pas le sénat de décréter le 1er janvier 49, que si, à un jour déterminé, César n'avait pas abandonné son armée et sa province, il serait traité en ennemi public. Des soldats pompéiens approchaient, les deux tribuns, suivis de Curion, tous trois cachés sous des habits d'esclaves, s'enfuirent vers le camp de César. Avec eux la légalité semblait y passer.

CHAPITRE XXIII

LA GUERRE CIVILE ET LA DICTATURE DE CÉSAR.

TENDANCE DES ESPRITS VERS LA ROYAUTÉ; CÉSAR PASSE LE RUBICON (49)
ET CONQUIERT L'ITALIE.— GUERRE D'ESPAGNE ET SIÉGE DE MARSEILLE;
CÉSAR DICTATEUR. —COMBATS AUTOUR DE DYRRACHIUM; PHARSALE (48);
MORT DE POMPÉE. — CÉSAR ASSIÉGÉ DANS ALEXANDRIE (48); VICTOIRE
DU NIL (47). — CLÉOPATRE; EXPÉDITION CONTRE PHARNACE: RETOUR
DE CÉSAR A ROME (47). — GUERRE D'AFRIQUE (46); BATAILLE DE
THAPSUS; MORT DE CATON. —DÉCRETS DU SÈNAT EN FAVEUR DE CÉSAR;
SON TRIOMPHE; MODÉRATION DE SON GOUVERNEMENT. — LES FILS DE
POMPÉE SOULÈVENT L'ESPAGNE; BATAILLE DE MUNDA (45). — CONCEN-
TRATION DANS LES MAINS DE CÉSAR DE TOUS LES POUVOIRS; SES PRO-
JETS. — LES CONJURÉS; MORT DE CÉSAR (44).

**Tendance des esprits vers la royauté; César passe le Rubicon
(49) et conquiert l'Italie.**

Ce ne fut pas la faveur du peuple qui fit de César le maître
de Rome, ni son armée, ni son génie. La cause première,
irrésistible, fut le besoin que l'empire avait d'un gouvernement enfin stable et régulier. Tout tendait à la monarchie,
et depuis longtemps la perte des mœurs et de l'égalité, la
désorganisation de l'empire et les vœux des classes tranquilles la rendaient inévitable. Qu'avaient été le tribunal de
Caïus, les consulats répétés de Marius et de Cinna, la dictature
de Sylla, les commandements de Pompée, si ce n'est autant
de royautés temporaires? Depuis un siècle, cette idée avait
fait bien du chemin et rallié, à leur insu, bien des esprits,
même des plus élevés. Cette paix que Lucrèce demande, ce
repos que cherche Atticus dans l'éloignement des affaires
et l'amitié de tous les rivaux, les incertitudes même de Cicéron, ne sont-ce pas des indices du dégoût dont ces grands
esprits étaient saisis, en face de cette désolante anarchie
qu'on appelait encore la république romaine? « La république, disait Curion, mais abandonnez donc cette vaine
chimère! » « Ralliez-vous à nous, écrivait Cicéron à Dolabella, son gendre; ralliez-vous à César, sous peine, en pour-
suivant je ne sais quelle république surannée, de ne courir
qu'après une ombre. » C'était le mot de César : « Vain nom,

ombre sans corps. » L'humanité avance, selon les temps,
par le despotisme aussi bien que par la liberté : en ce moment, comme le vaisseau qui dans la tempête jette à la mer
ses plus précieuses richesses, il fallait, même au prix de la
liberté, sauver l'ordre, la paix, et la civilisation à la fin
compromise dans ces longues tourmentes.

Pompée était arrivé à son but. Les consuls abdiquaient
entre ses mains ; qu'il abatte César, c'est le dernier obstacle ;
et il compte y réussir sans peine. Mais voici que tout à coup
la nouvelle arrive que César a franchi le Rubicon, limite de
sa province et pris Ariminum ; que toutes ses forces sont
en mouvement ; que la Gaule lui promet 10 000 fantassins
et 6000 cavaliers ; qu'enfin, les populations l'accueillent
avec enthousiasme. « Où est ton armée ? » demande Vol-
catius à Pompée. « Frappe donc la terre, lui dit ironique-
ment Favonius, il est temps. » Et Pompée, coupé de ses
légions d'Espagne, était réduit à avouer qu'il ne pouvait
défendre Rome contre César. On se retira à Capoue, tandis
que Pissaurum, Ancône, Iguvium étaient pris. Un instant,
la défection de Labiénus, le meilleur des lieutenants du
proconsul, releva les courages ; mais pas un soldat ne le
suivit, et César ne daigna pas même garder l'argent et les
bagages du traitre. Cette générosité politique, et la douceur
qu'il montrait envers ses prisonniers, ébranlèrent le zèle de
plusieurs. On citait ses lettres à Oppius et à Balbus : « Oui,
j'userai de douceur, et je ferai tout pour ramener Pompée....
La terreur n'a réussi qu'à faire détester mes devanciers....
Sylla fait exception, mais je ne le choisirai jamais pour modèle. Prenons désormais pour appuis les bienfaits et la
clémence. » Il faut certainement pardonner beaucoup à
l'homme qui a renoncé si hautement aux mœurs politiques
de son temps, en face d'un parti qui eût, sans nul doute,
autrement usé de la victoire. César n'en poussait pas moins
la guerre avec activité. La résistance de Domitius dans
Corfinium l'arrêta sept jours ; quand il arriva en vue de
Brindes, les consuls et l'armée étaient déjà de l'autre côté
de l'Adriatique, à Dyrrachium. Durant ces opérations, Valérius avait chassé les Pompéiens de la Sardaigne, et Curion

..

soumis la Sicile. 60 jours avaient suffi pour la conquête
de l'Italie et des îles.

Guerre d'Espagne et siége de Marseille; César dictateur.

Faute de vaisseaux, César ne pouvait poursuivre son
rival; il revint donc à Rome, où il trouva assez de sénateurs pour reconstituer un sénat qu'il opposa à celui qui
siégeait dans le camp de Pompée. L'argent lui manquait,
il voulut enlever celui du trésor, déposé dans le temple de
Saturne. C'était l'or réservé pour les cas extrêmes, et une
loi défendait d'y toucher, si ce n'est en cas d'invasion gauloise. Un tribun, L. Métellus, s'y opposa. « J'ai vaincu la
Gaule, dit César; cette raison n'existe plus; d'ailleurs le
temps des armes n'est pas celui des lois; » et le tribun se
plaçant devant la porte pour empêcher qu'on la forçât, César
menaça de le faire tuer : « Sache, jeune homme, qu'il m'est
moins aisé de le dire que de le faire. » Métellus effrayé se
retira.

Après avoir confié le gouvernement de la ville à Lépide,
et celui de toutes ses troupes en Italie à Marc-Antoine, il
partit pour l'Espagne. « Je vais, disait-il, combattre une
armée sans général; ensuite j'attaquerai un général sans
armée. » Ce mot explique toute la guerre. Marseille, pompéienne de cœur, l'arrêta à son passage; il la fit assiéger
par Tribonius et Brutus, et franchit les Pyrénées. Il se
trouva, d'abord, dans une position difficile, campé dans un
étroit espace, entre la Sègre et la Cinca, cerné lui-même et
affamé. En ce même temps, Curion, qui était passé de Sicile
en Afrique, était défait et tué par Varus et Juba. Dolabella,
que César avait chargé de lui construire une flotte sur l'A-
driatique, avait été battu en Illyrie, et fait prisonnier. A
ces nouvelles, Cicéron resté jusqu'à ce moment en Italie,
passa du côté de Pompée. Il n'y était pas arrivé que les
événements avaient pris en Espagne une tournure inattendue. César avait construit des bateaux, franchi la Sègre
et attaqué à son tour. Pétréius et Afranius, les deux généraux pompéiens, voulurent battre en retraite, mais il devina

tous leurs plans, les prévint dans toutes les positions qu'ils voulurent occuper, les cerna ; et les deux généraux, contraints par leurs soldats, mirent bas les armes sans combat, (2 août 49). Varon, qui commandait dans l'Ultérieure, ne pouvait faire aucune résistance. Il parut à Cordoue devant César, qui lui enleva sa caisse militaire grossie par ses nombreuses exactions.

Cette province toute pompéienne, conquise et pacifiée, il partit en toute hâte pour Marseille dont les habitants, enfermés dans leurs murs par deux défaites sur mer, étaient réduits aux dernières extrémités. A l'arrivée de César, ils se décidèrent à traiter, ils livrèrent leurs armes, leurs navires et tout l'argent du trésor public. Là encore César s'honora par sa clémence. Il était sous les murs de Marseille, quand il apprit que, sur la proposition de Lépide, le peuple l'avait proclamé dictateur. Après avoir apaisé une révolte de la neuvième légion à Plaisance, il prit cette charge, qu'il ne garda que onze jours, juste le temps d'accomplir quelques mesures nécessaires. Il n'abolit pas les dettes, mais seulement fit déduire du capital les intérêts payés, et accepter des créanciers en remboursement les meubles et les immeubles au prix où ils étaient avant la guerre. Au peuple, il fit une large distribution de blé. Il rappela les bannis, Milon excepté, et supprima la seule loi politique de Sylla qui vécût encore, celle qui frappait les enfants des proscrits d'incapacité politique ; enfin il récompensa les Cisalpins de leur longue fidélité par la concession du droit de cité. Avant d'abdiquer, il présida les comices consulaires et se fit nommer avec Servilius Isauricus.

Combats autour de Dyrrachium ; Pharsale (48) ; mort de Pompée.

A la fin de décembre 49, César se rendit à Brindes afin de passer de là en Épire. « Pompée avait eu une année entière pour faire ses préparatifs. Aussi avait-il rassemblé une flotte considérable, beaucoup d'argent et des vivres en abondance. Il avait 9 légions composées de citoyens romains,

3000 archers crétois, 2 cohortes de frondeurs de 600 hommes chacune, et 7000 chevaux. Son dessein était de passer l'hiver à Dyrrachium, à Apollonie et dans les autres villes maritimes. » César n'avait ni flotte, ni argent, ni magasins, et ses troupes étaient moins nombreuses; mais depuis dix ans elles vivaient sous la tente; leur dévouement à leur chef était sans bornes, comme leur confiance en sa fortune. Si l'armée de Pompée était plus forte, il y avait aussi moins de discipline dans les soldats, moins d'obéissance dans les chefs! A voir dans le camp ces costumes étranges, à écouter ces commandements donnés en vingt langues, on eût pris les légions pompéiennes pour une de ces armées asiatiques auxquelles le sol de l'Europe fut toujours fatal. Au prétoire, autre spectacle. Tant de magistrats et de sénateurs gênaient le chef, quoiqu'on lui eût donné pouvoir de décider souverainement de toutes choses. Puisque l'on combattait, disait-on, pour la république, il fallait bien que le généralissime montrât aux pères conscrits, constitués en conseil à Thessalonique, une déférence qui ne s'accordait pas toujours avec les nécessités de la guerre.

Malgré son infériorité numérique et la saison contraire, César, suivant son habitude, prit l'offensive; le 4 janvier 48, il embarqua, sur des navires de transport, 7 légions, qui ne formaient que 15 000 fantassins et 600 cavaliers. S'il eût rencontré la flotte de Bibulus, c'en était fait de son armée; mais Bibulus accourut trop tard. Pour expier sa négligence, il ne voulut plus descendre de son vaisseau et se donna de telles fatigues à surveiller la côte et la mer, qu'il fut bientôt saisi d'un mal qui l'emporta. Oricum, Apollonie ouvrirent leurs portes à César qui, prévenu à Dyrrachium par Pompée, pressa Antoine de passer le détroit au premier vent favorable avec le reste de ses forces. Mais les jours s'écoulaient et Antoine n'arrivait pas Peu accoutumé à ces lenteurs, César voulut aller lui-même chercher ses légions. Un soir, il sortit seul de son camp, monta sur une barque du fleuve et ordonna au pilote de cingler vers la haute mer. Un vent contraire, qui souffla presque aussitôt, refoulait les vagues, et le pilote, effrayé par la tempête, refusait d'avancer : « Que crains-tu?

lui dit son passager inconnu, tu portes César et sa fortune. »
Il fallut pourtant regagner le bord ; mais la tempête, une
autre fois, le servit. Un jour que soufflait avec force le vent
du midi, Antoine arriva en quelques heures en vue d'Apollonie.

Un mouvement que fit Pompée pour empêcher leur jonction l'éloigna de Dyrrachium. César lui déroba une marche
et vint se poster entre lui et cette place, où étaient tous ses
magasins. Son adversaire le suivit et campa au sud de la
ville, sur le mont Pétra, d'où il conservait ses communications avec la mer. Alors commença une lutte de quatre
mois. César, ne pouvant amener son rival à une action décisive, conçut l'audacieuse pensée d'enfermer, dans une
ligne de postes retranchés, une armée qui lui était supérieure en nombre et qu'il ne pouvait affamer parce
qu'elle était maîtresse de la mer. Manœuvre cette fois trop
hardie et dont il fut puni, Tous les jours il y avait des escarmouches entre les travailleurs des deux armées. Dans une
de ces attaques journalières, un fort fut cerné ; l'ennemi y
lança tant de projectiles qu'il n'y resta pas un soldat qui ne
fût blessé, ils montrèrent avec orgueil à César 30 000 flèches qu'ils avaient ramassées, et le bouclier d'un de leur
centurions percé de 120 coups. Les soldats de César
étaient habitués à la disette ; mais nulle part ils n'en souffrirent comme à Dyrrachium ; ils en vinrent à broyer des
racines pour en faire une sorte de pâte, et quand les pompéiens les raillaient sur leur disette, ils leur jetaient de ces
pains, en leur criant « qu'ils mangeraient l'écorce des arbres plutôt que de laisser échapper Pompée. »

Cependant une attaque malheureuse contre les lignes des
pompéiens faillit amener un désastre. César reconnut enfin
que sa position n'était plus tenable : les vivres allaient lui
manquer tout à fait, et Scipion qui arrivait d'Orient avec
deux légions, faisait en Thessalie des progrès menaçants. En
allant accabler ce chef, César comptait entraîner à sa suite
les pompéiens devenus trop confiants ; et peut-être trouve-
rait-il une occasion de livrer bataille. Dans tous les cas, il
gagnerait de l'espace, il ramasserait des vivres, et éloigne-

rait l'ennemi de sa flotte. Comme il l'avait prévu, Pompée
le suivit, et les deux armées se trouvèrent en présence près
de Pharsale. Pompée voulait encore éviter une action décisive ; mais les jeunes nobles qui l'entouraient trouvaient cette
campagne bien longue, et tant de circonspection leur était
suspecte. On l'appelait Agamemnon, le roi des rois ; et Favonius s'écriait qu'on ne mangerait pas cette année de figues
de Tusculum, parce que Pompée ne voulait pas si vite abdiquer. Déjà l'on se disputait les dignités comme si l'on eût
été à Rome, et quelques-uns envoyaient retenir les maisons les plus en vue autour du forum, pour de là mieux briguer. Fannius voulait les biens d'Atticus, Lentulus ceux
d'Hortensius et les jardins de César. Domitius, Scipion,
Lentulus Spinther se disputaient chaque jour avec aigreur
le grand pontificat de César. « Ainsi, dit celui qui fit éva-
nouir tous ces rêves, au lieu de s'occuper des moyens de
vaincre, ils ne pensaient tous qu'à la manière dont ils exploi-
teraient la victoire. »

Pressé par ces clameurs, Pompée se décida à livrer bataille. César n'avait que 22 000 légionnaires et seulement
1000 cavaliers, contre une infanterie double en nombre et
une cavalerie septuple. Il forma de son armée quatre lignes :
les deux premières devaient aborder l'ennemi ; la troisième,
servir de réserve, et la quatrième faire face en arrière contre la cavalerie. Il avertit les vétérans qu'il plaça de ce côté
que de leur courage et de leur sang-froid dépendrait la victoire : « Soldat, leur cria-t-il, frappe au visage ! » Il savait
que les jeunes nobles, qui allaient mener la charge, crain-
draient plus la difformité d'une blessure que le déshonneur
de la fuite. Lui-même il se plaça au milieu de sa deuxième
légion, que les cavaliers de Pompée lui avaient promis d'é-
craser sous les pieds de leurs chevaux. L'action s'engagea
d'abord sur le front de la bataille ; quand la cavalerie pompéienne eut rompu celle de l'ennemi et tourné son aile droite,
César donna le signal à la quatrième ligne qui chargea avec
tant de vigueur et d'adresse que les cavaliers surpris de
cette attaque imprévue, tournèrent bride et s'enfuirent. Du
même pas les cohortes se portèrent sur l'aile gauche et l'en-

veloppèrent : César saisit cet instant pour lancer sa réserve toute fraîche. Les pompéiens ne purent soutenir le choc et se débandèrent. Pompée, dès le moment où il avait vu sa cavalerie repoussée, s'était retiré dans sa tente désespéré et inactif. Tout à coup il entend des clameurs qui s'approchent : « Quoi, s'écrie-t-il, jusque dans mon camp ! » Et jetant les insignes du commandement, il sauta sur un cheval et s'enfuit par la porte décumane jusqu'à l'embouchure du Pénée, d'où il fit voile vers Mitylène (9 août 48).

Malgré les efforts de César pour arrêter le massacre, 15 000 hommes étaient tués. « Ils l'ont voulu, disait-il en traversant ce champ de carnage, j'étais perdu si j'eusse cédé. » Dès que le succès fut décidé, il défendit qu'on tuât un seul citoyen et il reçut en grâce tous ceux qui implorèrent sa pitié : 24 000 hommes furent faits prisonniers. Après quelques jours d'incertitude, Pompée s'était décidé à aller chercher un asile en Égypte, pays facile à défendre ; et d'où il pourrait communiquer avec les Parthes s'il était nécessaire, et avec Varus et Juba, maîtres de la Numidie et de l'Afrique romaine.

Quand Pompée arriva en vue de Péluse avec environ 2000 hommes, l'eunuque Photin et le général Achillas furent d'avis de le recevoir avec honneur en souvenir des services qu'il avait jadis rendus au père du jeune roi, mais un autre ministre, Théodore, rejeta la pensée d'unir les destinées de l'Égypte au sort d'un fugitif, et une barque fut envoyée au vaisseau sous prétexte de conduire le général auprès du roi. Pompée y descendit. Avec Achillas, il s'y trouvait deux centurions romains, soldats de fortune, à la solde de Ptolémée. Du haut de sa galère, Cornélie suivait des yeux la barque qui déjà touchait au rivage ; tout à coup elle jeta un grand cri. Septimius passant derrière son époux venait de le frapper de son épée, Salvius et Achillas achevaient le meurtre. Quand Pompée tomba, ils lui coupèrent la tête et jetèrent hors de la barque sur le rivage le corps dépouillé. Le lendemain, son affranchi Philippe et un pauvre vieillard ramassèrent les débris d'un bateau pêcheur pour lui faire un bûcher. De la pleine mer Lentulus aperçut la flamme. « Quel est celui, dit-il, qui est venu terminer ici sa destinée et se reposer de ses travaux ? » Quelques instants après il débarquait et avait le même sort.

César assiégé dans Alexandrie (48); victoire du Nil (47).

César savait achever ses victoires. Laissant Cornificius en Illyrie pour veiller sur Caton et la flotte pompéienne ; Calénus en Grèce, pour en réduire les peuples, il suivit Pompée comme à la piste, afin de ne pas lui donner le temps de réformer une armée. Comme il traversait l'Hellespont sur une barque, il rencontra Cassius à la tête de 10 galères pompéiennes et il lui commanda de se rendre. Cassius, troublé, se soumit, sans penser qu'il pourrait d'un coup finir ici la guerre. Quand il arriva devant Alexandrie, avec seulement 4000 hommes, Théodote lui présenta la tête de Pompée, mais il détourna les yeux avec horreur et ordonna qu'on ensevelît pieusement ces tristes restes. Les ministres égyptiens se sentirent blessés de ces honneurs rendus à leur victime, et voyant César si mal accompagné, ils oublièrent qu'ils avaient devant eux le maître du monde. Peu à peu César se trouva comme assiégé dans le palais. Heureusement il y tenait le roi avec lui, et il sut y faire entrer sa sœur, la fameuse Cléopâtre, que les ministres avaient chassée. Puis, en vertu du testament du dernier roi, il déclara que le frère et la sœur régneraient ensemble. Les ministres du roi virent leur ruine dans cette réconciliation, et Photin, rappelant en secret Achillas qui commandait à Péluse une armée, 4000 Romains eurent à tenir tête à 20 000 soldats exercés et à un peuple irrité de 300 000 âmes. Ils s'enfermèrent dans un des quartiers et obligèrent bientôt Achillas à perdre l'espoir de les y forcer. Il voulut leur couper les communications avec la mer en attaquant la flotte établie dans le port, et il réussit à les obliger d'y mettre eux-mêmes le feu. L'incendie gagna malheureusement l'arsenal et détruisit la bibliothèque.

César avait demandé des secours au gouverneur de l'Asie. Domitius lui envoya une légion par terre et une autre par mer. Celle-ci aborda à l'ouest d'Alexandrie. César alla la

chercher et battit au retour la flotte égyptienne qui lui barrait le passage, mais dans une attaque sur l'île de Pharos
ses troupes furent repoussées; lui-même il n'échappa qu'en
se jetant à la mer, tenant, dit-on, d'une main, au-dessus de
l'eau, ses Commentaires et nageant de l'autre. Heureusement
un ami du consul, Mithridate le Pergaméen, réunit en Syrie
une armée qui se grossit en route de Juifs et d'Arabes. Il enleva Péluse, força le passage du Nil, et opéra sa jonction
avec les assiégés. César prit aussitôt l'offensive et attaqua le
camp égyptien où le jeune Ptolémée s'était enfui. Une brillante victoire récompensa les légionnaires de leur longue
patience. Le roi périt dans le Nil en fuyant. L'Égypte accepta
pour reine Cléopâtre, qui épousa le dernier de ses frères,
Ptolémée Néotéros, tandis que sa sœur, Arsinoé, était envoyée captive à Rome.

Cléopâtre; expédition contre Pharnace; retour de César à Rome (47).

Après être glorieusement sorti de cette rude épreuve, César
commit l'impardonnable faute de rester encore en Égypte. Cléopâtre l'y retint trois mois. Il partit cependant au mois d'avril
47, pour arrêter les progrès menaçants de Pharnace. Ce fils
de Mithridate, roi du Bosphore, avait profité de la guerre
civile pour chasser de la petite Arménie et de la Cappadoce
Déjotarus et Ariobarzane. Domitius, qui avait voulu rétablir
ces deux princes, avait été battu; et Pharnace, maître à présent de la plus grande partie de l'ancien royaume de son père,
y exerçait d'affreuses cruautés. César termina cette guerre
en cinq jours. « Je suis venu, j'ai vu, j'ai vaincu, » écrivait-
il à un ami de Rome. C'était glorieusement réparer les retards d'Alexandrie. Le vainqueur donna le Bosphore à Mithridate le Pergaméen; Ariobarzane et Déjotarus furent rétablis. « Heureux Pompée, s'écriait-il en comparant ces faciles
guerres d'Asie avec sa lutte des Gaules, heureux Pompée
d'avoir acquis à si peu de frais le surnom de grand. » Après
avoir réglé toutes les affaires de la province, il partit en toute
hâte pour l'Italie, où l'année précédente le préteur Cœlius
avait proposé une abolition des dettes. Le sénat de César

19

avait heureusement montré beaucoup d'énergie. Cœlius, repoussé de la tribune, était sorti de Rome et avait rappelé Milon ; puis tous deux avaient cherché à exciter un soulèvement dans la Campanie. C'était assez des deux grandes ambitions qui se disputaient l'empire ; on ne fit aucune attention à ces aventuriers obscurs qui périrent sans bruit. Quand arriva le récit de la mort de Pompée, l'enthousiasme, jusqu'alors incertain, éclata enfin pour César. On l'élut une seconde fois dictateur et on lui donna le consulat pour cinq années, avec la puissance tribunitienne à vie. Il prit possession de la dictature à Alexandrie, et chargea Antoine du gouvernement de la ville. Brave, mais violent et débauché, Antoine n'avait ni l'énergie ni la prudence que les circonstances réclamaient. Bientôt les désordres recommencèrent. Heureusement César arrivait ; il était débarqué à Tarente en septembre 47.

Contre l'attente de beaucoup, son retour ne fut marqué par aucune proscription. Seulement il confisqua les biens de ceux qui portaient encore les armes contre lui, et il fit vendre à l'encan ceux de Pompée. Pour avilir les charges, il les multiplia ; pour ôter au sénat ce qu'il avait encore de considération, il y appela des centurions, même des soldats et des barbares. L'année était aux trois quarts écoulée, il n'en fit pas moins des consuls. Quelques jours après, il se désigna lui-même consul pour l'année suivante, et il prit encore la dictature.

Ses partisans récompensés, il paya aux pauvres leur loyer d'une année, il accorda aux débiteurs la suppression des intérêts des trois derniers termes. Les soldats réclamaient aussi l'accomplissement des promesses tant de fois renouvelées. Ceux de la dixième allèrent jusqu'à une révolte ouverte ; César l'apprend et les convoque au champ de Mars : il s'y rend seul, monte sur son tribunal et leur commande de parler. A sa vue, les murmures se taisent ; incertains, honteux, ils demandent à voix sourde leur congé. « Je vous licencie, leur dit-il, allez, quirites. » César a trouvé pour eux la plus vive offense, il les appelle citoyens, eux, ses compagnons d'armes, eux des soldats ! Les rendre citoyens, c'est les dégrader; ils aiment mieux qu'il les châtie, qu'il les décime; et ils le pressent de retirer cette flétrissante parole. On a trouvé ce mot éloquent; il nous semble jeter un triste jour sur cette époque; tout ce que nous avons dit touchant la transformation des mœurs politiques est expliqué par le sens attaché à ces deux mots, soldats et citoyens, *quirites* et *commilitones*; l'homme civil n'est plus rien, l'homme de guerre est tout; le règne des armées approche.

Cette sédition apaisée, César partit pour accabler en Afrique les débris de Pharsale.

Guerre d'Afrique (46); bataille de Thapsus; mort de Caton.

Après avoir chassé Caton de la Sicile, Curion était passé en Afrique; mais battu par le roi de Numidie Juba et par Varus, il se perça de son épée. L'Afrique était donc pompéienne, excepté la Mauritanie dont le roi venait de conduire une armée au secours du lieutenant de César en Espagne. Les chefs réunis à Corcyre, Labiénus, Scipion, Afranius, Caton, etc., résolurent de gagner cette province. Leur flotte formait encore trois cents voiles. On reconnut pour chef Scipion, nom de bon augure dans une guerre d'Afrique; choix malheureux cependant, car Scipion n'était pas homme à conduire énergiquement cette guerre, lui qui se faisait presque le lieutenant de Juba, qui lui laissait prendre le pas sur lui, et, sans Caton, lui eût livré Utique et toute la province.

César, suivant son habitude, n'attendit pas ses troupes; il débarqua près d'Adrumète avec 3000 fantassins et 150 cavaliers (1er janvier 46). C'était à peine une escorte. Mais ses légions étaient lasses de guerre, il voulait les entraîner en leur faisant honte d'abandonner leur chef. Là il fut rejoint par un certain P. Sittius, ancien complice de Catilina, qui était venu se mettre à la solde des princes africains. Sittius avait une grande connaissance des lieux, et des intelligences dans tout le pays. Aussi César le chargea d'aller décider le roi de Mauritanie à envahir les États de Juba quand ce prince les quitterait pour rejoindre ses alliés.

Adrumète qu'on croyait enlever d'un coup de main n'ayant

pu être pris, les césariens gagnèrent Leptis, où débarqua bientôt un convoi de troupes arrivé de Sicile. A trois milles de Ruspina, César vint donner avec trente cohortes au milieu d'une innombrable cavalerie. Labiénus, qui la commandait, s'approchant des césariens, leur cria : « Eh mais, conscrit, tu fais bien le brave. Il vous a donc tourné la tête, à vous aussi, avec ses belles paroles. Par Hercule, il vous a mis dans un mauvais pas, et je vous pláins. — Tu te trompes, répondit un soldat, je ne suis pas un conscrit, mais un vétéran de la dixième, et ôtant son casque : reconnais-moi, ou mieux à ceci, » et il lui lance avec force son javelot, que Labiénus n'évite qu'en faisant cabrer son cheval, qui le reçoit au milieu du poitrail. Les autres césariens imitèrent le vétéran, et une charge à fond balaya la plaine.

Scipion n'était qu'à trois marches en arrière avec 8 légions et 3000 chevaux ; Juba était en route pour le rejoindre avec 120 éléphants et une nombreuse armée ; à tous ces ennemis venait s'ajouter la famine. Heureusement Salluste enleva les magasins de l'ennemi, dans l'île de Cercina, et une diversion du roi de Mauritanie rappela Juba à la défense de son royaume. Enfin, deux légions arrivèrent. Aussitôt le dictateur reprit l'offensive ; toutefois trois mois se passèrent en marches, en campements, sans résultats. Pour y mettre un terme, César s'avança sur Thapsus, ville importante, que Scipion ne pouvait lui abandonner sans honte, et il en forma le siége. Les pompéiens, en effet, arrivèrent à sa suite et présentèrent la bataille. Malgré leur nombre et leurs éléphants, César les battit presque sans perte et enleva leurs trois camps. Toute l'armée se débanda ; Thapsus, Adrumète et Zama ouvrirent leurs portes. Labiénus, Varus et Sextus Pompée gagnèrent l'Espagne, où s'était déjà rendu l'aîné des fils de Pompée. Scipion se perça de son épée. Presque tous les autres chefs périrent ; Juba et Pétreius se tuèrent auprès de Zama, qui n'avait pas voulu recevoir le roi fugitif.

La cavalerie s'était retirée presque intacte sur Utique où Caton commandait. Il proposa aux Romains qui se trouvaient dans la place, de la défendre, mais ils rejetèrent toute idée de résistance. Dès lors il ne songea plus qu'à sauver ceux

qui n'osaient attendre leur grâce de César, fit fermer toutes
les portes, excepté celle du port, donna des vaisseaux à
ceux qui en manquaient, et veilla à ce que tout se fît avec
ordre. Après le bain, il soupa en compagnie nombreuse, et
quand il eut congédié ses convives, il se retira et lut dans
son lit le dialogue de Platon sur l'immortalité de l'âme. Il
s'interrompit après quelques pages pour chercher son épée ;
ne la trouvant pas, il appela ses esclaves pour la leur demander et frappa un d'entre eux si violemment que sa main
en fut ensanglantée. Son fils entra fondant en larmes, avec
ses amis. Caton se levant alors, lui dit d'un ton sévère : « Tu
m'enlèves mes armes pour me livrer sans défense : que ne
me fais-tu lier aussi les mains derrière le dos? Ai-je besoin
d'un glaive pour m'ôter la vie ? » On lui envoya son épée
par un enfant ; « Maintenant, je suis mon maître, » dit-il.
Alors il reprit le Phédon, le relut deux fois en entier, et
s'endormit d'un profond sommeil. Comme les oiseaux commençaient à chanter, dit son biographe, il se réveilla et tirant son épée, il se l'enfonça au-dessous de la poitrine. En
luttant contre la douleur, il tomba de son lit. A ce bruit, on
accourut ; ses entrailles lui sortaient du corps, et il regardait
fixement. La blessure, cependant, n'était pas mortelle. Un
médecin la banda ; mais dès qu'il eut repris ses sens, il arracha l'appareil, rouvrit la plaie et expira sur-le-champ.
« Oh ! Caton, s'écria César en apprenant cette fin, tu m'as
envié la gloire de te sauver la vie. »

Décrets du sénat en faveur de César; son triomphe ; modération de son gouvernement.

Après avoir réuni à la province la plus grande partie de
la Numidie, partagé le reste entre Bocchus et Sittius et laissé
l'historien Salluste pour gouverneur en Afrique, César revint à Rome à la fin de juillet 46. Le sénat avait déjà accumulé sur sa tête tous les honneurs et le pouvoir. Il lui con-
céda la dictature pour dix ans; pour trois ans, la censure
sans collègue, sous le nom nouveau de préfecture des
mœurs, la nomination à la moitié des charges curules, le
consulat excepté, et le droit de régler les provinces préto-

riennes; c'est-à-dire que le peuple sera dépouillé en sa faveur de sa puissance élective, et le sénat, de son pouvoir
administratif. Il célébra quatre triomphes à son entrée dans
la ville : sur les Gaulois, l'Égypte, Pharnace et Juba. Ni
Pharsale, ni Thapsus n'étaient nommés. Parmi les captifs,
pas un Romain, mais la sœur de Cléopâtre, le fils de Juba,
le vercingétorix gaulois que les triumvirs attendaient au
Tullianum pour l'égorger. Rien ne rappelait Pompée. Il
eut moins de ménagements envers les vaincus d'Afrique. Il
exposa Caton, Scipion et Pétréius se perçant de leur épée.
À cette vue, bien des cœurs, sans doute, se serrèrent; mais
la tristesse se perdit dans l'éclat des fêtes. On n'entendit
que les soldats user de leur vieux droit et railler, dans leurs
chants grossiers, « le galant chauve, l'ami de Nicomède et
des Gaulois qu'il conduisait derrière son char, mais pour
les mener au sénat. Fais bien, criaient-ils encore, tu seras
battu; fais mal, tu seras roi. »

Après le triomphe, le peuple romain se coucha autour de
22 000 tables à trois lits. Cette immense orgie inaugurait
l'empire. Le lendemain vinrent les distributions : à chaque
citoyen 100 deniers, 10 boisseaux de blé, 10 livres d'huile;
à tous les pauvres, remise d'une année de loyer ; aux légionnaires, 5000 deniers par tête ; aux centurions, le double;
aux tribuns, le quadruple. Les vétérans reçurent des terres.
Puis des spectacles de tout genre, des jeux troyens, des
chasses où l'on tua des taureaux sauvages et jusqu'à 400 lions;
une naumachie entre des galères de Tyr et d'Égypte ; une
bataille enfin entre deux armées ayant chacune 500 fantassins, 300 cavaliers et 20 éléphants. Cette fois les gladiateurs étaient éclipsés. Mais des chevaliers, le fils d'un préteur
descendirent dans l'arène; des sénateurs voulaient y combattre !

Jusqu'à son consulat, c'était dans le peuple, puis dans les
chevaliers, que César avait placé son point d'appui; pendant son commandement en Gaule, et durant la guerre civile,
il l'avait pris dans l'armée; maintenant il voulait le chercher
dans un gouvernement sage et modéré, dans la fusion des
partis, dans l'oubli des injures, dans la reconnaissance uni-

verselle pour une administration habile et bienveillante.
Il accorda au sénat le rappel de l'ancien consul Marcellus,
et à Cicéron celui de Ligarius. Des légionnaires croyaient
leur règne arrivé, et s'abandonnaient à la licence, il les fit
mettre à mort. Déjà en Afrique, il avait ignominieusement
cassé des tribuns militaires accusés de pillage. Lorsqu'il
donna des terres à ses vétérans, il eut soin que les lots
fussent séparés, afin de prévenir toute révolte. Quant au
peuple, 320 000 citoyens vivaient à Rome aux dépens de
l'État; il réduisit ce nombre à 150000 , et offrit aux autres
des terres dans des colonies d'outre-mer; 80 000 acceptèrent.
Il supprima toutes les associations formées depuis la guerre
civile, et qui servaient aux mécontents et aux ambitieux. Une
loi restreignit peut-être le droit d'appel au peuple; des dispositions plus sévères furent ajoutées aux lois contre les
crimes de majesté et de violence, et le gouvernement d'une
province fut fixé à une année pour un préteur, à deux
pour un proconsul.

Ainsi, la balance était tenue égale entre toutes les classes,
aucun ordre n'était flatté, élevé au-dessus des autres. Tous
avaient un maître.

Les troubles des cinquante dernières années avaient aug-
mené d'une façon déplorable la décadence de l'agriculture et
la dépopulation des campagnes. César défendit à tout citoyen
de vingt à quarante ans de rester plus de trois ans hors de
l'Italie, sauf le cas de service militaire. Dans la distribution
des terres , il favorisa ceux qui avaient une famille nombreuse : trois enfants donnaient droit aux champs les plus
fertiles. Il voulut aussi que les herbagers eussent parmi
leurs pâtres au moins un tiers d'hommes libres, et comme
on l'a vu, il chassa de Rome la moitié de ses pauvres. C'était
la pensée des Gracques : faire refluer dans les campagnes et
multiplier dans la Péninsule la race des hommes libres.
Les colons de Sylla avaient bien vite changé leurs terres contre quelque argent, aussitôt dissipé, et cette soldatesque ruinée s'était ensuite vendue aux factieux. Pour rendre un nouveau Catilina impossible, César interdit à ses vétérans la vente
de leurs lots, si ce n'est après une possession de vingt ans.

Les fils de Pompée soulèvent l'Espagne ; bataille de Munda (45).

Les nouvelles qui arrivaient des provinces interrompirent ces sages réformes. L'Espagne était en feu. L'aîné des fils de Pompée, Cnéus, son frère Sextus, Labiénus et Varus, avec quelques débris, venaient d'y rallumer la guerre civile. En peu de temps, Cnéus réunit treize légions et battit tous ceux qui voulaient s'opposer à ses progrès.

En 27 jours, César arriva de Rome, à quelques stades de Cordoue ; pour contraindre les ennemis à combattre, il assiégea la forte ville d'Atégua, qu'il prit sous leurs yeux. Ce ne fut que le 17 mars que César put, sous les murs de Munda, amener son adversaire à une bataille. Les Commentaires sont loin de montrer cette lassitude des légions qui, selon d'anciens écrivains, aurait forcé César à se jeter la tête nue au-devant de l'ennemi en criant à ses vétérans prêts à fuir : « Vous voulez donc livrer votre général à des enfants ? » Il ne perdit que 1000 des siens, 30 000 pompéiens succombèrent, et parmi eux Labiénus et Varus. Cnéus, blessé, s'enfuit, mais fut atteint et tué. Son frère, qui n'avait pas assisté à la bataille, se cacha dans les Pyrénées ; il y resta jusqu'à la mort de César.

A Rome, l'enthousiasme officiel éclata de nouveau au récit de ces succès. Le sénat décréta 50 jours de supplications, et s'évertua à trouver des honneurs qu'il n'eût pas encore donnés. Après Thapsus, on l'avait fait demi-dieu, après Munda, on le fit dieu tout à fait. Une statue lui fut dressée dans le temple de Quirinus, avec cette inscription : « Au dieu invincible ; » un collége de prêtres, les Juliens, lui fu consacré, et son image fut placée à côté de celles des rois, entre Tarquin le Superbe et Brutus.

Au commencement d'octobre, le dictateur triompha, et les fêtes, les jeux, les festins de l'année précédente recommencèrent. Le peuple s'était plaint de n'avoir pu tout voir, les étrangers de n'avoir pu tout entendre ; on divisa les jeux ; chaque quartier de la ville eut les siens, chaque nation eut des pièces en sa langue. C'était justice ; est-ce que Rome n'était pas maintenant la patrie de tous les peuples ? Cléopâtre y tient sa cour. Les rois maures et tous les princes de l'Asie y ont leurs ambassadeurs. Au pied du trône qui s'élève il y a comme un concours des nations. Et quel spectacle César leur donne ! des chevaliers, des sénateurs, même un ancien tribun du peuple, qui descendent dans l'arène, toutes ces puissances redoutées qui se dégradent. Labérius, forcé de jouer comme mime, une de ses pièces , disait dans son prologue : « Hélas ! après 60 ans d'une vie sans tache, sorti chevalier de ma maison, j'y rentrerai mime : ah! j'ai trop vécu d'un jour. » César lui rendit l'anneau d'or ; ce n'était pas lui, mais l'ordre qu'il avait voulu frapper.

Concentration dans les mains de César de tous les pouvoirs; ses projets.

Au reste, sauf ces vengeances légères, nul ne fit jamais un plus noble usage de son pouvoir. Il semblait oublier tous les outrages et toutes les haines. Il relevait les statues de Sylla; il replaçait celle de Pompée sur la tribune aux harangues, comme il avait jadis rétabli au Capitole les trophées du vainqueur des Cimbres. Pour son pouvoir, César ne chercha pas non plus des formes nouvelles. Le sénat, les comices, les magistratures subsistèrent comme par le passé; seulement il concentra en lui seul toute l'action publique, en réunissant dans ses mains toutes les charges républicaines. Comme dictateur à vie et consul pour cinq ans, il eut la puissance exécutive, avec le droit de puiser dans le trésor ; comme *imperator*, la puissance militaire ; comme tribun, le veto sur le pouvoir législatif. Prince du sénat, il dirigeait les débats de cette assemblée; préfet des mœurs, il la composait à son gré ; grand pontife, il faisait parler la religion selon ses intérêts et surveillait ses ministres. Les finances, l'armée, la religion, le pouvoir exécutif, une partie du pouvoir judiciaire, et, indirectement, presque toute la puissance législative étaient donc réunis dans ses mains.

Pour habituer et attacher à cette monarchie qu'il fondait, César s'appliqua d'une manière systématique à avilir les

institutions républicaines. Il remplit le sénat d'hommes
nouveaux, surtout de Gaulois. « Les Gaulois, disait-on,
ont changé leurs braies contre le laticlave ; » et des avis
affichés dans les rues invitaient le peuple à ne pas montrer
aux nouveaux pères conscrits le chemin de la curie. Mais
ce sénat était docile; il faisait sans objection tout ce que
voulait le maître, plus qu'il ne voulait, et il ne s'offensait
pas que des sénatus-consultes, délibérés par César tout seul,
fussent promulgués en son nom. Il ne les consultait même
pas pour les lois qui regardaient Rome, et qu'il délibérait
chez lui avec quelques membres, dont il formait son conseil
privé.

Il avait déjà augmenté le nombre des préteurs, des prêtres, des questeurs et des édiles ; il ne pouvait nommer
plus de deux consuls, mais la théorie nouvelle des consuls
substitués lui permit de donner en un an cette haute
charge à plusieurs. Le consul Fabius mourut le 31 décembre 45; il ne restait plus que quelques heures pour que
l'année finît ; il lui désigna néanmoins un successeur.
« Quel consul vigilant, s'écria Cicéron, pendant toute sa
magistrature il n'a pas dormi ! » Il créa même des patriciens, comme les anciens rois.

Cependant, César voulait plus encore, ou plutôt autre
chose. Le consulat, la dictature, la préfecture des mœurs,
tout cela, même à titre perpétuel, c'était encore la république. Le titre de roi commençait la monarchie, l'hérédité
dans le pouvoir, l'ordre dans l'administration, l'unité dans
la loi. César voulait ce que firent plus tard Dioclétien et
Constantin ; mais la république avait fourni une trop
longue, une trop brillante carrière pour céder si vite. Elle
se défendit, au milieu de désordres inouïs, durant trois
siècles, contre le principe nouveau ; et chaque fois que
celui-ci parut l'emporter, par l'établissement de l'hérédité
ou de l'adoption, l'ordre et la paix régnèrent.

Ces considérations sont nécessaires pour expliquer la
constance que mit César à rechercher, lui qui avait tout, un
vain titre, au risque de tout compromettre. Il se fit offrir
par Antoine le bandeau royal; mais les sentiments que la

foule montra lui firent comprendre que pour triompher de
la répugnance invétérée des Romains, il fallait monter encore plus haut. La guerre lui avait donné la dictature, il
va lui demander la royauté. Les charges sont distribuées
pour trois ans ; seize légions ont déjà passé l'Adriatique.
Il veut écraser les Daces et les Gètes, venger Crassus sur
les Parthes, pénétrer comme le conquérant macédonien
jusqu'à l'Indus, et revenir à travers les Scythes et les Germains domptés, ceindre dans sa Babylone de l'Occident la
couronne d'Alexandre. Alors, maître du monde, il fera
couper l'isthme de Corinthe, dessécher les marais pontins,
percer le lac Fucin, et jeter par-dessus l'Apennin une grande
route de l'Adriatique à la mer de Toscane. Rome, la capitale
de l'empire universel, sera agrandie ; à l'ouest du Tibre, un
temple colossal de Mars ; au pied de la roche Tarpéienne,
un immense amphithéâtre ; à Ostie, un port vaste et sûr.
Puis il multipliera le droit de cité romaine pour préparer
l'unité de l'empire ; tous les médecins étrangers, les professeurs d'arts libéraux l'ont déjà reçu, et il rassemblera en un
seul code les lois romaines, et dans une bibliothèque publique
tous les produits de la pensée humaine. Quatre-vingt mille
colons sont allés porter au delà des mers les coutumes et la langue de Rome ; la Sicile entière a reçu le *jus Latii ;* les Trans-
padans, la légion de l'Alouette, tous ceux qui l'ont fidèlement
servi, le *jus civitatis ;* les grandes injustices de la république sont réparées, Corinthe et Carthage sortent de leurs
ruines ; et trois géomètres grecs parcourent l'empire pour en
mesurer les distances et en lever le plan, travail prélimi-
naire d'une réorganisation de l'administration provinciale.

Les conjurés; mort de César (44).

Mais, depuis plusieurs mois, une conjuration était formée,
Cassius Longinus, ancien lieutenant de Crassus, en était le
chef. Il avait entraîné Brutus, neveu et gendre de Caton,
et qui semblait avoir hérité de ses vertus, de sa rigidité, de
son dévouement aveugle et inintelligent aux vieilles institutions. Il avait combattu à Pharsale ; César avait recommandé

qu'on l'épargnât, même il lui avait confié l'important gouvernement de la Gaule Cisalpine. Brutus s'était montré reconnaissant. Aussi l'on disait : Cassius ne hait que le tyran, Brutus l'aime, mais il déteste la tyrannie. Cassius lui montra les grands, le sénat et le peuple n'ayant plus qu'en lui d'espérance. Sur le tribunal où il siégeait comme préteur, il trouvait écrit : « Tu dors, Brutus; non, tu n'es plus Brutus! » Brutus céda; il se crut l'instrument nécessaire d'une vengeance légitime. Son nom en gagna d'autres que pour la plupart César avait comblés de faveurs. Cicéron, quoique lié avec les principaux conjurés, ignora tout.

Les avis ne manquèrent pas à César : on lui parla d'un complot où Brutus était entré. « Brutus, dit-il, en se touchant, attendra bien la fin de ce corps misérable. » Cependant, un jour qu'on dirigeait les soupçons sur les deux consuls, Dolabella et Antoine : « Ce ne sont pas ces hommes si bons convives, que je redoute, mais les gens au visage blême et maigre; » il voulait désigner Brutus et Cassius. On racontait aussi des prodiges, des feux aperçus au ciel, des bruits nocturnes, etc. César s'impatientait de ces continuelles menaces et refusait d'y croire, au moins d'y penser. « Rome, disait-il, est plus intéressée que moi-même à ma vie; » et il avait renvoyé sa garde espagnole.

Les conjurés eux-mêmes étaient incertains; Cassius voulait tuer Antoine et Lépide avec leur chef. Brutus demanda qu'on ne frappât qu'un coup. En public, son maintien était calme, mais dans sa demeure, la nuit surtout, son agitation révélait les combats que livrait encore cette âme malade, contre son faux héroïsme; sa femme Porcia comprit qu'il méditait quelque grand dessein, et pour éprouver ses forces, avant de lui demander son secret, elle se fit à la cuisse une profonde blessure.

Le jour des ides (15 mars 44), les conjurés se rendirent de bonne heure au sénat, mais les devins avaient défendu à César de sortir. Décimus Brutus lui fit honte de céder à ces vagues terreurs, et lui prenant la main, il l'entraîna sur la route. Artémidore de Cnide lui remit tout le plan de la conjuration. « Lisez, lui dit-il, cet écrit, seul et promptement; »

il n'en put trouver le temps. Les conjurés eurent d'autres
sujets d'inquiétude. Un sénateur, Pompilius Lénas, ayant
salué Brutus et Cassius d'un air plus empressé qu'il ne
faisait ordinairement, leur dit à l'oreille : « Je prie les dieux
qu'ils donnent une favorable issue au dessein que vous mé-
ditez ; mais je vous conseille de ne pas perdre un moment,
car l'affaire n'est plus secrète ; » et peu après ils le virent
avoir avec César un long entretien auquel le dictateur paraissait donner la plus grande attention. Déjà Cassius et
quelques autres mettaient la main sous leurs robes pour en
tirer leurs poignards et se frapper eux-mêmes, lorsque Brutus
reconnut aux gestes de Lénas qu'il s'agissait, entre César et
lui, d'une prière très-vive, plutôt que d'une accusation. Quand
César entra, tous les sénateurs se levèrent pour lui faire
honneur ; et, dès qu'il fut assis, les conjurés, se pressant autour de lui, firent avancer Tullius Cimber pour lui demander
le rappel de son frère. Ils joignirent leurs prières aux siennes,
et, comme ils insistaient, il se leva pour les repousser de
force. Alors Tullius, lui arrachant sa robe, Casca lui porta
un premier coup le long de l'épaule. César saisit la poignée
de l'arme en s'écriant : « Scélérat, que fais-tu ? » Mais dès
qu'il vit Brutus lever le poignard sur lui, il quitta la main de
Casca, et se couvrant la tête de sa robe, il livra son corps au
fer des conjurés. Comme ils le frappaient tous à la fois, Brutus
reçut une blessure à la main ; et tous les autres furent couverts de sang.

CHAPITRE XXIV.

LE SECOND TRIUMVIRAT (43-30).

Inaction des conjurés; amnistie; funérailles de César (44).

Les conjurés n'avaient fait de plan que pour la conjuration et n'en avaient point formé pour la soutenir. Le coup fait, ils sortirent de la curie, traversèrent le forum en criant que le tyran était mort et allèrent se retrancher au Capitole. Sur le soir Cicéron y vint. Il aurait voulu que le sénat, agissant avec énergie au milieu des deux partis tremblants, se rendît maître de la situation; mais le vieux consulaire était seul actif et résolu; et pendant que les meurtriers hésitaient, les amis de César mettaient le temps à profit. Lépide, son maître de cavalerie, avait soulevé les vétérans campés dans l'île du Tibre; Antoine s'était fait livrer les papiers et les épargnes de César; il avait aussi mis la main sur le trésor public, qu'il fit transporter dans sa demeure. Le péril commun rapprochant ces deux chefs, ils s'unirent, moins pour venger leur maître mort que pour tirer parti des circonstances. Antoine était consul; en vertu de sa charge il réunit le sénat. Les conjurés n'osèrent venir à cette séance, où la discussion fut très-orageuse. Les sénateurs voulaient déclarer César tyran. Antoine représenta que ce serait abolir ses actes. Tant de gens étaient intéressés à leur maintien que la proposition fut rejetée. Cicéron parla alors; pour concilier tous les intérêts, il demanda la consécration des droits acquis, l'oubli du passé, la paix enfin et une amnistie. Elle fut proclamée. On invita alors les conjurés à descendre du Capitole ; Lépide et Antoine leur envoyèrent eux-mêmes leurs enfants comme otages ; Cassius alla souper chez Antoine ; Brutus chez Lépide ; l'entraînement était général.

Tout n'était cependant pas dit. Puisque César n'était pas un tyran, puisqu'on maintenait ses actes, il fallait accepter son testament et lui faire publiquement des funérailles. Antoine lut au peuple ses dernières volontés. Il adoptait pour fils son neveu le jeune Octave, et à son défaut, Décimus Brutus, l'un des chefs de la conjuration. Pour tuteurs, il lui donnait plusieurs des meurtriers ; à d'autres, il faisait des legs considérables. Ces dons de la victime aux assassins réveillaient déjà la colère dans la foule ; mais lorsque Antoine ajouta que le dictateur laissait au peuple ses jardins le long du Tibre, et à chaque citoyen 300 sesterces, il y eut à la fois comme une explosion de reconnaissance et de menaces.

Une autre scène, ménagée avec art, acheva de livrer la ville entière à Antoine. Le jour des funérailles il lut au peuple les décrets du sénat qui accordaient à César des honneurs divins, qui le déclaraient saint, inviolable, père de la patrie. Comme il prononçait ces derniers mots, il ajouta, en se tournant vers le lit funèbre : « Et voici la preuve de leur clémence ? Auprès de lui tous avaient trouvé un sûr asile, et lui-même il n'a pu se sauver. Ils l'ont assassiné. Ils avaient juré cependant de le défendre ; ils avaient voué aux dieux quiconque attenterait à sa vie, quiconque ne le couvrirait pas de son corps ! » Tendant alors les mains vers le Capitole : « O toi, Jupiter, gardien de cette ville, et vous tous, dieux du ciel, je vous atteste ; je suis prêt à tenir mon serment, je suis prêt à le venger. » Alors il s'approcha du corps, entonna un hymne, comme en l'honneur d'un dieu, puis d'une voix rapide et enflammée, il rappela ses guerres, ses combats, ses conquêtes : « O toi, héros invincible, tu n'as échappé à tant de batailles que pour venir tomber au milieu de nous ! » et à ces mots, il arrache la toge qui couvrait le cadavre, il montre le sang qui la tache, les coups dont elle est percée. Les san-

glots de la foule éclatent et se mêlent aux siens; mais ce n'est
pas assez. Le corps de César, renversé sur le lit, était caché
aux yeux. Tout à coup on vit se dresser le cadavre avec les
vingt-trois blessures à la poitrine et au visage ; et en même
temps le chœur chantait : « Je ne les ai donc sauvés que
pour mourir par eux. » Le peuple croit voir César lui-même
se lever de sa couche funèbre et lui demander vengeance. Ils
courent à la curie, où il a été frappé, et l'incendient; ils cherchent les meurtriers, et, trompés par le nom, ils mettent en
pièces un tribun qu'ils prennent pour Cinna, le conjuré. Puis,
brisant les tribunaux et les bancs, ils dressent un bûcher au
milieu du forum ; les soldats y jettent leurs javelots, les vétérans leurs couronnes, leurs armes d'honneur, leurs dons
militaires. Le peuple passa la nuit entière autour du bûcher.
Une comète qui, vers ce temps-là, se montra au ciel, parut
une justification de l'apothéose.

Antoine avait réussi, les meurtriers étaient en fuite. Pour
ramener le sénat, profondément irrité qu'on eût ainsi traité
l'amnistie votée la veille, Antoine provoqua le rappel de
Sextus Pompée, ainsi que l'abolition de la dictature; et il
laissa son collègue faire exécuter un démagogue qui, se disant parent de César, agitait le peuple. Il consentit même à
avoir une entrevue hors de Rome avec Brutus et Cassius, et
ne s'opposa point à ce que les conjurés allassent prendre
possession de leurs gouvernements ; à ce qu'on rendît à
Sextus Pompée ses biens et le proconsulat des mers. Jamais
le sénat n'avait trouvé un consul plus docile. Aussi lorsque
Antoine, se plaignant d'être poursuivi, comme un traître,
par la haine du peuple, demanda une garde pour sa sûreté
personnelle, le sénat se hâta de la lui accorder. Il la porta
bientôt à 6000 hommes. C'était une armée , il pouvait dès
lors jeter le masque. Toutes ces mesures, en effet, n'eurent
plus d'autre but que de regagner le peuple et de se faire partout des créatures.

Toute-puissance d'Antoine; Octave.

Le sénat avait confirmé les actes de César : Antoine étendit cette sanction aux actes projetés du dictateur, et comme

il possédait tous ses papiers, il y lisait ou y faisait écrire
tout ce qu'il avait intérêt d'y trouver. Il vendit ainsi les
places, les honneurs, même les provinces, comme la petite
Arménie, que lui acheta Déjotarus, comme la Crète, qui
paya elle-même, argent comptant, son indépendance. Ces
trafics scandaleux relevèrent sa fortune ; aux ides de mars il
devait 8 millions, avant les calendes d'avril, il avait tout
payé et capitalisé 135 millions, qui lui servirent à acheter
des soldats, des sénateurs, et le peuple. Quand il se crut
assez fort, il fit dépouiller Brutus et Cassius de leurs gouvernements de Syrie et de Macédoine pour recevoir en
échange ceux de la Crète et de Cyrène ; Dolabella, son collègue, s'adjugea le premier ; il prit pour lui le second, où
étaient cantonnées des forces considérables. « Le tyran est
mort, s'écriait douloureusement Cicéron, mais la tyrannie
vit toujours. »

Sur ces entrefaites arriva à Rome un jeune homme jusqu'alors peu remarqué, Octave, neveu de César par sa mère
Julia, sœur du dictateur. A quatre ans, il avait perdu son
père, chevalier romain de distinction ; et César, qui n'avait
pas d'enfant, s'était chargé de son éducation. Il voulait l'emmener avec lui contre les Parthes, et il l'envoya à Apollonie,
au milieu des légions qui s'y réunissaient, à la fois pour
achever ses études et pour se faire connaitre des soldats. A
la nouvelle de la mort du dictateur, ses amis lui conseillè-
rent de se réfugier au milieu de l'armée. C'eût été comme
une déclaration de guerre au sénat et aux meurtriers. Octave,
esprit réservé, qui donnait à la prudence autant que César
donnait à l'audace, rejeta ce projet. Aussi hardi que son
père adoptif, mais d'une autre manière, il n'hésita pas, malgré les avis menaçants de sa mère, à venir seul à Rome, réclamer son dangereux héritage. Il voyagea sans bruit, sans
faste. Près de Cumes, il apprit que Cicéron était dans le
voisinage ; il alla lui faire visite, et séduisit le vieillard par
ses caresses et par son feint abandon. A la fin d'avril, il entra dans Rome.

Il avait alors 19 ans à peine ; en vain sa mère renouvela
ses instances pour lui faire quitter le nom de César. Le se-

cond jour de son arrivée, il se présenta devant le préteur et
déclara qu'il acceptait l'héritage et l'adoption, puis il monta
à la tribune et promit au peuple assemblé qu'il accomplirait
tous les legs de la succession. Mais Antoine avait saisi l'argent laissé par le dictateur. Octave osa le lui réclamer et
n'en reçut que de rudes réponses. On lui refusait les trésors
de son père, il mit en vente les terres, les villas; et ces domaines ne suffisant pas, il vendit ses propres biens. Antoine,
après s'être moqué du prétendant, finit par surveiller sérieusement sa conduite, et multiplia devant lui les obstacles.
Mais le peuple était pour le jeune César; Antoine s'arrêta;
il se prêta même à une réconciliation pour qu'Octave l'aidât
à obtenir la Cisalpine comme gouvernement, en échange de
la Macédoine.

Octave comptait qu'Antoine lui rendrait service pour service. Il sollicita le tribunat, le consul fit échouer sa demande;
il comprit alors qu'il lui fallait à tout prix une armée. Ses
émissaires parcoururent secrètement les colonies de vétérans;
d'autres allèrent au-devant des légions qui arrivaient de
Macédoine. En même temps il se rapprocha du sénat, dont
la mjorité montrait contre Antoine une haine violente.

Opposition contre Antoine; Cicéron.

Cicéron était l'âme de cette opposition. Le 1ᵉʳ septembre 44,
le sénat se réunit; Antoine y parla durement contre le
vieux consulaire absent; mais le lendemain, Cicéron vint
siéger et lança sa première *philippique*. Antoine, furieux,
répondit par de violentes invectives qui lui attirèrent, mais
un peu plus tard, une réplique foudroyante, la seconde philippique.

Durant cette guerre de paroles, Octave débauchait au
consul ses soldats. Antoine apprit que les légions débarquées
à Brindes étaient sourdement travaillées par de mystérieux
agents; il partit en toute hâte pour arrêter la défection, et
fit décimer ses troupes, mauvais moyen de regagner leur affection. Celui qui était déjà son rival quitta aussi la ville,
fit une tournée parmi les colons de son père, et ramena

10 000 hommes; deux légions d'Antoine passèrent peu de temps après de son côté. Il tâchait aussi de gagner Cicéron, et par lui le sénat, afin qu'une autorité légale sanctionnât par quelques titres sa position. Tous les jours il lui écrivait, lui promettant une confiance, une docilité aveugles; il l'appelait son père. Cicéron se laissa prendre à ses avances. Antoine était parti pour chasser de la Cisalpine Décimus Brutus, qui refusait de se laisser dépouiller de ce gouvernement. Cicéron crut l'occasion favorable de reprendre son ancien projet.

Les meurtriers, c'est-à-dire la faction des grands, étaient dans l'Orient; Antoine et Lépide, c'est-à-dire les démagogues et les représentants de la soldatesque, dans les deux Gaules. Il était donc permis de penser que les honnêtes gens, restés maîtres du gouvernement, pourraient ressaisir l'influence. Mais il fallait une armée, Octave en avait une. « Octave, disait Cicéron, n'a d'autre ambition que d'accomplir les dernières volontés de son père. Quand il se sera ruiné à le faire, il retombera dans l'obscurité d'où il vient de sortir. Quelques légers honneurs suffiront à cette vanité de vingt ans; son âge répond de sa docilité. Après la victoire on brisera l'instrument. » Cicéron se hâta donc de lui faire décerner un bill d'indemnité; il fit bien haut son éloge, et félicita les légions qui avaient déserté pour lui les drapeaux du consul.

Guerre de Modène (43).

Antoine assiégeait déjà Déc. Brutus dans Modène. Cicéron voulait le faire déclarer ennemi public, en même temps qu'Octave recevrait le titre de propréteur et le rang de sénateur. Il se rendait garant, disait-il, du patriotisme du jeune César. On adopta sa proposition relative à Octave, et celui-ci obtint en outre que le trésor public se chargeât de remplir les promesses qu'il avait faites à ses soldats. Cependant le sénat hésitait encore à attaquer Antoine; mais les lettres de Sextus Pompée qui, à Marseille, réunissait une armée, et qui offrait ses services, les nouvelles d'Orient, où Brutus et Cassius s'étaient mis en possession de leurs gouvernements de Syrie et de Macédoine, secondèrent l'éloquence du grand orateur

(XII° philippique), et, dans le courant de mars, Octave entra
en campagne avec les deux consuls Hirtius et Vibius Pansa.

Un léger avantage remporté par les troupes d'Antoine
avant la jonction des trois généraux, jeta l'effroi dans la
ville. Le 14 avril, Pansa arriva près de Bologne, où se trouvaient ses collègues, et les deux jours suivants on se battit
avec acharnement en trois lieux à la fois. Déjà Pansa, grièvement blessé, fuyait avec ses troupes en désordre vers
Forum Gallorum (Castel-Franco), quand Hirtius, débouchant à la tête de vingt cohortes, ressaisit la victoire. Durant
cette double action, Octave avait défendu le camp contre le
frère d'Antoine. Une tentative pour jeter un secours dans
Modène amena une seconde bataille, qui se termina par
l'entière défaite d'Antoine (27 avril). Le consul Hirtius y fut
tué; son collègue Pansa mourut le lendemain des blessures
qu'il avait reçues dans la première action : événement trop
favorable à Octave pour qu'on ne l'ait pas accusé plus tard
de cette double mort. Quand on connut à Rome cette victoire, le peuple courut à la maison de Cicéron et le mena
au Capitole, au milieu des plus vives acclamations. On eût
dit que le vainqueur véritable était l'éloquent vieillard qui
avait forcé le sénat à combattre et à triompher. La guerre,
en effet, semblait terminée; Antoine fuyait vers les Alpes;
Décimus, délivré, le suivait plein d'ardeur; Plancus, commandant de la Transalpine, descendait de Lyon avec une
armée pour lui fermer la Gaule, et Lépide venait de renouveler ses protestations de fidélité. On crut n'avoir plus de
ménagements à garder, et dix sénateurs, sous la présidence de Cicéron, furent chargés de rechercher les actes
d'Antoine.

Dans cette joie, dans ces fêtes, Octave était presque oublié. C'était au nom de Décimus Brutus qu'on décrétait
50 jours de supplications; on ôtait même à Octave la conduite de la guerre, pour la confier au général qu'il venait
de sauver. Qu'avait-on besoin maintenant de cet *enfant?*
Mais Antoine, mollement poursuivi, avait gagné Fréjus et
terminé les indécisions de Lépide, en entraînant ses troupes
(29 mai). La défection d'Asinius Pollion, gouverneur d'Es-

pagne, celle de Plancus qui, peu de temps après, revint à
Antoine, accrurent ses forces, et il se retrouva à la tête de
vingt-trois légions.

Alors il fallut bien se souvenir d'Octave. Pour le retenir
jusqu'au retour de Cassius et de Brutus, Cicéron lui fit décerner l'ovation; il voulait qu'on le comblât, qu'on l'*acca-
blât* d'honneurs[1]. D'ailleurs, après le triomphe, il était
d'usage que le général congédiât ses troupes. Séparer Octave
de ses légions, comme autrefois César des siennes, était
maintenant le vœu du sénat. Mais les soldats devinèrent le
piége, et ils envoyèrent eux-mêmes une députation à Rome.
C'étaient 400 vétérans, qui vinrent annoncer au sénat que
leur chef, en vertu du sénatus-consulte qui l'avait dispensé
de l'observation de la *loi Annale*, désirait briguer le consulat. On refusait l'autorisation. « Si vous ne la lui accor-
dez pas, dit l'un d'eux en frappant sur son épée, ceci la lui
donnera; » et Octave passant aussitôt le Rubicon, conduisit
huit légions jusqu'aux portes de Rome. Il y entra aux applaudissements du peuple, et une assemblée le proclama
consul; Cicéron s'était enfui. Il fit aussitôt ratifier son adoption, et distribua à ses troupes, aux dépens du trésor public,
les récompenses promises, tandis que Pédius, l'autre consul, proposait une enquête sur le meurtre de César, en ayant
soin, pour atteindre Sextus Pompée, d'envelopper dans son
accusation les meurtriers et leurs complices. On les condamna tous au bannissement et à la perte de leurs biens.

**Formation du second triumvirat; proscriptions; mort
de Cicéron (43).**

Maintenant, Octave pouvait traiter avec Antoine, sans
craindre d'être éclipsé par lui. Il était consul, il avait une
armée, il était maître de Rome, et autour de lui s'étaient
ralliés tous ceux des césariens qu'avaient éloignés les violences de son rival. Pédius commença les avances; il fit lever
la mise hors la loi prononcée contre Lépide et Antoine. Décimus, abandonné de ses soldats, fut pris et tué près d'A-

1. *Laudandum adolescentem, ornandum, tollendum.* Vell. Pat., II. 62.
Suét., 12. Le sens sinistre de *tollendum* ne peut être rendu.

quilée, par des cavaliers d'Antoine. Celui-ci annonça à Octave qu'il venait d'immoler cette victime aux mânes de son père, et Lépide s'interposa pour ménager un accommodement que des deux côtés on désirait. A la fin d'octobre, les trois chefs se réunirent près de Bologne, dans une île du petit fleuve Réno, dont cinq légions, de chaque côté, bordaient les rives. Ils passèrent trois jours à former le plan du second triumvirat. Octave devait abdiquer le consulat, et être remplacé dans cette charge, pour le reste de l'année, par Ventidius, le lieutenant d'Antoine. Une magistrature nouvelle était créée, sous le titre de *triumviri reipublicæ constituendæ.* Lépide, Antoine et Octave s'attribuaient la puissance consulaire pour cinq ans, avec le droit de disposer, pour le même temps, de toutes les charges. Leurs décrets devaient avoir force de loi, sans avoir besoin de la confirmation du sénat ni du peuple. Enfin, ils se réservaient chacun deux provinces autour de l'Italie : Lépide, la Narbonaise et l'Espagne; Antoine, les deux Gaules; Octave, l'Afrique, la Sicile et la Sardaigne. L'Orient, occupé par Brutus et Cassius, resta indivis, comme l'Italie ; mais Octave et Antoine devaient aller les combattre, tandis que Lépide, demeuré à Rome, veillerait aux intérêts de l'association. Pour s'assurer la fidélité des soldats, les triumvirs s'engagèrent à leur donner, après la guerre, 5000 drachmes par tête, et les terres de 18 des plus belles villes d'Italie. Quand ces conditions eurent été écrites, et que chacun en eut juré l'observation, Octave lut aux troupes les conditions du traité ; et pour cimenter l'alliance, celles-ci exigèrent qu'il épousât une fille de Fulvie.

Les triumvirs se firent précéder à Rome par l'ordre envoyé au consul Pédius, de mettre à mort 17 des plus considérables personnages de l'État; Cicéron était de ce nombre. Quand ils furent eux-mêmes arrivés, l'édit suivant fut affiché : « Lépide, Marc-Antoine et Octave, élus triumvirs pour reconstituer la République, parlent ainsi : « Si ceux que César, dans sa clémence, avait sauvés, enrichis et comblés « d'honneurs après leur défaite, n'étaient pas devenus ses « meurtriers, nous aussi nous oublierions ceux qui nous

« ont fait déclarer ennemis publics. Éclairés par l'exemple
« de César, nous préviendrons nos ennemis avant qu'ils
« nous surprennent.... Près d'entreprendre, au delà des
« mers, une expédition contre les parricides, il nous a sem-
« blé nécessaire de ne point laisser d'ennemis derrière nous.
« C'est pourquoi nous avons dressé une liste de proscrits.
« Que personne ne cache aucun de ceux dont les noms sui-
« vent. Celui qui aidera à l'évasion d'un proscrit sera pro-
« scrit lui-même. Que les têtes nous soient apportées. En
« récompense, l'homme de condition libre recevra vingt-
« cinq mille drachmes attiques, l'esclave dix mille, plus
« la liberté avec le titre de citoyen. Les noms des meur-
« triers et des révélateurs seront tenus secrets. » Suivait
une liste de cent trente noms; une seconde de cent cinquante parut presque aussitôt; à celle-là, d'autres encore
succédèrent.

Avant le jour, des gardes avaient été placés aux portes, à
toutes les issues, dans tous les lieux qui pouvaient servir de
retraite. Pour ôter aux condamnés tout espoir de pardon,
en tête de la première liste, on lut les noms du frère de Lépide, de L. César, oncle d'Antoine, d'un frère de Plancus,
du beau-père de Pollion et de C. Toranius, un des tuteurs
d'Octave. Chacun des chefs avait livré un des siens pour
avoir le droit de n'être point gêné dans ses vengeances. Les
scènes des jours néfastes de Marius et de Sylla recommencèrent, et la tribune eut encore ses hideux trophées de têtes
sanglantes. La haine, l'envie, l'avidité, toutes les mauvaises
passions se déchaînèrent, et, comme dans les premières
proscriptions, il fut aisé de faire mettre un nom sur la liste
funèbre, ou de cacher le cadavre d'un ennemi assassiné
parmi ceux des proscrits. On présente une tête à Antoine :
« Je ne la connais pas, répond-il, qu'on la porte à ma
femme. » C'était celle, en effet, d'un riche particulier qui
jadis avait refusé de vendre à Fulvie une de ses villas. Une
femme, pour épouser un ami d'Antoine, fit proscrire son
mari et le livra elle-même. Un fils découvrit aux meurtriers
la retraite de son père, préteur en charge, et fut récompensé par l'édilité. C. Toranius demandait aux assassins un

sursis de quelques instants pour envoyer son fils implorer Antoine. On lui répondit que c'était son fils même qui avait demandé sa mort.

Il y eut cependant quelques beaux exemples de dévouement : Varron fut sauvé par ses amis, d'autres par leurs esclaves; Appius par son fils, dont le peuple récompensa plus tard la piété filiale par le don de l'édilité. La sœur de L. César se jeta au-devant des meurtriers en leur criant : « Vous ne le tuerez qu'après m'avoir égorgée, moi la mère de votre général ! » Il eut le temps de fuir et de se cacher. Beaucoup échappèrent grâce aux navires de Sextus Pompée qui venait de s'emparer de la Sicile, et qui fit croiser sa flotte le long des côtes; plusieurs parvinrent à gagner l'Afrique, la Syrie et la Macédoine, où commandaient Cornificius, Cassius et Brutus. Cicéron fut moins heureux; Octave avait dù l'abandonner aux rancunes de son collègue; à regret cependant, car c'était un meurtre inutile. Puisqu'ils tuaient la liberté, qu'était-ce qu'un orateur sans tribune, une voix sans écho, et qui d'elle-même se tairait? Mais Antoine et Fulvie voulaient la main qui avait écrit, la langue qui avait prononcé les philippiques.

Cicéron avait fui de Tusculum à Gaëte par mer. Après s'être reposé quelques instants dans sa villa de Gaëte, il était remonté dans sa litière quand les assassins arrivèrent conduits par un tribun légionnaire, Pompilius, qu'il avait autrefois sauvé d'une accusation de parricide. Lorsqu'il les entendit approcher, il fit poser à terre sa litière, et portant sa main gauche à son menton, geste qui lui était ordinaire, il regarda les meurtriers d'un œil fixe. Ses cheveux hérissés et poudreux, son visage pâle et défait, firent peur à la plupart des soldats, qui se couvrirent le visage pendant que le centurion Hérennius l'égorgeait. Il avait mis la tête hors de la litière et présenté la gorge aux meurtriers (7 déc. 43). Hérennius lui coupa la tête et la main. On les apporta au triumvir pendant qu'il était à table. A cette vue, il montra une joie féroce, et Fulvie prenant cette tête sanglante, perça d'une aiguille la langue qui l'avait poursuivie de tant de sarcasmes mérités. Ces tristes restes furent ensuite attachés aux rostres. On accourut en foule pour les voir, mais avec des larmes et des gémissements. Octave lui-même s'affligea en secret de cette mort; et bien que sous son règne personne n'osât jamais prononcer ce grand nom, comme réparation il donna le consulat à son fils. Une fois même il rendit témoignage de ses vertus.

Ainsi périt, dans toute la puissance de son talent, le prince des orateurs romains, et l'un des plus honnêtes hommes qui aient honoré les lettres et la politique. Sa mort fut le plus grand crime du jeune César. Octave se devait à lui-même de conserver l'homme qui avait assuré ses premiers pas et fait voter ses premiers honneurs. Il devait à Rome de lui garder ce fécond génie qui semblait encore infatigable; il devait au monde de sauver un de ceux dont les écrits ont le plus contribué au développement moral de l'humanité. Sans doute Cicéron ne peut être mis au premier rang des penseurs. Comme philosophe, sa part est petite; mais s'il a peu innové, du moins sa merveilleuse facilité pour s'approprier les idées d'autrui, a mis en circulation un nombre infini de belles et grandes pensées qui ont fait de lui le maître des générations futures et l'un des précepteurs du genre humain. En morale religieuse, l'idée de l'unité de Dieu et de la providence divine, de l'immortalité de l'âme, de la liberté et de la responsabilité humaine, des peines et des récompenses réservées à une autre vie; en morale politique, l'idée de la cité universelle, dont la charité doit être le premier lien, le perfectionnement de notre espèce, la nécessité pour tous de travailler au progrès général et l'impérieuse obligation de fonder l'utile sur l'honnête, le droit sur l'équité, la souveraineté sur la justice, c'est-à-dire la loi civile sur la loi naturelle, révélée par Dieu lui-même et par lui gravée dans tous les cœurs. Telles sont quelques-unes des nobles croyances que la magie de son style a popularisées. Tout cela, il est vrai, n'est ni rigoureusement démontré, ni enchaîné en corps de doctrines. C'est l'effort d'une belle âme qui atteint, par sa propre inspiration, aux vérités sublimes de la religion éternelle, et non le patient travail du philosophe qui construit un système où tout se

tient et s'enchaine. Mais pour parler au cœur, faut-il donc
tant de logique ?

Insolence de la soldatesque.

Durant ces jours de meurtre, Lépide et Plancus, consuls
désignés, eurent le courage de célébrer chacun un triomphe
pour quelques insignifiantes victoires gagnées en Gaule. Les
soldats jouant sur le double sens du mot *Germanus* en latin,
chantaient derrière leur char : « Ce n'est pas des Gaulois,
mais de leurs frères que nos consuls triomphent. » Tous
deux en effet avaient livré un frère aux meurtriers. Mais
sans parler du vieil usage qui autorisait, dans les soldats,
cette liberté, ils se sentaient nécessaires, et ils ne croyaient
pas que leurs chefs, en souffrant leur indiscipline et leurs
exigences, payassent trop cher le pouvoir qu'ils leur avaient
donné. A peine laissèrent-ils vendre les biens des proscrits.
L'un avait voulu une maison, l'autre des terres; celui-ci
une villa, celui-là seulement l'argent et les esclaves. Il y en
eut qui se firent adopter de force par de riches citoyens pour
devenir leurs héritiers; d'autres moins patients tuaient
l'homme, proscrit ou non, dont ils enviaient la fortune.
Toute la ville tremblait devant cette soldatesque recrutée de
bandits et d'esclaves échappés de leurs bagnes. Après les
exécutions vinrent les exigences fiscales. Tous les habitants
de Rome et de l'Italie, citoyens ou étrangers, prêtres ou
affranchis, *prêtèrent* la dime de leurs biens et donnèrent
leurs revenus d'une année. Alors les triumvirs voulurent
bien déclarer la proscription finie, et le sénat ne rougit pas
de leur décerner des couronnes civiques comme aux sauveurs
de la patrie.

Le 1er janvier 42, on renouvela le serment d'observer les
lois et les actes de César, et à son exemple, les triumvirs dis-
posèrent de toutes les charges pour les années suivantes;
puis Octave et Antoine, après une vaine tentative contre
Sextus Pompée, maître de la Sicile, passèrent la mer d'Ionie pour aller combattre les républicains. Connificius, qui
commandait pour le sénat en Afrique, venait d'être tué ; tout
l'Occident, moins la Sicile, obéissait donc aux triumvirs.

Batailles de Philippes (42).

En quittant l'Italie, Brutus s'était rendu à Athènes, où l'on avait placé sa statue à côté de celle d'Harmodios et d'Aristogiton. Dès qu'on sut qu'il rassemblait des soldats, les débris des légions pompéiennes, restés en Grèce après Pharsale, accoururent autour de lui ; un questeur qui portait à Rome l'impôt de l'Asie, lui livra 500 000 drachmes ; le jeune Cicéron leva toute une légion qu'il lui offrit, et le gouverneur de la Macédoine lui remit son commandement, ce qui lui donnait une vaste province et une armée en face de l'Italie. Antoine avait envoyé son frère Caïus pour lui disputer la Grèce, il fut fait prisonnier. De l'Adriatique à la Thrace, tout obéit au général républicain.

Cassius s'était aussi rendu dans son gouvernement de Syrie. Le collègue d'Antoine, Dolabella, arriva presque en même temps en Asie, et fit périr dans les supplices Trébonius, un des meurtriers qui tomba entre ses mains. Mais ces légions d'Orient étaient mal disposées pour les césariens ; Dolabella, bientôt assiégé dans Laodicée, fut réduit à se faire tuer par un des siens. Quand ces nouvelles arrivèrent à Rome, avant la guerre de Modène, Cicéron fit confirmer par le sénat Brutus et Cassius dans leur gouvernement, avec le droit de lever tout l'argent qui leur serait nécessaire, et d'appeler à eux les contingents des rois, les pressant d'accourir en Italie. Mais ni l'un ni l'autre n'avait cette décision qui double les forces, et ils étaient aux deux extrémités de l'Asie romaine, quand ils apprirent les proscriptions. Ils ne se hâtèrent pas davantage, et s'occupèrent à réduire les peuples qui tenaient pour les triumvirs. Brutus attaqua Xanthe, Cassius Rhodes, qu'il pilla cruellement. La province d'Asie dut payer en une seule fois l'impôt de dix années. La dernière armée et les derniers chefs de la république semblaient ainsi prendre à tâche de légitimer à l'avance, aux yeux des populations, le triomphe du gouvernement monarchique. Brutus cependant, républicain sincère, s'efforçait d'adoucir les maux de la guerre. A Sardes, dans une seconde entrevue avec Cassius, il lui reprocha vivement de faire détester leur

cause. « Mieux aurait valu, disait-il, laisser vivre César. S'il
fermait les yeux sur les injustices des siens, du moins lui-
même ne dépouillait-il personne. »

Chargées du butin de l'Asie, les deux armées se mirent en
marche pour rentrer en Europe. Une nuit que Brutus veillait dans sa tente, un spectre d'une figure étrange et terrible
se présenta à lui. « Qui es-tu, homme ou dieu? dit sans
trembler le stoïque général. — Je suis ton mauvais génie,
répondit le fantôme; tu me reverras dans les plaines de
Philippes; » et il s'évanouit. Le lendemain Brutus raconta
cette vision de son esprit troublé à l'épicurien Cassius, qui
lui expliqua, comme Lucrèce, l'inanité des songes et des ap-
paritions. Ils avaient 80 000 fantassins et 20 000 cavaliers :
chaque soldat avait reçu 2500 drachmes, les centurions 5000,
les tribuns 10 000. Ils s'avancèrent jusqu'à Philippes en Macédoine.

Brutus et Cassius campaient sur deux collines éloignées
l'une de l'autre de trois milles. Antoine se posta en face de
Cassius; Octave en face de Brutus. Les deux armées étaient
à peu près égales en nombre. Mais les républicains avaient
une flotte formidable qui interceptait aux césariens tous les
arrivages par mer. Aussi, Antoine menacé de la disette hâtait de ses vœux la bataille que Cassius, par la raison contraire, voulait différer. Brutus, pressé de sortir d'inquiétude
et de mettre fin à la guerre civile, opina dans le conseil pour
le combat et entraîna la majorité. Octave malade avait été
emporté hors de son camp, quand Messala, attaquant avec
impétuosité, pénétra dans ses lignes, où sa litière qui y avait
été laissée fut criblée de traits. Le bruit se répandit bientôt
qu'il avait été tué, et Brutus croyait la victoire gagnée. Mais
à l'autre aile, Antoine avait dispersé l'ennemi et pris son
camp. Cassius s'était retiré, avec quelques-uns des siens,
sur une hauteur voisine : apercevant un gros de cavalerie
qui marchait à lui, il le prit pour un corps ennemi, et se fit
tuer par un de ses affranchis. C'était Brutus qui, vainqueur,
accourait à son secours. Les flatteurs de la nouvelle royauté
dirent ensuite qu'au moment suprême l'épouvante avait saisi
l'âme du sceptique épicurien; qu'il avait cru voir César.

couvert du manteau de pourpre et le visage menaçant, pousser sur lui son cheval. « Je t'avais tué cependant, » se serait-il écrié en détournant les yeux ; et poussé par la vengeance du dieu, il avait lui-même tendu la gorge à l'épée. Brutus, en voyant son cadavre, versa des larmes et l'appela le dernier des Romains. Par sa farouche vertu, il méritait mieux lui-même cet éloge.

Vingt jours après cette première action, une autre s'engagea. Cette fois Octave était présent ; l'aile qu'il conduisait fut encore mise en désordre. Mais Antoine, vainqueur de son côté, revint sur les troupes de Brutus, les enveloppa et les mit en fuite ; leur chef, échappé avec peine, s'arrêta sur une hauteur pour accomplir ce qu'il appelait sa délivrance. Straton, son maître de rhétorique, lui tendit une épée en détournant les yeux ; il se précipita sur la pointe avec tant de force qu'il se perça d'outre en outre et expira sur l'heure. L'imagination populaire a entouré de dramatiques circonstances les derniers moments du chef républicain. Le fantôme qu'il avait vu à Abydos, disait-on, lui apparut encore, suivant sa promesse, dans la nuit qui précéda la bataille, et passa devant lui triste et muet. Suivant d'autres, une parole de colère et d'amère déception lui aurait échappé à l'heure suprême : « Vertu tu n'es qu'un mot ! »

Antoine montra quelque douceur envers les captifs et fit honorablement ensevelir Brutus. Mais Octave fit décapiter son cadavre et porter sa tête aux pieds de l'image de César. Il fut sans pitié envers ses prisonniers et assista froidement à leur supplice. Un père et son fils imploraient la vie l'un pour l'autre, il les fit tirer au sort. Un autre lui demandait au moins une sépulture : « Cela, dit-il, regarde les vautours. » Cependant il accueillit Valérius Messala, malgré son amitié pour Brutus, et il lui laissa souvent vanter la vertu du chef républicain. Plus de 14 000 hommes s'étaient rendus ; mais toute la flotte réunie sous Domitius Ahénobarbus, alla rejoindre Sextus Pompée.

Exactions d'Antoine en Asie ; Cléopâtre.

Les deux vainqueurs firent alors entre eux un nouveau

partage. Octave prit l'Espagne et la Numidie ; Antoine, la
Gaule Chevelue et l'Afrique. La Cisalpine, trop voisine de
Rome, devait cesser d'être province. Quant à Lépide, déjà
on l'excluait du partage, parce qu'on le croyait d'intelligence
avec Pompée. Plus tard, il eut l'Afrique. La part des chefs
arrêtée, restait à faire celle des soldats. Antoine se chargea
d'aller lever en Asie les 200 000 talents nécessaires. Octave,
malade, prit la tâche, en apparence plus ingrate, de donner
des terres aux vétérans. Tandis qu'il s'acheminait vers Rome
où il allait s'emparer du gouvernement et gagner sûrement
les troupes en leur donnant ce qu'Antoine leur avait promis,
celui-ci traversait la Grèce, assistait à ses jeux, à ses fêtes et
aux leçons de ses rhéteurs. Affable et impartial, il méritait
de leur reconnaissance le titre d'ami des Grecs; mais en
Asie, au milieu de ces grandes et voluptueuses cités, le guerrier s'oublia dans les délices. A Éphèse, il entra précédé de
femmes vêtues en bacchantes et de jeunes gens habillés en
pans et en satyres. Déjà il prenait les attributs de Bacchus
dont il s'appliqua à jouer le rôle dans de continuelles orgies.
Pour suffire à ses profusions , il foulait horriblement les
peuples. Il exigea d'un coup l'impôt de neuf années, sans
compter les confiscations particulières. Pour un bon plat,
il donna à son cuisinier la maison d'un citoyen de Magnésie.

Effrayée par les menaces de Cassius, Cléopâtre lui avait
fourni quelques troupes et de l'argent. Antoine lui demanda
raison de cette conduite. Elle vint elle-même à Tarse, en Cilicie, où il se trouvait, dans l'espérance de le gagner, comme
César, par ses charmes. Rien ne fut oublié pour faire réussir le complot. « Elle remonta le Cydnus dans un navire dont
la poupe était d'or, les voiles de pourpre et les avirons d'argent. Le mouvement des rames était cadencé au son des
flûtes qui se mariait à celui des lyres. La reine elle-même,
magnifiquement parée, comme les peintres représentent Vénus, était couchée sous un pavillon broché d'or. De jeunes
enfants l'entouraient, habillés en amours, et ses femmes, vêtues en néréides et en grâces, tenaient le gouvernail ou les
cordages. Les parfums qu'on brûlait sur le navire embau-
maient, au loin, les deux rives. « C'est Vénus elle-même ! s'é-

« criaient les habitants éblouis ; elle vient chez Bacchus. » Antoine tomba sous le charme, et, quand il vit cette femme élégante et lettrée, qui parlait six langues, lui tenir tête dans ses orgies et dans ses propos de soldat, il oublia Rome et Fulvie et les Parthes, pour la suivre, dompté et docile, à Alexandrie (41). Alors commencèrent les excès de la *vie inimitable*, les soupers sans fin, les chasses, les courses sous déguisement, la nuit, dans la ville, pour battre et insulter les gens, au risque du retour.

Guerre de Pérouse (41-40).

Pendant qu'il perdait en d'indignes débauches un temps précieux, sa femme et son frère, en Italie, déclaraient la guerre à Octave. Le jeune César avait irrité Fulvie, femme ambitieuse et emportée, en lui renvoyant sa fille Claudia, qu'il n'avait épousée l'année précédente que pour plaire aux soldats ; dès lors elle poussa son beau-frère Antonius, alors consul, à profiter des inextricables difficultés que soulevait le partage des terres. Les vétérans réclamaient les dix-huit villes qui leur avaient été promises. De leur côté, les habitants s'emportaient en vives plaintes contre l'injustice qui les forçait à payer pour toute l'Italie. En outre, ceux-ci demandaient une indemnité et ceux-là de l'argent pour couvrir les frais de premier établissement. En attendant, les nouveaux colons dépassaient leurs limites et usurpaient les champs voisins. Tous les propriétaires dépossédés n'avaient pas, comme Virgile, de beaux vers pour racheter leurs domaines ; ils accouraient à Rome criant misère et ameutant le peuple qui dévastait les maisons des riches et ne voulait plus de magistrats, pas même de ses tribuns, afin de piller plus à l'aise. Poussé par Fulvie, Antonius survint alors, promit sa protection aux Italiens expropriés, et assura aux soldats que s'ils n'avaient pas de terres ou s'ils n'en avaient pas assez, son frère saurait bien les dédommager avec les tributs qu'il levait pour eux en Asie.

Les Italiens s'enhardirent dans leur opposition, en la voyant presque encouragée par un consul. De leur côté, les vétérans récriminaient contre Octave qui ne savait pas tenir ses promesses. Ils en vinrent à un tel point d'indiscipline qu'une révolte semblait imminente. Un jour, Octave s'étant fait attendre pour une revue, ils murmurèrent contre lui, et un tribun qui prit sa défense fut jeté dans le Tibre; le général dut se contenter de leur reprocher doucement cette violence.

La situation d'Octave était des plus critiques. Il mit en vente ce qui restait des biens des proscrits, emprunta dans les temples et faisant argent de tout, ramena par ses largesses quelques-uns de ceux qui l'avaient quitté. Un coup de maître acheva de rétablir ses affaires. Il prit les vétérans pour arbitres entre lui et Antonius, qui refusa de comparaître, et se moqua bien fort avec Fulvie de ce *sénat botté*. Cette scène n'en rendait pas moins à Octave l'appui de presque tous les vétérans. Les Italiens passèrent du côté opposé. Antonius réunit dix-sept légions, mais composées de recrues; Octave n'en avait que dix, de vieux soldats.

Antonius s'empara de Rome, où il annonça le prochain rétablissement de la république. Mais Agrippa, le meilleur officier d'Octave, le chassa et le serra de si près, qu'il le força à se jeter dans Pérouse, dont une affreuse disette décima la garnison. Le consul fut contraint de céder aux cris de ses soldats et de se rendre (10). Pour ne pas donner un prétexte de guerre à son frère, Octave se contenta de le reléguer en Espagne. Les vétérans furent aussi épargnés et enrôlés dans les légions victorieuses; mais trois à quatre cents chevaliers et sénateurs de Pérouse furent égorgés, et la ville livrée aux flammes.

La destruction de cette antique cité fut le dernier grand acte de cruauté du triumvir. Cependant on craignait de nouvelles proscriptions. Tous les amis d'Antoine s'échappèrent. Pollion, alors consul, passa avec sept légions sur les vaisseaux de Domitius Ahénobarbus, qui, tout en agissant de concert avec Sextus, s'était réservé le commandement indépendant de l'ancienne flotte de Brutus. Fulvie s'enfuit en Grèce, et Octave resta seul maître de l'Italie. Fusius Calénus, qui commandait en Gaule, lui livra son armée et sa province; l'Espagne lui obéissait; l'incapable Lépide, qui réclamait son lot, fut envoyé en Afrique avec six légions de soldats mécontents.

Retour d'Antoine en Italie; traités de Brindes et de Misène (30).

Ni les cris de Fulvie, ni le bruit de cette guerre n'avaient pu distraire Antoine de ses plaisirs ; une attaque des Parthes sur la Syrie, où ils étaient appelés, le réveilla enfin. Il allait marcher contre eux, quand la nouvelle que son collègue s'était emparé de toutes les provinces de l'Occident, le détermina à faire voile vers l'Italie. Pollion négocia un rapprochement entre lui et Domitius, et il engagea lui-même Sextus Pompée à seconder son attaque sur Brindes par une diversion du côté du Bruttium et de la Lucanie.

Le danger semblait sérieux pour Octave, mais il tirait une grande force de cette réunion même, contre lui seul, de tous les partis alors en armes. Sa situation se simplifiait ; tandis que le camp ennemi allait renfermer un fils de Pompée, un triumvir et un des meurtriers de César, il devenait, lui, le seul représentant du principe nouveau auquel tant d'intérêts s'étaient déjà ralliés ; et tel est l'avantage des positions franches et vraies, que cette menaçante coalition était au fond peu redoutable. Mais les soldats ne permirent pas qu'on tranchât encore la question. Ils forcèrent leurs chefs à traiter, et Coccéius Nerva, ami des deux triumvirs, ménagea entre eux un accommodement ; les conditions en furent arrêtées par Pollion et Mécène, et la mort de Fulvie en hâta la conclusion. Un nouveau partage du monde romain donna à Antoine l'Orient jusqu'à la mer Adriatique, avec l'obligation de combattre les Parthes, et l'Occident à Octave avec la guerre contre Sextus. Ils laissèrent l'Afrique à Lépide, et convinrent que quand ils ne voudraient pas exercer eux-mêmes le consulat, ils y nommeraient tour à tour leurs amis. Octavie, sœur du jeune César, épousa l'autre triumvir. Ils revinrent tous les deux à Rome pour célébrer cette union.

Les fêtes furent tristes, car le peuple manquait de pain. Sextus, qui n'avait pas été compris dans le traité de Brindes, continuait à intercepter les arrivages, et le peuple demandait la paix à grands cris. Un nouvel édit qui obligeait les propriétaires à fournir 50 sesterces par tête d'esclave, et qui attribua au fisc une portion de tous les héritages, causa une émeute. Antoine se lassa le premier de ces cris et pressa son collègue de traiter avec Pompée. Ils s'abouchèrent tous trois au cap Misène, et l'on convint que Sextus aurait pour province la Sicile, la Corse, la Sardaigne et l'Achaïe, avec une indemnité de 17 500 000 drachmes.

Quand on vit les trois chefs franchir l'étroite barrière qui les séparait, et s'embrasser en signe de paix et d'amitié, un même cri de joie partit de la flotte et de l'armée. Il semblait que ce fût la fin de toutes les guerres et de tous les maux. L'Italie n'allait plus craindre la famine; les exilés, les proscrits retrouvaient leur patrie. Les trois chefs se donnèrent des fêtes. Le sort désigna Pompée pour traiter le premier ses nouveaux amis. Au milieu du festin, Ménas vint lui dire à l'oreille : « Voulez-vous que je coupe les câbles, et je vous rends maître de tout l'empire. » Il réfléchit un instant, puis répondit : « Il fallait le faire sans m'en prévenir. » (39.)

De retour à Rome, Octave partit pour aller soumettre quelques peuples gaulois révoltés, et Antoine pour attaquer les Parthes. Il emportait un sénatus-consulte qui ratifiait d'avance toute sa conduite. Le sénat devait s'estimer heureux qu'un de ses maîtres lui eût demandé un décret; car cet acte prouvait qu'il existait encore, alors qu'on eût pu croire qu'il était pour jamais dissous. Aux négociations de Misène, il n'avait pas plus été question de ce grand corps que de Lépide; et, pour l'avilir toujours plus, les triumvirs y faisaient entrer des soldats, des barbares, même des esclaves; un de ceux-ci obtint la préture. Il est vrai qu'on avait porté le nombre des préteurs à 77.

Quant au peuple, les jours de comices, il recevait des ordres écrits et votait en conséquence. Assemblée du peuple, assemblées du sénat, tout cela servait de formalités pour légaliser l'usurpation.

Guerre contre Sextus Pompée (36,; déposition de Lépide.

La paix de Misène n'était qu'une trêve, car il n'était pas

possible qu'Octave consentît à laisser les approvisionne-
ments de Rome et de ses légions à la merci de son adversaire. Pompée, d'autre part, rêvait pour lui-même l'empire
de Rome. En attendant, il tenait à Syracuse une cour brillante; un trident à la main et couvert d'un manteau couleur
d'eau de mer, il se faisait appeler le fils de Neptune. Le premier, en effet, il avait prouvé aux Romains qui se refusaient
à le comprendre, quelle puissance peut avoir celui qui règne
sur la mer. Mais, depuis dix ans qu'il avait quitté Rome et
qu'il vivait à l'aventure, Pompée avait pris les habitudes
d'un chef de bande plutôt que celles d'un général et d'un
homme d'État. Autour de lui, on ne trouvait que des esclaves, des affranchis, qui avaient sa confiance, et commandaient ses escadres. Les premiers torts vinrent des triumvirs. Antoine refusa de mettre Sextus en possession de l'A-
chaïe, puis Octave répudia Scribonia sa parente pour épouser
Livie, alors grosse de trois mois, et qu'il força Tibérius Néron à lui céder. A ces provocations, Sextus répondit en ré-
parant ses vaisseaux, et presque aussitôt le prix des vivres
augmenta en Italie (38).

Octave essaya d'entraîner ses deux collègues à cette
guerre; Lépide accepta, mais employa tout l'été à réunir
des troupes et des navires. Pour Antoine, pressé par sa
femme, il vint d'Athènes, où il avait passé l'hiver, chercher
Octave à Brindes, et ne l'y trouvant pas, il se hâta de retourner en Grèce, en l'invitant à conserver la paix. Tout le
poids de cette guerre retombait donc sur Octave. Heureusement, il avait négocié la trahison de l'affranchi Ménas qui
lui livra la Corse et la Sardaigne, avec trois légions et une
forte escadre. Les succès furent d'abord balancés et les
chances tournaient contre Octave lorsque Agrippa arriva,
après avoir pacifié l'Aquitaine et franchi le Rhin comme
César. Avec ce grand homme de guerre, la victoire allait revenir sous les drapeaux d'Octave.

Le 1ᵉʳ janvier 37, Agrippa prit possession du consulat. Il
imprima dès ce moment aux préparatifs une activité que le
triumvir n'avait pas su leur donner; il construisit une nouvelle flotte, créa le port Jules en joignant le Lucrin au lac

Averne et tous les deux à la mer, et par de continuels exercices il forma des matelots et des légions qui rappelaient, au moins par le courage, les vieilles phalanges républicaines. Au printemps de l'année suivante (36), Octavie ramena encore son époux à Tarente, et comme elle n'y trouva pas son frère, elle alla au-devant de lui, et l'entraîna dans cette ville, avec Mécène et Agrippa. Durant plusieurs jours on vit les deux triumvirs se promener sans gardes et se prodiguer les marques d'une amitié mutuelle. Ils renouvelèrent pour cinq ans le triumvirat, et un fils d'Antoine et de Fulvie, Antyllus, fut fiancé à la fille d'Octave et de Scribonia, la trop célèbre Julie. Puis Antoine donna à son collègue 120 vaisseaux en échange de 2 légions, et il partit enfin pour la Syrie. Ils ne devaient plus se revoir que sur les flots qui baignent le promontoire d'Actium.

Aussitôt après son départ, Agrippa fit décider qu'on attaquerait la Sicile par trois points; Lépide, qui allait enfin arriver d'Afrique, par Lilybée; Statilius Taurus par le promontoire Pachynum; Octave par le cap Pélore. Mais Octave et Statilius, assaillis par une tempête, reculèrent; Lépide seul débarqua et assiégea aussitôt Lilybée. Octave parvint cependant avant la fin de l'été à jeter trois légions en Sicile près de Tauroménium. Mais de nouveaux échecs sur mer laissaient ces légions en grand péril, lorsque Agrippa força le passage intercepté. Octave put enfin descendre dans l'île avec toutes ses troupes. Elles s'élevaient à 21 légions appuyées de 20 000 cavaliers et de 5000 archers ou frondeurs. Lépide vint le rejoindre près de Messine. Pompée n'avait d'espoir que dans ses 300 vaisseaux; il attaqua la flotte ennemie entre Myles et Nauloque (3 septembre 36). L'action fut meurtrière et le succès longtemps incertain; mais Agrippa commandait la flotte triumvirale, et comme Duilius il avait armé ses navires de harpons qui arrêtaient ceux de l'ennemi plus légers, et les forçaient à recevoir l'abordage. La victoire lui resta. Sextus s'enfuit avec 17 vaisseaux seulement et fit voile vers l'Asie, où il prit plusieurs villes et négocia avec les rois de Pont et des Parthes. Cette démarche le fit abandonner de ses derniers amis, et bientôt après, forcé de se livrer lui-même, il fut mis à mort dans Milet par un officier d'Antoine (35).

Les troupes qu'il avait laissées en Sicile s'étaient réunies à celles de Lépide, qui se trouva alors à la tête de 20 légions. Il crut l'occasion venue de reprendre une position plus haute dans le triumvirat, et voulut d'abord garder la Sicile. Mais Octave lui débaucha ses troupes et le contraignit de venir se jeter à ses pieds pour lui demander la vie. Il lui laissa ses biens avec sa dignité de grand pontife et le relégua à Circéii, où il vécut encore 23 ans.

Deux hommes dans l'empire (36-30); habileté d'Octave.

Le problème des destinées futures de la république se simplifiait. Naguère encore il y avait des partis, le peuple, le sénat, les grands et les ambitieux. Au-dessus de tous, trois hommes s'étaient élevés, puis deux, puis un seul. Celui-là mort, l'anarchie et le chaos avaient reparu ; et trois hommes encore avaient ressaisi le pouvoir. Voici qu'il n'en restait plus que deux, en attendant qu'un seul l'emportât.

Depuis la déposition de Lépide, Octave avait 45 légions et plus de 500 vaisseaux, force immense mais redoutable à celui-même qu'elle servait. Il se hâta de satisfaire les plus exigeants. Il distribua 20 000 congés et des gratifications pour lesquelles la Sicile seule fournit 1600 talents. Chaque soldat reçut 500 drachmes. Quand il revint à Rome, le peuple, qui voyait renaître soudainement l'abondance, l'accompagna au Capitole, couronné de fleurs. On voulait l'accabler d'honneurs. Commençant déjà son rôle de désintéressement et de modestie, il n'accepta que l'inviolabilité tribunitienne. En preuve de sa modération nouvelle, il fit brûler publiquement des lettres écrites à Pompée par plusieurs grands personnages, supprima quelques impôts et déclara qu'il abdiquerait sitôt qu'Antoine aurait terminé sa guerre contre les Parthes. En attendant, il rendit aux magistratures urbaines leurs anciennes attributions, afin de faire accepter ce mensonge encore aimé, que la république durait.

Cependant son administration énergique rétablissait l'ordre dans la péninsule. Les bandits étaient traqués ; les esclaves fugitifs rendus à leurs maîtres, ou mis à mort quand ils n'étaient point réclamés ; en moins d'une année, la sécurité régna dans la ville et dans les campagnes. Enfin donc, Rome était gouvernée. Au lieu de magistrats n'usant de leurs charges que dans l'intérêt de leur ambition et de leur fortune, elle avait une administration active et vigilante, qui se préoccupait du bien-être et de la sûreté des habitants.

Expédition d'Antoine contre les Parthes (36).

Après le traité de Brindes Antoine était resté plusieurs années à Athènes, auprès d'Octavie, veillant à la fois, au milieu des fêtes, sur les événements d'Italie et sur les affaires d'Orient, où ses lieutenants battaient les Albaniens et les Ibériens, chassaient les Parthes de la Syrie et tuaient leur chef Pacorus et le traître Labiénus.

Pour célébrer ces succès il donna, à Athènes, des jeux magnifiques, où il se montra avec les attributs d'Hercule. Les Athéniens, qui déjà avaient épuisé avec lui toutes les sortes d'adulations, ne surent trouver, durant ces fêtes, d'autre flatterie nouvelle, que de lui offrir la main de Minerve, leur protectrice. Il accepta, mais en exigeant, comme dot de la déesse, 1000 talents. Cependant, réveillé par les victoires de ses lieutenants, il se montra un instant en Asie, au siége de Samosate, dont il enleva la conduite à Ventidius, le plus habile de ses généraux, qu'il envoya toutefois triompher à Rome. Lui-même, il échoua devant la place et consentit, pour 300 talents, à s'éloigner. Il revint encore à Athènes et de là en Italie, laissant en Syrie Sosius, qui renversa du trône de Judée le protégé des Parthes, Antigone, au profit de l'Iduméen Hérode. Le dernier représentant de l'héroïque famille des Maccabées, traîné à Antioche, y fut battu de verges et décapité. Hérode prit sans obstacle possession du trône, et s'y affermit en épousant Mariamne, l'héritière de la dynastie qui venait de finir (37).

En quittant, pour la dernière fois, Tarente (36), Antoine y laissa Octavie et ses enfants. Il était décidé à prendre enfin lui-même la conduite de la guerre contre les Parthes.

Mais à peine eut-il touché le sol de l'Asie que sa passion
pour Cléopatre se réveilla, plus insensée que jamais. Il fit
venir la reine à Laodicée, reconnut les enfants qu'il avait
eus d'elle, et ajouta à son royaume la Phénicie, la Cœlésyrie, Cypre et une partie de la Cilicie, de la Judée et
de l'Arabie; c'est-à-dire presque tout le littoral du Nil au
mont Taurus. Ces pays étaient, pour la plupart, des provinces romaines. Mais est-ce qu'il y avait encore une Rome,
un sénat, des lois, autre chose que le caprice du tout-puissant triumvir?

Antoine avait 60 000 hommes, 10 000 cavaliers et
30 000 auxiliaires. Évitant les plaines de la Mésopotamie
si fatales à Crassus, il prit par l'Arménie, dont le roi Artavasde était son allié, et attaqua la Médie. Trois cents chariots portaient ses machines; retardé par ce lourd attirail,
il le laissa derrière lui, et pénétra jusqu'à Phraata, à peu de
distance de la mer Caspienne. Il reconnut bientôt la faute
qu'il avait faite d'abandonner ses machines, en voyant toutes
ses attaques échouer devant cette place, plus encore, en
apprenant que Phraate, le nouveau roi des Parthes, avait surpris le corps qui les gardait, et brûlé tout le convoi. Artavasde, découragé par cet échec, se retira avec ses Arméniens. Pour relever le courage de ses troupes, Antoine, avec
10 légions, alla chercher l'ennemi; il le battit, et le poursuivit
longtemps. Mais quand, revenus sur le champ de bataille,
les légionnaires n'y trouvèrent que 30 morts, comparant le
résultat avec l'effort qu'il avait coûté, ils tombèrent dans le
découragement. Le lendemain, en effet, ils revirent l'ennemi
aussi hardi, aussi insultant que la veille. Pendant cette affaire, les assiégés avaient forcé les lignes du blocus; Antoine fit décimer les 3 légions qui les gardaient.

L'hiver approchant, Phraate fit des ouvertures qu'Antoine
accepta avec empressement. Les légions devaient lever le
siége, et le roi s'engageait à ne les point inquiéter dans leur
retraite. Pendant deux jours, la marche fut tranquille, le
troisième, les Parthes attaquèrent en un endroit qu'ils
croyaient favorable. Mais les Romains avertis étaient en
bataille, et l'ennemi fut repoussé. Les quatre jours suivants

furent comme les deux premiers; le septième, l'ennemi se
montra de nouveau, et cette fois 3000 légionnaires périrent.
Les Parthes, enhardis par le succès, renouvelèrent dès lors
chaque matin leurs attaques, et l'armée n'avança qu'en
combattant. Dans le malheur, Antoine retrouva ces qualités
qui lui avaient autrefois valu l'amour des troupes; brave,
infatigable, il animait par son exemple, durant l'action,
l'ardeur des siens, et le soir il parcourait les tentes, prodiguant aux blessés les secours et les consolations. «O retraite
des Dix Mille !» s'écria-t-il plus d'une fois en pensant avec
admiration au courage heureux des compagnons de Xéno-
phon. Enfin, au bout de 27 jours de marche pendant lesquels
ils avaient livré 18 combats, les Romains atteignirent l'A-
raxe, frontière de l'Arménie. Leur route depuis Phraata
était marquée par les cadavres de 24 000 légionnaires !

Si le roi d'Arménie n'eût pas quitté sitôt le camp romain,
avec ses 6000 cavaliers, la retraite eût été moins désastreuse.
Antoine ajourna sa vengeance, pour n'être point forcé de
retarder son retour auprès de Cléopatre. Malgré un hiver
rigoureux et des neiges continuelles, il précipita tellement
sa marche, qu'il perdit encore 8000 hommes. Il atteignit
enfin Leucocomé entre Béryte et Sidon, où Cléopatre vint le
rejoindre. En vain la fortune lui offrit une occasion de réparer sa défaite; une querelle s'était élevée entre Phraate et le
roi des Mèdes, au sujet du partage des dépouilles, et le
Mède irrité faisait savoir qu'il était prêt à se réunir aux
Romains. Cléopatre l'empêcha de répondre à cet appel d'honneur et l'entraîna, à sa suite, à Alexandrie.

Contraste entre la conduite d'Antoine et celle d'Octave.

Malgré cette retraite désastreuse, qui contrastait avec les
succès remportés cette année même par son collègue, Antoine envoya à Rome des messagers de victoire; mais Octave
eut soin que la vérité fût connue, bien qu'en public il ne
parlât que des triomphes de son collègue et qu'en signe de
la cordiale entente qui existait entre eux, il fit placer sa statue
dans le temple de la Concorde. C'était bien là l'homme qui

avait toujours à la bouche le proverbe : *Hâte-toi lentement ;* et cet autre : *Tu arriveras assez tôt, si tu arrives.* En l'année 35, Antoine fit en Syrie quelques préparatifs que Cléopatre ne lui permit pas d'achever. Il les recommença l'année suivante et fit une courte expédition en Arménie, dont le roi, pour conjurer l'orage, se rendit à une invitation d'Antoine. A peine dans son camp, il fut saisi et traîné, chargé de chaines d'or, à Alexandrie, où Antoine entra en triomphe, comme dans la capitale de l'Orient.

Rome s'offensa de cette atteinte à ses droits, mais Antoine avait oublié qu'il était Romain. Il donna le titre de rois à Alexandre et à Ptolémée, les deux fils qu'il avait eus de Cléopatre ; au premier avec la Médie, l'Arménie et le royaume des Parthes, au second avec la Phénicie, la Cilicie et la Syrie ; leur sœur Cléopatre eut pour dot la Cyrénaïque. Puis il présenta les deux princes au peuple, Alexandre portant la robe médique et la tiare, Ptolémée revêtu du long manteau et du diadème des successeurs d'Alexandre. Antoine lui-même quitta la toge pour une robe de pourpre ; et on le vit, comme les monarques de l'Orient, couronné d'un diadème, et portant un sceptre d'or, avec le cimeterre au côté ; ou bien, auprès de Cléopatre, parcourant les rues d'Alexandrie, tantôt comme Osiris, plus souvent comme Bacchus, traîné sur un char, paré de guirlandes, chaussé du cothurne, une couronne d'or sur la tête et le thyrse en main. Pouvait-on insulter plus hautement aux idées et à la gloire de Rome ? Et qu'il fallait que le besoin d'un maître fût impérieux pour que cet insensé ait trouvé 100 000 hommes qui voulussent combattre encore pour lui donner l'empire ! Est-il nécessaire d'ajouter que la Grèce et l'Asie furent dépouillées de leurs chefs-d'œuvre pour décorer la nouvelle capitale de l'Orient ; que toute la bibliothèque de Pergame, 200 000 volumes, fut transportée à Alexandrie ? Un jour cependant il se souvint de Rome, et il n'eut pas de honte de faire demander au sénat la confirmation de tous ces actes.

Tandis qu'Antoine se déshonorait en Orient, que faisait Octave ? Nous l'avons dit ; il gouvernait, il donnait à l'Italie ce repos dont elle était affamée. Agrippa, pour avoir le droit

le faire d'utiles innovations, accepta l'humble charge de l'é-
dilité (33). Aussitôt les édifices de l'Etat furent réparés, les
chemins reconstruits, des fontaines publiques ouvertes. Des
aqueducs s'étaient écroulés, il les releva ; les égouts engor-
gés étaient devenus une cause active d'insalubrité, il les fit
nettoyer, et il ouvrit 170 bains gratuits. Pour réconcilier le
peuple avec le triumvir, il célébra des jeux qui durèrent
59 jours, et au théâtre il jeta des billets qu'on allait échanger
contre de l'argent, des habits ou d'autres dons.

La gloire militaire ne manquait pas non plus à cette domination prévoyante et sage ; et là encore c'étaient des conquêtes utiles. Pour donner à l'Italie et à la Grèce la sécurité,
il dompta les nombreux pirates de l'Adriatique, et les remuantes tribus placées au nord des deux péninsules. Les
Japodes, les Liburnes, les Corcyréens et les Dalmates furent
écrasés. A l'attaque de Metulum, il monta lui-même à l'assaut, et reçut trois blessures. Il pénétra jusqu'à la Save, et
une partie des Pannoniens promit obéissance. Dans les Alpes
italiennes, il dompta les Salasses et assura leur soumission
par la fondation de deux colonies, *Augusta Taurinorum* et
Augusta Prætoria (Turin et Aoste). En Afrique enfin, le dernier prince de Numidie étant mort, il réunit ses possessions
à la province.

Rupture (32); bataille d'Actium (31).

Ainsi des deux triumvirs, l'un donnait des pays romains
à une reine barbare, et l'autre accroissait le territoire de l'empire. Celui-ci détournait sur Alexandrie les trésors, les chefs-
d'œuvre et les respects de l'Orient ; celui-là, comme aux
beaux jours de la république, décorait le forum de grossières
mais glorieuses dépouilles, et employait le butin à fonder le
Portique et la bibliothèque d'Octavie. Cependant Antoine se
plaignait et il réclama au commencement de l'année 32 une
part dans les dépouilles de Sextus et de Lépide. Octave répondit par d'amères récriminations sur sa conduite en Orient,
et à ces signes d'une rupture prochaine les amis d'Antoine
quittèrent Rome pour rejoindre leur patron. Il était alors en

Arménie, dont il céda une partie au roi des Mèdes pour acheter son alliance.

A la nouvelle des déclarations d'Octave dans le sénat, il se décida à combattre. Canidius rassembla ses forces de terre, 16 légions, et lui-même il gagna avec Cléopatre la ville d'Éphèse où se réunissaient 800 navires. La reine en avait donné 200 avec 20 000 talents et des vivres pour toute la durée de la guerre. En vain les amis dévoués d'Antoine voulurent l'éloigner, elle resta pour mieux conserver son ascendant sur le triumvir. On s'aperçut bientôt de sa présence au ralentissement des préparatifs. Les fêtes recommencèrent. A Samos, les baladins, les joueurs de flûte, les comédiens étaient accourus de l'Asie entière en tel nombre qu'Antoine, pour récompense, ne leur donna pas moins de toute une ville, la cité de Priène. A Athènes la *vie inimitable* continua.

César fut d'abord troublé de la promptitude des préparatifs de son rival. Heureusement celui-ci perdit tout l'été dans les fêtes. Ce délai valut à Octave la défection de plusieurs personnages importants, qu'avaient révoltés les hauteurs de Cléopatre. Plancus, un d'eux, apprit à Octave que le testament d'Antoine était entre les mains des vestales. Octave l'enleva et donna lecture au sénat des passages qui pouvaient le plus soulever l'irritation ; Antoine, admettant qu'il y avait eu union légale entre Cléopatre et le dictateur, reconnaissait Césarion pour le fils légitime et l'héritier de César. Octave, en prenant ce nom, n'était donc qu'un usurpateur, et tous ses actes, depuis 12 ans, étaient entachés d'illégalité. Il renouvelait le don fait à la reine et à ses enfants de presque tous les pays qu'il avait en son pouvoir ; enfin, abjurant sa patrie et ses ancêtres, il ordonnait, mourût-il à Rome même, qu'on lui donnât pour sépulture le tombeau de Cléopatre. Aussi crut-on aisément ceux qui disaient que, dès qu'il serait seul maître, il lui ferait don de Rome même, et qu'il transporterait dans la capitale de l'Égypte le siège de l'empire.

Quand Octave fut prêt, il provoqua un décret du sénat qui enleva à Antoine le consulat de l'année 31, qu'il s'était réservé, et déclara la guerre à la reine d'Égypte. « Ce n'est pas Antoine ni les Romains que nous allons combattre, disait

Octave, mais cette reine qui, dans le délire de ses espérances,
rêve la chute du Capitole et les funérailles de l'empire. »
Au 1er janvier 31, il prit possession du consulat. La veille,
le triumvirat avait expiré et il n'en avait pas dénoncé le renouvellement. Ce n'était donc plus, disait-on, le triumvir qui
allait combattre pour sa cause, mais un consul du peuple
romain, qui marchait contre le ministre d'une reine étrangère.

Antoine avait 100 000 fantassins et 12 000 chevaux. Tous
les dynastes de l'Asie lui avaient envoyé des auxiliaires. Sa
flotte comptait 500 gros navires de guerre, dont plusieurs
étaient à huit et dix rangs de rames, mais lourdement construits, mal dirigés et dégarnis de rameurs et de soldats.
Octave n'avait que 80 000 fantassins, autant de cavaliers
qu'Antoine et seulement 250 vaisseaux d'un rang inférieur.
Leur légèreté et l'expérience des matelots, formés dans la
guerre difficile contre Sextus, compensaient et au delà l'infériorité du nombre.

Plusieurs combats partiels précédèrent l'action décisive.
Agrippa s'empara de Leucade et chercha à couper les convois qui arrivaient d'Asie; Titius et Statilius Taurus firent
aussi éprouver un échec à la cavalerie d'Antoine. Peu à peu
les deux armées se concentrèrent, celle d'Antoine, à Actium,
sur la côte d'Acarnanie, à l'entrée du golfe d'Ambracie, celle
d'Octave, en face, sur la côte d'Épire. Tous les généraux
d'Antoine voulaient combattre sur terre; entraîné par Cléopâtre, il accepta une bataille navale. Pendant plusieurs jours
l'agitation de la mer ne permit pas aux deux flottes de s'a-
border. Enfin le 2 septembre 31, les vaisseaux d'Antoine,
poussés par un vent léger, s'avancèrent à la rencontre de
l'ennemi qui refusa quelque temps encore son aile droite pour
les attirer en pleine mer. Quand Octave les crut assez loin
du rivage, il cessa de reculer et courut avec ses vaisseaux
agiles contre ces pesantes citadelles autour desquelles tournaient à la fois trois ou quatre de ses galères, et qu'elles
couvraient de piques, d'épieux et de traits enflammés. Pour
prévenir un mouvement d'Agrippa qui essayait d'envelopper
l'aile droite, Publicola qui la commandoit, étendit sa ligne
et se sépara imprudemment du centre. Cette faute compro-

mettait déjà le succès de la journée, quand on vit les 60 navires égyptiens tourner la proue et cingler vers le Péloponnèse. A peine Antoine eut-il reconnu à ses voiles de pourpre le vaisseau qui emportait la reine, que tout son courage tomba, et qu'oubliant ceux qui mouraient en ce moment pour lui, il suivit ses traces. Il passa à son bord; mais sans lui parler, sans la voir, s'assit à la proue et pencha la tête entre ses mains. Durant trois jours il resta dans la même posture et dans le même silence, jusqu'au cap Ténare, où les femmes de Cléopâtre leur ménagèrent une entrevue. De là ils firent voile pour l'Afrique.

Sa flotte, après s'être défendue longtemps, se rendit. L'armée de terre était intacte, elle ne voulait pas croire à la lâcheté de son chef; et quand il ne fut plus permis d'en douter, elle résista 7 jours encore aux sollicitations de César. Mais Canidius qui la commandait l'ayant à son tour abandonnée, elle fit sa soumission. Le vainqueur de Philippes avait été impitoyable; le vainqueur d'Actium fut indulgent. Parmi les prisonniers importants, aucun de ceux qui demandèrent la vie n'essuya de refus. Le chef de parti s'était jadis vengé, aujourd'hui le maître pardonnait.

Antoine n'était plus à craindre, l'armée le devenait; Octave se hâta de donner des congés aux vétérans et de les disperser. Il avait laissé Mécène à Rome, il y envoya encore Agrippa, pour que ces deux hommes supérieurs qui se complétaient l'un par l'autre, comme la prudence par le courage, l'habileté par la force, étouffassent à son origine tout mouvement de révolte. Il se chargea de poursuivre lui-même son rival, traversa la Grèce dont il soulagea les misères et fit voile pour l'Asie. Comme il ignorait le lieu où Antoine s'était retiré, il s'arrêta à Samos pour y passer l'hiver. La nouvelle de troubles qui venaient d'éclater parmi les légionnaires congédiés, le rappela en Italie. Comme il manquait de fonds pour remplir ses promesses aux soldats, il mit en vente ses biens et ceux de ses amis. Personne, il est vrai, n'osa se rendre adjudicataire; mais le résultat désiré était atteint; les vétérans se contentèrent de quelque argent, attendant les trésors de l'Égypte. Ces mesures calmèrent soudainement l'agitation, et 27 jours après son arrivée, Octave put repartir.

Mort d'Antoine et de Cléopâtre (30).

Au bruit de la défaite d'Antoine les princes d'Asie l'avaient abandonné; aux portes mêmes de l'Égypte, Hérode, le roi des Juifs, trahissait sa cause. Tout lui manquant, Cléopâtre commença à faire transporter, à travers l'isthme de Suez, ses vaisseaux et ses trésors pour se réfugier en de lointains pays. Mais les Arabes pillèrent ses navires, et elle renonça à son dessein. Ils songèrent ensuite à gagner l'Espagne, espérant soulever aisément cette province. Ce parti fut encore abandonné. Las de former d'impraticables desseins, Antoine ne voulut plus voir personne, et s'enferma dans une tour qu'il se fit bâtir au bout d'une jetée. « Je veux, dit-il, vivre maintenant comme Timon. » Il était bien tard pour philosopher. Il ne put même soutenir ce rôle; et pour finir comme il avait vécu, dans les orgies, il retourna près de Cléopâtre. Ils formèrent ensemble une société nouvelle, celle des *inséparables dans la mort*. Tous ceux qui en faisaient partie devaient passer les jours dans la bonne chère, et mourir ensemble.

Cependant, ils conservaient encore quelque lueur d'espérance, et ils demandèrent au vainqueur : Antoine, la permission de se retirer à Athènes, pour y vivre en simple particulier; Cléopâtre la succession pour ses enfants de la couronne d'Égypte. Octave répondit à la reine de déposer les armes et le pouvoir; mais en secret il lui garantissait la conservation de son royaume, si elle chassait ou faisait tuer Antoine. Cléopâtre se souvint qu'enfant elle avait vaincu César puis Antoine, et elle se prit à penser qu'Octave, plus jeune que l'un et que l'autre, pourrait bien ne pas être plus sage. Elle avait cependant alors 39 ans, mais sa beauté avait toujours été moins redoutable que son esprit et sa grâce. Le héros avait des faiblesses, le soldat des vices, tous deux succombèrent; le politique devait rester froid et implacable.

Antoine n'eut pas honte de demander deux fois encore la vie. Mais Octave ne répondait pas et avançait toujours. Il s'empara de Péluse et bientôt parut devant Alexandrie. Antoine, à ce moment, reprit les armes et appela Octave en combat singulier. Celui-ci sourit et se contenta de répondre qu'Antoine avait plus d'un chemin pour aller à la mort.

Encouragé par un léger succès dans un combat de cavalerie, Antoine se décida à une double attaque par terre et par mer. Dès que les galères égyptiennes se trouvèrent près de celles de César, elles les saluèrent de leurs rames et passèrent de leur côté. Sur terre, sa cavalerie l'abandonna et son infanterie fut sans peine repoussée. Il rentra dans la ville en s'écriant qu'il était trahi par Cléopatre.

La reine en effet, réfugiée dans une tour avec ses trésors, attendait l'issue de la querelle. Quand elle sut Antoine vaincu elle lui fit porter la fausse nouvelle de sa mort. Ils se l'étaient promis ; l'un devait suivre l'autre. Antoine commanda à son esclave Éros de lui donner le coup mortel. L'esclave, sans répondre, tire son épée, se frappe lui-même et tombe sans vie à ses pieds. « Brave Éros, s'écria Antoine, tu m'apprends ce que je dois faire ; » et il se perce à son tour.

Dès que Cléopatre l'apprit, elle voulut avoir ce cadavre, pour le livrer elle-même au vainqueur comme sa rançon, et Antoine tout sanglant fut porté au pied de sa tour ; d'une fenêtre elle descendit des cordes, et avec ses deux femmes, elle le hissa auprès d'elle. A peine l'eut-elle couché sur un lit, qu'il lui demanda du vin et expira : digne fin de cet homme qui n'eut que l'âme d'un soldat. Un officier d'Octave pénétra par la même voie jusqu'à la reine et lui arracha un poignard dont elle chercha faiblement à se frapper. Elle se laissa ramener au palais, où Octave lui-même vint la voir. Ce jour-là elle ne s'entoura que des souvenirs de César, comme pour se réfugier dans l'amour qu'il avait eu pour elle, contre la haine de son fils. Longtemps elle lui parla de la gloire de son père, de sa puissance à lui, de sa faiblesse à elle, et de sa résignation. Chaque mot, chaque attitude, chaque geste étaient calculés pour exciter la pitié ou un sentiment plus doux. Et il y avait encore tant de séduction dans sa parole, tant de grâce et de beauté dans ses traits et son maintien

sous ses longs vêtements de deuil! Octave, après l'avoir
écoutée longtemps en silence, ne lui dit que ces mots : « Ayez
bon courage, ô reine, » puis il sortit. Cléopatre resta atterrée
sous cette froide réponse; elle était vaincue. Bientôt elle
apprit que dans trois jours elle partirait pour Rome. Cette
nouvelle la décida : le lendemain on la trouva couchée morte
sur un lit d'or, revêtue de ses habits royaux et ses deux
femmes sans vie à ses pieds. On ignora comment elle s'était
donné la mort : Octave en montrant à son triomphe la statue
de Cléopatre avec un serpent au bras, confirma le bruit qu'elle
s'était fait piquer par un aspic qu'un paysan lui avait apporté caché sous des figues. L'Égypte fut réduite en province (30).

CINQUIÈME PÉRIODE.

L'EMPIRE SOUS LES PREMIERS CÉSARS, LES FLAVIENS ET LES ANTONINS

ou

LUTTES SANGLANTES A ROME, PAIX ET PROSPÉRITÉ DANS LES PROVINCES.

223 ans (30 avant J. C , 193 après).

CHAPITRE XXV.

AUGUSTE.

RETOUR D'OCTAVE A ROME (29 AV. J. C.); ORGANISATION DU POUVOIR IMPÉ-RIAL; OCTAVE EST NOMMÉ IMPERATOR ET PRINCE DU SÉNAT (28). —FEINTE ABDICATION (27); IL PREND LE POUVOIR PROCONSULAIRE (27) ET TRIBU-NITIEN (23); LE CONSULAT A VIE ET LA PRÉFECTURE DES MŒURS (19) ; LE GRAND PONTIFICAT (13). — APPARENCES RÉPUBLICAINES DU GOUVERNE-MENT, EN RÉALITÉ POUVOIR MONARCHIQUE; NOUVELLES CHARGES; ARMÉES PERMANENTES, NOUVEAUX IMPOTS. — CLASSEMENT DES PER-SONNES , DISTRIBUTIONS, JEUX, CONSTRUCTIONS, POLICE, RÉFORMES RELIGIEUSES ET CIVILES. — PROVINCES DU SÉNAT ET PROVINCES DE L'EMPEREUR; DÉPENDANCE DES GOUVERNEURS. — ORGANISATION DES PROVINCES OCCIDENTALES.—ORGANISATION DES PROVINCES ORIENTALES; POSTES, ROUTES, ETC.—ORGANISATION DES FRONTIÈRES; EXPÉDITIONS EN ARABIE ET EN AFRIQUE; LES PARTHES RENDENT LES DRAPEAUX DE CRASSUS (20 AV. J. C.). — EXPÉDITIONS DE DRUSUS ET DE TIBÈRE.—DÉSASTRE DE VARUS (9 DE J. C.). — LA FAMILLE D'AUGUSTE. QUESTION DE LA SUCCESSION A L'EMPIRE. — MORT D'AUGUSTE (14 DE J. C.).

Retour d'Octave à Rome (29 av. J. C.); organisation du pou-voir impérial; Octave est nommé imperator et prince du sénat (28).

Antoine mort et l'Égypte rattachée au domaine de l'em-pire, Octave regagna l'Asie Mineure, où il reçut des Parthes une première ambassade. Il employa tout l'hiver et le prin-

temps de l'an 29 à régler les affaires de la province. C'était
la seconde année qu'il passait hors de Rome, mais il n'avait
point hâte d'y rentrer. Il voulait affermir son pouvoir en
l'exerçant au loin, et laisser aux Romains le temps de s'habituer à l'idée d'un maître. D'ailleurs Mécène et Agrippa
veillaient pour lui dans la capitale, où ils venaient d'arrêter
et de punir le complot formé par le jeune Lépide pour assassiner Octave à son retour.

Le sénat, d'ailleurs, se prêtait à tout. Après Actium il
avait voté un triomphe, après la soumission de l'Égypte il
en décerna un autre. Puis, au commencement de l'an 29,
quand Octave prit possession, en Asie, de son cinquième
consulat, à Rome, les sénateurs et les magistrats firent serment d'obéir à ses actes, et lui offrirent la puissance tribunitienne pour sa vie durant, avec le droit d'étendre son inviolabilité sur quiconque l'implorerait. Au mois de sextilis
qui plus tard prit son nom (août 29), il rentra enfin dans
Rome, et il triompha trois fois pour les Dalmates, pour Actium et pour l'Égypte. Les soldats reçurent 1000 sesterces
par tête, les citoyens 400. Les enfants mêmes ne furent pas
oubliés, et il y eut tant d'or jeté tout à coup dans la circulation que, par toute l'Italie, l'intérêt de l'argent baissa des
deux tiers, et que le prix des terres doubla. Octave, pour annoncer solennellement l'ère nouvelle qui commençait, ferma
lui-même le temple de Janus, ouvert depuis deux siècles, et
déclara qu'il avait brûlé tous les papiers d'Antoine; quelques mois plus tard, il supprima les ordonnances triumvi-
rales. C'était dire bien hautement qu'il rompait avec le passé.
Mais qu'allait-il faire? On dit qu'il consulta Agrippa et Mécène; que celui-là conseilla l'abdication et celui-ci l'empire.
De tels conseils ne sont tenus que sur les bancs des rhéteurs.
Pour les hommes pratiques, la république était condamnée
sans que Mécène eût besoin de plaider contre elle. Mais avec
l'exemple de sa vie, César avait laissé à son fils l'enseignement de sa mort. Peu soucieux de se rejeter par des innovations dont les résultats seraient inconnus au milieu des hasards d'où il venait de sortir, Octave s'appliqua à faire, de
pièces et de morceaux, une constitution qui resta sans nom

dans la langue politique, et qui pendant trois siècles reposa
sur un mensonge. La fraude ne dure pas d'ordinaire si longtemps ; c'est qu'elle n'était ici que dans la forme. Tout le
monde s'entendait sur le fond des choses, mais tout le monde
aussi voulait garder la décevante illusion, la chère et glorieuse image de l'antique indépendance.

Il ne prit donc ni la royauté toujours odieuse, ni la dictature qui rappelait de sanglants souvenirs. Mais il connaissait assez l'histoire de son pays, pour savoir qu'il trouverait
aisément dans les prérogatives mal définies des anciennes
magistratures, de quoi déguiser la monarchie sous des ori-
peaux républicains, et qu'il pourrait défrayer le pouvoir absolu avec les lois de la liberté. Depuis l'an 31 il était consul;
il gardera pendant six ans encore cette charge qui le fait chef
officiel de l'État et qui lui donne légalement presque tout le
pouvoir exécutif.

Avant tout, il lui fallait l'armée ; pour rester à sa tête il
se fit décerner par le sénat le nom d'*imperator*, non pas ce
simple titre d'honneur que les soldats donnaient sur le champ
de bataille aux consuls victorieux, mais cette charge nouvelle sous un vieux titre, que César avait eue et qui conférait
le commandement suprême de toutes les forces militaires de
l'empire. Les généraux devinrent ainsi ses lieutenants, les
soldats lui jurèrent fidélité, et il exerça le droit de vie et de
mort sur tous ceux qui portaient l'épée.

Le sénat subsistait ; il le conserva et résolut d'en faire le
pivot de son gouvernement, mais auparavant il se fit donner,
avec Agrippa pour collègue, sous le titre de *préfecture des
mœurs*, la censure, qui lui permit de chasser de ce corps
tous les membres indignes ou ennemis du nouvel ordre de
choses. Le cens sénatorial était de 800 000 sesterces, il le
porta à 1 200 000, ayant soin de compléter à ses frais le nouveau cens aux sénateurs qui ne l'avaient pas. Il trouvait à
cela le double avantage d'accroître l'éclat extérieur de son
sénat et de rendre les grands ses pensionnaires. Puis à cette
assemblée, moins nombreuse et plus digne, il fit passer, au
détriment du peuple, les plus importantes affaires.

L'ordre équestre fut également soumis à une révision sévère. Pour honorer cet ordre, il lui réserva un certain nombre de hautes places, et mit ses petits-fils à sa tête sous le nom de *princes de la jeunesse*. Octave fit même des patriciens. Ainsi, il paraissait relever les anciennes institutions, parce que, trop faibles maintenant pour le gêner, elles gardaient assez de force et de vie pour devenir, entre des mains habiles, d'utiles instruments.

L'an 28 il ferma le cens, qui marqua 4 063 000 citoyens. Le dernier dénombrement, en l'an 70, en avait donné neuf fois moins, 450 000. Cette augmentation, due surtout à César, prouve l'esprit libéral qui dirigeait son gouvernement. Octave ne le suivra pas dans cette voie. Le peuple romain compte maintenant plus de 19 millions d'âmes. C'est toute une nation. Il la trouve assez nombreuse et assez forte pour porter le poids de l'empire, tout en restant, ce qu'il importe encore de la maintenir vis-à-vis des provinciaux, une classe privilégiée. Sous son règne, le chiffre des citoyens ne s'accroîtra que de 34 000.

Lorsque les anciens censeurs fermaient le cens, celui dont ils avaient mis le nom en tête de la liste des sénateurs, ordinairement l'un d'eux, s'appelait le premier du sénat, *princeps senatus*, et cette place toute d'honneur lui était laissée sa vie durant. Agrippa donna à son collègue ce titre républicain, et plaça ainsi les délibérations du sénat sous la direction d'Octave ; car, d'après l'ancien usage, le *princeps* opinait le premier, et ce premier avis exerçait une influence qui maintenant sera décisive.

Feinte abdication (27) ; il prend le pouvoir proconsulaire (27) et tribunitien (23) ; le consulat à vie et la préfecture des mœurs (19) ; le grand pontificat (13).

Aux premiers jours de l'an 27, Octave vint à la curie déposer ses pouvoirs. Ce désintéressement inattendu, qui remettait tout en question, étonna le plus grand nombre. On eut vite le mot de cette partie jouée avec un grand sérieux, à la face de Rome. Ceux qui étaient dans le secret ou à qui on l'avait laissé deviner se récrient contre ce lâche abandon de la république. Octave hésite, mais le sénat le presse ; il

accepte , et une loi lui confirme le commandement suprême
des armées avec le droit de faire la paix ou la guerre ; toutefois le titre d'*imperator* qu'on lui offre à vie , il ne le veut
que pour dix ans.

Le commandement des armées entraînait le commandement dans les provinces, et le sénat les avait toutes placées
sous son autorité en l'investissant du proconsulat ; il s'ef-
fraye d'une telle charge ; qu'au moins le sénat partage avec
lui. Il lui laissera les régions calmes et prospères de l'intérieur : il prendra pour lui celles qui remuent encore ou que
les barbares menacent. Le sénat se soumet à la nécessité
d'administrer la moitié de l'empire. Il est vrai qu'il n'aura
pas un soldat dans ces paisibles provinces qu'envelopperont
les 25 légions de l'*imperator*. Cependant, dans la ferveur de
sa reconnaissance, il cherche un nouveau nom pour celui qui
ouvre à Rome une ère nouvelle. Munacius Plancus propose
celui d'Auguste qu'on ne donnait qu'aux dieux. Le sénat
et le peuple saluent de leurs acclamations cette demi-apo-
théose (17 janv., 27 av. J. C.).

A l'époque que nous avons atteinte, le fondateur de l'empire n'avait encore dans les mains d'une façon exception-
nelle que l'autorité militaire ; mais Auguste ne fut jamais im-
patient d'arriver. Afin de justifier son pouvoir, il quitta Rome
pendant trois ans , et alla organiser la Gaule et l'Espagne.
Quand il revint, en l'an 24, à la suite d'une maladie qui l'a-
vait frappé à Tarragone , la joie causée par son rétablissement et son retour se traduisit en nouvelles concessions. A
propos d'une distribution qu'il voulait faire , on le dispensa
de l'observation de la loi *Cincia*, ce qui conduisit plus tard
à déclarer que les empereurs n'étaient liés par aucune loi ;
et on permit à Marcellus, à la fois son neveu et son gendre,
de briguer le consulat dix ans avant l'âge. Après une nouvelle maladie, dont le guérit le médecin Musa, il abdiqua,
malgré les sénateurs, le consulat, et se substitua en ancien
questeur de Brutus. Rome ne voulut pas demeurer en reste
avec lui. Il abandonnait quelques mois le consulat, on lui
donna, pour sa vie durant, la puissance tribunitienne avec
le privilége de faire au sénat quelque proposition qu'il lui

plût, et l'autorité proconsulaire même dans les provinces sénatoriales. Cette fois c'était bien réellement l'abdication du
sénat et du peuple. Car à l'autorité militaire qu'il avait déjà,
on ajouta la puissance civile que les tribuns, grâce à la nature indéterminée de leur charge, avaient plus d'une fois
envahie tout entière, et on lui donnait l'inviolabilité.

Ainsi, Auguste allait avoir le droit de proposer, c'est-à-
dire, de faire des lois, de recevoir et de juger les appels,
d'arrêter par le veto tribunitien toute mesure, toute sentence,
c'est-à-dire d'opposer partout sa volonté aux lois et aux magistrats, de convoquer le sénat ou le peuple, et de présider,
c'est-à-dire de diriger à son gré les comices d'élection. Et
ces prérogatives, il les aura non pas pour une année, mais
pour la vie. Nous voici donc en pleine monarchie, et l'on ne
peut accuser Auguste d'usurpation, car tout se fait légalement. Il n'est ni roi ni dictateur, mais seulement prince au
sénat, *imperator* à l'armée, tribun au forum, proconsul dans
les provinces; ce qui était autrefois divisé entre plusieurs
est réuni entre les mains d'un seul, voilà toute la révolution.

Après ce grand pas, Auguste s'arrêta quatre années qu'il
employa à organiser les provinces orientales et à convaincre
les Romains de l'impuissance de leurs magistratures républicaines. De tous les grands démembrements de la puissance publique il ne restait hors de ses mains que la censure
et le consulat. Je ne parle pas du souverain pontificat, qu'il
laissait dédaigneusement à Lépide. Il n'avait pas voulu du
consulat pour l'an 22. Le peuple, effrayé par une peste et
une disette, menaça de brûler la curie si on ne le nommait
dictateur et censeur à vie. Auguste refusa, et, de douleur,
il déchira ses vêtements, demandant la mort plutôt que de
subir la honte de paraître attenter à la liberté de ses concitoyens. Il prit cependant l'intendance des vivres, et fit donner la censure à deux anciens proscrits, Plancus et Paulus
Lepidus, qui déshonorèrent cette charge par leur faiblesse
et leur incapacité. Aussi furent-ils les derniers censeurs. En
l'an 19, Auguste se fit revêtir lui-même de cette magistrature sous le nom de préfet des mœurs (*magister morum*).

Le consulat tomba de la même manière. Les élections de

l'an 22 avaient été orageuses, celles de l'an 19 le furent plus encore ; afin d'en finir, Auguste prit pour sa vie durant la puissance consulaire, en se gardant bien toutefois de faire disparaître ce titre illustre. Il fut consul comme il était tribun, je veux dire qu'il eut sans partage les droits de la charge, mais qu'il permit à d'autres d'en porter le titre et les insignes. Non-seulement il maintint le consulat, mais il le multiplia en quelque sorte, et chaque année il nomma trois, quatre, même un plus grand nombre de consuls (*consules suffecti*).

Les consuls comme presque tous les magistrats romains, pouvant promulguer des édits, Auguste à titre de proconsul, de tribun et de préfet des mœurs, avait déjà ce droit, mais limité aux affaires relevant de chacune de ces charges. En lui donnant la puissance consulaire, les sénateurs étendirent pour lui à presque toutes les questions le *jus edicendi* des consuls. C'était une grande partie de la puissance législative qui lui était déférée.

Il n'avait accepté que pour dix ans le commandement des provinces et des armées ; en l'année 18, il se fit renouveler pour cinq ans ses pouvoirs ; ce temps devait suffire, disait-il, pour qu'il terminât son ouvrage. Mais quand il fut écoulé, il demanda une nouvelle prorogation de dix années et continua ainsi jusqu'à sa mort, en protestant chaque fois contre la violence qu'on faisait à ses goûts, au nom de l'intérêt public. En souvenir de ses abdications répétées du sénat et du peuple, ses successeurs jusqu'aux derniers moments de l'empire célébrèrent toujours la dixième année de leur règne par des fêtes solennnelles (*sacra decennalia*). Cinq ans plus tard, à la mort de Lépide, il se fit nommer souverain pontife. Ce fut sa dernière usurpation, il ne restait plus rien à prendre qui en valût la peine.

Apparences républicaines du gouvernement, en réalité pouvoir monarchique; nouvelles charges; armées permanentes, nouveaux impôts.

Cependant à n'y point regarder de bien près, la république subsistait. Il y avait un sénat dont les décrets étaient des lois;

des consuls qui gardaient les honneurs de leur rang; des
préteurs qui jugeaient en première instance; des tribuns qui
useront de leur veto, peut-être, jusque sous les Antonins, des
questeurs enfin et des édiles qui remplissaient leur charge
au nom du peuple romain; tandis que les comices par tribus
et par centuries se réunissaient pour confirmer les lois, nommer aux magistratures, et rejeter même, si bon leur semblait, les propositions du prince. S'agissait-il d'une rogation,
Auguste venait voter dans sa tribu. D'un jugement, il apportait sa déposition comme témoin, et l'avocat pouvait impunément le prendre à partie. D'une élection, il conduisait
au milieu de la foule pour le recommander à ses suffrages,
le candidat qu'il appuyait, en ajoutant toujours, même pour
ses proches : « s'il le mérite. » Cet homme qui habite au Palatin une maison modeste et qui au sénat parle, écoute, vote
comme un sénateur ordinaire; qui ne refuse sa porte à personne, ni son appui au plus pauvre de ses clients; qui a
des amis; qui s'en va dîner, sans gardes, là où il est prié;
et qui pour sauver un accusé obscur, implore l'accusateur
au lieu d'imposer son veto, cet homme quel est-il donc? Non,
ce n'est pas le maître, mais la paix et l'ordre personnifiés.

Pour qu'il réalise et donne ces biens, on a pris pour lui,
si j'ose dire, l'essence même de toutes les grandes charges
républicaines; et de la réunion de ses pouvoirs est sortie une
autorité encore sans nom dans la cité et qui sera sans limite,
parce qu'elle fait d'Auguste le représentant du peuple romain tout entier, le dépositaire et le gardien de sa puissance
et de ses droits. Un seul homme a maintenant pour la vie
le pouvoir exécutif et la plus grande partie de la puissance
législative et judiciaire. Ce qui reste au sénat et au peuple
n'est qu'un abandon calculé du prince, qui leur laisse quelques hochets pour amuser leurs loisirs et les aider à oublier
leur déchéance.

Que dis-je, leur déchéance? Mais le peuple fait des lois et
donne des charges; mais le sénat impérial a plus de prérogatives que n'en a jamais eu le sénat républicain. Il gouverne
une moitié de l'empire et il a le trésor public sous sa garde.
Ses décrets sont des lois comme au bon temps de la toute-

puissance patricienne, et les grands coupables, soustraits au jugement du peuple, relèvent de sa juridiction. Il est la source de toute légalité, même pour l'empereur qui tient de lui ses pouvoirs et qui par lui se les fait proroger. Que lui manque-t-il donc? Ce ne sont assurément ni les droits ni les titres. Cependant quel contraste dérisoire entre la pompe des formules et le vide de la réalité! Le peuple souverain n'est qu'un ramas de mendiants, qui se donnent l'air de vouloir ce que veut celui qui les nourrit, qui les amuse et les paye; et les pères conscrits, les sénateurs de Rome parlent et votent comme peuvent le faire des hommes qui n'ont ni la dignité personnelle, ni l'autorité du caractère, ni l'indépendance sociale. Créatures du prince auquel ils tendent chaque jour la main pour échapper à leurs créanciers, ils n'ont pas même sous leur laticlave cette liberté que le pauvre garde avec ses haillons, de rire tout haut en face de cette grande comédie que jouent si gravement Auguste et son sénat.

Comme il y avait en apparence deux pouvoirs, il y eut deux ordres de magistrats, ceux du peuple romain et ceux de l'empereur. Les premiers géraient annuellement les anciennes charges républicaines moins la censure, les autres, pour un temps indéterminé, celles qui furent alors établies. En l'an 15, Auguste organisa définitivement la *préfecture de la ville*, dont le titulaire répondait à l'empereur de la tranquillité de Rome. Plus tard il créa deux *préfets du prétoire* pour commander les cohortes prétoriennes et de nombreux postes d'*inspecteurs des travaux publics*, *des aqueducs*, *des routes*, *des distributions au peuple*, etc., etc. Peu à peu aussi il forma de ses amis et des personnages les plus considérables du sénat, un *conseil privé* qui attira à lui les plus importantes affaires, et dont les décisions, depuis l'an 13 de Jésus-Christ, eurent la même valeur que les sénatusconsultes.

Ces droits conférés à l'empereur lui eussent été inutiles sans l'armée. Il la rendit permanente, et la soumit à une discipline sévère. Il avait 25 légions, il les rangea le long des frontières, où 400 000 hommes firent face aux barbares dans des camps permanents (*castra stativa*), avec des flottilles sur le Rhin, le Danube et l'Euphrate. Quatre flottes à Ravenne, à Fréjus, à Misène et sur l'Euxin firent la police des mers.

Pour solder cette armée, les anciens revenus [1] étaient insuffisants; Auguste créa l'impôt du centième de toutes les choses vendues aux enchères, celui du vingtième sur les héritages et celui du cinquantième sur le prix des esclaves. Il eut ainsi 3 à 400 millions; c'était assez dans un empire qui comptait encore peu de fonctionnaires et où presque toutes les dépenses, dans les provinces, étaient à la charge des villes.

Derrière le gouvernement officiel, tout républicain dans la forme et qui siégeait grave et inoccupé sur les chaises curules, il y avait donc le gouvernement véritable qu'on ne voyait guère à la curie ni au forum, et qui sans pompe ni bruit faisait les affaires de l'empire. Celui-là avait la flotte et les légions qu'il ne congédiait plus et un trésor particulier (*fiscus*) pour payer ses soldats et ses fonctionnaires. Il nommait directement à la plupart des charges, indirectement à toutes. La moitié des provinces avec leurs revenus lui appartenaient; le reste obéissait à ses ordres quand il voulait bien en donner. Dans la ville l'empereur était le chef du clergé, du sénat et du peuple, et comme préfet des mœurs, il pénétrait jusque dans la vie privée. La puissance consulaire, l'autorité tribunitienne, lui donnaient action sur tous les citoyens qu'il liait par ses édits, que par son droit de grâce il pouvait soustraire à la justice ordinaire. De Rome, de l'Italie, des provinces, les opprimés tendaient les mains vers lui; car, chef de l'administration, tribun et proconsul perpétuel, il recevait tous les appels, de sorte que d'une frontière à l'autre de l'empire il apparaissait comme le gardien du droit, le redresseur des

---

1. Les anciens revenus étaient ceux qui provenaient du domaine public (salines, fleuves, rivières, forêts, mines, carrières et terres publiques); ceux des biens vacants des citoyens morts sans héritiers, le produit des confiscations et des amendes; celui des douanes, en Italie (1/50 de la valeur pour les marchandises ordinaires; 1/8 pour les objets de luxe); le 1/20 des affranchissements, et dans les provinces l'impôt foncier, ordinairement le 1/6 des semailles, le 1/5 des plants, l'impôt personnel ou la capitation, les douanes et droits régaliens, les réquisitions. Depuis l'empire, les propriétés particulières du prince furent à son avénement incorporées au domaine.

griefs, le refuge des malheureux. Neuf cohortes, chacune de
1000 prétoriens, et des cavaliers bataves faisaient respecter
son inviolabilité. Le préfet de la ville veillait pour lui à la
police de Rome avec les 4500 hommes des 3 cohortes urbaines, ayant soin que le préfet des vivres tint les greniers
publics toujours remplis, et le préfet des gardes nocturnes
les rues toujours sûres. Si d'anciens préteurs tirés annuellement au sort administraient au nom de l'État le trésor public (*ærarium*), le prince se le faisait ouvrir par le sénat; de
sorte que l'armée, la justice, la religion, les finances, les
fonctionnaires, toutes les ressources, toutes les forces vives
de l'empire étaient dans ses mains. Il s'était fait l'âme de ce
grand corps, afin d'en régler à son gré tous les mouvements;
et pour lier l'empire par la religion du serment, chaque
année, au 1er janvier, le sénat, le peuple, les légions et les
provinciaux lui juraient fidélité.

Maintenant que nous connaissons le gouvernement nouveau, voyons-le à l'œuvre.

Classement des personnes, distributions, jeux, constructions, police, réformes religieuses et civiles.

Par une sorte d'instinct monarchique qui dans l'esprit de
Constantin deviendra un principe arrêté d'organisation sociale, Auguste tâcha de mettre dans l'État des divisions et
des rangs pour y ramener la subordination et la discipline.
On l'a vu déjà relever la dignité du sénat et des chevaliers
par des épurations sévères. Entre ces deux ordres et pour les
distancer l'un de l'autre, il plaça les fils des sénateurs, les
associant à une partie des prérogatives honorifique de leurs
pères, et leur réservant certaines charges avec le droit d'assister aux débats de la curie. Ces priviléges qui les initiaient
aux affaires publiques et qui leur facilitaient l'accès des magistratures donnant entrée au sénat, établissaient pour ce
corps une sorte d'hérédité qui répondait assez bien à celle
qu'Auguste se proposait d'établir pour le pouvoir; ni l'une
ni l'autre franchement avouées, mais entrevues comme condition nécessaire de stabilité. Après les chevaliers venaient
les bourgeois de Rome tenant le milieu entre l'ordre équestre

et la *plebs urbana*. Un cens inférieur à celui des chevaliers, le privilége de fournir une quatrième décurie de juges, les constituaient en classe distincte.

Quand César fit le recensement de ceux qui étaient nourris aux dépens du trésor, il en trouva 320 000. Il en retrancha la moitié et pour le reste il fit de ces distributions une institution permanente, ordonnant que chaque année le préteur remplaçât les pensionnaires morts par d'autres que le sort désignerait entre les pauvres non inscrits. Mais les progrès de la misère eurent bientôt ramené le chiffre primitif, et ce ne fut que dans la seconde moitié de son règne qu'Auguste osa le faire redescendre à environ 200 000.

Les magistratures avaient été bouleversées comme les ordres et l'on avait oublié les vieilles prescriptions sur la hiérarchie des charges. Auguste les fit revivre et reprit ainsi toutes ces gradations que l'aristocratie avait si habilement établies. Son administration tendit partout et en tout à multiplier les différences dans les conditions sociales, soit des personnes, soit des cités et des pays. Ainsi il divisa Rome en 14 régions, et ces régions, par les prérogatives de leurs habitants, étaient placées au-dessus des districts *suburbicaires*, lesquels à leur tour étaient plus favorisés que le reste de l'Italie. Dans l'Italie même malgré le droit de cité, reconnu maintenant à tous les Italiens, il subsistait encore des municipes, des colonies et des préfectures ayant leurs lois particulières. Octave y ajouta 28 colonies, qu'il établit sur des terres achetées par lui aux Italiens et dont les décurions (sénateurs) eurent le privilége d'envoyer par écrit leur suffrage à Rome, le jour des comices. Jusque dans le droit de cité il mit des différences. Le citoyen parvenu n'eut pas la cité au même titre que le citoyen d'origine; et l'Italien, le provincial, décoré de la toge, ne fut ni en droit ni en dignité l'égal du quirite de Rome. Parmi ceux-ci même le *jus trium liberorum*, la naissance, la fortune, mettaient de graves différences. Ajoutez la grande et permanente distinction qu'il établit entre les quirites et les soldats, dont il forma deux peuples à part afin de s'appuyer sur l'un pour dominer l'autre.

Singulier contraste! la république qui proclamait l'égalité,

repysa sur une hiérarchie sérieuse et profonde, l'empire qui
veut des rangs, des conditions, mènera au nivellement le
plus complet. Dans les deux époques les noms et les formes
sont en contradiction avec l'esprit du gouvernement. Auguste
en effet relève bien le sénat, mais il abaisse les sénateurs.
Il fait sonner très-haut la dignité des citoyens, mais il prend
pour lui tous leurs vieux droits. Qu'importent les apparences? Au fond, il n'y a pas de degrés dans la servitude;
les plus haut placés seront les plus près du maître, les plus
exposés à ses caprices et à ses colères.

A tout ce peuple si bien classé il fallait encore du pain
pour le nourrir, des jeux pour le distraire et une police active pour veiller contre le Tibre et les bandits, contre le feu
et la peste. Auguste n'eut garde d'y manquer. Aussi sa grande
affaire fut-elle, après l'affermissement de son pouvoir, de
nourrir l'immense population qui encombrait la ville.

Le peuple romain n'avait plus qu'un cri : *Panem et circenses*, « du pain et des jeux ! » Comme cela ne coûtait que
de l'or, Auguste trouvait encore son compte à le satisfaire.
Dans son testament politique il énumère complaisamment
ses dons en blé, en argent, en bêtes sauvages et en hommes.
« J'ai donné, dit-il, des jeux où 10 000 gladiateurs ont combattu et j'ai fait chasser 3500 bêtes fauves. En une seule de
ces chasses 260 lions furent égorgés. » Une autre fois il fit
creuser un large canal le long du Tibre, et 30 galères à trois
ou quatre rangs de rames avec un plus grand nombre de petits navires, divisés en deux flottes et montés par 3000 hommes,
sans compter les rameurs, donnèrent à la multitude la représentation d'un combat naval. Il y avait une autre manière
de faire la cour à la multitude, c'était de décorer sa ville.
César lui en avait donné l'exemple, il continua ses grands
travaux et put se vanter de laisser de marbre une ville qu'il
avait trouvée de briques.

Plusieurs grands personnages l'aidèrent à embellir Rome.
Le champ de Mars, autour duquel se groupèrent un grand
nombre de constructions splendides, forma comme une cité
nouvelle, toute monumentale, qui pour maisons avait des
temples, des théâtres et des portiques. Agrippa, aussi habile

22

dans ces travaux de la paix que dans ceux de la guerre,
éleva, dit Suétone, un nombre infini de beaux édifices; un
d'eux subsiste encore, c'est le Panthéon (*S. Maria Rotonda*).
Les routes aussi furent soigneusement réparées et la police
faite avec un tel soin que le brigandage qui infestait l'Italie
disparut. A Rome 7 cohortes de gardes nocturnes furent
chargées de prévenir ou d'arrêter les incendies, et toute
l'Italie, divisée en 11 départements, fut placée sous la surveillance d'autant de questeurs. Mais mieux valait prévenir
le brigandage qu'avoir à le combattre. Il encouragea le travail, et pour renvoyer à la culture des champs les mendiants
de Rome, il songea un moment à supprimer les distributions
gratuites, fléau en effet qui ira grandissant et sera une des
causes de la chute de l'empire.

Quelque égoïste qu'ait été l'administration d'Auguste, il
sentait cependant que ce n'est pas tout pour ceux à qui le
sort des empires est confié que d'endormir doucement la population dans le plaisir, le bien-être et la sécurité. La société
romaine était devenue plus calme, il tâcha de la rendre plus
digne. Il revisa les livres sibyllins, seul code religieux des
Romains, et il éleva des temples à des dieux nouveaux, tous
bienfaisants et pacifiques, à la Fortune qui ramène, à la Fortune qui sauve ; à la Paix, déesse longtemps délaissée à
Rome, mais qui reçut de lui deux autels à la condition de
convertir les Romains à son culte. Entre tous les anciens
dieux, ceux qui étaient les gardiens de l'État et de la famille,
Vesta et les Lares, furent les plus honorés.

Il y a un autre culte, celui des gloires nationales. Auguste
les accepta toutes sans les craindre. La statue même de
Pompée fut placée en face de son théâtre sous une arcade
de marbre. Je ne sais s'il abattit celle de Brutus ni s'il releva
celle de Cicéron, mais il respecta toujours la mémoire de l'un
et le génie de l'autre.

Et tandis que par ces publics hommages rendus aux dieux
et aux héros de la vie éternelle, il ranimait le patriotisme
éteint, l'éloquence et la poésie réunissaient leurs charmes
les plus puissants pour ramener par l'orgueil ces Romains
dégénérés aux vertus et à la piété de leurs pères. Tite Live

racontant dans son majestueux langage leur glorieuse histoire, et Virgile leur montrant toutes les puissances du ciel et de la terre réunies autour de leur berceau, étaient comme les pontifes du passé. Assis sur les ruines des temples antiques, ils y appelaient encore les peuples à l'accomplissement des rites pieux et au culte des anciennes vertus. Qui oserait dire que ces leçons furent inutiles, que cet enseignement n'était pas écouté ? On aimait trop les lettres pour ne pas subir l'influence de ceux qui étaient les maitres de la parole. Depuis que le forum avait perdu ses agitations, toute l'activité des esprits s'était tournée vers le culte des Muses. Les libraires ne suffisaient plus aux demandes. Les lectures publiques des orateurs et des poëtes, même les bibliothèques, se multipliaient. Asinius Pollion avait fondé la première dans son *Atrium libertatis*, et Auguste en avait ouvert une autre dans le temple d'Apollon, bâti à côté de sa demeure.

Pendant que les lettres accomplissaient leur tâche, le prince faisait la sienne. Il ne souffrait pas le renouvellement du spectacle scandaleux de sénateurs combattant dans l'arène, ou de chevaliers jouant sur le théâtre. Tout le peuple fut plus d'une fois réprimandé par lui, et pour tarir les sources impures où il se renouvelait, il limita les affranchissements; plus d'une fois il refusa le droit de cité à des protégés de Tibère, même de Livie.

Auguste, occupé à voiler partout la corruption romaine, n'oublia pas les femmes dans ses réformes. Il punit l'adultère en permettant à l'époux outragé qui surprenait les coupables de les frapper du glaive. Il fit davantage pour elles en honorant le mariage, en attachant des priviléges aux unions légitimes et fécondes. Ici se place un des actes les plus importants de son administration intérieure, la fameuse loi *Papia-Poppea*, le plus grand monument de la législation romaine depuis les lois des Douze Tables, car elle réglait non-seulement le mariage, mais le divorce, la dot, les donations entre époux, les hérédités, les legs, etc.

Fidèle écho de cette politique élevée et sage, la poésie en célébra les heureux effets : « Grâce à toi, ô César, le bœuf se promène en sûreté dans ses prairies; Cérès et l'heureuse abondance fécondent nos campagnes; les vaisseaux voguent sans crainte sur les mers pacifiées, et la bonne foi s'alarme même d'un soupçon. » Faut-il en croire le poëte? Auguste réussit-il ; et son peuple redevint-il religieux et moral en vertu des lois? La loi n'a guère à faire en ces choses; mais cet homme, qui pendant 44 ans fit peser sur la société romaine une même volonté honnête et sage, y ramena certainement plus d'ordre, plus de dignité et peut-être çà et là un peu de vertu.

Provinces du sénat et provinces de l'empereur; dépendance des gouverneurs.

Auguste entendait bien mettre dans l'empire l'ordre qu'il faisait régner à Rome. Pour cela il fallait organiser régulièrement les provinces, y étouffer tous les troubles et garantir les frontières. Il y avait donc à prendre des mesures de deux sortes, les unes militaires, les autres administratives. Nous avons dit précisément de quels effroyables abus les provinciaux étaient devenus victimes. Auguste ne changea point leur condition légale; ce que les provinces avaient été le lendemain de la conquête, elles l'étaient encore sous Trajan et les Antonins; seulement il y avait de moins les pillages périodiques des gouverneurs, et de plus une sécurité dont le commerce et l'industrie profitaient pour répandre partout un immense bien-être.

On a vu qu'Auguste avait partagé l'empire avec le sénat[1]; il y eut donc deux sortes de provinces : celles que baigne la Méditerranée, contrées paisibles et industrieuses, depuis longtemps conquises et déjà romaines, où, pour être obéi, il n'était pas même besoin d'une cohorte ; et, derrière cette

---

1. Le sénat eut l'Afrique avec la Numidie, l'Asie, la Hellade et l'Épire, la Dalmatie, la Macédoine, la Sicile, la Crète avec la Cyrénaïque, la Bithynie avec le Pont, la Sardaigne et la Bétique. L'empereur garda la Tarraconaise, la Lusitanie, toute la Gaule, c'est-à-dire l'Aquitaine, la Narbonaise, la Lugdunaise et la Belgique, la Cœlésyrie, la Cilicie, Cypre et l'Égypte. Plus tard, Auguste prit au sénat la Dalmatie et lui donna en échange Cypre et la Narbonaise. Toutes les conquêtes nouvelles furent attribuées à l'empereur.

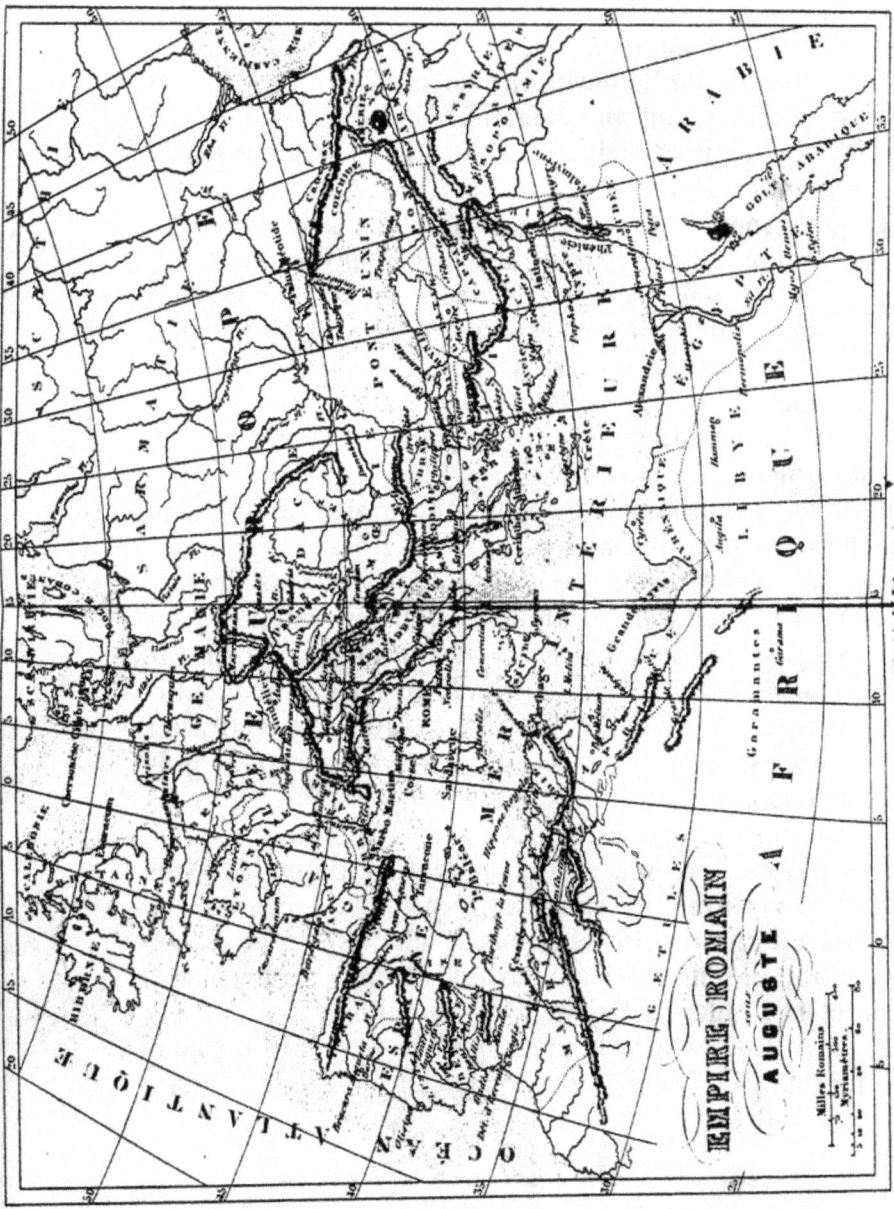

EMPIRE ROMAIN
sous
AUGUSTE

zone, les barbares et belliqueuses régions de l'Océan, du Rhin et du Danube, ou les pays sans cesse menacés par d'incommodes voisins, comme les rives de l'Euphrate et la vallée du Nil. Dans celles-ci, les armées étaient indispensables, et, pour les commander, il fallait au gouverneur les pouvoirs illimités de l'autorité militaire. Mais les armées et leurs chefs obéissaient au généralissime, à l'*imperator*. Il y avait donc nécessité de laisser à l'empereur les provinces où stationnaient les légions (27).

Les gouverneurs envoyés par le sénat dans les provinces n'y restaient qu'un an, comme autrefois; le prince prit l'habitude de conserver les siens en place pendant de longues années, pour profiter de leur expérience. Sous la république, les fonctions étaient gratuites, et les gouverneurs se payaient de leurs mains, en pillant les sujets. Auguste leur assigna un traitement régulier, et veilla de près sur leur conduite. Les gouverneurs tombaient par là au rang de simples agents d'un pouvoir soupçonneux et redouté, et voyaient maintenant la menace suspendue sur leur tête. Le traitement fixe qui pourvoyait à toutes leurs nécessités ne laissait plus de prétextes à leurs exactions, et au lieu de passer quelques mois dans une province dont souvent ils connaissaient à peine de nom les principales villes, voici qu'ils y sont retenus tout le temps nécessaire pour en étudier les besoins et y contracter des habitudes qui cessent de leur faire regarder leur province comme une terre d'exil. Je ne veux pas dire que les gouverneurs se trouvèrent tout à coup transformés en d'habiles et probes personnages, mais seulement que les excès d'autrefois devinrent impossibles; parce que des crimes trop éclatants auraient attiré bien vite le châtiment, et qu'une fortune trop grande eût tenté l'avidité du prince. La modération et la prudence étaient donc conseillées aux gouverneurs, par leur propre intérêt et par ce despotisme jaloux qui allait passer le niveau sur toutes les têtes en abattant les plus hautes.

Organisation des provinces occidentales.

Sur les dix-huit années qui suivirent la bataille d'Actium,

Auguste en passa au moins onze dans les provinces. Il commença par la Gaule et l'Espagne; il s'y rendit à la fin de
l'an 27. Dans les régions occidentales de l'empire, où vivaient encore les regrets de la liberté récemment perdue,
où subsistait tout entière l'organisation sociale qui avait si
héroïquement soutenu la lutte contre Rome, Auguste se proposa trois choses : étouffer tout esprit de rébellion; établir
de nouvelles divisions administratives dans le but de créer,
parmi les habitants, des relations politiques qui leur fissent
oublier leur ancien ordre social, mais surtout multiplier dans
les provinces la population italienne et y distribuer les priviléges, de manière à faire naître partout un immense désir
de devenir romain; en un mot, suivre la vieille politique qui
avait si bien réussi au sénat dans l'Italie. Les Belges et les
Aquitains s'étaient soulevés durant la lutte avec Antoine.
Trois armées envoyées en l'an 29 les domptèrent. Ce succès
était comme le dernier acte de la première conquête, celle du
pays; restait la seconde plus difficile, celle des esprits et des
mœurs, Auguste y donna tous ses soins.

Il conserva à la Narbonaise ses anciennes limites, mais
il porta la frontière de l'Aquitaine de la Garonne à la Loire.
La Celtique, réduite alors sous le nom de Lugdunaise à la
moitie de son étendue, ne comptait que les pays situés entre
la Loire, la Saône et la Seine. Le reste, c'est-à-dire le pays
des Belges, des Séquanes et des Helvètes, forma la Belgique,
elle-même démembrée plus tard en trois provinces, une Belgique, et deux Germanies. Dans cette réorganisation, plusieurs villes perdirent leur nom et leur importance, au profit
d'autres que la faveur du prince tira à dessein de l'obscurité.
Dans la Narbonaise, des colons romains furent établis à
Orange, à Carpentras, à Cavaillon, à Nimes et à Valence. Le
titre et les droits de colonies latines furent donnés à Aix,
Apt, Vienne et Viviers. Marseille, punie de sa résistance à
César, perdit deux de ses comptoirs, Agde et Antibes qui furent déclarés, l'un cité romaine, l'autre colonie latine; plus
funeste encore fut pour elle le voisinage de la nouvelle colonie
de Fréjus, qui devint un des grands arsenaux de l'empire.
Dans les trois provinces chevelues, Gergovie, qui avait vu fuir

César, fut dépouillée du rang de capitale des Arvernes, attribué à une bourgade voisine, *Augusto-Nemetum* (Clermont).
Bratuspantium fut de même déshéritée au profit de *Cæsaro-
magus* (Beauvais). Les capitales des Suessions (Soissons),
des Véromandues (Saint-Quentin), des Tricasses (Troyes), des
Rauraques (Augst), des Auskes (Auch), des Trévires (Trèves),
prirent le nom d'*Augusta*. *Turones* devint *Cæsarodunum*
(Tours), *Lemovices* s'appela *Augustoritum* (Limoges) et Bibracte *Augustodunum* (Autun).

Les priviléges furent aussi inégalement répartis; les Edues,
les Rèmes, conservèrent le titre d'alliés, qui fut encore concédé aux Carnutes, pour qu'au sud, à l'ouest et au nord il y
eût trois peuples puissants intéressés au maintien du nouvel
ordre social. Les Santons, les Arvernes, les Bituriges, clients
émancipés des Edues, et les Suessions conservèrent leurs
lois. Les Auskes, le peuple le plus puissant de l'Aquitaine,
obtinrent le *jus Latii*. Enfin, la Gaule fut divisée en 60 cir-
conscriptions municipales, c'est-à-dire que le nombre des
peuples gaulois reconnus comme constitués en corps de nation fut réduit à ce chiffre. Cette double mesure facilita singulièrement la police et l'administration du pays; car chacune de ces 60 cités devint responsable des désordre qui
éclataient sur son territoire. Pour leur servir de modèle, Auguste leur donna une capitale toute romaine, Lyon, au
confluent de la Saône et du Rhône, et dont il fit le
centre de l'administration impériale dans la Gaule. Agrippa
se hâta de faire partir de ses murs quatre grandes
voies militaires allant à l'Océan, au Rhin, à la Manche et
le long du Rhône vers les Pyrénées. La soumission des
Salasses, en l'an 25, permit de jeter à travers leurs montagnes une route qui mit Lyon à trois jours de marche de
l'Italie.

Le druidisme était encore puissant en Gaule, Auguste
l'attaqua d'une manière habile; il fit romains tous les dieux
gaulois et leur dressa des autels qui portèrent leur double
nom; ainsi, Belen-Apollon, Mars-Camul, Diane-Arduinna, etc.
De plus, il défendit les sacrifices humains, et ne promit le
droit de cité qu'à ceux qui abandonneraient les rites drui-

diques. Ces efforts réussirent; car nulle province ne devint
si vite romaine.

L'Espagne l'était déjà. Quand il eut dompté les Astures et
les Cantabres, qui ne posèrent les armes qu'en l'an 19, il
divisa la péninsule en trois provinces au lieu de deux. La
Citérieure devenue Tarraconaise fut agrandie, et l'Ultérieure
fut partagée en Lusitanie et en Bétique. Celle-ci jouait depuis longtemps en Espagne le rôle de la Narbonaise en Gaule;
il n'y avait donc là autre chose à faire que de seconder le
mouvement qui portait cette province vers les mœurs romaines. De nouvelles colonies y aidèrent, et, quelques années
après, Strabon pouvait dire : « Les indigènes de la Bétique
ont absolument adopté les mœurs, la langue et la manière
de vivre des Romains. Plusieurs avaient reçu déjà le *jus
Latii*. Auguste multiplia encore les concessions de ce genre;
la plupart aujourd'hui le possèdent. Il y a, de plus, beaucoup
de colonies; de sorte que peu s'en faut qu'ils ne soient tout
à fait romains, aussi les appelle-t-on *Togati*. » L'influence
romaine gagna jusqu'aux Celtibériens. L'Èbre, dont les sources étaient captives depuis la soumission de la Biscaye,
passait encore entre les murs de trois colonies récentes,
Celsa (Xelsa), *Cæsar-Augusta* (Saragosse) et *Dertona* (Tor-
tone). Une chaîne de postes militaires enveloppa toute la région occidentale : *Legio Septima* (Léon) et *Asturica* (Astorga)
veillaient sur les Astures. Les Gallaïques étaient gardés par
Braccara (Braga), les Lusitaniens par *Olisippo* (Lisbonne),
Ebora (Evora), *Pax-Augusta* (Badajoz), et *Augusta-Emerita*
(Merida) leur capitale.

Auguste était encore en Espagne quand il donna comme
roi aux Maures, qu'il trouvait trop barbares pour la régularité de l'administration romaine, le fils de l'ancien roi de
Numidie, Juba, qu'on avait élevé à Rome dans le culte des
lettres et le respect de la puissance impériale. Cette même
année où il faisait un royaume en Afrique, il en défaisait un
en Asie. Amyntas roi des Galates était mort en laissant des
enfants. Mais cet État placé au centre des possessions romaines était inutile. Auguste réduisit la Galatie et la Lycaonie en provinces.

Les Astures et les Salasses vaincus, l'empire se trouva sans guerre. Le temple de Janus fut encore une seconde fois fermé (25 avant J. C.); et des Indiens, des Scythes, vinrent rendre hommage au chef de cet immense empire qui ne mettait sa gloire que dans les travaux de la paix.

Organisation des provinces orientales; postes, routes, etc.

Auguste retourna à Rome prendre la puissance tribunitienne à vie. Après un séjour de près de deux années, il commença par la Sicile la visite des provinces orientales, de là il passa en Grèce, passa l'hiver à Samos, puis traversa l'Asie Mineure et la Syrie, réglant toutes choses souverainement, là remettant des tributs, ici en imposant de nouveaux, donnant aux villes ou leur retirant la liberté. Les rois alliés, à leur tour, furent selon leurs mérites récompensés ou punis. Il venait de détruire le royaume mutilé des Galates (25 avant J. C.). Bientôt, au contraire, il donnera au roi de Pont, Polémon, dont la politique romaine avait besoin à cause du voisinage de l'Arménie, un second royaume, celui du Bosphore Cimmérien. Les rois de Judée et de Cappadoce eurent aussi une augmentation de domaines, mais celui de Comagène fut déposé, à cause d'un meurtre. Auguste ne visita pas cette fois l'Egypte; il avait si bien réglé l'administration de cette province, après en avoir fait la conquête, que sa présence y était inutile. Pour prévenir la révolte d'un pays si facile à défendre, il avait décidé qu'il n'aurait jamais que de simples chevaliers pour gouverneurs; et défense fut faite aux sénateurs d'y entrer sans permission expresse. Il y tint prudemment trois légions, neuf cohortes et trois escadrons, car l'Egypte nourrissait Rome pendant quatre mois de l'année, par elle passait tout le commerce des Indes, et elle seule versait dans le trésor l'impôt de six provinces.

Tels étaient les travaux du maître du monde et voilà comme il jouissait de sa victoire. Si tout lui appartenait, son temps aussi, ses soins, sa fortune même appartenaient à tous. Dans ses longs voyages, il soulageait les villes obérées et rebâtissait celles que quelque fléau avait détruites. Tralles, Laodicée. Paphos, renversées par des tremblements de terre, sortirent

plus belles de leurs ruines. Une année même il paya de ses
deniers tout l'impôt de la province d'Asie. Les mesures générales de l'administration impériale s'accordaient avec cette
conduite du prince, qui était pour les gouverneurs un exemple et une leçon. Dans l'ordre des intérêts religieux, nulle
violence. Toutes les divinités qui veulent entrer dans le
culte romain y sont admises, et chaque grande division de
l'empire voit son dieu national protégé, enrichi par les lois
de Rome. Pour le service militaire, Rome était peu exigeante,
et cet impôt du sang ne tombait guère que sur les nouvelles
provinces. Il ne s'agissait plus de tirer le plus d'or possible des
sujets, mais de les régir au double point de vue de leur intérêt propre et de l'intérêt de l'empire. Au système des impôts en nature, généralement suivi par la république, fut
substitué en plusieurs pays le système des impôts en argent,
mesure singulièrement favorable aux provinces. Mais pour
que l'impôt fût établi avec équité il était nécessaire de dresser
un cadastre général : Auguste le fit exécuter. Trois géomètres parcoururent tout l'empire et en mesurèrent les distances.

Ce travail servit à un autre but. L'empire reconnu et me-
suré, il fut aisé d'y percer des routes. Auguste répara celles
de l'Italie, fit faire celles de la Cisalpine et couvrit de chemins toute la Gaule et la péninsule ibérique. Puis sur toutes
ces routes un service de poste régulier fut organisé. Les
messagers du prince et les armées purent se porter rapidement d'une province à l'autre; le commerce, la civilisation
y gagnèrent; et une vie nouvelle circula dans cet empire
si admirablement disposé pour une grande et longue existence.

**Organisation des frontières; expéditions en Arabie et en
Afrique; les Parthes rendent les drapeaux de Crassus
(20 av. J. C.).**

Vers l'an 19 avant Jésus-Christ, époque du dernier voyage
d'Auguste en Orient, l'œuvre difficile de la fondation du
gouvernement impérial et de l'organisation des provinces
était achevée. Depuis six ans le temple de Janus était fermé
et le calme régnait au dedans comme à la surface de la so-

ciété, dans les esprits comme dans les provinces. Cépion et
Muréna qui avaient osé conspirer contre une prospérité si
grande, n'avaient trouvé ni complices ni défenseurs. Le
travail reprenait possession de ce monde d'où il avait été
chassé, et une reconnaissance unanime saluait comme un
dieu sauveur l'auteur de tous ces biens.

Auguste n'avait cependant encore accompli que la moitié
de sa tâche. Il restait à donner à l'empire, par la politique
ou par les armes, des frontières assez fortes pour qu'il ne
fût point troublé par des attaques importunes dans son immense travail d'assimilation. En Europe, il fallait fortifier la
barrière du Rhin, enfermer les Alpes dans l'empire et porter
au Danube les avant-postes des légions ; en Asie placer l'Arménie sous l'influence romaine et intimider les Parthes ; en
Afrique contenir les nomades et rouvrir dans ce vieux monde
les anciennes routes de commerce, suivies par Carthage et
les Ptolémées. Auguste avait peu de goût pour la guerre ; il
trouvait l'empire assez grand, et dans l'histoire militaire de
son règne, il faut moins voir des combats et des conquêtes
qu'une suite de mesures de police prises sur une grande
échelle : nul prince n'a plus sincèrement que lui cherché la
paix dans la guerre.

Dans son premier voyage au delà des Alpes (27-24), il avait
été surtout préoccupé de l'organisation intérieure des provinces. D'ailleurs les Germains étaient alors à peu près tranquilles. En Orient, où la société grecque depuis longtemps
soumise et réglée, lui laissait peu à faire, il avait mis à profit
son séjour (23-19), pour déterminer les rapports de l'empire
avec ses deux voisins, les Arméniens et les Parthes. De ce
côté, la ligne des frontières, depuis le Pont jusqu'à la mer
Rouge, était couverte, sauf à la hauteur d'Antioche, par des
États vassaux. Auguste venait de s'assurer de leur fidélité,
ici en déposant les chefs, là en accordant des titres et des
faveurs. Ces changements opérés avec autorité, la présence
d'Auguste et le voisinage d'une armée romaine, avaient produit sur les Arméniens et les Parthes une si profonde im-
pression qu'ils avaient rendu les armes sans combat. Les
premiers lui demandèrent un roi que Tibère leur amena ; les

seconds lui rendirent les drapeaux de Crassus, succès qui valait mieux qu'une victoire (20). Une tentative sur l'Yémen,
pour protéger le commerce de la mer Rouge, avait échoué
(21-23). Mais le gouverneur d'Égypte, Pétronius, pénétra à la
poursuite de la Candace, ou reine d'Éthiopie, jusque dans ce
pays (22), et Balbus avait rouvert la route de l'intérieur de
l'Afrique, par le Fezzan (19). Aussi lorsque après trois années si bien remplies, il rentra dans Rome, le peuple courut
au-devant du prince et lui offrit le consulat à vie, avec la
préfecture des mœurs (19). Il n'y avait là ni lâcheté ni faiblesse; tous acceptaient cette domination qui, ne cherchant
que la paix, trouvait encore la victoire. Et l'on répétait ces
beaux vers où l'ami de Mécène montrait la reine d'Éthiopie
fugitive, l'Arménie presque soumise, les Daces vaincus et au
milieu d'une cour formée par les députés du monde, un chef
parthe à genoux devant Auguste, recevant de ses mains une
couronne, comme si Phraate tenait la sienne du bon vouloir
de l'empereur.

Expéditions de Drusus et de Tibère.

Le premier coup contre cette prospérité si grande lui vint
des lieux d'où viendront tous les dangers de l'empire, des
bords du Rhin. Des Germains battirent la cavalerie romaine
et enlevèrent à Lollius l'aigle de la cinquième légion. A cette
attaque, comme à un signal convenu, répondit tout le long
du Danube un long cri de guerre. Le monde barbare semblait
se lever tout entier (17 et 16 av. J. C.). Auguste partageant,
comme il l'avait déjà fait, l'administration de l'empire avec
son gendre Agrippa, en ce moment associé pour cinq ans à
la puissance tribunitienne, l'envoya en Syrie pour veiller à
ce que ce tumulte n'eût point d'effet en Orient. Lui-même il
partit quelques mois après pour la Gaule (16 av. J. C.). A
son approche les Sicambres rentrèrent dans leurs forêts, et
ses lieutenants rejetèrent au delà du Danube les barbares qui
l'avaient franchi. Pour veiller de plus près sur eux il chargea ses beaux-fils, Drusus et Tibère, de soumettre les Rhétiens et les montagnards des Alpes. Deux places fortes, *Augusta Vindelicorum* (Augsbourg) sur le Lech et *Carnuntum*

(Haimbourg), sur le Danube, devinrent dans ces régions les points d'appui de la domination romaine.

Durant ces opérations, Agrippa parcourut les provinces orientales, où il donna le royaume du Bosphore à Polémon. Le calme partout rétabli, les deux chefs rentrèrent presque en même temps dans Rome (13 av. J. C.), Auguste pour y prendre enfin le grand pontificat, Agrippa pour être continué cinq ans encore dans la puissance tribunitienne ; mais la vie si bien remplie de ce grand ministre touchait à son terme. Envoyé contre les Pannoniens révoltés, il revenait après les avoir soumis, quand il fut pris d'un mal qui l'emporta en quelques jours (mars 12 av. J. C.). La douleur d'Auguste fut profonde, car il perdait avec Agrippa moins un lieutenant qu'un ami, qu'un collègue nécessaire, devant qui toute ambition se taisait et qui volontairement s'effaçait et restait dans l'ombre pour renvoyer au prince toute sa gloire.

Deux faits seulement remplissent la seconde partie du règne d'Auguste, qui commence à la mort d'Agrippa; à Rome la question de la succession à l'empire, au dehors l'organisation des frontières du Danube et du Rhin. Ce travail ébauché une première fois demandait à être repris sérieusement. Drusus, laissé en Gaule, s'attacha les provinciaux, qui en reconnaissance de la paix dont ils jouissaient, élevèrent, au confluent de la Saône et du Rhône, une statue colossale du prince, entourée de 60 statues plus petites représentant les 60 cités gauloises. Sûr maintenant des Gaulois, Drusus s'occupa des Germains. Il creusa un canal du Rhin au lac Flevo pour pouvoir attaquer les barbares par l'embouchure de leur fleuve, et pénétra deux fois jusqu'au Wéser, tandis que Tibère son frère accablait les Pannoniens encore révoltés (11 av. J. C.). L'année suivante Auguste vint lui-même en Gaule et fit construire 50 forts qui commandaient le passage du Rhin. L'an 9, Drusus se décida à frapper un grand coup, et s'avança, en dispersant tout ce qui osa résister, jusque sur les bords de l'Elbe, où les Cimbres vinrent lui demander l'amitié de Rome. Les deux peuples s'étaient déjà rencontrés sur les rives du Pô, et au bout d'un siècle ils se retrouvaient encore, cette fois aux confins de la Germanie.

23

L'hiver approchant, Drusus avait repris la route de ses cantonnements lorsque, dans une chute de cheval, il se blessa mortellement. Tibère, alors à Pavie, franchit les Alpes en toute hâte et put recevoir les embrassements de son frère. Il vainquit lui-même les Sicambres et en transporta 40 000 sur la rive gauche du Rhin (8 av. J. C.). Auguste ferma alors pour la troisième fois le temple de Janus, et pendant douze années les portes d'où sortait la guerre ne s'ouvrirent point.

C'est au milieu de ce silence des armées que naquit celui dont la parole devait accomplir ce que les doctrines des sages n'avaient pu faire, la régénération du monde (l'an 4 avant l'ère vulgaire).

Cette paix universelle ne fut pas troublée par une expédition du petit-fils d'Auguste en Orient (2 av. J. C. et 4 apr.). Caïus César allait moins combattre que faire voir de ce côté les armes romaines, et mettre paisiblement un vassal de l'empire sur le trône d'Arménie. Au delà du Rhin, les légions parcouraient aussi chaque année le pays pour y montrer leurs enseignes, et un de leurs chefs osa même passer l'Elbe. En l'an 4 et 5 de J. C., Tibère revint se mettre à leur tête et leur assigna des quartiers d'hiver au cœur de la Germanie. Cette nouveauté était plus menaçante que les courses périodiques des légions. Car de ces camps, l'influence romaine allait gagner de proche en proche les tribus voisines.

Désastre de Varus (9 de J. C.).

Pendant que ce travail s'accomplissait au nord, le Marcoman Marbod fondait dans la Bohême un royaume que défendaient 70 000 fantassins et 4000 cavaliers, disciplinés à la romaine, et dont les Suèves, les Semnons et les Lombards reconnaissaient la suprématie. Auguste s'alarma ; il réunit une armée formidable qui allait franchir le Danube, quand les Pannoniens et les Dalmates se soulevèrent, croyant les légions déjà aux prises avec les Marcomans. La fortune de Rome éloigna ce danger. Marbod consentit à traiter, et Tibère put tomber sur les rebelles. Aidé de Germanicus et soutenu de quinze légions, il vint à bout, après trois campagnes, de leur résistance acharnée. Il était temps; car cinq jours seulement après la soumission définitive des Pannoniens et des Dalmates on apprit à Rome que trois légions, attirées dans une embuscade par un jeune chef des Chérusques, Hermann, y avaient péri avec leur général Varus. C'était la Germanie du nord qui se soulevait et refoulait sur le Rhin la domination romaine (9 de J. C.). « Varus! Varus! rends-moi mes légions, » s'écriait douloureusement Auguste. Par bonheur Marbod, jaloux d'Hermann, ne fit aucun mouvement, et Auguste, tranquille du côté du Danube, put envoyer Tibère en Gaule. Il fortifia tous les châteaux du Rhin, rétablit la discipline, et pour ramener un peu de confiance, il risqua même les aigles au delà du fleuve. Après lui, Germanicus resta à la tête de huit légions qui garnissaient la rive gauche du Rhin. L'ennemi, content d'avoir vaincu, ne passait pas encore de la résistance à l'attaque. L'empire était sauvé, mais la gloire d'un long règne pacifique était ternie par ce désastre.

La famille d'Auguste; question de la succession à l'empire.

Comme Louis XIV, Auguste finit son règne dans le deuil et l'isolement. Il avait vu mourir l'un après l'autre tous ceux qui lui étaient chers: sa sœur Octavie, son neveu Marcellus, Virgile, Agrippa, Drusus, Mécène, Horace. Huit ans avant notre ère il ne lui restait plus que les enfants de sa fille Julie, le fils de l'impératrice Livie, Tibère, et les enfants de Drusus, l'autre fils, mort maintenant, de Livie. Il ne pouvait, puisque la république semblait encore debout, parler de léguer son pouvoir, mais il avait adopté les deux fils aînés de Julie, Caïus et Lucius César; et il commençait pour eux le système qui lui avait si bien réussi, l'occupation des magistratures républicaines. Dès l'âge de 15 ans, il les fit désigner consuls pour entrer en charge cinq ans après. Malgré sa dissimulation, Tibère n'avait pu voir cette adoption sans dépit. Il montra son mécontentement en se retirant à Rhodes, où il vécut 7 années en simple particulier; mais les circonstances l'en rappelèrent. Auguste fut contraint par les désordres honteux de Julie de l'exiler à *Pandataria*. Puis un de ses petits-fils, Lucius, fut enlevé à Marseille, dans un voyage, par une maladie soudaine; l'autre, Caïus, que le prince avait envoyé en grande pompe en Orient, fut blessé par un Arménien dans une conférence, et après avoir quelque temps langui, mourut en Cilicie (4 de J. C.).

Cette double mort rendait Tibère nécessaire, car le troisième fils de Julie, Agrippa Posthume, n'avait que 14 ans. Auguste, pressé par Livie qui, à mesure qu'il avança en âge, exerça sur lui un plus grand ascendant, se décida à les adopter l'un et l'autre; mais en obligeant Tibère à adopter lui-même son neveu Germanicus.

Cette succession était donc réglée, car tout le monde acceptait d'avance l'hérédité. Une conspiration faillit tout renverser. Un petit-fils de Pompée, Cinna, voulut poignarder Auguste; Livie conseilla la clémence, et l'empereur accabla le coupable d'un magnifique pardon. Plus tard, il lui donna le consulat.

Des deux héritiers, l'un disparut encore. Agrippa se rendit si odieux par ses débauches que son aïeul le relégua dans l'île de Planasia. L'année d'après, la seconde Julie, accusée des mêmes crimes que sa mère, fut aussi exilée, et le vieil empereur, juge impitoyable de tous les siens, se trouva, à plus de 70 ans, seul dans sa maison désolée.

Les services que Tibère rendit dans ces années terribles, où l'on vit Marbod menaçant, les Pannoniens rebelles et trois légions égorgées, effacèrent peu à peu les préventions du prince. Auguste partagea avec lui les plus importantes prérogatives, et le prit en l'an 13 pour son collègue.

Mort d'Auguste (14 de J. C.).

Il touchait au terme de sa longue vie; le 19 août, 14 de J. C., il mourut dans un voyage en Campanie; il était âgé de 76 ans moins 35 jours. Son corps rapporté à Rome fut enseveli dans le tombeau qu'il s'était élevé.

Il avait écrit un état des forces et des ressources de l'empire que nous avons perdu, et un précis de sa vie que nous avons encore presque entier. Nous pouvons y lire les titres qu'il croyait avoir à la reconnaissance de ses contemporains. Cette reconnaissance, il la méritait, depuis Actium, car il avait fait vivre pendant 44 ans le monde en paix; mais pour l'avenir qu'avait-il fondé? Rien qu'un gouvernement militaire, avec les sanglants désordres que ces sortes de gouvernements traînent à leur suite.

Le siècle d'Auguste.

Il a une autre gloire, celle d'avoir donné son nom à un des grands siècles littéraires. Mais pour que ce siècle soit vraiment l'âge d'or de la littérature romaine, il faut y rattacher les écrivains qui avaient paru depuis Sylla, les poëtes Lucrèce et Catulle, César dont la gloire militaire et politique efface la gloire littéraire, Cicéron dont le nom rappelle le plus grand crime d'Octave[1] et Salluste un des amis de César.

Salluste est bien loin de Cicéron comme citoyen, et ses écrits perdent bien de leur charme, quand on songe que l'homme dont le style et la pensée sont si austères, fut, comme gouverneur de Numidie, un effronté pillard. Il nous reste de lui la *Guerre de Jugurtha* et la *Conjuration de Catilina*. Il avait aussi entrepris une histoire générale de Rome depuis la mort de Sylla jusqu'à la conjuration de Catilina. Nous n'en avons malheureusement que des fragments informes. Lucrèce a laissé un poëme philosophique où se trouvent des beautés du premier ordre; César ses *Commentaires de la guerre des Gaules;* Catulle des élégies où il approche d'Horace quoique sa langue soit plus rude, son vers moins harmonieux, sa coupe moins habile. Tous ces écrivains sont antérieurs à Auguste; mais près de lui on trouve Tite Live, Horace et Virgile, l'histoire, l'ode et l'épopée. Tite Live, né à Padoue, 59 av. J. C., en garda, disait-on de

---

1. Voy. ci-dessus, p. 349. Les principaux ouvrages de Cicéron sont des plaidoyers (les *Verrines*, etc.); des discours politiques (les *Catilinaires*, les *Philippiques*, etc., des livres de rhétorique (l'*Orateur*, etc.); des traités philosophiques (des *Devoirs*, les *Tusculanes*); des traités politiques (la *République*, les *Lois*), et un immense recueil de lettres qui fournissent les plus précieux matériaux pour l'histoire de ce temps.

son vivant, certaines expressions qui sentaient la province;
il fut honoré de l'amitié d'Auguste qui lui confia l'éducation
du jeune Claude, depuis empereur, et mourut en l'an 18 ou
19 de notre ère; il écrivit une immense *Histoire romaine*
qui, par la magnificence du style, l'imposante ordonnance
du sujet, l'élévation et l'éloquence des pensées, n'a point
d'égale dans la littérature ancienne. Cet ouvrage qui comptait 142 livres, dont il ne nous reste que 35, le place au
premier rang des historiens, entre Hérodote d'un côté, Thu-
cydide et Tacite de l'autre; ses tendances aristocratiques le
firent surnommer le Pompéien.

Horace (mort 8 av. J. C.), l'ami d'Auguste et de Mécène,
l'épicurien de bon goût qui aima trop sa paresse pour tenter
quelque œuvre de longue haleine, écrivit des satires, des
épîtres, des odes qui ont été imitées, mais jamais surpas-
sées. Virgile, né près de Mantoue, a peint dans ses premiers
vers les malheurs de l'Italie livrée aux soldats des triumvirs.
Son père est ce Tityre auquel Octave a laissé sa cabane,
tandis que Mélibée est obligé de livrer ses récoltes et ses
fruits au soldat impie et barbare. Virgile reconnaissant remercia d'abord Octave dans ses *Églogues* qui rappellent trop
Théocrite et trop peu la nature; mais bientôt il trouva son
originalité et donna un des poëmes les plus parfaits qui
existent en aucune langue, les *Géorgiques*. Il y chante l'a-
griculture pour la remettre en honneur, la paix, les mœurs
rustiques, laborieuses et honnêtes, pour faciliter à Auguste
la tâche qu'il a entreprise de pacifier Rome et l'univers. Plus
tard, il chanta Rome elle-même pour ranimer le patriotisme
qui s'éteignait et donna à la littérature latine un poëme qui
ne vaut pas l'*Iliade*, mais qu'on lira éternellement. Il mourut
l'an 19 av. notre ère.

Dans le genre lyrique, Catulle approche quelque peu
d'Horace, qu'il précède de vingt ans; mais sa langue est
plus rude, son vers moins harmonieux, sa coupe moins
habile. Les poëtes élégiaques furent plus nombreux que les
poëtes lyriques. L'ode vit d'enthousiasme, l'élégie de plaintes : à pareille époque, celle-ci devait être mieux écoutée,
car elle avait plus d'écho dans les âmes. Catulle composa

quelques élégies ; Gallus (mort 26 av. J. C.), Tibulle (mort
18 av. J. C.), Properce (mort 18 av. J. C.), en écrivirent un
grand nombre. Ovide (mort 17 de J. C.), toujours élégant et
harmonieux, donna un grand charme aux vieilles légendes
qu'il recueillit dans ses *Fastes :* les *Métamorphoses*, les
Tristes, etc., montrent sa fécondité souvent stérile.

Un genre resta cependant, dans cette période, en arrière
des progrès que firent tous les autres. C'est celui précisément qui était arrivé à sa perfection relative dans la période
précédente, l'*art dramatique*. Plaute et Térence demeurèrent
sans rivaux. La comédie tomba même jusqu'à la pantomime,
et cet art dégradé où l'acteur finit par remplacer le poëte,
et les gestes la parole, obtint une telle vogue, grâce aux
Pylades et aux Bathylles, qu'il n'y eut plus place au théâtre
pour les pièces sérieuses. Les grands acteurs Roscius et
Ésope seront remplacés par des bouffons qui quelquefois
seront des meilleures maisons, comme ce joueur de lyre et ce
chanteur qui s'appelle Néron. Sénèque tentera vainement, avec
ses pièces déclamatoires et froides, de relever l'art dramatique.

Quant à l'éloquence, elle est pacifiée : l'empire a fermé la
tribune aux harangues ; l'éloquence est tombée du même
coup qui a frappé la liberté ; les orateurs ont fait place aux
arrangeurs de mots [1].

Pour la philosophie, on sait qu'à Rome il n'y en eut pas de
nationale. Chacun se rangea, suivant son caractère et ses
mœurs, sous la bannière d'Épicure ou sous celle de Zénon.
Les doctrines relâchées du premier convenaient fort aux
contemporains d'Auguste ; celles de Zénon, incompatibles
avec le despotisme, nourrirent la fierté républicaine et l'a-
mour de la liberté dans le cœur de quelques vieux Romains.
Les stoïciens formeront sous les premiers empereurs un parti
d'opposition politique (Thraséas, Helvidius Priscus, etc.)
qui fut souvent décimé. Nous trouverons deux des plus illustres interprètes de la morale stoïcienne aux deux extrémités de l'échelle sociale, Marc Aurèle sur le trône, Épictète
dans l'esclavage.

---

1. Voy. l'*Histoire de la littérature romaine* de M. Pierron.

L'érudition profonde et variée a trois représentants dans Varron, Hygin et Flaccus : la médecine est en grand honneur à Rome, depuis que l'affranchi Musa a sauvé Auguste d'une maladie grave ; les médecins ont obtenu franchise d'impôts et le droit de porter l'anneau d'or des chevaliers, et Celse écrit son ouvrage qui l'a fait surnommer l'Hippocrate romain.

Jusqu'à Auguste, la jurisprudence fut moins une science qu'un ensemble de coutumes. Labéon, le grave et libre républicain, et son rival Capiton, esprit plus souple, réglèrent la jurisprudence, l'un au nom des vieux principes de la cité, l'autre au nom de l'équité et de la loi naturelle, et fondèrent les deux grandes écoles de jurisconsultes connus sous les noms de proculéiens et de sabiniens.

A côté de ces noms s'en placent d'autres, moins célèbres, il est vrai, mais glorieux encore. Le Gaulois Trogue Pompée (1er siècle) qui écrivit une histoire universelle dont nous n'avons que l'abrégé fait par Justin (au IIe siècle); Asinius Pollion (sous Auguste) qui écrivit beaucoup et en divers genres, mais est plus connu comme protecteur des lettres : ce fut lui qui ouvrit la bibliothèque politique, et qui introduisit l'usage des lectures ou récitations faites devant un auditoire choisi, usage tout alexandrin, et qui entraîna la poésie romaine sur la pente où les poëtes d'Alexandrie s'étaient perdus, dans la servilité et de fades louanges pour leurs nobles protecteurs; les historiens Diodore de Sicile et le juif Nicolas de Damas, qui composèrent des histoires générales pour cet empire universel et écrivirent en grec, comme Denys d'Halicarnasse, Strabon, le grand géographe, et un autre géographe, Denys le Périégète. Il faut même citer Agrippa, qui fit dresser une carte de l'empire, et en composa le commentaire.

Le côté inférieur de la civilisation romaine au siècle d'Auguste, ce sont les arts : les Romains de l'empire comme ceux de la république les cultivèrent plutôt par mode que par goût, et, l'architecture exceptée, ils en laissèrent presque toujours l'exercice à des Grecs. Les grands travaux exécutés par Auguste, Claude, Néron et les Flaviens, donnèrent occasion aux *architectes* de montrer leur habileté. Vitruve écrivit sous Auguste les règles de leur art. La *peinture*, au contraire, déclina : on ne cite guère que le paysagiste Ludius qui substitua la fresque à l'encaustique. La *statuaire* se soutenait, mais sans génie : plusieurs des belles statues qui nous restent semblent des copies exécutées sous les premiers empereurs d'après d'anciens modèles. Comme on avait fait des collections de livres, on fit, surtout Asinius Pollion, des collections d'objets d'art rares et précieux. Auguste fonda les bibliothèques Palatine et Octavienne, et le goût des lettres et des arts resta toujours dans sa maison. Lui-même, Germanicus, Tibère, Caligula, Claude, Néron écrivaient en vers ou en prose.

CHAPITRE XXVI.

LES EMPEREURS DE LA MAISON D'AUGUSTE (14-68 AP. J. C.).

TIBÈRE (14-37) DE J. C. : SERVICES DE TIBÈRE SOUS AUGUSTE ; DANGERS QUI L'ENTOURENT ; SOULÈVEMENT DES LÉGIONS. — EXPÉDITIONS DE GERMANICUS, VICTOIRE D'IDISTAVISUS (16). — GOUVERNEMENT HABILE DE TIBÈRE ; SUCCÈS POLITIQUES DE DRUSUS SUR LE DANUBE ; DE GERMANICUS EN ORIENT (18-19). — MORT DE GERMANICUS (19). — SÉJAN ; MORT DE DRUSUS (23) ; DESTRUCTION DE LA FAMILLE DE GERMANICUS (23-28). — CHUTE DE SÉJAN (33) ; DERNIÈRES ANNÉES DE TIBÈRE. — HEUREUX COMMENCEMENTS, PUIS FOLIES ET CRUAUTÉS DE CALIGULA ; CHÉRÉAS (37-41). — CLAUDE (41-54) ; LOIS UTILES ; CONCESSIONS AUX PROVINCIAUX. — CONQUÊTE DE LA BRETAGNE (43) ; RÉDUCTION EN PROVINCES DE LA THRACE, DE LA LYCIE ET DE LA JUDÉE. — MESSALINE ET AGRIPPINE. — NÉRON (54-68). AMBITION D'AGRIPPINE ; EMPOISONNEMENT DE BRITANNICUS (55). — DÉSORDRES DE NÉRON ; MEURTRE D'AGRIPPINE (59). — MORT DE SÉNÈQUE ET DE LUCAIN ; CORBULON ; VOYAGE DE NÉRON EN GRÈCE (66). — RÉVOLTE DE VINDEX ; MORT DE NÉRON (68).

Tibère (14-37 de J. C.) : Services de Tibère sous Auguste ; dangers qui l'entourent ; soulèvement des légions.

Tibère était de cette ambitieuse famille des Claudes qui avait eu 28 consulats, 5 dictatures, 7 censures et autant de triomphes. Le mariage de sa mère Livie avec Octave, et son adoption par Auguste, l'avaient fait entrer dans la maison des Césars. Toutes les missions dont son père adoptif le chargea furent remplies avec activité et intelligence, et au moment de la guerre avec Marbod, il sauva l'empire d'une crise dangereuse. Depuis la mort d'Agrippa, nul général ne pouvait invoquer d'aussi éclatants services. Il avait combattu en Espagne et dans les Alpes, gouverné la Gaule, donné un roi à l'Arménie, dompté les Pannoniens, vaincu les Germains, transporté 46 000 barbares dans la Belgique, et rassuré l'empire après la défaite de Varus.

Voilà l'homme à qui la mort d'Auguste livrait, à près de 56 ans, le pouvoir : ajoutons que ses mœurs étaient dépravées, son humeur chagrine, son caractère vindicatif, et qu'il n'avait aucune répugnance à verser le sang.

Le moment de crise pour un gouvernement monarchique est la mort de son fondateur. Le respect pour Auguste avait imposé silence à toutes les ambitions ; mais Tibère se trouva environné de républicains et surtout de candidats à l'empire. Ils étaient assez connus pour qu'Auguste, dans ses derniers moments, les lui nommât, et un d'eux osa proposer au sénat de faire au nouvel empereur sa part. Ces prétentions commandaient au prince la prudence ; dans les premiers jours de son règne, ce fut à peine s'il agit en empereur, à Rome, du moins ; car aux légions il se hâta de se faire reconnaître. Mais les soldats avaient déjà compris que sur eux reposait la sécurité de l'empereur autant que celle de l'empire, et puisqu'il n'y avait plus de guerres civiles pour les enrichir, les successions au trône devaient leur en tenir lieu. Trois légions de Pannonie se soulevèrent, demandant pour solde un denier par jour, le congé après seize ans, et une somme fixe, payée au camp même, le jour de la vétérance. Tibère leur envoya Drusus, son fils, avec Séjan, son préfet du prétoire, qui conduisait une partie des forces restées en Italie. Une éclipse de lune aida à faire rentrer les séditieux dans le devoir.

Sur le Rhin la révolte fut plus dangereuse. Il y avait là sept légions partagées en deux camps : les demandes furent les mêmes. Quatre légions tuèrent leurs centurions. Germanicus, neveu de Tibère, accourut ; les rebelles lui offrirent l'empire : il refusa ; dans sa douleur, il avait tiré son épée comme pour s'en frapper : « Frappe donc, » lui crièrent ces furieux ; ses amis lui arrachèrent le glaive. Pour apaiser cette sédition dangereuse, il supposa une lettre de Tibère qui accordait tout et doublait le legs d'Auguste : les sommes du tribut des Gaules, tout l'argent du général et de ses amis y suffirent à peine.

Expéditions de Germanicus; victoire d'Idistavisus (16).

Il fallait occuper ces esprits remuants : leur général les conduisit à l'ennemi. Chez les Marses, un espace de 50 milles fut mis à feu et à sang. Au printemps suivant (15 de J. C.), Germanicus passa encore le Rhin, espérant profiter des querelles d'Hermann et de Ségeste, du parti national et du parti romain. Il ne put que délivrer Ségeste assiégé par son rival. La femme du vainqueur de Varus fut emmenée captive.

Les derniers ravages des Romains et les plaintes d'Hermann exaspèrent les Chérusques ; une ligue nouvelle se forma. Germanicus pénétra, pour la combattre, jusqu'à la forêt Teuteberg : des ossements blanchis indiquaient les lieux où les trois légions avaient péri. Les soldats rendirent à la terre ces restes mutilés qui depuis six années attendaient ce dernier honneur. Cependant les Germains ne tenaient nulle part. Fatigué de poursuivre un ennemi insaisissable, Germanicus s'arrêta. Il regagna l'Ems et remonta sur la flotte qui l'avait amené, tandis que Cécina regagnait le Rhin par la route des *Longs-Ponts*. Hermann l'y précéda, et le désastre de Varus fut sur le point de se renouveler ; heureusement Cécina était un vieux capitaine : il gagna une position forte d'assiette où les Romains campèrent, et parvint à se rouvrir la route du Rhin. Germanicus, surpris par les tempêtes de l'équinoxe, avait lui-même été en danger : nombre de vaisseaux avaient péri.

La confiance des barbares était singulièrement accrue ; une nouvelle expédition devenait nécessaire. Mille navires portèrent huit légions sur les bords du Wéser. Les Germains

osèrent attendre l'armée romaine dans la plaine d'Idistavisus. La discipline l'emporta ; une seconde action fut un second massacre. Varus était vengé. On reprit le chemin de
la Gaule, moitié de l'armée par terre, le reste sur la flotte ;
une tempête brisa encore ou dispersa au loin une partie des
vaisseaux. A ces nouvelles, la Germanie frémit et s'agita ;
mais Germanicus frappa des coups répétés, et les barbares,
surpris, laissèrent les légions regagner leurs quartiers
d'hiver (16 de J. C.). Germanicus y trouva des lettres de
Tibère qui l'appelaient à Rome pour un second consulat et
le triomphe ; les légions étaient sans doute, aux yeux de
l'empereur, trop dévouées à leur chef : il obéit.

**Gouvernement habile de Tibère ; succès politiques de Drusus
sur le Danube, de Germanicus en Orient (18-19).**

A Rome, Tibère gouvernait avec sagesse et sans violence,
refusant les honneurs, les temples qu'on lui offrait, et repoussant les basses flatteries du sénat, en homme qui savait
bien leur prix. Sa vie était celle d'un riche particulier ; ses
manières, sinon affables, du moins polies. Il se levait devant
les consuls, en toute question consultait le sénat, et acceptait
les leçons qu'osait parfois lui donner la liberté mourante. Il
aimait à assister aux jugements du préteur, et il ne reculait
jamais « devant une libéralité qui avait un motif honorable ; »
mais il mit une stricte économie dans les finances, et s'il
s'occupa moins qu'Auguste de plaire au peuple en lui donnant sans cesse des jeux, il veilla avec sollicitude à prévenir la disette. Une année que le blé était cher, il fit ce que
nous faisons aujourd'hui, il maintint le pain à bas prix
pour le peuple, en dédommageant les marchands. Il fut
aussi sans faiblesse pour les soldats, qu'il tint sous une
discipline austère, alors pourtant qu'il avait besoin d'eux.

Quant aux provinces, il continua la politique d'Auguste.
S'il n'osait comme lui, pour les visiter, s'éloigner de Rome,
où il n'avait ni un Mécène ni un Agrippa sur qui compter
en son absence, il leur envoyait au moins les gouverneurs
les plus habiles, évitait d'augmenter les tributs, et y soulageait les trop grandes misères. Douze villes de l'Asie, ruinées

par un tremblement de terre, furent exemptées pour cinq
ans de tout impôt; Sardes, plus maltraitée, reçut de lui dix
millions de sesterces. Tibère pratiquait ce qu'il recommandait
à ses gouverneurs de province : « Un bon pasteur tond
ses brebis et ne les écorche pas. »

Ainsi l'empire était sagement gouverné : mais en voyant
ces allures débonnaires, les grands s'enhardirent. Un complot
se forma; découvert à temps, il fut déjoué, et Libon son
auteur se tua. Plus près de lui, Tibère trouva des ennuis
domestiques. Livie, habituée aux égards de son époux, voulait
être écoutée; Agrippine, femme de Germanicus, et petite-fille
d'Auguste, bravait avec emportement la mère de
Tibère, et ne souffrait pas que l'épouse de Drusus marchât
son égale. Ces rivalités de femmes divisaient la cour, et faisaient
naître des haines que les courtisans envenimaient.

Tibère avait rappelé Germanicus des bords du Rhin, autant
pour l'enlever à ses légions que pour rester libre de
suivre sur cette frontière la prudente politique d'Auguste,
celle qu'il y avait pratiquée lui-même. Il lui permit d'entrer
à Rome en triomphe, et partagea avec lui le consulat pour
l'année suivante. A ce moment les Parthes redevenaient hostiles.
Ils avaient chassé Vonon, le roi que Rome leur avait
donné, et mis à sa place l'Arsacide Artaban; les deux rivaux
menaçaient d'en venir aux mains. En outre, la Comagène
et la Cilicie, depuis quelque temps sans rois, étaient pleines
de troubles. La Syrie et la Judée réclamaient une diminution
d'impôt : « Germanicus peut seul, disait Tibère, calmer
par sa sagesse les mouvements de l'Orient. » Un décret du
sénat déféra au jeune prince les pouvoirs qu'avaient eus
autrefois Agrippa et Caïus César, c'est-à-dire le gouvernement
des provinces au delà de la mer avec une autorité
supérieure à celle de tous les gouverneurs. Quant à Drusus,
le fils de Tibère, il partit pour la Pannonie, afin de veiller
sur les mouvements des Suèves.

La tâche de ce dernier était la plus simple, il n'avait qu'à
assister aux déchirements intérieurs de la Germanie, ou à
les faire naître. Deux ligues puissantes s'étaient formées : au
nord, celle des Chérusques sous Hermann et son oncle In-

guiomer ; au midi, celle des Marcomans sous Marbod ; elles
en vinrent aux mains. L'action fut sanglante ; Marbod, vaincu,
implora un asile sur les terres de l'empire. On lui assigna
Ravenne pour résidence. La puissance des Marcomans était
détruite, celle des Chérusques ne survécut pas à Hermann,
qui tomba sous les coups des siens, au moment où il songeait, dit-on, à se faire proclamer roi. Les sourdes intrigues
des Romains n'avaient certainement pas été étrangères à ces
résultats, qui les délivraient de deux ennemis redoutables. .

En Orient, Germanicus réussissait aussi bien. Il avait
porté partout le mot d'ordre du nouveau gouvernement, la
justice et la paix. En Arménie, il donna la couronne au fils
du roi de Pont, Polémon, fidèle vassal de l'empire ; ce prince
avait depuis longtemps adopté les usages des Arméniens.
C'était un choix habile auquel la nation entière applaudit.
La Cappadoce, dont le vieux roi venait de mourir à Rome,
fut, ainsi que la Comagène, réduite en province. En Syrie,
Germanicus conclut alliance avec Artaban, qui ne demandait que l'éloignement de son compétiteur. Dans la Thrace,
un des deux rois du pays avait tué l'autre ; l'assassin fut relégué à Alexandrie, et plus tard mis à mort.

Une plus sérieuse affaire avait commencé l'année précédente en Afrique (17 de J. C.). Un Numide, déserteur des
légions, Tacfarinas, réunit une troupe qu'il disciplina et
souleva les Musulans et les Maures. Le proconsul le battit
et reçut les insignes du triomphe, en récompense de cet
acte de vigueur, qui rendait la sécurité à une province fru-
mentaire.

Mort de Germanicus (19).

C'est au milieu de cette prospérité qu'on place l'action la
plus infâme de Tibère, l'empoisonnement de Germanicus.
Un homme tel que lui, sérieux, réfléchi, calculant tout, ne
commettait pas de crime inutile. La mort de son fils adoptif
ne lui ôtait pas un rival dangereux, il le savait incapable
d'une trahison odieuse, et elle le privait d'un appui nécessaire. L'artisan du crime était, disait-on, Pison, patricien
d'un caractère violent et fier, qui avait obtenu le gouverne-

ment de la Syrie, dans le temps où Germanicus était envoyé
en Orient. Ce fut au retour d'un voyage en Égypte, entrepris sans l'aveu de Tibère et malgré les défenses d'Auguste,
que Germanicus trouva les dispositions qu'il avait prises
changées par Pison. De vives altercations éclatèrent entre
eux; et l'indocile gouverneur, plutôt que de céder, préféra
quitter sa province. La nouvelle d'une grave indisposition
de Germanicus l'arrêta à Antioche; le prince s'étant rétabli,
il s'opposa aux fêtes célébrées pour sa convalescence, et
gagna Séleucie, où le bruit d'une rechute plus alarmante le
retint encore. Autour d'Agrippine on parlait d'empoisonnement, et les émissaires de Pison, qui venaient épier les progrès du mal, montraient, disait-on, de quelle main le coup
était parti. Germanicus succomba. On brûla son corps dans
le forum d'Antioche, et Agrippine, ayant recueilli pieusement ses cendres, débarqua à Brindes, portant elle-même
l'urne sépulcrale au milieu d'un immense concours de peuple plongé dans une morne douleur.

Pison avait reçu avec une joie inconvenante la nouvelle de
la mort de Germanicus et repris aussitôt la route de son
gouvernement. Les légats et les sénateurs répandus en Syrie
avaient déféré le commandement à un d'entre eux; Pison
ne recula pas devant une guerre civile; Tibère ne devait
pas le lui pardonner. Embarqué de force, il revint en Italie :
des accusateurs l'y attendaient. Ils voulaient que l'empereur
fût seul juge dans cette cause; s'il avait craint quelque révélation, il eût accepté; il renvoya tout au sénat. Il siégea lui-
même; et l'accusé, dit Tacite, le vit avec épouvante, sans
pitié, sans colère, impassible, impénétrable. C'est le plus
fidèle portrait de Tibère que Tacite ait laissé.

Pison se tua dans sa maison. L'empereur récompensa les
trois amis de Germanicus, qui s'étaient portés accusateurs,
demanda pour Néron, l'aîné de ses enfants, la permission
de briguer la questure cinq ans avant l'âge, et le maria
avec la fille de Drusus; il sollicita plus tard la même faveur
pour le second fils de Germanicus (20 de J. C.).

Ce long drame accompli, Tibère retourna aux soins du
gouvernement. On se plaignait de la trop grande sévérité de

la loi Pappia-Poppéa; il nomma quinze commissaires pour
adoucir ses exigences. On voulait étendre ses droits pour
le choix des gouverneurs, il refusa. Il limita le droit d'asile,
cause de beaucoup de désordres dans les villes de province et
n'encouragea point encore les délateurs. Un d'entre eux,
dénonçant le sénateur Lentulus, Tibère se leva et dit qu'il
ne se croirait plus digne de voir le jour si Lentulus lui était
ennemi. Dans les provinces, il maintenait la bonne administration par l'habileté de ses choix et par sa sévérité contre
les officiers prévaricateurs. En Gaule il y eut un commencement de révolte. Florus essaya de soulever les Belges;
battu et cerné dans les Ardennes, il se tua. Le prétexte à
cette levée de boucliers était le poids des tributs. L'Éduen
Sacrovir causa plus d'alarmes; il entraînait après lui
40 000 hommes, et s'était emparé d'Autun. Deux légions du
Rhin se rabattirent sur la province et firent de cette troupe
mal armée un horrible massacre.

Tacfarinas aussi avait reparu en Afrique. Encouragé par
un premier succès, il osa attaquer Thala; mais il fut repoussé avec perte. Il changea alors de tactique, divisa son
armée en petites troupes, attaqua et recula dès qu'il était
pressé. Pour anéantir cet ennemi infatigable, l'empereur
envoya contre lui Blésus, oncle de Séjan; grâce à son activité, Tacfarinas fut obligé de s'enfuir encore, laissant son
frère aux mains de l'ennemi (23).

Depuis neuf ans Tibère avait le pouvoir, et son administration avait été heureuse pour l'État. Tacite lui-même en
trace le plus brillant tableau : « Les affaires publiques, dit-il,
et les intérêts les plus graves des particuliers se traitaient
au sénat. Dans la distribution des honneurs il consultait la
naissance, les services militaires et le talent civil; de sorte
qu'il eût été difficile de faire de meilleurs choix. Quant aux
lois, si l'on excepte celle de majesté, on en faisait bon usage.
Pour ses affaires particulières, le prince choisissait les hommes les plus considérés, quelques-uns sans les connaître
et sur leur réputation, et la plupart vieillirent dans leur
charge.... Il veillait à ce que les provinces ne fussent pas
chargées d'impôts.... Les domaines du prince en Italie

étaient peu étendus ; ses esclaves sans insolence, ses affranchis peu nombreux ; avait-il des contestations avec des particuliers, les tribunaux et les lois décidaient. »

Séjan; mort de Drusus (23); destruction de la famille de Germanicus (23-28).

Comme Louis XI, comme tous les princes placés en face d'une aristocratie puissante, Tibère aimait à gouverner avec de petites gens ; ainsi, le seul favori qu'il ait eu fut un simple chevalier, Ælius Séjan. Ce personnage avait su gagner son affection par un dévouement absolu, une activité infatigable et d'habiles conseils. Tibère lui devait la vie, que Séjan lui avait sauvée un jour qu'une voûte s'écroulait sur lui; il lui accorda toute sa confiance et toutes les dignités. Séjan se laissa éblouir par cette grandeur, et crut qu'il lui serait possible de franchir le dernier degré en renversant ce vieillard et ses enfants.

Sa première victime fut le fils même de l'empereur. Drusus, dans une querelle, avait levé la main sur lui; pour se venger, Séjan corrompit la femme du prince, et la décida à empoisonner son époux. Cette mort frappa douloureusement Tibère, qui, privé déjà de son fils d'adoption, allait se trouver seul exposé aux coups; et, comme cette double mort augmentait les espérances des partis, elle accrut aussi ses soupçons. De ce jour, il se crut menacé, et, comme il avait dans ses mains une arme terrible, l'ancienne loi de majesté, faite pour le peuple, et maintenant au service de celui à qui le peuple s'était donné, la facilité de se débarrasser de ceux qu'il craignait l'habitua à ne connaître bientôt d'autre justice que celle du bourreau. Les ambitieux, il est vrai, n'osaient point encore agir pour leur compte, mais ils se groupaient autour d'Agrippine et formaient déjà un parti nombreux. Séjan le montrait prêt pour la guerre civile; Tibère lui permit de le frapper. Silius, le vainqueur de Sacrovir, se vantait trop haut d'avoir conservé l'empire à Tibère; c'était un des partisans les plus animés d'Agrippine, il fut accusé de concussion et de lèse-majesté, et se tua. Sa femme, qui partageait ses affections, fut exilée. Une

Claudia, amie et cousine d'Agrippine, fut aussi condamnée comme adultère.

L'autre parti, celui des républicains, eut son tour. Crémutius Cordus, accusé pour son histoire des guerres civiles, se défendit avec courage, puis se laissa mourir de faim. Ce fut le premier crime de Tibère. Vers ce temps, il quitta Rome pour n'y plus rentrer (26 de J. C.), et se retira dans la délicieuse île de Caprée, à l'entrée du golfe de Naples. Il avait alors 69 ans. Son petit-fils Tibère n'avait encore que 8 ans, tandis que deux des fils de Germanicus étaient arrivés déjà à l'âge d'homme. Autour d'eux les espérances grandissaient ; Séjan parlait encore de complots que semblaient déceler quelques paroles imprudentes, et Tibère frappa un second coup sur ce parti, qui lui semblait trop vivement convoiter son héritage.

Le premier jour de janvier 28 de J. C., Sabinus, le partisan le plus zélé d'Agrippine, fut traîné en prison. Cette triste affaire montra clairement ce qu'étaient devenus les magistrats et les sénateurs de Rome. Quatre anciens préteurs furent les instruments de sa perte. L'un d'eux, l'amenant un jour dans sa maison, lui arracha les plus imprudentes paroles. Les trois autres, cachés entre la voûte et le plafond, écoutaient à travers les fentes. Ils rendirent compte aussitôt à Tibère, qui demanda au sénat la tête du coupable. Ce que firent ces quatre préteurs, d'autres tous les jours l'essayeront ; car ce métier d'espion était productif ; la loi accordait au délateur un quart des biens du condamné, sans compter que le prince faisait souvent abandon du tout. Aussi, ces nobles qui ne pouvaient plus s'enrichir en pillant les provinces, iront à la fortune en se faisant délateurs. Chacun voudra trouver une victime, tout leur servira, une parole, un geste. « La terreur, dit Tacite, planait sur la ville. Les parents se redoutaient ; inconnu ou non, on s'évitait ; tout était suspect jusqu'aux murs, jusqu'aux voûtes inanimées et muettes. »

Dans cette voie de sang, on ne s'arrête guère ; Tibère s'en prit bientôt à Agrippine même, dont les malheurs et les vertus excusent le caractère ; elle fut enfermée dans l'île de Pandataria, où quatre ans plus tard elle se laissa mourir de faim. De ses trois fils, Néron fut mis à mort ou se tua. Drusus fut empoisonné; la jeunesse de Caïus le protégea contre les soupçons et les craintes du bourreau de tous les siens.

Chute de Séjan (33); dernières années de Tibère.

Toute la famille de Germanicus était comme détruite. Séjan se crut rapproché du but. Il osa demander la main de la veuve de Drusus, c'était presque demander à être l'héritier de l'empereur, elle lui fut refusée. Le sénat dédommagea le favori en le comblant d'honneurs, et en faisant dresser sa statue auprès de celle de l'empereur. Celui-ci en fut blessé. Une lettre d'Antonia, sa belle-sœur, lui en apprit davantage. Séjan conspirait et avait des complices jusque dans le palais. Par une conduite pleine d'artifices Tibère isola son préfet du prétoire, puis le frappa brusquement, et le fit arrêter en plein sénat. Le peuple mit en pièces son cadavre. De nombreuses exécutions suivirent sa mort.

L'oncle de Séjan, Blésus, ses trois enfants, ses amis, et il en avait beaucoup, car il avait été longtemps puissant, périrent. La cruauté de Tibère, dit Suétone, ne connut surtout plus de frein quand il apprit que son fils Drusus était mort par le poison. On montre encore à Caprée le lieu des exécutions; c'est un rocher d'où les condamnés, sur un signe de lui, étaient précipités dans la mer. A côté s'élevaient ces palais, théâtres, assure Tacite, d'infâmes voluptés. Heureusement ici l'on peut douter. On oublie, en effet, que Tibère avait 69 ans lorsqu'il quitta Rome, qu'il en avait plus de 73 après la mort de Séjan, époque à laquelle Tacite place les abominations de Caprée. Au reste, c'est moins l'homme que le prince que nous avons à suivre. Laissons dans Suétone ces honteux détails, sortons même de Rome, où Tibère vient de laisser Drusus mourir de faim, et retournons à l'empire.

L'administration de Tibère, dans les dernières années, porta le même caractère de fermeté et de bon sens qu'auparavant. La discipline fut maintenue avec sévérité, même parmi les prétoriens. Les licences du peuple furent énergiquement réprimées, bien qu'il sût à propos se montrer envers lui libéral; un incendie ayant désolé tout l'Aventin, il renouvela les largesses qu'il avait déjà faites dans deux occasions semblables, et paya le prix des maisons brûlées. Cette munificence lui coûta 10 millions de sesterces.

. Hors de l'Italie, l'aristocratie provinciale fut quelquefois traitée comme celle de Rome, mais sauf quelques exécutions dont furent victimes des personnages trop riches ou qui s'étaient trop mis en évidence, le repos des provinces ne fut pas troublé; les provocations qui venaient de loin en loin rappeler à l'indépendance les peuples vaincus restaient même sans effet. Tacfarinas, en Afrique, n'avait ramassé que les vagabonds et les bandits; Florus ne put soulever les Belges ni Sacrovir la Lugdunaise.

Aux frontières, la paix fut un instant troublée par la révolte des Frisons (en l'an 28 de J. C.), le tribut en était la cause; Tibère les en laissa libres; il ne voulait point d'une guerre au delà du Rhin, qui pouvait remettre encore la Germanie en mouvement. Sur l'Euphrate, on eut à combattre contre Artaban, roi des Parthes, qui, à la mort du roi d'Arménie, avait fait reconnaître dans ce pays son fils Arsace. Tibère confia cette guerre à l'habile et prudent Vitellius, et l'investit d'une autorité supérieure dans toutes les provinces de l'est. Un prince d'Ibérie, Mithridate, fut encouragé et aidé à faire la conquête de l'Arménie; et une conspiration nouée avec les seigneurs parthes mécontents, fit monter sur le trône d'Artaban un Tiridate élevé à Rome. Artaban vaincu s'enfuit chez les Scythes, tandis que Vitellius passait l'Euphrate et couronnait Tiridate. Tibère pouvait se vanter d'avoir, à ses derniers jours, montré les aigles romaines au milieu de l'empire des Parthes. Il est vrai que, peu de temps après, l'incapable Tiridate fut réduit à se réfugier sur les terres de l'empire.

Mais Tibère eut à peine le temps d'apprendre ces nouvelles, il avait atteint sa soixante-dix-huitième année, et, depuis quelque temps, les forces et la vie l'abandonnaient. Il mourut le 16 mars (37 de J. C.). C'était un esprit actif et ferme, mais triste et dur, n'aimant ni la pompe, ni le bruit, ni le faste; méprisant l'adulation au point de trouver son sénat trop lâche; bravant la haine; n'estimant le bien, le mal qu'à la mesure de l'utile; soupçonneux, parce qu'il rencontra toujours la bassesse et la trahison; à la fin, cruel, parce qu'il se sentit menacé. Lorsqu'on lui eut empoisonné son fils unique; lorsque, dans son palais même et parmi ses favoris, ses ministres, on eut conspiré contre lui, il se vengea sans pitié; une fois sur cette route, il ne s'arrêta plus, et ses dernières années montrèrent une abominable tyrannie. La moitié du mal vint assurément de son caractère, mais l'autre moitié vint de sa situation. Une société où manquaient à la fois les institutions, les doctrines et les mœurs devait être une révolution perpétuelle, oscillant de l'anarchie au despotisme.

Heureux commencements, puis folies et cruautés de Caligula; Chéréas (37-41).

Né le 31 août de l'an 12, Caligula allait achever sa vingt-cinquième année. Le vieil empereur lui préférait Tibérius Gémellus, fils de Drusus, et de son propre sang; mais Gémellus n'avait que 17 ans. Tibère se contenta de lui assurer une partie des prérogatives impériales. Le sénat cassa ce testament et conféra au seul Caligula tous les pouvoirs.

Rome salua de ses acclamations l'avénement du fils de Germanicus; et le nouvel empereur justifia d'abord toutes les espérances. Il délivra les prisonniers, brûla tous les papiers de Tibère, défendit les accusations de lèse-majesté, et rappela les bannis. Il nomma son oncle Claude consul, et adopta Gémellus, qui reçut le titre de prince de la jeunesse; le peuple eut des largesses, les soldats des gratifications. En même temps les impôts étaient diminués et les comices d'élections rétablies. La liberté semblait renaître.

Mais une maladie que fit Caligula le huitième mois de son principat sembla avoir altéré sa raison. Dès lors ce ne fut plus un empereur, mais un fou furieux, en guerre avec les dieux qu'il insultait, avec la nature dont il voulait violer les lois, comme ce jour où il jeta un pont sur la mer entre Baïes

et Pouzzoles; avec la noblesse de Rome qu'il décima, avec
les provinces qu'il épuisa par ses exactions. En moins de
deux ans il dépensa l'épargne de Tibère, 300 millions, en
profusions insensées. Pour remplir son trésor, ou, comme
il disait, pour apurer ses comptes, il prit la fortune des
riches, le plus souvent avec leur vie. Un jour, en Gaule, il
jouait aux dés et perdait, il se fait apporter les registres de
la province et marque pour la mort les citoyens les plus imposés. « Vous jouez pour quelques misérables drachmes,
dit-il ensuite à ses courtisans, moi je viens d'un coup d'en
gagner cent cinquante millions. » Il faisait argent de tout,
même des choses que la piété filiale eût dû lui faire garder.
Il vendit lui-même aux enchères, à Lyon, les meubles du
palais impérial et des objets que ses aïeux avaient ou aimés
ou portés.

Ce fou fit deux expéditions, l'une contre les Germains,
l'autre contre les Bretons. Dans la première il fit cacher, au
delà du Rhin, quelques soldats de sa garde germaine, et
alla ensuite les faire prisonniers. Dans l'autre, arrivé au
bord de l'Océan, il fit sonner la charge, puis commanda à
ses soldats étonnés de ramasser les coquilles du rivage.

Le monde supporta quatre années cette folie furieuse sans
qu'une sédition protestât contre ces saturnales du pouvoir.
« Combien je souhaiterais, disait ce monstre, que le peuple
romain n'eût qu'une tête pour l'abattre d'un coup ! » Le
sénat cependant se lassa de lui fournir des victimes, et le
24 janvier 41, un tribun des prétoriens, Chéréas, l'égorgea.

Chéréas était républicain; lui et ses amis pensaient
qu'après un tel prince, l'expérience d'un gouvernement monarchique devait être jugée. L'occasion semblait donc favorable pour le sénat de ressaisir son pouvoir; il l'essaya, et
pendant trois jours on put se croire en république. Mais ce
n'était le compte ni du peuple ni des soldats. Au moment
du meurtre de Caligula, Claude, son oncle, qui se trouvait
avec lui, s'était caché en un coin obscur. Un soldat l'y dé-
couvre et le montre à ses camarades. Claude leur demande
grâce de la vie. « Sois notre empereur, » répondent-ils. Et
comme il tremblait à ne pouvoir marcher, ils l'emportèrent

à leur camp. Il y reprit assez de courage pour haranguer les troupes, auxquelles il promit de l'argent (*donativum*). C'était le prix de l'empire qu'il leur payait, innovation malheureuse que les soldats érigèrent en loi.

Les sénateurs peu à peu abandonnés coururent eux-mêmes au-devant du nouveau maître. Chéréas fut envoyé au supplice. « Sais-tu tuer? demanda-t-il au soldat chargé de l'exécution. Ton épée n'est peut-être pas bien affilée, celle dont je me suis servi pour Caligula valait mieux. »

Claude (41-54); lois utiles; concessions aux provinciaux.

Claude, frère de Germanicus et petit-fils de Livie par le premier Drusus, son père, avait alors 50 ans. Il avait été presque toujours malade dans sa jeunesse; et dans la maison impériale tout le monde avait délaissé le pauvre enfant qu'on n'osait montrer au peuple ni aux soldats. On avait fini par l'oublier; à 46 ans il n'était même pas sénateur. Il s'en consola par l'étude des lettres et écrivit l'histoire des Étrusques et des Carthaginois. Caïus, qui le nomma consul, le mit un peu plus en évidence; le caprice des soldats fit le reste. Ils lui donnèrent l'empire, mais sans lui ôter ce qu'il garda toujours de son éducation, une timidité, une irrésolution et une habitude de se laisser conduire, qui eurent les plus déplorables effets, de sorte qu'avec des intentions souvent bonnes, il fit souvent le mal. Sous lui les véritables maîtres de l'empire furent sa femme Messaline, dont le nom est resté celui de la débauche même et de l'impudicité, et ses affranchis Polybe, Narcisse et Pallas.

Claude commença bien. Il cassa les actes de Caligula, fit jurer l'observation des lois d'Auguste et rappela les bannis. Naturellement débonnaire, il prit sans trop de peine ces façons qui avaient tant servi à la popularité du premier empereur, visitant ses amis malades, sollicitant les consuls, le sénat, comme s'il n'eût compté que sur leur faveur. Il aimait à juger, et souvent il jugeait bien. Par malheur, sa tenue sans dignité, sa tête branlante, son bégayement et parfois des sentences ridicules, le déconsidéraient. Il rétablit la

censure et l'exerça lui-même, mais plutôt avec les goûts
d'un antiquaire amoureux des vieux usages qu'avec la conscience des besoins réels de l'empire.

Malgré ses travers et sa faiblesse, ce prince, sans les
exemples d'infamie et de crimes donnés par son entourage,
n'eût pas compté parmi les plus mauvais empereurs. Les
affranchis, qu'un long pouvoir n'avait pas encore gâtés,
cherchèrent à justifier, par des services, leur influence ; et
l'on vit, ce que l'on n'attendait guère, à l'intérieur quelques
sages mesures en faveur des esclaves[1], ou contre les avocats
trop avides, les usuriers et les bannis des provinces qui
accouraient à Rome, etc., et d'utiles travaux (un aqueduc,
un port à Ostie, une tentative de desséchement du lac Fucin, etc.); dans les provinces une administration libérale;
au dehors une politique ferme et que le succès récompensa.

Auguste avait voulu constituer au milieu des nations soumises une minorité romaine qui fût le point d'appui de son
gouvernement. Mais c'était gouverner encore dans l'intérêt
de Rome. Effort inutile! car il ne prétendait à rien moins
qu'à arrêter le mouvement du monde, comme si les empereurs eussent pu continuer l'aristocratie contre laquelle ils
achevaient par les supplices, les batailles de Pharsale, de
Thapsus et de Philippes. Dans son testament, Auguste avait
conseillé d'être avare des priviléges de la cité, et dans le
court espace de 34 ans le nombre des citoyens avait presque
doublé. Tibère avait aidé beaucoup à cet accroissement;
Claude surtout y contribua, car il érigea en règle du gouvernement impérial cette loi d'extension continue et d'assimilation progressive qui avait fait la fortune de la république. Lui-même, il sollicita pour les nobles de la Gaule Chevelue, depuis longtemps citoyens, le droit de posséder aussi
les dignités romaines et de siéger au sénat.

Une seule religion provinciale fut persécutée sous Claude,
celle des druides, parce que ces prêtres refusaient la paix
qu'Auguste leur avait offerte à la condition de mêler leurs

---

1. Le maître qui tuait son esclave fut déclaré homicide. Défense fut faite
d'abandonner ses esclaves malades dans l'île d'Esculape.

dieux aux divinités de l'Olympe. Claude s'efforça d'abolir leur culte et les punit de mort eux et leurs adhérents.

Conquête de la Bretagne (43); réduction en provinces de la Thrace, de la Lycie et de la Judée.

Cette lutte en amena une autre. Pour vaincre le druidisme en Gaule, il fallait l'enchaîner dans la Bretagne. Les légions y passèrent sous la conduite de Plautius, qui soumit rapidement toute l'île jusqu'à la Severn et la Tamise (43). Derrière ce fleuve, Caractac avait réuni une armée. Claude vint lui-même assister à sa défaite, puis laissa Plautius organiser la nouvelle province. Le successeur de ce général, Ostorius Scapula, se vit menacé par un soulèvement presque général des insulaires (50), mais il fit rentrer dans l'ordre les Icènes et les Brigantes au nord, et écrasa, à l'ouest, les Ordovices ; le calme fut rétabli et maintenu jusqu'à la mort de Claude.

En Germanie une expédition heureuse avait fait retrouver aux Romains la dernière des aigles de Varus. Mais Claude pratiquant, de ce côté, la politique de Tibère, s'occupa surtout de prendre sur le Rhin une forte défensive et de placer les chefs barbares dans l'intérêt de Rome. Il y réussit si bien, qu'en l'an 47 les Chérusques vinrent lui demander un roi. Corbulon, le plus grand général de ce temps, aurait voulu reprendre contre les Germains les desseins du premier Drusus ; il soumit les Frisons, et attaqua les Chauques. Claude l'arrêta. « Heureux autrefois les consuls romains! » dit l'ambitieux général en obéissant. Pour occuper au moins ses soldats, il leur fit creuser un canal de la Meuse au Rhin ; un autre fit ouvrir aux siens des mines ; partout on demandait aux légions d'utiles travaux.

Sur le Danube la tranquillité ne fut point troublée. En Thrace, des troubles amenèrent l'intervention de Claude qui réduisit le pays en province (46). Dans le Bosphore, un roi, déposé par lui, prit les armes, fut vaincu et se livra lui-même. En Orient, l'empereur eut la gloire de reconquérir l'Arménie et de donner un roi aux Parthes. Malheureusement ces succès ne se soutinrent pas, le candidat des Ro-

24

mains au trône des Arsacides fut renversé, et Vologèse plaça
pour quelque temps la couronne d'Arménie sur le front de
son frère Tiridate.

La Lycie faisait de sa liberté un mauvais usage, Claude la
lui ôta ; et le roi des Juifs, Agrippa, étant mort en 44, il réunit la Palestine au gouvernement de Syrie. Dans l'Afrique,
Suétonius Paulinus et Géta soumirent les Maures, dont le
pays forma deux provinces : la Mauritanie Césarienne et la
Mauritanie Tingitane.

Messaline et Agrippine.

Ce principat ne manquait donc ni de gloire militaire ni de
gloire politique. La Mauritanie et la moitié de la Bretagne
conquises, les Germains contenus, le Bosphore retenu dans
l'obéissance, la Thrace, la Lycie, la Judée réduites en provinces, et les divisions des Parthes longtemps entretenues.
A l'intérieur, une prospérité croissante ; dans les armées, la
discipline et une activitée tournée vers le bien public sous la
direction de généraux vieillis dans les commandements ;
certes, il y avait dans ces résultats de quoi satisfaire l'orgueil
d'un prince. Pourquoi faut-il maintenant rentrer dans Rome
pour y voir ces grands qui ne savent autre chose que conspirer ou flatter bassement, et dans ce palais impérial que
déshonorent un prince sans caractère et une femme impu-
dique?

Neuf ou dix complots formés contre la vie du prince amenèrent de terribles vengeances. Sous le règne de Claude,
35 sénateurs et 300 chevaliers périrent. Les plus illustres furent
Silanus, Valérius Asiaticus, Scribonianus qui souleva l'armée de la Dalmatie. Pætus dont la femme Arria montra un
stoïque courage. Comme il hésitait à se tuer, elle se frappa
elle-même, et, lui tendant le poignard : « Tiens, Pætus, lui
dit-elle, cela ne fait pas de mal. » Beaucoup furent victimes
de la haine de Messaline, dont la cruauté égalait les vices.
Il faudrait toutes les libertés de la langue latine pour redire
les débordements de l'impériale courtisane. Un fait mon-
trera, au moins, son audace à braver l'empereur, et les lois,

et la pudeur publique. Elle voulut contracter un second hymen avant que la mort eût brisé le premier, et elle épousa suivant la forme ordinaire le sénateur Silius. Les affranchis, alarmés pour eux-mêmes, arrachèrent à Claude un ordre de mort (48).

Mais à Messaline ils substituèrent, comme impératrice, la propre nièce de l'empereur, une fille de Germanicus, la fière et impérieuse Agrippine. Elle avait un fils âgé de onze ans, Néron ; elle voulut lui assurer l'héritage de Claude, bien que ce prince eût déjà deux enfants, Octavie et Britannicus. Elle maria la première avec Néron ; quant au jeune prince, elle lui ôta peu à peu l'affection de son père et accumula sur la tête de son fils tous les titres et toutes les distinctions. Claude, oubliant son rang, laissa tout faire. Agrippine l'avait entouré d'hommes à elle, et avait fait donner à Burrhus, qui lui était dévoué, la préfecture du prétoire. Sénèque, fort célèbre déjà par ses écrits, avait été habilement nommé précepteur de Néron.

Cependant Britannicus grandissait. Un retour de tendresse dans le cœur du vieil empereur était à craindre. Quelques menaces lui étaient échappées dans l'ivresse. Agrippine se résolut à mettre un terme à ses anxiétés. Une empoisonneuse de profession, Locuste, fut chargée de préparer un mets favori de Claude. On cacha quelque temps sa mort pour donner le temps à Burrhus de présenter Néron aux prétoriens. Il leur promit la même gratification que Claude leur avait donnée, et les soldats, ratifiant le marché, le proclamèrent empereur. Le sénat oublia comme les autres Britannicus, et confirma l'élection. Pour Claude, suivant l'usage, on en fit un dieu (14 oct. 54).

Néron (54-68) ; ambition d'Agrippine ; empoisonnement de Britannicus (55).

Élevé dans une cour corrompue, au milieu des coupables intrigues de sa mère, par un maître indulgent qui ne songeait qu'à augmenter son crédit et ses richesses, Néron se vit bientôt entouré de flatteurs qui surent trouver des éloges

pour toutes ses folies et des excuses pour tous ses crimes. Il
ne manquait pas d'esprit et avait le sentiment de ce qui est
bien ; mais on n'avait pris aucun soin de combattre son penchant à la débauche et sa vanité de chanteur et de musicien.
Cependant on loua longtemps encore après sa mort les cinq
premières années de son règne (*quinquennium Neronis*)
comme l'époque la plus heureuse de l'empire. Il diminua
en effet les impôts des provinces, combattit le luxe, secou-
rut de son argent les sénateurs pauvres et promit de prendre Auguste pour modèle. « Que je voudrais ne pas savoir
écrire ! » disait-il un jour qu'on lui présentait une sentence
capitale à signer. Et une autre fois que le sénat lui adres-
sait des actions de grâces, il l'arrêta par ces mots : « Atten-
dez que je les mérite. » Sénèque et Burrhus s'efforcèrent et
réussirent quelque temps à contenir les fougueuses passions de leur élève, mais l'ambition d'Agrippine amena
l'explosion.

Cette femme impérieuse croyait qu'elle allait régner sous
le nom de son fils : elle voulait assister aux délibérations du
sénat et ce n'avait pas été sans peine qu'elle s'était contentée
de tout entendre derrière un voile. Un jour que Néron donnait audience aux ambassadeurs arméniens, elle s'avança
pour prendre place à côté de lui, et recevoir aussi leurs
hommages ; mais le prince alla à sa rencontre et prévint ce
que les Romains, même de ce temps, eussent regardé comme
une honte, la publique intervention d'une femme dans les
affaires de l'État. Liguée avec l'affranchi Pallas, elle espérait
que dans le palais rien ne se ferait sans elle ; mais Sénèque
et Burrhus, quoique ses créatures, résolurent de prévenir
cette domination qui avait avili Claude. Malheureusement
les deux ministres, malgré l'austérité de leur vie ou de leurs
doctrines, ne trouvèrent d'autre expédient pour combattre
l'influence d'Agrippine que de favoriser les passions du
prince. Ils laissèrent se former autour de lui une société de
jeunes femmes et de débauchés, dans laquelle l'impératrice
trouva bientôt une rivale, l'affranchie Acté. Elle changea
alors et de ton et de conduite ; mais les caresses ne réussirent pas mieux que la colère, et les deux ministres, pour lui

bien montrer que son crédit était perdu, firent disgracier
l'affranchi Pallas.

Agrippine éclate alors en menaces : elle veut tout révéler :
elle conduira Britannicus aux prétoriens et rendra à celui
qui devait l'avoir le trône qu'elle a donné à un fils ingrat.
Néron la prévint : au premier jour de son règne, il avait fait
mourir un membre de la famille impériale, Silanus. Le
meurtre de son frère d'adoption ne lui coûta pas plus. Britannicus, âgé de 14 ans, fut empoisonné dans un festin à la
table même de Néron. Agrippine, effrayée de cette cruauté
précoce, chercha elle-même des défenseurs ; elle sonda les
soldats, et se montra pleine de prévenances pour leurs chefs.
Néron, ne gardant plus de mesure, lui assigna une demeure hors du palais et évita presque de la voir ; il accueillit
même une accusation contre elle et l'obligea de répondre aux
questions de Sénèque et de Burrhus. Elle le fit, mais avec
hauteur, et parla durement à son fils, ce qui ne lui fit pas regagner l'autorité qu'elle avait perdue.

Désordres de Néron ; meurtre d'Agrippine (59).

Débarrassés d'Agrippine, les deux ministres gouvernèrent
pendant quelques années avec modération et justice. Des
condamnations apprirent aux gouverneurs de province que
leur conduite était surveillée : quelques impôts furent abolis
ou diminués. Néron demandait à les supprimer tous. Malheureusement le plaisir l'avait déjà saisi : des amis débauchés, des liaisons vulgaires, un goût funeste pour le théâtre,
le corrompirent chaque jour davantage. Sénèque pratiquait
lui-même trop mal ses belles maximes, pour que ses leçons
pussent agir efficacement sur le jeune empereur. Rome ap-
prenait avec étonnement que son prince courait la nuit les
rues de la ville sous un déguisement d'esclave, entrant dans
les tavernes et battant les gens attardés, au risque de trouver plus fort que soi. Un sénateur lui rendit ainsi les coups
qu'il avait reçus et eut l'imprudence le lendemain de lui en
faire ses excuses. Néron, se souvenant alors de son inviolabilité tribunitienne, le fit mourir. Le jour il était au théâtre,

troublant lui-même la police de la salle, encourageant les applaudissements ou les huées, excitant le tumulte et prenant plaisir à voir le peuple-roi briser les bancs et se livrer des combats auxquels il se mêlait lui-même, en lançant d'un poste élevé des projectiles au hasard.

La vertueuse sœur de Britannicus ne pouvait être la digne épouse de ce royal débauché; il enleva à Othon sa femme Poppéa Sabina. Octavie était un obstacle à l'ambition de Poppée, bien plus encore Agrippine qui s'inquiétait peu de voir son fils coupable, mais beaucoup de le sentir sous une influence qui n'était pas la sienne. Irrité de ses reproches, Néron en vint au point de pouvoir ordonner sa mort. Anicétus, commandant de la flotte de Misène, dressa le plan d'assassinat de l'impératrice. Sous prétexte d'une réconciliation avec son fils, Agrippine fut invitée à se rendre à Baïes; on la fit monter sur un vaisseau préparé de manière à s'entr'ouvrir en pleine mer. Agrippine s'étant sauvée à la nage sur une côte voisine et réfugiée dans sa villa du lac Lucrin, Néron la fit poignarder et publia qu'elle s'était tuée elle-même, après qu'on eut surpris un affranchi envoyé par elle vers son fils pour l'assassiner. Tel fut le sort d'une femme, petite-fille d'Auguste, sœur, femme et mère de trois empereurs. Mais les furies vengeresses poursuivirent le parricide, malgré les félicitations que Burrhus vint lâchement lui offrir de la part des soldats, et les actions de grâces rendues aux dieux dans tous les temples de la ville, sur la proposition de Sénèque. Il chercha à étouffer ses remords en se plongeant dans les débauches grossières et insensées. De ce moment datent ses plus indignes folies. Les Romains le virent, en rougissant, conduire des chars dans l'arène et monter sur le théâtre pour y chanter et y jouer de la lyre. Croyons qu'il put s'étourdir, mais qu'il ne trouva jamais le repos. En Grèce, il n'osa entrer dans le temple d'Éleusis d'où la voix du héraut écartait les impies et les parricides.

Incendie de Rome (64); persécution contre les chrétiens.

Après la mort de Burrhus, qui mourut peut-être empoi-

sonné, et la retraite de Sénèque, qui était allé jouir, loin de
la cour, de ses immenses richesses, l'influence de Poppée
devint telle que Néron, pour l'épouser, fit tuer sa femme Octavie, reléguée à Pandataria. Tigellinus obtint alors le
commandement des gardes et toute la confiance du prince.
L'incendie de Rome, l'an 64, ne peut être, avec certitude,
imputé à Néron. Mais ce fut pour lui un prétexte de persécuter les chrétiens. Les supplices furent atroces. On les enveloppait de peaux de bêtes pour les faire déchirer par des
chiens ; on les mettait en croix, ou l'on enduisait leur corps de
résine, et Néron s'en servit la nuit, comme de flambeaux,
pour éclairer ses jardins pendant une fête qu'il donnait au
peuple. Afin de satisfaire sa prodigalité dans les jeux et les
spectacles, de couvrir les frais de ses constructions insensées, surtout de sa maison d'or, de ses festins, dont un seul,
rien que pour les parfums, lui coûta quatre millions de sesterces, de son luxe en meubles, en vêtements qu'il renouvelait chaque jour, de ses distributions au peuple de pain,
de viandes, de gibier, d'habits, d'argent, même de pierres
précieuses, en retour d'applaudissements pour ses vers et
pour ses chants ; afin, dis-je, de suffire à toutes ses folles
dépenses, il multiplia les exils, les condamnations inévita-
blement suivies de la confiscation des biens ; les emplois devinrent même une source de revenus : il ne les donnait qu'à
condition qu'on en partagerait avec lui les profits. Les provinces se trouvèrent donc encore une fois mises au pillage :
ce n'était pas pour cela qu'elles avaient si vivement salué
l'établissement de l'empire : aussi, peu s'en fallut qu'on n'en
vit la dissolution dans les dernières années de ce principat.

Mort de Sénèque et de Lucain ; Corbulon ; voyage de Néron en Grèce (66).

Les premières victimes après les meurtres d'Agrippine et
d'Octavie furent Sylla, dernier rejeton d'une illustre famille,
Plautus du sang des Césars et l'affranchi Pallas. Mais ce fut
à partir de l'an 65 que les supplices se multiplièrent. A cette
époque une conspiration formidable fut découverte. On voulut donner l'empire à Calpurnius Pison. Nombre de séna-

teurs, de chevaliers, de soldats même, étaient impliqués dans le complot. Sénèque, son neveu, le poëte Lucain qui poursuivait de ses sarcasmes la manie malheureuse de l'empereur de faire des vers, y étaient aussi entrés, et furent contraints de se faire ouvrir les veines. Puis ce fut le tour de Silanus, du consulaire Antistius et du vertueux Thraséas qui mourut noblement comme il avait vécu. Dès lors, Néron crut n'avoir plus de mesure à garder : il osa monter à Rome même, sur le théâtre, et Vespasien faillit périr pour s'être endormi pendant que l'impérial histrion était sur la scène.

Cependant au milieu de ces débauches et de ces cruautés, le génie de Rome semblait veiller, malgré tant de fautes, sur la fortune de l'empire. Les Germains, livrés à des dissensions intestines, ne connaissaient plus la route du Rhin et de la Gaule. En Bretagne, une insurrection générale, excitée par la reine Boadicée, avait coûté la vie à 70 000 Romains ou provinciaux : mais Suétonius Paulinus avait comprimé l'insurrection, et la Bretagne avait perdu l'espoir de s'affranchir (61). En Orient, Corbulon avait fait reculer les Parthes, qui envahissaient l'Arménie, et donné la couronne de ce royaume à un prince dévoué à l'empire (60). Vologèse, il est vrai, le chassa et mit à sa place son frère Tiridate; mais Corbulon menaça de franchir l'Euphrate, et Tiridate, pour mettre fin à cette rivalité, vint lui-même jusqu'à Rome solliciter humblement que Néron le confirmât dans la possession de l'Arménie.

. Les succès de ses lieutenants mirent l'empereur en goût lui-même de conquêtes. Il fit, en l'an 66, de grands préparatifs, surtout de grands projets, et débarqua en Grèce. Mais il y oublia bientôt la guerre au milieu des fêtes : il voulut paraître dans les jeux et disputer la couronne aux courses olympiques; on ne la lui refusa pas, bien qu'il fût tombé au milieu du stade. Les Grecs, flattés de cet honneur rendu à leurs vieilles coutumes, lui prodiguaient des flatteries. Il paya royalement leurs applaudissements en proclamant lui-même à Corinthe, dans les jeux isthmiques, que la Grèce serait libre. Il songeait à faire plus pour elle : il avait des-

sein de couper l'isthme de Corinthe ; mais un tel ouvrage
demandait plus de constance que n'en avait le frivole empereur pour les travaux utiles : il crut d'ailleurs avoir assez
fait pour la gloire. Il ne s'était occupé de l'Orient que pour
en rappeler Corbulon, qui trouva à Corinthe l'ordre de se
tuer : « Je l'ai bien mérité, » dit le grand général; et pour
envoyer Vespasien contre les Juifs révoltés (67). Quant à lui,
il regagna l'Italie et Rome, rapportant les 1800 couronnes
qu'il avait gagnées dans les jeux.

Révolte de Vindex ; mort de Néron (68).

Cependant l'empire commençait à se lasser d'obéir à un
mauvais chanteur, comme l'appelait Vindex. Ce général,
alors propréteur en Gaule, fut le premier qui se révolta. Il
offrit l'empire au proconsul de la Tarraconnaise, Galba, qui
ne prit que le titre de lieutenant du sénat et du peuple (68).
Néron put croire un instant qu'il n'aurait pas même besoin
de quitter Rome. Virginius commandant des légions du
Rhin, marchait en effet contre Vindex ; mais près d'en venir
aux mains, les deux chefs s'entendirent. Malheureusement
leurs troupes qui ignoraient leur bonne intelligence, s'attaquèrent, et Vindex, désespéré, se tua. Les légions de Virginius voulaient à leur tour faire un empereur, ainsi qu'en
avaient déjà tant fait les prétoriens ; elles proclamèrent leur
général. Celui-ci, républicain comme il s'en trouvait encore
quelques-uns dans les camps, refusa, et se montra même
peu disposé à accepter la candidature de Galba.

Cependant les événements se précipitaient à Rome. Tout
le monde abandonnait Néron. Nymphidius, son préfet du
prétoire, songea même à profiter de la confusion qui régnait
pour saisir l'empire. Il fallait d'abord se défaire de Néron,
sauf à renverser plus tard Galba, alors éloigné. Il fit proclamer celui-ci par les prétoriens, en leur promettant en son
nom un riche *donativum*. Néron, réduit à fuir puisqu'il ne
trouvait pas même un gladiateur pour le tuer, se réfugia
dans la métairie d'un de ses affranchis ; mais on suivit sa
trace ; des cavaliers s'approchaient ; il s'enfonça un glaive
dans la gorge en s'écriant : « Quel artiste le monde va per-

dre! » Avec lui s'éteignit la race des Césars, qui depuis le grand Jules ne s'était d'ailleurs continuée que par l'adoption (juin 68).

Comme s'il se faisait alors un vide immense dans le monde, l'empire fut ébranlé par la chute de cette maison, et il s'éleva pour la possession du trône impérial de sanglantes rivalités et des guerres civiles. Les provinces ne se mêlèrent pas encore à la lutte. Ce ne fut guère que les légions des frontières qui se levèrent contre les prétoriens, et qui se disputèrent entre elles à qui ferait asseoir son général sur le trône du monde. Cette anarchie dura deux ans, et ne s'arrêta que sous la main énergique de Vespasien.

CHAPITRE XXVII.

ANARCHIE DE DEUX ANS ET DYNASTIE DES FLAVIENS (68-97).

GALBA (68). — OTHON (69) ET VITELLIUS (69). — ORIGINE DE VESPASIEN : SON SÉJOUR EN ÉGYPTE (69). — RÉVOLTE DES BATAVES ; CIVILIS. — DESTRUCTION DE JÉRUSALEM (70) ; HABILE ADMINISTRATION DE VESPASIEN. — SUCCÈS D'AGRICOLA EN BRETAGNE ; MORT DE VESPASIEN (79) ; — TITUS (79-81). — DOMITIEN (81-96).

Galba (68).

Servius Sulpicius Galba était âgé de plus de 72 ans. Il avait passé par toutes les grandes charges de l'État ; en dernier lieu il avait administré pendant huit années l'Espagne Tarraconaise. Tout le monde s'accorda à prendre ce vieillard qui ne pouvait vivre longtemps et dont chacun espérait se faire l'héritier. Mais peu de temps après son arrivée à Rome, sa sévérité et son avarice, deux choses à quoi les empereurs précédents n'avaient habitué ni le peuple ni les soldats, eurent bientôt soulevé la haine contre lui. Il eut tort au reste de licencier sans solde la garde germaine, et de renvoyer à leurs vaisseaux, après les avoir fait décimer parce qu'ils s'y refusaient, les marins de Néron, dont ce prince

avait formé une légion. Les prétoriens exigeaient le *donativum* promis en son nom. « Je choisis mes soldats, répondit-il ; et je ne les achète pas. » En même temps, ceux des
amis de Néron échappés au premier massacre qui avait suivi
la mort de leur maître furent envoyés au supplice.

Cette sévérité n'empêcha pas Galba d'être faible et indulgent jusqu'à l'excès pour ses tout-puissants favoris Vinius,
Laco et Icélus, qui commettaient sous son nom mille injustices. Le mécontentement se montra surtout parmi les légions
de la haute Germanie, qui n'avaient point reçu de récompense pour leur campagne contre Vindex. Afin d'en arrêter
l'explosion, il désigna pour son successeur Licinianus Pison,
que recommandaient la sévérité de ses mœurs la noblesse
de son origine et ses hautes qualités. Mais Galba, en pré-
sentant Pison aux prétoriens, ne leur promit pas de *donativum*, et Pison, dont ils redoutaient le caractère austère,
leur en devint plus odieux. Ils auraient préféré voir la succession de l'empire assurée à Marcus Fulvius Othon, ancien
ami de Néron et premier mari de Poppée, homme ambitieux,
mais perdu de dettes. Othon récemment revenu de son gouvernement de Lusitanie, et qui s'était formé un parti à la
cour impériale, avait espéré que le choix de Galba tomberait
sur lui. Quand il vit cet héritage passer à Pison, il souleva
les prétoriens. La plupart des troupes passèrent de son côté,
et le quatrième jour après la nomination de Pison, Galba,
abandonné de tous, fut massacré sur le champ de Mars. Un
fidèle et courageux centurion détourna les coups dirigés contre Pison, qui put se sauver, quoique blessé, dans le temple
de Vesta. Mais il en fut arraché par une troupe furieuse, et
décapité. Beaucoup d'amis de Galba éprouvèrent le même
sort. Il avait régné sept mois.

Othon (69) et Vitellius (69).

Le sénat s'empressa avec son habituelle servilité de reconnaître Othon empereur. Le nouveau prince dut tout céder
d'abord aux prétoriens. Ils nommèrent eux-mêmes leurs
chefs et jusqu'au préfet de la ville, Sabinus, frère de Vespa-

sien ; et il ne parvint qu'à grand'peine à les empêcher de massacrer une partie du sénat. Cependant, contre l'attente générale, Othon fit preuve d'habileté et de fermeté; mais il n'eut pas le temps de montrer ce qu'il pouvait faire, car il avait déjà un rival. Au commencement de janvier 69, les légions du Rhin avaient à Cologne proclamé empereur leur chef Vitellius. En vain Othon chercha à prévenir par des négociations la guerre civile ; il fallut en venir aux mains. Trois fois ses généraux battirent dans la haute Italie les vitelliens, commandés par Cécina et Valens. Mais près de *Bedriacum*, entre Vérone et Crémone, il perdit une grande bataille. Vainement ses amis le supplièrent d'attendre, pour recommencer la guerre, l'arrivée des légions de la Mœsie; Othon s'offrit lui-même comme victime pour mettre fin à ces luttes cruelles; il se tua, quelques jours après la bataille, à Brixellum (15 avril). Cette mort expia et fit oublier les crimes de sa vie.

Vitellius prit alors le chemin de Rome, où le sénat et le peuple l'avaient reconnu, accompagné de ses légions, qui marquaient leur route par les plus sauvages excès. Sans talent, sans énergie, il ne s'était encore fait remarquer que par une brutale voracité. Prodigue de son bien comme de celui des autres, il permit tout aux soldats et ne s'inquiéta guère de l'empire. Son principal soin fut de faire venir des pays et des mers les plus éloignés des mets inconnus et bizarres. Dans les huit mois que dura son règne, il dépensa près de 200 millions de francs. L'acte le plus solennel de son principat fut l'invention d'un plat monstrueux qu'il appela le bouclier de Minerve. Hors des festins, il était entouré d'acteurs, de conducteurs de chars et d'autres gens de bas étage. Aussi les révoltes éclatèrent de toutes parts dans la Mœsie, la Pannonie et la Syrie. Ce fut de cette dernière province que le mouvement partit.

L'Orient voulait avoir son empereur, puisque l'Occident venait d'en donner deux coup sur coup. Vespasien, qui s'était illustré dans la guerre de Bretagne, commandait alors des forces considérables chargées de réduire les Juifs révoltés. Quoique sévère pour la discipline, il avait su gagner l'affection des troupes ; et Mucien, gouverneur de Syrie, Alexandre, préfet d'Égypte, jaloux de l'influence qu'avait valu à Virginius et à Othon l'élévation de Galba, à Cécina et à Valens celle de Vitellius, voulaient devenir à leur tour les ministres nécessaires du prince qu'ils auraient fait. Alexandre proclama Vespasien dans la capitale des Ptolémées ; peu de jours après, les légions de Judée et Mucien saluèrent du titre d'empereur leur ancien général. Vespasien laissa à son fils Titus le soin de terminer la guerre de Judée, qui se concentrait déjà tout entière dans Jérusalem, et alla prendre possession de l'Égypte, afin d'intercepter les convois qui approvisionnaient Rome. Pendant ce temps, Mucien devait marcher sur l'Italie, par les provinces du Danube, dont on savait les légions mal disposées pour Vitellius.

Un tribun légionnaire le prévint. Antonius Primus entraînant avec lui les troupes de la Mœsie et de la Dalmatie, envahit l'Italie, et battit près de Crémone, qui fut pillée et incendiée, les troupes de Vitellius. Une autre armée vitellienne fit défection à Narnia. A Rome, le frère de Vespasien, le préfet de la ville, Flavius Sabinus, occupait le Capitole ; Vitellius lui livra les ornements impériaux et implora, en habits de deuil, la protection des soldats et du peuple. Mais ceux-ci ne voulurent pas de son abdication, et un combat suivi d'un affreux carnage eut lieu dans la ville même. Le Capitole fut brûlé et Sabinus massacré par les vitelliens, qui s'étaient emparés de la forteresse. Domitien, le plus jeune fils de Vespasien, n'échappa qu'à la faveur d'un déguisement.

Mais, lorsque le jour des saturnales, Antonius prit Rome après un sanglant combat dans le champ de Mars, Vitellius, arraché du palais impérial, fut promené par la ville, les mains liées derrière le dos et une épée sous le menton, pour être contraint de voir abattre ses statues. Après mille outrages, on l'acheva ; son cadavre fut traîné par les rues avec des crocs et précipité dans le Tibre (20 décembre 69). « Vitellius s'assit à l'empire qu'il avait pris pour un banquet : ses convives le forcèrent d'achever le festin aux gémonies. »

25

TRICLINIUM.

Origine de Vespasien; son séjour en Égypte (69).

Avec Vespasien, la famille flavienne monta sur le trône qui, après de tels ébranlements, avait besoin d'un homme actif, habile, et de mœurs simples, comme l'était le nouvel Auguste. L'aristocratie avait été si bien décimée que le premier personnage de l'empire se trouvait être maintenant un bourgeois de Réate, le petit-fils d'un centurion de Pompée, le fils d'un percepteur de l'impôt du quarantième. Au reste, Vespasien pouvait avouer son père avec orgueil; car les villes d'Asie lui avaient élevé des statues avec cette inscription : « Au publicain honnête homme. » Lui-même il commença comme les républicains d'autrefois, par la guerre. Il fit ses premières armes en Bretagne, où il servit longtemps et avec distinction. Son administration de l'Afrique fut intègre; car il revint pauvre de cette province et fut obligé, pour soutenir son rang, d'engager tous ses biens à son frère et de faire un commerce qui lui valut le surnom de Muletier. Ces difficultés de la vie privée étaient une excellente école pour un futur empereur. Elles le préparaient à une économie sévère et à une bonne gestion des affaires publiques. Envoyé en Syrie où le voisinage des Parthes et les mouvements désordonnés des Juifs avaient fait concentrer des forces considérables, il sut, tout en maintenant la discipline, gagner l'affection des troupes. C'est par elles qu'il avait été proclamé.

Comme il quittait la Syrie, pour s'assurer avant tout de la province qu'on avait appelée le grenier de Rome, il apprit en route la victoire de Crémone, peu de temps après la défection des troupes vitelliennes, la mort de son rival, et les décrets du sénat qui se hâtait de décerner tous les pouvoirs impériaux (*lex regia*) à celui que la victoire venait de couronner. Aussi fut-il reçu par les Égyptiens avec d'unanimes acclamations. Son premier soin fut d'effacer, autant qu'il était en lui, le souvenir des anciens événements : il cassa les sentences portées par ses quatre prédécesseurs dans les accusations de majesté; puis, afin de mettre un terme aux ambitieuses espérances que nourrissait la crédulité, il chassa les astrologues. Mais depuis plusieurs années qu'il était dans cet Orient si plein de superstitions, il s'était laissé gagner lui-même à la faiblesse générale. Apollonius de Tyane, demiphilosophe et demi-visionnaire, était alors à Alexandrie; il voulut le voir : bien mieux, il fit comme lui des miracles, il guérit un aveugle et un paralytique; Tacite et Suétone n'en doutent pas. Sérapis, le grand dieu des Alexandrins, consacra par des présages la fortune de ce parvenu; et l'empereur plébéien retourna à Rome, rapportant avec lui des oracles, l'assentiment des dieux et celui des peuples. Une antique prophétie annonçait que vers ce temps-là un roi sortirait de l'Orient pour régner sur le monde; l'avénement de Vespasien paraissait la réaliser.

Révolte des Bataves; Civilis.

Cependant si les vitelliens étaient vaincus, deux guerres duraient encore; l'une acharnée, mais sans danger pour l'empire; Titus s'en était chargé. L'autre, qui eût pu l'ébranler jusque dans ses fondements, la révolte du Batave Civilis. Ce personnage, de race royale chez les siens, avait résolu d'affranchir son peuple, et de s'aider pour cela des Germains et des Gaulois. Comme la querelle entre Vespasien et Vitellius n'était pas encore terminée, il prit naturellement parti pour celui des deux rivaux qui se trouvait le plus

loin. Après la bataille de Crémone, surtout après la mort de
Vitellius, il jeta le masque, encouragé par les dispositions
des soldats du Rhin, qui refusaient d'obéir à l'empereur des
légions syriennes, et par les espérances que l'incendie du
Capitole, le spectacle de tous les troubles de l'empire, avaient
fait concevoir aux nations transalpines. Le Capitole tombé,
il leur semblait que la domination romaine ne devait pas lui
survivre. Les druides le disaient partout.

Bientôt le complot se forme : deux Trévires, Classicus et
Tutor, un Lingon, Sabinus, qui prétendait descendre du
premier César, proclament l'indépendance de la Gaule. Les
légions qui auraient dû comprimer aussitôt le mouvement,
au contraire se mutinent, massacrent leurs chefs et laissent
leurs auxiliaires germains passer du côté de Civilis. Les
cohortes bataves avaient conquis dans la guerre de Bretagne
et à Crémone une réputation méritée. Civilis provoque leur
défection et entraîne encore les Caninéfates et les Frisons.

Il avait d'abord vaincu les Romains qui tenaient garnison
sur la frontière de l'île des Bataves. Deux légions qui marchèrent contre lui furent réduites à fuir dans un fort appelé
le Vieux-Camp, où il vint aussitôt les assiéger. A ces nouvelles, les Bructères, les Tenctères accoururent de la Germanie : d'autres peuples se préparaient à les suivre, car une de
leurs prophétesses, Velléda, avait promis aux Bataves la défaite des Romains. L'armée du haut Rhin eût pu dégager
les légions de *Vetera Castra;* mais en proie à la discorde,
elle fut forcée de traiter avec Civilis, vainqueur des troupes
qu'il tenait assiégées. Alors, pour la première fois, on vit des
soldats romains prêter serment à une puissance ennemie;
ils jurèrent sur les drapeaux de Civilis fidélité à l'empire
gaulois.

Cependant, dans l'intérieur du pays, la révolte ne parve-
nait pas à s'organiser ni à s'étendre. Les cités gauloises se
trouvèrent plus ennemies encore les unes des autres qu'elles
ne l'étaient de l'empire. Les Lingons soulevés par Sabinus
furent battus par les Séquanes, et leur chef, qui s'était fait
proclamer César, tant les vieux souvenirs gaulois étaient
effacés, forcé de fuir, se réfugia dans une de ses maisons, et

y mit le feu; on le crut mort. Il s'était caché dans des souterrains où il vécut 9 ans avec sa femme Éponine : découvert
alors, il ne put obtenir de la politique sans pitié de Vespasien l'oubli que le temps avait déjà répandu sur lui. Éponine voulut encore partager son sort.

L'assemblée des peuples belges, tenue à Reims, montra
mieux les jalousies de toutes ces cités. Langres et Trèves
persévérèrent seules dans leur révolte, que des forces considérables envoyées par Mucien, sous la conduite de Céréalis,
se préparaient à étouffer. Dès que ces troupes parurent, les
légions engagées dans le mouvement gaulois s'en retirèrent
et vinrent, mornes et tristes, au-devant de Céréalis ; il leur
pardonna. Une défaite des Trévires forcés dans une position
formidable et l'indulgence du général romain ramenèrent
enfin les deux cités rebelles. Civilis crut conjurer le péril en
offrant à Céréalis l'empire de la Gaule, pourvu qu'il laissât
les Bataves libres : le général renvoya sa lettre à Domitien.
Le Batave osa l'assiéger dans son propre camp; mais Céréalis, vieux soldat, fit triompher la discipline romaine, et
poussa à son tour les barbares jusqu'à *Castra Vetera*, où il
se livra une bataille de deux jours. Civilis vaincu se retira
dans son île ; il y organisa une résistance si vive, qu'après
de longs efforts, Céréalis consentit à traiter. La paix fut honorable pour les Bataves. Ils restaient alliés, mais non tributaires, à la condition de fournir des soldats. C'était ne
leur demander que l'impôt du sang, celui de tous que payent
volontiers des peuples belliqueux.

Destruction de Jérusalem (70); habile administration de Vespasien.

Mucien, déjà arrivé à Lyon, retourna à Rome au-devant
de Vespasien, dont l'avénement à l'empire était ainsi signalé
par des victoires. Une autre guerre s'achevait en même temps
à l'extrémité opposée du monde romain. Titus avait mis fin
aussi à la révolte des Juifs (65-70). Ce peuple, irrité par les
exactions de ses derniers gouverneurs et comme saisi d'un
inexplicable esprit de vertige, avait recommencé héroïquement la lutte des Maccabées contre la domination étrangère.

Ils croyaient les temps venus pour le Messie que les livres
saints leur promettaient, et, refusant de le reconnaître dans
la sainte victime qu'ils avaient attachée à la croix du Gol-
gotha, ils pensaient qu'il allait se manifester, glorieux et
puissant, au milieu du bruit des armes. Mais l'empire romain était plus fort que la monarchie débile d'Antiochus, et
l'insurrection, qui s'était répandue jusque dans la Galilée
où l'historien Josèphe organisa la résistance, avait été peu à
peu renfermée par Vespasien et Titus dans la capitale de la
Judée. Après un siége mémorable Jérusalem tomba ; le temple
fut incendié. La charrue passa sur ses ruines et la dispersion du peuple hébreu commença (70) : elle dure encore.

Onze cent mille Juifs, peut-être même davantage, étaient
tombés dans cette guerre. Les chrétiens avaient séparé leur
cause de ce patriotisme héroïque, suivant la parole du maître,
que son royaume n'était pas de ce monde et qu'il fallait rendre
à César ce qui appartient à César. Un des principaux chefs,
Simon de Goria, conduit à Rome pour le triomphe de Vespasien et de Titus, y fut longtemps battu de verges, puis
étranglé .

Tandis que les généraux de Vespasien faisaient triompher
ses armes, Mucien le servait à Rome avec un dévouement
habile, en domptant la puissance et l'orgueil des prétoriens.
Vespasien lui-même, arrivé enfin dans l'été de l'année 70, rétablit la discipline parmi les légions qui, en deux ans, avaient
fait et défait cinq empereurs ; et ayant pris le titre de censeur,
il dégrada les sénateurs et les chevaliers indignes, pour les
remplacer par les hommes les plus considérables de l'Italie
et des provinces. Le sénat ainsi renouvelé et presque devenu
une représentation sincère de tout l'empire, Vespasien, à

1. Voy. pour l'histoire des Juifs depuis Hérode, et pour cette guerre, mon
Histoire Sainte, p. 341-350. — Au reste, voici la suite des principaux événements : Archélaos, l'aîné des fils d'Hérode, reçoit d'Auguste, avec le titre
d'ethnarque, la Judée, l'Idumée et Samarie. — Révolte des Juifs réprimée
par Varus. — Déposition d'Archélaos (6 de J. C.) et réunion de la Palestine à la Syrie. — Administration des procurateurs ; Ponce Pilate (26-35).
— Hérode Agrippa, roi des Juifs (37-44). — La Judée est de nouveau réduite en province. — Longs désordres ; les Juifs irrités des exactions de Florus se soulèvent (65).

l'exemple d'Auguste, prit dans cette assemblée le point d'appui de son administration. Il lui soumit toutes les affaires importantes et assista régulièrement à ses discussions. Il tint la main à ce que bonne et prompte justice fût rendue. Les accusations de majesté furent supprimées, les délateurs découragés et une police sévère partout maintenue.

Les finances, que Néron avait laissées dans un état si déplorable, furent améliorées, en partie, par le rétablissement des provinces qui avaient obtenu de Néron leur liberté, comme la Comagène, la Thrace, l'Achaïe, Rhodes, Samos, la Lycie et la Cilicie; en partie par l'augmentation des impôts, dont quelques-uns portèrent sur de singuliers objets. Comme l'administration de l'empire exigeait de grandes sommes, on vit souvent la parcimonie de l'empereur dégénérer en avarice, quelquefois même il montra une avidité inconvenante, partageant avec les gens de sa maison le prix des grâces que ceux-ci faisaient accorder. Il savait cependant être généreux lorsque le bien de l'État le réclamait. Il fit d'énormes dépenses pour réédifier le Capitole, pour construire le Colisée et le temple de la Paix, pour l'établissement d'une bibliothèque et l'enseignement de la rhétorique par des professeurs que l'État payait, pour réparer enfin dans tout l'empire les désastres causés par dix années d'incurie et deux de guerre civile.

Avec Vespasien commence une réaction contre les mœurs efféminées de la haute société romaine. Pour les combattre, ce prince fit mieux que des lois, il donna l'exemple d'une simplicité antique; il se laissa approcher de tous et parut moins le maître du monde romain que le premier des sénateurs. Il maria richement la fille de Vitellius, et quelqu'un voulant lui rendre suspect un personnage à qui les astres promettaient l'empire, il le fit consul. « Il s'en souviendra, dit-il, et m'en tiendra compte quand il sera empereur. »

Malgré ce gouvernement habile, Vespasien craignait les libres penseurs : aussi chassa-t-il de Rome les stoïciens dont les sentiments républicains, hautement proclamés, étaient incompatibles avec un gouvernement monarchique, et auraient pu exciter quelques troubles. Ce fut aussi à cause de sa trop grande liberté de langage que le plus respecté des sénateurs, Helvidius Priscus, fut exilé et ensuite mis à mort, mais contre les intentions de l'empereur. Ce n'en est pas moins une tache dans ce règne.

Succès d'Agricola en Bretagne; mort de Vespasien (79).

Le principat de Vespasien finit comme il avait commencé, par des succès militaires. Le repos régnant partout, il avait continué la conquête, entreprise par Claude, de l'île des Bretons. Céréalis y était passé, puis Agricola, le beau-père de Tacité, qui eut la gloire de pacifier la Bretagne ; il en fit le tour avec une flotte, mais sans parvenir à dompter les montagnards de la Calédonie. Le sud de l'Écosse seulement fut réuni à la province, et pour la couvrir contre leurs incursions, il éleva une ligne de postes fortifiés entre les deux golfes de la Clyde et du Forth.

Un complot se forma cependant contre cet empereur en qui la fortune, dit Pline, n'avait produit d'autre effet que de rendre la puissance de faire le bien égale au désir qu'il avait de l'accomplir ; Cécina était le chef de l'entreprise. Titus l'invita à un festin, et le fit poignarder au sortir de table. Vespasien mourut quelque temps après. Esprit sérieux, positif, homme d'affaires et d'ordre, il se riait des flatteries comme de l'apothéose. « Je sens que je deviens dieu, » dit-il quand il vit approcher sa dernière heure. Mais il voulut se lever, en ajoutant : « Un empereur doit mourir debout. » Ces paroles le peignent tout entier (23 juin 79).

Titus (79-81).

Ce ne fut pas sans crainte que les Romains virent lui succéder son fils, Titus, qu'il s'était déjà associé. Titus s'était distingué dans les guerres de Germanie et de Bretagne, surtout dans l'expédition de Judée, qu'il avait achevée. Mais on parlait aussi de ses débauches, de ses violences, de son goût pour les spectacles et les mimes : on craignait un nouveau Néron. Tout récemment il avait fait égorger à sa table Cécina accusé de complot. Dès qu'il eut le pouvoir, ce fut un autre homme. Le gouvernement de 80 millions d'hommes lui parut chose assez sérieuse pour qu'il renonçât à ses plaisirs et ne se donnât plus qu'aux affaires publiques. Sa douceur, sa bonté, ses manières affables lui valurent le surnom de « délices du genre humain. » Il ne voulait pas que quelqu'un pût s'éloigner de lui sans avoir été satisfait. Et il disait le soir qu'il avait perdu sa journée, quand par hasard il n'avait pas fait quelque bien.

Cette bonté ne dégénéra point cependant en faiblesse ou en folles profusions; il savait être sévère, surtout pour cette race d'hommes que les derniers règnes avaient fait pulluler : les délateurs, battus de verges, furent vendus comme des esclaves ou déportés. Il aimait la reine Bérénice, sœur du roi juif Agrippa ; il eût voulu l'épouser, il fit à l'État le sacrifice de sa passion. Deux patriciens conspirèrent contre lui; il leur pardonna et voulut qu'ils devinssent ses amis.

D'affreuses calamités désolèrent ce règne trop court : un incendie qui dura trois jours dévasta une partie de Rome, consuma le Capitole, le Panthéon, le théâtre de Pompée et la bibliothèque Palatine; puis survint une peste qui décima cruellement l'Italie. Un fléau plus terrible épouvanta la Campanie : le 1er novembre 79, le Vésuve s'ouvrit tout à coup au milieu d'horribles tremblements de terre, et de la bouche du nouveau volcan sortirent des masses de cendres et de laves qui ensevelirent Herculanum, Pompéi et Stabies. Pline le Naturaliste, alors commandant de la flotte de Misène, voulut voir de près le terrible phénomène, et fut étouffé par les cendres ou écrasé par les pierres que le volcan lançait. Titus soulagea, autant qu'il était en lui, toutes les misères, sans oublier cependant les plaisirs du peuple. Il consacra de grandes sommes à l'achèvement du Colisée, commencé par son père; aux fêtes qui en célébrèrent pendant 100 jours l'inauguration [1]; enfin, à la construction de thermes, où se montrèrent toutes les ressources de l'art et du luxe romain. Pris d'une fièvre pendant une course dans la Sabine, il mou-

---

1. Une naumachie, des combats de gladiateurs, etc. En un seul jour 5000 bêtes fauves furent lâchées dans l'arène.

rut dans la villa où son père était né (19 septembre 81). Il avait régné 27 mois, espace trop court pour que sa récente conversion eût été mise à une difficile épreuve. Peut-être périssait-il de la main de son frère, dont le règne odieux fit ranger le sien parmi les souvenirs de l'âge d'or.

Domitien (81-96).

Domitien avait déjà mauvaise réputation avant son avénement. Sa jeunesse avait été digne des temps de Néron, et il avait fatigué de ses intrigues son père et son frère. Cependant il affectait la sobriété, le goût de l'étude et de la poésie, surtout depuis la haute fortune de sa maison. Dans ses premiers actes, il montra une rigidité sévère, rendit et fit rendre une justice rigoureuse, et réprima tous les abus qu'il put connaître. Les provinces durent à son active surveillance un gouvernement presque paternel; et si ses craintes, sa tyrannie purent croître à Rome, hors de l'Italie le même esprit d'impartialité anima toujours son administration. Suétone lui rend ce témoignage que jamais les agents de l'administration impériale ne furent plus intègres. Un de ses premiers soins fut la reconstruction du Capitole incendié et le rétablissement de la bibliothèque Palatine. Des copistes envoyés à Alexandrie en rapportèrent une partie des richesses qu'on avait perdues.

Mais peu à peu Domitien s'abandonna aux craintes et aux violences. Les délateurs reparurent, et, avec eux, les exécutions. Son cousin Sabinus périt, parce que le crieur qui devait le nommer consul l'avait par mégarde appelé empereur. Afin de s'attacher les soldats, il leur prodigua les faveurs et l'or; et il rassasia le peuple de jeux et de congiaires. Ces dépenses qu'il croyait nécessaires à sa sûreté l'obligèrent de créer des ressources que les impôts ne lui donnaient pas. De là les accusations de lèse-majesté intentées à tous les riches, et que suivait toujours la confiscation des biens. A ce penchant vers la cruauté se joignaient une vanité et un orgueil sans bornes. Après une révolte des Nasamons, peuple d'Afrique qu'il se vanta d'avoir exterminé (85), il voulut qu'on l'appelât Dieu et Seigneur.

Ce principat, qui dura 15 ans, fut mêlé de gloire et de honte militaire; Agricola avait administré avec honneur la Bretagne, consolidé la domination romaine dans la province, et développé la colonisation dans une telle proportion que la civilisation de cette île ne date que de son commandement. Domitien, jaloux de la gloire de son général, le rappela en l'année 85 ; Agricola vécut encore 8 ans dans une retraite profonde pour éviter d'attirer sur lui les regards du tyran. Tacite son gendre a immortalisé sa mémoire.

Domitien ambitionna pour lui-même la réputation militaire; il voulut légitimer par des victoires le surnom de Germanicus, qu'il portait depuis son avénement. Une expédition entreprise sans nécessité contre les Quades, et la dévastation facile de leur pays lui permit de célébrer un triomphe et de faire frapper des médailles sur lesquelles on voyait la Germanie enchaînée. Cependant les prisonniers qu'il conduisait derrière son char n'avaient de germain que les vêtements qu'il leur faisait porter. C'étaient des gens achetés ou loués pour la cérémonie. Il put aussi se faire honneur de la visite singulière qu'il reçut à Rome d'un roi des Semnons et d'une prophétesse germanique. Sur le Danube inférieur, les Daces, à qui un long repos et un chef habile et brave avaient rendu leur ancienne puissance, menacèrent les provinces romaines ; ils pénétrèrent en Mœsie (86). Domitien les fit combattre par ses lieutenants, que Décébale, leur roi, vainquit en plusieurs rencontres. L'empereur ordonna aux Quades et aux Marcomans de fournir des auxiliaires à ses généraux. Sur leur refus, il marcha contre eux ; mais cette guerre réussit mal, et plutôt que d'en confier la conduite à quelque chef habile, à Agricola, par exemple, il préféra acheter la paix des Daces au prix d'une forte somme d'argent. Il n'en célébra pas moins un triomphe, et prit le titre de Dacicus (89 ou 90). Une paix achetée ne dure guère. Décébale attaqua de nouveau ; mais il perdit une bataille, et n'arrêta les désastreux résultats de cette défaite que par une ruse de guerre, qui fit croire aux Romains qu'une seconde armée allait venger la première. C'était toute une forêt dont les arbres avaient été coupés à hauteur d'homme, et affublés d'armes et d'armures.

Une révolte du gouverneur de la haute Germanie, Lucius Antonius, concertée avec des tribus germaines qui lui promirent des secours, fut comprimée par Maximus, qui profita de ce que le Rhin avait subitement grossi pour vaincre l'usurpateur, tandis que ses alliés étaient retenus sur la rive droite du fleuve (92). L'année suivante, Agricola mourut. « Au moins n'eut-il pas, dit Tacite, la douleur de voir les meurtres que Domitien multiplia avec tant de cruauté dans les trois dernières années de sa vie. » La révolte d'Antonius en avait été le prétexte, bien que Maximus eût pris la précaution de brûler toutes les lettres du vaincu.

Domitien crut se mettre à l'abri d'un danger de cette nature en augmentant la solde d'un quart, et en défendant de réunir deux légions dans le même camp. Comme il se croyait entouré d'assassins, tout le faisait trembler, et il montrait d'autant plus de cruauté qu'il avait plus de peur. Dans les derniers temps la persécution s'étendit à toutes les classes. Son père avait chassé les philosophes ; il fit comme lui. Épictète, Dion Chrysostome s'enfuirent jusque chez les barbares. Les chrétiens refusaient de payer l'impôt établi pour la réédification du Capitole, et de lui donner ses surnoms officiels de Dieu et de Seigneur, il les condamna à mourir. Non content d'ordonner les supplices, il voulait encore les voir. Ses amis, ses parents, ceux qui semblaient lui être le plus chers, n'étaient pas à l'abri de ses soupçons. Son cousin Flavius Clémens, sa propre sœur Domitia, périrent comme chrétiens. A la fin, son épouse Domitia et plusieurs personnes qu'il destinait au même sort ; il fut tué le 18 septembre 96.

Le sénat condamna sa mémoire, renversa ses statues et fit effacer son nom sur les monuments publics. Les soldats, au contraire, voulaient qu'on le proclamât dieu, et l'auraient vengé s'ils avaient trouvé un chef. Heureusement, dans cet attentat, tout le monde était presque complice, même les deux préfets du prétoire.

CHAPITRE XXVIII.

LES ANTONINS (96-192).

Nerva (96-98).

La famille flavienne était éteinte. Le sénat proclama un des conjurés, le vieux consulaire Coccéius Nerva, originaire de Narnia, disait-on, et à qui les astres avaient promis l'empire. Avec ce prince commence une période de 80 ans, qu'on a appelée le temps le plus heureux de l'humanité. C'est le siècle des Antonins. Nerva se hâta de regagner les prétoriens par la promesse d'un *donativum*. Les légions du Danube voulaient se révolter. Un éloquent exilé du dernier règne, Dion Chrysostome, les retint dans l'obéissance. Le repos ainsi assuré, Nerva montra ses bonnes intentions; il rappela les bannis, qu'il rétablit dans la possession des biens dont ils avaient été dépouillés, fit cesser les persécutions religieuses, diminua les impôts, suspendit toutes les poursuites de majesté, prononça la peine de mort contre les esclaves et les affranchis qui auraient dénoncé leur maître, et défendit à l'avenir de recevoir leur témoignage. Les bons citoyens purent aspirer aux charges. Tacite devint consul. Les pauvres eurent des distributions de terre, et, grâce à une sévère économie, il trouva les ressources nécessaires pour soulager les villes affligées de quelque fléau et pourvoir à l'entretien des enfants abandonnés. Il les envoya dans les différentes villes d'Italie pour y être élevés. Il voulait enfin n'user de son pouvoir que dans l'intérêt de l'État et unir ces deux choses jusqu'alors incompatibles : le pouvoir et la liberté. Sur le frontispice de sa demeure il fit graver ces mots : *Palais public*.

Comme Titus, il délibérait de toutes choses avec le sénat,

et il jura de ne faire mourir aucun sénateur. Un d'eux ayant
conspiré contre lui, il l'exila. Mais ce prince débonnaire manquait de fermeté. Les prétoriens soulevés exigèrent qu'on
leur livrât les meurtriers de Domitien, qu'ils firent périr dans
les supplices. Il fut même contraint de remercier les soldats
d'avoir puni les coupables. Au moins eut-il le sentiment de
sa faiblesse ; ce fut ce qui le détermina à adopter, de préférence à tous les siens, Trajan, le meilleur et le plus renommé
général de l'empire ; il commandait alors à Cologne les légions du Rhin inférieur. Trois mois après, Nerva mourut
(27 janvier 98).

Trajan (98-117); son administration.

Trajan, le plus grand des empereurs romains, avait
46 ans quand Nerva l'adopta. Il était Espagnol ; mais
le mélange des diverses populations de l'empire était si
avancé que personne ne songea à reprocher au nouveau
prince son origine provinciale. Il manda aussitôt les auteurs
de la sédition ; aucun d'eux n'osa refuser, et il les dégrada,
les bannit ou les punit de mort. Cette sévérité montrait à
quelles mains l'empire était remis. Après la mort de Nerva,
reconnu empereur par le sénat, le peuple et les armées, il
resta une année encore sur les bords du Rhin pour y achever ce qu'il avait si bien commencé, la pacification des frontières et le rétablissement de la discipline. Ce dernier point
était chose facile à obtenir pour un prince nourri dans les
camps, qui s'imposait à lui-même les privations et les fatigues qu'il demandait à ses soldats. Lorsqu'il partit pour
l'Italie, les légionnaires de son escorte ne donnèrent lieu,
tout le long de la route, à aucune plainte. Il voulut entrer
dans Rome à pied ; Plotine, son épouse, suivit cet exemple,
et, en montant les marches du palais, elle se retourna vers
la foule pour dire : « Telle j'entre ici, telle j'en veux sortir. »
La haute taille du nouvel empereur et son air martial imposaient ; mais son affabilité, sa déférence pour le mérite ou
l'âge lui gagnaient bien vite les cœurs, et toute sa conduite
le montra comme un des meilleurs princes que Rome ait eus ;

aussi le sénat et le peuple lui décernèrent-ils unanimement le surnom d'*Optimus* avec le titre de père de la patrie.

Comme Nerva, Trajan ouvrit sa demeure à tous les citoyens, et le palais reprit l'aspect simple et sévère qu'il avait eu sous Vespasien. Il répondit à ceux qui lui reprochaient de diminuer le respect dû aux princes en permettant trop de familiarité : « Je serai avec les autres comme j'aurais voulu, étant citoyen, que les empereurs fussent avec moi. » Comme Auguste aussi, il visitait, en simple particulier, ses anciens amis, et assistait à leurs fêtes de famille. On voulut lui inspirer un jour des soupçons contre un sénateur ; il alla sans gardes souper chez lui, disant le lendemain à ceux qui l'accusaient : « S'il eût voulu me tuer, il l'eût fait hier. » Au reste, il chassa les délateurs non-seulement de sa cour, mais de Rome et de l'Italie. La réaction en faveur de l'Italie et des provinces devait se prononcer davantage sous un empereur d'origine provinciale. En effet, contrairement à l'usage, il étendit à l'Italie entière les gratifications promises à chaque nouveau règne ; il paya celles du peuple avant celles des soldats, et il supprima les dons de joyeux avénement offerts par les provinces et les villes. Pour encourager la population, il distribua à plusieurs villes d'Italie de l'argent et des revenus destinés à l'entretien des enfants pauvres, et, afin de ramener dans la péninsule la vie qui s'en éloignait, il exigea que tous les candidats aux charges de l'État eussent au moins le tiers de leur fortune en biens-fonds situés en Italie. Les empereurs n'avaient jamais songé qu'à l'approvisionnement de Rome ; Trajan leva tous les obstacles qui gênaient la circulation des grains dans les provinces, et le commerce, débarrassé d'entraves, répandit partout l'abondance. L'Italie y gagna tant que Rome put alors rendre à l'Égypte, réduite à la famine par l'insuffisance de la crue du Nil, les services qu'elle en recevait tous les ans.

Économe pour lui-même, avare avec les deniers publics, il diminua les impôts tout en augmentant les revenus du fisc. Il vendit les nombreux palais, les villas que ses prédécesseurs avaient acquis par les confiscations, et l'État se trouva enfin, dit Pline, plus grand que le domaine du prince. Il retrancha

les extensions injustes apportées successivement à la taxe du
vingtième des héritages. Les procurateurs furent désignés
par le sort, et il fut permis, dans les procès avec le fisc, de
les récuser, pour obtenir les juges ordinaires. Chaque Romain qui mourait était à peu près forcé de laisser à l'empereur une part de sa succession pour assurer le reste à ses
héritiers. Sous Trajan, il n'y eut plus de legs imposés au nom
du prince. Le sénat pouvait presque se croire revenu à son
ancienne puissance. Depuis longtemps il ne servait guère
qu'à proclamer les volontés du chef de l'État, à condamner
ses victimes, ou à rendre des décrets adulateurs. Maintenant
il délibérait réellement ; nulle charge ne s'obtenait plus que
par lui. Trajan rendit même les élections aux comices ; du
moins, les candidats paraissaient solliciter comme autrefois
les suffrages du peuple. Lui-même il briguait au champ de
Mars, confondu dans la foule des candidats. A la fin de son
troisième consulat, il jura, suivant la vieille formule républicaine, qu'il n'avait rien fait contre les lois. Il avait dit aussi,
en donnant au préfet du prétoire l'épée, signe de son commandement : « Sers-toi de ce glaive pour moi, si je fais bien ;
contre moi, si je fais mal. »

Sa justice fut plutôt équitable que sévère. Il aimait mieux
laisser un coupable impuni que de condamner un innocent.
Il défendit de prononcer contre un absent lorsqu'il s'agissait
d'un cas criminel. Pour comprendre combien sa sollicitude
était vigilante et universelle, il n'y a qu'à lire les lettres de
Pline le Jeune, qu'il nomma gouverneur de Bithynie, et qui
le consultait sur les affaires les plus minimes. Ses réponses
brèves, mais lucides, attestent mieux que tous les témoignages le grand homme d'État. Les monuments qu'il éleva
eurent pour but l'utilité publique ou l'ornement de Rome,
comme la colonne Trajane qui raconte encore ses exploits.
Parmi ces constructions, les plus importantes furent une
grande route qui traversait tout l'empire, du Pont-Euxin
jusque dans les Gaules, et un chemin qu'il jeta à travers les
marais pontins. Une foule d'autres voies militaires tracées
par lui, facilitèrent l'action rapide du gouvernement impérial. C'est lui qui fit creuser, à ses frais, les ports d'An-

cône et de Civita Vecchia (*Centum Cellæ*). Des ponts en Espagne qui existent encore (celui d'Alcantara sur le Tage); des colonies établies en divers lieux, soit comme stations militaires, soit comme places de commerce; la bibliothèque Ulpienne, qui devint la plus riche de Rome, etc., montrent que son activité s'étendait à tout.

Ce grand prince ne sut malheureusement pas échapper aux vices honteux et aux erreurs de ses contemporains. Il fut contraint d'ordonner qu'on n'exécutât pas les ordres qu'il donnerait après ses longs repas, et il continua de considérer la profession du christianisme comme un crime d'État; de sorte qu'il faut placer sous un des meilleurs empereurs une troisième persécution contre les chrétiens. A ne considérer ceux-ci qu'au point de vue où un magistrat romain était forcé de se placer par ses préjugés, ses habitudes d'esprit et les lois de l'empire, ils formaient une secte ennemie du culte public, travaillant dans l'ombre au profit de doctrines inconnues et odieuses, à gagner de nombreux prosélytes, et qui, par ses liens, sa hiérarchie, ses assemblées secrètes, formait un État dans l'État. On confondait volontiers, comme l'avait fait toute l'antiquité grecque et romaine, la vie religieuse avec la vie politique, en subordonnant celle-là à celle-ci, et les empereurs, même les meilleurs, ne se croyant d'autre devoir que celui de maintenir la paix et l'ordre, voulaient dans l'une comme dans l'autre sphère le même silence, la même docilité. Ceux qui réclamaient l'indépendance de leur patrie étaient punis comme ceux qui demandaient la liberté de leur Église, Sabinus comme Simon de Goria, les druides comme les chrétiens. Pline, qui trouvait un grand nombre de chrétiens dans son gouvernement, demanda au prince la règle à suivre envers eux. Trajan, comme souverain pontife, voulut faire respecter les dieux de l'empire, et comme chef de l'État punir suivant ses anciennes lois les assemblées secrètes. Il défendit qu'on recherchât les chrétiens, mais ordonna de frapper ceux qui se présenteraient. Lui-même il condamna aux lions l'évêque d'Antioche, Ignace : déplorable erreur qui lui faisait confondre des martyrs avec des coupables.

Guerres de Trajan contre les Daces et les Parthes.

Cependant ces soins fort divers n'occupèrent que la plus petite partie du règne de Trajan. Avant son avénement, il s'était distingué contre les Parthes et les Juifs. Sur le Rhin, il avait rétabli la discipline et condamné au repos les remuantes peuplades qui en habitaient la rive droite, particulièrement les Bructères. Les mesures prises par lui sur cette frontière furent si bonnes que la tranquillité n'y fut pas troublée pendant tout son règne. Il voulut établir le même ordre sur le Danube; il dirigea en personne une expédition contre les Daces (101). Décébale avait repris les armes depuis que les Romains lui refusaient les sommes promises par Domitien, et il s'était ligué avec les Sarmates et les Parthes. Trajan franchit le fleuve à la tête de 60 000 hommes, vainquit les Daces en trois grandes batailles, prit leur capitale Sarmizégéthusa, et les obligea de demander la paix (103). Il renvoya, comme aux anciens temps, leurs députés au sénat. En l'année 104, ils se soulevèrent de nouveau. Trajan revint sur les bords du Danube, jeta sur le fleuve un pont de pierres dont on voit encore les restes[1], pénétra à plusieurs reprises en Dacie, vainquit Décébale, qui se tua, et réduisit le pays en province (106). De nombreux colons y furent envoyés, des villes florissantes[2] s'y élevèrent, et aujourd'hui tout un peuple parle encore sur les rives du Danube un idiome qui est presque la langue des contemporains de Trajan. Un triomphe et des fêtes durant 123 jours, des combats de gladiateurs où 10 000 captifs s'égorgèrent, des chasses où l'on compta jusqu'à 11 000 bêtes fauves, célébrèrent cette conquête qui, mettant à couvert la Mœsie et

---

1. Près de Czernitz, à trois lieues au-dessous des portes de Fer. Il avait 50 mètres de haut depuis les fondements, 20 de large, et un peu plus de 1000 mètres de long; 20 ou 22 piles en pierres portaient les arches qui étaient en bois. (D'Anville, *Géographie ancienne*, I, 315.)

2. Il paraît avoir fondé aussi plusieurs villes dans la Mœsie et la Thrace, comme Trajanopolis et Plotinopolis en Thrace, Ulpia Colonia et Marcianopolis en Mœsie.

la Thrace, permit à la civilisation de faire dans ces provinces les plus rapides progrès.

L'Occident était pacifié. Trajan s'occupa de l'Orient, dont
les Parthes menaçaient les frontières. Khosroès, leur roi,
avait chassé le prince qui régnait en Arménie, et mis à sa
place son neveu Parthamasiris. Trajan montra les mêmes
talents dans cette guerre, et pour en finir avec ces perpétuelles révolutions de l'Arménie comme il en avait fini avec
les incursions des Daces, il fit de ce pays une province,
après en avoir fait mourir le roi. Les petits princes de
l'isthme caucasique, les rois de Colchide et d'Ibérie promirent une obéissance plus entière, et les Albaniens reçurent
le prince qu'il leur donna. Un de ses lieutenants, Corn.
Palma, avait déjà, dès l'an 105, soumis une partie des
Arabes. L'empire parthe, ainsi attaqué sur ses deux flancs,
par le sud-ouest et le nord-est, fut enfin envahi. Trajan
jeta un pont sur le Tigre, pénétra dans la Mésopotamie et
dicta la paix à Khosroès[1].

Une nouvelle expédition fut encore plus brillante. En 115,
il conquit Ctésiphon, prit Séleucie, Suse, où il trouva le
trône d'or massif des monarques persans. La Syrie et une
partie de la Mésopotamie furent réduites en provinces romaines. En souvenir de ces victoires, la ville de Bénévent
lui éleva un arc de triomphe qui dure encore. Toute la région occidentale de l'empire parthique étant soumise, il fit
construire une flotte sur le Tigre, descendit jusqu'à l'embouchure de ce fleuve et de l'Euphrate, dans le golfe Persique, et parcourut toute cette mer. « Si j'étais plus jeune,
disait-il, j'irais conquérir les Indes. » Le souvenir d'Alexandre, son héros et son modèle, le préoccupait. Il se consola
de ne pouvoir marcher sur ses traces, en soumettant une
partie de l'Arabie, que les armes du conquérant macédonien n'avaient pas visitée. Ces rapides et brillantes con-

---

1. La date de ces guerres est incertaine; elles se placent entre 106 et 112.
La chronologie arménienne fait mourir Khosroès en 111. Il est probable, dit
M Saint-Martin, qu'à cette époque plusieurs prétendants se disputaient l'em-
pire, ce qui contribua à faciliter les progrès de Trajan.

quêtes ne pouvaient être durables. Les vaincus se soulevèrent partout durant l'éloignement de l'empereur; et quand il revint à Babylone, il apprit qu'un de ses généraux avait été vaincu et tué. D'autres, plus heureux, reprirent Séleucie, Nisibe et Édesse; mais les Romains échouèrent devant Atra et les Juifs se révoltèrent encore une fois de tous côtés, en Mésopotamie, en Chypre, en Égypte, à Cyrène. Des flots de sang coulèrent. Trajan n'eut même pas la consolation de voir la fin de ce formidable soulèvement. Triste et découragé, il donna un roi aux Parthes, Parthamaspates, que bientôt ils chassèrent; et laissant Adrien à la tête de l'armée de Syrie, il revint mourir à Sélinonte, en Cilicie (11 août 117). On rapporta ses cendres à Rome. Elles furent ensevelies au pied de la colonne qui porte encore son nom [1]. Le sénat rendit longtemps un éclatant hommage à sa mémoire en souhaitant à chaque nouvel empereur d'être *felicior Augusto, melior Trajano.*

Adrien (117-138); ses voyages; réorganisation de l'administration impériale.

Trajan ne laissait point d'enfants, et, comme Alexandre, ne se désigna pas de successeur; mais l'impératrice Plotine déclara que son époux avait, à ses derniers moments,

---

1. Cette colonne d'ordre dorique est haute de 132 pieds, en a 12 à sa base, 10 au sommet. Elle est formée de 34 blocs de marbre blanc creusés à l'intérieur, où l'on a pratiqué un escalier à vis de 183 marches qu'éclairent 43 petites ouvertures. Le sommet était surmonté d'une statue dorée de l'empereur. Des trophées décorent les quatre faces du piédestal, et des aigles aux quatre angles supportent des couronnes de laurier. Le fût de la colonne porte un bas-relief continué en spirale qui représente tous les faits de la guerre. On y compte 2500 figures de 2 pieds de hauteur. C'est le modèle de la colonne Vendôme, et la plus riche mine où les antiquaires aient puisé pour connaître les armes et les usages militaires des Romains et des barbares.

adopté Adrien, dont le père était cousin de Trajan et qui lui-même avait épousé sa nièce Sabine. Elle cacha pendant quelques jours la mort de l'empereur, afin de pouvoir avertir Adrien qui était à Antioche avec une division de l'armée. Il accourut en toute hâte à Sélinonte, et se fit proclamer par les soldats. Le sénat reconnut sans hésitation l'élu des légions.

Adrien, Espagnol comme Trajan, était doué de qualités éminentes, il s'était distingué dans les dernières guerres : on pouvait croire qu'il allait continuer le règne guerrier de son prédécesseur. Il n'en fut rien. Auguste succéda encore une fois à César, le prince habile et pacifique au guerrier, le génie de l'administration à celui des conquêtes. « S'il m'arrive malheur, je te recommande les provinces, » avait dit Trajan au jurisconsulte Priscus, qu'il jugeait digne de l'empire. Ce mot, Adrien parut l'avoir toujours présent à l'esprit. Loin de chercher de nouvelles guerres, il se hâta, pour être libre de porter tous ses soins sur l'administration intérieure, d'étouffer celles qui duraient encore. La fin du règne de Trajan avait été tristement marquée par de nombreuses révoltes. Les Juifs étaient encore en armes ; les Maures, les Sarmates et les Bretons les avaient prises. Par un mélange de force et d'adresse, il les leur fit tomber des mains.

Trajan avait dépassé les bornes fixées par Auguste et par la nature même à l'empire. Occuper la Dacie était de bonne politique, car il fallait dompter ces Daces qui avaient humilié les aigles romaines ; et l'on substituait ainsi à la frontière si faible du Danube, que chaque hiver l'ennemi pouvait passer sur les glaces, la ligne bien autrement difficile à franchir des monts Carpathes. Mais en Orient, franchir le Tigre était dangereux. Adrien souffrit que les Parthes reprissent l'Assyrie et la Mésopotamie ; seulement il poussa trop loin ce système en laissant décliner l'influence romaine dans l'Arménie, qui se donna un roi national. Dans l'Occident, plutôt que d'aller chercher au milieu de leurs montagnes les belliqueux Calédoniens, il éleva, pour arrêter leurs incursions, un mur qui s'étendit des bouches de la Tyne au

golfe de Solway (*Vallum Adriani*) : il en subsiste encore
des restes nombreux qu'on appelle le mur des Pictes. Décidé
à mettre l'empire sur un pied respectable de défense partout
où les frontières naturelles manquaient, il acheva sur les
bords du Rhin les fortifications qui couvraient les terres décumates. Il aurait même voulu abandonner la Dacie, mais
trop de colons romains avaient été établis dans cette province pour qu'il pût sans injustice les en retirer, ni sans
cruauté les laisser exposés à l'épée des barbares. Du moins,
comme mesure de prudence, il détruisit une partie du pont
que Trajan avait construit, et il obtint par des subsides
annuels que les Roxolans et les Sarmates qu'il chassa de
l'Illyrie conservassent la paix avec l'empire.

Son règne n'eut qu'une seule guerre, mais atroce. Adrien,
témoin de l'ébranlement que les Juifs avaient causé à tout
l'Orient, voulut les arracher à leur culte pour les soustraire à ces éternelles espérances d'un vengeur promis par
Jéhova à leur race. Il effaça le nom de la cité de David, qui
devint Ælia Capitolina ; il y dressa des autels à tous les
dieux et il défendit aux Juifs de pratiquer leur baptême
sanglant. Il s'agissait donc pour ceux-ci de perdre leur nationalité religieuse, comme ils avaient perdu leur nationalité
politique. A la voix du docteur Akiba, ils tentèrent encore
une fois le sort des armes. Ils prirent pour chef (133) Bar-
cochébas, le fils de l'Étoile, qui se faisait passer pour le
Messie toujours attendu. Les horreurs de la dernière guerre
juive sous Vespasien se renouvelèrent : 582 000 Juifs périrent ; toute la Judée fut dévastée, et ce qui resta du peuple
fut jeté en esclavage. L'approche de Jérusalem leur fut in-
terdite ; seulement une fois chaque année ils pouvaient venir
chanter les lamentations de leurs prophètes sur les ruines
de la cité sainte.

A l'intérieur, Adrien s'efforça de régulariser l'administration. Il apporta à cette œuvre un remarquable esprit d'organisation et de justice. « Te voilà sauvé, » disait-il à un
de ses ennemis qu'il rencontra après son avénement. Et un
jour qu'il refusait d'entendre une pauvre femme : « Pourquoi
es-tu empereur ? » lui demanda-t-elle : il l'écouta patiem-

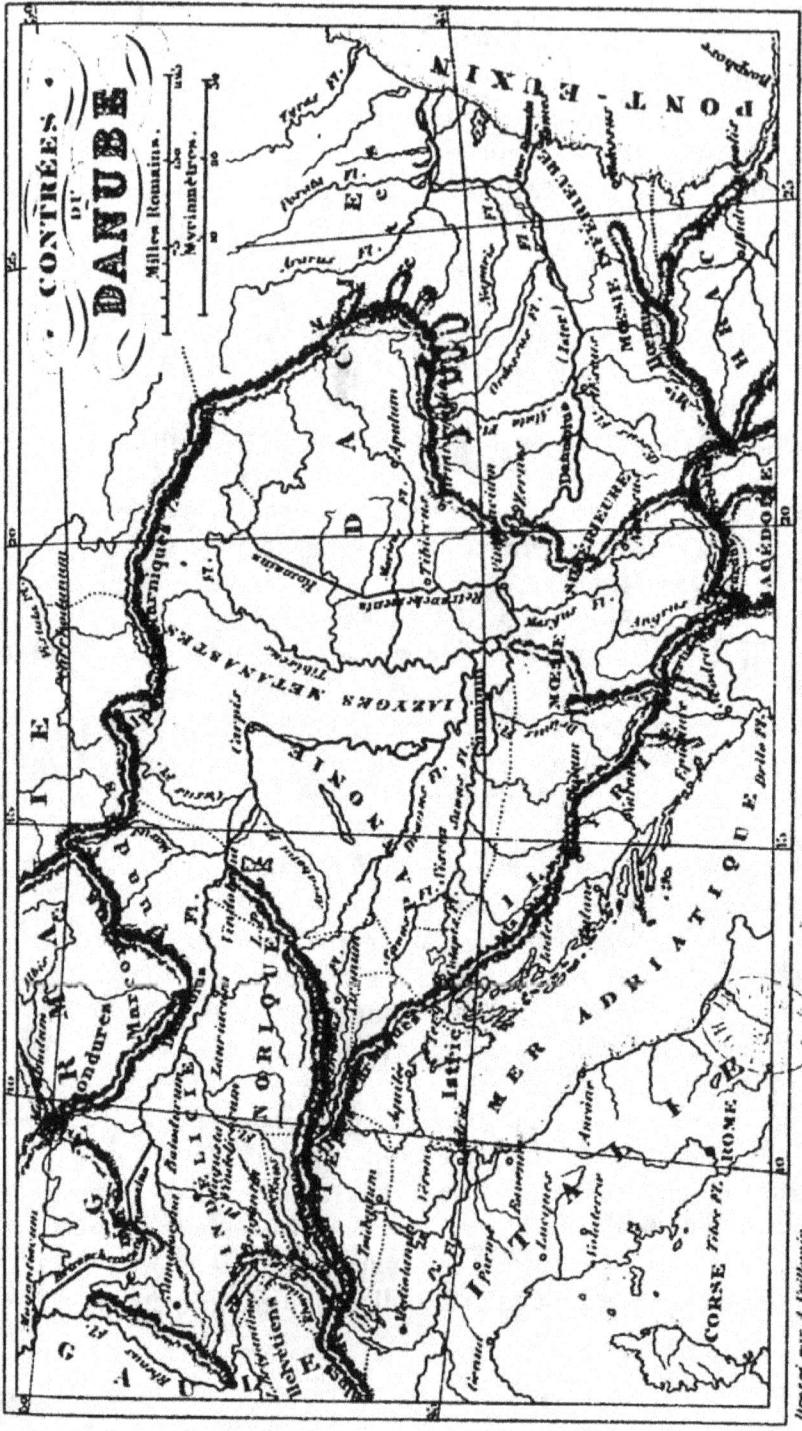

CONTRÉES
DU
DANUBE

Milles Romains.
Myriamètres.

PONT-EUXIN

ment. Les postes étaient aux frais des villes : il les prit à
sa charge ; le fisc avait de vieilles créances : il déchargea
les provinces de tout ce qu'elles restaient lui devoir depuis
16 ans, et fit brûler les registres sur le forum.

Adrien, venu après les excès de la tyrannie et ceux de la
gloire, fit deux choses : il condamna la politique belliqueuse
de Trajan et il essaya de rendre un nouveau Domitien impossible en donnant à l'empire une organisation meilleure.
Il effaça les formes républicaines qui depuis Auguste s'é-
taient perpétuées, et rendit le gouvernement plus monarchique. Il divisa tous les offices en charges de l'État, du
palais et de l'armée, les magistratures civiles ayant le premier rang, et les fonctions militaires le dernier. Les affranchis furent éloignés du palais, et les charges de cour, graduées suivant une hiérarchie rigoureuse, furent confiées à
des chevaliers. Pour l'expédition des affaires, il institua
quatre chancelleries (*scrinia*), et les préfets du prétoire, investis d'une autorité à la fois civile et militaire, formèrent
une sorte de ministère supérieur. A l'exemple d'Auguste,
Adrien réunit les jurisconsultes les plus honorés pour en former un conseil secret de l'empire, qui fut définitivement investi de l'autorité législative, de sorte que les décrets du
sénat commencèrent à tomber en désuétude. Les lois, les
édits, les sénatus-consultes, toutes les sources enfin du droit,
formaient un pêle-mêle de décisions souvent contradictoi-
res. Salvius Julianus, par ordre de l'empereur, réunit les
anciens édits prétoriens, coordonna leurs dispositions, et
forma une sorte de code qu'on appela l'*édit perpétuel*, et
qui reçut en l'année 131 force de loi. Les préteurs durent
en adopter les dispositions, sauf à ajouter, suivant les besoins, des règles de forme et des articles accessoires.

L'armée fut, comme le palais et la haute administration,
soumise à une réforme sévère. Adrien fit pour la discipline,
les exercices, l'âge où l'on devenait capable d'obtenir les
grades, un grand nombre de règlements qui lui survécurent. Il donna lui-même à ses soldats l'exemple de la sobriété et du courage à supporter les fatigues, faisant des
routes de 20 milles à pied, tête nue, au milieu des trou-

pes, et vivant de leur nourriture. Suivant l'axiome *si vis pacem, para bellum*, pour conserver la paix, il mettait l'armée sur un pied formidable.

L'activité d'Adrien s'étendit à toutes les provinces. Il les visita les unes après les autres, l'ouest d'abord, l'orient ensuite, voyageant la plupart du temps à pied, sans pompe, entouré seulement de quelques jurisconsultes : ses voyages durèrent, sauf quelques interruptions, 11 années, de 121 à 132. Mais en voyant ainsi toutes choses par lui-même, il put connaître les besoins réels des pays, corriger les abus, punir les coupables, supprimer les charges inutiles, et changer beaucoup pour améliorer. Ces voyages, qui ne coûtaient rien aux provinces, leur profitaient, car il laissait partout des marques de sa munificence. Nombre de villes furent décorées par lui de monuments splendides, comme Nîmes, où il éleva peut-être les arènes en l'honneur de Plotine, Athè-

LES ARÈNES DE NÎMES [1].

nes, où il passa deux hivers, Alexandrie, et Rome qui lui doit son château Saint-Ange (*Moles Adriani*), et le pont qui

[1]. D'après un fragment d'inscription trouvé dans les arènes de Nîmes, la construction de cet amphithéâtre daterait de la seconde moitié du IIe siècle. Il n'est pas le plus grand, mais un des mieux conservés et des mieux construits; son grand axe a 133^m,7^c, le petit 101^m,40^c, sa hauteur 21^m,32^c; l'épaisseur des constructions est de 31^m,53^c. Ce massif renferme 5 galeries de circulation, des aqueducs, des salles et 162 escaliers principaux conduisant à 35 rangs de gradins d'où la vue plonge sur l'arène; un mur (*podium*), de 2^m,69^c d'élévation séparait les spectateurs des combattants. Une première précinction de 4 rangs de gradins était réservée aux magistrats et notables de la ville; une seconde de 11 rangs aux chevaliers; une troisième de 10 rangs aux simples citoyens; une quatrième de 10 aussi au bas peuple et aux esclaves. 24 000 spectateurs pouvaient y trouver place. Le Colisée, à Rome, avait 50 rangs de gradins, 54^m de circonférence extérieure, et 51 de

réunit cette forteresse à la ville [1]. Il en fonda quelques-unes
comme Andrinople en Thrace, et Antinoopolis en Égypte; et
dans plusieurs, il accepta le titre d'une charge municipale.
A Athènes, il fut archonte, à Naples, démarque, à Italica,
magistrat quinquennal. Aussi, les inscriptions, les médailles,
qui cette fois ne sont pas mensongères, l'appellent le res-
taurateur de l'empire, *restitutor orbis*. S'il montra une vanité déplacée en voulant briller dans toutes les sciences et
dans tous les arts; s'il écrivit des poëmes, des ouvrages
d'histoire et d'éloquence, on ne saurait lui reprocher ces
distractions élevées, et des goûts qui l'engagèrent à protéger les arts, et à favoriser par des établissements publics
l'instruction de la jeunesse. Il n'oublia, dans ses encourage-
ments, ni le commerce, ni l'industrie, pas même les esclaves, qu'il rendit justiciables des seuls tribunaux et non plus
des caprices et de la colère de leurs maîtres. Les *Ergastula*
furent fermés. Mais il ne vit pas plus que Trajan ce qu'il y
avait d'odieux à faire mourir des hommes dont le seul crime
était de renoncer aux impuretés de la religion officielle. Au
lieu d'arrêter la persécution, il se contenta de défendre
qu'on mit les chrétiens à mort sans accusation juridique
(126).

La paix, l'ordre, le bien-être que l'empire dut à ce prince,
firent oublier ses faiblesses coupables, ses mœurs, qui ne
valaient pas mieux que celles de son temps, l'influence qu'il
laissa prendre sur lui à Antinoüs, dont il fit un dieu, et aussi

---

hauteur. L'arène était longue de 93ᵐ et large de 59; 80000 spectateurs y
trouvaient place. L'amphithéâtre de Vérone avait, sur son plus grand diamètre, 154ᵐ, sur le petit 123. L'épaisseur des constructions est de 39ᵐ, l'élévation de 30ᵐ; celui de Capoue 171ᵐ,51ᶜ pour le plus grand diamètre, 143ᵐ,33ᶜ
pour le petit, 31ᵐ,83ᶜ pour l'épaisseur des constructions. On trouve encore
des ruines d'amphithéâtre à Albano, Otricoli, Rimini, Bologne, Pœstum, Pola
(très-grande dimension), Tarragone, Arles, Saintes, Bordeaux (le palais Gallien). Il y en avait à Lyon, à Paris, et on a constaté qu'il y en avait eu dans
31 autres villes de France. Quelle boucherie d'hommes se faisait chaque année dans l'empire romain!

1. Près de Tibur il se construisit une villa célèbre où l'on voyait la repro-
duction des lieux et des monuments qui l'avaient frappé dans ses voyages, le
Lycée, l'Académie, la vallée de Tempé, etc.

son caractère irascible qui le rendit plusieurs fois cruel. Le célèbre constructeur du pont de Trajan, Apollodore de Damas, paya de sa vie un jugement trop sincère sur les talents d'Adrien comme statuaire. Dès les premiers jours de son règne, quatre consulaires, accusés de conspiration, et parmi eux Corn. Palma, et le Maure Lusius Quietus que Trajan avait songé à choisir pour son successeur, furent condamnés et exécutés. Sur la fin de sa vie, lorsqu'il eut adopté Ælius Verus, et à la mort de celui-ci, Titus Antoninus, les complots ou ses soupçons recommencèrent. Son beau-frère, Servianus, périt avec son petit-fils ; peut-être d'autres victimes encore succombèrent. Aussi le sénat, irrité d'ailleurs contre un prince qui faisait tout par lui-même, hésita long-temps lorsqu'il fut mort à Baïes, le 12 juillet 138, s'il ne condamnerait pas sa mémoire. La justice, cependant, et les pieuses prières d'Antonin, l'emportèrent.

Antonin le Pieux (138-161); paix profonde.

Les ancêtres d'Antonin étaient originaires de Nîmes ; établis à Rome, ils y avaient rempli les plus hautes charges. Antonin lui-même, distingué par Adrien, avait reçu de ce prince l'administration d'une partie de l'Italie, plus tard le proconsulat d'Asie, et il avait enfin été adopté par lui à la condition qu'il adopterait à son tour M. Aurélius, et le fils d'Ælius Verus, Lucius. Sous son règne de 23 années (138-161), l'empire jouit d'une paix profonde, due autant à ses vertus qu'à sa modération et au gouvernement habile de son prédécesseur, qui avait écarté pour quelque temps les causes de désordre. Sa renommée s'étendit si loin que les princes de l'Inde, de la Bactriane et de l'Hyrcanie, le choi-sirent pour arbitre dans leurs querelles : ses contemporains reconnaissants lui donnèrent le beau surnom de *Père du genre humain*. Il n'éleva jamais aux charges publiques que des hommes expérimentés et justes, et il les laissait mourir dans leurs places, quand il ne pouvait les remplacer par de plus habiles. Une sage économie dans l'administration finan-cière lui donna les moyens de fonder d'utiles institutions;

par exemple, deux lieux de refuge où les filles orphelines
furent élevées sous la protection de l'impératrice Faustine,
et des traitements pour les professeurs instruits qu'il établit,
non plus seulement à Rome comme Vespasien, mais dans
les grandes villes des provinces. Il put aussi venir au secours des cités frappées par quelque fléau, comme Rome,
Antioche, Narbonne et Rhodes, désolées par des incendies
ou des tremblements de terre. La richesse d'un prince,
disait-il, est la félicité publique. Lui-même, il vivait simplement, accessible à tout le monde, et prêt à faire droit à
toutes les réclamations. Deux conspirations furent décou-
vertes contre lui : les deux chefs seuls périrent. Une apologie du christianisme, composée par le philosophe Justin,
et présentée à l'empereur, valut aux chrétiens, déjà nombreux à Rome et dans les provinces, tolérance et protection.

Antonin ne fit aucune guerre, et ne visita même pas les
provinces trop paisibles et trop bien gouvernées pour que
sa présence y fût nécessaire. Ses lieutenants livrèrent cependant quelques combats, en Afrique contre les Maures, et
sur le Danube, aux Alains et aux Quades. Les Lazes et les
Arméniens acceptèrent les rois qu'il leur donna. Les Juifs
firent aussi quelques mouvements, et les Bretons essayèrent
de détruire le mur d'Adrien.

Un fait qui peint la modération d'Antonin est raconté
par Appien. Il vint alors à Rome des députés de peuples
barbares qui demandèrent à être reçus sujets de l'empire :
on refusa. C'était la politique d'Auguste et d'Adrien, et cette
politique avait eu dans le bonheur de 100 millions d'hommes
d'assez beaux résultats pour qu'Antonin la suivît. Mais cette
paix amenait aussi l'oubli de l'ancienne vertu guerrière ; les
légions, inactives derrière les remparts de leur camp, ne
savaient plus manier les armes ni supporter les fatigues ; et
il faudra toute la sévérité d'Avidius Cassius pour arracher
les soldats, surtout ceux de Syrie, à leur mollesse, pour les
déshabituer « des bains et des voluptés dangereuses de
Daphné, pour faire tomber de leurs têtes les fleurs dont ils
se couronnaient dans les festins. »

LA MAISON CARRÉE [1].

Marc Aurèle le Philosophe (161-180); attaques des Germains.

Lorsque Antonin se sentit mourir, il fit porter la statue d'or de la Victoire dans l'appartement de son fils adoptif, Marcus Aurélius Antoninus, surnommé le Philosophe. Le nouvel empereur prit à tâche de continuer l'administration de ses trois prédécesseurs. Il créa, pour la protection des pupilles, un préteur titulaire, ordonna que la sépulture des pauvres serait faite aux frais de l'État, et fit pour les gouverneurs de province, par la promulgation de l'*édit provincial*, ce qu'Adrien avait fait pour les préteurs par celle de l'édit perpétuel. L'arbitraire était ainsi partout poursuivi, et l'unité mise dans l'administration. De nouvelles facilités

1. La Maison Carrée est un rectangle de 25^m,65 sur 13^m,45. L'intérieur n'a que 16 mètres de long sur 12 de large, et autant de hauteur. Les murs ont seulement 70 centimètres d'épaisseur. Dix colonnes d'ordre corinthien cannelées forment le péristyle; 20 autres, à moitié engagées dans les parois enveloppent l'édifice. Ce gracieux édifice a été imité à Paris, dans des proportions colossales, à l'église de la Madeleine.

accordées pour l'obtention du droit de cité romaine préparaient une autre unité, celle des conditions.

Marc Aurèle avait partagé le titre d'Auguste avec Lucius Vérus, à la fois son gendre et son frère d'adoption, homme livré à tous les plaisirs et qui ne prêta jamais à l'empereur un utile concours. Envoyé par lui dans des circonstances graves en Orient où les Parthes venaient de tailler en pièces les légions d'Arménie, il ne s'occupa à Antioche que de ses honteuses débauches, laissant l'habile et célèbre Avidus Cassius soutenir victorieusement la guerre, prendre Ctésiphon et Séleucie qu'il détruisit, construire des forteresses dans l'Osrhoène et faire de Nisibe le boulevard de l'empire (165). L'année suivante, les deux empereurs célébrèrent par un triomphe la fin de cette guerre. Peu après une peste terrible sévit dans Rome et désola tout l'empire. Les peuples germains des bords du Danube, qui depuis longtemps étaient restés en paix, se préparèrent au même moment à une autre attaque générale, et de grands désastres, des tremblements de terre, accompagnèrent cette irruption des barbares, comme si les dieux avaient voulu secouer l'empire romain de sa torpeur.

Mais le philosophe stoïque qui occupait alors le trône impérial ne se laissa pas effrayer ; il avait de bonne heure appris à soumettre le corps à l'âme, ses passions à la raison. Pour lui, la vertu était l'unique bien, le mal l'unique peine. Tout le reste était indifférent. Au milieu des périls de la guerre contre les Marcomans, sur les rives du Danube, il écrivit les admirables maximes de la sagesse stoïcienne dans les douze livres de son ouvrage intitulé : Εἰς ἑαυτόν. Sévère pour lui-même, juste et bienveillant pour les autres, excepté pour les chrétiens, qu'il persécuta, Marc Aurèle trouva dans son fils dénaturé une cause de continuels chagrins. Sa femme, la jeune Faustine, paraît aussi avoir tenu une conduite déréglée, bien que son époux l'ait plusieurs fois louée dans son livre.

A titre de philosophe, Marc Aurèle regardait la guerre comme une honte et une calamité. Mais quand la nécessité d'une légitime défense lui mit les armes à la main, il montra un courage supérieur. Sous la conduite de leur roi, les Mar

comans, sortant de la Bohême, avaient longé avec d'autres
Germains les bords du Danube et attaqué la Dacie. Cette
attaque en amena d'autres. Presque tout le monde barbare
s'ébranla ; et, ce qui était menaçant pour l'empire, il s'é-
branla avec un ensemble qui montrait la Germanie tout
organisée pour l'invasion. Les Sarmates Roxolans , des
Quades, des Juzyges, des Vandales et d'autres peuples,
connus de nom seulement, formèrent une grande ligue dont
les Marcomans n'étaient en quelque sorte que l'avant-garde.
Cette lutte contre les peuples du Danube était d'autant plus
dangereuse que les meilleures troupes de l'empire étaient
retenues en Orient, que les Chauques avaient, dans le même
temps, envahi la Belgique, et les Cattes franchi les remparts
qui couvraient les terres décumates. Les mouvements partiels
furent aisément comprimés. Mais tout à coup Rome apprit
avec effroi que les barbares avaient passé le Danube, qu'ils
avaient ravagé la Pannonie, l'Illyrie, et pénétré jusqu'aux
environs d'Aquilée. Les deux empereurs marchèrent à la fois
contre eux ; ils reculèrent, mais en emmenant 100 000 captifs. Marc Aurèle chercha à semer la division parmi eux. Il
détacha de la ligue quelques tribus auxquelles il assigna des
terres en Dacie, en Mœsie, dans l'Italie même. A d'autres il
accorda de certains priviléges, et il admit beaucoup de barbares dans ses troupes. Ces mesures donnèrent un répit
de quelques années. Ce fut au retour de cette expédition
(déc. 169) que la mort en frappant Vérus délivra Marc Aurèle
d'un collègue indigne.

Les Germains, qui n'avaient point été vaincus, reparurent encore une fois sous les murs d'Aquilée. Pour trouver
l'argent nécessaire à cette guerre, Marc Aurèle fit vendre les
objets précieux et les joyaux du palais impérial. Le long
règne pacifique d'Antonin, la famine, la peste , les combats
sur l'Euphrate et le Rhin avaient si fort diminué les légions
ou occupaient tant de soldats, qu'il fallut armer des esclaves, des gladiateurs, et enrôler encore des barbares (172).
L'ennemi se retira devant lui, mais l'empereur comprit qu'il
était nécessaire de frapper quelque coup décisif, et après
avoir fait de Carnuntum en Pannonie sa place d'armes, il

attaqua avec des succès variés les Marcomans et les Jazyges,
poursuivit les Quades jusque dans leur pays, où il courut,
sur les bords du Gran, un sérieux danger. Une pluie mêlée
d'éclairs et de tonnerre le sauva et donna lieu à la tradition
sur la légion fulminante composée de chrétiens. Un traité
de paix avec plusieurs nations parut terminer glorieusement
cette guerre (174).

Des bords du Danube, Marc Aurèle gagna promptement
la Syrie (175) pour apaiser la révolte de Cassius ou lui céder
l'empire, si telle était, disait-il, la volonté des dieux. Cassius fut tué par ses soldats; et l'empereur se plaignit qu'on
lui eût ôté le plaisir de se faire un ami d'un adversaire. Au
moins n'y eut-il plus de victimes. « Que cette insurrection,
écrivait-il noblement au sénat, n'ait coûté la vie qu'à ceux
qui sont morts dans le premier tumulte. » Presque aussitôt
des Marcomans et d'autres peuples qui habitaient au nord
du Danube et du Pont-Euxin, des Bastarnes, des Alains
que la grande nation des Goths poussait devant elle, recommencèrent leurs incursions (178). Le malheureux empereur,
que la fortune condamnait à passer sa vie dans les camps, se
hâta de marcher contre eux avec son fils Commode; mais il
s'arrêta à Carnuntum, d'où il dirigea les opérations militaires. Les barbares firent une énergique résistance, et les
prétendues victoires des Romains restèrent sans résultat.
Marc Aurèle, profondément découragé, mourut le 7 mars
180, à Vindobona (Vienne), ou, selon d'autres, à Sirmium,
laissant à son fils, avec l'empire, une guerre redoutable.

Commode (180-192).

Quand Marc Aurèle eut été placé, selon la coutume, au
rang des dieux, Lucius Commodus Antoninus lui succéda.
Il n'avait que 19 ans, et déjà la faiblesse de son père avait
laissé s'enraciner en lui des passions désordonnées qui en
eurent bientôt fait un tyran stupide. Il se hâta de conclure la
paix avec les Marcomans et les Quades, qui promirent de ne
pas s'approcher du fleuve plus près que de 5 milles, et de
ne tenir d'assemblées qu'en présence de centurions romains.
Plus de 20 000 barbares entrèrent au service de l'empire;

c'était leur livrer les secrets de la tactique romaine. Des bords du Danube, Commode précipita son retour à Rome, où il se livra à tous les plaisirs et à sa folle passion pour la chasse et les combats du cirque. On le vit combattre 735 fois et recevoir chaque fois ses gages comme gladiateur. Il faut dire aussi que souvent il se contenta du rôle de cocher du cirque ou de celui, dans l'arène, d'Hercule. Toute son ambition était de ressembler à ce héros de la force brutale ; il voulut qu'on l'appelât l'Hercule romain, et il se fit représenter sur les monnaies avec les attributs du demi-dieu.

Le préfet des gardes, Pérennis, fut d'abord chargé de tous les soins du gouvernement et continua l'administration précédente ; mais des soldats mécontents qui étaient venus de Bretagne à Rome pour accuser sa dureté, le massacrèrent (186). Il fut remplacé comme préfet du prétoire et favori du prince par l'affranchi Cléander, Phrygien, qui fit argent de tout, de la vie et de l'honneur des citoyens. Les emplois, les sentences, il n'y avait rien qu'il ne vendît. Trois ans après, l'avare et cruel favori fut tué dans une sédition populaire qu'avaient excitée la peste et la famine.

La cruauté de Commode, provoquée par les conspirations, ne connut plus de bornes. Déjà, avant la mort de Pérennis, un meurtrier, armé par sa sœur Lucilla, veuve de Vérus, s'était précipité sur lui en disant : « Voilà le poignard que le sénat t'envoie. » En l'année 187, un déserteur, chef de brigands, avait de la Gaule et de l'Espagne donné rendez-vous à tous les siens à Rome, à un jour fixé, pour y égorger l'indigne fils de Marc Aurèle et prendre sa place. Dénoncé par un complice, il fut saisi et tué. Mais Commode, effrayé et trop bien servi par une police secrète et par les délateurs qui avaient reparu en foule, lança des sentences de mort contre les hommes les plus vertueux, contre ses proches, contre le sénat et même contre le grand jurisconsulte Salvius Julianus. Pour n'avoir rien à craindre des provinces, il retenait auprès de lui des otages, les enfants des gouverneurs, et pour être sûr de Rome, il accordait toute licence aux prétoriens ; mais ceux qui l'approchaient le plus étant ceux qui étaient le plus menacés, ce fut leur main qui le frappa. La veille des saturnales, il voulut passer la nuit dans une école de gladiateurs, malgré les observations qu'on lui fit sur un séjour si indigne de la majesté impériale. Là, il écrivit sur des tablettes les noms de ses victimes pour la nuit prochaine; en tête étaient sa concubine Marcia, le chambellan Électus et le préfet des gardes Lætus. Mais il s'endormit quelques instants; durant son sommeil, un enfant prit ces tablettes en jouant et les montra à Marcia. Celle-ci se hâta de le prévenir : après le bain, elle lui donna un breuvage empoisonné, et comme il ne provoquait qu'un vomissement, elle et ses complices, qu'un même sort menaçait, firent étrangler Commode par un jeune et vigoureux athlète (31 décembre 192). Son cadavre fut secrètement enlevé du palais, et l'on répandit le bruit que Commode était mort frappé d'un coup de sang. Mais le sénat, abusé sur sa force, fit jeter son corps dans le Tibre et flétrit sa mémoire. Les prétoriens vont bientôt le venger.

Pendant le règne du dernier des Antonins, il n'y avait eu que des guerres peu importantes sur les frontières de la Bretagne et de la Dacie. De vieux généraux de Marc Aurèle, Marcellus et Pertinax, les avaient terminées heureusement (182-184).

CHAPITRE XXIX.

ÉTAT DE L'EMPIRE DURANT LES DEUX PREMIERS SIÈCLES.

LIMITES ET PROVINCES DE L'EMPIRE. — VOIES MILITAIRES, CAMPS, FORTIFICATIONS DES FRONTIÈRES. — ATTITUDE HOSTILE DES GERMAINS ET DES PERSES. — AUTORITÉ ABSOLUE DES EMPEREURS; IMPUISSANCE DU SÉNAT : NULLITÉ DU PEUPLE. — ADMINISTRATION DE LA JUSTICE, DES FINANCES ET DES ARMÉES. — INDUSTRIE ET COMMERCE: DÉPRAVATION DES MŒURS. — CARACTÈRE DE LA LITTÉRATURE SOUS L'EMPIRE. — RELIGION; PROGRÈS DU CHRISTIANISME.

Limites et provinces de l'empire.

L'empire romain avait une étendue de plus de 1000 lieues (4450 kilomètres) de l'Océan à l'Euphrate, sur une largeur moyenne de 500 du Danube au Sahara. Les diverses provinces qui le composaient, violemment rattachées les unes aux autres par la conquête, manquaient encore de l'union que donnent des institutions générales, et de l'esprit national, du patriotisme qui pouvaient bien difficilement se former au sein d'une si vaste domination. Auguste reconnut cette cause de faiblesse et se garda d'accroître son empire par de nouvelles victoires; ses successeurs l'imitèrent, et, Trajan excepté, aucun empereur ne dépassa les limites que la nature elle-même avait fixées : l'Atlantique, le Rhin, le Danube, l'Euphrate, les cataractes du Nil, les déserts de l'Afrique et l'Atlas. L'empire n'acquit réellement depuis Auguste que la Bretagne jusqu'au mur des Pictes et la Dacie. On avait cependant formé plusieurs provinces nouvelles, soit aux dépens des anciennes ou des pays alliés, soit avec les nouvelles conquêtes; de sorte que leur nombre avait été porté de 20 à 87 environ[1].

La division en provinces de l'empereur et en provinces du sénat subsistait; mais les dernières ne s'étaient pas accrues depuis le partage fait par Auguste. D'ailleurs l'empereur était absolu dans les unes comme dans les autres.

1. C'étaient, outre celles qui ont été nommées, p. 388, les deux *Germanies*, les *Alpes maritimes*, la *Rhétie*, le *Norique*, la *Mœsie*, les deux *Pannonies*, divisées, sous Vespasien ou Trajan, en *Pannonie supérieure* et en *Pannonie inférieure*, la *Galatie* avec la *Lycaonie*, la *Pamphylie* avec la *Lycie*, créées sous Auguste; la *Cappadoce*, sous Tibère; la *Numidie*, sous Caligula ; les deux *Mauritanies*, la *Judée*, sous Claude; les *Alpes Cottiennes*, sous Néron; la *Gallicie* avec l'*Asturie*, la *Thrace*, les *Iles* et la *Commagène*, sous Vespasien ; la *Bretagne*, sous Domitien; la *Dacie*, l'*Arménie Mineure*, l'*Arménie Majeure*, l'*Assyrie*, la *Mésopotamie* et l'*Arabie*, sous Trajan; à une époque incertaine, la *Transpadane*. Adrien abandonna la grande Arménie, l'Assyrie et la Mésopotamie; mais Avidius Cassius, sous Marc Aurèle, recouvra la Mésopotamie. C'est depuis Adrien surtout que les démembrements de provinces devinrent fréquents. Ce prince divisa lui-même l'Italie, moins les environs de Rome (*Urbicaria regio*), en 4 consulariats : 1° *Ombrie*, *Toscane et Picénum*; 2° *Campanie et Samnium*; 3° *Apulie et Calabre*; 4° *Lucanie et Bruttium*. Il détacha l'*Épire* de l'Achaïe, la *Phénicie* de la Syrie et fit deux *Mœsies*. Après lui on trouve deux *Rhéties*, une *Vénétie*, détachée peut-être au III° siècle de la Transpadane, une *Thessalie* et deux *Thraces*.

Voies militaires, camps, fortifications des frontières.

Héritiers des censeurs de la république, les empereurs continuèrent les ouvrages qu'ils avaient commencés. Auguste donna une attention particulière à la réparation ou à la continuation des voies romaines. Toutes les routes de l'Italie furent, par ses ordres et souvent à ses dépens, remises en bon état, et tandis qu'il chargeait Agrippa d'en percer de nouvelles à travers la Gaule, lui-même il conduisit jusqu'à Gadès la voie qui traversait les Pyrénées orientales. Ses successeurs l'imitèrent, et l'empire se trouva couvert d'un immense réseau de routes militaires, qui rendirent la surveillance plus prompte, la défense plus facile et qui aidèrent à la rapide propagation de la civilisation romaine dans toutes les provinces.

Sur ces routes étaient disposées, de distance en distance, des *stationes* et des *mansiones*, où les relais et toutes les choses nécessaires à la rapidité et à la sûreté du voyage étaient préparés avec soin, et à une époque où ce système, tout récent encore, n'avait pas reçu les perfectionnements qui lui furent donnés dans la suite, particulièrement par Trajan, Tibère fit 200 milles en 24 heures, de Lyon jusque dans la Germanie, pour aller recevoir les derniers soupirs de son frère Drusus[1].

L'empire avait rendu les armées permanentes parce qu'une grande force militaire était l'indispensable appui du despotisme ; mais il les avait utilisées en les envoyant en face des barbares. S'il ne voulait pas reculer ses frontières, il entendait du moins qu'elles fussent bien défendues. Ses légions furent donc, pour la plupart, rangées le long du Rhin, du Danube et de l'Euphrate, où elles s'établirent dans des camps, qui devinrent peu à peu des villes importantes,

[1]. Mais ces postes ne servaient qu'aux agents du gouvernement ou à ceux qui obtenaient une permission spéciale. — Les Romains firent peu de canaux, car on ne savait pas alors construire des écluses. Cependant on connaît la *Fossa Drusiana*, qui faisait communiquer le Rhin avec le lac Flevo ; la *Fossa Corbulonis*, canal de 23 milles d'étendue entre la Meuse et le Rhin.

comme *Castra Regina* (Ratisbonne), *Batavia Castra* (Passau), etc., etc.

L'Asie est aussi dans l'Osrhoène, tout le long de l'Euphrate et dans l'Arabie Pétrée, l'Afrique, la Tripolitaine, et l'ancien pays des Numides et des Maures, une ligne de postes fortifiés, destinés à surveiller les barbares èt à contenir les nomades. Quelquefois, au lieu de forts, on bâtissait un mur continu, comme celui d'Adrien, qui consistait en deux lignes parallèles de retranchements, munis chacun d'un fossé, et entre lesquels était tracée une voie militaire, le mur septentrional ayant 12 pieds de haut, et 8 de large. On y comptait 81 tours de 65 pieds de diamètre, et entre elles une foule de bastions; 23 châteaux forts servaient de camps retranchés aux troupes qui gardaient la muraille. Un autre retranchement s'élevait entre le Rhin et le Danube. Cet immense ouvrage, d'une étendue de 5 à 600 kil., commencé par Drusus, s'étendait du nord au sud, depuis Bonn et jusqu'à ce qu'il rencontrât le Danube non loin de l'embouchure du *Nablis* (Naab). Il était formé, tantôt par une muraille garnie de tours de mille en mille, et dont le pied était défendu par un fossé, tantôt par des palissades élevées sur le revers d'un fossé, et que gardaient des châteaux forts bâtis de distance en distance. Le retranchement dacique, moins important que les précédents, n'était qu'une simple levée de terre palissadée qui courait à travers toute la vallée septentrionale du Danube.

Des flottilles armées étaient encore entretenues sur les grands fleuves qui servaient de limites, dans le Pont-Euxin et les deux mers de l'Italie.

Attitude hostile des Germains et des Perses.

Ces précautions étaient nécessaires, car au iiie siècle, la Germanie avait pris une position menaçante. Les anciennes ligues des Chérusques et des Marcomans étaient dissoutes, mais d'autres plus formidables les avaient remplacées. Des Alemans, mélange de diverses tribus suéviques, avaient formé, dans le sud-ouest de la Germanie, un peuple belliqueux et hardi; et au nord les Alemans, entre le Mein, le Rhin et le

Wéser, les Chauces, les Amsibares, les Chérusques, les Chamaves, les Bructères, les Cattes, les Attuariens et les Sicambres avaient donné naissance à la confédération des FRANCS
qui attaqueront sans cesse les postes du bas Rhin, comme les
Alamans menaceront ceux du haut Rhin et de la Rhétie. Enfin, au nord-est, se montraient, depuis les frontières des
Chérusques, jusqu'à la péninsule cimbrique, les SAXONS, qui,
séparés de la Gaule par les Francs, iront en piller les côtes
sur leurs barques. A l'est, les GOTHS sont déjà arrivés sur le
Danube et remplacent, mais d'une manière plus dangereuse
pour Rome, les Daces vaincus par Trajan, comme les FRANCS
et les ALAMANS ont succédé aux anciennes ligues des Chérusques et des Suèves. Les tribus VANDALES restent encore sur les
rives de l'Oder et sur les bords de la Baltique. Quant aux
SUÈVES, ils subsistent toujours au centre de l'Allemagne,
mais leur rôle est fini ; s'ils prennent part aux grands mouvements qui se font autour d'eux, ce n'est pas comme nation
indépendante, mais en se mêlant aux peuples voisins, en
allant, perdus au milieu d'eux, à la conquête de l'empire
romain.

Au moment où la Germanie s'organisait ainsi pour l'attaque, l'avénement des Sassanides rendait à la monarchie per-
sane sa vieille religion, sa caste sacerdotale des mages et son
esprit guerrier et fier. L'Euphrate allait donc se trouver aussi
menacé que le Rhin et le Danûbe.

Autorité absolue des empereurs ; impuissance du sénat; nullité du peuple.

A ce double danger qui s'élevait sur la double frontière de
l'empire et qu'ont déjà révélé les luttes de Marc Aurèle et
d'Alexandre Sévère, a répondu dans le gouvernement impérial un mouvement de concentration. Le principe monarchique s'est dégagé des formes républicaines qui l'enveloppaient
encore. Plus de délibérations publiques. Le sénat subsiste
toujours, mais Adrien a transféré ses pouvoirs à son conseil
(*consistorium principis*), lequel traite en secret toutes les affaires importantes ; et les jurisconsultes ont déjà déclaré que
la volonté du prince était la loi. Ainsi s'était constitué le des-

27

potisme le plus absolu dans les affaires civiles, politiques et religieuses, car l'empereur était chef de la religion comme il l'était des armées, du sénat et des fonctionnaires de tout ordre. Il était à la fois pouvoir législatif, pouvoir exécutif et pouvoir judiciaire.

Ce despotisme s'appuyait sur les légions, principalement sur les prétoriens qui, se sachant nécessaires, faisaient payer leur protection par un *donativum* et des gratifications répétées, souvent même renversaient un empereur pour les plus légers motifs, et vendaient sa succession. Leur chef, le préfet du prétoire, était devenu la seconde personne de l'empire. Mais depuis Adrien cette charge était partagée entre deux titulaires. Avec les prétoriens, le despotisme se défendait; avec les délateurs et les accusations de majesté, il attaquait. Singulier spectacle que celui d'une tyrannie si complète sortant du milieu d'une république qui longtemps parut vivre encore. L'explication de ce phénomène est simple. L'empire n'avait pas d'institutions générales qui liassent le prince en même temps que les sujets, et, de plus, la société romaine était double, il y avait la société politique et la société civile : l'une, formée de 5 à 600 familles nobles ou riches, que l'empereur décimait parce qu'il en était sans cesse menacé ; l'autre, composée de la masse du peuple et des provinciaux. Sur ceux-ci, l'empereur avait, par le droit de la conquête, une autorité absolue qui ne pouvait tarder à s'étendre aussi par la seule force des choses, sur la minorité que formait le peuple romain. Quelque temps cette usurpation se cacha sous des formes républicaines ; mais la réalité se trahit bientôt, et alors il ne cessa plus de sortir du sein de l'ancienne bourgeoisie souveraine des conspirations et des assassinats. De là une lutte affreuse et les boucheries de l'amphithéâtre transportées au milieu du sénat. Mais au-dessous de cette région des tempêtes et des révolutions, les provinciaux vivaient calmes, à peu près heureux, et appuyaient un gouvernement qui, en donnant la paix et l'ordre à 100 millions d'hommes, avait singulièrement favorisé les progrès de la civilisation et du bien-être. Tibère, Domitien n'avaient pas été haïs dans les provinces ; même sous les

plus odieux tyrans, les progrès de la société civile continuaient, grâce aux jurisconsultes, qui s'efforçaient de gé-
néraliser les droits et de les fonder de plus en plus sur
l'équité.

La succession au trône n'avait d'autre règle que la volonté
du prince mort, surtout, que les caprices de la soldatesque
dont il fallait acheter d'abord l'assentiment. La confirmation
du nouvel élu par le sénat était une vaine formalité. L'hérédité, quoi qu'en dise Tacite, n'était pas odieuse aux Romains ;
mais, par une fatalité étrange, les familles impériales étaient
toutes infécondes. L'adoption suppléa souvent à l'hérédité naturelle qui manquait et donna à l'empire ses meilleurs princes. Mais cette instabilité, qui força d'en appeler sans cesse
au bon vouloir des prétoriens, eut pour résultat de remettre
entre leurs mains un droit d'élection que les légions trouvèrent bien vite utile de leur disputer ; de là tant de révolutions
sanglantes, qu'une plus forte organisation du pouvoir civil,
soustrait à la prépondérance écrasante du pouvoir militaire,
eût peut-être prévenues.

La situation du sénat était fort incertaine. Sous quelques
princes, il semblait être encore le grand conseil représentatif
de tout l'empire ; sous d'autres, il n'était plus consulté. Ces
alternatives de pouvoir et de faiblesse accusent sa trop réelle
impuissance.

Quant au peuple romain, il n'en est plus question que pour
mémoire ; l'on n'entend guère sa voix qu'au cirque ou dans
les famines. Réclamations bien rares et toujours bien modestes : *Panem et circenses !* et comme l'empereur sur ce point-
là est toujours bon maître, le peuple qui le voit humilier ses
anciens oppresseurs et flatter ses caprices, l'applaudit et
l'aime : il pleura longtemps Néron.

Auguste avait conservé une image des anciens comices. Tibère effaça même cette ombre des vieux droits. Caligula dans
un moment de caprice revint à l'organisation d'Auguste et
dans un autre à celle de Tibère. Au IIIe siècle, toutes les no-
minations appartenaient au prince. Cependant les bons empereurs ne se décidaient que sur les propositions du sénat
et après avoir consulté l'opinion publique. Dans ce cas même,

on tenait encore les comices avec l'ancienne solennité et le drapeau était déployé sur le Janicule.

Administration de la justice, des finances et des armées.

Les sénatus-consultes rendus sur la proposition verbale ou écrite de l'empereur et les constitutions des princes (*rescripta, decreta, mandata, edicta*), avaient remplacé les lois votées jadis dans l'assemblée publique. Les préteurs et les autres magistrats conservaient leur droit de promulguer des édits, mais à la condition qu'ils seraient conformes aux principes des jurisconsultes, dont l'influence grandissait tous les jours. L'un d'eux, Salvius Julianus, avait fait une première codification du droit romain, l'*edictum perpetuum*, auquel les préteurs ne purent déroger que pour les cas non prévus.

L'empereur, juge suprême, recevait les appels en dernière instance; un conseil distinct du consistoire chargé des affaires politiques, l'*auditorium*, l'aidait dans le jugement des appels et des procès qu'il avait retenus. Les *judicia publica* étaient ordinairement vidés dans le sénat, exécuteur des hautes œuvres impériales. Les préteurs et le préfet de la ville, assistés de juges pris parmi les sénateurs, les chevaliers et le peuple, prononçaient en matière civile. Les centumvirs, tribunal indépendant du préteur, avaient été portés par Auguste au nombre de 180 et divisés en 4 colléges, d'après la nature des affaires sur lesquelles ils avaient à prononcer.

Auguste avait divisé Rome en 14 quartiers que surveillaient 7 cohortes de gardes nocturnes, et créé des inspecteurs des rues, des monuments, des aqueducs, du Tibre, etc. Un préfet des vivres avait la charge de maintenir l'abondance dans la ville. L'intendance des jeux publics était passée des édiles aux préteurs, et les frais en étaient faits par le trésor public. Il avait cherché à limiter le luxe des festins, combattu la passion pour les jeux de gladiateurs, pour les astrologues, les devins, et tâché de réformer les mœurs. Mais ces lois renouvelées par quelques-uns de ses successeurs furent impuissantes, et Rome, le siége du despotisme, vit éclater les désordres et les crimes nés des passions mauvaises que la tyrannie développe autour d'elle.

L'établissement de la monarchie avait amené de grands changements dans l'administration financière. La nécessité de solder une armée permanente, des gardes, des flottes, et les fonctionnaires auxquels Auguste assigna un traitement pour les rendre plus dépendants ; la construction de grandes routes à travers l'empire, l'érection de monuments et d'édifices publics, l'établissement de fabriques impériales ; des fondations utiles, comme celles de bibliothèques, de cours faits par des professeurs que l'État salariait ; les mesures de charité prises pour les malades, pour les nécessiteux, pour les enfants pauvres[1], etc. ; enfin, les gratifications au peuple, aux soldats[2], aux courtisans, et le luxe de la cour impériale employèrent des sommes énormes, qui sortaient soit du *fiscus*, trésor particulier du prince, soit de l'*ærarium* ou trésor public, dont le sénat avait conservé l'administration, sauf à l'ouvrir à l'empereur toutes les fois que celui-ci l'exigeait. Il est impossible de dresser un tableau exact des revenus et des dépenses de l'empire, car nous avons perdu celui qu'Auguste avait composé (*rationarium imperii*), et nous n'avons pas la statistique qu'Appien nous promet dans sa préface. Peut-être les recettes s'élevaient-elles à 400 millions, sans y comprendre les ressources extraordinaires fournies par les legs et les confiscations. Ressources importantes, car presque tous les Romains léguaient en mourant quelque chose à l'empereur, et il y avait plus de 30 délits qui entraînaient la confiscation. En mourant, Tibère et Antonin laissèrent un trésor de 300 millions.

Le système financier de l'empire changea peu depuis Auguste (voy. p. 382). Mais comme la fortune des Romains n'était pas mieux garantie que leur liberté et leurs droits politiques,

---

1. Trajan consacra une somme importante, augmentée par Adrien et Antonin, à l'entretien de 5000 enfants pauvres. Pline le Jeune donna à Como, sa patrie, un domaine dont les revenus devaient avoir le même usage. D'autres particuliers imitèrent cet exemple.

2. Le *donativum* accordé par Marc Aurèle lui coûta pour chaque soldat plus de 3500 francs.

les empereurs multiplièrent et accrurent les impôts suivant
leurs caprices. Quelles sommes n'étaient pas nécessaires
pour satisfaire aux folles prodigalités des Néron, des Vitellius et des Élagabal! Un impôt très-productif était celui du
vingtième des héritages, legs et donations par testament. Il
ne frappait que les citoyens; pour lui faire rendre davantage, Caracalla donna le droit de cité à tous les provinciaux
et exigea jusqu'au dixième des successions. Adrien créa l'*a-
vocat du fisc* qui dut faire par-devant le *procurateur* ou
intendant des finances, dans chaque province, toutes les
poursuites nécessaires pour contraindre les débiteurs infidèles à s'acquitter.

L'organisation militaire qui, depuis la fondation de Rome,
avait toujours été liée étroitement à son organisation politique, fut profondément modifiée par l'établissement de la
monarchie. L'appui qu'Auguste ne voulut pas chercher dans
des institutions nouvelles, il le demanda aux soldats; il institua une armée permanente qui forma un peuple à part dans
l'empire. Outre les 10 cohortes prétoriennes et les soldats
germains qui formaient sa garde particulière, Auguste avait
eu 23 ou 25 légions, il y en eut 30 sous Trajan, 32 sous
Sévère. Chaque légion avait 10 cohortes, la première de
1105 fantassins et de 132 cavaliers, les neuf autres de
555 fantassins et de 66 cavaliers, en tout 6600 fantassins et
726 cavaliers. Chaque légion traînait avec elle 10 grosses
machines de guerre (*onagri*) et 55 petites (*carrobalistæ*) qui
lançaient des flèches et des pierres. De Trajan à Constantin,
la cohorte fut divisée en 6 centuries de 80 hommes chacune,
toute la légion n'eut donc plus que 4800 fantassins. La cavalerie (*alæ*) comptait 1000 hommes divisés en 24 escadrons
(*turmæ*) ou 500 qui n'en formaient que 12.

La décadence de l'art militaire amena une réduction
dans l'infanterie et une augmentation dans la cavalerie et
les machines. L'armée régulière est portée par Gibbon à
375 000 hommes. L'ordre de bataille s'approchait beaucoup
de celui de la phalange macédonienne. Les auxiliaires étaient
au moins aussi nombreux que les légionnaires, car plusieurs
peuples barbares fournissaient des corps entiers, comme les

Bataves, dont la cavalerie était renommée. Ces auxiliaires
gardaient leur costume national et leurs armes ; ils servaient
de troupes légères.

L'Italie et les anciennes provinces se refusant au service
militaire, l'armée était à peine romaine[1]. C'étaient l'Illyrie,
la Thrace, les provinces frontières et à demi barbares qui
recrutaient les légions. Les Germains s'y trouvaient en grand
nombre, et les généraux, dont les noms barbares attestent
l'origine étrangère, deviennent de jour en jour plus nombreux. Sous Constantin et Théodose, chefs et soldats seront
tous barbares. A de pareilles armées on ne pouvait demander ni le patriotisme, ni les sentiments d'honneur et d'obéissance qui animaient les vieilles légions. Elles servaient pour
de l'argent et du butin que souvent elles prenaient sur l'empire même plutôt que sur l'ennemi. La décadence des institutions militaires fut une des principales causes de la chute
de l'empire.

Industrie et commerce; dépravation des mœurs.

Dépeuplée par les guerres civiles, la concentration des
propriétés, la fondation des colonies militaires et la ruine
de l'agriculture, l'Italie en était venue à ne pouvoir se suffire à elle-même et Rome devait compter pour sa subsistance
sur les blés de l'Afrique. L'industrie n'occupait guère, à
Rome, les bras que l'agriculture laissait libres, car les empereurs s'étaient chargés de nourrir l'oisiveté de la populace
par leurs distributions de blé, de vin, d'huile et de viande
à plus de 200 000 pauvres[2]. Tous les profits du commerce
et de l'exercice des métiers revenaient surtout aux affranchis
et aux étrangers. Mais ils avaient à lutter contre la concurrence des esclaves des grands, qui formaient des ateliers où
se fabriquaient toutes les choses nécessaires à la vie et une

1. Rome et l'Italie avaient été formellement exemptées du service militaire
depuis Auguste. *Hérod.*, II, VI et VII.

2. Septime Sévère laissa, en mourant, dans les greniers de Rome, du
blé pour 7 ans, à 75 000 boisseaux par jour. Il faisait des distributions
d'huile ; Aurélien y ajouta des rations de chair de porc et donna du pain au
lieu de blé.

partie même des objets de luxe. La médecine, les arts, étaient communément exercés par eux; même ils fournissaient à leurs patrons des précepteurs et des savants.

Mais Rome n'était pas tout l'empire. Les besoins mêmes de l'immense capitale donnaient lieu à un commerce très-considérable. Quel mouvement d'affaires devait aussi s'établir de l'Océan à l'Euphrate, entre ces mille cités que la paix enrichissait, au sein desquelles l'industrie s'était éveillée et qui se trouvaient réunies sous la même domination! Malheureusement nous n'avons presque aucune donnée sur l'industrie des provinces et sur ce commerce intérieur que les voies militaires facilitaient. La prospérité de l'empire sous les Antonins en annonce seule l'étendue. Tout au plus sait-on quelque chose sur les échanges faits avec les pays étrangers et sur les principales places de commerce. Ainsi des caravanes apportaient de l'Asie centrale, par l'Assyrie, la Mésopotamie et l'Arménie, les tapis de Babylone aux mille couleurs; les vases murrhins de la Parthiène ou de la Caramanie, dont un seul valait quelquefois 300 talents; l'acier, les fourrures, les soieries de la Perse et de la Sérique, la soie grége qu'on travaillait dans les fabriques d'Alexandrie et des villes grecques où elle s'achetait pour un poids égal d'or. Des vaisseaux marchands s'aventuraient sur l'océan Atlantique, mais des flottes entières allaient chercher sur les côtes d'Afrique, de l'Arabie et aux Indes des pierres précieuses, des écailles de tortue, de l'ivoire, des toiles, de l'ébène, de l'encens, des aromates, des épices, des bois précieux, des perles de la Taprobane et du golfe Persique, trois fois plus chères que l'or, etc. Myos-Ormos, dans la mer Rouge, était le principal entrepôt de ce commerce. Dioscurias, sur les côtes de la Colchide, faisait un grand trafic d'esclaves et servait de marché aux peuples établis entre la Caspienne et la mer Noire. Alexandrie, Marseille, Cadix, Byzance, Antioche, Palmyre, Séleucie et les îles de Naxos, de Cos et de Rhodes, étaient les places principales d'où les Romains tiraient tout ce qui était nécessaire à leurs besoins ou à leur luxe. Délos était le plus grand marché d'esclaves de tout l'empire. Le nord de l'Afrique (grains, fruits et bêtes fauves); l'Espa-

gne (laines fines, miel, cire, salaisons) ; la Bretagne (de l'é-
tain) ; la Gaule (draps, bétail, huile, ouvrages de fer, de plomb
et d'étain), prenaient part à cet immense mouvement d'affaires, par les produits de leur agriculture et de leur industrie. Par les provinces du Danube venait l'ambre de la Baltique
dont un seul morceau, taillé en figurine et porté comme ta-
lisman, coûtait plus cher qu'un homme vivant. Le Pont donnait des cuirs et du poisson salé ; l'Égypte du papyrus, du
verre, des poteries et du lin ; la Grèce des objets d'art et de
fins tissus, etc., etc. ; Tyr, sa pourpre toujours si chère qu'on
la payait jusqu'à 1000 drachmes la livre. Chaque année, dit
Pline, l'Inde, la Sérique et l'Arabie nous enlèvent 100 millions de sesterces (21 millions de francs).

La paix a ses dangers comme la guerre a ses périls ; trop
de quiétude, de bien-être et de richesse amollissent les âmes
et amènent la corruption. La Rome des empereurs est à peine
pire, sous ce rapport, que celle de la république, mais les
désordres dont les bords du Tibre étaient le théâtre avaient
gagné de proche en proche et atteint toutes les grandes
villes qui prenaient à tâche de copier la capitale. Auguste
et quelques autres empereurs avaient vainement combattu
le mal par des lois ; d'autres, Caligula, Néron, Vitellius,
Commode, Élagabal, et les impératrices Messaline, Agrippine, Sabine, qui prêchaient par leur exemple l'immoralité
et la plus scandaleuse dépravation, étaient mieux écoutés.
Satisfaire une sensualité, quelquefois hideuse à force d'être
raffinée, semblait être le seul but de la vie ; Apicius gagnait
sous Auguste la célébrité en trouvant le moyen de faire manger toujours. Pétrone dans son *Festin de Trimalcion* a peint
ce luxe de la table, seul art dans lequel les Romains d'alors
fussent passés maîtres.

Mais ces mœurs n'étaient pas seulement infâmes, elles
étaient encore cruelles. Les grandes fêtes pour le peuple
étaient celles où l'amphithéâtre ruisselait de sang. Titus lui-
même donnait de longs combats dans le cirque, et le plus
grand des empereurs romains, Trajan, après son second
triomphe dacique, fit paraître 10 000 gladiateurs. Hommes
ou bêtes fauves, on égorgea pendant 103 jours. Ces jeux san-

glants terminés, on courait au théâtre voir les danseurs et les mimes. Des spectacles impurs après des spectacles de mort; et, pour les plus austères, des écoles de rhéteurs qui retentissaient de vaines et creuses déclamations; voilà les enseignements que recevait le peuple romain. Quelques exemples de courage, de fidélité, d'héroïsme, donnés par les enfants, les femmes et les esclaves des proscrits, comme Épicharis et Arria, quelques belles morts stoïques, comme celle de Thraséas, montraient heureusement qu'il n'y avait pas prescription pour la vertu et la dignité humaine[1].

Caractère de la littérature sous l'empire.

L'établissement d'un gouvernement monarchique, la formation d'une cour, devaient avoir une influence fâcheuse sur la littérature. Celle-ci se sépara du peuple pour vivre au palais du prince et dans les maisons des grands, loin des inspirations fortes et originales qu'elle eût trouvées dans la foule; mais y avait-il un peuple romain?

Avec un gouvernement hypocrite, une religion honteuse d'elle-même, un peuple avili et une société sans une idée généreuse, que pouvait devenir la littérature? Ce qu'elle fut: ingénieuse, recherchée, surtout déclamatoire. L'idée et la passion manquaient; tout fut donné à la forme. Que feront Sénèque, Lucain, Tacite, Pline le Jeune dans son *Panégyrique?* tous ils déclameront, un seul avec génie.

Carnéade avait introduit à Rome, un siècle et demi avant notre ère, l'étude de la rhétorique. Ses successeurs, chefs de la nouvelle Académie, ne gardèrent de la doctrine de Platon que tout juste assez pour se gagner un peu de res-

---

1. Épicharis, courtisane romaine, entra dans une conspiration contre Néron. Soumise à la question, elle ne révéla rien; menacée une seconde fois de la torture, elle craignit de faiblir, et s'étrangla avec sa ceinture. Arria était l'épouse du sénateur Pœtus. On le conduisait à Rome, accusé de complot contre Claude. Sa femme vint avec lui, et, avant d'arriver à la ville, se frappa le sein d'un poignard, puis, tendant l'arme à son époux : « Tiens, Pœtus, cela ne fait pas de mal. » Sa fille, mariée à Thraséas, voulait aussi mourir avec lui; elle n'y renonça que quand il lui eut ordonné de vivre pour leurs enfants.

pect et garder quelque gravité. Leurs tendances réelles furent
toutes pratiques, leur école devint une école d'hommes d'État,
où la principale occupation fut l'art de bien dire et celui de
bien disputer, afin de saisir cette arme redoutable de la parole qui, dans une république orageuse, gagnait les charges,
la fortune et la gloire, ou sauvait la vie. Tant qu'il y eut une
tribune, on entendit des orateurs ; mais lorsque Auguste eut
pacifié jusqu'à l'éloquence, la rhétorique, c'est-à-dire l'effet
étudié, remplaça la passion, et ce qui n'était qu'un travail
préparatoire resta l'exercice de la vie entière. De là le ton
forcé auquel se monte la littérature de l'empire. Sous Auguste, avec Tite Live, elle est encore oratoire ; sous Claude,
avec Sénèque, l'habile arrangeur de mots, elle ne fait plus
que de la rhétorique ; sous Néron, elle déclame dans la *Phar-*
sale, et volontiers elle ferait comme l'empereur qui, en face
de Rome en flammes, saisit sa lyre et chante la ruine de
Troie.

A se tenir si loin de la vie réelle, la littérature romaine
ne pouvait vivre longtemps : à peine passe-t-elle l'âge des
Antonins. C'est dans la langue que la décadence apparaît
d'abord. Les Grecs disaient : « La langue des hommes est
comme leur vie. » Le bel idiome de Cicéron et de Virgile, en
effet, se déforma sous les mêmes influences qui abaissaient
le génie romain. Le grec était devenu la langue du beau
monde et de la cour. Adrien s'était si savamment hellénisé
qu'il prononçait ridiculement le latin, et c'était en grec que
Plutarque enseignait à Rome, en grec que Marc Aurèle écrivait ses pensées. Ces étrangers, accourus dans la capitale
de tous les coins de l'empire, y apportèrent des expressions,
des phrases, des tournures nouvelles. Dès le temps d'Auguste, Asinius Pollion, Mécène, Gallion, avaient pris sous
leur patronage ces importations étrangères qui défiguraient
le vieil idiome du Latium. Lui-même, en s'étendant à toutes
les provinces occidentales, il dut faire de larges concessions
aux habitudes nationales. L'ancienne simplicité, le naturel
se perdirent. Le style de la poésie devint celui de la prose ;
on rechercha les expressions inusitées, singulières, et il en
résulta une langue pompeuse qui fit une étrange disparate

avec la vulgarité des idées et des sentiments qu'elle avait à rendre, quand ce n'était point Tacite qui la parlait.

Cette décadence se fait sentir après ce qu'on appelle le siè-cle d'Auguste, quoique le goût des lettres fût toujours resté dans la maison des Césars. Auguste lui-même, Germanicus, Tibère, Caligula, Claude, Néron, écrivirent en vers ou en prose; mais la tyrannie dégradait les muses, en voulant leur arracher des flatteries vénales, ou les effrayait lorsque, pour leurs écrits, elle précipitait de la roche Tarpéienne Satur-ninus, étranglait en prison Paconianus, tuait Scaurus, Cré-mutius Cordus et une multitude d'autres. Ce n'est pas que le goût des lettres fût tombé; on aimait, on recherchait les livres; on formait des bibliothèques qui sauvaient au moins les anciens trésors des littératures grecque et romaine, et comme ce goût gagnait la province, il fut utile à la propa-gation des livres dans tout l'empire. Il y avait des libraires à Lyon, à Autun, et nous savons que les *Épigrammes* de Martial couraient la Gaule et la Bretagne. Il y avait même des sociétés littéraires. Auguste avait fondé une académie dans le palais impérial; Caligula créa celle de Lyon. A l'exemple de Vespasien, qui assigna à certains professeurs un traitement de 100 000 sesterces[1], avec exemption de quel-ques-unes des charges publiques, Trajan, Adrien, les Anto-nins, établiront des cours publics dans plusieurs villes, en accordant un traitement de 9000 drachmes à ceux qui les feront. Toutes les grandes cités avaient de plus des écoles qui devenaient autant de foyers d'où la lumière se répandait de proche en proche sur les provinces les plus éloignées. Et cependant la décadence se montre partout.

Lucain, Sénèque, Tacite, les deux Pline.

L'Espagnol Lucain, neveu de Sénèque, et condamné à mort par Néron, à l'âge de 29 ans, se plaça encore à quelque distance de Virgile, dans sa *Pharsale*, sinon par l'élégance

---

1. Les musiciens, les acteurs avaient déjà deux fois, quatre fois autant, mais en cela nous faisons beaucoup mieux les choses que les anciens.

de la versification et le charme des épisodes, du moins par l'intérêt de son poëme, bien autrement national que l'Énéide, et par l'énergie de son style, malheureusement obscur souvent et affecté. Mais les *Argonautiques* de Val. Flaccus (mort en 88) sont bien pâles à côté de la *Pharsale*. Le poëme de Silius Italicus sur la seconde guerre punique n'est que de l'histoire versifiée ; ce poëte fut consul sous Néron, en 67. La *Thébaïde* de Stace bien postérieure, car Stace était né en 61, est ampoulée et obscure. Le temps était favorable à la satire. Perse (mort en 62) s'en tint à la satire générale. Juvénal (mort sous Adrien) flagella sans pitié les mœurs dépravées de son temps. Pétrone (mort en 66) peignit dans son *Satyricon* des débauches sans nom. Le genre satirique déclina lui-même. Martial n'écrivit que des épigrammes, mais il en composa 1500. La fable ne compte qu'un nom, Phèdre, contemporain de Tibère, et la tragédie un nom aussi, Sénèque le Tragique.

Dans la littérature en prose la chute est moins rapide. Velléius Paterculus, sous Tibère, écrivit encore l'histoire (*Histoire romaine*) avec une grande élégance. Valère Maxime, son contemporain, est déjà plus déclamatoire (*des Faits mémorables*). Sénèque, le précepteur de Néron, l'oncle de Lucain, ajoute un grand nom à la littérature romaine. Il rappelle, dans ses traités philosophiques, la facilité de Cicéron, mais non la pureté de son style ; des subtilités et des déclamations refroidissent à chaque instant le lecteur, qui s'abandonne cependant en quelques endroits au charme d'une morale presque chrétienne. Les dix tragédies qu'on lui attribue ne sont certainement pas toutes de lui. Leur défaut de plan, le manque d'action, des déclamations pompeuses et vides montrent la faiblesse de la muse tragique chez les Romains. Quintilien, Espagnol comme Sénèque, tâcha d'arrêter, dans son *Institution oratoire*, la décadence du goût par de sages préceptes et en donnant lui-même un modèle.

Pline l'Ancien (*Histoire naturelle*) est célèbre plutôt par son savoir universel que par les grâces de son style, et meurt en 79 par dévouement à la science, en s'approchant de trop près du Vésuve, au moment de la fameuse éruption qui engloutit Herculanum et Pompéii.

Son neveu, Pline le Jeune, écrit, dans un style de décadence bien que fort élégant encore, le *Panégyrique de
Trajan* et une multitude de *Lettres* qu'on reconnaît trop avoir
été faites pour la postérité bien plus que pour ses correspon-
dants, ce qui les rend froides et peu intéressantes. Il eut
pour ami un des plus grands écrivains de la langue latine,
C. Cornélius Tacitus, le gendre d'Agricola, le peintre im-
mortel des Césars dans ses *Annales* et ses *Histoires*, le
peintre véridique des Barbares dans sa *Germanie*. Tous deux
florissaient sous Trajan.

Cette liste peut s'augmenter encore de quelques noms
moins célèbres : l'agronome Columelle et le géographe Méla,
sous Claude ; Quinte-Curce, historien d'Alexandre, qui mêle
trop de fables à ses récits ; on le croit contemporain de Vespasien ; Suétone qui, sous Adrien, écrivit une biographie des
douze Césars ; Florus, contemporain de Tacite et de Pline,
qui laissa un abrégé emphatique de l'histoire romaine ;
Frontin qui, sous Domitien, fit un traité des aqueducs et
quatre livres sur la tactique militaire.

Après Adrien, le mouvement s'arrête. Déjà la poésie
épique est morte ; les divers genres lyriques s'éteignent
successivement, l'histoire n'est presque plus que de la biographie, et la poésie, comme la prose, n'offre que des noms
obscurs. Pour rencontrer un poëte de quelque valeur il faut
aller jusqu'à Némésianus, qui vivait sous Numérien. Calpurnius, son contemporain, a laissé des églogues estimables.
Pour la prose, nous trouvons le rhéteur Fronton (sous Antonin) qu'on osa comparer à Cicéron, Justin, l'abréviateur
de Trogue Pompée (sous Marc Aurèle), les six compilateurs
de l'*Histoire Auguste*, Spartien, Vopiscus, Lampride, etc.,
les panégyristes, Claudius Mamertinus (sous Dioclétien), et
Euménius (sous Constantin).

Si l'histoire est négligée, le roman se montre avec éclat
sous la plume d'Apulée, et la jurisprudence s'élève à une
grande hauteur avec Papinien, Paulus, Gaïus et Ulpien. Ces
grands légistes préparèrent, par leurs travaux, la gloire de
la jurisprudence romaine qui fondait le droit sur ces trois
préceptes : vivre honnêtement, ne pas léser autrui, et rendre

à chacun ce qui lui appartient. Citons encore Julius Obsé-
quens (*de Prodigiis*), Censorinus (*de Die natali*); l'agró-
nome Palladius (IIIe siècle); les grammairiens Solin (IIe et
IIIe siècle) et Aulu-Gelle (vers 130); le dernier nous a
laissé de précieux renseignements dans ses *Nuits attiques*.
Enfin, comme je l'ai dit déjà, la littérature cesse de parler
latin [1].

Dans les arts proprement dits, la décadence n'était pas si
prononcée que dans les lettres. Sous la sombre tyrannie de
Tibère, ils furent peu encouragés; ce prince n'éleva aucun
monument. Néron aimait l'impossible, il prenait le gigantesque pour le grandiose; de là ces efforts de mauvais goût,
sa *maison d'or* et cette statue colossale qu'il fit sculpter par
Zénodore, et qu'avait inspirée sans doute le colosse de Mercure, fait par le même artiste pour les Arvernes. Vespasien
forma une galerie de tableaux dans le temple de la Paix, et
érigea l'arc de Titus et le Colisée, que son fils acheva.
Au IIe siècle, l'art jeta un dernier éclat. Alors Rome et les
grandes villes de l'empire se décorent de nombreux monuments et se peuplent de ces statues, soit apportées de la
Grèce, soit copiées ou inspirées par ses chefs-d'œuvre, et
qui, retrouvées plus tard, ont renouvelé l'art moderne.

Au nombre des monuments les plus importants de cette
époque sont : les colonnes de Trajan et d'Antonin, les
Thermes de Titus, où l'on a découvert le *Laocoon* [2], les arcs

1. L'habile médecin Galien (sous Adrien), Ptolémée, le grand géographe
(sous les Antonins), écrivaient en grec, et le même idiome servait aux historiens Josèphe (sous les Flaviens), Appien et Arrien (sous les Antonins), Dion
Cassius et Hérodien (sous Alexandre Sévère), à l'antiquaire Pausanias; à Plutarque, dont les biographies et les traités de morale sont deux des livres qui
ont été le plus souvent lus; à Diogène Laërce, pour ses vies des philosophes;
à Athénée, surnommé le Varron grec, à cause de sa vaste érudition; à Lucien,
l'auteur de si mordants dialogues; au fabuliste Babrius (tous du IIe siècle);
aux sophistes Dion Chrysostome (sous les Flaviens); Hermogène et Maxime
de Tyr (sous Marc Aurèle); Philostrate (sous les princes syriens); Aristide et
Favorinus (sous Adrien); Longin (sous Aurélien); aux philosophes Philon
(sous Caligula), Épictète (sous les Flaviens), Marc Aurèle, Sextus Empiricus
au IIe siècle), Plotin et Porphyre (IIIe siècle), Longus, dont l'âge est inconnu.

2. L'Apollon du Belvédère a été trouvé dans le palais d'Antium.

de Trajan à Ancône et à Bénévent, les arènes de Nîmes
(voy. p. 456), et le temple, dans la même ville, qu'on appelle la Maison Carrée (voy. p. 460); les ponts du Danube, du
Gard, d'Alcantara et de Mérida, le temple de Jupiter Olym-
pien à Athènes, achevé par Adrien sept siècles après que

LE TEMPLE DU SOLEIL.

Pisistrate en eut jeté les fondements; la grande villa du

INTÉRIEUR D'UNE MAISON ROMAINE [1].

[1]. Une maison romaine, il ne s'agit bien entendu que de celles des riches.

même prince à Tibur, où il avait voulu retrouver tout ce qu'il avait admiré dans ses voyages, le temple du Soleil à Héliopolis (Balbeck), construit probablement sous Antonin, et dont les ruines imposantes couvrent encore une étendue de 4 à 5 kilomètres. Ajoutons les statues d'Antinoüs, celles des empereurs, leurs bustes, les camées, les médailles, et mentionnons aussi les habitations particulières, à la décoration desquelles tous les arts étaient appelés. Car il n'y avait plus, parmi les grands, d'autre rivalité que celle du luxe, et leurs richesses s'en allaient en costumes de soie et de pourpre, en meubles précieux, en curiosités coûteuses, en constructions splendides ; dépenses inutiles lorsqu'on vivait au forum et au Champ de Mars, ou dans une villa rustique.

était généralement précédée d'un *vestibule*, s'étendant d'une aile à l'autre, et orné de statues. On entrait du vestibule dans l'*atrium* par une porte qui s'ouvrait en dedans et sur laquelle le visiteur frappait pour avertir l'*ostiarius* ou portier, à l'aide d'un marteau fixé à la porte, et dont une sonnette tenait quelquefois lieu. On arrivait par cette porte dans l'*atrium*, une des principales pièces des habitations romaines, parce qu'elle communiquait avec les autres parties de la maison et qu'elle recevait la famille et les clients. Là étaient l'autel des Lares, le lit nuptial et les images des ancêtres. Derrière l'atrium se trouvait le *cavædium*, dont le milieu, *impluvium*, restait exposé au grand air, et où la pluie tombait des toits environnants dans un bassin placé au centre. Le cavædium était entouré des quatre côtés par des galeries et par les chambres à coucher, les salles à manger, *triclinia*, les logements des esclaves et les pièces où l'on conservait le vin, l'huile, le blé, les fruits. Une de ces pièces, le *tablinum*, renfermait les archives de la famille. Par des *fauces* ou corridors ménagés de chaque côté du *tablinum*, on pénétrait dans le *péristyle*, portique allongé, supporté par des colonnes, dont les intervalles étaient occupés par des caisses de fleurs. Au centre de ce portique était aussi un parterre. Sur son pourtour se trouvaient l'*œcus*, grande salle de travail, sorte de parloir où se tenaient les femmes, la bibliothèque et l'*exèdre*, salle de réception pour les amis du maître ; au fond du péristyle s'élevaient les autels des dieux lares. Si la maison était considérable, un jardin en occupait l'extrémité opposée à la rue ; au-dessus des principaux bâtiments des étages supérieurs régnait une terrasse, *solarium*. Le sol, dans l'intérieur, était ordinairement en blocage ou en mosaïque. Les fenêtres, très-peu nombreuses sur la rue, étaient fermées, chez les très-riches personnes, par de minces carreaux de verre, des pierres spéculaires, et plus souvent par de simples toiles. L'hiver, les appartements étaient chauffés par des foyers mobiles, on ne connaissait point l'usage des cheminées.

MEUBLES ET USTENSILES [1].

Le christianisme, la philosophie, et même les superstitions orientales battaient à la fois en brèche l'ancienne religion, et celle-ci, en tombant, entraîna dans sa chute l'art
qui avait grandi à son ombre. Les artistes devinrent rares
et désapprirent les secrets de leur métier. Les troubles qui
vont suivre, les courses des Barbares et l'appauvrissement

1. Les siéges étaient ou simplement en bois ou incrustés d'ivoire et d'argent, ou en bronze, parfois sans dossier comme nos tabourets ; d'autres fois,
avec un dossier de forme demi-circulaire ; ils étaient rembourrés de laine ou
de plumes de cygne, et recouverts de tapis moelleux. Le *solium* était le siége
d'honneur où le patron prenait place pour recevoir ses clients. Il y avait des
lits de repos pour les gens malades ou faibles. On mangeait, non assis, mais
couché sur un lit (voy. p. 434). Trois lits entouraient la table de trois côtés:
trois convives se mettaient sur chaque lit, le corps appuyé sur le coude du
bras gauche. Les tables devinrent un des meubles les plus somptueux des
maisons romaines. Elles étaient rondes, portées sur un ou trois pieds d'argent,
d'ivoire ou d'airain, et formées des bois les plus rares, surtout de cître. Les
lits des chambres à coucher étaient aussi de bois fin incrusté d'ivoire, d'écaille
ou d'argent, avec des pieds de bronze. Des armoires renfermaient les objets de
prix et les vêtements. L'éclairage avait lieu ou par des lampes, *lucerna*, vases

universel, achèveront sa ruine. L'arc de Gallien , en simple
pierre tiburtine, sans marbre ni ornements, montre qu'au
IIIᵉ siècle on ne recherchait même plus les matériaux de prix,
après les avoir trop employés. L'architecture, la statuaire et
la peinture furent les premières à dégénérer ; les médailles
seules, les pierres gravées et les mosaïques se soutinrent.
De cette décadence sortira un art nouveau, le byzantin ,
sorte de transition entre l'art ancien qui poursuivait le beau
pour la forme elle-même , et l'art chrétien qui ne se servira
de la forme que pour l'expression de l'idée.

Religion; progrès du christianisme.

Les religions, même les plus mauvaises, sont bien lentes
à mourir ; il faut des siècles pour arracher brin à brin ce
que les siècles ont semé. Du temps de Cicéron deux augures
ne pouvaient déjà se regarder sans rire. Les cent dernières
années de la république, ces saturnales de la force , avaient
augmenté l'incrédulité. La protestation des stoïciens contre
les dégradations de la religion officielle ne rallia au Iᵉʳ siècle
que quelques âmes d'élite. La morale presque chrétienne
d'Epictète, de Marc-Aurèle et des livres de Sénèque, enlevait au paganisme ceux qui se respectaient eux-mêmes ,
mais ces doctrines austères et viriles ne pouvaient descendre
dans la foule.

Le vieux culte que rien ne soutenait croulait donc. Peu à
peu, les oracles s'étaient tus, accusés par les païens eux-

---

allongés, garnis à leur extrémité de bobèches qui portaient une mèche d'é-
toupe , et qu'on pouvait suspendre à l'aide d'une petite chaîne, ou par des
chandelles (*candela*), tiges de jonc enduites de cire ou de suif, portées par un
candélabre en bronze , de 3 à 5 pieds de hauteur , qui reposait sur le sol. Le
Lychnus était une lampe garnie d'un grand nombre de mèches, sorte de chan-
delier à branches ou de lustre, que Domitien employa dans les jeux et les
chasses nocturnes. La *tæda* était une torche de bois résineux. Les gens du
peuple employaient des lanternes en feuilles de corne , en peau de vessie ou
en morceaux de toile de lin huilés. Les ruines de Pompéii nous ont livré mille
ustensiles de ménage et tous les objets de parure des femmes, colliers, chaînes,
pendants d'oreilles, bracelets, bagues, miroirs de métal, broches d'or, épin-
gles d'ivoire , peignes , boîtes à onguent, petits vases de verre contenant du
fard, flacons d'eau de senteur, ciseaux, etc.

mêmes d'imposture [1]. Les temples des dieux restaient déserts, et Lucien livrait impunément leurs mythes aux sarcasmes d'une satire sanglante. Ceux qui demeurèrent
fidèles à l'ancienne croyance, furent contraints de la mo-
difier profondément; ils se formèrent une doctrine qui,
respectant assez peu l'ancienne religion officielle, accepta
les dieux de tous les cultes et de tous les pays. Adrien favorisa ce système qui se développa sous Alexandre Sévère,
Gallien et Julien. Mais vainement les néoplatoniciens voulurent régénérer par une morale plus sévère et même par des
dogmes nouveaux leur culte dégradé. Cette tentative d'unir
des éléments incompatibles devait être et fut impuissante.
Les peuples, incapables de suivre des philosophes dans les
incompréhensibles détours de leurs systèmes, s'adressèrent
à tous ceux qui se prétendaient en commerce avec le ciel.

Le superstitieux Orient débordait alors sur l'Occident,
l'esprit grec se réveillait, non plus limpide et puissant comme
aux beaux jours de la grande civilisation hellénique, mais
mêlé d'éléments étrangers et impurs, confus, inquiet, mys-
tique; devant lui, recula le simple et ferme génie de Rome.
Les prêtres de la Perse, de l'Égypte, de la Syrie, les astrologues, les nécromanciens, tous les chercheurs de l'avenir
à qui l'avenir échappe toujours, mais qui, à de certaines
époques, se saisissent du présent, inondaient les cités et
attiraient à eux la foule. Il y avait recrudescence de superstition, par cela même qu'une forte et grande croyance
manquait.

Cependant quelques-uns, beaucoup même, l'avaient trouvée,
cette grande et simple croyance.

Jésus était né dans le bourg de Bethléem, quatre ans
avant l'ère chrétienne [2], sous le règne d'Hérode. Les Juifs,

---

1. OEnomaos, philosophe grec, fit, au IIᵉ siècle, un recueil des mensonges
de l'oracle de Delphes. Eusèbe nous en a conservé une partie.

2. Cette erreur de 4 années provient d'une erreur de calcul faite par Denys
le Petit, moine du VIᵉ siècle, qui introduisit l'usage de compter les années depuis la naissance de Jésus-Christ. Les bénédictins placent même cet événement le 25 décembre de l'an 747, depuis la fondation de Rome, ou l'an 7 avant
l'ère vulgaire.

accablés de misères, étaient dans l'attente de la venue prochaine du Messie promis par les prophètes, et saint Jean-Baptiste annonçait qu'il était parmi eux. Dans la quinzième année de Tibère, Jésus, âgé de 32 ans, commença son ministère public, prêchant partout l'amour de Dieu et des hommes, la justice, la charité et l'espérance d'une vie à venir où les bons seraient récompensés et les méchants punis. « Bienheureux ceux qui sont doux, disait-il, ils posséderont la terre; bienheureux ceux qui souffrent, ils seront consolés; bienheureux ceux qui ont faim et soif de la justice, ils seront rassasiés. — Vous savez qu'il a été dit : Tu ne tueras point. Mais moi je vous dis que celui qui se mettra en colère contre son frère méritera d'être condamné par le conseil. Si donc, quand vous apportez votre offrande à l'autel, vous vous souvenez que votre frère a quelque chose contre vous, laissez là votre don et courez vous réconcilier avec lui; vous viendrez ensuite présenter votre offrande. — Vous savez qu'il a été dit : Tu ne commettras pas d'adultère. Mais moi je vous dis que quiconque regarde une femme avec convoitise, a déjà, dans son cœur, commis l'adultère. — Il a été dit : Œil pour œil, dent pour dent. Moi je vous dis : Si quelqu'un vous frappe sur la joue droite, présentez-lui la joue gauche. Si quelqu'un veut plaider contre vous pour avoir votre robe, abandonnez-lui encore votre manteau. — Il a été dit : Vous aimerez votre prochain et vous haïrez votre ennemi. Et moi je vous dis : Aimez vos ennemis, faites du bien à qui vous hait, priez pour qui vous persécute. Car si vous n'aimez que ceux qui vous aiment, quelle récompense en aurez-vous? Ne faites pas vos bonnes œuvres pour être regardés des hommes, autrement vous n'en recevrez pas la récompense de votre Père qui est aux cieux. Lors donc que vous donnerez l'aumône, ne faites pas sonner la trompette devant vous, comme font les hypocrites dans les synagogues et dans les rues, pour être honorés des hommes. Je vous le dis en vérité, ces gens-là ont reçu leur récompense. Mais que votre main droite ne sache pas ce que fait votre main gauche, afin que votre aumône soit dans le secret et que votre Père qui voit tout vous en donne la récompense. —

Lorsque vous priez, ne ressemblez pas aux hypocrites qui se tiennent debout dans les synagogues et aux coins des rues pour être vus des hommes. Ces gens-là, je vous le dis en vérité, ont reçu leur récompense. Mais entrez dans votre chambre, fermez la porte et priez votre Père dans le secret. — Que vos prières soient courtes et non comme celles des païens, qui s'imaginent que c'est par la multitude des paroles qu'ils seront exaucés. Car votre Père sait de quoi vous avez besoin avant que vous le lui demandiez. Vous prierez donc ainsi : Notre Père qui êtes dans les cieux, que votre nom soit sanctifié ; que votre règne arrive ; que votre volonté soit faite sur la terre comme au ciel. Donnez-nous aujourd'hui notre pain quotidien et pardonnez-nous nos offenses, comme nous pardonnons à ceux qui nous ont offensés. Ne nous abandonnez pas à la tentation, mais délivrez-nous du mal. Ainsi soit-il. — Ne jugez pas afin de n'être pas jugés. Pourquoi voyez-vous une paille dans l'œil de votre frère, vous qui ne voyez pas la poutre qui est dans votre œil ? — Ne faites pas à autrui ce que vous ne voudriez pas qu'on vous fît à vous-mêmes, c'est là la loi et les prophètes. »

Cette morale était nouvelle pour les hommes auxquels les pharisiens ne demandaient que des pratiques extérieures. Aussi tous étaient-ils dans l'admiration de cette pure et simple doctrine. Les pauvres, les opprimés et les faibles avaient foi en celui qui ne parlait que de douceur et de charité.

Le *Nouveau Testament* rapporte de nombreux miracles de Jésus : les lépreux guéris, les paralytiques qui marchent, les aveugles qui voient, les morts qui ressuscitent, et aussi la colère des pharisiens qui voyaient le peuple abandonner leurs assemblées pour suivre Jésus. Ils cherchèrent d'abord à le mettre en contradiction avec lui-même, et lui proposèrent des questions captieuses. Ils finirent par l'accuser auprès de Pilate, gouverneur de la Judée, d'ameuter la foule autour de lui et de vouloir se faire déclarer roi des Juifs. Trahi par Judas après sa dernière cène avec ses douze disciples, Jésus fut conduit à Pilate qui l'interrogea, et se convainquit de son innocence. Il n'eut pourtant pas la force de le sauver, et l'abandonna aux pharisiens en disant : « Que le sang de ce juste retombe sur vos têtes. »

Les quatre *Évangélistes*, saint Matthieu, saint Luc, saint Marc et saint Jean, ont écrit le récit de la passion de Jésus flagellé, couronné d'épines, mis sur la croix entre deux larrons, ressuscité le troisième jour, et monté au ciel 40 jours après sa mort. Les *Actes des apôtres* racontent la dispersion des douze disciples partis de Jérusalem pour aller instruire et baptiser les nations : Pierre, André, frère de Pierre, Jean l'évangéliste, Philippe, Jacques le Majeur, Barthélemy, Thomas, Matthieu, Simon, Thaddée ou Jude, Jacques le Mineur et Judas l'Iscariote, qui, après sa trahison, fut remplacé par Matthias. Saint Paul, qui ne se convertit qu'après la première persécution, est appelé l'apôtre des gentils.

Les *Actes des apôtres* montrent comment la *bonne nouvelle* (évangile) fut portée aux gentils. Les apôtres prêchèrent d'abord à Jérusalem, et cette prédication amena une première persécution; le grand prêtre les fit emprisonner. Mais un pharisien, Gamaliel, les sauva en disant aux prêtres : « Ne vous mêlez point de ce qui regarde ces gens-là et laissez-les faire. Si leur œuvre vient des hommes elle se détruira, si elle vient de Dieu vous ne pourrez la renverser, et vous serez en danger de combattre le Seigneur lui-même. »

Cependant les douze apôtres ne pouvant suffire à tous les soins de leur ministère engagèrent les disciples à élire sept diacres pour avoir soin des tables. Étienne, qui se trouva dans le nombre, fut la première victime des prêtres. Ils produisirent de faux témoins qui disaient : « Cet homme ne cesse de proférer des blasphèmes contre le lieu saint et contre la loi. » Et le peuple ameuté entraîna le diacre hors de la ville où il fut lapidé. Les apôtres furent dispersés; mais la persécution ne fit que répandre au loin leur parole. Philippe étant ainsi venu à Samarie y prêcha le nom de Jésus et baptisa sur le chemin de Gaza le surintendant des trésors de Candace, reine d'Éthiopie; à Césarée, Pierre convertit un centenier romain.

Saul, disent les *Actes des apôtres*, que nous copions pour tout ce récit en les abrégeant, respirant toujours la haine contre le Seigneur, vint trouver le grand prêtre et lui demanda des lettres pour les synagogues de Damas. Il voulait amener prisonniers à Jérusalem tous les chrétiens qu'il rencontrerait. Mais, près des murs de Damas, il fut tout d'un coup environné d'une lumière céleste ; il tomba la face contre terre et entendit une voix qui disait : « Saul, Saul, pourquoi me persécuter ? — Qui êtes-vous, Seigneur ? — Je suis Jésus, lève-toi, et entre dans la ville ; on te dira ce qu'il faut que tu fasses. » A Damas, en effet, il trouva les disciples qui l'instruisirent et bientôt il prêcha lui-même le nouvel Évangile. Quelques Juifs irrités voulurent le faire mourir, mais il leur échappa. A Jérusalem, les disciples hésitèrent d'abord à le compter parmi les leurs, mais quand les apôtres eurent appris de Barnabé la vision de Saul près de Damas et ses prédications courageuses, ils le retinrent au milieu d'eux.

Cet apostolat des gentils fut surtout la mission de Saul qui, après avoir converti dans l'île de Cypre le proconsul Paul, prit son nom. De là il passa dans l'Asie Mineure, la Macédoine et la Grèce. A Athènes, Paul commentait chaque jour les Écritures dans la synagogue des Juifs et sur les places. Conduit devant l'aréopage, il dit : « Athéniens, il me semble qu'en toutes choses vous êtes religieux à l'excès ; car ayant regardé en passant les statues de vos dieux, j'ai trouvé même un autel sur lequel il était écrit : *Au dieu inconnu!* C'est ce Dieu que vous adorez sans le connaître que je vous annonce. Le Dieu qui a créé le monde n'habite point des temples faits par la main des hommes ; lui qui nous donne la vie et le mouvement n'est pas semblable à l'or, à l'argent ou à la pierre dont l'industrie des hommes a formé des figures. Il fait annoncer maintenant la pénitence à tous les hommes, parce qu'il a fixé le jour où il jugera le monde, parce qu'il a marqué le juge en le ressuscitant d'entre les morts.... » A ces mots les uns se moquèrent, et les autres lui dirent : « Nous vous entendrons un autre jour. » Plusieurs néanmoins se joignirent à lui et embrassèrent la foi ; parmi ceux-ci était Denys, sénateur de l'aréopage.

D'Athènes Paul vint à Corinthe, où il demeura un an et demi, prêchant et convertissant, et d'où il écrivit ses pre-

mières épîtres. A Éphèse, il faillit périr. Car un orfévre, qui
gagnait beaucoup à fabriquer des idoles et de petits modèles
en argent du temple de Diane, ameuta contre le disciple
ceux qui travaillaient à ces sortes d'ouvrages. La ville fut
remplie de confusion, et l'on entendait de tous côtés ces
cris : « Vive la grande Diane des Éphésiens! » Cependant le
greffier de la ville parvint à apaiser la sédition; il fit craindre aux habitants la colère de Rome : « Nous ne pourrions,
dit-il, alléguer aucune raison pour justifier ce concours; nous
sommes en danger d'être accusés de révolte. » Quand le tumulte eut cessé, Paul retourna en Macédoine pour affermir
dans leur foi les disciples qu'il y avait laissés et de là revint
à Jérusalem. Les Juifs, irrités des succès de son apostolat
parmi les gentils, voulurent le tuer; le tribun romain qui
commandait dans la ville le sauva. Cependant le gouverneur
de Césarée le retint deux ans en prison. A la fin, Paul en
appela à César et il fut envoyé en Italie sur un navire qui fit
naufrage près de Malte. Absous de l'accusation portée contre
lui, il offensa Néron, en gagnant à la foi, et par conséquent
à la pureté, une femme de la cour, et, le 29 juin 65, il fut
décapité. D'après la tradition de l'Église, saint Pierre fut
crucifié le même jour la tête en bas.

L'année précédente, Rome ayant été dévastée par un grand
incendie, on avait accusé les chrétiens de l'avoir allumé, et
on en avait pris prétexte pour exercer sur eux la première
persécution. Les supplices furent atroces; on les enveloppa
de peaux de bêtes pour les faire déchirer par des chiens; on
les mit en croix, ou l'on enduisit leur corps de résine, et Néron s'en servit la nuit, comme de flambeaux pour éclairer ses
jardins, pendant une fête qu'il donnait au peuple. Mais,
comme dit Tertullien, le sang des martyrs fut une semence
de chrétiens; et la religion chrétienne, dont les apôtres
avaient, dans leurs *Épîtres*, expliqué la doctrine, était
maintenant répandue dans tout le monde romain, surtout
dans les provinces orientales [1]. Les *Épîtres* des apôtres nous

---

1. Le Nouveau Testament renferme les 4 *Évangiles*, les *Actes des apôtres*,
21 *Épîtres* et l'*Apocalypse* de saint Jean.

disent quelles furent, jusqu'au temps de Néron, les plus importantes Églises. Celles de saint Paul sont adressées aux Romains, aux Corinthiens, aux Galates, aux Éphésiens, aux fidèles de Philippes et de Thessalonique en Macédoine, de Colosse en Phrygie, et aux Hébreux. Saint Jacques écrivit aux douze tribus dispersées ; saint Pierre aux fidèles du Pont, de la Galatie, de la Cappadoce, de l'Asie (ancien royaume de Pergame) et de la Bithynie. L'*Apocalypse* de saint Jean fut écrite pour les sept Églises de la province d'Asie : Éphèse, Smyrne, Pergame, Thyatire, Sardes, Philadelphie et Laodicée. Édesse, Antioche surtout étaient au premier rang des Églises d'Orient.

Ce fut cinq ans après le martyre de saint Pierre et de saint Paul que le temple de Jérusalem fut détruit et que la dispersion des Juifs commença ; mais au moment où l'ancienne loi succombait, la nouvelle commençait la conquête du monde romain. Les persécutions de Domitien, de Trajan, d'Adrien et de Marc Aurèle purent retarder, mais non pas compromettre son triomphe.

SIXIÈME PÉRIODE.

L'EMPIRE DE PERTINAX A DIOCLÉTIEN.

ou

ÉPOQUE DE L'ANARCHIE MILITAIRE.

91 ans (193-285 avant J. C.).

CHAPITRE XXX.

LES PRINCES SYRIENS (193-235).

PERTINAX ET DIDIUS JULIANUS (193). — SÉVÈRE RENVERSE NIGER ET ALBINUS (193 – 197). — DURETÉ DU GOUVERNEMENT DE SÉVÈRE; GUERRES CONTRE LES PARTHES ET LES BRETONS (197-211). — CARACALLA ET GÉTA (211-217). — MACRIN (217-218); ÉLAGABAL (218-222). — ALEXANDRE SÉVÈRE (222-235).

Pertinax et Didius Julianus (193).

Les meurtriers de Commode se hâtèrent de faire un empereur. Ils nommèrent Pertinax alors préfet de la ville; le sénat approuva leur choix, et le 1er janvier 193, les prétoriens, à contre-cœur cependant et sur la promesse d'une large gratification, prêtèrent serment au nouveau prince. Pertinax n'était que le fils d'un affranchi marchand de bois à Alba-Pompéia ; mais son mérite l'avait élevé au premier rang dans l'armée. Plein d'expérience, d'équité et de bonnes intentions, simple dans sa vie privée, décidé à montrer au sénat une déférence que cette assemblée semblait mériter encore, Pertinax eût pris rang, sans doute, parmi les meilleurs princes si son règne eût été plus long. Il voulait remettre l'ordre dans l'État et dans les finances, ébranlées par les folies du dernier prince. Il fit vendre les meubles et les mille inutilités du palais impérial, effaça quelques-unes des entraves qui gênaient le commerce, et exempta d'impôts pour 10 ans ceux qui remettraient en culture les terres déjà

désertes de l'Italie. Mais cet ordre et cette économie ne faisaient pas le compte des soldats ; ils vinrent l'égorger dans
son palais (28 mars). Il avait régné 88 jours.

Alors commencèrent des scènes sans nom et heureusement
sans exemple. La soldatesque mit littéralement l'empire aux
enchères ; deux enchérisseurs se présentèrent, qui luttèrent
entre eux de promesses, et la monarchie d'Auguste fut ad-
jugée au vieux consulaire Didius Julianus, au prix de
6250 drachmes pour chaque soldat. La vente terminée, les
prétoriens descendirent une échelle du haut des murs de
leur camp : c'est ainsi que le nouvel empereur vint recevoir
le serment de ses gardes et les ornements impériaux. Par
crainte du peuple les prétoriens avaient tenu fermées les
portes du camp, ils les ouvrirent alors et conduisirent, en
ordre de bataille, Didius au palais. Le sénat accepta l'élu des
soldats, en déplorant secrètement la honte infligée à l'empire
par cette ambition sans dignité d'un vieillard qui couronnait
si tristement une vie inutile. Mais Didius avait promis plus
qu'il ne pouvait tenir ; les créanciers furent impitoyables pour
leur imprudent débiteur, et ils l'auraient sans doute eux-
mêmes renversé s'ils n'avaient été prévenus par les légions
des frontières. Puisqu'on savait comment se faisait et ce que
valait un empereur, les armées ne pouvaient permettre que
ce scandaleux trafic n'eût lieu qu'au profit des prétoriens.
Elles voulurent, elles aussi, donner l'empire. Les légions de
Bretagne proclamèrent leur chef Albinus ; celles de Syrie,
Pescennius Niger ; celles d'Illyrie, Septime Sévère. Celui-ci
se trouvant le plus rapproché de Rome, en prit aussitôt la
route. Le sénat, encouragé par son approche, déclara Didius
ennemi public, le fit tuer malgré ses prières et ses larmes,
punit les meurtriers de Pertinax et reconnut Sévère empereur.

Sévère renverse Niger et Albinus (193-197).

Sévère avait épousé une Syrienne, et on le considère quelquefois comme le premier des princes syriens, bien qu'il
fût né à Leptis, en Afrique, d'une famille peut-être originaire des Gaules. Quand il fut arrivé à quelque distance

de Rome, il manda auprès de lui les prétoriens. Ils vinrent
sans armes selon la coutume. Alors les légions illyriennes
les entourent en silence, puis, Sévère leur reprochant durement la mort de Pertinax et la honteuse élection de Didius,
leur fait arracher leurs insignes militaires, casse leurs
cohortes et leur défend d'approcher de Rome de plus de
100 milles. Ainsi tomba cette garde turbulente qui s'était
élevée des plus obscurs commencements jusqu'au droit de
disposer de l'empire. Malheureusement Sévère, au lieu de
l'abolir, se contenta de la changer; il la rendit même plus
nombreuse, car sous lui elle compta jusqu'à 50 000 hommes.
Mais il voulut, pour exciter l'émulation dans l'armée, qu'elle
se recrutât toujours dans les légions parmi les plus braves
soldats.

Cette exécution faite, Sévère entra dans Rome, et comme
tous les dangers n'étaient point passés, puisqu'il avait encore
deux compétiteurs aux extrémités de l'empire, il se montra
plein de modération et de douceur. Mais Rome put voir
bientôt quel temps commençait pour elle; les soldats des
légions d'Illyrie, presque aussi grossiers que les Barbares
en face desquels ils avaient toujours vécu, regardaient Rome
comme une ville conquise; ils se logèrent dans les temples,
dans les édifices publics, sous les portiques, pillant les maisons quand on ne satisfaisait pas à l'instant à leurs exigences. Un jour, pendant que Sévère haranguait le sénat, ils
vinrent le sommer d'accorder une gratification de 2500 deniers par tête, et il fut contraint d'accéder en très-grande
partie à des désirs qu'il n'était pas assez fort pour mépriser.

Les affaires les plus pressantes achevées, l'empereur s'occupa de la guerre. Pour ne point avoir deux ennemis à combattre à la fois, il avait écrit, avant d'entrer à Rome, à Albinus, en lui donnant le titre de César : c'était comme une
promesse de partager l'empire avec lui. Tranquille de ce
côté, il s'occupa de Niger, et fit passer des soldats en Afrique pour que son rival ne pût causer la disette dans Rome,
en arrêtant les convois de Carthage et d'Alexandrie. Niger
ne comptait pas sur une expédition rapide : il jouissait doucement, à Antioche, de son nouveau titre, étourdi par les

acclamations des provinces d'Orient sur les dangers de son rôle. Ses troupes, depuis longtemps déshabituées des exercices militaires, étaient incapables de lutter contre les valeureuses légions d'Illyrie. Battu à Cyzique en voulant interdire à Sévère l'entrée de l'Asie, il le fut une seconde fois près de Nicée, en Phrygie; en vain il fortifia les passages du Taurus, son infatigable adversaire pénétra dans la Cilicie, le vainquit une troisième fois près d'Issus et le fit tuer près d'Antioche, au moment où il voulait fuir vers les Parthes (194). Sur un seul point Sévère rencontra une résistance obstinée. L'ingénieur Priscus, qui s'était jeté dans Byzance, y résista deux années : Sévère, pour punir cette ville, la démantela et la mit dans la dépendance de Périnthe. Antioche perdit aussi ses priviléges. Les partisans de Niger furent cruellement poursuivis; la persécution s'étendit jusqu'à des soldats qui, fuyant chez les Parthes, allèrent leur enseigner la tactique et l'emploi des armes romaines.

Avant cette expédition, Sévère avait su adroitement ménager Albinus. On avait, par ses ordres, frappé des médailles à son effigie et il lui avait envoyé les lettres les plus amicales, faisant même écrire par ses enfants aux enfants du nouveau César. Après la mort de Niger, il lui fit porter la nouvelle de sa victoire par des messagers qui étaient chargés de l'assassiner. Albinus s'aperçut trop tard qu'il avait été joué; mais le sénat l'appelant secrètement, il voulut à son tour prévenir son rival, et passa en Gaule en prenant le titre d'Auguste. Il avança jusqu'à Lyon, où, le 19 février 197, un combat sanglant s'engagea entre les légions de Bretagne et d'Illyrie. Albinus vaincu se tua. Lyon, qui lui avait ouvert ses portes, fut pillée et livrée aux flammes. Quand Sévère envoya au sénat la tête d'Albinus, il lui écrivit une lettre menaçante; et de retour à Rome, il y exerça les plus atroces cruautés : on eût dit le retour des proscriptions de Marius et de Sylla dont il vantait lui-même les rigueurs. Non-seulement les amis d'Albinus périrent, mais encore nombre de citoyens dont le seul crime était leur fortune. 41 familles sénatoriales s'éteignirent sous la hache du bourreau. A ces exécutions, il mêla une fête menaçante, l'apothéose de Commode.

Dureté du gouvernement de Sévère; guerres contre les Parthes et les Bretons (197-211).

Pour jeter un peu de gloire sur ces cruautés, il attaqua les Parthes qui avaient fait alliance avec Niger, et prit Séleucie et Ctésiphon qu'il livra au pillage; mais ces conquêtes ne furent pas plus durables que celles de Trajan. L'empire parthe fut encore une fois sauvé des armes romaines par son immensité et ses déserts. A son retour, Sévère visita la Syrie et l'Égypte : quand il rentra dans Rome (199), il ordonna la cinquième persécution contre les chrétiens, malgré les éloquentes apologies de Tertullien et de Minutius Félix.

Le principal conseiller de toutes ces cruautés était son ministre Plautien, Africain comme lui, mais de basse extraction; il avait su prendre sur l'esprit de son maître une influence qui faisait de lui le second personnage de l'empire. Il réunissait à la préfecture du prétoire, c'est-à-dire à l'autorité militaire, la juridiction civile et criminelle, l'administration de la police et celle des finances, en un mot tous les pouvoirs; il en profita pour satisfaire son avidité. Quelque temps après l'expédition contre les Parthes, il obtint que sa fille fût fiancée à Bassien Caracalla, le fils aîné de l'empereur (203). La nouvelle épouse fut entourée d'un faste oriental qui aurait suffi à dix reines; mais le jeune prince haïssait autant la fille que le père, et Plautien, insulté, menacé, conspira contre Sévère, du moins Caracalla l'en accusa, et le fit mettre à mort sous les yeux de l'empereur. Il fut remplacé par le grand jurisconsulte Papinien, qui avait été avocat du fisc après Sévère, et qui s'aida encore des lumières de Paul et d'Ulpien.

Ce grand homme seconda le prince dans ses réformes. Sévère, tyran cruel, mais actif, entendait mettre dans l'État la même discipline que dans l'armée; il promulgua plusieurs lois pour corriger les mœurs, refusa toute influence aux affranchis et punit avec rigueur les malversations. Son administration financière fut si économe, qu'à sa mort on trouva du blé pour sept ans dans les greniers de Rome. Sous cette main rigide, les provinces n'avaient pas à craindre les exactions de leurs gouverneurs. Il fit plus, il les embellit par de splendides et nombreuses constructions; des ruines encore debout au milieu des déserts de l'Afrique prouvent sa sollicitude pour les plus lointaines régions. Il disait à ses enfants : « Contentez les soldats et ne vous inquiétez pas du reste. Avec eux, vous repousserez les Barbares et vous contiendrez le peuple. » Il ne voulait pas dire qu'il fallait céder à tous leurs caprices et négliger la discipline. Loin de là, elle ne fut jamais si sévèrement maintenue; mais il leur accordait en même temps des priviléges, une augmentation de solde et des distinctions pour faire d'eux l'unique appui de son gouvernement. Il disait tout haut et brutalement le principe qu'Auguste et ses successeurs avaient caché sous des formes à demi républicaines, le despotisme militaire; base fragile pour porter un empire d'une si grande étendue! Après quelques années de repos, Sévère fut appelé en Bretagne par une révolte; il n'eut pas de peine à l'apaiser et il voulut profiter de sa présence dans l'île pour achever de la soumettre. Il pénétra fort avant dans les montagnes des Calédoniens; mais harcelé sans relâche, fatigué par de continuelles attaques qui lui coûtèrent jusqu'à 50 000 hommes, il revint à la politique d'Antonin, et construisit un mur d'un rivage à l'autre, sur la ligne tracée par Agricola.

Pendant cette expédition, il avait été constamment malade; son fils Bassien, appelé Caracalla, du nom d'un vêtement gaulois qu'il aimait à porter, ne put cependant attendre sa fin prochaine. Un jour que l'empereur se rendait à cheval à une conférence avec les Barbares, Caracalla qui était derrière lui tira son épée pour l'en frapper; mais, au cri d'horreur que jetèrent les gardes, l'empereur se retourna. La conférence terminée, il se retira dans sa tente, appela son fils et lui dit qu'il pouvait maintenant accomplir son parricide. Ces tristes pensées firent empirer son mal. A cette nouvelle, les Calédoniens se révoltèrent; Sévère ordonna que la guerre recommençât et ne finît qu'avec l'extermination de ce peuple; mais les troupes s'effrayèrent de cette lutte acharnée [1] : une

---

1. C'est dans cette guerre qu'on a voulu placer les exploits des héros d'Ossian

sédition éclata, et l'on proclama Bassien Auguste. Sévère se fit porter aussitôt à son tribunal, ordonna le supplice des coupables, et eût fait tuer son fils, s'il n'eût senti qu'il ne lui restait que quelques jours à vivre. Il expira en disant : « J'ai été tout, et tout n'est rien. » Son dernier mot d'ordre avait été *laboremus* (travaillons). Il laissait deux fils, Caracalla et Géta, nés de la Syrienne Julia Domna et qui avaient déjà troublé le palais de leur inimitié (211).

Caracalla et Géta (211-217).

Accompagnés de leur mère, les deux frères, toujours ennemis, se hâtèrent de quitter la Bretagne et de rapporter à Rome, où ils furent tous deux à la fois reconnus empereurs, les cendres de leur père. Ils voulaient partager l'empire ; mais Julia Domna s'y opposa, et leur haine, leurs divisions s'en augmentèrent. Bientôt ils en vinrent à menacer réciproquement leur vie ; Caracalla réussit le premier ; il poignarda son frère dans les bras de leur mère, cita Romulus pour se justifier et fit l'apothéose de Géta. Cependant, tourmenté de quelques remords, il essaya de les étouffer dans le sang. Papinien refusa de faire une publique apologie du fratricide. « Il est plus aisé, dit-il courageusement, de commettre un crime que de le justifier. » Ainsi parlèrent quelquefois nos grands magistrats. Sénèque n'avait pas eu de ces scrupules. Papinien fut mis à mort, et avec lui périrent 20 000 personnes amies de Géta ou ses partisans. Le sénat fut décimé et bafoué. Caracalla ne sévit pas seulement à Rome, il porta dans toutes les provinces sa cruauté : c'est à son règne cependant que l'on rattache la constitution antonine *de civitate*, qui élevait tous les provinciaux au droit de cité, afin de leur imposer à tous l'impôt sur les héritages que les citoyens seuls payaient et qu'il doubla. Ses folles prodigalités, ses constructions ruineuses, l'augmentation de solde qu'il avait encore accordée, rendaient cette mesure nécessaire. En 3 jours il avait dissipé les trésors amassés par son père.

En 213, Caracalla quitta Rome, et, tantôt sous le costume d'Alexandre, tantôt sous celui d'Achille, il parcourut en les dévastant les provinces du Danube et de l'Asie. Après avoir acheté la paix des Alamans, il arriva à Alexandrie, où, pour se venger de quelques épigrammes, il ordonna un massacre général (215). Il interdit aux savants leurs doctes réunions dans le Muséum, et suspendit dans le Sérapéum l'épée avec laquelle il avait frappé Géta, comme si elle avait été consacrée.

Afin de pouvoir se décorer du nom de Parthicus, il engagea le roi des Parthes à lui donner sa fille en mariage ; il put alors s'avancer avec une armée qui paraissait seulement une suite royale, dans l'intérieur de l'empire. Artaban vint à sa rencontre, et le reçut comme son gendre avec tous les dehors de l'amitié. Tandis que les Parthes, dans une entière sécurité, s'abandonnaient à une joie aveugle, Caracalla donna tout à coup le signal du massacre, et les Romains firent un affreux carnage ; Artaban échappa avec peine. Le pays fut ensuite ravagé, et l'armée regagna la Mésopotamie. Caracalla y trouva sa fin. Un jour qu'il visitait, avec une suite peu nombreuse, le temple de la Lune, à Charres, un centurion qui avait une injure à venger, excité d'ailleurs par le préfet des gardes Macrin, qui savait sa propre vie menacée, tua Caracalla (217). Le meurtrier fut aussitôt massacré par les cavaliers germains qui formaient la garde particulière du prince.

Macrin (217-218); Élagabal (218-222).

L'armée avait besoin d'un chef pour tenir tête aux Parthes qui s'apprêtaient à se venger; au bout de 3 jours, on élut le préfet des gardes Macrin, qui n'était pas même sénateur et dont les soldats ignoraient la complicité dans le meurtre de Caracalla, qu'il se hâta de mettre au rang des dieux.

Après une sanglante bataille livrée dans la Mésopotamie, Macrin acheta la paix au prix de 80 millions de deniers. De retour à Antioche, il écrivit au sénat qu'il y aurait sous son gouvernement liberté et sécurité. Aussi lui confirma-t-on avec joie les pouvoirs impériaux. Les délateurs, menacés de la peine capitale quand ils ne prouveraient pas leur accu-

sation, rentrèrent dans l'ombre ; et le droit sur les héritages
fut réduit à l'ancien taux du vingtième. Mais les mesures
sévères prises par Macrin pour le rétablissement de la discipline, lui aliénèrent les soldats. Ceux-ci, mutinés dans leur
camp, et gagnés par les largesses de Julia Mœsa, sœur de
l'impératrice Julia Domna, proclamèrent le jeune et beau
grand prêtre d'Émèse, Bassianus, fils de Soémis. Mœsa, son
aïeule, sacrifiant à l'ambition l'honneur de sa fille, avait fait
passer Bassianus pour fils de Caracalla, afin de le rendre
plus cher aux légions. Les troupes envoyées contre le rebelle
passèrent de son côté, et Macrin, qui à la tête de toutes ses
forces s'avançait pour assiéger leur camp, fut vaincu sur
les frontières de la Syrie et de la Phénicie par le nouvel
Antonin (8 juin 218). Il s'enfuit à Chalcédoine en Bithynie,
où une maladie le contraignit de s'arrêter ; ceux qui étaient
à sa poursuite l'y rejoignirent et le tuèrent avec son fils Dia-
dumène. Tous les gouverneurs de province qui s'étaient
montrés favorables à Macrin furent égorgés.

Bassianus ou Marc Aurèle Antonin, plus connu sous le
nom du dieu syrien dont il était le prêtre, Élagabal, prit de
lui-même, sans attendre les décrets du sénat, la puissance
tribunitienne et consulaire. Il y avait eu jusqu'alors bien de
mauvais empereurs ; mais leurs vices avaient au moins quelque chose de romain : cette fois, c'étaient les voluptés les
plus impures, le luxe le plus insensé que Rome eût jamais
vus, et une dépravation à faire rougir Néron. Élagabal n'a-
vait que 17 ans ; il amenait avec lui les superstitions de la
Syrie et de la Phénicie, et son dieu, la pierre noire d'Émèse
dont il fit la divinité suprême de l'empire. Tout l'Olympe dut
s'humilier devant le nouveau venu qu'il maria solennellement
avec l'*Astarté* de Carthage.

Étranger aux mœurs des Romains comme à leurs lois, il
imitait ces monarques asiatiques qui vont chercher leurs
ministres aux derniers rangs de la société : il donna les premières charges de l'État à des danseurs et à des barbiers ; il
se forma un sénat de femmes, et, comme le grand roi, il
voulut être adoré. Son palais était sablé de poudre d'or et
d'argent, ses vêtements, toujours chargés de pierreries, ne

servaient pas deux fois, et il remplissait ses viviers d'eau de
rose pour s'y baigner; il donnait des naumachies sur des
lacs de vin. Les confiscations et les impôts, reportés au taux
de Caracalla, fournirent à ces folies. Cependant les soldats
eux-mêmes finirent par prendre en dégoût cet empereur
monstrueusement efféminé, qui s'habillait en femme, travaillait à des ouvrages de laine, et se faisait appeler *Domina*
ou *Imperatrix*, l'empereur étant alors tantôt le fils d'un cuisinier, tantôt un cocher du cirque. L'affection des prétoriens
se reporta sur son cousin, le jeune Alexandre Sévère, qu'il
avait adopté et nommé César. Élagabal, jaloux de son influence, essaya plusieurs fois de le faire périr. La vigilance
de sa mère Mammée le sauva. Une sédition des prétoriens
fit enfin justice de ce Syrien qui portait la pourpre; il fut
tué le 11 mars 222 avec sa mère Soémis. Ils saluèrent aussitôt empereur le jeune Alexandre, alors âgé seulement de
14 ans, et qui resta sous la direction de son aïeule Mœsa et
de sa mère Mammée. Élagabal n'était guère plus âgé, quand
on lui avait déclaré que le monde entier était soumis à ses
volontés.

Alexandre Sévère (222-235).

Instruites par la catastrophe qu'elles venaient de voir s'accomplir, les deux impératrices s'appliquèrent à développer
dans le jeune prince les vertus que la nature y avait déposées. Mammée l'entoura des conseillers les plus habiles. Les
jurisconsultes Paul et Ulpien, l'historien Dion Cassius furent ses ministres. 16 sénateurs formèrent son conseil, et
l'empire, sous ce gouvernement honnête, passa plusieurs
années paisibles. Il bannit de Rome les superstitions étrangères, purifia le palais où il vécut avec simplicité et pudeur,
réforma les monnaies altérées sous les derniers règnes, diminua les impôts, s'efforça d'arrêter les excès du luxe et
assigna aux vétérans, sur les frontières, des bénéfices militaires dont leurs enfants n'héritaient qu'à la condition de
porter les armes.

Malheureusement ni les vertus de ce prince, qui faisait
graver au frontispice de son palais ces mots, fondement de

la morale sociale : « Fais à autrui ce que tu voudrais qu'on te fît à toi-même, » ni les lumières d'Ulpien, ne pouvaient suffire à la rude tâche de maintenir dans la discipline des soldats qui tant de fois déjà avaient massacré leurs chefs. Une fois, pour une querelle avec le peuple, ils ensanglantèrent la ville pendant trois jours. Leur mécontentement s'augmenta de la haine qu'inspira l'avidité de l'impérieuse Mammée, restée seule maîtresse du pouvoir après la mort de Mœsa. Un jour les gardes égorgèrent, sous les yeux du jeune empereur, leur préfet Ulpien ; et Dion Cassius, qui avait commandé dans la Pannonie avec l'ancienne sévérité, n'échappa qu'à grand'peine à leurs coups. Alexandre n'osa ou ne put punir ces indignes violences, et son règne ne fut qu'une lutte inutile contre les mœurs de son temps. Caractère aimable, intelligence ouverte à toutes les généreuses pensées, il était déplacé sur un trône qui chancelait dans le sang ; mieux lui convenait le *lararium* où il allait chaque jour passer quelques heures en face des images de ceux qu'il appelait les bienfaiteurs de l'humanité, et parmi lesquelles il avait mis celles d'Orphée, d'Abraham et de Jésus-Christ. Mammée sa mère avait connu le christianisme par les entretiens d'Origène.

La ruine du royaume des Parthes, démembré en principautés héréditaires, et la fondation d'un nouvel empire persan par le Sassanide Artaxerxès, en 226, occasionna une guerre sur l'Euphrate ; car le nouveau monarque, qui rendait aux montagnards de la Perside la domination que les Parthes leur avaient enlevée, se disait de la race des anciens rois, et réclama toutes les provinces qu'avait autrefois possédées Darius. Alexandre répondit en attaquant les Parthes sur trois points. L'expédition ne paraît pas avoir été très-heureuse ; quelques succès partiels et la retraite des Perses permirent de la présenter comme une victoire (232). La nouvelle d'une invasion des Germains en Gaule et en Illyrie précipita le retour d'Alexandre. Il courut sur le Rhin, accompagné de sa mère et d'une partie des légions d'Asie. On jeta à Mayence un pont sur le fleuve, mais l'armée ne le franchit pas ; l'empereur préféra acheter la paix. Cette conduite indigna les soldats, dont le mécontentement fut mis à profit par le Thrace Maximin, autrefois pâtre, maintenant un des principaux chefs de l'armée. Sa force extraordinaire et son bouillant courage lui avaient gagné l'affection des troupes levées dans la Pannonie et les contrées voisines. Elles le saluèrent Auguste au milieu du camp, tandis que quelques soldats allaient lui chercher la tête d'Alexandre et celle de sa mère. Le malheureux empereur n'était âgé que de 26 ans; il en avait régné 13 (mars 235).

CHAPITRE XXXI.

DOMINATION DES ARMÉES (235-285).

LE GOTH MAXIMIN (235); PUPIEN ET BALBIN, GORDIEN III (238). — L'A-
RABE PHILIPPE (244); DÉCIUS (249) ET GALLUS (251); RAVAGES DES
GOTHS. — VALÉRIEN (253); GALLIEN (260); LES TRENTE TYRANS. —
RESTAURATION DE L'EMPIRE PAR LES PRINCES ILLYRIENS (268-285);
CLAUDE II (268); AURÉLIEN (270); DÉFAITE DE ZÉNOBIE (273). —
TACITE (275); PROBUS (276); CARUS (282); CARIN ET NUMÉRIEN
(284).

Le Goth Maximin (235); Pupien et Balbin, Gordien III (238).

Maximin était un Thrace, Goth d'origine, qui dans sa jeunesse avait gardé les troupeaux; espèce de géant haut de 7 pieds, fort à proportion, qui mangeait, par jour, 40 livres de viande, et buvait une amphore de vin[1]. Un jour il avait terrassé, sous les yeux de Septime Sévère, 16 légionnaires l'un après l'autre. L'empereur l'enrôla dans ses troupes; il monta vite en grade et s'acquit dans l'armée une grande réputation. La fortune inouïe qui lui arrivait ne lui ôta pas le sentiment de son indignité. Plein de défiance, il ne vit que des ennemis dans les sénateurs, et deux révoltes lui fournirent une occasion de les persécuter. Un d'eux, Magnus, fut mis à mort avec 400 personnes qu'on lui donna pour complices. Ce Barbare, qui n'osa point venir

---

1. Une amphore = 1 pied cube = 26 litres.

une seule fois à Rome, et qui croyait la cruauté nécessaire
pour arracher les Romains à leur mollesse, traita l'empire
en pays conquis, pillant les temples et les villes, battant
monnaie avec les statues d'or de leurs dieux, confisquant les
revenus municipaux et les sommes destinées aux fêtes et
aux spectacles.

Après quelques succès sur les Alamans il était passé en
Pannonie pour attaquer les Sarmates, quand le proconsul
d'Afrique, Gordien Ier, riche sénateur, âgé de 80 ans, et son
fils, Gordien II, descendants des Gracques et alliés à la famille de Trajan, furent, malgré leurs prières, proclamés
empereurs dans cette province. Le sénat les reconnut, déclara
Maximin ennemi public, et se hâta d'organiser, en Italie, la
résistance. Mais le jeune Gordien, attaqué par le gouverneur
de la Mauritanie, périt dans le combat, et son vieux père se
tua de désespoir. Le sénat s'était trop avancé pour reculer;
il choisit deux empereurs dans son sein, un ancien soldat,
Maxime Pupien, et le jurisconsulte Claude Balbin. Le peuple
exigea qu'un fils du jeune Gordien leur fût adjoint comme
César. Mais les soldats qui se trouvaient dans la ville ne
voulaient d'aucun d'eux ; ils se ruèrent sur le peuple, le
chassèrent de maison en maison, et après les avoir pillées
y mirent le feu. Une grande partie de Rome fut détruite.
Cependant Maximin, après de longs délais qui laissèrent
le temps aux provinces de se prononcer contre lui, vint
assiéger Aquilée au milieu d'un pays que Pupien avait
ravagé. La courageuse résistance de cette place, les ennuis
du siége et la disette, dont souffrirent bientôt ses soldats,
amenèrent une sédition, dans laquelle il fut égorgé avec son
fils (avril 238). Il avait ordonné la sixième persécution contre
les chrétiens.

L'empire était délivré ; tous comptaient sur une domination douce et heureuse, mais les prétoriens voyaient avec
colère ces élus du sénat et les gardes germaines dont ils
s'entouraient. A la fête des jeux capitolins (juillet 238) une
révolte éclata, et les deux empereurs furent égorgés dans
leur palais. Les prétoriens déclarèrent alors Gordien III seul
chef de l'empire. Il n'avait que 13 ans; Misithée, son pré-

cepteur et son beau-père, gouverna sous son nom avec sagesse. Les Francs furent vaincus, près de Mayence, par le tribun Aurélien (241). Les soldats chantaient après ce succès :

> Mille Francos, mille Sarmates semel occidimus ;
> Mille, mille, mille Persas quærimus.

« Ainsi le nom de nos pères se trouve pour la première fois dans une chanson de soldats qui exprime à la fois leur valeur et la frayeur des Romains. » Le jeune empereur chassa lui-même les Goths de la Mœsie et les Perses de la Syrie. Mais la mort de Misithée, le *gardien de la république*, fit arriver au grade de préfet du prétoire l'Arabe Philippe qui tua l'empereur et prit sa place (février 244).

L'Arabe Philippe (244); Décius (249) et Gallus (251); ravages des Goths.

Le premier soin de l'usurpateur fut de conclure la paix avec Sapor qui recouvra la Mésopotamie. Il revint dans la capitale où il célébra avec une grande pompe, en l'an 248, le millième anniversaire de la fondation de Rome. Au bout de cinq ans les soldats trouvèrent que son règne avait assez duré, et de toutes parts les révoltes éclatèrent. Dans le même temps les Barbares franchirent le Danube, et le sénateur Décius, qu'il envoya pour chasser les Goths de la Pannonie, fut proclamé par les troupes. Une bataille se livra près de Vérone (sept. 249), Philippe y fut tué ; on égorgea son fils à Rome. La tranquillité dont jouit l'Église, sous son règne, a fait croire à tort qu'il était chrétien.

Décius, originaire de la Pannonie, demanda aux vieilles institutions un remède aux maux de l'empire : il nomma un censeur, Valérien, et pour regagner la faveur de ses dieux il ordonna une cruelle persécution contre les chrétiens. Plus la dissolution de l'empire semblait imminente sous le coup de tant de désordres et de révolutions, plus les tribus germaniques au contraire se rapprochaient, s'organisaient et devenaient menaçantes. Les Goths, jadis relégués aux bords de la Vistule, et plus loin encore dans la Scandinavie, sous leur chef ou dieu Odin, campaient maintenant, unis à d'autres peuples, sur les frontières de l'empire. Soumis à un gouvernement monarchique, ils suivaient dans leurs attaques un plan régulier. Ils envahirent d'abord la Dacie, puis la Mœsie, et en 250 le roi Cniva pénétra avec 70 000 guerriers jusqu'à Philippopolis en Thrace qu'il prit. Décius marcha contre eux, et fut réduit d'abord à ne leur faire qu'une guerre de tactique. Ce système réussit, et il les tenait affamés quand il périt dans une grande bataille livrée en Mœsie (oct. 251).

L'armée reconnut un de ses chefs, Gallus, qui conclut avec les Goths une paix honteuse, leur laissa repasser le Danube avec tout leur butin et promit encore un tribut annuel. L'orgueil romain fut blessé de cette lâcheté qui encourageait les attaques des Barbares. Cependant le sénat accepta le nouvel empereur, mais en lui imposant pour collègue le fils de Décius, Hostilianus. Gallus nomma en même temps César son fils Volusianus. Une peste qui sévit avec fureur dans tout l'empire, ou peut-être un crime de Gallus, emportèrent Hostilianus en 252; les Perses envahirent de nouveau la Syrie, et les Goths pénétrèrent en Asie Mineure jusqu'à Éphèse, en Illyrie, jusqu'aux rives de l'Adriatique. Gallus s'en émut peu et demeura à Rome. Un de ses généraux, le Maure Æmilianus, repoussa les Barbares; et, fier de sa victoire sur des ennemis dont son prince s'était rendu tributaire, prit la pourpre que l'armée lui offrait. Gallus marchait contre lui, quand il fut tué par ses soldats mutinés (mai 253); Æmilianus ne lui survécut que quatre mois et eut le même sort. Valérien qui arrivait pour venger Gallus avec les légions du Rhin, fut salué empereur et reçu avec acclamations dans Rome.

Valérien (253); Gallien (260); les Trente tyrans.

L'empire était dans un affreux désordre. Les Alamans avaient franchi le Rhin, les Goths le Danube, les Perses l'Euphrate; la famine et la peste désolaient sans relâche les provinces, et les persécutions contre les chrétiens montraient dans toutes les villes l'appareil des tortures et des supplices. De ces ennemis les Francs étaient les plus audacieux; ils étaient allés jusqu'aux Pyrénées, jusqu'en Espagne, et arrivés au détroit d'Hercule, ils l'avaient passé. Les Maures virent avec effroi cette race nouvelle, avant-garde des Vandales. Valérien s'efforça d'arrêter cette dissolution imminente. Il envoya son fils Gallien avec le Gaulois Posthumus, qui, vainqueur des Francs, reçut en récompense le commandement supérieur de toute la Gaule, et il marcha lui-même en 258 contre les Perses, reprit Antioche, où ils étaient entrés, renversa un usurpateur qu'ils soutenaient, et pénétra dans la Mésopotamie. Mais il essuya une défaite près d'Édesse. Égaré par un traître et attiré à une conférence, il fut retenu prisonnier (260). Cette captivité dura pour lui jusqu'à la mort, avec d'indignes outrages. Sapor, dit-on, se servait de l'empereur romain comme d'un marchepied pour monter à cheval; et après sa mort, sa peau tannée, empaillée et teinte en rouge, fut suspendue à la voûte du principal temple des Perses; elle y resta plusieurs siècles.

Grâce à ce succès, Sapor rentra dans Antioche et ravagea une partie de l'Asie Mineure. Balista, préfet du prétoire, le força enfin de repasser l'Euphrate, aidé du chef arabe Odenath. Mais ce chef se trouva assez puissant pour se faire reconnaître comme Auguste par Gallien (264). Palmyre, sa capitale, située dans une oasis à trois journées de l'Euphrate, était devenue riche et puissante, à la faveur d'un immense commerce. La littérature et les arts de la Grèce, importés au milieu du désert, y avaient jeté un vif éclat. Des ruines imposantes témoignent encore de sa grandeur passée.

Depuis la captivité de son père, Gallien gouverna seul pendant 8 années, qui ne furent qu'une lutte sans relâche contre les usurpateurs, les Barbares et les calamités de toutes sortes qui vinrent fondre sur l'empire. Gallien ne mérite pas tout à fait sa mauvaise réputation. Zosime le représente comme travaillant à force de courage et de prudence à conjurer les malheurs publics et à empêcher la ruine de l'État. Ce qui lui fit tort, ce fut son goût même pour l'éloquence, la poésie et les arts, et l'éclat, les plaisirs d'une cour qui, en de pareils temps, eût dû être plus sévère. Mais c'est à tort qu'on lui reproche de n'avoir fait aucun effort pour délivrer son père. Il ne put en l'an 260 rien tenter contre les Perses, car il n'était pas même à cette époque maître de la Syrie, où Macrianus, par la trahison duquel, vraisemblablement, Valérien avait été pris, s'était proclamé Auguste. Le préfet Balista continua cependant la guerre contre Sapor, avec quelque succès, et Odenath pénétra jusque sous les murs de Ctésiphon (261), sans toutefois obtenir que Valérien fût relâché. Les efforts de Gallien en Orient étaient neutralisés parce que dans toutes les provinces, dans toutes les armées, il s'élevait alors un empereur. C'est le temps qu'on nomme, par un souvenir de l'histoire d'Athènes, la période des Trente tyrans. Il n'y en eut, en réalité, que 19 ou 20, la plupart remarquables, car ces hommes « nés des événements qui forcent les talents à reprendre leur souveraineté naturelle, » défendirent l'empire tout en le déchirant.

Posthumus s'était déclaré en Gaule (261) et avait égorgé le jeune Saloninus, fils aîné de Gallien. Le malheureux père attaqua deux fois l'usurpateur et se fit blesser en combattant contre lui. Posthumus, protégé par les révoltes qui éclataient ailleurs, resta en possession de la Gaule; mais ayant refusé à ses soldats le pillage de Mayence, ceux-ci le tuèrent (267). Son meurtrier, Lollianus, prit sa place et fut à son tour renversé par Victorinus, qu'une sédition priva peu de temps après, à Cologne, du trône et de la vie. Sa mère Victoria, qui exerçait un grand empire sur les soldats et avait reçu de leur affection le titre de *mère des camps*, fit nommer empereur un ancien armurier, Marius, à qui un soldat, au bout de deux ou trois mois, plongea une épée dans le sein en lui disant : « C'est toi qui l'as forgée. » Le sénateur Tétricus, que Victoria fit ensuite élire, se tint prudemment à Bordeaux, loin des légions, et dut sans doute à cette réserve la vie et un règne de six années. Aurélien le renversa en 274.

Ce qui se passait en Gaule avait lieu partout où il y avait des armées. Ingénuus fut proclamé par les légions de Mœsie, mais Gallien le battit près de Mursa et il se tua lui-même. Memor, Celsus, en Afrique; un ancien chef de pirates, Trébellianus, en Isaurie; le proconsul Valens, en Achaïe; Pison, en Thessalie, revêtirent la pourpre, et furent pour la plupart, au bout de quelques jours, massacrés. Saturninus, quand les soldats lui attachèrent le manteau impérial sur les épaules, leur dit : « Camarades, vous perdez un bon général et vous faites un misérable empereur. » Ils le tuèrent eux-mêmes à cause de sa sévérité. Æmilianus, proclamé à Alexandrie, fut vaincu par Théodote, général de Gallien, et étranglé en prison. Balista, le vainqueur des Perses, paraît aussi s'être révolté en Syrie; du moins Odenath le fit égorger comme traître. Ce valeureux prince, qui délivra tour à tour l'Orient des Perses et des Goths, débarqués dans l'Asie Mineure, où ils brûlèrent Nicée, Nicomédie et le temple fameux d'Éphèse, fut lui-même assassiné en 267 par son neveu. Zénobie, sa femme, fit égorger le meurtrier et succéda à la puissance de son époux.

Après la mort d'Ingénuus, Gallien avait décimé ses légions et durement traité la Mœsie; aussi dès qu'il se fut éloigné, les soldats proclamèrent, puis tuèrent Régillianus. L'armée d'Illyrie avait en même temps salué du nom d'Auguste son général Auréolus, qui venait de défaire l'usurpateur Macrianus. C'était au plus fort des embarras de Gallien, et Auréolus disait avoir été contraint de prendre la pourpre. Gallien accepta l'excuse, lui conféra des pouvoirs extraordinaires et se servit de ses talents pour repousser un déluge de Barbares, surtout Alamans, qui venaient de fondre sur l'Italie; puis il l'emmena en Gaule contre Posthumus (262) et l'y laissa continuer cette guerre. En 265, après une expédition contre Byzance révoltée, Gallien reparut en Gaule, où Auréolus, le trahissant à moitié, poussait mollement les hostilités. Une blessure grave qu'il reçut au siége d'une place le fit retourner en Italie; Auréolus l'y suivit, et, replacé à la tête des légions d'Illyrie, y reprit, en 268, ses anciens projets. Gallien courut à sa rencontre, le battit, l'enferma dans Milan, et allait l'y forcer quand il fut assassiné par ses officiers. Les meurtriers ne purent apaiser la colère du soldat qu'en lui prodiguant des sommes considérables. Gallien avait épousé, mais suivant les rites barbares, la fille du roi dès Marcomans, auquel il avait accordé une partie de la Dacie ou de la Pannonie. La véritable impératrice était Salonina, célèbre par ses vertus, son courage et son savoir, et qui s'était faite disciple de Plotin, un des fondateurs du Néoplatonisme.

« Représentez-vous l'État en proie aux diverses usurpations, les tyrans se battant entre eux, se défendant contre les troupes du prince légitime, repoussant les Barbares ou les appelant à leur secours : Ingénuus avait un corps de Roxolans à sa solde, Posthume, un corps de Francs. On ne savait plus où était l'empire : Romains et Barbares, tout était divisé : les aigles romaines contre les aigles romaines; les enseignes des Goths opposées aux enseignes des Goths. Chaque province reconnaissait le tyran le plus voisin.... Un lambeau de pourpre faisait le matin un empereur, le soir une victime, l'ornement d'un trône ou d'un cercueil.... Et à travers tout cela, des jeux publics, des martyrs, des sectes parmi les chrétiens, des écoles chez les philosophes, où l'on s'occupait de systèmes métaphysiques au milieu des cris des Barbares. » (Chateaubriand.)

Aux affreux désordres intérieurs de ce règne étaient venues en effet se joindre les invasions des Barbares. Les plus terribles étaient alors les Goths, établis le long de la mer Noire et sur le bas du Danube, d'où ils pénétraient dans l'Asie Mineure, la Thrace ou la Grèce; et les Hérules, qui partaient de la mer d'Azoff montés sur 500 navires, et allaient piller les rivages et toutes les îles de la mer Égée. Les villes, sur l'ordre de l'empereur, s'entourèrent de murailles. Byzance leur échappa ainsi; mais Athènes, Corinthe, Sparte et Argos furent dévastées. Un Goth voulait brûler à Athènes les bibliothèques, un autre l'arrête : « Laissons, dit-il, à nos ennemis ces livres qui leur ôtent l'amour des armes. » Les Athéniens cependant, sous la conduite de l'historien Dexippe, eurent l'honneur de battre ces brigands qui se vengèrent sur la Béotie, l'Épire, la Thrace et l'Illyrie. Gallien n'avait mis un terme à leurs ravages qu'en concluant la paix avec eux et en prenant à sa solde un corps d'Hérules. Mais l'invasion n'était que pour un instant suspendue; elle va reprendre son cours sous Claude II.

Restauration de l'empire par les princes illyriens (268-285 ; Claude II (268) ; Aurélien (270) ; défaite de Zénobie (273).

Gallien expirant avait choisi pour son successeur ce Dalmate qui était alors le général le plus renommé de l'empire. Claude vengea sa mort en faisant décapiter Auréolus, l'instigateur du complot dont Gallien avait été victime. Les Alamans pénétrèrent en Italie ; il leur fit essuyer, près du lac de Garda, une sanglante déroute, et Tétricus, menacé d'une guerre sérieuse, ouvrit des négociations pour obtenir au moins le partage de l'autorité. Une invasion de 320 000 Goths suspendit le traité en forçant Claude de courir au secours de la Macédoine, où ils assiégeaient Cassandrie et Thessalonique. Il remporta une grande victoire près de Naïssus et poursuivit leurs débris dans la Mœsie ; mais une peste qui survint enleva le vainqueur à Sirmium, au milieu de ses préparatifs contre Zénobie (avril 270). La garnison d'Aquilée proclama le frère de Claude, Quintilius. Mais lorsqu'il apprit que les légions du Danube avaient, sur la désignation de Claude lui-même, reconnu Aurélien, il se fit ouvrir les veines.

Aurélien, originaire de la Pannonie, était de la plus basse extraction, mais il s'était signalé par son courage. Le premier il avait vaincu les Francs, et les soldats ne l'appelaient plus que *Aurelianus manus ad ferrum*. Plein d'activité et d'énergie, il était l'homme que les circonstances demandaient, et mérita le titre de *restitutor orbis*. Il se rendit d'abord à Rome, et après un court séjour il alla en Pannonie à la rencontre d'une armée de Scythes, de Marcomans, de Juthunges et de Vandales. Mais il fut aussitôt rappelé en arrière par une invasion des Alamans qui pénétrèrent par la Rhétie jusqu'à Plaisance, où ils détruisirent une armée romaine, et de là jusque sur les bords de l'Adriatique. La terreur était dans Rome. Le sénat consulta les livres sibyllins, et, d'après leurs réponses, on immola des victimes humaines qu'Aurélien livra. Une victoire remportée sur le Métaure, près de *Fanum Fortunæ*, délivra l'Italie. Le danger que Rome avait couru engagea l'empereur à l'entourer d'une forte muraille de 21 milles de longueur. Il fut moins heureux

contre les Goths; la bataille fut sanglante et indécise. Les
Barbares pourtant reculèrent; un traité leur abandonna la
Dacie, dont il transporta les habitants en Mœsie, qui prit dès
lors le nom de Dacie d'Aurélien. Le Danube redevenait la limite de l'empire.

La tranquillité rétablie sur cette frontière, il passa en
Orient (273) pour combattre la reine de Palmyre, princesse
célèbre par son courage et sa rare intelligence, qui ne songeait à rien moins qu'à fonder un grand empire oriental.
Il lui enleva la Syrie, l'Égypte et une partie de l'Asie Mineure où elle commandait. Deux batailles près d'Antioche et
d'Émèze forcèrent Zénobie à se réfugier dans sa capitale,
qu'Aurélien vint aussitôt assiéger. Quand la ville fut à bout
de ressources, Zénobie s'enfuit sur des dromadaires vers
l'Euphrate; mais arrêtée, elle fut conduite à Aurélien. Son
principal ministre était le sophiste Longin, duquel nous
avons encore un traité *sur le Sublime*. Longin, soupçonné
d'être l'auteur d'une lettre offensante envoyée par Zénobie à
Aurélien, fut mis à mort; l'empereur réserva la reine pour
son triomphe. Les Palmyréens s'étant révoltés après son départ, il revint sur ses pas, égorgea la population et détruisit
la ville.

En Égypte, un riche marchand, car le commerce avait
accumulé dans quelques mains des fortunes colossales,
Firmus, soutenu des Blemmyes, avait pris la pourpre; il
fut aisément renversé, et tout l'Orient se trouva rattaché à
l'empire.

Dans l'Occident, Tétricus gouvernait la Gaule, l'Espagne
et la Bretagne; mais il n'aspirait qu'à déposer ce fardeau
trop lourd pour ses forces, et il suppliait secrètement Aurélien de le délivrer de ses légions : *Eripe me his, invicte,
malis,* lui écrivait-il en citant Virgile. A la bataille de
Châlons-sur-Marne (274), Tétricus trahit son armée et
passa du côté d'Aurélien. Le triomphe de l'empereur fut le
plus magnifique que Rome eût vu depuis longtemps; Tétricus et Zénobie y parurent avec leurs enfants et nombre de
prisonniers appartenant aux nations les plus éloignées. Le
triomphateur était lui-même monté sur un char traîné par

quatre cerfs, attelage qui avait été pris à un roi goth. Tétricus fut nommé gouverneur de Lucanie, son fils devint sénateur, et Zénobie se retira dans une belle villa du territoire de Tibur entre celles d'Horace et d'Adrien. Leurs enfants se marièrent dans les plus grandes maisons, et Eutrope vit, sous le règne de Valens, leurs descendants.

Délivré des embarras extérieurs, Aurélien essaya de rétablir l'ordre dans l'administration, comme la discipline dans les armées. Les remèdes, sans doute, devaient être énergiques, peut-être les rendit-il cruels; beaucoup de sang coula. Une réforme qu'il entreprit de la monnaie altérée amena à Rome une sédition dans laquelle périrent 7000 de ses soldats. Il les vengea par des supplices. On accusait aussi son orgueil, car le premier des

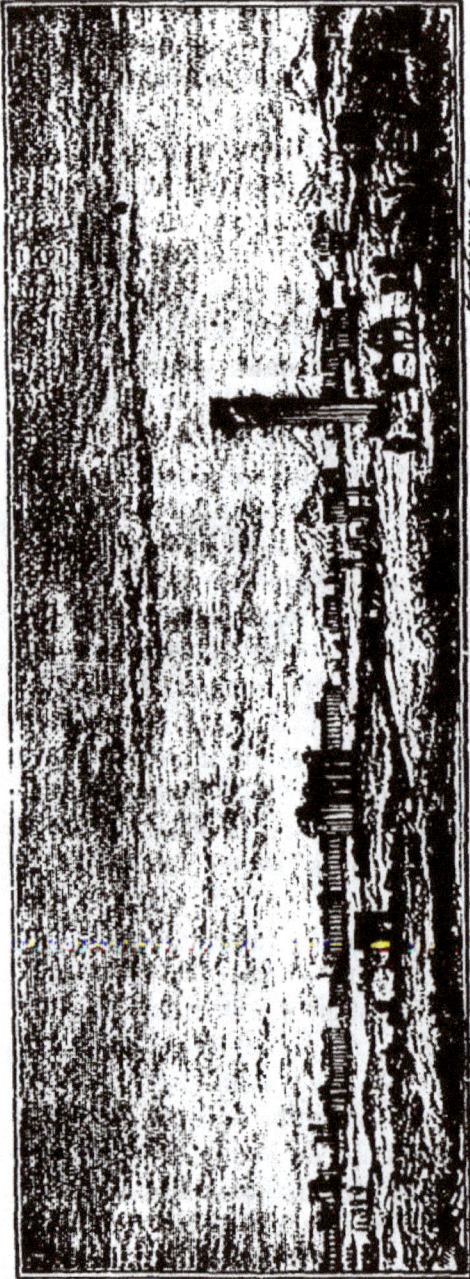

LES RUINES DE PALMYRE.

empereurs il osa ceindre sa tête d'un diadème. Pour occuper l'esprit remuant des légions, il prépara une expédition contre les Perses, qui n'avaient pas encore expié la honte qu'ils avaient infligée à l'empire par la captivité de Valérien ; mais son secrétaire Mnesthée, accusé de concussions, et craignant le châtiment, le fit assassiner, entre Héraclée et Byzance (janv. 275). Il mourut regretté des troupes, haï du sénat, jugé par tous trop sévère, mais avec le renom d'un prince heureux et habile, qui eût peut-être, s'il eût vécu, sauvé l'État.

Tacite (275); Probus (276); Carus (282); Carin et Numérien (284).

Comme il n'y avait point à l'armée de chef populaire parmi les troupes, les soldats renvoyèrent l'élection au sénat qui, se souvenant des Gordien, de Pupien et Balbin, déclina prudemment cet honneur. Les légions s'obstinèrent dans leur refus ; c'était encore une manière de commander. Près de huit mois se passèrent ainsi. Mais les Germains ayant fait une invasion en Gaule, le sénat se décida à proclamer, à la fin de septembre 275, un de ses membres, Tacite, vieillard de 75 ans, qui prétendait descendre de l'historien, et qui possédait en biens-fonds une fortune de 75 millions, avec assez d'argent comptant pour payer la solde de toutes les armées. Ce choix n'était pas habile ; il eût fallu laisser ce vieillard au repos qu'il aimait, et envoyer aux soldats un chef qui connût la guerre. Les troupes le reçurent cependant sans murmures ; il chassa les Alains de l'Asie Mineure et pénétra jusqu'au Caucase, pour commencer de ce côté la guerre contre les Perses. Mais il mourut ou fut tué le 12 avril 276. Son frère Florianus, qui prit la pourpre, eut le même sort, trois mois après, quand ceux qui l'avaient soutenu apprirent l'avénement de Probus.

Cette fois les soldats avaient choisi eux-mêmes et bien choisi. Probus, né à Sirmium, avait servi, avec distinction, sous Valérien ; Tacite lui avait donné le consulat et le gouvernement de l'Orient. Il demanda au sénat la confirmation de son élection, et après s'être montré à Rome, il courut en

Gaule, que les Alamans, depuis la mort de Posthumus, avaient envahie. Il leur reprit 60 villes, passa le Rhin à leur suite et les mena battant jusqu'au delà du Necker. Des colonies militaires, des camps couvrirent la rive droite du fleuve pour en défendre les approches, et les fortifications qui allaient du Danube au Rhin furent relevées. Les Germains intimidés demandèrent la paix ; ils livrèrent 16 000 de leurs jeunes guerriers, qu'il enrôla dans ses troupes, mais en les dispersant. Deux usurpateurs osèrent se soulever contre lui en Gaule, Proculus à Lyon et Bonosus à Cologne ; il les renversa sans peine.

L'ordre rétabli au nord des Alpes, il battit, dans l'Illyrie, les Sarmates ; dans la Thrace, les Gètes ; dans l'Asie Mineure, les brigands de l'Isaurie et de la Pamphilie ; en Égypte, les Blemmyes, qui avaient pris les villes de Coptos et de Ptolémaïs. Le roi de Perse, Narsès, effrayé de ces succès, demanda la paix. Les envoyés furent conduits vers un vieillard, assis à terre, couvert d'une simple casaque de laine, et mangeant quelques pois cuits avec un peu de salaison. Sans se lever, ce vieillard leur dit qu'il était l'empereur, et que si leur maître refusait justice il rendrait la Perse aussi nue que l'était sa tête, et en même temps il leur montrait son front tout chauve. « Avez-vous faim ? ajouta-t-il, prenez dans le plat, sinon retirez-vous. »

A son retour par la Thrace, Probus établit sur les terres de l'empire 100 000 Bastarnes qui lui restèrent fidèles, comme il avait établi déjà des Germains dans la Bretagne et des Francs sur les bords du Pont-Euxin. C'était un système dangereux, car cette invasion de l'empire par les Barbares, légale, et que l'empereur lui-même dirigeait, loin d'empêcher l'autre, qui se fit violemment un siècle plus tard, la facilita. Les nouveaux colons n'acceptaient pas non plus toujours leur exil. Les Francs, relégués sur le Pont-Euxin, se saisirent, dit-on, de quelques barques, franchirent le Bosphore et allèrent, ravageant sur leur route les côtes de l'Asie Mineure et de la Grèce, pillant Athènes, Syracuse, Carthage, regagner, par le détroit d'Hercule et en tournant l'Espagne et la Gaule, les bouches du Rhin où ils racontè-

rent à leurs compatriotes étonnés, qu'ils avaient impunément traversé tout le grand empire. Révélation fatale et que
n'entendirent que trop bien les Frisons et les Saxons, qui
commencèrent vers ce temps à désoler les côtes de l'empire
de leurs pirateries.

Avant de rentrer dans Rome, Probus apprit que la remuante population d'Alexandrie avait salué Saturninus empereur; il n'eut qu'à envoyer quelques soldats pour faire
justice du malheureux prétendant, qui avait pleuré en ac-
ceptant son titre. Après un pompeux triomphe, célébré à
Rome, sur les Germains et les Blemmyes, Probus se dispo-
sait à marcher contre les Perses. Mais sa sévérité, les rudes
travaux qu'il imposait à ses soldats, auxquels il faisait
planter des vignes [1], dessécher des marais, etc., et le mot
qui courait de lui, qu'il espérait bien que l'empire pourrait
se passer d'armée, amenèrent une sédition dans laquelle il
périt. Le lendemain les soldats le pleurèrent et lui érigèrent
un tombeau avec une inscription pompeuse, mais véridique
(282). Il avait à peu près mis fin à la première grande tentative des Barbares pour s'établir dans l'empire.

Les légions élurent aussitôt le préfet des gardes Carus,
bon général, mais père trop indulgent. Il se hâta de donner
le titre de César à ses deux fils : Carin, jeune homme brave,
mais livré à tous les excès, et Numérien, esprit doux et cultivé. L'aîné eut le gouvernement de l'Occident; le plus jeune,
après une défaite des Goths et des Sarmates, suivit son père
en Orient. Carus dévasta la Mésopotamie, prit Séleucie,
Ctésiphon, et franchit le Tibre; mais il périt frappé par la
foudre ou succomba à une maladie (25 déc. 283). Ses fils
furent aussitôt reconnus empereurs; mais Numérien se hâta
de traiter avec les Perses. Comme il ramenait les légions
vers le Bosphore, il fut tué par son beau-père Arrius Aper
(12 sept. 284). L'armée proclama cinq jours après, sous les
murs de Chalcédoine, le Dalmate Dioclétien qui égorgea
Aper de sa main, sous les yeux de toute l'armée. Carin
essaya de renverser celui qui se disait le vengeur de son

1. Les vignobles du Rhin et de la Hongrie lui doivent leur origine.

frère, mais dans une bataille, près de Margus en Mœsie, il
fut tué par quelques-uns de ses officiers qu'il avait outragés
(mai 285).

Déjà, 41 empereurs, en ne parlant point de ceux qu'on appela les Trente tyrans et qui presque tous furent tués, avaient
revêtu la pourpre; sur ce nombre 25 avaient été assassinés,
4 ou 5 autres avaient péri sur le champ de bataille (Décius),
dans les fers (Valérien), peut-être par le poison (Claude et
Carus ?) ou de leur propre main (Othon). Les autres, 11 ou
12 seulement, avaient atteint naturellement le terme de leur
carrière. Quelle preuve frappante de la mauvaise organisation
du pouvoir suprême dans l'empire romain et des dangers que
le despotisme fait courir à celui même qui l'exerce !

SEPTIÈME PÉRIODE.

L'EMPIRE DE DIOCLÉTIEN A THÉODOSE,

ou

ÉPOQUE DE L'ORGANISATION MONARCHIQUE ET DE LA DÉCADENCE.

110 ans (285-395 après J. C)

CHAPITRE XXXII.

ORGANISATION MONARCHIQUE DE L'EMPIRE ROMAIN (285-337).

DIOCLÉTIEN (285) ET MAXIMIEN (286). — MAXIMIEN ASSOCIÉ A L'EM-
PIRE (286). — LA TÉTRARCHIE (292). — INTRODUCTION DU CÉRÉMONIAL
DES COURS ASIATIQUES. — GUERRES HEUREUSES. — ABDICATION DE
DIOCLÉTIEN (305). — SIX EMPEREURS A LA FOIS (306). — VICTOIRES DE
CONSTANTIN. — CARACTÈRE DE CE PRINCE ET SA CONVERSION. —
ÉDIT DE MILAN (313); LE CHRISTIANISME, RELIGION DOMINANTE DANS
L'EMPIRE. — CONCILE DE NICÉE (325). — FONDATION DE CONSTANTINOPLE
ET RÉORGANISATION DE L'EMPIRE: PRÉFECTURES, DIOCÈSES, PROVIN-
CES. — SÉPARATION DES FONCTIONS CIVILES ET MILITAIRES, DÉGRADA-
TION DE L'ARMÉE; NOBLESSE ADMINISTRATIVE. — FINANCES; MISÈRE
DES CURIALES. — DERNIERS ÉVÉNEMENTS DU RÈGNE DE CONSTANTIN.

Dioclétien (285) et Maximien (286).

Dioclétien, qui s'était élevé, par ses talents, d'une basse
condition aux plus hautes charges militaires, sut par son
habileté, son expérience et sa modération, mais quelquefois
aussi par la ruse, l'injustice et la cruauté, se maintenir
aussi longtemps qu'il lui plut sur le trône impérial. Il changea l'organisation de l'empire, détruisit, mais pour le remplacer par un autre, le despotisme militaire; effaça tout ce
qui subsistait encore des vieux souvenirs de la république,
et, par son influence, fit dominer, dans la cour impériale et
dans le gouvernement, l'esprit, les habitudes, les mœurs
des monarchies orientales. Rome ne fut plus l'unique résidence des empereurs : Dioclétien et ses collègues s'éta-

blirent à *Nicomédie* (Ismid), devenue la capitale de l'Asie
Mineure, à Milan, celle de l'Italie, à Trèves ou dans Arles,
chefs-lieux du diocèse des Gaules, à *Sirmium* (Sirmich),
principale ville de la Pannonie et de l'Illyrie. Les progrès
de la religion chrétienne menaçaient en même temps d'une
ruine prochaine l'antique religion, depuis longtemps ébranlée. Ainsi, sous le double rapport politique et religieux,
l'empire allait entrer dans une voie nouvelle. Dioclétien
commença la réforme au point de vue politique, Constantin
l'acheva au point de vue religieux.

Dioclétien affecta d'abord une grande douceur, et après
la mort de Carin, il accueillit tous ses partisans. Débarrassé
de ce dangereux adversaire, il s'imposa la double tâche de
rétablir l'ordre dans l'intérieur, et la sécurité sur les frontières. Tandis que la tyrannie des gouverneurs de la Gaule
faisait révolter les paysans de cette province (Bagaudes), les
Alamans franchissaient le Danube, ravageaient la Rhétie et
les contrées de la rive gauche du Rhin; des pirates saxons
pillaient les côtes de la Bretagne et de la Gaule; des Francs
enfin allaient jusqu'en Sicile ravager Syracuse. Pour arrêter
les courses de ces pirates, le Ménapien Carausius, habile
général, reçut le commandement d'une flotte qui devait protéger les côtes de la Belgique et de l'Armorique; mais
soupçonné de favoriser les Barbares, et de partager avec
eux le butin, il fut condamné à mort. Carausius, instruit de
cet ordre, se proclama empereur en Bretagne (286), fit alliance avec les pirates saxons et francs, et se maintint jusqu'en 293. Il fut alors assassiné par son ministre Alectus,
mais cet usurpateur conserva trois ans encore la Bretagne.

Maximien associé à l'empire (286).

Effrayé de cette situation critique de l'empire, Dioclétien
songea à s'adjoindre un collègue dans la force de l'âge,
éprouvé par de longs services anx armées, et sur qui il pût
se reposer d'une partie des soins de la guerre. Il choisit un
de ses anciens compagnons d'armes, Valérianus Maximia-
nus (286). Sorti d'une famille obscure de Pannonie, Maximien s'était distingué par son activité et son courage; il

prit le surnom d'Hercule; celui de Jupiter désignait déjà
Dioclétien. Les deux Augustes luttèrent avec succès, Dioclétien en Orient contre les Perses, auxquels il reprit la Mésopotamie, Maximien en Gaule, d'où il chassa les Alamans,
les Francs et les Burgondes. Cependant ils crurent nécessaire de s'adjoindre encore deux collègues, afin de rendre
la surveillance des provinces et la garde des frontières plus
actives.

La tétrarchie (292).

Le 1ᵉʳ mars 292, Dioclétien proclama à Nicomédie deux
Césars, tous deux aussi Illyriens : Galère, homme grossier
mais plein de courage, qui de son ancien métier conserva le
surnom d'*Armentarius*, et Constance Chlore d'un caractère
plus doux, et d'un esprit moins inculte. Dioclétien les força
de se séparer de leurs femmes, pour épouser les filles des
empereurs, afin d'affermir par les liens du sang l'union
politique des quatre princes. C'est alors que Constance répudia la pieuse Hélène, la mère de Constantin le Grand, pour
épouser Théodora, fille adoptive de Maximien. Dans le partage de l'empire, Dioclétien garda l'Orient ; Galère eut la
Thrace et les provinces du Danube ; Maximien l'Italie, l'A-
frique et les îles ; Constance la Gaule, l'Espagne avec la
Mauritanie et la Bretagne. L'unité de l'empire ne fut cependant pas détruite par ce partage. Les ordonnances rendues
par chaque prince étaient valables dans les provinces de ses
collègues. D'ailleurs Dioclétien demeura le chef suprême,
et fut l'âme du gouvernement. Ses collègues, surtout dans
l'intérieur, ne purent rien faire que par ses ordres. La création de nouveaux corps pour la garde personnelle des
princes, les herculiens et les joviens, affaiblit la puissance
des prétoriens de Rome. Chacun des quatre princes avait
sa capitale et une cour. Rome délaissée par eux, le sénat
qu'ils cessèrent de consulter, perdirent la considération
qu'ils avaient jusqu'alors conservée; et ceux des souvenirs
républicains qui subsistaient encore, s'évanouirent.

Par son habileté et son esprit de conciliation, Dioclétien
sut maintenir la concorde entre les chefs si dissemblables

qu'il avait donnés à l'empire. Mais qui pourrait après lui maintenir son ouvrage, et réprimer les passions qu'excitait ce partage de l'autorité? Reconnaissons toutefois que la ruine imminente de l'empire fut pour un moment retardée par cette précaution, quelque oppressif et coûteux que le nouveau système dût être pour les provinces, chargées maintenant de suffire aux dépenses de quatre cours.

Introduction du cérémonial des cours asiatiques.

Le premier des empereurs romains, Dioclétien voulut entourer la majesté impériale de toute la pompe extérieure des cours asiatiques. Il prit un diadème, s'habilla de soie et d'or, et tous ceux qui obtenaient la permission de l'approcher durent, suivant le cérémonial asiatique, adorer à genoux la divinité et la majesté impériales. Ce n'était point par vanité, mais seulement pour tenir les plus hauts personnages à distance. Tous les maux de l'empire, depuis un siècle, venaient de la facilité que les généraux trouvaient à se faire nommer empereurs; en désignant d'avance trois Césars, il plaçait entre lui et les ambitieux l'intérêt de trois maisons puissantes; il commençait enfin à établir cette hiérarchie, si nécessaire dans le gouvernement monarchique pour mettre le prince et l'État à l'abri des révolutions de caserne, mais aussi ce despotisme de cour, ce gouvernement de sérail, qui tuent l'esprit public et font passer les services rendus à la personne du prince par-dessus les services rendus à l'État.

Guerres heureuses.

Dans les trois continents, les empereurs eurent à soutenir une lutte acharnée contre les ennemis de l'intérieur et du dehors. Maximien repoussa les Germains, franchit le Rhin et dévasta le pays ennemi : mais au cœur même de la Gaule, il eut à combattre une *jacquerie* redoutable, les Bagaudes. Le peuple des campagnes gauloises ne s'était jamais bien relevé de l'assujettissement où les nobles et les druides l'avaient tenu si longtemps. Aux misères de leur ancienne condition les paysans avaient vu se joindre les maux que

leur imposaient la concentration des fortunes, la décadence
de l'agriculture et le poids toujours plus lourd des impôts. A
la fin du III° siècle, ils se soulevèrent, et si, après de longs
efforts, Maximien parvint à tuer leurs chefs et à enlever les
places où ils s'étaient fortifiés, il ne put donner à la Gaule
qu'un repos momentané. Les Bagaudes continuèrent de
courir les campagnes, et ils ne disparurent que dans le
tumulte et la confusion de la grande invasion.

En Orient, Dioclétien réussit mieux. De nouveaux dangers
s'étaient montrés en 292. Les Perses avaient chassé du trône
d'Arménie un partisan des Romains et menaçaient la Syrie ;
cinq peuples africains se révoltèrent ; en même temps Julien
en Italie, Achillée en Égypte, prirent la pourpre. Dioclétien
eut vite raison d'Achillée, dont tous les partisans furent
égorgés ; Maximien de Julien et les Maures furent domptés.
Galère en même temps battit plusieurs peuples des bords
du Danube, puis marcha, en 294, contre les Perses. Une défaite qu'il essuya fut glorieusement réparée, et Narsès, en
297, céda la Mésopotamie, cinq provinces au delà du Tigre,
avec la suzeraineté sur l'Arménie et l'Ibérie au pied du
Caucase. C'était le plus glorieux traité que l'empire eût encore signé. Dioclétien, pour conserver ces conquêtes, y éleva
de nombreuses fortifications.

A l'autre extrémité du monde romain, Constance, après
avoir chassé les Francs de la Gaule et de la Batavie, descendit en Bretagne et vainquit, en 296, l'usurpateur Alectus
qui avait succédé à Carausius. Une invasion des Alamans le
rappela en Gaule ; il les atteignit près de Langres, et les
battit malgré une blessure qu'il reçut dans l'action (301).

Le calme partout rétabli, Dioclétien, pour le maintenir,
s'appliqua à semer la division parmi les Barbares ; il arma
les uns contre les autres, Goths et Vandales, Gépides et
Burgondes ; puis il fit réparer toutes les fortifications des
frontières, construire des postes nouveaux ; et en quelques
années l'empire se retrouva sur un pied formidable. Ces
succès furent célébrés par un pompeux triomphe, un des
derniers que Rome ait vus (303).

Malheureusement tout changea bientôt ; Dioclétien, qui punissait avec une extrême rigueur tout refus d'aveugle obéissance, se laissa entraîner par Galère à ordonner une persécution contre les chrétiens. Ceux-ci étaient nombreux dans les armées, dans les villes, et portaient ostensiblement les signes de leur culte. Un grand prêtre, qui voyait avec douleur ses indignes autels chaque jour plus abandonnés, essaya d'entraîner Dioclétien à publier un édit contre la nouvelle religion. Le prince résista d'abord, comprenant bien qu'elle comptait trop de partisans pour pouvoir être extirpée sans péril. Mais Galère arracha au vieil empereur un édit qui interdisait aux chrétiens l'entrée des charges publiques et l'accès des tribunaux, qui fermait leurs églises et leur défendait tout signe extérieur de leur foi. L'édit fut affiché dans Nicomédie, un chrétien le déchira. Dioclétien, terrible dès que son autorité était méprisée, n'avait encore proscrit que le culte, il proscrivit les personnes ; un incendie qui éclata dans le palais impérial, et dont on accusa les chrétiens, redoubla sa colère ; tout l'empire, moins les provinces où régnait Constance Chlore, retentit du bruit des tortures.

Peu de temps après le commencement de cette persécution, Dioclétien tomba malade, et ce mal, qui le tourmenta une année, l'affaiblit au point que le bruit de sa mort se répandit. Quand la santé parut lui revenir, dégoûté du pouvoir, il abdiqua, le 1er mai 305, à Nicomédie. Maximien suivit malgré lui cet exemple, et le même jour déposa, à Milan, le diadème. L'ancien chef du monde romain se retira dans une magnifique villa qu'il s'était fait construire près de Salone (Spalatro), sur les côtes de la Dalmatie, et passa sa vieillesse, loin du bruit des armes et des affaires, dans de paisibles travaux. Un jour que Maximien le pressait de remonter sur le trône : « Si tu pouvais voir, lui répondit-il, les beaux légumes que je fais pousser moi-même, tu ne me parlerais pas de pareilles fatigues. » Il mourut huit ans après, en 313, dans ce palais dont les ruines existent encore.

Six empereurs à la fois (306).

Les deux Césars, Galère et Constance, prirent le titre d'Augustes. Galère, qui se croyait le chef suprême de l'empire, n'augmenta point les provinces de son collègue et nomma sans le consulter deux nouveaux Césars. Le premier désigné déjà par Dioclétien, fut un des parents de Galère, grossier et sans talent, le jeune Daïa, qui prit le nom de Maximinus et reçut le gouvernement de la Syrie et de l'Égypte; le second, Flavius Sévérus, eut l'Italie et l'Afrique et plus tard le titre d'Auguste. Constantin, fils de Constance, resta comme otage à la cour de Galère. Il ne put s'en échapper que par ruse, lorsqu'il apprit la maladie de son père, qui mourut, peu de temps après son arrivée, à York en Bretagne, emportant le plus beau surnom que jamais prince absolu ait porté, « Constance le Pauvre. » Les légions mirent Constantin à sa place, et lui décernèrent le titre d'Auguste; Galère ne voulut lui reconnaître que celui de César (306).

Galère s'était rendu odieux par ses cruautés et ses exigences fiscales. Rome, irritée de l'abandon où les nouveaux empereurs la laissaient, se souleva, et les prétoriens, usant une dernière fois de leur ancien pouvoir, saluèrent Auguste Maxence, fils de Maximien (306). Il prit aussitôt son père pour collègue, de sorte que l'empire eut à la fois six maîtres : Galère et Sévère, les deux Augustes Constantin et Maximin, les deux Césars, enfin les deux usurpateurs Maxence et Maximien. Sévère marcha contre ceux-ci (307), mais il trouva les portes de Rome fermées, et ses troupes passèrent à l'ennemi; il se jeta dans Ravenne, ne put s'y défendre et fut contraint de se livrer à Maximien, qui le fit tuer. Galère ne put le venger, mais le remplaça : il proclama Auguste son ami Licinius. Maximin, le gouverneur de l'Égypte, ne voulut pas demeurer en reste et prit le même titre, que six princes encore portèrent en même temps.

Victoires de Constantin.

Le premier qui le perdit fut Maximien. Son fils se lassa de l'autorité qu'il prétendait exercer sur lui et le força à

chercher une retraite en Illyrie d'abord, puis auprès de son
gendre Constantin à Trèves. Là il noua de secrètes intrigues ; mais trahi par sa propre fille Fausta, il dut fuir encore et se retira dans Arles, d'où il essaya de soulever les
Gaules. Constantin, accouru des bords du Rhin, l'assiégea
dans Marseille et le força de se tuer (310). L'année suivante,
Galère mourut, emporté par ses débauches. Maximin et
Licinius partagèrent ses provinces.

Il n'y avait donc plus que quatre empereurs, mais fort
peu disposés à vivre en paix. Maxence succomba le premier.
Fier d'avoir renversé, en Afrique, l'usurpateur Alexandre,
qui avait régné trois ans dans cette province, Maxence n'u-
sait à Rome de son pouvoir que pour satisfaire sa cruauté
et ses honteuses passions. Il regardait ses collègues comme
des lieutenants, et il osa provoquer son beau-frère Constantin, qui vint l'attaquer en Italie et battit ses troupes en
plusieurs rencontres ; la dernière fois près du mont Milvius
sur le Tibre. Maxence en fuyant se noya dans le fleuve
(28 oct. 312). C'est durant cette expédition que Constantin excita au plus haut point en sa faveur l'enthousiasme des chrétiens en plaçant la croix sur ses étendards
(312).

Pendant que Constantin s'emparait de Rome où il exter-
minait toute la famille de Maxence, les Francs envahirent la
Gaule ; il courut à leur rencontre, délivra le pays et jeta leur
prince aux bêtes de l'amphithéâtre de Trèves. Ensuite il battit lui-même la rive droite du fleuve, sur lequel il construisit,
en face de Cologne, un pont de pierre qu'il couvrit par un
camp retranché (Deutz). Il vainquit encore les Bructères sur
la Lippe et ferma les brèches du retranchement des terres
décumates.

Au moment d'attaquer Maxence, allié de Maximin, il avait
mis Licinius dans ses intérêts et lui avait fait épouser, à
Milan, sa propre sœur. Le résultat de cette union fut une
expédition de Licinius contre Maximin, qui, battu près d'Andrinople, alla mourir à Tarse, où il s'empoisonna (août 313).
Tout l'Orient se soumit au vainqueur, qui n'en sévit pas
moins avec une abominable cruauté contre les parents et les

amis des vaincus. Il n'épargna même pas la veuve et la fille de Dioclétien.

L'empire n'avait donc plus que deux maîtres : Licinius en Orient, Constantin en Occident. C'était trop d'un encore ; ces ambitieux, oubliant les liens du sang qui les unissaient, au lieu de vivre en paix pour fermer les plaies de l'empire, ne cherchèrent qu'à se renverser l'un l'autre. Licinius fomenta une conspiration contre son rival, qui, en réponse, lui déclara la guerre (314), le battit près de Cibalis en Pannonie, une seconde fois à Andrinople, et ne lui accorda la paix qu'en se faisant céder la Pannonie, la Dalmatie, la Dacie, la Macédoine et la Grèce. Il déclara en même temps ses deux fils, Crispus et Constantin, Césars en Occident. Lucianus, fils de Licinius, eut le même titre en Orient.

Cette paix dura 9 années, que Constantin employa à mettre l'ordre dans l'administration et qu'il utilisa pour sa gloire et sa puissance par une victoire sur les Goths, dont 40 000 guerriers entrèrent à son service, sous le nom de *fœderati*. Sous prétexte de protéger les chrétiens que persécutait son collègue, Constantin l'attaqua. Licinius s'était de longue main préparé à cette lutte et occupait près d'Andrinople une forte position ; il n'en fut pas moins complétement battu (3 juillet 323), poursuivi à Byzance, à Chalcédoine où il éprouva une seconde défaite qui l'obligea de se livrer dans Nicomédie au vainqueur. Constantin lui ôta la pourpre, mais promit de respecter sa vie ; quelque temps après il le fit tuer à Thessalonique.

Après 17 années de désordres qui avaient couvert l'empire de sang et de ruines, Constantin se trouvait, à force de cruautés et de perfidies, mais aussi de talents et d'activité, seul maître de l'empire romain.

Caractère de ce prince et sa conversion.

Ce prince mérite sans doute le titre de Grand, attaché à son nom, dans le sens donné à cette épithète quand on l'applique au conquérant. Aux talents militaires il joignait l'activité nécessaire pour accomplir les plus difficiles entreprises et il manquait rarement de réussir, parce que, dans le choix

30

comme dans l'usage des moyens, il hésitait peu à faire ce qui lui était utile. Mais son ambition démesurée, son esprit soupçonneux, son amour de la vengeance, l'entraînèrent à des actes qui sont des taches dans sa vie. Sa conduite perfide avec Licinius, sa cruauté envers les princes francs Ascaric et Regais, qu'il fit jeter aux bêtes dans le cirque de Trèves, le même supplice infligé à des prisonniers bructères, le meurtre de son beau-père Maximien, certainement coupable, mais dont il aurait dû respecter l'âge et les anciens services ; la mort de son propre fils Crispus, qu'il sacrifia peut-être à la haine d'une marâtre ; celle enfin de son épouse Fausta et de tant d'autres victimes de ses soupçons, montrent avec quelle facilité il versait le sang. On aura d'autant plus droit de lui reprocher ses cruautés qu'elles n'eurent même pas la banale excuse d'une impérieuse nécessité.

Constantin, qui fit asseoir le christianisme sur le trône impérial, a été loué sans mesure par les écrivains chrétiens, mais, par contre, il encourut de la part des païens les plus sanglants reproches. Ceux-ci sont allés jusqu'à le représenter comme un Néron, tandis que les chrétiens en eussent volontiers fait un saint. Ces opinions si différentes s'expliquent par la situation où se trouva Constantin : de part et d'autre ce sont des jugements passionnés. Aux yeux de l'histoire impartiale mais sévère, Constantin ne reste un grand prince qu'à la condition de garder aussi la juste responsabilité d'actes coupables. L'ambition, l'intérêt personnel, furent ses premiers mobiles, et si la morale sublime du christianisme le toucha, si, en la faisant triompher, il crut faire triompher la vérité, nous devons reconnaître que cette morale eut assez peu d'influence sur sa conduite, et que le christianisme fut surtout pour lui un instrument de puissance, un moyen de s'élever au-dessus de ses adversaires qui le persécutaient. La religion du Christ grandissant tous les jours, se déclarer pour elle, c'était mettre de son côté une force immense.

Le paganisme, étroitement lié aux institutions républicaines, avait subi la même décadence (voyez p. 487). Depuis longtemps les peuples se détournaient avec dégoût de ces croyances puériles ou honteuses. Laissés par la religion officielle sans consolations et sans espérances, ils couraient au christianisme, qui leur ouvrait un ciel nouveau. Lucien se rit fort des étranges prosélytes que ce culte trouvait. Mais ces pauvres, ces infirmes, ces esclaves que la société païenne repousse et que la société chrétienne appelle dans son sein, qu'elle secourt dans leurs misères, qu'elle soulage dans leurs souffrances; qu'elle fait hommes en leur montrant que la dignité humaine est, non dans la condition et dans les richesses, mais dans la vertu et la charité; qu'elle régénère enfin en les animant d'un pieux enthousiasme par l'immense espoir d'une vie meilleure, où tous, devenus égaux, seront récompensés selon leurs mérites; tous ces réprouvés sont l'immense majorité dans l'empire, c'est pour eux qu'est venue la *bonne nouvelle*. Comme son divin Maître, l'Église dit : « Laissez venir à moi les petits enfants » et les faibles; en attendant qu'elle triomphe des forts par la supériorité de son dogme.

Jamais le monde n'avait entendu ces voix venant du cœur, car celle de Marc Aurèle était restée sans écho; et il se découvrit tout un côté nouveau de l'humanité jusqu'alors caché sous les déclamations vaines et froides des rhéteurs, et sous la logique étroite, aride et si souvent inutile des philosophes. Jusqu'alors il n'y avait guère eu, excepté dans les derniers stoïciens moralistes, qu'esprit ou matière, orgueil de l'intelligence et sensualité. Au souffle de l'Évangile, le cœur de l'homme s'ouvrit comme celui du Christ, et il s'en échappa tous les doux sentiments, toutes les bonnes passions, la charité, l'amour, la chasteté, l'humilité et l'abnégation. Au culte de la vie et de ses grossiers plaisirs succéda le culte de la mort, parce qu'à la fin de cet exil ici-bas, sur une terre d'épreuves, les chrétiens voyaient la réunion avec Dieu et les joies éternelles.

Aussi le christianisme fit-il de rapides progrès, malgré les cruelles alternatives de paix et de guerre par lesquelles le gouvernement impérial le fit passer, depuis la première persécution de Néron, en 64, jusqu'à la dernière et la plus cruelle, celle que Galère fit ordonner sous Dioclétien, en 303[1]. Mais saint Cyprien estimait les persécutions utiles pour maintenir les fidèles dans la pureté de la foi et des mœurs ; et le sang des martyrs, disait Tertullien, est une semence de chrétiens. La doctrine de Jésus-Christ en effet, malgré les bourreaux, se répandit dans toutes les provinces ; les philosophes eux-mêmes y passèrent (Modestus, Aristide, Minutius Félix, Hermias, etc.), et les Barbares, qui envahissaient les terres de l'empire, furent conquis à la religion. Longtemps avant Constantin elle comptait déjà, du Gange à l'Atlantique, des millions de fidèles, unis non-seulement par les liens d'une commune croyance, mais par ceux d'une organisation qui faisait des chrétiens une société à part dans la grande société romaine. Cette communauté comprenait au commencement du IVe siècle une minorité énergique, au sein de laquelle s'était réfugiée presque toute la vie spirituelle de l'empire. En voyant sa force, Constantin sans doute se décida à la protéger. Il donna la paix aux chrétiens, ceux-ci lui donnèrent l'empire.

Cette intelligence de la force des chrétiens n'appartint pas à cette époque exclusivement à l'habile héritier de Constance Chlore. Quelques-uns de ses adversaires comprirent quel poids jetteraient dans la balance ces hommes qui, alors que

1. Le diacre Étienne, proto-martyr (33 de notre ère). — Premier concile de Jérusalem (50). — Première persécution sous Néron au sujet de l'incendie de Rome (martyre de saint Pierre et de saint Paul, 64-68). — Les chrétiens étant confondus avec les Juifs, participent à la haine que ceux-ci inspirent depuis leur révolte, et les édits contre les chrétiens n'étant pas retirés, quelques victimes sont toujours frappées dans l'intervalle qui sépare les grandes persécutions. — Sous Domitien, seconde persécution. Un neveu de Vespasien et sa femme périssent. L'apôtre Jean est exilé à Pathmos, après avoir été torturé (95). — Troisième persécution sous Trajan (107). — Cependant, l'Église grandissant, ses doctrines étaient mieux connues. Les païens lui opposent les prétendus miracles de Vespasien, surtout ceux d'Apollonius de Tyane, philosophe pythagoricien et thaumaturge, et donnent à leur culte des formes nouvelles et mystérieuses, propres à frapper les imaginations, et par conséquent à les retenir sous leur influence (initiations, expiations, le taurobole, etc.). Ils tentent aussi de purifier le paganisme pour le rendre moins indigne de lutter contre la religion du Christ, et Épictète, Marc Aurèle élèvent la morale païenne à une grande hauteur. Mais la philosophie reste impuissante. Les hérésies ne réussissent pas mieux à prévaloir contre lui. L'Église, en effet,

la plus complète anarchie régnait au sein de la société païenne, seuls avaient une forte discipline, une hiérarchie sévèrement ordonnée, des synodes, surtout une vie, des idées, des croyances communes. De la Bretagne aux rives de l'Euphrate, un chrétien voyageant avec une lettre de son évêque trouvait, sur toute la route, aide et protection. Secouru s'il était pauvre, soigné s'il était malade, il rencontrait partout des frères ; un signe lui servait de paroles, et sans se comprendre ils s'entendaient. Car, malgré la diversité des langues et des pays, ils ne formaient tous qu'une seule famille. Leur plus cruel persécuteur, Galère, crut nécessaire de les ménager : quelque temps avant sa mort il révoqua les édits de persécution qu'il avait obtenus de Dioclétien, et mit par là un terme aux souffrances que depuis deux siècles et demi l'empire infligeait à l'Église. Un autre empereur, Maxence, proclama dans Rome la tolérance, mais sans la pratiquer. Aussi, malgré ces avances, ce n'était pas vers ces princes que les chrétiens tournaient leurs regards et leurs espérances, mais vers cette cour de Trèves, où les fidèles de la Gaule, de la Bretagne et de l'Espagne avaient déjà trouvé un protecteur dans Constance Chlore ; où l'impératrice Fausta, sa mère Eutropia, surtout la pieuse Hélène, mère de Constantin, appelaient sur le nouveau culte la faveur de l'empereur.

est devenue assez nombreuse au III° siècle pour que des hérétiques s'élèvent au milieu d'elle. Les uns veulent éclairer le texte saint en l'expliquant (*Ébionites, Nicolaïtes, Marcionites,* etc.) ; les autres vont jusqu'à prêcher un nouvel Évangile (Simon le magicien, Ménandre, les Docètes, Gnostiques). Les quatre Évangiles et les Épîtres des apôtres maintiennent l'unité. Aristide et Justin présentent à Adrien et à Antonin deux apologies qui valent aux fidèles quelque repos. Mais les sophistes entraînent Marc Aurèle à décréter une quatrième persécution, 166-177 (martyre de Justin, de Polycarpe, de Plotin, etc.).—Jusqu'à Sévère l'Église est à peu près tranquille ; mais ce prince s'alarme des assemblées secrètes des chrétiens, et ordonne la cinquième persécution, 199-204 (Apologétique de Tertullien, tolérance et sympathie d'Alexandre Sévère). La sixième a lieu sous Maximin, 235-238. — Tolérance de Philippe, auquel Origène adresse plusieurs écrits. — Sous Décius, les malheurs de l'empire, attribués à la colère des dieux, amènent une persécution terrible, renouvelée par Gallus et Valérien, 256-260 ; plus tard par Aurélien, 275 ; mais qu'interrompit un édit de Gallien en faveur de l'exercice public de la religion chrétienne. — La dixième et dernière persécution, celle de Dioclétien, ou plutôt de Galère, mérita d'être appelée l'ère des martyrs, 303-312.

Édit de Milan (313); le christianisme, religion dominante dans l'empire.

Ce fut dans son expédition contre Maxence que Constantin se déclara hautement le défenseur de la foi chrétienne. Il mit la croix sur ses étendards et se fit dresser une statue, à Rome, tenant la croix à la main. En 313 il donna, à Milan, un édit de tolérance et restitua aux chrétiens leurs biens confisqués et non encore occupés, avec le droit d'entrer dans les charges et de bâtir des temples.

Toutefois Constantin se garda de tomber dans la même faute que ses prédécesseurs et de rendre le christianisme persécuteur. Il favorisa ses progrès; mais il évita de promulguer contre les païens des édits menaçants. Il conserva le titre de souverain pontife, auquel des droits importants étaient attachés; et si ses monnaies portaient d'un côté le monogramme du Christ, de l'autre on y voyait une divinité païenne. La même année où il ordonna de célébrer le repos religieux du dimanche, il publia une loi sur les consultations des aruspices. Enfin lorsqu'il eut fondé Constantinople, pour donner à l'empire une capitale chrétienne, chaque année il fit porter dans le cirque sa statue ayant en main une image de la Fortune. Peut-être ce mélange de foi chrétienne et d'usages, de préjugés païens, était-il une nécessité de ce temps où s'accomplissait pacifiquement la plus grande évolution de l'humanité.

Tant que vécut Licinius, adorateur des anciens dieux, ces ménagements lui furent commandés par la politique. Il y renonça quand il fut seul maître de l'empire. Dès l'année 321, deux ans avant les batailles d'Andrinople et de Chalcédoine, il accorda à l'Église la faculté de recevoir des donations et des legs; lui-même il la combla de dons, aux dépens du patrimoine impérial, et il lui en garantit à perpétuité la possession. Il transmit aux prêtres chrétiens tous les privilèges dont jouissaient les pontifes du paganisme, c'est-à-dire le droit d'asile pour leurs temples, et pour eux-mêmes l'exemption des charges publiques, des corvées et des impôts. Le moindre clerc ne put être mis à la question et le repos du dimanche fut prescrit; grande faveur pour les esclaves.

D'une part il favorisa les conversions en donnant à des
chrétiens les places innombrables de la nouvelle administration qu'il organisa dans l'empire, en sommant les gouverneurs païens de renoncer à leur culte, et en accordant des
privilèges aux villes qui renversaient les autels des idoles ; de
l'autre il essaya d'éteindre l'idolâtrie, d'abord par des exhor-
tations adressées à ses peuples, dans de nombreux édits,
plus tard, quand le christianisme fut partout triomphant et
qu'il n'y eut plus de soulèvements dangereux à craindre, par
des ordonnances sévères qui, excepté à Rome, fermèrent les
temples et renversèrent les idoles, sans toutefois qu'on ver-
sât le sang de ceux qui restèrent attachés à l'ancien culte. Il
ne voulut pas que le paganisme pût, sous son règne, reven-
diquer l'honneur d'avoir eu, lui aussi, ses martyrs.

Le gouvernement de l'Église s'était concentré dans les
mains des *évêques* ou surveillants élus par chaque communauté chrétienne, et que les anciens ou *prêtres*, les *diacres*
et les *sous-diacres* aidaient dans leurs fonctions. Plus s'étendait le champ défriché déjà par les pieux ouvriers du Christ,
plus le nombre des travailleurs avait dû s'accroître. Ils formaient maintenant un corps nombreux qu'on appelait le
clergé, c'est-à-dire la *part* du Seigneur. Une grande place
dans la société civile devait naturellement être faite aux chefs
de la nouvelle société religieuse. Pour soustraire les fidèles à
la dangereuse nécessité de porter leurs contestations devant
les tribunaux païens, les évêques s'étaient chargés de la conciliation des procès. Constantin fit de cet usage un droit ; il
ordonna qu'en matière civile les parties pussent se soumettre
à l'arbitrage des évêques, et que la décision de ceux-ci aurait
force de loi. Les gouverneurs des provinces reçurent ordre de
veiller à l'exécution des sentences.

Les évêques n'étaient donc plus seulement maîtres du
culte ; mais jusqu'à un certain point magistrats publics. Constantin augmenta le respect dont les entouraient les fidèles
par les égards qu'il leur témoigna. Il les admit dans son palais, auprès de sa personne, dans son cortége habituel ; et au
concile de Nicée il ne voulut jamais s'asseoir qu'après y
avoir été invité par l'assemblée entière. S'il ne se décida à

recevoir lui-même le baptême qu'à son lit de mort, il n'en
eut pas une foi moins vive ni moins sincère. Il le prouva
par sa conduite, par les lois que nous avons rapportées
plus haut, par le choix qu'il fit de Lactance, le Cicéron
chrétien, pour précepteur de son fils Crispus, par sa déférence pour tous les désirs de sa mère Hélène, dont il seconda
le zèle pieux dans le mémorable voyage qu'elle entreprit en
Palestine pour y retrouver la croix de Jésus et purifier les
lieux saints.

L'heureuse influence des doctrines chrétiennes se fit bientôt sentir dans la législation et dans le gouvernement. Constantin proscrivit les combats de gladiateurs, défendit le
fouet et les tortures à l'égard des débiteurs insolvables de
l'État, et lui qui jadis faisait jeter ses prisonniers aux bêtes
de l'amphithéâtre, il promit une somme d'argent à ses soldats
pour chaque ennemi qu'ils lui amèneraient vivant. Il renouvela et développa une institution des Antonins. Des pauvres
abandonnaient souvent leurs enfants nouveau-nés, il ordonna d'apporter aux officiers impériaux ceux qu'on ne pouvait nourrir, et les parents recevaient des habits, des vivres,
des aumônes en argent. Les nécessiteux, les veuves, les orphelins furent secourus, des hôpitaux s'élevèrent pour donner asile aux malades[1], et les prisonniers ne furent plus
abandonnés sans consolation ni secours au désespoir ou au
vice.

Le grand principe que le christianisme apportait et dans
lequel toute la civilisation de l'avenir était déposée en germe[2],
l'égalité morale et la fraternité humaine, était incompatible
avec le maintien de l'esclavage. Mais le christianisme n'a-
vait pas mission de bouleverser violemment la société civile.
C'est assez pour lui d'avoir rendu les affranchissements plus
nombreux, et d'avoir adouci le sort de l'esclave, en montrant
qu'il était devant Dieu l'égal et le frère de l'homme libre.
L'Église qui ramenait sans cesse vers le ciel la pensée des

1. Xénodochies, Orphanotrophies, Gérontocomies, etc. Ces maisons étaient
desservies par des clercs ou des laïques non salariés.
2. Ajoutons-y l'idée de la chute et de la rédemption par la foi et par les œuvres, principe d'activité et de perfectionnement continu.

fidèles, et qui déjà avait ses solitaires et ses moines, devait honorer comme un détachement des affaires du monde, le célibat qu'elle demandait à ses ministres. Constantin supprima la loi Papia-Popæa, conçue dans un esprit opposé. Mais en même temps le mariage, lien social et institution d'ordre, fut régi par une législation qui devint de jour en jour plus sévère et qui devait lui rendre sa dignité.

Concile de Nicée (325).

La religion chrétienne étant devenue la religion de l'État, il importait au gouvernement lui-même que la paix régnât dans l'Église. Les *donatistes* l'avaient troublée. En 311 Cæcilianus avait été élevé au siége épiscopal de Carthage et avait reçu l'imposition des mains d'un évêque qui était du nombre de ceux que l'Église avait flétris du nom de *traditores*, pour avoir livré, durant la dernière persécution, les livres saints, afin de sauver leur vie. L'évêque Donatus, qui voulait rejeter de la communion des fidèles ces hommes dont le zèle avait faibli, refusa de reconnaître l'élection de Cæcilianus. Toute l'Église d'Afrique se partagea entre eux. La paix publique fut troublée par ces querelles que le gouverneur de la province ne put apaiser. Pour y mettre un terme, Constantin cita Cæcilianus et Donatus à Rome. Ils comparurent, le 2 octobre 313, devant le pontife romain, entouré de 19 évêques italiens. Mais les deux adversaires ayant continué leur querelle, un nouveau concile fut réuni l'année suivante à Arles. Les donatistes, condamnés, en appelèrent à l'empereur, qui prononça contre eux, et employa la force publique pour les contraindre à l'obéissance. Ce moyen réussit mal : une guerre éclata en Afrique ; arrêtée par Constantin, elle recommença avec fureur après sa mort, et continua de désoler cette province jusqu'à l'invasion des Vandales[1].

L'hérésie des donatistes n'attaquait point le dogme, celle d'Arius le mit en péril. Ce prêtre d'Alexandrie niait la divi-

1. Les circoncellions, sortis des donatistes, interprétèrent l'Évangile dans le sens de l'égalité sociale; ils brisèrent les chaînes des esclaves, partagèrent les biens des maîtres, libérèrent les créanciers, etc. De là une guerre sauvage.

nité du Verbe, et soutenait que la nature du Christ était non
pas de la même substance que Dieu, mais d'une substance
analogue. Cette doctrine, qui voulait.expliquer le mystère de
la Trinité, attaquait l'unité de la Trinité chrétienne et conduisait au pur déisme. De la religion on retombait dans la philosophie; celle-ci avait assez montré son impuissance. Constantin, pour mettre un terme à cette querelle qui agitait tout
l'Orient, convoqua un concile œcuménique, à Nicée en Bithynie; 318 évêques, prêtres ou diacres, répondirent à cet
appel et tinrent les premiers états généraux de la chrétienté.
C'était un grand spectacle que celui qui était offert par ces
vénérables personnages, dont quelques-uns portaient encore
les traces du martyre, discutant les plus grandes questions
que l'intelligence humaine puisse soulever, et arrêtant le
symbole de foi que l'Église catholique, après 15 siècles,
professe encore.

Il était ainsi conçu: « Nous croyons en un seul Dieu, père
tout-puissant, créateur de toutes choses visibles et invisi-
bles et un seul Seigneur Jésus-Christ, fils unique de Dieu,
engendré du Père et consubstantiel au Père; par qui toutes
choses ont été faites au ciel et sur la terre; qui pour notre salut
est descendu des cieux, s'est incarné et fait homme, a souffert,
est ressuscité le troisième jour, est monté aux cieux et viendra
juger les vivants et les morts. Nous croyons aussi au Saint-
Esprit. Quant à ceux qui disent : il y a eu un temps où il
n'était pas, ou qui prétendent que le Fils de Dieu est d'une
autre substance, la sainte Église catholique leur dit anathème. » Tous les évêques signèrent ce symbole et Constantin menaça de la déposition et de l'exil les ariens qui refu-
seraient de l'accepter.

Le concile fixa aussi le jour de la Pâque au dimanche qui
suivait la pleine lune la plus rapprochée de l'équinoxe du
printemps, et arrêta 20 canons ou règles générales de discipline.

ı. Exclusion des ordres sacrés prononcée contre ceux qu'un
zèle mal entendu portait à se mutiler comme Origène.

ıı. Défense de donner les ordres aux néophytes, et nécessité d'attendre qu'ils soient plus instruits et éprouvés.

III. Interdiction du mariage aux clercs. Cependant ceux qui étaient marié savant de recevoir l'ordination garderont leur femme, et chaque Église conservera à cet égard sa liberté et ses usages.

IX. Celui qui a été ordonné prêtre sans examen ou après avoir, dans l'examen, confessé ses péchés, ne pourra être reçu.

X. L'ordination sera refusée à ceux qui, durant la persécution, ont sacrifié aux faux dieux (les *lapsi* ou apostats).

XVII. L'usure est défendue aux clercs.

XVIII. Les diacres administrateurs, sous la surveillance des évêques, et tout le temporel des églises, des aumônes aux pauvres, des pensions aux clercs, etc., resteront subordonnés aux prêtres et ceux-ci aux évêques.

IV. L'évêque sera institué au moins par trois évêques de sa province avec l'autorisation écrite de la majorité des absents ; le métropolitain, ou évêque de la capitale de la province, confirmera ce qui aura été fait.

XV. On ne transférera d'une ville à l'autre ni évêques ni prêtres ni diacres.

XVI. Ceux qui se retirent de l'Église en laquelle ils sont prêtres, diacres ou membres à quelque degré que ce soit du clergé, ne seront pas reçus dans une autre Église, à moins du consentement de leur premier évêque.

VI. Que l'on observe les anciennes coutumes des Églises établies dans l'Égypte, la Libye et la Pentapole, en sorte que l'évêque d'Alexandrie ait autorité sur toutes ces provinces, puisque l'évêque de Rome a le même avantage. A Antioche aussi et dans les autres provinces, que chaque Église conserve ses priviléges. « Ce canon, dit l'abbé Fleury, fait voir un degré au-dessus des métropolitains, c'est-à-dire une juridiction sur plusieurs provinces attribuée à certains évêques, que l'on a depuis nommés patriarches ou primats, comme on a aussi nommé les métropolitains archevêques. Les évêques de Rome, d'Alexandrie et d'Antioche avaient donc juridiction sur les provinces voisines ; comme l'évêque d'Éphèse dans l'Asie proprement dite , ceux de Césarée en Cappadoce, d'Héraclée en Thrace, de Carthage en Afrique. »

Outre cette juridiction particulière de l'évêque de Rome, comme patriarche en Occident, l'Église catholique le regarde, à titre de successeur de saint Pierre, comme le chef de l'Église universelle et le vicaire de Jésus-Christ sur la terre.

VII. L'évêque de Jérusalem conservera ses honneurs.

V. Les excommunications prononcées par un évêque seront observées par ses collègues. Mais chaque année tous les évêques de la province se réuniront deux fois, pour examiner si ces excommunications n'ont pas été portées par faiblesse ou par haine.

XI, XII et XIV. Ces canons prescrivent les pénitences publiques imposées aux apostats. Elles étaient graduées. Les *flentes* restaient hors de l'église, en pleurant et invoquant les prières des fidèles ; les *audientes* étaient admis à l'instruction, mais se retiraient quand les prières commençaient ; les *prostrati* demeuraient à genoux pendant que l'assemblée priait pour eux ; les *consistentes* assistaient à la célébration des mystères, mais sans communier. Chacune de ces pénitences pouvait durer des années entières. L'excommunication ou retranchement de la société des fidèles était prononcée contre les hérétiques ou les pécheurs endurcis.

Le XIII⁺ canon est relatif aux mourants et à leur dernière communion ; les canons VIII et XX à certains hérétiques (novatiens et paulianistes). Il est question aussi des diaconesses qui recevaient, comme les diacres, l'imposition des mains et remplissaient à l'égard des femmes malades et pauvres, dans les hospices, à l'entrée de l'église et à la cérémonie du baptême, les mêmes fonctions que les diacres auprès des fidèles de l'autre sexe.

Le XX⁺ canon recommandait aux fidèles, suivant l'ancien usage, de faire debout les prières que l'on doit à Dieu.

Ce concile mémorable qui avait précisé le dogme et arrêté la discipline, s'étant séparé, l'empereur écrivit à toutes les Églises « pour qu'elles se conformassent à la volonté de Dieu exprimée par le concile, » et publia un édit qui ordonna de détruire les livres des ariens ; un autre soumit les partisans

du sectaire à payer une capitation décuple. Cependant quelques années après, l'empereur, cédant aux sollicitations de
sa sœur, rappela Arius de l'exil et le soutint contre les
éloquentes accusations de l'archevêque d'Alexandrie, saint
Athanase. L'hérésiarque mourut en 336, mais sa doctrine
lui survécut et troubla longtemps l'empire sous les fils de
Constantin.

Fondation de Constantinople et réorganisation de l'empire : préfectures, diocèses, provinces.

La révolution était achevée dans l'ordre religieux ; le
christianisme devenait le culte dominant de l'empire, fait
immense et dont les conséquences durent toujours. Un de
ses résultats les plus immédiats devait être un changement
complet dans le gouvernement : Constantin ne recula pas
devant ce grand labeur. Sa politique se trouvait là aussi
d'accord avec ses croyances. Dioclétien en effet n'avait
qu'ébauché l'organisation nouvelle qui, pour mettre un terme
aux révolutions causées par le despotisme des soldats, devait faire enfin prévaloir l'ordre civil sur l'ordre militaire.
Pour commencer, Constantin renia Rome, pleine encore de
ses souvenirs républicains et de ses dieux dont il ne voulait
plus ; et il alla fonder une autre capitale sur les bords du
Bosphore, entre l'Europe et l'Asie, dans la plus admirable
position qu'une grande ville puisse occuper. Constantinople
s'éleva sur l'emplacement de Byzance, assez loin des frontières orientales pour n'avoir pas trop à craindre les attaques
de l'ennemi, assez près d'elles pour les surveiller mieux et
les défendre. Le site était si bien choisi que l'invasion passa,
durant dix siècles, au pied de ses murs avant de l'emporter.
Les constructions commencèrent en 326 ; dès l'année 330,
Constantin consacra la nouvelle Rome, ainsi qu'il l'appela,
comme capitale de l'empire. Il y établit un sénat, des tribus,
des curies ; et y éleva un Capitole, consacré non aux dieux
de l'Olympe, maintenant détrônés et morts, mais à la science;
il y bâtit des palais, des aqueducs, des thermes, des portiques, un miliaire d'or et onze églises. L'emplacement offrait sept collines, il le divisa en quatorze régions. Le peuple

31

aussi y eut des distributions gratuites ; funeste importation
d'une coutume dont les résultats avaient été jugés à Rome.
L'Égypte envoya à Constantinople ses blés, les provinces
leurs statues et leurs plus beaux monuments [1]. Rome délaissée de son empereur, de ses plus riches familles qui
allèrent s'établir là où vivait la cour, « s'isola peu à peu au
milieu de l'empire ; et tandis qu'on se battait autour d'elle,
elle s'assit à l'ombre de son nom en attendant sa ruine. »

L'empire fut ensuite divisé, comme il l'avait été sous Dioclétien, en quatre préfectures; et celles-ci en 14 diocèses
renfermant 119 provinces.

La préfecture d'Orient eut 6 diocèses : Orient, Égypte,
Asie, Vicariat, Pont et Thrace, renfermant 49 provinces.

La préfecture d'Illyrie eut 2 diocèses : Macédoine et Dacie,
renfermant 11 provinces. La préfecture d'Italie, 3 : Italie,
Illyrie et Afrique, 30 provinces. La préfecture des Gaules,
3 aussi : Espagne, Gaule, Bretagne, 29 provinces.

En voici le tableau :

PRÉFECTURES.	DIOCÈSES.	PROVINCES.	MÉTROPOLES.
GAULES.	ESPAGNE. 7 prov.	Betica................	Hispalis (Séville).
		Lusitania.............	Emerita Augusta(Merida).
		Gallecia..............	Bracara Augusta(Braga).
		Tarraconensis.........	Tarragone.
		Carthaginiensis.......	Carthagène.
		Baleares..............	Palma et Portus Magonis (Port-Mahon).
		Mauritania Tingitana (en-tre l'Océan et le Malva).	Tanger.
	GAULES. 17 prov.	Narbonensis I et II......	Narbonne et Aix.
		Viennensis.............	Vienne.
		Alpes maritimæ.........	Embrun.
		Alpes penninæ.........	Centros, dans le Val Ta-rentaise.
		Aquitania I, II et III......	Bourges, Bordeaux, Elusa (Eauze).
		Lugdunensis I,II,III et IV.	Lyon, Rouen, Tours, Sens.
		Maxima Sequanorum.....	Besançon.
		Belgica I et II..........	Trèves, Reims.
		Germania I et II........	Cologne et Mayence.

1. Constantinople encore augmentée sous les successeurs de Constantin, avait, après le règne de Théodose, un diamètre de 14 075 pieds.

PRÉFECTURES.	DIOCÈSES.	PROVINCES.	MÉTROPOLES.
Suite des GAULES.	**BRETAGNE.** 5 prov.	Britannia I et II.........	Londres et *Isca Silurum* (Caërléon).
		Flavia Cesariensis.......	*Venta Belgarum* (Winchester).
		Maxima Cesariensis......	York.
		Valentia................	
ITALIE.	**ITALIE.** 17 prov.	Rhetia I et II...........	Coire et Augsbourg.
		Alpes cottiæ.............	Suze.
		Liguria.................	Milan.
		Venetia et Istria.........	Aquilée.
		Æmilia.................	Plaisance.
		Picenum annonaire et Flaminia..............	Ravenne.
		Etruria et Umbria.......	Florence.
		Picenum suburbicarium..	Spolète.
		Valeria.................	*Amiternum*(S.Vittorino?).
		Samnium...............	*Corfinium* (S. Pelino).
		Campania..............	Naples.
		Apulia et Calabria........	*Luceria* (Lucera).
		Lucania et Brutium......	Cosenza.
		Sicilia....	Syracuse.
		Sardinia...............	Cagliari.
		Corsica..	*Aleria* (Aleria).
	ILLYRIE (occidentale). 7 prov.	Dalmatia...............	Salona.
		Savia..................	*Siscia* (Sisseck).
		Pannonia I et II.........	*Petobio* (Petau) et *Bregetio* (Szony).
		Valeria.................	*Aricum* (Vieux-Bude).
		Noricum mediterraneum.	*Virunum* (Klagenfurth).
		Noricum ripense........	Lorch.
	AFRIQUE (occidentale). 6 prov.	Tripolis	*Leptis Magna* (Lebida).
		Byzacium...............	*Byzacium* (Begui).
		Africa..................	Carthage.
		Numidia...............	Constantine.
		Mauritania *Sitifensis*.....	Setif.
		Mauritania cesariensis....	*Cæsarea* (Cherchell).
ILLYRIE.	**DACIE.** 5 prov.	Dacia ripensis et mediterranea	*Ratiaria* et *Sardica* (Arzer-Palenka et Triaditza).
		Moesia I...............	*Viminacium* (Widdin).
		Dardania....	*Scupi* (Uskup).
		Prevalitana............	*Scodra* (Scutari).
	MACÉDOINE. 6 prov.	Macedonia.............	*Thessalonica* (Saloniki).
		Epirus nova et vetus.....	*Dyrrachium* (Durazzo), *Nicopolis* (Préveza).
		Thessalia..............	*Larissa* (Larisse).
		Creta..................	*Gnossus* (Ginossa).
		Achaïa	Corinthe.
ORIENT.	**ORIENT.** 15 prov.	Palestina I, II, III	*Cesarea* (Kaïsarieh), *Scythopolis* (El-Baïsan), et *Petra* (Krok ou Karak).
		Arabia.................	*Bostra* (Basra).
		Phenicia maritima.......	Tyr, et plus tard Béryte.
		Phenicia Labanensis......	Damas ou Émèse.
		Syria I et II.............	Antioche et Apamée.

PRÉFECTURES.	DIOCÈSES.	PROVINCES.	MÉTROPOLES.
	Suite de l'ORIENT. 15 prov.	Euphratensis...........	*Hiérapolis* (Bambig).
		Osrhoene.............	*Edesse* (Orfa).
		Mesopotamia.........	*Amida* (Diarbékir).
		Cilicia I et II.........	*Tarse* et *Anazarbe* (Ac-Saraï).
		Isauria	*Seleucia Trachea* (Séler-kéh).
		Cyprus	*Constantia* (Costanza).
	ÉGYPTE. 6 prov.	Egyptus....	Alexandrie.
		Arcadia.............	*Memphis* (Sakkarah).
		Thebais.............	Thèbes.
		Libya I et II.........	*Paraetonium* (El-Bare-toun) et *Cyrène.*
		Augustamnica.........	*Péluse* (Tineh).
	Vicariat D'ASIE. 8 prov.	Pamphylia.............	*Aspende* (Ménougat) ou *Pergé* (Karahissar).
		Lycaonia.............	*Iconium* (Koniéh).
		Pisidia.............	*Antiochia Pisidiæ* (Ak-Chéher).
		Phrygia salutaris et Paca-tiana.	*Synnada* (Saïd-Gazelle) et *Laodicea* (Ladikiéh).
		Lycia....	*Myra* (Makre).
		Caria.............	*Halicarnassus* (Boudroun) ou *Aphrodisias*.
Suite de l'ORIENT.		Lydia.............	*Sardes* (Sart).
	Proconsulat D'ASIE. 3 prov.	Asia.............	*Pergamus* (Bergamo).
		Hellespontus.........	*Abydos* (Nagara-Bouroun).
		Insulæ	Rhodes.
	PONT. 11 prov.	Galatia I et II.........	*Ancyra* (Angouri) et *Pes-sinus* (Bosan).
		Bithynia.............	*Nicomedia* (Is-Nikmid).
		Honorias	*Claudiopolis* (Castomena).
		Cappadocia I et II.......	*Cesarea* et *Tyana* (Kaïsa-riéh et Nikdeh).
		Helenopontus.........	*Amasea* (Amasiah).
		Pontus Polemoniacus.....	*Neocesarea* (Niksara) ou *Trapezus*, Trébisonde.
		Armenia I et II.........	*Sebaste* et *Militène* (Siwas et Malathija).
		Paphlagonia...........	*Gangra* (Kiangari).
	THRACE. 6 prov.	Europa.............	*Héraclée* (Erekli).
		Rhodope.............	*Abdère* ou *Trajanopolis* (Orikhova).
		Hæmus mons...........	Andrinople.
		Thracia.............	*Philippopolis* (Philippo-poli).
		Mœsia II.............	*Marcianopolis* (Perejas-law).
		Scythia.............	*Tomi* (Tomisvar)[1].

1. Ce tableau, emprunté à la *Notitia imperii*, donne l'état de l'empire, à une époque bien postérieure à Constantin; plusieurs des provinces qui y sont

Séparation des fonctions civiles et militaires; dégradation de l'armée; noblesse administrative.

Les préfectures étaient administrées par les préfets du prétoire, correspondant avec les ministres de l'empereur et investis de tous les pouvoirs civils ; les diocèses par des vice-préfets ou vicaires, subordonnés aux préfets ; les provinces par des proconsuls, des consulaires, des correcteurs et des présidents chargés, sous la surveillance des vicaires, de tous les rapports du pouvoir avec les habitants de l'empire. Aucun de ces magistrats, même les préfets du prétoire, n'avait l'autorité militaire[1]. Celle-ci appartenait au *magister utriusque militiæ* ou généralissime qui avait sous ses ordres les *magistri peditum et equitum*, lesquels à leur tour commandaient aux comtes et aux ducs. Le principe de la nouvelle organisation était donc le démembrement des provinces, comme celui des commandements, et la séparation des fonctions civiles et des fonctions militaires, afin que les deux ordres de fonctionnaires se fissent l'un à l'autre équilibre et que chacun des agents de l'autorité publique, réduit à un pouvoir restreint et enveloppé dans une hiérarchie nombreuse, ne trouvât plus les facilités qu'avaient les puissants gouverneurs d'autrefois pour se révolter. Mais cette administration compliquée allait devenir bientôt tracassière, en voulant incessamment se montrer et agir là où les rares agents de la république et des premiers empereurs ne se montraient et n'agissaient jamais. Cette intervention continuelle eût seule suffi à la rendre oppressive et odieuse.

L'armée active n'était plus guère composée que de barbares, surtout de Germains. Ces troupes mercenaires, conduites par leurs chefs nationaux et gardant leurs enseignes, furent placées le long des frontières ; mesure dangereuse, car elles pouvaient se retourner un jour contre l'empire qu'elles étaient chargées de défendre et devenir elles-mêmes l'avant-garde de l'invasion. Les légions, réduites à 1500 hommes,

nommées ont été formées après ce prince, comme l'Augustamnique, la Galatie salutaire, l'Honoriade, la Rhétie ıı, la Valerie, la Cilicie ıı.

1. Gallien avait déjà interdit le service militaire aux sénateurs.

allèrent tenir garnison, à l'exception des corps nommés *ri-
penses*, dans les villes de l'intérieur. Les *palatins* qui, depuis la suppression des prétoriens après la défaite de Maxence,
formèrent la garde particulière de l'empereur, furent les
mieux payés et les plus honorés ; après eux venaient les
soldats des légions de l'intérieur; au dernier rang, et avec
une solde inférieure d'un tiers, ceux des frontières; de sorte
que la considération et les avantages étaient accordés en
raison inverse des services. « Les soldats portèrent, dit
Zozime, leurs vices dans les villes, où ils s'amollirent, et les
frontières restèrent sans défense. » Dans son désir d'affaiblir
les chefs militaires, Constantin sépara encore les deux armes
de l'infanterie et de la cavalerie, dont il fit deux commandements distincts.

Ainsi, pour parer à un mal, il en faisait naître un autre.
Les premiers empereurs avaient donné la prépondérance
au pouvoir militaire sur le pouvoir civil, Constantin fit le
contraire, il abaissa, il dégrada l'état militaire ; il relégua
les chefs des soldats au dernier rang de la noblesse qu'il con-
stitua : et cela dans un temps où les ennemis du dehors
allaient devenir plus menaçants que jamais. Il rendit bien
par ces mesures les révoltes des légions et des généraux difficiles, mais si elles donnèrent des garanties à la sécurité du
prince, elles en ôtèrent à celle de l'empire. Il sera facile de
juger ce que pouvaient valoir les soldats de ce temps,
en sachant qu'ils n'étaient recrutés que parmi les prolétaires
et que, pour qu'on pût toujours les reconnaître s'ils désertaient, on leur imprimait sur le bras ou la jambe un stig-
mate indélébile. Le légionnaire était marqué comme l'esclave
voleur ou fugitif : le camp devenait un bagne !

La cour impériale, constituée sur le modèle des cours asiatiques, renferma une troupe innombrable d'officiers de tout
ordre, qui entourèrent la personne sacrée du prince. A leur
tête étaient 7 ministres : le *præpositus sacri cubiculi*, sorte
de grand chambellan, charge ordinairement donnée à un
eunuque ; le *magister officiorum*, chancelier et ministre de
l'intérieur, chef de tous ceux qui tenaient un office impérial.
Sous lui travaillaient 148 scribes divisés en 4 bureaux

(*scrinia*); le *quæstor*, ministre de la justice ; le *comes sacra-
rum largitionum*, ministre des finances ; le *comes rerum
privatarum principis*, ministre du trésor particulier et du
domaine de l'État ; 2 *comites domestici*, chefs de la garde
impériale composée de 3500 Arméniens, divisés en 7 corps
(*scholæ*) dont 2 faisaient le service dans l'intérieur du palais.
Sous les ordres du *præpositus sacri cubiculi*, étaient le *primicerius sacri cubiculi*, les *decani*, tous les comtes du palais
et les *cubicularii*, ou chambellans divisés en 4 sections. Il y
avait encore le *comes castrensis* (maréchal du palais), le *primicerius mensarum* (fourrier général); le *primicerius cella-
riorum* (grand cellerier) ; le *primicerius lampadariorum*, le
comes sacræ vestis, les *silentiarii*, les *comites domorum*
(gouverneurs des domaines impériaux), les *chartularii sacri
cubiculi*, *magistri memoriæ*, *libellorum*, *epistolarum*, etc., etc.
(secrétaires).

Toutes ces charges, hiérarchiquement divisées, donnaient
à ceux qui en étaient investis des titres de noblesse personnelle et non transmissible. Les consuls, les préfets et les
sept ministres, s'appelaient les *illustres ;* les proconsuls, les
vicaires, les comtes, les ducs étaient *spectabiles ;* les consulaires, les correcteurs et les présidents étaient *clarissimi*.
Il y eut aussi des *perfectissimi* et des *egregii*. Les princes de
la maison impériale avaient le titre de *nobilissimi*.

Rome garda ses consuls annuels, mais l'empereur en
donna deux à Constantinople. Il conserva aussi le patriciat ;
seulement ce ne fut plus une noblesse héréditaire : le titre
mourut avec celui qui l'avait reçu. Ces innovations entrèrent
si vite dans les mœurs, au moins dans celles de la cour, que
les successeurs de Constantin déclarèrent que le maintien des
rangs et des classes devait être la principale affaire de l'État et
que les usurpations de titres étaient un des plus graves délits.

Finances; misère des curiales.

Cette divine hiérarchie, comme on l'appela dans la langue
officielle, cette armée de fonctionnaires augmentèrent l'éclat
de la cour, sans augmenter la force du gouvernement, parce
que cette noblesse individuelle et non héréditaire, dépen-

dant de la seule faveur du prince, ne put jeter de racines profondes dans le pays, pour lequel elle ne fut qu'une source de dépenses nouvelles. Il fallut des traitements pour ce personnel immense qui s'inquiéta bien plus de plaire au prince que de travailler au bien public; et les dépenses de l'administration s'accrurent démesurément au moment où l'État avait plus que jamais besoin de toutes ses ressources pour ses armées, pour ses routes, pour ses forteresses des frontières. Il fallut donc demander davantage à l'impôt, quand la misère générale, résultat des désordres de l'anarchie militaire et des pillages des barbares, de la décadence de l'agriculture et de la concentration des propriétés, s'était répandue jusqu'au cœur des plus riches provinces. Alors commença entre le fisc et les contribuables une guerre pleine de ruses et de violences, dont une des conséquences fut d'irriter les populations et d'éteindre jusqu'aux derniers restes du patriotisme.

Le fisc (*arca largitionum*) était placé sous la direction du ministre des finances, dont les agents étaient partagés en 10 bureaux. Chaque province avait une caisse provinciale remplie par les versements des *rationales* (receveurs particuliers); et des *præfecti thesaurorum* veillaient aux recettes, des *comites largitionum*, aux dépenses. L'excédant des recettes était porté dans les caisses de l'Etat.

La rentrée des impôts était si difficile et les agents si nombreux que les frais de perception emportaient peut-être un quart de la recette. La plus odieuse de ces impositions était l'impôt foncier permanent, levé sur les propriétaires, partie en nature, partie en espèces, et fixé d'après le revenu des propriétés de chaque district. Il devait être perçu avant la fin de chaque année. On l'appelait *jugatio* ou *capitatio*, parce que la contribution pour chaque province était divisée en un certain nombre de parts qu'on appelait têtes d'impôts (*capita*). De sorte qu'un riche propriétaire pouvait représenter à lui seul plusieurs têtes, et que plusieurs pauvres étaient réunis pour en former une seule. La somme due par chaque province était déterminée par l'empereur (*indicebatur*, de là *indictio*), d'après un cadastre où étaient comptés non-seulement les terres, mais les esclaves, les colons et les troupeaux qu'on avait trouvés sur les domaines. Les gouverneurs faisaient la répartition par cité et les décurions ou magistrats des villes assignaient à chaque contribuable, ou, comme nous le disions tout à l'heure, à chaque tête d'impôt, sa quote-part dont ils levaient eux-mêmes, à leurs risques et périls, le montant, pour remettre intacte et entière aux officiers impériaux la somme imposée à leur cité. Le cadastre n'était révisé que tous les 15 ans [1] ; si dans l'intervalle une cité perdait par invasion des barbares ou par quelque autre calamité, la moitié de ses propriétaires, elle n'en devait pas moins payer jusqu'à l'indiction prochaine, pour les terres laissées en friche, comme si elles avaient continué de produire.

Il y avait aussi la *capitatio plebeia vel humana*, imposée sur ceux qui n'étaient point propriétaires, sur les artisans, les journaliers, les colons et les esclaves dont la taxe était payée par les maîtres. L'*aurum lustrale*, la *lustralis collatio* ou le *chrysargyre* était levé sur le commerce et l'industrie avec tant de rigueur que le plus pauvre artisan le payait, et que le paysan même qui portait au marché les produits de son champ était souvent considéré comme marchand, et comme tel soumis à la taxe. Une loi de Théodose II, qui interdit aux agents du fisc cette exaction, prouve qu'antérieurement elle avait lieu. L'*aurum coronarium*, autrefois volontaire quand les cités envoyaient aux consuls ou aux empereurs, en des occasions solennelles, des couronnes d'or, était devenu un impôt obligatoire.

A ces ressources il faut joindre une taxe particulière sur les sénateurs, les produits des domaines impériaux, ce que donnait le monopole de la fabrication des étoffes de soie et de lin, de pourpre et d'armes ; le revenu des mines et des carrières de marbre et de pierre, les droits de douane et l'impôt sur les objets de consommation, le vingtième sur le prix des esclaves affranchis, le vingtième des héritages et les confiscations, etc.

---

1. De là le cycle des indictions qui commençait chez les Grecs le 1er, dans les actes impériaux le 24 septembre (312), dans l'Église romaine le 1er janvier (313).

Constantin déclara le clergé libre d'impôts[1] et dota richement l'Église avec les domaines impériaux; les militaires
avaient pareille exemption. Toute la noblesse de cour, tous
les gens du palais furent aussi libérés des charges municipales, pour eux-mêmes, pour leurs fils et leurs petits-fils;
ils ne payèrent d'autre impôt que l'indiction annuelle. Les
professeurs d'arts libéraux, les médecins eurent, de même,
complète immunité. Tout le poids des charges publiques
retomba donc sur les propriétaires du sol et les habitants
riches des villes. Ceux-ci, placés entre la noblesse administrative (*honorati*) et les prolétaires (*plebeii*), formaient un
ordre à part, dont la condition, depuis Constantin, alla en
s'empirant. Les notables (*curiales*, *décurions*), c'est-à-dire
tous ceux qui possédaient au moins 25 *jugera* de terre,
composaient une corporation héréditaire; et la loi avait
établi entre eux solidarité pour les charges et les redevances
municipales. Sur eux et sur les autres possesseurs pesaient
les impôts fonciers, les impôts indirects, les impôts extraordinaires, les prétendus dons gratuits, et de nombreuses
corvées. S'il manquait quelque chose à la contribution due
par la cité, les curiales la complétaient. Si des terres étaient
abandonnées par le propriétaire ruiné, ils devaient les
prendre à leur charge; de sorte que leurs domaines croissant et leur apportant de nouvelles obligations, sans que
leurs capitaux d'exploitation augmentassent, ils devenaient
à la fois et plus grands propriétaires et plus pauvres. Enchaînés par des règlements sévères à leur condition, les décurions ne pouvaient se soustraire aux charges qui les rui-
naient. L'Église, l'armée, l'administration leur étaient
fermées, et 192 lois du code Théodosien prévoyaient et con-
damnaient les ruses par lesquelles ils cherchaient à se débarrasser de leur titre. Un empereur ordonna même de ramener dans leur ville ceux qui avaient fui au désert. «Certains
hommes lâches et paresseux, écrivait Valens en 373, déser-
tent les devoirs de citoyens, cherchent la solitude, et, sous

1. Mais par une loi de l'année 326, Constantin défendit d'élire prêtre un
curiale. « Il faut, disait-il, que les riches portent les charges du siècle et que
les pauvres soient nourris des biens des églises. »

prétexte de religion, se mêlent aux congrégations de moines; nous ordonnons que le comte de l'Orient les arrache à leurs retraites et les rappelle à l'accomplissement de leurs devoirs envers la patrie. »

Ces maux qui accablent les curiales iront croissant avec les malheurs et les désordres de l'empire. Le nombre des propriétaires diminua donc tous les jours au profit d'une classe nouvelle qui avait été à peu près inconnue à l'antiquité et qui formera la grande majorité de la population au moyen âge, je veux dire les colons, ou paysans attachés à l'exploitation d'un bien-fonds, ni tout à fait libres ni tout à fait esclaves, serfs de la glèbe, comme on dira plus tard, vendus avec la terre qu'ils cultivent, à condition cependant que l'acheteur, si le fonds est divisé, ne séparera pas le père des enfants, l'époux de la femme, en partageant avec le propriétaire une partie des fruits du sol. Libres de la plus grande partie des charges publiques, exempts du service militaire, ils multiplieront tout à l'aise et verront leur nombre s'accroître de tous ceux que la misère forcera de renoncer à une liberté onéreuse.

Derniers événements du règne de Constantin.

Ces trois grands faits : l'établissement du christianisme, comme religion dominante dans l'empire, la fondation de Constantinople et la réorganisation administrative, remplissent tout le règne de Constantin. Depuis la chute de Licinius, en 323, jusqu'à sa mort, en 337, on ne trouve dans son histoire que les sanglantes tragédies du palais impérial, où furent mis à mort, par ses ordres, son fils Crispus, l'impératrice Fausta, nouvelle Phèdre, et le jeune Licinius, enfant de douze ans. Des ambassades des Blemmyes, des Éthiopiens et des Indiens, un traité avec Sapor II, qui promit d'adoucir la condition des chrétiens en Perse, et deux expéditions heureuses contre les Goths et les Sarmates (332) firent oublier ces malheurs domestiques, et montrèrent glorieusement, sur les bords du Danube, le nouvel étendard de l'empire. Constantin obtint du roi goth, Alaric, un contingent annuel de 40 000 barbares, et reçut dans les

armées ou comme colons 300 000 Sarmates chassés de leur
pays. En 337, Sapor osant réclamer les provinces transtigritanes, Constantin, malgré ses 64 ans, fit de tels préparatifs que le Sassanide recula et demanda la paix. La mort
vint surprendre l'empereur au milieu de cette activité. Quand
il en reconnut les approches, il donna à l'Église la double
consolation qu'elle attendait de lui depuis longtemps, il se
fit administrer le baptème, et rappela avec saint Athanase
les évêques, dont les ariens, depuis leur retour de fortune,
avaient obtenu l'exil.

La famille de Constantin était nombreuse. A ses trois fils,
Constantin, Constance et Constant, et à son neveu Dalmace,
il avait donné (en 335) le titre de César avec la possession
plus nominale que réelle des provinces qui formaient la
préfecture des Gaules : au premier, l'Asie; la Syrie et
l'Égypte au second ; la préfecture d'Italie au troisième; la
Thrace, la Macédoine et l'Achaïe au quatrième. Annibalien,
à la fois son neveu et son gendre, eut le Pont, la Cappadoce et la petite Arménie avec le titre de roi. Ses deux frères
n'eurent que des honneurs sans fonctions.

Dans les 80 dernières années, l'empire avait vu 24 empereurs, sur lesquels 2 seulement ne périrent pas de mort
violente, et 40 tyrans. De l'avénement de Décius à celui de
Dioclétien, pendant 35 années, les barbares avaient envahi
et dévasté toutes les provinces. Les empereurs illyriens,
Claude, Aurélien, Probus et Carus, repoussèrent les barbares et renversèrent les tyrans. Ces habiles capitaines sauvèrent l'existence et l'unité de l'empire, sans toutefois fonder
une sécurité durable. Deux hommes supérieurs, Dioclétien
et Constantin, songèrent à prévenir le retour de pareilles
calamités en organisant la monarchie. Mais le plus grand
ennemi leur parut être l'anarchie intérieure, et ce fut contre
lui seul qu'ils prirent leurs précautions. Ils démembrèrent
les provinces ainsi que les commandements, et Constantin
jeta sur tout l'empire l'enveloppe extérieure d'une vaste
hiérarchie et le lien moral d'une même religion qui, sans les
hérésies que l'esprit disputeur des Grecs enfanta, et en
prêchant davantage l'amour de la patrie terrestre, eût pu

donner aux âmes qu'elle venait régénérer un peu de ce patriotisme qui sauve les empires. Malheureusement des soldats
dégradés, des généraux ignorants ne surent plus défendre
les frontières, et ce n'était assurément pas sur les habitants
des villes et des campagnes qu'on pouvait compter pour arrêter les barbares. Des troupes peu nombreuses épouvante-
ront cette multitude qui depuis trois siècles a perdu l'habitude des armes, et qu'opprime, qu'irrite une administration
habile, il est vrai, à maintenir l'ordre[1], mais plus encore à
épuiser les ressources des populations à son profit et à celui
d'une cour fastueuse et avide. Constantin lui-même ne put
échapper à l'influence fatale des courtisans; il les gorgea de
richesses tout en leur disant : « Eussiez-vous tout l'or du
monde, bientôt vous ne posséderez rien au delà de cet étroit
espace, si encore on vous le donne; » et avec sa lance il tra-
çait sur le sable les six pieds de terre, notre dernière demeure.

CHAPITRE XXXIII.

LES SECONDS FLAVIENS (337-363), LA MAISON VALENTINIENNE ET THÉODOSE (363-395).

MEURTRES DANS LA FAMILLE DE CONSTANTIN; TROIS EMPEREURS. — MORT
DE CONSTANTIN II (340) ET DE CONSTANT (350); USURPATION DE MA-
GNENCE (353). — CONSTANCE SEUL EMPEREUR; MORT DE GALLUS (351);
ÉLÉVATION (355) ET RÉVOLTE DE JULIEN (361). — JULIEN (361-363). —
JOVIEN (363); PARTAGE DE L'EMP.RE ENTRE VALENTINIEN ET VALENS
(364). — LUTTE DE VALENTINIEN CONTRE LES BARBARES DE L'OCCIDENT
(364-375). — INVASION DES GOTHS EN ORIENT (375); BATAILLE D'ANDRI-
NOPLE ET MORT DE VALENS (378). — GRATIEN (375-383) ET THÉODOSE
(379-395).

Meurtres dans la famille de Constantin; trois empereurs.

La tétrarchie établie par Dioclétien n'avait pu être qu'une
forme de gouvernement transitoire, bonne, si l'un des

---

1. Moins cependant qu'on ne le dit, puisqu'elle n'empêcha pas les révoltes de Magnence, de Vétranion, de Népotianus, de Sylvanus, de Gallus
et de Julien.

quatre princes était assez respecté et assez fort pour que les autres restassent ses lieutenants; mauvaise, s'il y avait entre eux rivalité. Constantin eut le grand tort de revenir, en ses dernières années, à ce système et de partager l'empire entre ses enfants et ses neveux. Lui vivant, ce partage était sans danger, mais après sa mort qui saurait maintenir l'équilibre entre ces ambitions jalouses? Cette faute fut chèrement expiée par ceux qu'elle semblait favoriser. Les soldats, excités sous main, massacrèrent les deux frères et sept neveux de Constantin, parmi lesquels Dalmace et Annibalien. Gallus et Julien, les plus jeunes fils de Julius Constantius, furent seuls sauvés de la fureur de la soldatesque.

Les trois fils de Constantin, proclamés Augustes, firent alors un nouveau partage qui amena des guerres civiles et de sanglantes catastrophes. Constance eut l'Orient, Constant la préfecture d'Italie; Constantin II celle des Gaules.

Mort de Constantin II (340) et de Constant (350); usurpation de Magnence (353).

Constantin II, mécontent de son partage, voulut enlever l'Italie à son frère Constant et périt dans une bataille près d'Aquilée (340). Le vainqueur passa aussitôt dans la Gaule que les Francs avaient envahie. Deux années de guerre ne purent leur arracher la Belgique, le pays des Bataves et le nord de la Gaule où ils restèrent établis. De son côté, Constance luttait contre les Perses qui, enhardis par la mort de Constantin, avaient rétabli leur suprématie sur l'Arménie et assiégeaient Nisibe. Il les battit près de Singare en Mésopotamie (348). Mais une poursuite imprudente amena une défaite qui rendit sa victoire inutile. Heureusement l'ignorance des Perses dans l'art des siéges et les précautions prises par Dioclétien d'entourer de fortes murailles toutes les villes de ces régions, empêchèrent les Perses de faire des progrès durables. Sapor fut d'ailleurs rappelé en arrière par une invasion des Massagètes; mais en même temps Constance dut aller combattre deux usurpateurs en Occident.

Constant, sur qui pesait la honte de laisser une partie de la Gaule aux barbares, vivait dans la mollesse et les débauches, quand les gardes se soulevant en 350 proclamèrent, à Autun, Magnence, Franc d'origine, mais qui était monté de grade en grade jusqu'au commandement des joviens et des herculiens. Le nouvel empereur eut bientôt de nombreux partisans, surtout Marcellinus, comte des largesses, et laissant la Gaule à son frère Décentius, qu'il avait nommé César, il marcha vers l'Italie. Un second usurpateur, Népotianus, neveu de Constantin, voulut la défendre et se fit déclarer empereur dans Rome, mais Marcellinus le renversa et poursuivit cruellement ses partisans. Pour Constant, atteint dans sa fuite vers l'Espagne, il fut tué dans la ville d'Héléna, au pied des Pyrénées. Les légions d'Illyrie, profitant du chaos qui recommençait, proclamèrent aussi leur vieux général Vétranion. Telle était déjà la grossièreté des mœurs que cet homme, élevé aux plus grands emplois, ne savait ni lire ni écrire. Élu malgré lui, il ne pouvait être un dangereux adversaire. Quand, le 25 décembre 350, Constance arriva avec une nombreuse armée, il trompa Vétranion par de fausses négociations, lui débaucha ses troupes, puis lui donna l'ordre de déposer la pourpre et de licencier sa cour, lui promettant en échange une pension annuelle dont il alla vivre dans le repos et l'obscurité.

La nécessité de contenir, en Orient, les Perses et de combattre, en Occident, l'ennemi acharné de la maison Flavienne, força Constance de tirer de la retraite où il le faisait élever son cousin Gallus. Il le nomma César, et lui confia le soin de continuer la guerre malheureuse qu'il avait jusqu'alors soutenue contre Sapor. Tranquille un moment de ce côté, il marcha avec ses troupes réunies aux légions illyriennes, de Vétranion contre Magnence, lui offrit de partager l'empire, et sur son refus dédaigneux, lui livra la bataille de Mursa, en Pannonie, que la défection du Franc Sylvanus lui fit gagner (351); 50 000 des meilleurs soldats de l'empire succombèrent dans cette action meurtrière. Magnence se retira en Italie, et battit, près de Pavie, une armée impériale. Trop faible toutefois pour s'enfermer dans la Péninsule d'où il pouvait être coupé des régions transalpines, il recula jusqu'en Gaule, où abandonné de tout le monde, il n'eut d'autre ressource que de se jeter sur son épée. Son frère, Décentius, l'imita (353). La Gaule, l'Espagne, la Bretagne même furent soumises à une inquisition cruelle; les confiscations et les supplices prononcés contre tous ceux qu'on crut avoir soutenu l'usurpateur, épouvantèrent les trois provinces et rendirent une nouvelle révolte inévitable. Julien profita de ces dispositions.

Constance seul empereur; mort de Gallus (354); élévation (355) et révolte de Julien (361).

L'empire se retrouvait encore une fois sous un seul maître, mais le timide et soupçonneux Constance se laissait gouverner par les femmes, les eunuques et les flatteurs. Livré tout entier aux querelles religieuses que soulevait l'arianisme, sans avoir lui-même une foi ni bien certaine, ni bien vive; absorbé par les graves préoccupations que lui donnait le maintien de l'étiquette dans la cour impériale[1], Constance ne vit pas se préparer en Orient une nouvelle révolte. Animé par sa femme, l'ambitieuse Constantine, Gallus voulait le titre d'Auguste, mais sa cruauté et ses vices ne lui avaient laissé qu'un petit nombre de partisans. Pour ne pas lui donner le temps de devenir dangereux, Constance le rappela de l'Asie par de flatteuses promesses; Gallus se mit en route à regret. Arrivé dans la Pannonie supérieure, à Pétobio sur la Drave, il fut tout d'un coup chargé de chaînes par ceux-là même qui l'accompagnaient, conduit à Pola en Istrie et décapité après un court interrogatoire.

Un pareil sort était réservé à son frère Julien, mais l'impératrice Eusébia obtint qu'il fût épargné. Après être quelque temps resté sous une surveillance sévère, il fut envoyé à Athènes, où il put s'abandonner librement à son goût pour

1. Amm. Marcellin (xvi, 10) a raconté l'entrée de Constance à Rome. Il était sur un char où l'on ne voyait qu'or et pierres précieuses; et durant toute la marche il resta immobile comme une statue, sans remuer la tête ou les mains, sans tourner les yeux à droite ou à gauche. Cette immobilité divine était une des mille règles introduites par les eunuques, elle fait juger des autres.

l'étude, et se faire initier aux doctrines platoniciennes, par les nombreux philosophes qui vivaient dans cette capitale de l'ancienne civilisation. Au bout de 14 mois il fut rappelé à la cour. La cause de cette fortune qui lui revenait, était encore les embarras de Constance. L'habile général Sylvanus qui résidait à Cologne, où ses liaisons avec les Francs l'avaient rendu suspect, craignant les vengeances impériales, n'avait eu d'autre parti, pour sauver sa tête, que de se faire lui-même proclamer empereur (355). Ursinus, secrètement envoyé par Constance, vint à Cologne accompagné de l'historien Ammien Marcellin, et prépara par de sourdes intrigues la chute de Sylvanus, qui, arraché d'une chapelle chrétienne où il s'était réfugié, fut massacré par des soldats payés pour ce meurtre. L'usurpateur était renversé, mais Constance se sentit encore une fois incapable de gouverner seul l'empire. Il crut que la présence en Gaule d'un prince de la maison impériale pourrait, seule, mettre un terme aux continuelles révoltes qui y éclataient, et qu'il resterait libre ainsi de tourner son attention vers l'Orient, où les Perses redevenaient menaçants. Constance rappela donc Julien d'Athènes à Milan, lui fit épouser sa sœur Hélène, et le chargea de délivrer la Gaule des ravages des Germains qui l'avaient envahie après la mort de Sylvanus.

Les Francs avaient pris Cologne; les Alamans avaient détruit Strasbourg et Mayence; 45 villes florissantes étaient saccagées et des troupes innombrables de captifs gallo-romains avaient été emmenées sur la rive droite du Rhin dont ils défrichaient les terres, tandis que leurs champs sur la rive gauche restaient désolés et incultes. Bien que jeté sans expérience au milieu de ces guerres, Julien, guidé par le préfet Salluste, s'y conduisit comme un vieux général. Deux peuples occupaient une partie de la Belgique, les Alamans et les Francs; il vainquit les premiers en plusieurs rencontres, notamment dans la grande bataille de Strasbourg (août 357), laquelle délivra de barbares tout le pays compris entre Bâle et Cologne. Le roi des Alamans, Chnodomar, fut fait prisonnier. A la suite des fugitifs, Julien franchit le Rhin, rétablit les fortifications du Taunus et ramena un grand

nombre de captifs gaulois et de légionnaires prisonniers. Les
Francs étaient trop fortement établis sur le Rhin inférieur
pour qu'il songeât à les chasser; du moins il leur enleva Cologne, sut leur inspirer le respect de l'empire en battant plusieurs de leurs bandes, et prit un grand nombre de ces barbares à sa solde. En même temps son administration habile
lui gagna l'amour des Gallo-Romains.

Les courtisans ne laissèrent pas échapper cette occasion
d'exciter contre Julien la jalousie de Constance, qui dans le
même temps dirigeait de Sirmium une autre guerre contre
les Germains du Danube, et ne recevait que de fâcheuses
nouvelles de l'Orient où ses généraux se faisaient battre par
les Perses. De ce côté semblaient venir les plus sérieux dangers, bien qu'en réalité, grâce à la nature du gouvernement
persan et aux mœurs de ses peuples, le péril fût bien plutôt
sur le Rhin et le Danube. Constance, après quelques succès
sur les Quades et les Daces, voulut se mettre lui-même à la
tête de l'armée de Syrie et pour cette expédition il demanda
à Julien une partie de ses troupes. Ce service lointain effraya les légions gauloises, qui plutôt que d'obéir proclamèrent à Paris leur général Auguste.

Par sa modération, sa justice et son habileté, Julien méritait certainement le rang suprême. Il est fâcheux qu'il l'ait
obtenu par une révolte; mais rien ne prouve que cette révolte il l'ait provoquée lui-même. Pendant toute une nuit il
résista aux clameurs des soldats; il lui eût été difficile de
repousser toujours leurs vœux; l'eût-il fait qu'il eût été
perdu. Constance ne lui aurait jamais pardonné une popularité si dangereuse. Quand il eut enfin accepté, il distribua
aux soldats le *donativum* ordinaire, mais tout en maintenant sévèrement la discipline, sans lâches complaisances
pour ceux qui lui donnaient l'empire, sans persécution non
plus contre ceux qui restaient fidèles à Constance. Il voulut
d'abord négocier. Constance, qui n'avait point d'héritier, eût
sans doute accepté ses offres, mais ses courtisans redoutè-
rent les vengeances de Julien; ses propositions furent rejetées, et l'on se prépara à la guerre. Julien prit l'offensive,
après avoir, avant son départ, frappé encore un coup sur

les barbares pour les empêcher de profiter de son absence. Une marche rapide et hardie l'avait conduit déjà au milieu de l'Illyrie, lorsque Constance, bien qu'âgé seulement de 45 ans, mourut, le 3 octobre 361, à Mopsucrène près de Tarse en Cilicie. Oubliant ses griefs, il appela à lui succéder son rival, qui était le dernier membre de la famille de Constantin.

Julien (361-363).

Julien surnommé l'Apostat n'avait que six ans lors du massacre de tous les siens. Élevé dans la religion chrétienne il en suivit d'abord tous les rites. Mais les maîtres qu'on lui donna, les sophistes, les rhéteurs païens dont il s'entoura dans Athènes, lui inspirèrent pour la littérature de la Grèce un enthousiasme qui fit tort à sa foi.

L'Église était alors déchirée par le schisme d'Arius. Constance protégeait les sectaires, et la persécution recommençait contre les évêques restés fidèles au symbole de Nicée. La manie de discuter sur les problèmes les plus ardus avait saisi la cour et le peuple. Toutes les Églises étaient troublées et les partisans de l'ancien culte triomphaient en voyant la religion nouvelle en lutte contre elle-même. Ce spectacle frappa Julien sans doute; mais ce qui exerça l'influence la plus sérieuse sur son imagination vive et ardente, ce furent les doctrines néoplatoniciennes, mélange de subtilités métaphysiques et de rêveries religieuses qu'on tâchait de vieillir en voulant les retrouver dans les poëmes d'Homère ou d'Hésiode. Cette philosophie s'était proposé de réunir tous les systèmes antérieurs dans une vaste synthèse et, ne voulant pas rester enfermée dans l'école, mais agir sur le monde et devenir une religion, elle s'était empreinte, selon l'esprit du temps, de mysticisme et aboutissait à l'extase, à des communications directes avec les dieux, à des évocations d'âmes, c'est-à-dire à des superstitions théurgiques et à des opérations de magie.

Cette union de l'esprit philosophique et du mysticisme, cette doctrine qui ne rompait pas avec le passé, mais divinisait les chefs-d'œuvre de la Grèce et sauvait par des expli-

cations morales et jusqu'à un certain point rationnelles les
dieux du vieil Olympe, si longtemps protecteurs de l'empire,
séduisit Julien, qui n'avait jamais pratiqué bien ardemment
une religion imposée par le meurtrier de son frère et de
toute sa famille. Dès qu'il laissa percer ses secrètes tendances, les sophistes accoururent, surpris et heureux de trouver
un des leurs dans un prince de cette famille Flavienne si
fatale au paganisme. Julien était encore à Athènes que saint
Basile, son condisciple, prévoyait que le christianisme aurait
en lui un dangereux ennemi. Sitôt en effet qu'il fut monté
sur le trône, il professa publiquement l'ancien culte et rouvrit les temples. C'était singulièrement méconnaître la société qu'il était appelé à régir que d'essayer de rendre une
vie nouvelle à ce que la mort avait si légitimement frappé;
et s'il eût vécu plus longtemps il eût sans doute cruellement
expié ce retour inintelligent vers le passé. Au moins n'essaya-
t-il point de faire triompher la réaction en s'aidant de la
violence : « Je ne veux pas, écrivait-il, qu'on fasse mourir
les Galiléens, ni qu'on les frappe injustement, ni qu'on les
maltraite en quelque manière que ce soit; mais je veux absolument qu'on leur préfère les adorateurs des dieux. » En
conséquence il promulgua un édit de tolérance qui permit les
sacrifices défendus par Constance et rappela les exilés de tous
les partis religieux. « Egalité et justice pour tous, » telle
était sa devise. Il laissa en effet aux Galiléens, comme il les
appelait, la même liberté de conscience que Constantin avait
laissée aux païens. Cependant on peut lui reprocher une
ordonnance perfide, celle qui défendit aux chrétiens d'enseigner la rhétorique et les belles-lettres, sous prétexte qu'ils
n'avaient rien à faire avec une littérature pleine d'idées et
de croyances contre lesquelles ils prononçaient tous les jours
l'anathème.

En même temps il essayait de purifier le service des dieux,
forçait leurs prêtres à ne montrer que des mœurs sévères,
et fondait quelques institutions charitables. Pour que sa tolérance parût s'étendre sur tous, il permit aux Juifs de re-
bâtir le temple de Jérusalem. Sa mort et un tremblement de
terre accompagné d'éruptions volcaniques, ou plutôt d'ex-

plosions de gaz inflammables, interrompirent les travaux.
Lui-même il afficha une simplicité antique et quelquefois le
cynisme d'un stoïcien rigide. En entrant dans le palais, il
trouva 1000 officiers de bouche, autant de barbiers, d'é-
chansons, etc., il chassa cette domesticité inutile et ruineuse.
Les économies qu'il fit dans la maison impériale lui permirent de diminuer les impôts d'un cinquième. Peut-être les
sophistes et les hiérophantes remplacèrent-ils trop vite les
échansons. Cependant il ne perdit pas ses moments en d'inutiles questions. Ses lettres, ses ouvrages (le *Misopogon*, les
Césars) prouvent une activité d'esprit sérieuse et tournée au
bien.

Le tribunal qu'il établit à Chalcédoine, après son avénement, pour juger tous les fonctionnaires prévaricateurs, les
ministres et les favoris de Constance, fut accusé d'avoir
rendu des sentences iniques et frappé des innocents. Cependant, dans une occasion où la sévérité lui eût été permise,
il montra une patience qui l'honore. Il ambitionnait l'honneur de venger enfin sur les Perses les longues injures de
l'empire, et il gagna avec son armée la Syrie. A Antioche, les
habitants, zélés chrétiens, le raillèrent de sa barbe inculte
et de sa simplicité, ils allèrent jusqu'à l'insulte. L'empereur
pouvait punir; le philosophe se contenta de répondre par
une satire de leurs mœurs efféminées (le *Misopogon*).

A la tête de 35 000 hommes, il pénétra jusqu'à Ctésiphon, franchit le Tigre et brûla sa flotte. Mais bientôt,
égaré par des traîtres, manquant de vivres dans un pays
que Sapor lui-même faisait dévaster, et ne recevant pas les
secours que devaient lui amener le roi d'Arménie et ses
généraux Procope et Sébastien, il dut songer à se replier
sur la Gordyène; une victoire lui en ouvrit la route. Dans
un second combat, il tomba mortellement blessé. Il mourut
en s'entretenant avec ses amis de l'immortalité promise à
l'âme du juste. Il avait 32 ans et était resté moins de 21 mois
sur le trône, temps trop court pour que son règne ait justifié les craintes et les espérances qu'il avait fait concevoir
(26 juin 363).

Jovien (363); partage de l'empire entre Valentinien et Valens (364).

L'armée était dans une situation périlleuse ; on se hâta de proclamer, sur le refus du sage Salluste, Jovien le chef des *protecteurs*. Il continua la retraite jusqu'au moment où Sapor, perdant l'espoir d'anéantir les légions, consentit à traiter. Jovien lui abandonna la suprématie sur l'Arménie et l'Ibérie, les cinq provinces transtigritanes, avec quinze places fortes, dont Nisibis et Singara, les boulevards de l'empire. Les habitants de Nisibis demandèrent en vain qu'on leur laissât défendre eux-mêmes leurs murailles ; ils furent transportés à Amida. Il semble que Jovien n'ait pu supporter la honte de cet humiliant traité, le plus désastreux que Rome eût encore signé. Il mourut le huitième mois en Bithynie, avant d'avoir atteint Constantinople. Jovien était chrétien. La faveur impériale cessant de soutenir le paganisme, il tomba pour ne plus se relever (février 364).

L'armée était donc appelée pour la seconde fois, en moins d'une année, à élire un empereur. Tous les généraux s'accordèrent à proclamer un Pannonien d'un esprit peu cultivé et d'un caractère dur, mais d'une capacité éprouvée, Valentinien, alors tribun des gardes. On sentait si bien la nécessité de donner deux chefs à l'empire que les soldats imposèrent au nouvel Auguste le choix d'un collègue ; il nomma son frère Valens, et lui laissa l'Orient, prenant pour lui la tâche de veiller sur le Rhin et le Danube.

Lutte de Valentinien contre les barbares de l'Occident (364-375).

Depuis que Julien s'était éloigné, les barbares, un instant refoulés, avaient repris la route des provinces romaines. Les Alamans et les Burgondes avaient franchi le haut Rhin, les Quades et les Sarmates le Danube ; les Francs étaient sortis de leurs cantonnements sur le Rhin inférieur, et les pirates saxons couvraient de nouveau la mer. En Bretagne, les Pictes et les Scots descendaient de leurs montagnes. En Afrique, un chef maure, Firmus, s'était révolté. Il semblait que tout le monde barbare se levât pour assaillir l'empire chancelant et humilié. Valentinien avait le courage nécessaire pour faire tête au péril; d'habiles généraux, Jovin, Sébastien, surtout Théodose, l'aidèrent dans cette rude tâche. Dès l'année 365, il vint s'établir à Paris pour veiller de plus près sur les barbares, dégrada les corps qui se laissèrent enlever leurs drapeaux, et plus sûr de ses troupes après cette sévérité qui rappelait les anciens temps, il marcha contre les Alamans, qu'il battit près de Châlons (366). Deux ans plus tard, un de leurs rois, Rando, surprit un jour de fête la ville de Mayence et en enleva beaucoup de butin et de captifs. D'autres expéditions pareilles se préparaient; toute la ligne des Alamans était en mouvement. L'empereur reprit la politique de Dioclétien, de Tibère et d'Auguste; il sema la division parmi les barbares. Les Burgondes, qui, depuis longtemps alliés des Romains, s'étaient élevés déjà à un certain degré de civilisation, furent gagnés et opposés aux Alamans. Lui-même il franchit le Rhin avec une nombreuse armée, et vainquit ces remuantes tribus près de Salzbach (368). Il employa une partie de l'année suivante à relever les fortifications qui gardaient les passages du fleuve, et commença sur le Necker, près de Manheim, des ouvrages auxquels il voulait donner une grande importance. Pour bien montrer aux barbares que l'empire entendait reprendre vis-à-vis d'eux sa position agressive, il jeta sur le Rhin, près de Mayence, un pont pour avoir un débouché sur la grande vallée du Mein qui pénètre au cœur de la Germanie. Le roi alaman Macrien, intimidé, sollicita la paix, et Valentinien rentra en triomphe à Trèves avec son fils Gratien. Le poëte Ausone, de Bordeaux, précepteur du jeune prince, et Symmaque, le dernier orateur de Rome, célébrèrent les exploits qui rendaient la sécurité à la Gaule.

Pendant ces opérations sur le Rhin, les *rois de la mer* des Saxons avaient été chassés des rivages qu'ils avaient pris la coutume de piller, et le comte Théodose, le père du futur empereur, s'était acquis dans la Bretagne une renommée presque égale, pour les contemporains, à celle d'Agricola; mais il n'avait pas Tacite pour gendre. Il délivra les Bretons du pillage des Pictes, rétablit la domination romaine presque chassée de l'île, et la consolida par une habile administration. Quelque temps après il porta en Afrique les mêmes talents. Les exactions des derniers gouverneurs, leurs cruautés envers les donatistes, avaient excité une si grande désaffection que le Maure Firmus put conquérir une grande partie du pays. Théodose comprima cette révolte et rendit le repos à la province, mais enveloppé quelque temps après dans une obscure intrigue, malgré son innocence et ses services, il fut décapité à Carthage.

Dans le gouvernement intérieur de ses provinces, Valentinien était dur, souvent cruel. Il n'avait guère qu'une punition pour tous les délits : la mort. Et s'il en fallait croire certain récit suspect, il aurait logé dans son palais deux ours monstrueux, par lesquels souvent il faisait déchirer les criminels sous ses yeux. Dans les affaires religieuses, il suivit à l'égard de toutes les religions les principes de la tolérance, bien qu'il appartînt lui-même à l'Église orthodoxe; seulement les magiciens, qui pullulaient alors, furent vivement poursuivis. De sages lois contre l'exposition des enfants, pour la discipline des écoles, l'entretien à Rome de médecins salariés et l'établissement dans les villes provinciales de patrons ou défenseurs de la cité, montrent qu'il ne fut pas seulement un homme de guerre. Malheureusement pour l'empire il mourut dans une expédition contre les Quades. Ces peuples qu'il voulait punir d'une incursion en Illyrie, lui envoyèrent, à l'annonce de son approche, une humble ambassade qu'il refusa d'écouter. Quand il eut impitoyablement dévasté leur pays, il consentit à recevoir leurs députés, mais leur parla avec tant d'emportement qu'un vaisseau se rompit dans sa poitrine; quelques minutes après il expira (375).

Le successeur de Valentinien Ier fut son fils Gratien, qui portait déjà le titre d'Auguste depuis 367, bien qu'il n'eût encore que dix-sept ans. Il s'associa aussitôt son frère Valentinien II, âgé seulement de quatre ans, et lui abandonna les préfectures d'Italie et d'Illyrie, sous la direction de sa mère Justine.

Invasion des Goths en Orient (375); bataille d'Andrinople et mort de Valens (378).

Durant ces événements régnait en Orient un prince soupçonneux et faible, par conséquent cruel, Valens, qui avait
eu à comprimer la dangereuse révolte de Procope, cousin
de Julien. Cet usurpateur pris en trahison et décapité (366),
Valens, loin d'imiter la prudente réserve de son frère,
troubla tout l'Orient par une persécution cruelle contre les
magiciens ou ceux qui les consultaient, et par sa partialité
en faveur des ariens. Les fidèles de l'Église orthodoxe furent
de nouveau inquiétés, les évêques chassés de leurs siéges et
un arien placé sur le trône archiépiscopal de Constantinople.
De plus cruelles souffrances eussent été infligées à l'Église,
si la gravité des événements politiques dont ce règne fut
rempli avait laissé à Valens assez de loisir pour répondre
à toutes les instances des hérésiarques. Sapor avait chassé
les rois d'Arménie et d'Ibérie, Valens les rétablit et obligea
le grand roi à convenir d'une trêve avec l'empire. C'était un
succès ; malheureusement une affreuse catastrophe se préparait du côté de la Thrace.

Procope, dans sa révolte, avait pris à sa solde un corps de
trente mille Wisigoths ; l'usurpateur renversé, Valens voulut
punir les barbares de l'appui qu'ils lui avaient prêté. Une
guerre de trois ans se termina par un traité qui renvoyait
tous les barbares au delà du Danube, supprimait les subsides que l'empire leur payait, et désignait deux villes frontières pour les échanges. Athanaric, un des principaux chefs
des Goths de l'ouest ou Wisigoths, qui habitaient au nord
du Danube inférieur, accepta pour son peuple cette conven-
tion. Valens n'oublia pas à cette occasion son zèle pour l'a-
rianisme. Il gagna à cette doctrine l'évêque Ulphilas, qui
venait de convertir les Goths, et qui composa dans leur
langue une traduction des Évangiles, le premier monument
écrit de leur idiome. Il en existe un manuscrit à Upsal.
Ulphilas dut former d'abord un alphabet qu'il emprunta en
grande partie à l'alphabet grec. L'arianisme allait donc re
venir avec les barbares durant l'invasion.

32

Nous y touchons après l'avoir vue depuis près de deux siècles constamment menaçante. Le peuple qui la décida était étranger à la race germanique, c'étaient les tribus hunniques qui appartenaient à la race mongole, autant qu'on peut le conclure de la description que les anciens écrivains nous ont laissée de la figure et des costumes de ces hordes féroces. Les Huns étaient nomades, et ils connaissaient à peine les liens sociaux. Leurs tribus suivaient dans leurs expéditions des chefs particuliers, qui quelquefois cependant s'entendaient pour de communes entreprises. Attila, l'un d'eux, fut le premier qui sut faire reconnaître de la nation entière son autorité. Tous les Huns étaient cavaliers, et n'avaient d'autres demeures que leurs tentes ou des huttes. Avides et cruels autant que ces Mongols du moyen âge qui, sous Dienguyz-khan, tuèrent cinq ou six millions d'hommes, ils ravissaient l'or et l'argent, non pour s'en servir, car ils n'en connaissaient pas l'usage, mais pour l'enfouir; et entreprenaient, dans le but d'augmenter ces inutiles trésors, poussés aussi par leur humeur vagabonde, de désastreuses expéditions contre les peuples civilisés. Leurs incursions, rapides et imprévues, répandaient la terreur plus que celles d'aucun autre peuple barbare de ce temps; car partout où ils passaient ils détruisaient pour le seul plaisir de détruire. Attila, leur grand chef, se vantait plus tard que l'herbe ne repoussait pas là où son cheval avait passé. On les disait nés au désert du commerce des démons et des sorcières, et leur cruauté envers les femmes, que les Germains dans leurs ravages du moins respectaient, semblait confirmer cette origine impure.

Quelle fut leur primitive demeure et quelle cause amena leur migration vers l'Ouest? on l'ignore. Seulement il semble établi qu'au temps où commencèrent les mouvements des tribus scandinaves et germaines, les hordes nomades de l'Asie occidentale levèrent elles-mêmes leurs tentes et se rapprochèrent de l'Ouest. Leur marche, plusieurs fois interrompue, et pendant de longs intervalles, par l'opiniâtre résistance de quelques tribus, reprenait son cours quand ils avaient renversé l'obstacle ou entraîné avec eux le peuple qui les arrêtait. Ce fut ce qui arriva au temps de Valens. Les Huns franchirent l'Oural et subjuguèrent les Alains qui habitaient entre le Volga et la mer Noire. Une partie de ce peuple s'enfuit derrière le Caucase, où leurs descendants habitent encore sous le nom d'Edeki Alan; l'autre suivit les vainqueurs qui, débouchant dans les vastes plaines de la Sarmatie, se trouvèrent en face du grand royaume des Goths.

Cette nation germanique, peu à peu descendue des bouches de l'Oder, sur le Danube et le Pont-Euxin, était restée longtemps divisée entre un grand nombre de chefs. Mais Ermanarich avait réuni la plupart de ses tribus et fondé un puissant État, le royaume des Ostrogoths ou Goths de l'Est, qui s'étendait de la Baltique à la mer Noire; nombre de peuples lui étaient soumis. Ce royaume barrait tout le continent et eût arrêté sans doute l'invasion, s'il ne se fût trouvé déjà en pleine dissolution. Quand le vieil Ermanarich apprit l'approche de l'ennemi, malgré ses cent dix ans il fit de grands préparatifs. Mais les tribus vassales montrèrent peu de zèle pour cette guerre redoutée. Deux chefs roxolans, dont il avait fait périr la sœur sous les pieds de ses chevaux, parce que son époux refusait de s'armer pour lui, tentèrent de l'assassiner. D'autres chefs encore lui refusèrent obéissance et le vieux roi désespéré se jeta sur son épée. Son successeur Withimer fut vaincu et tué. Il laissait un fils enfant, qui fut sauvé par Alathéus et Saphrax, deux guerriers goths qui avaient longtemps servi dans les armées romaines. Laissant le gros de la nation faire sa soumission aux vainqueurs, ils gagnèrent par des marches habiles, avec l'enfant royal, l'intérieur du pays et échappèrent à la poursuite des Huns, occupés à combattre un nouvel ennemi. Athanaric, chef des Goths de l'Ouest, s'était avancé jusqu'au Dniester pour en défendre le passage: mais leur cavalerie traversa le fleuve durant la nuit et vint le prendre à dos. Il fallut reculer encore jusqu'au Pruth; là, Athanaric voulait élever, des Carpathes à la mer, des fortifications qui eussent arrêté les Huns; son peuple découragé préféra aller mendier un asile sur les terres de l'empire. Ce brave chef refusa pour lui-même cette honte, ou n'osa se confier à l'hospitalité de Valens, et se jeta dans les montagnes avec quelques guerriers fidèles (375).

Quand on apprit à l'empereur que ce qui restait de la nation des Goths lui tendait des mains suppliantes, son orgueil flatté lui fit oublier la prudence, et il ouvrit l'empire à cette multitude qui comptait encore 200 000 combattants. La seule condition qu'il leur imposa fut de livrer leurs armes et de donner en otage une partie de leurs enfants, qui furent envoyés dans les petites villes de l'Asie Mineure. Les barbares se soumirent à tout. Mais les officiers impériaux les voyant désarmés ne leur livrèrent des vivres qu'au plus haut prix. Toutes leurs ressources y passèrent d'abord, puis leurs esclaves, puis encore leurs enfants qu'ils vendirent. Quand ils n'eurent plus rien, ils furent bien réduits à prendre de force ce qu'on leur refusait, en maraudant dans le pays. Ils n'avaient pas livré toutes leurs armes, ils en firent d'autres; Alathéus et Saphrax qui, vers le même temps, forcèrent le passage du Danube et vinrent les rejoindre avec leurs compagnons, augmentèrent leur nombre et leur confiance. Toute la Thrace fut alors livrée au pillage. Des Huns, des Alains accoururent même pour prendre part à la curée.

Valens réunit ses forces pour les combattre et invoqua l'aide de son neveu. Gratien promit des secours; mais un jeune Alaman de sa garde, en congé parmi les siens, ayant parlé de ces préparatifs, les Alamans crurent l'occasion favorable pour attaquer les frontières dégarnies, et leur mouvement força de retenir les troupes destinées à Valens. Cependant le péril augmentait chaque jour pour ce prince. Tous les barbares établis dans les provinces du Danube, tous les captifs germains que les empereurs y avaient transportés couraient rejoindre leurs frères. Pendant une année entière les légions essayèrent vainement d'arrêter cette dévastation. Enfin, en 378, Valens arriva avec une partie de l'armée d'Orient; Gratien aussi était en marche. Mais Valens voulut prévenir la concentration des barbares en un seul corps et s'avança contre eux. Fritigern, leur chef, l'abusa quelque temps par de feintes négociations ; puis , ayant réuni toutes ses forces, il attaqua l'empereur, le 9 août 378, près d'Andrinople. Ce fut une défaite plus désastreuse que celle de Cannes. Un tiers à peine de l'armée romaine s'échappa; l'empereur lui-même, blessé, fut porté dans une cabane à laquelle les barbares mirent le feu; il y périt au milieu des flammes. Puis tout le plat pays jusqu'aux murailles de Constantinople fut livré à la plus affreuse désolation. L'impératrice Dominica défendit la capitale avec l'aide de quelques troupes de Sarrasins appelés d'Asie. Ces enfants du désert d'Arabie se trouvèrent pour la première fois aux prises avec les hommes du Nord ; ils devaient se rencontrer encore deux siècles et demi plus tard à l'autre extrémité de la Méditerranée.

Gratien (375-383) et Théodose (379-395).

Gratien, plus heureux, battait en ce même temps les Alamans près de Colmar. Mais l'empire d'Orient était sans chef, Gratien ne pouvait songer à réunir cette lourde couronne à celle qu'il portait déjà ; et pour la tâche difficile de réparer l'immense désastre que l'empire pleurait, il jeta les yeux sur le fils du valeureux comte Théodose. Après la fin malheureuse de son père, Théodose s'était retiré dans l'Espagne, sa patrie. Gratien l'en rappela, et, le 19 janvier 379, lui donna avec le titre d'Auguste les deux préfectures d'Orient et d'Illyrie. Théodose se mit hardiment à l'œuvre. L'Asie était tranquille, grâce à une mesure atroce. Tous les Goths envoyés comme otages dans les provinces avaient été convoqués à un même jour, dans les métropoles, pour y recevoir des dons en argent et en terres; mais des troupes les y attendaient; surpris sans défense, ils avaient été massacrés. Dans la Thrace, leurs frères, leurs pères les vengeaient. Théodose avait à refaire une armée, surtout à relever le courage des soldats; il y réussit en leur fournissant l'occasion de livrer mille petits combats, où il eut soin de leur assurer l'avantge. C'était la vieille tactique de Fabius Cunctator contre Annibal ; elle eut ici un plus rapide succès. Il ne laissa aucune place forte tomber au pouvoir de l'ennemi, dont il diminua le nombre en provoquant des défections ; de sorte que sans avoir gagné une grande victoire, il amena les Goths à traiter. Fritigern, le vainqueur d'Andrinople, était mort ; le brave Athanaric, son successeur, se laissa attirer à Constantinople ; et là, ébloui par l'éclat de cette cour pompeuse, il décida son peuple à accepter les offres de l'empereur (oct. 382). Au fond Théodose leur donnait ce qu'ils voulaient. Il les établit dans la Thrace et la Mœsie avec la charge de défendre le passage du Danube ; 40 000 de leurs guerriers furent admis dans les troupes impériales. C'était leur livrer l'empire ; car ces Goths demeurés en corps de nation, sous leurs chefs nationaux, avec leur organisation militaire, sentirent bientôt se réveiller en eux les instincts de pillage et le besoin d'aventures. Dans 30 ans ils prendront Rome après avoir ravagé la Grèce et l'Italie, et la guerre qu'ils porteront ainsi au cœur même de l'empire, fera tomber les barrières par-dessus lesquelles le flot de l'invasion passera.

Pour le moment, Théodose avait mis fin à une situation désastreuse par un expédient déjà employé, quoique jamais dans d'aussi vastes proportions. L'empire qui se croyait sauvé lui en marqua sa reconnaissance. Les tristes événements dont l'Occident fut le théâtre et qui amenèrent pour quelques jours encore la réunion sous son autorité de tout l'héritage d'Auguste, augmentèrent sa renommée. L'Église surtout, qu'il délivra de l'arianisme, vit en lui un nouveau Constantin ; et l'épithète de Grand est restée attachée au nom du dernier maître du monde romain.

Gratien, actif, intelligent et brave, fut cependant renversé par un usurpateur. Passionné pour la chasse, il en oubliait les devoirs d'un prince ; et on ne le voyait plus qu'entouré d'archers alains. Les soldats s'irritèrent de cette préférence et les légions de Bretagne proclamèrent leur chef Maxime, un des habiles compagnons du comte Théodose. Maxime passa aussitôt en Gaule ; Gratien, abandonné de ses troupes, essaya de gagner les Alpes ; atteint près de Lyon, il fut mis à mort (25 août 383). Pour cette expédition Maxime avait retiré les légions de la Bretagne ; l'île, restée sans défense, fut bientôt désolée par les courses des Pictes et des Scots, et par les descentes des Saxons et des Frisons.

Théodose aurait voulu venger son bienfaiteur, mais le calme n'était pas encore rendu à l'Orient et une guerre civile eût peut-être tout perdu. Il reconnut l'usurpateur maître de la préfecture des Gaules, à condition qu'il laisserait celle d'Italie au jeune Valentinien II (385). La mère de Valentinien II, Justine, zélée pour l'arianisme, cherchait à propager l'hérésie dans les provinces de son fils qui lui étaient peu favorables. A Milan surtout, l'opposition était vive. Elle voulut la vaincre en exilant l'archevêque de cette ville, saint Ambroise, mais la population repoussa ses gardes barbares. Maxime crut l'occasion favorable, il franchit les Alpes et Valentinien II s'enfuit à Thessalonique (387), auprès de Théodose, qui venait de repousser victorieusement une tentative des Ostrogoths, pour passer le Danube.

Ce prince s'était déjà vivement prononcé contre les ariens. Dès l'année 380 il avait reçu le baptême et promulgué des édits en faveur de l'orthodoxie. Le patriarche Damophile avait été chassé de Sainte-Sophie; son siége fut donné à Grégoire de Nazianze, et un concile réuni dans Constantinople (381) condamna de nouveau l'hérésie et confirma le symbole de Nicée. Justine devait ses malheurs à son zèle arien, mais Théodose avait épousé sa fille, la belle Galla; l'impératrice pouvait donc malgré ses imprudences compter sur l'appui de son gendre. Il hésita pourtant près d'une année jusqu'à ce qu'il eût appris que Maxime soulevait par sa dureté tous les Italiens contre lui.

Théodose entra en Pannonie l'an 388, et fit faire en Gaule une diversion par les Saxons et les Francs; Maxime usa contre lui des mêmes armes et tenta la fidélité de ses troupes barbares. De dangereuses défections eussent éclaté s'il ne les avait prévenues par de sévères mesures. L'usurpateur vaincu sur les bords de la Save, fut livré par ses propres soldats et mis à mort dans Aquilée. Théodose ne garda rien de sa conquête qu'il abandonna à Valentinien. Pour affermir le pouvoir du jeune prince et extirper avec l'hérésie les derniers restes de paganisme qui se conservaient encore dans

les provinces occidentales, il demeura trois ans dans le gouvernement de son beau-frère. A son départ il lui donna,
comme principal ministre, le Franc Arbogast, qui venait de
délivrer la Gaule des Germains et qui remplit de barbares
tous les offices civils et militaires. Valentinien ne supporta
pas longtemps cette tutelle, il voulut retirer au comte tous ses
emplois. « Je tiens ma charge de Théodose, répondit Arbogast en présence de toute la cour, lui seul peut me l'ôter. »
Valentinien, saisi d'une violente colère, se jeta sur lui l'épée
à la main. Quelques jours après il fut trouvé mort dans son
lit (15 mai 392).

Arbogast ne pouvait espérer que Théodose laisserait ce
meurtre impuni ; n'osant se proclamer lui-même, il jeta la
pourpre sur les épaules d'un de ses secrétaires, le rhéteur
Eugène. Théodose, le vengeur de l'orthodoxie, avait pour lui
le clergé catholique, Arbogast et Eugène cherchèrent à rallier
à leur cause ce qui restait de païens. Cette conduite souleva
contre eux la population chrétienne; une seule bataille, près
d'Aquilée, mit fin à cette domination; Eugène fait prisonnier
fut mis à mort, Arbogast se tua lui-même (394). Cette fois
le vainqueur garda sa conquête.

Un ermite avait prédit à Théodose cette victoire ; sa ferveur
pour l'orthodoxie en redoubla. Il défendit sous des peines
sévères le culte des dieux, qui chassé des villes se réfugia
dans les campagnes (*payani*); et il ôta aux hérétiques, avec
le droit d'arriver aux honneurs, celui de disposer par testament de leurs biens. Mais d'un autre côté de nombreux et
sages règlements montrèrent la continuelle préoccupation du
prince pour guérir quelques-uns des maux qui travaillaient
cette société mourante. Il ne pouvait y réussir, car le mal
était incurable ; du moins honora-t-il les derniers jours de
l'empire, en montrant sur le trône des vertus que les peuples
avaient eu rarement à y respecter. On a vu sa reconnaissance pour la famille de son bienfaiteur et son désintéressement, ajoutons que la paix régna toujours dans sa nombreuse famille et que, s'il garda des courtisans, il eut aussi
des amis.

Avant d'expirer (17 janvier 395) il partagea l'empire entre

ses deux fils, Arcadius et Honorius ; séparation irrévocable
et qui dure encore dans la religion et la civilisation différentes de ces deux moitiés de l'ancien monde [1].

Un grand acte honore Théodose. Le peuple de Thessalonique avait dans une sédition tué le gouverneur et plusieurs
officiers impériaux. Dans une circonstance pareille, Théodose
avait pardonné aux habitants d'Antioche ; cette fois il s'a-
bandonna à une violente colère et donna des ordres qui
coûtèrent la vie à 7000 personnes. Ce massacre excita dans
tout l'empire un sentiment d'horreur. Lorsque Théodose se
présenta quelque temps après aux portes de la cathédrale

1. *Résumé des dernières années de l'empire d'Occident.* Grâce à sa situation,
Constantinople pourra résister dix siècles à l'invasion qui passe sans la frapper
au N. et au S. de ses murs. Rome fut presque aussitôt prise par les barbares,
et l'empire d'Occident se débattit pendant 80 ans dans une douloureuse agonie. Alaric, chef des Visigoths, donna le signal en envahissant l'Italie. Il fut
vaincu par Stilicon à Pollentia (403). Mais il avait ouvert la porte à l'invasion
de Radagaise qui, profitant du départ des légions rappe ées en Italie, avait
franchi la frontière et marché sur leurs traces jusqu'à Florence. Il y fut
défait et tué. Inutile victoire, car derrière lui les Alains, les Suèves, les
Vandales et les Burgondes inondaient la Gaule et l'Espagne (407). Trois
ans plus tard, Rome était prise par Alaric, et, en 419, les Wisigoths fon-
daient un royaume dans le sud de la Gaule et en Espagne. Les Burgondes (413), les Suèves (419), élevèrent deux autres États barbares ; et les
Vandales, passés en Afrique en 420, sous le règne de Valentinien II,
donnèrent naissance au quatrième royaume fondé par les Germains dans
l'empire (435). Au milieu du siècle, un ennemi plus formidable s'avança :
Attila, roi des Huns, avait soumis tout le monde barbare du Volga au
Rhin ; il franchit ce fleuve, réclamant comme ses esclaves fugitifs les Germains déjà établis dans l'empire; mais ceux-ci, Francs, Wisigoths, Burgondes,
réunis aux débris des légions romaines commandées par Aétius, lui firent
lever le siège d'Orléans et le vainquirent dans les plaines de Châlons (451).
Il recula, se vengea l'année suivante sur l'Italie, et, heureusement pour le
monde, fut surpris par la mort en 435.

Honorius était mort en 423 ; Valentinien III, son neveu, régna de 423 à
454. Il fut tué par le sénateur Maxime, qui prit sa place. Sa veuve, Eudoxie,
pour venger sa mort, appela le Vandale Genséric, qui mit Rome au pillage
(455). Majorien, proclamé empereur en 457, se montra digne de lutter
contre les difficultés sans nombre qui l'entouraient; mais le Suève Ricimer
le fit assassiner et donna successivement sa place à trois sénateurs. Il périt
lui-même (473) avec le dernier, Olybrius, que remplacèrent Glycérinus,
puis Julius Népos ; enfin Romulus Augustule, sous lequel le roi des Hérules, Odoacre, mit fin à l'empire d'Occident (476), en fondant le nouveau
royaume barbare d'Italie.

de Milan, saint Ambroise eut le courage de l'arrêter; il lui
reprocha son crime en présence de tout le peuple, et lui
interdit l'entrée de l'église et l'approche de la sainte table.
Théodose accepta la pénitence publique que le saint évêque
lui imposait au nom de Dieu et de l'humanité outragés. Pendant huit mois il ne dépassa point les parvis du temple.

Nous nous arrêterons ici, car les temps anciens sont finis
et le moyen âge commence. Le paganisme achève de mourir,
le christianisme triomphe, l'empire est irrévocablement divisé
et les barbares remplissent les charges, les armées, les provinces. Les sources vives qui doivent renouveler la vie du
monde sont ouvertes. La Germanie, la *fabrique des nations*,
verse ses flots d'hommes, qui vont régénérer les races ap-
pauvries, et l'Église, l'esprit nouveau, force déjà les puissants
de la terre à courber la tête sous sa parole. Saint Ambroise
vient de dire ce que répéteront bientôt saint Remy et Grégoire VII : *Mitis... depone colla.*

FIN.

TABLE ANALYTIQUE DES MATIÈRES.

FIN DE LA TABLE ANALYTIQUE DES MATIÈRES.

TABLE DES CHAPITRES.

586   TABLE DES CHAPITRES.

CINQUIÈME PÉRIODE.

L'empire sous les premiers Césars, les Flaviens et les Antonins, ou luttes
sanglantes à Rome, paix et prospérité dans les provinces.
223 ans (30 avant J. C., 193 après).

SIXIÈME PÉRIODE.

L'empire de Pertinax à Dioclétien, ou époque de l'anarchie militaire.
91 ans (193-285 après J. C.).

SEPTIÈME PÉRIODE.

L'empire de Dioclétien à Théodose, ou époque de l'organisation monarchique
et de la décadence. 110 ans (284-395 après J. C.).

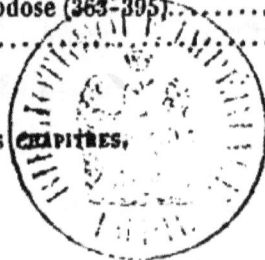

FIN DE LA TABLE DES CHAPITRES.

ERRATUM.

Page 341, ligne 18, *au lieu de :* Octave, neveu de César, par sa mère Julia, *mettez :* Octave, petit-neveu de César, par sa mère, fille d'une sœur du dictateur.

TYPOGRAPHIE DE CH. LAHURE
Imprimeur du Sénat et de la Cour de Cassation
rue de Vaugirard, 9.

www.ingramcontent.com/pod-product-compliance
Lightning Source LLC
Chambersburg PA
CBHW071139270326
41929CB00012B/1812